[개정증보2판]

한권으로 끝내는

행정심판·행정소송 실무

행정사·법학박사 김 동 근 저

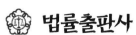 법률출판사

머리말

행정법은 다양한 행정관련 법규의 총체입니다. 그만큼 다양한 법이 행정법이라는 굴에 안에 존재하고 있고, 그에 따라 매우 다양한 유형의 행정관련 분쟁들(이의신청, 행정심판, 행정소송 등)이 발생하고 있는 것이 현실입니다.

따라서 현실적으로 우리 일상생활에서 발생하는 매우 다양한 유형의 행정분쟁들을 망라하여 한권에 책에 담는다는 것은 현실적으로 불가능하다고 보면됩니다.

본서가 지향하는 바는 우리 일상사에서 일반인들이 쉽게 접할 수 있는 다양한 행정관련 분쟁들을 유형별로 정리하고 그에 맞춘 구제절차 등의 전반에 대한 가이드역할을 다하는 것입니다.

이러한 취지에 맞추어 본 개정판에서는 국제화시대에 맞추어 우리나라에서 이제는 다양한 유형의 외국인관련 분쟁들이 발생하고 있으며 그 중 핵심적인 사유 중 하나가 외국인 출입국사범심사라는 점에 착안하여. 추가적으로 외국인 출입국사범심사에 관한 내용 및 관련 서식 등을 삽입함으로써 최대한 우리 현실에 부응하고자 노력하였고, 그 외 일부 이론적인 내용을 보강하는 방법으로 본서의 개정작업을 마무리 하였습니다.

혹 부족하거나 미흡한 부분에 대하여는 독자 분들의 지도편달을 바라며, 마지막으로 여러 어려운 여건 속에서도 기껏이 본서를 출간해 주신 법률출판사 김용성 사장님께 감사한 마음을 표하고, 아울러 편집과 교정을 맡아 준 편집부 직원 분들께도 감사를 표하는 바이다.

2023. 4.
저자 김동근 씀

개정증보판 머리말

이번 개정판은 초판에 비하여 행정심판의 다양한 내용을 추가함에 중점을 두었다.

이에 따라 본 개정판에서는 초판에 수록되지 않았지만, 요즘 사회적 문제로 대두되고 있는 학교폭력사안과 관련된 내용을 대폭 삽입함은 물론 운전면허취소 부분과 관련하여서는 생계형운전자구제제도 부분을 보강하였으며, 유통기한을 지난 식재료 판매로 인한 일반음식점 영업정지 등 여러 부분을 보강함은 물론 각 파트 별로 감경기준 및 청구취지 기재례 등을 추가 정리하여 초판에 비하여 질과 양적인 면에서 독자들이 이해를 높이는 방향으로 정리하였다.

아무쪼록 본서가 행정청의 다양한 처분으로 인하여 고통을 받고 있는 분들이나 관련 분야 전문가들에게 좋은 길라잡이 역할을 충분히 해낼 수 있기를 바라고, 혹 부족하거나 미흡한 부분에 대하여는 독자 분들의 지도편달을 바라며, 계속 판을 거듭하면서 이를 보완하고자 한다.

본서의 출간에 도움을 준분들에게 감사를 표하고자 한다. 먼저 본서의 저술에 필요한 각종 일들을 맡아 준 아내 고유선의 도움에 감사한다. 또 본서를 기꺼이 출간해 주신 법률출판사 김용성 사장님께 감사드리며, 편집과 교정을 맡아 준 편집부 직원 분들께도 감사를 표하는 바이다.

2021. 6.
저자 김 동 근 씀

초판 머리말

사회가 복잡다변화 되어감에 따라 행정의 기능과 역할은 날로 확대되어 가고 있다. 그 만큼 행정청의 처분과 관련된 법적분쟁도 점차 늘어가고 있는 현실이기도 하다. 하지만 이러한 현실을 반영하여 행정청과의 분쟁 즉 행정심판이나 행정소송을 유효적 절하게 수행케 할 길라잡이 역할을 하는 실무서적을 찾아보기 어려운 것이 현실이다. 이러한 연유로 본 저자는 행정심판실무를 담당하는 분들에게 행정심판에 관한 이론 및 절차 등을 체계적이고 쉽게 이해할 수 있도록 하는 실무서를 집필하고자 하는 마음에 이 책을 저술하게 되었다.

이에 따라 본서는 행정심판에 대한 기본적인 이론을 모두 개관함은 물론 실제 행정심판신청 및 소장의 기재례 및 양식 등을 통합하여 기재함으로써 누구라도 손쉽게 행정심판이나 행정소송 준비를 할 수 있도록 하는 점에 중점을 두었다.

아무쪼록 본서가 각종 행정분쟁에 휩싸인 소송당사자나 관련 실무종사자 또는 행정법 실무를 연구하려는 독자 분들께 길라잡이 역할을 충분히 해낼 수 있기를 바라고, 다만 혹시라도 다소 미흡하거나 부족한 부분들에 대하여는 독자 분들의 계속된 지도편달을 바라며, 판을 거듭하면서 이를 보완해 나가고자 한다.

끝으로 여러 어려운 여건 속에서도 본서의 출판을 위하여 불철주야 노력하신 법률출판사 김용성 사장님을 비롯하여 편집자 및 여러 임직원들에게도 깊은 감사를 드리는 바이다.

2020. 1.
저자 김 동 근 씀

목 차

제1편 행정심판·소송 총론

제2편　행정심판·소송 각론

서식차례

제1편
행정심판 · 소송 총론

제1장 총 설

제1절 행정소송

1. 의의

행정소송은 법원이 공법상의 법률관계에 관한 분쟁에 대하여 행하는 재판절차를 말한다. 공법상의 법률관계에 관한 소송이라는 점에서 국가 형벌권의 발동에 관한 소송인 형사소송이나, 사법상의 법률관계에 관한 다툼을 심판하는 민사소송과 구별되고 독립된 재판기관인 법원에 의한 재판이라는 점에서 행정기관이 하는 행정심판과 구별된다.

2. 구별개념

가. 행정심판과 구별

행정소송은 정식절차에 의한 행정쟁송인 점에서 약식절차에 의한 행정쟁송인 행정심판과 구별된다. 정식소송절차로서의 행정소송의 특색으로는 법원의 독립구조, 대심구조, 심리절차의 공개원칙, 구술변론, 법정절차에 의한 증거조사 등의 소송절차의 특수성과 판결에 대한 실질적 확정력 등 특별한 효력 등을 들 수 있다.

나. 민사소송 및 형사소송과 구별

행정소송은 행정법상 법률관계에 관한 분쟁인 점에서, 사법상의 법률관계에 관한 분쟁인 민사소송과 구별되고, 국가형벌권의 발동을 위한 소송인 형사소송과도 구별된다. 행정소송은 행정심판전치주의, 제소기간의 제한, 행정청을 피고로 하는 것, 집행부정지원칙, 직권심리주의, 사정판결제도 등의 특수성이 인정된다.

3. 행정소송의 종류와 특수성

가. 행정소송의 종류

행정소송법은 행정소송을 내용에 따라 항고소송·당사자소송·민중소송·기관소송으로 구분하고 있다. 항고소송과 당사자소송은 주관적 권리·이익의 보호를 목적으로 하는 주관소송이고, 민중소송과 기관소송은 행정 작용의 적법성 확보를 목적으로 하는 객관소송이다. 한편 행정소송은 성질에 따라 형성의 소·이행의 소·확인의 소로 나눌 수 있다. 항고소송 중 취소소송은 행정청의 위법한 처분 등의 취소·변경을 구하는 소송이므로 형성의 소에 속하고, 행정청의 부작위에 대한 의무이행소송이나 이행명령을 구하는 당사자소송은 이행의 소에 속하며, 항고소송 중 무효등확인소송·부작위위법확인소송이나 공법상의 법률관계의 존부를 확인받기 위한 당사자소송은 확인의 소에 속한다.

(1) 항고소송

항고소송이란 행정청의 처분 등이나 부작위에 대하여 제기하는 소송, 즉 행정청의 적극적 또는 소극적인 공권력행사에 의하여 발생한 위법한 법상태를 제거함으로써 주관적 권리·이익을 보호하기 위한 소송을 말한다. 행정소송법이 명문으로 규정하고 있는 항고소송의 종류로는 취소소송, 무효등확인소송 및 부작위위법확인소송의 3가지이다.

(가) 취소소송

취소소송은 행정청의 위법한 처분 등을 취소 또는 변경하는 소송을 말한다. 본래 행정처분은, 행정법관계의 안정과 행정의 원활한 운영을 도모하기 위하여, 그것이 위법하다 하더라도 당연 무효가 아닌 이상, 정당한 권한을 가진 기관(처분청, 감독청, 재결청, 법원)이 취소하기 전까지는 일단 유효한 것으로 취급되는 효력인 이른바 행정행위의 공정력을 가지는 바, 취소소송은 이러한 효력을 배제하기 위한 소송이다. 한편 원처분주의를 취하므로 행정심판 재결의 취소소송은 당해 재결자체에 고유한 위법이 있을 때에만 인정된다. 취소소송의 소송물은 처분의 위법성 일반이다.

1) 취소소송의 소송물

소송물이란 원고의 청구취지 및 청구원인에 의해 특정되고 법원의 심판대상과 범위가 되는 소송의 기본단위로서, 소송의 목적물 내지 소송의 객체를 말한다. 소송물은 심판의 대상으로서 소송절차의 모든 국면에서 중요한 기능을 하는 바, 소송절차의 개시와 관련하여 심판의 대상과 범위를 특정 하는 기준이 되고, 소송절차의 진행과정에서는 소송물의 범위 내에서만 소의 변경과 청구의 병합이 가능하고, 동일소송물에 대한 중복소송이 금지되며, 심리의 범위가 정해지고, 처분사유의 추가·변경, 처분권주의의 위배여부에 대한 판단도 소송물의 범위 내에서만 할 수 있으며, 소송절차의 종결과 관련하여 판결주문의 작성, 기판력의 객관적 범위, 소취하 후의 재소금지 등을 정함에 있어서 기준이 된다. 피고적격, 제3자의 소송참가 등에 있어서도 중요한 의미를 갖는다.

2) 관할

행정법원 명칭	관할구역
서울행정법원	서울시, 의정부시, 동두천시, 남양주시, 구리시, 고양시, 양주시, 파주시, 연천군, 포천시, 가평군, 강원도 철원군
	위 지역을 제외한 구역의 행정소송은 관한 지방법원 본원을 제1심으로 관할

가) 심급관할

행정법원은 지방법원급에 해당한다. 행정법원은 행정소송법에서 정한 행정사건과 다른 법률에 의하여 행정법원의 권한에 속하는 사건을 제1심으로 심판한다. 행정법원의 재판에 대하여는 고등법원에 항소할 수 있고, 고등법원의 재판에 대하여는 대법원에 상고할 수 있다.

나) 토지관할

취소소송의 제1심 관할법원은 피고의 소재지를 관할하는 행정법원으로 한다. 다만 중앙행정기관 또는 그 장이 피고인 경우의 관할법원은 대법원소재지의 행정법원으로 한다. 행정법원이 설치되지 않은 지역에서 행정법원의 권한에 속하는 사건은 해당 지방법원이 관할하도록 되어 있기 때문에 현재는 행정법원이 설치되어 있는 서울을 제외하고는 피고의 소재지를 관할하는 지방법원본원이 제1심 관할법원이 된다. 다만, 토지의 수용 기타 부동산 또는 특정의 장소에 관계되는 처분 등에 대한 취소소송은 그 부동산 또는 장소의 소재지를 관할하는 행정법원에 이를 제기할 수 있다.

다) 사물관할

사물관할이란 사물의 경중 또는 성질에 의한 제1심 관할의 분배로서 소송사건의 제1심을 지방법원합의부와 단독 판사간에 분담시킨 것을 말한다. 행정법원의 심판권은 판사3인으로 구성된 합의부에서 이를 행한다. 다만, 행정법원에 있어서 단독판사가 심판할 것으로 행정법원 합의부가 결정한 사건의 심판권은 단독판사가 이를 행한다.

3) 당사자

가) 원고적격

행정소송의 원고적격도 민사소송의 원고적격에서와 마찬가지로 소의 이익의 문제의 하나이다. 민사소송에서 본안판결을 받기 위해서는 형식적 · 절차적 요건 외에 당해 분쟁에 관하여 국가의 재판제도를 이용하여 자기를 위하여 그 분쟁을 해결할만한 필요성 내지 이익이 원고에게 존재하여야 하는바, 이를 실체적 소송요건인 소의 이익이라고 한다. 소의 이익은 광의로는 당사자가 본안판결을 받을만한 정당한 이익을 가지고 있을 것(원고적격), 청구의 내용이 본안판결을 받기에 적합한 자격을 가지고 있을 것(권리보호의 자격), 원고의 청구가 소송을 통하여 분쟁을 해결할만한 현실적인 필요성이 있을 것(권리보호의 필요)의 세 가지를 포함하고 있으나, 협의로는 권리보호의 필요만을 의미한다.

나) 피고적격

취소소송은 다른 법률에 특별한 규정이 없는 한 그 처분 등을 행한 행정청을 피고로 한다. 행정청이란 행정주체의 의사를 내부적으로 결정하고 이를 외부적으로 표시할 수 있는 권한을 가진 행정기관을 말하나 여기서 행정청은 기능적인 의미로 사용되어 법원행정처장이나 국회사무총장 역시 행정청의 지위를 갖고 있으며, 지방의회도 처분(제명의결 등)을 발하는 경우에는 행성정의 지위를 갖는다. 처분청이 공정거래위원회와 같은 합의제관청인 경우에는 당해 합의제행정관청이 피고가 된다. 다만 노동위원회법에 따라 중앙노동위원회의 처분에 대한 소송은 중앙노동위원장을 피고로 하여야 한다. 취소소송의 피고적격은 처분이나 재결의 효과가 귀속되는 국가나 지방자치단체가 갖는 것이 원칙이나 행정소송법은 소송수행의 편의를 위하여 국가나 지방자치단체 등의 기관으로서의 지위를 갖는 행정청에게 피고적격을 인정하고 있다.

4) 취소소송의 대상

취소소송은 행정청의 위법한 처분 등의 취소변경을 구하는 소송이므로 취소소송을 제기함에는 취소의 대상인 행정청의 처분 등이 존재하여야 한다. 여기서 "처분 등"이라 함은 "행정청이 행하는 구체적 사실에 관한 법집행으로서의 공권력의 행사 또는 그 거부와 그 밖에 이에 준하는 행정작용 및 행정심판에 대한 재결"을 말한다.

5) 기간

처분이 있음을 안 날 또는 행정심판의 재결서를 송달받은 날부터 90일 이내 또는 처분이 있은 날로부터 1년이다. 여기서 처분이 있은 날이란 당해 처분이 대외적으로 표시되어 효력을 발생한 날을 말한다. 위 기간 중 어느 한 기간이 만료되면 제소기간은 종료된다. 제소기간의 도과여부는 법원의 직권조사사항이다.

6) 취소소송제기의 효과

취소소송이 제기되면 실체법적 효과로서 법률상의 기간 준수 효과가 발생하고, 취소소송의 제기에 의하여 처분 등의 효력에 영향을 미치지 아니한다는 집행부정지원칙이 적용된다.

(나) 무효등 확인소송

무효등 확인소송이란 행정청의 처분 등의 효력유무 또는 존재여부를 확인하는 소송을 말한다. 무효등확인소송에는 처분이나 재결의 무효확인소송, 유효확인소송, 존재확인소송, 부존재확인소송, 실효확인소송이 있다. 이 중 처분 등에 원래부터 중대하고 명백한 하자가 있어 당연무효임을 확인해 달라는, 처분 등 무효확인소송이 대부분이고, 드물게 처분 등의 실효확인소송과 처분 등 부존재확인소송도 찾아볼 수 있으나, 처분 등 유효확인소송, 처분 등 존재확인소송은 실무상 거의 쓰이는 경우가 없다. 무효등확인소송의 소송물은 처분 등의 유·무효 또는 존재·부존재이고, 청구취지만으로 소송물의 동일성을 특정하므로 당사자가 청구원인에서 무효 등 사유로 내세운 개개의 주장은 공격방어방법에 불과하다.

(다) 부작위위법확인소송

부작위위법확인소송이란 행정청의 부작위가 위법하다는 것을 확인하는 소송을 말한다. 즉, 행정청이 당사자의 신청에 대하여 상당한 기간 내에 신청을 인용하는 적극적 처분 또는 각하하거나 기각하는 등의 소극적 처분 등의 일정한 처분을 하여야 할 법률상의무가 있음에도 불구하고 이를 하지 아니하는 경우에 그 위법의 확인을 확인함으로써 행정청의 응답을 신속하게 하여 소극적 위법상태를 제거하고자 하는 소송이다. 행정청의 위법한 부작위에 대한 가장 직접적이고 바람직한 구제수단은 적극적인 의무이행소송일 것이지만 행정소송법은 행정권과 사법권의 영역을 준별한다는 차원에서 적극적 의무이행소송을 인정하지 않고 그 대신 우회적인 권리구제수단으로 부작위위법확인소송을 인정하고 있다. 부작위위법확인소송의 소송물은 처분의 부작위의 위법성이고, 부작위위법확인소송에 대한 인용판결이 있는 경우에는 행정청은 판결취지에 따른 재처분의무가 있으며, 간접강제제도로 재처분의무의 이행을 담보하고 있다.

(2) 당사자소송

당사자소송이란 행정청의 처분 등을 원인으로 하는 법률관계에 관한 소송, 그 밖에 공법상 법률관계에 관한 소송으로서 그 법률관계의 한쪽 당사자를 피고로 하는 소송을 말한다. 일반적으로 당사자소송은 처분 등의 효력에 관한 다툼이라는 점에서 항고소송의 실질을 가지나 행정청을 피고로 하지 않고 실질적 이해관계를 가진 자를 피고로 하는 형식적 당사자소송과 대등한 대립 당사자간의 공법상 권리 또는 법률관계 그 자체를 소송물로 하는 실질적 당사자소송으로 나뉜다. 형식적 당사자소송은 일반적으로 인정되는 것은 아니고 개별법에 특별한 규정이 있는 경우에만 허용된다는 것이 다수설인데 현행법상 인정되는 형식적 당사자소송의 예로는 보상금 증액 또는 감액을 구하는 소송, 특허무효심판청구에 관한 심결 취소소송 등의 특허소송 등이 있다. 실질적 당사자소송은 공법상의 신분이나 지위의 확인에 관한 소송, 공법상의 사무관리나 계약에 관한 소송 및 공법상의 금전지급청구에 관한 소송 등이 있다.

※ 당사자소송과 항고소송의 비교

구분	당사자 소송	항고소송
소의 대상	처분등을 원인으로 하는 법률관계 공법상의 법률관계	행정청의 처분등과 부작위
종류	실질적 당사자소송 형식적 당사자소송	취소소송 무효등확인소송 부작위위법확인소송
원고적격	행정소송법에 규정 없음	법률상 이익이 있는자
피고적격	국가, 공공단체 그 밖의 권리 주체	처분청등
제소기간	원칙적으로 세소기간의 제한 없음	처분 등이 있음을 안날로부터 90일, 처분등이 있은 날로부터 1년 이내
행정심판전치	행정심판전치주의가 적용되지 않음	원칙적으로 행정심판임의주의 적용됨
판결의 종류	기본적으로 취소송과 동일 다만 사정판결제도 없음	소송판결, 본안판결

(3) 민중소송

민중소송이란 국가 또는 공공단체의 기관이 법률에 위반되는 행위를 한 때에 직접 자기의
법률상 이익과 관계없이 그 시정을 구하기 위하여 제기하는 소송을 말한다. 이러한 민중소송은
법률의 명시적인 규정이 있는 경우에 법률에 정한 자에 한하여 제기할 수 있다. 현행법상
인정되는 민중소송의 예로는 선거소송, 당선소송, 국민투표무효소송, 주민소송 등이 있다.

(4) 기관소송

기관소송이란 국가 또는 공공단체의 기관 상호간에 있어서의 권한의 존부 또는 그 행사에
관한 다툼이 있을 때에 이에 대하여 제기하는 소송을 말한다. 다만, 헌법재판소법 제2조의
규정에 의하여 헌법재판소의 관장사항으로 되어 있는 소송, 즉 국가기관 상호간, 국가와
지방자치단체간, 지방자치단체 상호간의 권한쟁의에 관한 심판은 법원의 관할이 아니다.
이러한 기관소송은 법률의 명시적인 규정이 있는 경우에 법률에 정한 자에 한하여 제기할
수 있다. 현행법상 인정되는 기관소송의 예로는 지방의회의 의결 또는 재의결 무효소송이나

교육위원회의 재의결무효소송, 주무부장관이나 상급지방자치단체장의 자치사무에 관한 명령 또는 처분의 취소나 정지에 대한 이의소송, 위임청의 직무이행명령에 대한 이의소송 등이 있다.

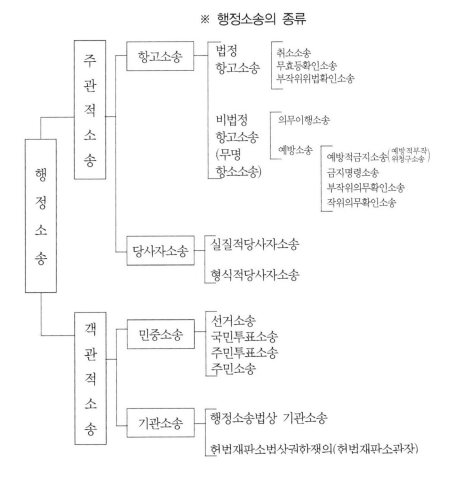

※ 행정소송의 종류

4. 행정소송의 특수성

가. 서 설

우리 헌법은 행정소송을 사법작용의 일부로 하여 행정구제 내지 권리구제기능의 면을 중시하고 있으나, 또 한편으로 대륙법계적 영향을 받은 결과 행정통제기능이라는 면도 있으므로 행정소송의 행정작용의 성질을 부정할 수 없고, 민사소송과 다른 특수성을 인정하지 않을 수 없다. 이러한 특수성은 행정처분의 위법을 다투는 항고소송에서 특히 현저히 나타난다.

나. 항고소송의 특수성

(1) 행정소송의 종류상 특수성

행정소송법은 행정소송의 종류를 항고소송, 당사자소송, 민중소송, 기관소송으로 대별·다양화하였고, 항고소송은 다시 취소소송, 무효등확인소송, 부작위위법확인소송으로 구분하여 그 각각에 대하여 적용 법조를 명시적으로 규정하고 있다. 이는 그만큼 개인의 권익보호라는 법치주의 이념을 실현하는 방법·수단에 있어서의 다양성을 제도적으로 마련하기 위한 것이다.

(2) 행정소송의 제기상 특수성

(가) 소의 이익·원고적격확대

소송제기의 범위와 관련하여 소의 이익의 특질을 들 수 있는데, 이러한 소의 이익에 관해서 행정소송법은 원고적격으로서 법률상 이익을 명문으로 규정하고 있다. 그리고 행정소송법은 처분 등이 소멸된 뒤에도 원고적격을 인정하고 있다.

(나) 임의적 행정심판전치주의

행정소송법은 행정소송을 제기함에 있어서 당해 처분에 대한 행정심판을 제기할 수 있는 경우에도 이를 거치지 아니하고 바로 취소소송을 제기할 수 있어 임의적 행정심판전치주의를 원칙으로 하고, 다만, 다른 법률에 당해 처분에 대한 행정심판의 재결을 거치지 아니하면 취소소송을 제기할 수 없다는 규정이 있는 때에는 예외적으로 필요적 행정심판 전치주의를 취하고 있다. 이는 행정내부의 자율적 통제와 신속한 권리구제를 도모하기 위한 것이다.

(다) 관할법원의 특수성

행정소송법은 행정소송의 제1심 관할법원을 행정법원으로 하고 있다. 행정법원이 설치되지 않은 지역에 있어서의 행정법원의 권한에 속하는 사건은 행정법원이 설치될 때까지 해당 지방법원본원 및 춘천지방법원 강릉지원이 관할한다.

(라) 행정법원설치 및 행정소송의 3심제채택

서울특별시에 서울행정법원을 설치하고, 종래의 2심제와 달리 1심 지방법원급인 행정법원→고등법원→대법원의 3심제를 취하고 있다.

(마) 제소기간의 제한

취소소송은 처분 등이 있음을 안 날부터 90일, 처분 등이 있은 날부터 1년 이내에 제기해야 한다. 행정심판을 거치는 경우는 재결서 정본을 송달받은 날부터 90일 이내에 제기해야 한다.

(바) 피고의 특수성

항고소송의 피고는 국가나 지방자치단체와 같은 권리·의무의 주체인 행정주체가 아니라 처분 등을 행한 행정청을 피고로 한다.

(사) 관련청구의 병합

항고소송에는 그 청구와 관련되는 원상회복, 손해배상 기타의 청구를 동종절차가 아닌 경우에도 병합할 수 있는 관련청구의 병합을 인정하고 있다. 민사소송법은 여러 개의 청구가 동종소송절차에 따르는 경우에 한하여 인정된다.

(아) 집행부정지원칙

항고소송이 제기되어도 그로 인하여 처분 등의 효력이나 그 집행 또는 절차의 속행에 영향을 주지 아니하는 처분의 집행부정지원칙이 인정된다.

(자) 제3자 및 다른 행정청의 소송참가 명문화

권리 또는 이익침해를 받은 제3자 및 타행정청을 소송에 참가시킬 수 있다.

(3) 행정소송의 심리상 특수성

(가) 행정심판기록의 제출명령제도

행정소송상 입증방법에 있어서 원고의 지위를 보장하기 위해 행정심판기록 제출명령제도를 인정하고 있다.

(나) 직권심리주의 요청

행정소송상 심리는 일반 민사소송에 비하여 직권심리 · 직권탐지주의가 요청된다.

(4) 행정소송의 판결상 특수성

(가) 사정판결제도

법원은 원고의 청구가 이유 있는 경우라도, 즉 행정행위가 위법인 경우라도 그 처분 등을 취소 · 변경함이 현저하게 공공복리에 적합하지 아니하다고 인정되는 때에는 원고의 청구를 기각할 수 있다.

(나) 판결의 기속력

처분 등을 취소하는 확정판결은 제3자에 대하여도 효력이 있고 그 사건에 관하여 당사자뿐만 아니라 그 밖의 관계 행정청을 기속하는 효력이 있다.

(다) 판결의 실효성보장

소극적 처분에 대한 인용판결의 적극적 효력과 간접강제제도를 인정하고 있다.

(라) 제3자의 재심청구

제3자의 책임 없는 사유로 소송에 참가하지 못한 경우에 재심청구를 인정하고 있다.

5. 취소소송의 가구제 – 집행정지신청제도

가. 개 설

취소소송에서의 가구제란 본안판결의 실효성을 확보하기 위하여 분쟁있는 행정작용이나 공법상의 권리관계에 임시적인 효력관계나 지위를 정함으로써 본안판결이 확정될 때까지 잠정적으로 권리구제를 도모하는 것을 말한다. 행정소송법은 침해적 행정처분에 대한 가구제제도로서 집행정지제도만을 규정하고 있고, 수익적 행정처분의 신청에 대한 부작위나 거부에 대하여 잠정적인 허가 또는 급부 등을 명하는 적극적인 가처분제도는 도입하지 않고 있다.

나. 집행정지제도

(1) 집행부정지원칙

(가) 의 의
집행부정지원칙이란 취소소송의 제기가 처분 등의 효력이나 그 집행 또는 절차의 속행에 영향을 주지 아니한다는 것을 말한다. 이는 국민의 권익구제보다는 행정의 신속성과 실효성을 앞세운 것이라 할 수 있다. 독일에서는 항고소송이 제기되면 처분의 집행을 정지시키는 집행정지의 원칙을 택하고 있다. 이 제도가 국민의 권리구제를 위해서는 보다 더 실효적이다.

(나) 적용범위
취소 및 무효등확인소송에는 적용되나 부작위법확인소송에 적용되지 않는다. 거부처분에 대한 집행정지는 인정되지 않는다는 것이 판례의 태도이다.

(2) 집행정지결정의 요건
취소소송이 제기된 경우에 처분 등이나 그 집행 또는 절차의 속행으로 인하여 생길 회복하기 어려운 손해를 예방하기 위하여 긴급한 필요가 있다고 인정할 때에는 본안이 계속되고 있는 법원은 당사자의 신청 또는 직권에 의하여 처분 등의 효력이나 그 집행 또는 절차의 속행의 전부 또는 일부의 정지를 결정할 수 있다. 다만, 처분의 효력정지는 처분 등의 집행 또는 절차의 속행을 정지함으로써 목적을 달성할 수 있는 경우에는 허용되지 아니한다.

(가) 적극적 요건
1) 적법한 본안소송이 계속 중일 것
집행정지신청은 민사소송에서의 가처분과 달리 본안소송이 계속되어 있을 것을 요한다. 따라서 집행정지 신청은 본안의 소제기 후 또는 동시에 제기되어야 한다. 행정소송제기가 적법하게 이루어져야 하며 형식적 요건을 그르친 경우는 본안소송이 계속된 것으로 보지 않는다. 본안자체의 적법여부는 집행정지신청의 요건은 아니지만, 본안소송의 제기자체는 적법한 것이어야 한다.

2) 처분 등이 존재할 것
집행정지를 위해서는 먼저 집행정지의 대상인 처분 등이 존재하여야 한다.

3) 회복하기 어려운 손해의 예방
처분이나 그 집행 또는 절차의 속행으로 인하여 회복하기 어려운 손해를 예방하기 위한 것이어야 한다. 여기서 회복하기 어려운 손해란 사회통념상 금전으로 보상할 수 없는 손해로서 금전보상이 불능인 경우뿐만 아니라 금전보상으로는 사회통념상 행정처분을 받은 당사자가 참고 견딜 수 없거나 또는 참고 견디기가 현저히 곤란한 경우의 유형, 무형의 손해를 말한다.

4) 긴급한 필요가 있을 것
긴급한 필요가 있다고 인정되어야 한다. 여기서 긴급한 필요란 회복하기 어려운 손해의 발생이 시간적으로 절박하였거나 이미 시작됨으로 인하여 본안판결을 기다릴만한 여유가 없는 경우를 말한다.

(나) 소극적 요건
1) 공공복리에 중대한 영향을 미칠 우려가 없을 것
집행정지는 적극적 요건이 충족된다고 하더라도 공공복리에 중대한 영향을 미칠 우려가 있는 경우에는 허용되지 않는다. 공공복리에 미칠 영향이 중대한지 여부는 절대적 기준에 의하여 판단할 것이 아니라, '신청인의 회복하기 어려운 손해'와 '공공복리' 양자를 비교·교량하여, 전자를 희생하더라도 후자를 옹호하여야 할 필요가 있는지 여부에 따라 상대적·개별적으로 판단되어야 한다.

2) 본안의 청구가 이유 없는 것이 명백하지 않을 것(승소가능성이 있을 것)

본안의 이유유무는 집행정지의 요건이 될 수 없으나 본안청구가 이유 없음이 명백한 경우에는 행정처분의 효력정지를 명할 수 없다. 즉, 본안소송에서의 처분의 취소가능성이 없음에도 불구하고 처분의 효력정지를 인정한다는 것은 제도의 취지에 반하므로, 효력정지사건 자체에 의하여도 신청인의 본안청구가 이유 없음이 명백할 때에는 행정처분의 효력정지를 명할 수 없다(대법원 1994.10.11. 자 94두23 결정).

(3) 주장 · 소명책임

처분 등의 존재나 그 집행 또는 절차의 속행으로 인한 회복하기 어려운 손해발생 우려등 적극적요건에 관한 주장 · 소명책임은 원칙적으로 신청인에게 있고, 공공복리 등 소극적요건에 관한 주장 · 소명책임은 행정청에게 있다.

(4) 집행정지결정의 절차

본안이 계속되고 있는 법원은 당사자의 신청 또는 직권에 의하여 처분 등의 효력이나 그 집행 또는 절차의 속행의 전부 또는 일부의 정지를 결정할 수 있다. 신청인은 그 신청의 이유에 대하여 주장 · 소명을 하여야 하고, 피신청인인 행정청은 집행정지의 소극적요건에 대하여 소명하여야 할 것이다. 재판의 형식은 '결정'이며, 변론을 거치지 아니하고 결정할 수 있으나 당사자를 심문할 수도 있다. 집행정지의 관할법원은 본안이 계속된 법원이다.

(5) 집행정지결정의 내용

(가) 처분의 효력정지

효력정지는 구속력 · 공정력 · 집행력 등을 잠정적으로 정지시킴으로써 장래를 향하여 처분자체가 존재하지 않는 상태로 두는 것을 말한다. 예컨대 영업정지의 처분에 대하여 집행정지결정이 있으면 상대방은 적법하게 영업을 할 수 있게 된다. 다만, 처분의 효력정지는 처분의 집행 또는 절차의 속행을 정지함으로써 목적을 달성할 수 있을 때에는 허용되지 아니한다. 따라서 예컨대 강제징수절차와 같은 일련의 계속적인 절차에서 그 절차의 속행을 정지함으로써 압류정지의 목적을 달성할 수 있으므로 과세처분의 효력을 성시할 필요성이 없다.

(나) 처분의 집행정지

집행정지는 처분이 가지는 효력은 유지시키면서 이를 실현하기 위한 집행력의 행사만을 정지하게 하는 것을 말한다. 예컨대 강제퇴거명령을 받은 자에 대한 강제퇴거 조치를 정지하는 경우이다.

(다) 절차의 속행정지

절차의 속행정지는 처분의 효력을 유지시키면서 당해 처분의 후속절차를 잠정적으로 정지하게 하는 것을 말한다. 예컨대 토지수용절차나 행정대집행절차의 경우에 후속적인 절차를 정지하는 행위가 이에 해당한다.

(6) 집행정지결정의 효력

처분 등의 효력정지는 효력 그 자체를 정지시키는 것이므로 행정처분이 없었던 것과 같은 원래 상태를 실현시키는 형성력이 발생한다. 다만, 집행정지결정의 효력은 결정의 주문에 정해진 시기까지 존속한다. 주문에서 정하는 바가 없는 때에는 본안소송의 판결선고시까지 효력이 존속하며, 또한 집행정지결정은 장래에 대하여 효력을 발생함이 원칙이나 처분의 효력정지의 경우에는 소급효가 인정된다.

(7) 집행정지효력의 소멸

집행정지결정이 확정된 후 집행정지가 공공복리에 중대한 영향을 미치거나 그 정지사유가 없어진 때에는 당사자의 신청 또는 직권에 의하여 결정으로써 집행정지결정을 취소할 수 있다. 이 취소신청은 행정청이 할 것이나 제3자효행정행위에서 수익자가 행정청의 참가인인 경우 취소신청을 할 수 있다. 집행정지결정의 취소결정이 있으면 일단 발생된 집행정지결정의 효력은 소멸되고 그 때부터 정지되었던 처분 등의 효력 및 그 집행절차는 다시 속행된다. 한편, 본안소송의 계속은 집행정지결정의 요건일 뿐만 아니라 그 효력지속의 요건이기도 하므로 비록 집행정지결정이 있더라도 본안의 소가 취하되면 별도의 집행정지취소결정을 할 필요 없이 집행정지결정은 실효된다.

(8) 집행정지결정 등에 대한 불복

법원의 집행정지결정, 기각 또는 집행정지결정의 취소결정에 대하여는 즉시 항고할 수 있다. 이 경우 집행정지결정에 대한 즉시항고에는 결정의 집행을 정지하는 효력이 없다. 제3자효행정행위에 있어서 수익자가 행정청의 참가인인 경우에는 집행정지결정에 대한 대항수단으로서 즉시항고를 할 수 있다.

(9) 관련서식

(가) 청구취지 기재례

피신청인이 2007. 3. 26.자로 신청인에게 한 과징금납입처분은 OO지방법원 2007구 호 과징금납입처분취소 청구사건의 본안판결확정시까지 그 효력을 정지한다. 라는 결정을 구합니다.

(나) 서식례

[서식] 행정처분집행정지신청서

[별지 제33호서식]

집행정지신청서

① 사건	행심 심판청구사건		
② 신 청 인		③ 피 신 청 인	
④ 신청 취지			
⑤ 신청 원인			
⑥ 소명방법	1. 2.		
⑦ 근거 법조문	「행정심판법」 제30조제5항, 같은 법 시행령 제22조제1항		

위와 같이 집행정지를 신청합니다.

       .   .   .

      신청인   주소

          이름   (서명 또는 인)

   OO광역시 행정심판위원회 귀중

210mm×297mm

[일반용지 60g/㎡(재활용품)]

행정처분집행정지신청서

신 청 인   000
경기 00시 00동 000-00

위 신청인의 소송대리인 변호사 백 00
경기 000시 00동 000-00 00빌딩 3층(우 : 480-808)
(전화 : 031-800-0000 / 팩스 : 031-800-0000)

피신청인   구리시장
경기 구리시 아차산길 62
대표자 시장 000

신 청 취 지

피신청인이 2007. 3. 26.자로 신청인에게 한 과징금납입처분은 의정부지방법원 2007구   호 과징금납입처분취소 청구사건의 본안판결확정시까지 그 효력을 정지한다.
라는 결정을 구합니다.

신 청 이 유

1. 이 사건 처분의 내용

피신청인은 2007. 3. 26.자로 신청인에 대하여, 신청인이 식품위생법 제31조(영업자준수사항)규정을 위반하고 영업을 하다 적발 되어 식품위생법 제58조 및 제65조(과징금처분) 규정에 의하여 영업정지 1월에 갈음한 과징금 6,000,000원의 부과처분을 하였습니다(소갑 제1호증 : 행정처분통보 참조, 같은 호증의 2 : 과징금납입고지서 참조).

2. 신청인의 지위

신청인은 경기도 OO시 OO동 414-9 소재에서 제1종 유흥업소인 'OOO (이하 '이 사건 업소'라고만 합니다)라는 상호로 유흥주점을 운영하는 업주이며(소갑 제2호증 : 사업자등록증 참조),

신청 외 OOO는 자신이 직접 고용한 무용수들로 조직한 '나진 쇼'라는 명칭의 쇼단을 운영하며 이 사건 업소를 비롯하여 동종업종의 여러 업소를 돌아다니며 공연을 하는 자입니다(소갑 제3호증 : 사업자등록증 참조).

3. 이 사건 처분경위

가. 신청인은 2000. 4. 28. 이 사건 업소의 사업자등록을 한 후 제1종 유흥주점(이는 주로 주류를 판매하는 영업으로 유흥종사자를 두거나 유흥시설을 설치할 수 있고 손님이 노래를 부르거나 춤을 추는 행위가 허용되는 영업입니다)을 운영해 오면서 관련법규를 철저히 준수하며 영업을 해왔던 터라, 이 사건으로 단속되기 전까지 약 6년여 남짓 이 사건 업소를 운영해 오면서 단 한 번도 식품위생법 제31조(영업자준수사항)규정을 위반하는 행위를 한 적이 없고 그 밖의 사유로도 어떠한 행정처분이나 처벌을 받은 바도 없습니다.

나. 하지만, 위와 같이 관련법규를 모두 준수하며 업소를 운영해오던 신청인이 피신

청인으로부터 이 사건 처분을 받는 등의 문제가 발생한 경위는, 위 장우천수가 조직하여 운영하던 나진 쇼단(이하 '이 사건 쇼가무단'이라고만 합니다)이 이 사건 업소에서 2006. 2. 26.부터 같은 해 4. 22.경까지 약 3개월간 공연을 하게 되면서입니다.

그런데, 당시 이 사건 쇼가무단은 이 사건 업소 외에도 이미 서울 등 여러 지역에 소재하는 동종업종의 업소를 돌아다니며 이 사건과 같은 공연을 해오고 있었지만 어떠한 문제도 발생치 않았던 상태였고, 무엇보다도 이 사건 쇼가무단이 합법적으로 등록된 쇼가무단이었으며 그 공연시간 또한 8분여에 불과할 정도로 아주 짧은 시간이었기 때문에 신청인으로서는 그와 같이 합법적으로 등록된 공연단의 공연이 무슨 문제가 되겠냐싶어 이 사건 업소에서 공연을 하게 하였던 것입니다.

다. 그렇지만 신청인은 이 사건 쇼가무단이 이 사건 업소에서 공연을 하는 동안에 그와 관련하여 무용수들의 무대의상, 공연내용 등의 일체의 행위에 대하여는 어떠한 관여를 한 바도 없는데, 이는 신청인이 쇼가무단 등록 등 그 운영과 관련된 법규 등에 무지하였던 이유에서이기도 하였지만, 무엇보다 그와 관련된 모든 것들은 위 쇼가무단을 조직하여 운영하였던 위 장우천수의 기획과 의도 하에 모두 진행되었던 이유에서입니다.

라. 그럼에도 불구하고, 피신청인는 마치 신청인이 무용수를 고용하여 손님들이 지켜보는 앞에서 무용수들이 브래지어 및 팬티[1]만 입은 채로 성행위를 묘사하는 춤을 추게 하는 등 음란행위를 조장·묵인하였다는 이유로 식품위생법 제31조(영업자준수사항)규정을 위반하였다며 과징금 6,000,000원의 부과 처분을 하였습니다(갑 제1호증 : 행정처분통보 참조).

마. 한편, 이 사건과 관련하여 위 무용수가 소속되어 있는 쇼가무단의 단장인 위 장우천수는 풍속영업에관한법률위반죄로 약식 기소(의정부지방법원 2006고약0000호)되어 벌금 200만 원의 처벌을 받고(소갑 제4호증 : 약식명령 참조), 이에 불복

하여 곧바로 정식재판(의정부지방법원 2006고정0000호 풍속영업의규제에관한 법률위반)청구를 하였고, 위 재판절차에서 동인은 공연자 등록사항이 일부 인정되어 선고유예의 판결을 선고받았습니다(소갑 제5호증 : 판결 참조).

4. 처분의 위법성

피신청인의 신청인에 대한 이 사건 처분은 아래와 같은 사유로 피신청인이 재량권을 일탈하였거나 남용한 위법한 처분입니다.

위에서 본바와 같이, ① 이 사건 쇼가무단이 합법적으로 등록된 쇼가무단인 점, ② 이 사건 업소는 무대시설이 설치된 제1종 유흥업소로서 유흥종사자를 두거나 유흥시설을 설치할 수 있고 손님이 노래를 부르거나 춤을 추는 행위까지도 허용되는 업소로서 그와 같은 곳에서 무용수가 다소 특이한 무대의상을 입고 공연을 하였다고 한들 이를 가지고 음란행위를 조장 또는 묵인하였다고 보는 데에는 다소 무리가 있는 점, ③ 더욱이 공연당시 무용수들이 입었다는 브래이저 및 팬티 또한 일반인이 입는 속옷의 개념과는 전혀 다른 단순히 무대 공연을 위하여 제작된 무대의상에 불과한 점, ④ 문제된 공연의 내용 또한 신청인과는 무관하게 모두 쇼단의 단장인 장우천수가 기획한 것이라는 점, ⑤ 그리고 위 공연을 모두 기획한 위 장우천수가 이 사건과 관련하여 관련법에 의하여 등록된 합법적인 쇼가무단을 운영하였다는 이유로 선고유예의 비교적 가벼운 판결을 선고받은 점, ⑥ 특히 이 사건이 신청인의 업태 위반과는 아무런 관련이 없는 점 등에 비추어 피신청인가 신청인에게 한 이 사건 처분은 너무 가혹하여 재량권의 범위를 일탈하였다고 볼 수밖에 없을 것입니다.

5. 긴급한 필요

가. 신청인은 현재 당뇨합병증 및 관절염, 요추 추간판탈출증(디스크) 증세로 치료를 받고 있는 환자로서, 현재의 건강상태로는 마땅히 생계를 위한 활동을 할 수조차

없는 상황이라 이러한 사정을 잘 알고 있는 주변의 친인척들의 도움으로 어렵사리 돈(가게 보증금 및 인테리어비 포함)을 빌려 생계 및 병원비 등을 마련하고자 이 사건 업소를 운영하게 되었습니다.

나. 하지만, 신청인과 같은 건강상태로는 정상인도 운영하기 힘이 든 유흥업소를 운영한다는 것이 무리였는지 점점 더 건강상태가 악화되어 부득이 업소의 운영을 위하여 종업원을 고용하여 동인에게 이를 맡기다 시피 하다 보니 당연히 그 수입 또한 변변치 못하여 업소의 한 달 평균소득이라고 해봐야 고작 금 6,000,000원 정도에 불과 하였습니다(소갑 제 6호증 : 징수결정결의서 참조).

다. 더구나 위 수입 또한 모두 신청인이 얻을 수 있는 순수한 영업수익은 아니어서 이를 가지고 업소를 운영하고자 빌린 차용금에 대한 매달 이자를 지급하고, 업소 종업원들의 급료 및 가게 운영을 위한 식자재의 구입 그리고 각종 공과금(전기요금, 전화요금 등) 등을 모두 지급하고 나면 신청인의 생계비 및 병원비로 사용하기 에도 버거워 사실상 적자의 상태에서 벗어나지를 못하고 있는 실정입니다.

라. 그렇기 때문에 신청인의 경우 만일 이 사건 행정처분이 확정되어 과징금 6,000,000원을 납부하게 되거나, 또는 이를 납부하지 못하여 영업정지 1월의 처분을 받게 되어, 어느 한 달이라도 업소의 정상적인 운영을 하지 못하여 일정한 수익을 득하지 못할 경우 차용금에 대한 압박 및 자신의 생계비 및 병원비조차도 마련하지 못하여 경제적으로는 물론 건강상에도 아주 다급한 상황에 처하게 됩니다.

마. 이처럼 신청인이 위 행정처분에 대하여 급히 집행정지 결정을 받아 두지 못할 경우 신청인은 법원에서 위 처분의 적법성 여부를 심사받을 이익도 잃게 되는 것이므로 이 사건에 있어 행정소송법 제 23조 제2항이 규정한 '긴급한 필요'는 더욱 뚜렷하다고 할 것입니다.

바. 그런 이유로 신청인은 현재 피신청인를 상대로 귀원에 과징금납입처분취소를 청구하는 본안 소송을 제기한 상태입니다(소갑 제7호증 : 소장접수증명원 참조).

6. 결 론

위에서 본바와 같이 피신청인의 위 과징금납입처분의 집행으로 인하여 신청인에게 생길 회복하기 어려운 손해를 예방하기 위하여 긴급한 필요가 있으며, 위 처분의 취소를 구하는 본안소송도 제기되어 있으므로 이 사건 신청을 인용하여 행정소송법 제23조에 의하여 위 행정처분의 효력을 정지하여 주시기 바랍니다.

소 명 방 법

1. 소갑 제1호증의 1 행정처분통보   1부
            - 2 과징금납입고지서   1부
2. 소갑 제2호증 사업자등록증   1부
3. 소갑 제3호증 사업자등록증   1부
4. 소갑 제4호증 약식명령   1부
5. 소갑 제5호증 판결   1부
6. 소갑 제6호증 징수결정결의서   1부
7. 소갑 제7호증 소장접수증명원   1부

첨 부 서 류

1. 위 소명서류   각 1부

         1. 소송위임장   1부
         1. 송달료 영수증   1부

                          2007. 5. .
                     위 신청인의 소송대리인
                       변호사 백 00

의정부지방법원 귀중

---

1) 사실은, 위 브레이저 및 팬티는 일반인이 입는 속옷 개념이 아니고 무대 공연을 위하여 제작된 무대의상에
  불과한 것입니다.

행정처분집행정지신청서

신 청 인   김 OO

　　　　　서울 OO구 OO동 OOO-O OO아파트 OOO-OOO

　　　　　위 신청인의 소송대리인 변호사 백 OO

　　　　　경기 OOO시 OO1동 OOO-OO OO빌딩 3층(우 : 480-808)

　　　　　(전화 : 031-800-0000 / 팩스 : 031-800-0000)

피신청인   남양주시장

　　　　　남양주시 경춘로 641(금곡동 185-10)

신 청 취 지

피신청인이 2007. 10. 4.자로 신청인에게 한 영업정지처분은 의정부지방법원 2007
구   호 영업정지처분취소 청구사건의 본안판결확정시까지 그 효력을 정지한다.
라는 결정을 구합니다.

신 청 이 유

1. 이 사건 처분의 내용

피신청인은 2007. 10. 4.자로 신청인에 대하여, 신청인이 음악산업진흥에관한법률

제27조 규정을 위반(노래연습장업 준수사항, 주류판매)하고 영업을 하다 적발 되어 동법 제27조 제1항의 제5호의 규정에 의하여 영업정지 40일(2007. 10. 15 ~ 2007. 11. 23.)의 처분을 하였습니다(소갑 제1호증의 1 : 행정처분알림, 같은 호증의 2 : 행정처분명령서 각 참조).

2. 이 사건 처분경위

가. 신청인은 현재 뇌경색, 재발성우울성장애, 신경병증있는 당뇨병, 고혈압, 혼합성 고지혈증 등의 증세로 치료를 받고 있는 뇌병변 3급의 중증장애를 가지고 있는 장애인으로서, 생계를 위한 어떠한 구직활동도 불가능한 처지에 있는 국민기초생활보장법상의 기초생활수급자입니다(소갑 제2호증의 1 : 진단서, 같은 호증의 2 : 장애인증명서, 같은 호증의 3 : 수급자증명서 각 참조).

나. 그렇지만 신청인에게는 한 집안의 장남이자 한 가정의 가장으로서 처와 초등학교 5학년에 재학 중인 아들 그리고 현재 노환으로 거동조차도 불편한 칠순을 바라보는 아버지(김00, 2000. 00. 00.생)를 부양해야 할 형편에 있어 자신의 장애 및 그에 대한 치료를 위하여 마냥 요양이나 하고 있을 형편에 있지 아니합니다.

다. 그렇다고 장애인인 신청인의 처지에 아무리 구직활동을 한다고 한들 신청인이 원하는 곳에 취업을 할 만한 형편도 아닐 뿐만 아니라 장애를 가지고 있는 신청인을 채용하겠다고 나서는 곳조차 한 곳 없었기에 신청인은 이에 좌절한 나머지 한동안 자신의 처지를 한탄하며 자살까지도 생각하였던 적이 한 두 번이 아니었습니다.

라. 그러던 중 위와 같은 신청인의 처를 딱히 여긴 주변의 지인들이 신청인에게 "별다른 기술 없이도 아르바이트 학생 하나만 잘 두면 생계비 정도를 버는 데에는 아무런 문제가 없을 것이다"라고 하며 이 사건 노래방 영업을 권유하는 것이었습니다.

마. 그래서 신청인은 오랜 기간 고민을 한 끝에, 현실적으로 장애를 가진 신청인이 정상인들과 같은 일을 할 수 있는 곳을 찾는 다는 것이 불가능하다는 판단하에 주변 지인들의 권유에 따라 이 사건 노래방운영을 하게 되었던 것이지만, 신청인이 그와 같은 결정을 하고나서도 정작 문제가 되었던 것은 노래방 운영을 위한 자금을 마련하는 일이었습니다.

바. 그래서 신청인은 아버지인 신청외 김OO에게 그와 같은 사정이야기를 하며 돈을 빌려줄 것을 부탁하여 아버지로부터 자신의 전 재산이나 다름없는 아파트를 담보로 대출받은 금 5,000만 원을 빌리고, 그 외 사채로 금 3,000만 원을 빌려 합계 금 8,000만 원을 마련한 후, 'OOO시 OO읍 OO리 410-2 OO빌딩 2층 약 213,24㎡'를 보증금 2,500만 원, 월차임 1,800,000원으로 정하여 임차한 후 나머지 돈으로 기계를 구입하고 돈을 빌려준 아버지 명의로 사업자등록을 한 후 OO노래방(이하 '노래방'이라 합니다)이라는 상호로 난생처음 노래방이라는 것을 운영하게 되었습니다(소갑 제3호증 : 사업자등록증 참조).

사. 신청인은 위와 같이 어렵게 돈을 마련한 후 노래방운영을 전적으로 가족들의 생계를 위해 운영하는 것이라서 어떠한 문제라도 발생할 경우 당장 가족들의 생계는 물론 은행대출금에 대한 이자 및 특히 사채 이자에 대한 상환 압박을 받는 처지에 놓일 수가 있고 그렇게 되면 하루 아침에 신용불량자로까지 전락할 수가 있어 관련법규를 철저히 준수하며 영업을 하였습니다.

아. 하지만, 위와 같이 관련법규를 모두 준수하며 노래방을 운영해오던 신청인이 피신청인으로부터 이 사건 처분을 받게 된 경위는, 대체로 노래방을 찾는 손님들이 다른 곳에서 1차로 어느 정도 술을 마시고 와서 2차로 여흥을 즐기기 위하여 찾는 손님들이 대부분 인지라, 노래방에 들어와서도 대부분은 술을 가져다 달라고 하든지 아니면 도우미를 불러 달라고 하기 일쑤였고, 만일 그와 같은 손님들

의 요구를 충족시켜주지 못할 경우 그 중 대부분의 손님들은 대놓고 신청인에게 "뭐 이런 데가 다 있어, 장사를 하겠다는 거야 말겠다는 거야"라고 큰소리를 치며 가게를 박차고 나가는 일이 태반이었습니다.

자. 그러다보니 신청인은 막상 노래방 영업을 시작하였지만 주변의 지인들로부터 들었던 수익이 발생하기는커녕 시간이 지날수록 노래방을 찾는 손님들마저 뜸 해제 당장 노래방의 임대료조차 지급하기 어려운 형편에 놓였을 뿐만 아니라 사채 이자에 대한 압박을 받는 등 노래방을 운영하기 전보다 더욱더 어려운 경제적인 상태에 놓이게 되었습니다.

차. 그래서 신청인은 경제적으로 너무도 어려운 나머지 당장의 생계비 등을 마련하고자 하는 욕심에서 노래방을 찾는 손님들 중 술을 찾는 손님이 있거나 도우미를 찾는 손님이 있을 경우 처음에는 술을 팔지 않고 도우미도 없다고 말을 하다가 만일 손님들이 그 말을 듣고 노래방을 나가려고 하면 그때서야 노래방 영업상 어쩔수 없이 그들에게 술을 판매하거나 도우미를 알선해 주었던 것인데 그 경위야 어찌되었던 그에 대하여는 무어라 변명할 여지없이 그저 죄송할 따름입니다.

4. 처분의 위법성

피신청인의 신청인에 대한 이 사건 처분은 아래와 같은 사유로 피신청인이 재량권을 일탈하였거나 남용한 위법한 처분입니다.

위에서 본바와 같이, 신청인은 노래방을 운영하였던 기간이 3개월여에 불과하였고, 당초에는 관련 법규를 준수하며 노래방을 운영하였지만 그 결과 점차 시간이 흐를수록 영업상 수익이 거의 발생치 아니하여 당장의 임대료 및 사채이자 등에 대한 압박을 거세게 받는 상황에서 생계를 위하여 어쩔수 없이 관련법규를 위반하여 영업을 하였던 점, 신청인이 자신의 잘못을 깊이 반성하며 다시는 위와 같은 잘못을 반복치 않을 것을 굳게 다짐하고 있는 점, 만일 신청인이 노래방 영업을 40일 동안 정지할 경우 현재 경제적으로 조금의 여유도 없는 상황에서 당장 임대료 지급 및 은행대출금에 대한 원리금 상환 그리고 사채 이자에 대한 압박 등으로 생계에 막대한 영향을 미치게 되는 점 등에 비추어 피신청인이 신청인에게 한 이 사건 처분은 너무 가혹하여 재량권의 범위를 일탈하였다고 볼 수밖에 없을 것입니다.

5. 긴급한 필요

가. 신청인은 위에서 본 바와 같이 현재 뇌경색, 재발성우울성장애, 신경병증있는 당뇨병, 고혈압, 혼합성 고지혈증 등의 증세로 치료를 받고 있는 뇌병변 3급의 중증장애를 가지고 있는 장애인으로서, 생계를 위한 어떠한 구직활동도 불가능한 처지에 있는 국민기초생활보장법 상의 기초생활수급자인지라 현재의 건강상태로는 마땅히 생계를 위한 활동을 할 수조차 없어 아버지로부터 돈을 빌리고 일부 사채를 빌려 생계 및 병원비 등을 마련하고자 이 사건 노래방을 운영하게 되었습니다.

나. 하지만, 신청인과 같은 건강상태로는 정상인도 운영하기 힘이 든 업소를 운영한다는 것이 무리였는지 시간이 지날수록 점점 더 건강상태가 악화되어 부득이 업소의 운영을 위하여 종업원을 고용하여 동인에게 이를 맡기다시피 하다 보니 당연히 그 수입 또한 변변치 못하여 업소의 한 달 평균소득이라고 해봐야 얼마 되지를 아니하였습니다.

다. 더구나 위 수입도 모두 신청인이 얻을 수 있는 순수한 영업수익은 아니어서 이를 가지고 노래방을 운영하고자 빌린 차용금에 대한 매달 이자를 지급하고, 업소 종업원의 급료 및 가게 운영을 위한 각종 공과금(전기요금, 전화요금 등) 등을 모두 지급하고 나면 신청인의 생계비 및 병원비로 사용하기에도 버거워 사실상 적자의 상태에서 벗어나지를 못하고 있는 실정입니다.

라. 그렇기 때문에 신청인의 경우 만일 이 사건 행정처분이 확정되어 영업정지 40일의 처분을 받게 되고, 그로 인하여, 그 기간 동안 업소의 정상적인 운영을 하지 못할 경우 차용금에 대한 압박 및 자신의 생계비 및 병원비조차도 마련하지 못하여 경제적으로는 물론 건강상에도 아주 다급한 상황에 처하게 됩니다.

마. 이처럼 신청인이 위 행정처분에 대하여 급히 집행정지 결정을 받아 두지 못할 경우 신청인은 법원에서 위 처분의 적법성 여부를 심사받을 이익도 잃게 되는 것이므로 이 사건에 있어 행정소송법 제 23조 제2항이 규정한 '긴급한 필요'는 더욱 뚜렷하다고 할 것입니다.

바. 그런 이유로 신청인은 현재 피신청인를 상대로 귀원에 과징금납입처분취소를 청구하는 본안 소송을 제기한 상태입니다(소갑 제4호증 : 소장접수증명원 참조).

6. 결 론

위에서 본바와 같이 피신청인의 위 과징금납입처분의 집행으로 인하여 신청인에게 생길 회복하기 어려운 손해를 예방하기 위하여 긴급한 필요가 있으며, 위 처분의 취소를 구하는 본안소송도 제기되어 있으므로 이 사건 신청을 인용하여 행정소송법 제23조에 의하여 위 행정처분의 효력을 정지하여 주시기 바랍니다.

소 명 방 법

1. 소갑 제1호증의 1 행정처분알림   1부
   - 2 행정처분명령서행정처분통보   1부

2. 소갑 제2호증의 1 진단서   1부

　　　　　　　－ 2 장애인증명서   1부

　　　　　　　－ 3 수급자증명서   1부

3. 소갑 제3호증 사업자등록증   1부

4. 소갑 제4호증 소장접수증명원   1부

첨 부 서 류

1. 위 소명서류 각   1부

1. 소송위임장   1부

1. 송달료 영수증   1부

2007. 10. .

위 신청인의 소송대리인

변호사 백 00

의정부지방법원 귀중

행정처분집행정지신청서

신 청 인   000

                  000시 00동 0000-0 00아파트 0000-000

                  신청인의 소송대리인 법무법인 00

                  담당변호사 박 0 0

                  서울 00구 00동 0000-00 00빌딩 1층(우 : 137-885)

                  (전화 : 02-500-5000 / 팩스 : 02-500-5000)

피신청인   남양주시장

                  남양주시 경춘로 641(금곡동 185-10)

신 청 취 지

피신청인이 2008. 10. 27.자로 신청인에게 한 영업정지처분은 00지방법원 2008 구   호 영업정지처분취소 청구사건의 본안판결확정시까지 그 효력을 정지한다. 라는 결정을 구합니다.

신 청 이 유

1. 이 사건 처분의 내용

피신청인은 2008. 10. 27.자로 신청인에 대하여, 신청인이 식품위생법 제31조 규정을 위반(영업자준수사항)하여 영업하였다는 이유로, 동법 제58조 동법시행규칙 제53조 규정에 의거하여 영업정지 2월(2008. 11. 7. ~ 2009. 1. 6.)의 처분을 하였습니다(소갑 제1호증의 1 : 청소년주류제공에 따른 영업정지 알림, 같은 호증의 2 : 청소년 주류제공에 따른 영업정지 사전통지 각 참조).

2. 이 사건 행정처분을 받기까지의 과정

가. 신청인은 2006. 3. 27. 000시 00읍 00리 소재에 0000라는 상호의 일반음식점을 오픈한 후 평소 나이어린 자식을 키우는 입장에서 청소년이 나쁜 길로 빠지지 않도록 어른들이 노력을 해야 된다는 신념을 갖고 가게를 운영해 왔기 때문에 지금껏 단 한 번도 식품위생법이나 청소년보호법을 위반한 사실이 없을 정도로 성실히 살아왔습니다(소갑 제2호증의 1 : 사업자등록증, 같은 호증의 2 : 부동산 임대차계약서, 소갑 제3호증 : 재학증명서).

나. 더욱이 신청인은 이 사건 0000를 운영하기 위하여 주변에서 많은 돈을 빌려서 투자한 상태라 만일 장사를 하면서 가게에 청소년을 출입시켰다가 영업정지처분이라도 받게 될 경우, 당장 차용금에 대한 이자부담은 물론 가족들의 생계에도 막대한 영향이 미치게 된다는 사실을 너무나 잘 알고 있었습니다.

다. 그렇기 때문에 신청인은 평소 가게를 운영하면서 청소년인 듯 외모가 어려보이는 사람이 가게에 출입할 경우 반드시 주민등록증을 통하여 나이를 확인한 후 주류를 판매해 오는 등 관련 법규를 성실히 준수하며 가게영업을 해왔던 것이 사실입니다.

라. 그런데 00연휴가 막 끝난 2008. 9. 16.경 그 날은 평일이기는 하였지만 짧았던 추석연휴 탓인지 인근대부분의 가게들이 문을 닫았고, 그 때문인지 신청인 운영

의 가게는 평소와 달리 아주 많은 사람들로 북적거려 아내와 단 둘이서 장사를 하는데 많은 어려움이 있었습니다[2].

마. 그 와중에 같은 날 19:30경 여성손님 5명이 가게로 들어왔는데, 신청인이 보기에 그 중 한 명이 청소년인 듯 어려 보여 동인들 모두에게 주민등록증을 제시할 것을 요구하였고, 이를 직접 확인하여 보니 5명 모두 1988년생, 1989년생으로 청소년이 아니었습니다. 그래서 신청인은 동인들을 가게의 테이블로 안내한 후 동인들이 주문한 맥주 2000cc와 소주 2병과 안주류를 제공하였습니다.

바. 그 후에도 신청인은 계속해서 가게에 드나드는 손님들에 대한 주문과 서빙 및 계산 등을 하느라 분주한 시간을 보내고 있던 중, 같은 날 20:00경으로 기억되는데 위 여성손님들이 앉아서 술을 마시고 있는 테이블에서 주문 벨이 울려 가보니 이미 그 자리에는 신청인도 모르는 사이 위 여성손님들의 친구로 보이는 3~4명이 합석해 있는 상태였고, 서로가 서로에게 큰소리로 웃으며 반말로 이야기를 나누고 있었습니다[3].

그래서 신청인은 당연히 동인들도 모두 성년자라는 생각을 하였지만, 그래도 새로 합석을 한 손님들에 대한 나이 정도는 확인을 하여야 될 것 같아 동인들의 나이는 확인하고자 주민등록증의 제시를 요구하면서 나이를 물어보니 다들 서로가 서로의 친구들이라고 말하며, 이미 주민등록증으로 우리가 청소년이 아님을 확인하지 않았느냐고 짜증을 냈습니다.

더구나 당시 신청인이 보기에도 뒤늦게 들어온 여성손님들의 경우, 옷차림도 모두 정장차림이고, 헤어스타일도 긴 생머리였고, 체격도 보통보다 크며, 화장도 짙게하여 나이가 최소한 23-4세 정도 들어 보였기 때문에 청소년이라고는 상상도 못해 주민등록증을 확인 절차를 거치지 아니하고 주류를 제공하였던 것입니다.

사. 그런데 그 얼마 후 20:20경 00지구대에서 경찰관 두 명이 단속을 나왔다며 가게로 들어와 동인들의 신분을 확인하는 과정에서 9명 중 단 한 명이 청소년으로 확인되었는데, 그때서야 신청인도 동인이 청소년이라는 것을 알고 놀라움을 금치 못하였고, 지금도 동인이 청소년이라는 사실이 도저히 믿겨지지 않을 정도입니다.

더구나 당시 동인들을 단속하였던 경찰관들조차도 단속과정에서 그 중 한 명이 청소년이라는 것이 확인되자 깜짝 놀라며 "누가 이런 사람을 청소년이라고 생각하겠느냐"는 말 하였을 정도로 동인은 외관상으로는 상당히 성숙하게 보이는 사람이었습니다.

아. 경위야 어찌되었던 당시 신청인이 가게가 바쁘다는 이유로 가게로 들어온 손님들의 신분을 모두 정확히 확인하지 못한 것은 불찰이지만,

당시 단속을 나온 경찰관에 의하여 청소년으로 확인된 사람을 제외한 나머지 사람들은 모두 성년자였고, 청소년으로 확인된 사람 또한 동인의 외모나 차림 등 외관상으로 신청인이 동인에게 주민등록증을 제시하라는 말 자체를 꺼낼 수 없을 정도로 나이가 들어보였기 때문에, 신청인으로서는 그러한 사람이 청소년일 것이라고는 상상도 못했고, 그러한 인식자체를 기대할 수조차 없는 상황이었습니다.

참고로, 대법원은, '수학여행을 온 대학교 3학년생 34명이 지도교수의 인솔하에 피고인 경영의 나이트클럽에 찾아와 단체입장을 원하므로 그들 중 일부만의 학생증을 제시받아 확인하여 본즉 그들이 모두 같은 대학교 같은과 소속의 3학년생들로서 성년자임이 틀림없어 나머지 학생들의 연령을 개별적, 기계적으로 일일이 증명서로 확인하지 아니하고 그들의 단체입장을 허용함으로써 그들 중 섞

여 있던 미성년자(19세 4개월 남짓 된 여학생) 1인을 위 업소에 출입시킨 결과가 되었다면 피고인이 단체입장하려는 위 학생들이 모두 성년자일 것으로 믿은데에는 정당한 이유가 있었다고 할 것이고, 따라서 위와 같은 상황아래서 피고인에게 위 학생들 중 미성년자가 섞여 있을 지도 모른다는 것을 예상하여 그들의 증명서를 일일이 확인할 것을 요구하는 것은 사회통념상 기대가능성이 없다고 봄이 상당하므로 이를 벌할 수 없다'고 판시하고 있으며(대법원 1987. 1. 20. 선고 86도847 판결 참조),

또한, 서울고등법원은, '개인이 유흥주점에 출입함은 출입자의 비밀이 보장되어야 하는 개인적 사생활의 영역이므로 영업자라도 모든 출입자에게 증명서의 제시를 요구할 수는 없겠으나, 미성년자를 풍속 상 유해한 환경으로부터 격리시켜 미성년자의 비행을 방지하고 건전한 심신의 육성을 꾀하고자 유흥주점 영업자에게 미성년자의 출입을 막기 위한 연령조사 의무를 부과하고 그로 하여금 출입자의 연령에 관한 증명서의 제시를 요구하여 그 연령을 확인한 후 미성년자임이 밝혀지면 그 출입을 거부할 수 있도록 하는 한편, 출입자의 연령을 증명서로 조사하지 아니한 채 미성년자를 출입시킨 경우에는 그에 관한 주의의무를 다하였다고 할 수 없도록 한 것으로서 그로 인한 개인적 사생활 영역의 침해는 미성년자 보호에 필요한 최소한에 그치도록 하여야 하고, 이를 기계적, 획일적으로 적용할 것은 아니므로, 영업자라도 외관상 미성년자로 의심될 수 없음이 명백한 출입자에게까지 미성년자임을 확인한다는 명목으로 획일적으로 증명서의 제시를 요구할 수 없음은 물론 달리 출입자가 외관상 또는 객관적으로 보아 미성년자로 의심되거나 개별적으로 증명서로서 미성년자 인지의 여부를 확인하여야 할 별단의 사정이 없는 한 영업자의 연령조사 의무를 다하지 못한 것은 아니라고 봄이 상당하다'고 판시하여(서울고등법원 1986. 2. 13. 선고 85노452 판결 참고),

이 사건과 같은 경우 신청인이 영업자로서 연령조사 의무를 다하지 못한 것은 아니라고 보고 있습니다.

3. 신청인은 이 사건으로 기소유예의 처분을 받았습니다.

신청인은 이 사건으로, 위 2항과 같은 정상이 참작되어 2008. 10. 16. 의정부지방검찰청(2008형제 0000호)에서 기소유예의 처분을 받았습니다(소갑 제4호증 : 사건처분결과증명서 참조).

4. 처분의 위법성

피신청인의 신청인에 대한 이 사건 처분은 아래와 같은 사유로 재량권을 일탈하였거나 남용한 위법한 처분입니다.

위에서 말씀드린 바와 같이, ① 신청인이 2006. 3. 27. 쪼끼쪼끼를 개업한 이래 이 사건 당시까지 단 한 번도 식품위생법이나 청소년보호법을 위반한 사실이 없을 정도로 관련 법규에 따라 적법한 범위 내에서 영업을 하여온 점, ② 이 사건으로 2개월 영업정지를 당하게 될 경우 신청인이 커다란 경제적 손실을 입게 되는 점, ③ 이로 인해 0000의 정상적인 영업재개가 곤란해질 수도 있는 점, 경위야 어찌되었던 신청인이 자신의 잘못을 깊이 반성하며 다시는 이와 같은 잘못을 반복치 않을 것을 굳게 다짐하고 있는 점, ④ 만일 신청인이 0000 영업을 2개월 동안 정지할 경우 현재 경제적으로 조금의 여유도 없는 상황에서 당장 임대료 및 차용금에 대한 이자 등의 압박으로 생계에 막대한 영향을 미치는 점, ⑤ 그 밖에 위 2항에 나타난 여러 정상들 및 특히 본건과 같은 사안의 경우 검찰에서 기소유예의 처분을 받거나 법원에서 선고유예의 판결(결정)을 받을 경우 사전 통고한 영업정지 기간이 1/2로 감할 수 있는 것임에도 사전처분 그대로 2월의 영업정지 처분을 한 점4) 등을 고려한다면 신청인에게 영업정지 2개월을 명한 피신청인의 이 사건 처분은 너무 가혹하여 재량권의 범위를 일탈하였다고 볼 수밖에 없을 것입니다.

이에 신청인은 피신청인의 이 사건 행정처분이 위와 같이 재량권의 범위를 일탈한 위법한 처분임을 내세워 그 취소를 구하는 본안의 소를 제기하게 된 것입니다.

5. 긴급한 필요

가. 피신청인이 위 처분에 따른 영업정지 기간은 2008. 11. 7. ~ 2009. 1. 6.자까지 2개월 동안으로 위 기간의 시작이 임박한 상태입니다.

그런데 일단 위 처분이 집행된 후에는 영업정지 기간을 거치면서 위 쪼끼쪼끼의. 고객 관계가 단절될 것이고 또한 위 처분으로 인하여 위 쪼끼쪼끼의 신용과 명성 이 크게 훼손될 것이 예상되므로 위 영업정지 처분으로 신청인이 입을 손해는 금전으로도 회복되기 어려울 것입니다.

나. 그러한 연유로 신청인은 피신청인을 피신청인으로 하여 귀원에 영업정지가처분의 취소를 청구하는 본안소송을 제기한 상태입니다(아래 첨부하는 소장접수증명원).

위 본안소송이 종결될 때까지 최소한 수개월이 소요될 것임은 분명한 일인데, 그럴 경우 이미 위 영업정지 기간인 2개월이 경과해 신청인은 위 본안 사건에서 소의 이익을 잃게 되고 말 것입니다.

이처럼 신청인이 위 행정처분에 대하여 급히 집행정지 결정을 받아 두지 못할 경우 신청인은 법원에서 위 처분의 적법성 여부를 심사받는 이익도 잃게 되는 것이므로 이 사건에 있어 행정소송법 제23조 제3항이 규정한 '긴급한 필요'는 더욱 뚜렷하다고 할 것입니다.

다. 한편, 신청인은 위와 같이 적발된 이후 0000의 운영을 함에 있어 가게를 찾는 손님들 중 청소년인 듯 외모가 어려보이는 사람이 출입할 경우 주민등록증을 통하여 더욱더 철저히 나이를 확인하고 있기 때문에 이 사건이 재발할 우려조차 없습니다.

그렇다면 위 본안사건의 판결선고시까지 이 사건 행정처분의 효력을 정지한다고 하여 그 것이 행정소송법 제23조 제3항이 정한 '공공복리에 중대한 영향을 미칠 우려가 있을 때'에 해당한다고 볼 여지도 없을 것입니다.

6. 결 론

위에서 본바와 같이 피신청인의 위 영업정지집행으로 인하여 신청인에게 생길 회복하기 어려운 손해를 예방하기 위하여 긴급한 필요가 있으며, 위 처분의 취소를 구하는 본안소송도 제기되어 있으므로 이 사건 신청을 인용하여 행정소송법 제23조에 의하여 위 행정처분의 효력을 정지하여 주시기 바랍니다.

소 명 방 법

1. 소갑 제1호증의 1 청소년주류제공에따른영업정지알림   1부
   - 2 청소년의주류제공에따른영업정지사전통지   1부
1. 소갑 제2호증의 1 사업자등록증   1부
   - 2 부동산임대차계약서   1부
1. 소갑 제3호증 재학증명서   1부
1. 소갑 제4호증 사건처분결과증명서   1부

첨 부 서 류

1. 위 소명서류　　　　　　　　　　각 1부
　　1. 소송위임장　　　　　　　　　　　1부
　　1. 소장접수증명　　　　　　　　　　1부

참 고 자 료

1. 식품위행법 시행규칙 별표 15 행정처분기준(제53조 관련)

2008. 10. .
신청인의 소송대리인
법무법인 00
담당변호사 김 00

의정부지방법원 귀중

---

2) 신청인은 본건 쪼끼쪼끼를 2006. 3. 27.경 오픈한 이래 인건비라도 아껴보려는 마음에 지금껏 단 한 명의 직원도 채용치 아니하고 아내와 단 둘이(아내는 주방에서 신청인은 홀에서 일을 하였습니다)서 이를 운영해 왔습니다.
3) 당시 위 여성손님들이 앉아서 술을 마셨던 자리는 가게의 출입문 좌측에 칸막이로 가려진 곳이라, 만일 신청인이 가게의 다른 테이블에서 주문 등의 이유로 특별히 그 곳을 응시하고 있지 아니하면 그 곳에 누군가가 들어와 앉아 있더라도, 직접 그 곳으로 가서 확인을 하지 않고는 알 수 없는 곳입니다.
4) 식품위생법 시행규칙 별표 15 행정처분기준(제53조 관련)(참고자료 1 참조)

제2장 행정사건의 관할

제1절 행정법원

1. 일반법원으로서의 행정법원

행정소송법은 행정소송의 제1심 관할법원을 행정법원으로 하고 있다. 행정법원이 설치되지 않은 지역에 있어서의 행정법원의 권한에 속하는 사건은 행정법원이 설치될 때까지 해당 지방법원본원 및 춘천지방법원 강릉지원이 관할한다. 서울특별시에 서울행정법원을 설치하고, 종래의 2심제와 달리 1심 지방법원급인 행정법원→고등법원→대법원의 3심제를 취하고 있다.

2. 행정법원관할의 전속성 여부

가. 행정사건의 행정법원 전속

전속관할제도를 명문화하고 있는 가사소송법과(가사소송법 제2조)는 달리 행정소송법에는 행정사건이 행정법원의 전속관할에 속함을 밝히는 규정이 없어 행정사건이 행정법원의 전속에 속하는 가에 대한 논란의 여지가 있다, 그러나 실무에서 성질상 행정사건은 행정법원의 전속관할에 속한다. 따라서 행정법원의 관할에 속하는 행정사건을 지방법원이나 가정법원이 행함은 전속관할 위반이 되고 이는 절대적 상고이유가 된다.

다만, 행정법원이 설치되지 아니하여 지방법원 본원이 행정법원의 역할까지 하는 지역에서,

지방법원 본원이 행정사건으로 취급하여야 할 것을 민사사건으로 접수하여 처리하였을 경우 이는 단순한 사무 분담의 문제일 뿐 관할위반의 문제는 아니다. 그러므로 행정소송법이 정한 절차에 의한 심리를 하지 아니한 경우, 절차 위반의 문제가 발생할 뿐 전속관할 위배라 할 수는 없다. 따라서 행정소송법상의 당사자소송으로 제기하여야 할 사건을 민사소송으로 잘못 제기한 경우에 수소법원이 그 당사자소송에 대한 관할도 동시에 가지고 있다면 행정소송법이 정하는 절차에 따라 이를 심리하면 된다.[5]

나. 관할의 지정제도

관할이 불분명할 경우 전속관할이 인정되는 가사소송법의 경우 직근 상급법원의 관할 지정제도를 두고 있다. 그러나 행정소송법에서는 이러한 관할지정제도가 마련되어 있지 아니하다는 점에 유의할 필요가 있다.

다. 행정법원의 민사사건처리

행정소송법은 행정법원이 행정사건과 병합하여 관련 민사사건을 처리할 수 있음을 명시하고 있다. 이러한 경우를 제외하고는 행정법원이 행정사건과 분리하여 독립적으로 민사사건을 처리할 수 있는지에 관하여 견해가 대립되지만 이를 굳이 금지할 필요가 없다는 것이 대법원의 입장이다.

【판시사항】

구 공익사업을 위한 토지 등의 취득 및 보상에 관한 법률 제91조에 규정된 환매권의 존부에 관한 확인을 구하는 소송 및 같은 조 제4항에 따라 환매금액의 증감을 구하는 소송이 민사소송에 해당하는지 여부(대법원 2013. 2. 28. 선고 판결)

【판결이유】

민사소송인 이 사건 소가 서울행정법원에 제기되었는데도 피고는 제1심법원에서 관할위반이라고 항변하지 아니하고 본안에 대하여 변론을 한 사실을 알 수 있는바,

---

5) 대법원 2014. 10. 14. 자 2014마1072 결정.

공법상의 당사자소송 사건인지 민사사건인지 여부는 이를 구별하기가 어려운 경우가 많고 행정사건의 심리절차에 있어서는 행정소송의 특수성을 감안하여 행정소송법이 정하고 있는 특칙이 적용될 수 있는 점을 제외하면 심리절차면에서 민사소송절차와 큰 차이가 없는 점 등에 비추어 보면, 행정소송법 제8조 제2항, 민사소송법 제30조에 의하여 제1심법원에 변론관할이 생겼다고 봄이 상당하다.

제2절 토지관할

1. 항고소송의 토지관할

가. 보통재판적

항고소송의 제1심 관할법원은 피고의 소재지를 관할하는 행정법원이다. 다만, 중앙행정기관 또는 그 장이 피고인 경우의 관할법원은 대법원 소재지의 행정법원이다. 행정법원이 설치되지 않은 지역에서 행정법원의 권한에 속하는 사건은 해당 지방법원이 관할하도록 되어 있기 때문에 현재는 행정법원이 설치되어 있는 서울을 제외하고는 피고의 소재지를 관할하는 지방법원본원이 제1심 관할법원이 된다.

나. 특별재판적

토지의 수용 기타 부동산 또는 특정의 장소에 관계되는 처분 등에 대한 취소소송은 그 부동산 또는 장소의 소재지를 관할하는 행정법원에 이를 제기할 수 있다. 여기서 토지의 수용에 관계되는 처분이란 토지수용법상의 국토교통부장관의 사업인정, 토지수용위원회의 재결 · 이의재결 등의 처분을 말한다. 부동산에 관계되는 처분이란 광업권에 관한 처분, 농지 · 산지의 보전개발을 위한 규제 · 해제에 관한 처분, 토지구획정리사업으로 인한 환지처분, 토지거래허가에 관한 처분, 부동산에 관한 권리행사의 강제 · 제한 · 금지를 명하거나 직접 실현하는 처분 등을 말한다. 특정의 장소에 관계되는 처분이란 자동차운수사업면허, 택지조성사업에 관한 처분 등과 같은 특정지역에서 일정한 행위를 할 수 있는 권리 등을 부여하는 처분이나 특정지역을 정하여 일정한 행위를 제한·금지하는 처분 등을 말한다.

2. 당사자소송의 토지관할

당사자소송의 제1심 관할법원은 항고소송의 경우와 같이 피고의 소재지를 관할하는 행정법원이 된다. 다만, 국가 또는 공공단체가 피고인 경우에는 관계행정청의 소재지를 피고의 소재지로 본다. 또한 토지의 수용 기타 부동산 또는 특정의 장소에 관계되는 처분 등에 대한 당사자소송은 그 부동산 또는 장소의 소재지를 관할하는 행정법원에 이를 제기할 수 있다.

3. 토지관할의 성질

행정소송법은 제소의 편의를 위하여 항고소송이나 당사자소송의 토지관할에 관하여 전속관할로 규정하지 아니함으로써 임의관할임을 간접적으로 밝히고 있다.[6] 그러므로 당사자의 합의에 의한 합의관할이나 변론관할도 생기며, 항소심에서는 관할 위반을 주장할 수 없다.

다만, 행정법원의 역할을 할 수 있는 것은 지방법원 본원으로서, 지방법원 지원(춘천지방법원 강릉지원 제외)은 비록 합의지원이라 하더라도 행정사건을 다룰 수 없고, 합의관할 등이 생길 여지도 없다.

제3절 사물관할

사물관할이란 사물의 경중 또는 성질에 의한 제1심 관할의 분배로서 소송사건의 제1심을 지방법원합의부와 단독 판사 간에 분담시킨 것을 말한다. 행정사건은 원칙적으로 판사 3인으로 구성된 합의부에서 재판하여야 하는 합의사건이다. 다만, 합의부가 단독판사가 재판할 것으로 결정한 사건에 대하여는 단독판사가 재판할 수 있다. 재량권남용 여부만이 문제되는 사건 등 간단한 사건에 대하여 단독판사가 신속히 처리할 수 있는 길을 열어 둔 것이다.

---

6) 대법원 1994. 1. 25. 선고 93누18655 판결.

제4절 심급관할

종래 항고소송과 당사자소송의 제1심 법원을 고등법원으로 함으로써 행정사건에 2심제를 택하여 왔다. 그러 1998. 3. 1.부터 시행된 개정 행정소송법은 지방법원급인 행정법원을 제1심 법원으로 하고 그 항소심을 고등법원, 상고심을 대법원이 담당하도록 함으로서 3심제를 원칙으로 하고 있다.7)

제5절 민중소송 및 기관소송의 재판관할

민중소송이나 기관소송과 같은 객관적소송의 재판관할 역시 개별법에서 정한다. 대법원이 1심이며 종심인 것이 대부분이다. 그런데, 지역구 시·도 의원선거, 자치구·시·군의원 선거 및 자치구·시·군의 장 선거에 있어서는 그 선거구를 관할하는 고등법원으로 되어있다. 또한 교육위원선거에 있어서는 고등법원으로 되어 있으나 교육감의 선거에 있어서는 대법원이다.

제6절 사건의 이송

1. 이송의 의의

사건의 이송 제도는 관할위반의 경우 소를 각하하기보다는 관할권이 있는 법원에 이송함으로써 다시 소를 제기할 때 들이는 시간, 비용, 노력을 절감하게 하고, 소제기에 의한 제척기간 등 제소기간 준수의 효력을 유지시켜 소송경제를 도모하기 위하여 보다 편리한 법원으로

---

7) 그러나 개별법규 중에는 서울고등법원을 제1심으로 규정함으로써 2심제를 채택하고 있는 것들이 있다. 보안관찰법 23조, 독점규제및공정거래에관한법률 55조, 위 독점규제법 55조를 준용하고 있는 약관의규제에관한법률 30조의2 및 하도급거래공정화에관한법률 27조 등이 그 예이다.

옮겨 심판할 수 있도록 하거나 서로 관련되는 사건 간 판결의 모순, 저촉을 피하기 위하여 하나의 법원에서 심판할 수 있도록 하자는 취지이다.

이렇듯 사건의 이송이라 함은 어느 법원에 일단 계속된 소송을 그 법원의 재판에 의하여 관할권이 있는 다른 법원에 이전하는 것을 말한다. 여기서 이송은 법원간의 이전이므로 동일 법원 내에서 담당재판부를 바꾸는 것은 이송에 속하지 아니하고 사무분담의 문제이다.

2. 이송할 경우

가. 관할위반으로 인한 이송

행정소송의 경우 그 소송의 특수성으로 인하여 민사소송에 비해 관할 위반을 하여 소송을 제기할 가능성이 매우 높다. 그럼에도 만일 이를 부적법 각하처리 한다면 제소기간 경과 등으로 다시 제소할 수 없는 경우가 발생하여 국민의 권리에 중대한 장해가 될 수 있다. 따라서 이를 각하하기 보다는 관할법원으로 이송하는 것이 당사자의 권리구제나 소송경제의 측면에서 더 바람직하다.

이에 따라 우리 행정소송에서도 민사소송법 제34조 제1항이 준용되어 법원은 소송의 전부 또는 일부에 대하여 관할권이 없다고 인정하는 경우에는 결정으로 이를 관할 법원에 이송하도록 하고 있다.

따라서 만일 원고가 고의 또는 중대한 과실 없이 행정소송으로 제기하여야 할 사건을 민사소송 으로 잘못 제기한 경우, 수소법원으로서는 만약 그 행정소송에 대한 관할도 동시에 가지고 있다면 이를 행정소송을 심리, 판단하여야 하고, 그 행정소송에 대한 관할을 가지고 있지 아니하다면 행정소송으로서의 소송요건을 결하고 있음이 명백하여 행정소송으로 제기되었더 라도 어차피 부적법하게 되는 경우가 아닌 이상 이를 부적법한 소라고 하여 각하할 것이 아니라 관할법원에 이송하여야 한다.[8]

나. 편의에 의한 이송

(1) 민사소송법 35조의 준용에 의한 이송

행정소송에도 민사소송법 35조가 준용되어 법원은 그 관할에 속한 소송에 관하여 현저한

---

8) 대법원 1997. 5. 30. 선고 95다28960 판결.

손해 또는 지연을 피하기 위한 필요가 있을 경우 직권 또는 당사자의 신청에 의하여 소송의 전부나 일부를 다른 관할법원에 이송할 수 있다. 다만, 전속관할이 정해져 있는 소의 경우에는 그러하지 아니한다. 한편 행정소송의 경우 관할법원이 여럿 있는 경우가 드물어 이 규정에 따른 이송을 할 경우는 흔하지 않다.

다. 관련청구소송의 이송

(1) 취 지

항고소송, 특히 취소소송에서는 한편으로는 위법한 처분 등의 취소 또는 변경을 구하고 다른 한편으로는 그와 관련되는 손해배상이나 부당이득반환 등을 청구할 필요가 있는 경우가 적지 않다. 이 경우 취소소송은 처분청을 피고로 제기하여야 하는데 대하여, 손해배상·원상회복청구소송 등은 공법상 당사자소송 또는 민사소송으로서 국가 또는 공공단체를 피고로 하게 되며, 그 관할법원에 있어서도 차이가 있게 된다. 이러한 경우에 취소소송과 이와 관련되는 수개의 청구를 병합하여 하나의 소송절차에서 통일적으로 심판하게 되면 심리의 중복이나 재판의 모순·저촉을 피하고 당사자나 법원의 부담을 경감할 수 있는바, 이러한 취지에서 행정소송법은 관련청구소송의 이송과 병합을 인정하고 있다.

(2) 관련청구소송의 범위

(가) 당해 처분 등과 관련되는 손해배상·부당이득반환·원상회복 등 청구 소송

여기서 당해 처분 등과 관련된다는 것은 처분이나 재결이 원인이 되어 발생한 청구 또는 그 처분이나 재결의 취소·변경을 선결문제로 하는 경우를 말한다.

(나) 당해 처분등과 관련되는 취소소송

여기에는 당해 처분과 함께 하나의 절차를 구성하는 다른 처분의 취소를 구하는 소송, 당해 처분에 관한 재결의 취소를 구하는 소송 또는 재결의 대상인 처분의 취소소송, 당해 처분이나 재결의 취소·변경을 구하는 제3자의 취소소송이 포함된다.

(3) 관련청구소송의 이송

(가) 관련청구소송의 이송의 의의

관련청구소송의 이송이란 취소소송과 관련청구소송이 각각 다른 법원에 계속되고 있는 경우에 관련청구소송이 계속된 법원이 상당하다고 인정하는 때에는 당사자의 신청 또는 직권에 의하여 이를 취소소송이 계속된 법원으로 이송할 수 있음을 말한다.

(4) 관련청구소송의 이송의 요건

ⅰ) 취소소송과 관련청구소송이 각각 다른 법원에 계속되어 있을 것,

ⅱ) 법원이 상당하다고 인정하는 경우일 것,

ⅲ) 당사자의 신청 또는 직권에 의하여 관련청구소송을 취소소송이 계속된 법원에로 이송결정이 있을 것 등이다.

(5) 이송결정의 효과

ⅰ) 소송을 이송 받은 법원은 이송결정에 따라야 하며, 따라서 이송 받은 법원은 사건을 다시 다른 법원에 이송하지 못한다.

ⅱ) 이송결정이 확정되면 관련청구소송은 처음부터 이송 받은 법원에 계속된 것으로 본다.

ⅲ) 이송결정을 한 법원의 법원사무관 등은 그 결정의 정본을 소송기록에 붙여 이송 받을 법원에 보내야 한다.

제3장 당사자

제1절 개 설

행정소송도 원고와 피고가 대립하는 대심구조를 취하여 구체적 사건을 다툰다는 점에서 민사소송과 본질적으로 다르지 않다. 그러나 항고소송 특히 취소소송의 경우 원고는 자신의 권익보호를 위하여 처분 등의 위법을 이유로 그의 취소·변경을 구하는 반면 피고인 행정청은 자신의 권익을 주장하는 것이 아니라 법적용에 있어서 위법이 없다는 것을 주장하는데 그친다. 여기서 행정청은 국가 또는 지방자치단체의 기관으로서 그 자체로서는 피고의 자격을 가지는 것이 아니지만 편의상 피고의 지위가 인정되는 점, 그리고 자신의 이익을 주장하고 방어하는 것이 아니라 공익을 위하여 소송에 임한다는 점 등의 특수성을 갖고 있다.

제2절 당사자능력

당사자능력이란 소송의 주체가 될 수 있는 능력 또는 자격을 말한다. 민법 기타 법률에 의하여 권리능력을 가지는 자는 당사자능력을 갖는다. 그러므로 자연인, 법인, 법인격 없는 사단 또는 재단도 행정소송에 있어서 당사자능력을 갖는다.

당사자능력은 소송요건으로 당사자능력이 없는 자가 제기한 소나 당사자능력이 없는 자를 상대로한 소송은 부적법하다.

한편 항고소송에서 있어 피고능력에 관한 부분에 있었서는 민사소송의 경우와는 달리 당사자능력이 없는 행정청이 당사자능력을 갖는다는 점에 특색이 있다. 이와 같이 행정청이 피고능력을 갖는 것은 행정소송법상의 특별규정 때문이므로, 그러한 규정이 없는 영역 즉, 항고소송의 원고나 당사자소송의 원피고에서는 행정청에게 당사자능력이 없다. 그 외 객관적 소송(민중소송, 기관소송 등)의 당사자능력은 각 개별법이 정한 바에 따른다.

제3절　당사자적격

1. 원고적격
가. 취소소송의 원고적격
(1) 법률상의 이익을 가진 자
행정소송의 원고적격도 민사소송의 원고적격에서와 마찬가지로 소의 이익의 문제의 하나이다. 민사소송에서 본안판결을 받기 위해서는 형식적·절차적 요건 외에 당해 분쟁에 관하여 국가의 재판제도를 이용하여 자기를 위하여 그 분쟁을 해결할만한 필요성 내지 이익이 원고에게 존재하여야 하는바, 이를 실체적 소송요건인 소의 이익이라고 한다. 소의 이익은 광의로는 당사자가 본안판결을 받을만한 정당한 이익을 가지고 있을 것(원고적격), 청구의 내용이 본안판결을 받기에 적합한 자격을 가지고 있을 것(권리보호의 자격), 원고의 청구가 소송을 통하여 분쟁을 해결할만한 현실적인 필요성이 있을 것(권리보호의 필요)의 세 가지를 포함하고 있으나, 협의로는 권리보호의 필요만을 의미한다.

(2) 법률상 보호이익설의 내용
행정소송법 제12조 제1문은 "취소소송은 처분 등의 취소를 구할 법률상 이익이 있는 자가 제기할 수 있다"라고 규정하고 있는바 여기서 법률상 이익이 무엇을 의미하는지 문제된다. 판례는 법률상 이익의 의미를 당해 처분의 근거 법규 및 관련 법규에 의하여 보호되는 개별적·직접적·구체적 이익으로 보고 있다.[9]

(3) 구체적인 예

(가) 원고적격을 인정한 예

1) 특허산업 등의 경업자

경업자란 신규 허가로 인하여 이익의 몫이 감소되는 경우처럼 이익분할관계에 있는 자를 말한다. 경업자소송이란 새로운 경쟁자에 대하여 신규허가를 발급함으로써 경업자(예, 자동차 운송사업면허에 대한 당해 노선의 기존업자, 직행형 시외버스운송사업자에 대한 사업계획인가 처분에 대한 기존 고속형 시외버스운송사업자)가 제기하는 소송을 말한다.

2) 경원자

경원자란 대체로 일방에 대한 허가가 타방에 대한 불허가로 귀결될 수밖에 없는 배타적인 경우처럼 단수 또는 특정수의 이익만 성립될 수 있어 그 이상의 추가 진입이 불가능한 「이익대체 관계」에 있는 자를 말한다. 경원자소송이란 특허나 인·허가 등의 수익적 처분을 신청한 수인이 서로 경쟁관계에 있어서 일방에 대한 면허나 인·허가 등의 행정처분이 타방에 대한 불허가로 귀결될 수밖에 없는 경우에 인·허가 등을 받지 못한 경원자가 타방이 받은 인·허가 등에 대하여 제기하는 소송(예, 같은 공유수면을 대상으로 하는 공유수면매립면허처럼 단수의 진입만 가능한 경우)을 말한다.

3) 근거법률 등에 의하여 보호되는 이익이 침해된 주민

주거지역 내에 설치할 수 없는 공장이나 공설화장장을 설치함으로써 주민의 안녕과 생활환경을 침해받는 주민이 제기하는 소송을 말한다.

4) 제2차 납세의무자 등

원납세의무자에 대한 과세처분에 대하여 납부통지서를 받은 제2차 납세의무자 및 물적 납세의 무자, 납세보증인 등이 제기하는 소송을 말한다.

---

9) 대법원 2006. 3. 16. 선고 2006두330 판결, 대법원 1989.5.23. 선고 88누8135 판결, 대법원 1995.9.26. 선고 94누14544 판결, 대법원 2007.6.15. 2005두9736 판결 참조.

5) 소비자단체소송

소비자단체소송이란 사업자가 소비자의 권익증진관련기준의 준수규정을 위반하여 소비자의 생명·신체 또는 재산에 대한 권익을 직접적으로 침해하고 그 침해가 계속되는 경우 소비자단체소송을 제기할 수 있는 단체가 법원에 소비자권익침해행위의 금지·중지를 구하는 소송을 말한다.

6) 개인정보단체소송

인정보단체소송이란 개인정보처리자가 개인정보보호법 제49조에 따른 집단분쟁조정을 거부하거나 집단분쟁조정의 결과를 수락하지 아니한 경우 개인정보단체소송을 제기할 수 있는 단체가 법원에 권리침해 행위의 금지·중지를 구하는 소송을 말한다.

(나) 원고적격을 부정한 예

1) 경찰허가를 받은 경업자

목욕탕영업허가에 대하여 기존 목욕탕업자 및 약사들에 대한 한약조제권 인정에 대하여 한의사들에 대하여는 원고적격을 부정한다.

2) 반사적 이익을 침해받은 자

개인적공권의 침해와 달리 도로용도폐지처분에 의하여 산책로를 이용할 이익을 침해받은 자나 주택건설사업계획승인처분에 의하여 문화재를 향유할 이익을 침해받는 경우와 같은 단순 반사적 이익의 침해는 원고적격을 부정한다.

3) 단체와 그 구성원 등

단체구성원 개인에 대한 처분에 대하여 그 소속 단체 및 법인이나 비영리사단에 대한 처분에 대하여 그 임원이나 구성원, 주식회사에 대한 주류제공면허취소처분에 대한 그 회사의 대주주 등은 원고저격을 부정한다.

그 외 4) 간접적 이해관계인, 5) 압류부동산을 매수한 자 등, 6) 채권자대위권자 등의 경우 원고적격을 부정한다.

나. 무효등확인소송의 원고적격

무효등확인소송은 처분의 효력유무 또는 존부의 확인을 구할 법률상 이익이 있는 자가 제기할 수 있다. 여기서 법률상이익이 무엇을 의미하는지에 관하여 견해가 대립되는데, 무효등확인소송은 취소소송과 마찬가지로 주관적 소송으로서 근거법률에 의하여 직접적이고 구체적으로 보호되는 이익이 침해되었다고 주장하는 경우에만 원고적격이 인정된다고 할 것이다.

다. 부작위위법확인소송의 원고적격

부작위위법확인소송은 처분의 신청을 한 자로서 부작위의 위법확인을 구할 법률상의 이익이 있는 자만이 제기할 수 있다(행소법 36조). 즉, 처분의 신청을 현실적으로 한 자만이 제기할 수 있고, 처분의 신청을 하지 않은 제3자 등은 제기할 수 없다.

라. 당사자소송의 원고적격

행정소송법은 당사자소송의 원고적격에 관한 규정을 별도로 두고 있지 않다. 따라서 일반소송의 원고적격에 관한 규정을 그대로 준용하여 공법상 법률관계에 있어서 권리보호이익 또는 권리보호의 필요성을 가지는 자는 누구나 원고가 될 수 있다고 보아야 할 것이다.

마. 객관적소송(민중소송과 기관소송)의 원고적격

객관적 소송은 법률에 정한 자에 한하여 제기할 수 있다. 예컨대 선거소송에 있어서는 선거인·소청인 또는 후보자, 지방자치법상 기관소송에 있어서는 지방자치단체의장이 각각 원고가 된다.

2. 협의의 소의 이익

가. 개 설

소의 이익은 직권조사사항이므로 당사자의 이의가 없더라도 직권으로 조사하여 그 흠결이 밝혀지면 소를 각하하여야 한다. 사실심 변론종결시는 물론 상고심에서도 존속하여야 하며, 상고심 계속 중 소의 이익이 없게 되면(예컨대, 처분효력기간의 경과) 부적법한 소가 되어 직권 각하된다(대법원 1996. 2. 23. 선고 95누2685 판결 등).

나. 취소소송에 있어서의 소의 이익

(1) 원 칙

취소소송은 위법한 처분 등에 의하여 발생한 위법상태를 배제하여 원상으로 회복시킴으로써 그 처분으로 침해되거나 방해받은 권리와 이익을 구제하고자 하는 소송이므로, 처분 등의 효력이 존속하고 있어야 하고, 그 취소로서 원상회복이 가능하여야 한다.

(2) 예 외

처분 등의 효과가 기간의 경과, 처분 등의 집행 등 사유로 인하여 소멸된 뒤에도 그 처분 등의 취소로 인하여 회복되는 법률상의 이익이 있으면 소의 이익이 있다.

(3) 인가처분 취소소송

행정청이 제3자의 법률행위에 동의를 부여하여 그 행위의 효력을 완성시켜주는 행정행위인 강학상의 인가처분은 보충행위에 불과하여 기본행위가 불성립 또는 무효인 경우에는 인가가 있더라도 아무런 효력이 발생하지 아니한다.

(4) 재결취소의 소

행정심판재결 자체에 고유한 위법이 있어 원처분취소의 소와 그것을 유지한 재결취소의 소가 함께 제기된 경우, 원처분이 위법하다 하여 취소하는 판결이 확정된 때에는 재결취소의 소를 유지할 소의 이익이 없게 된다.

다. 무효등확인소송

무효확인소송의 대상도 취소소송과 마찬가지로 처분 등, 즉 행정청이 행하는 구체적 사실에 관한 법집행으로서의 공권력행사 또는 그 거부와 그 밖에 이에 준하는 행정작용 및 행정심판에 대한 재결이 그 대상이다. 무효등확인소송에는 행정심판전치주의에 관한 규정이 없으나 임의로 행정심판을 전치시킬 수 있으므로 행정심판의 재결도 대상이 될 수 있다. 그러나 재결을 소송대상으로 하는 경우에는 재결자체에 고유한 위법만을 주장할 수 있고 원처분의 위법은 주장할 수 없다. 법규범의 무효확인이나 문서의 진위 등의 사실관계의 확인은 무효등확인소송의 대상이 아니다.

라. 부작위위법확인소송

부작위위법확인소송에 있어서도 취소소송에서 일반적으로 요구되는 소의 이익이 그대로 타당하다. 따라서 신청 후 사정변경으로 부작위위법확인을 받아 보았자 침해되거나 방해받은 권리·이익을 보호·구제받는 것이 불가능하게 되었다면 소의 이익이 없고, 소제기의 전후를 통하여 판결시까지 행정청이 신청에 대하여 적극 또는 소극의 처분을 함으로써 부작위 상태가 해소된 때에도 소의 이익이 없다(대법원 1990. 9. 25. 선고 89누4758 판결).

마. 당사자소송

당사자소송에서의 소의 이익은 민사소송에서와 같다. 가령 계약직 공무원에 대한 채용계획해지에 관하여 그 해지가 무효라고 하더라도 이미 계약이 만료되었다면 해지무효확인소송을 제기할 소의 이익이 없다.

바. 객관적 소송

객관적 소송은 원래 개인의 권익구제에 목적이 있는 소송이 아니라 행정의 적법성 보장에 그 목적이 있으므로, 통상의 경우는 소의 이익이 문제되지 않으나, 예를 들면, 당선인이 임기개시 전에 사퇴하거나 사망하여 어차피 재선거를 실시할 수밖에 없는 때는 선거무효소송을 제기할 소의 이익이 없는 등 소의 이익을 별도로 고려하여야 할 특수한 경우가 있다.

3. 피고적격
가. 항고소송의 피고적격
(1) 처분청 원칙

항고소송은 다른 법률에 특별한 규정이 없는 한 그 처분 등을 행한 행정청을 피고로 한다(행소법 13조 1항, 38조 1항). 따라서 '처분'에 대하여는 처분 행정청이, '재결'에 대하여는 재결청이 각각 피고로 된다. 부작위위법확인소송에 있어서는 국민으로부터 일정한 행위를 하여 줄 것을 신청받은 행정청이 피고가 된다.

(2) 행정청

(가) 의 의

행정청이란 행정주체의 의사를 내부적으로 결정하고 이를 외부적으로 표시할 수 있는 권한을 가진 행정기관을 말하나 여기서 행정청은 기능적인 의미로 사용되어 법원행정처장이나 국회사무총장 역시 행정청의 지위를 갖고 있으며, 지방의회도 처분(제명의결 등)을 발하는 경우에는 행정청의 지위를 갖는다.

한편, 외부적 의사표시기관이 아닌 내부기관은 실질적인 의사가 그 기관에 의하여 결정되더라도 피고적격을 갖지 못한다(대법원 1994. 12. 23. 선고 94누5915 판결 등). 예를 들면, 사법시험 불합격처분은 합격자발표를 외부적으로 한 법무부장관이 피고가 되어야 하고, 사법시험위원회는 피고적격을 갖지 못한다.

(나) 합의제 기관일 경우

처분청이 공정거래위원회와 같은 합의제관청(국가배상심의회, 중앙토지수용위원회, 감사원, 선거관리위원회, 금융감독위원회 등)인 경우에는 당해 합의제행정관청이 피고가 된다. 다만 노동위원회법에 따라 중앙노동위원회의 처분에 대한 소송은 중앙노동위원장을 피고로 하여야 한다.

(다) 공법인 등

공법인이나 개인(공무수탁사인)도 국가나 지방자치단체의 사무를 위임받아 행하는 범위 내에서 '행정청'에 속하며 항고소송의 피고적격을 가진다. 공무원연금관리공단, 국민연금관리공단, 근로복지공단, 농업기반공사, 한국자산관리공사, 대한주택공사 등이 그 예이며, 이 경우 행정권한을 위임받은 자는 공법인 자체이지 그 대표자가 아니므로 처분은 공법인의 이름으로 행하여지고, 그에 대한 항고소송의 피고도 공법인이 되어야 하고 그 대표자가 되는 것이 아니다.

(라) 지방의회

지방의회는 지방자치단체 내부의 의결기관이지 지방자치단체의 의사를 외부에 표시하는 기관이 아니므로, 항고소송의 피고가 될 수 없음이 원칙이다. 그러므로 지방의회가 의결한 조례가

집행행위의 개입 없이도 그 자체로서 직접 국민의 권리의무에 영향을 미쳐 항고소송의 대상이 되는 경우에도 그 피고는 조례를 공포한 지방자치단체의 장(교육·학예에 관한 조례는 시·교육감)이 되어야 하고, 지방의회가 될 수 없다. 다만, 지방의회에 대한 징계의결이나 취소나 무효확인을 구하는 소, 지방의회의장에 대한 의장선출이나 불신임결의의 피고는 모두 지방의회이다.

(3) 처분을 한 행정청

(가) 개 설

여기서 처분 등을 행한 행정청이란 원칙적으로 소송의 대상인 행정처분등을 외부적으로 그의 명의로 행한 행정청을 의미한다.

(나) 권한이 위임·위탁된 경우

행정청의 권한의 위임·위탁의 경우에는 권한이 수임청·수탁청에게 넘어가기 때문에 이들이 피고가 된다. 사인도 공무수탁사인이 피고가 된다. 반면 내부위임의 경우에는 권한이 이전되는 것이 아니므로 위임청이 피고로 된다. 다만, 판례는 내부위임의 경우 수임기관의 명의로 처분을 한 경우에는 수임기관이, 위임기관의 명의로 처분을 하였다면 위임기관이 피고가 된다고 한다. 다만, 권한의 대리인 경우는 권한이 이전되는 것도 아니고 법적효과도 직접 피대리관청에 귀속하는 것이므로 피대리관청이 피고가 된다는 점에 차이가 있다.

(다) 정당한 권한 유무

외부적으로 그의 이름으로 행위를 한 자가 피고적격을 갖고, 그에게 실체법상 정당한 권한이 있었는지 여부는 본안 판단사항일 뿐 피고적격을 정함에 있어 고려할 사항이 아니다. 그리하여 내부위임이나 대리권을 수여받는 데 불과하여 원행정청 명의나 대리관계를 밝히지 아니하고는 그의 명의로 처분 등을 할 권한이 없음에도 불구하고, 행정청이 착오 등으로 권한 없이 그의 명의로 처분을 한 경우, 그 처분은 권한이 없는 자가 한 위법한 처분이 될 것이지만, 이 경우에도 피고는 정당한 권한이 있는 행정청이 아니라 권한 없이 처분을 한 행정청이 되어야 하는 것이 원칙이다(대법원 1994. 6. 14. 선고 94누1197 판결 등).

(4) 특별법에 의한 예외

(가) 행정청이 대통령인 경우

국가공무원법의 적용을 받는 공무원에 대한 징계등 불리한 처분이나 부작위의 처분청이나 부작위청이 대통령인 때에는 소속장관을 피고로 한다.

(나) 행정청이 국회의장인 경우

국회의장이 행한 처분에 대한 행정소송의 피고는 사무총장으로 한다.

(다) 행정청이 대법원장인 경우

대법원장이 행한 처분에 대한 행정소송의 피고는 법원행정처장으로 한다.

(라) 행정청이 헌법재판소장인 경우

헌법재판소장이 행한 처분에 대한 행정소송의 피고는 헌법재판소사무처장으로 한다.

(마) 행정청이 중앙선거관리위원장인 경우

중앙선거관리위원장이 행한 처분에 대한 행정소송의 피고는 중앙선거관리위원회사무총장을 피고로 한다.

(바) 행정청이 중앙노동위원회인 경우

중앙노동위원회의 처분에 대한 소는 중앙노동위원회 위원장을 피고로 한다.

(5) 피고적격자의 변경

(가) 피고를 잘못 지정한 때

원고가 피고를 잘못 지정한 때에는 법원은 원고의 신청에 의하여 결정으로써 피고의 경정을 허가할 수 있다. 구법에서는 피고를 잘못지정한데 대한 원고의 고의 또는 과실이 없는 경우에만 피고경정이 허용되었으나, 현행행정소송법은 그러한 규정을 삭제하였다.

(나) 행정청의 권한 변경이 있는 경우

행정소송이 제기된 후 처분 등에 관한 권한이 타행정청에 승계된 경우 또는 행정조직의 개편으로 처분행정청이 없어진 경우에는, 법원은 당사자의 신청 또는 직권에 의하여 권한을 승계한 행정청 또는 처분 등에 관한 사무가 귀속되는 국가 또는 공공단체로 경정한다.

(다) 소의 변경이 있는 경우

소의 변경으로 인하여 피고의 경정이 필요한 경우에도 인정된다.

(라) 피고경정의 효과

피고경정결정이 있는 때에는 새로운 피고에 대한 소송은 처음에 소를 제기한 때에 제기된 것으로 보고, 종전의 피고에 대한 소송은 취하된 것으로 본다.

나. 당사자소송의 피고적격

항고소송과 달리 당사자소송에서는 국가·공공단체, 그 밖의 권리주체를 피고로 한다. 한편, 국가를 당사자로 하는 소송의 경우에는 국가를 당사자로 하는 소송에 관한 법률에 의거하여 법무부장관이 국가를 대표한다. 지방자치단체를 당사자로 하는 소송의 경우에는 당해 지방자치단체의 장이 당해 지방자치단체를 대표한다. 피고의 경정에 관한 취소소송의 규정 역시 준용된다.

다. 민중소송과 기관소송의 피고적격

객관적 소송인 민중소송 및 기관소송의 경우 피고는 원고와 마찬가지로 민중소송이나 기관소송을 인정하는 당해 법률이 정한 바에 따른다. 현행법상 국민투표무효소송의 피고는 중앙선거관리위원장, 선거무효소송에 있어서는 당해 선거구선거관리위원장을 피고로 하여야 하고, 당선무효소송에 있어서는 사유에 따라 당선인 또는 당선인을 결정한 중앙 또는 관할선거구 선거관리위원장이나 국회의장이 피고가 되도록 되어 있다. 또한, 지방의회와 교육위원회의 의결무효소송의 경우는 지방의회나 교육위원회가 피고가 되고 주무부장관이나 상급지방자치단체장의 감독처분에 대한 이의소송의 피고는 주무부장관이나 상급지방자치단체장이 된다.

제4절 당사자의 변경

1. 개 설

가. 개 념

소송계속 중에 종래의 당사자 대신에 새로운 당사자가 소송에 가입하거나 기존의 당사자에 추가하여 새로운 당사자가 소송에 가입하는 것을 당사자변경이라 한다. 이러한 당사자의 변경은 당사자의 동일성이 바뀌는 것이므로, 당사자의 동일성을 해하지 않는 범위 내에서 당사자의 표시만을 정정하는 당사자 '표시정정'과 구별된다.

나. 종 류

당사자의 변경은 크게 '소송승계'와 '임의적 당사자변경'으로 나누어진다. 전자는 소송 중에 분쟁의 주체인 지위가 제3자에게 이전됨에 따라 새로이 주체가 된 제3자가 당사자가 되어 소송을 속행하는 경우이며, 후자는 분쟁의 주체인 지위의 변경과는 상관없이 새로이 제3자가 소송에 가입하는 경우이다.

2. 소송승계

가. 포괄승계와 특정승계(민사소송법의 준용에 의한 승계)

원고의 사망, 법인의 합병, 수탁자의 임무종료 등에 의한 당연승계, 계쟁물의 양도(예컨대 영업양도)에 의한 특정승계에 관한 민사소송법의 규정은 행정소송의 경우에도 원칙적으로 준용된다. 당사자소송의 경우는 물론, 항고소송의 경우도, 이를테면 과세처분 취소소송 중에 원고가 사망한 경우 상속인들이 승계하여 소송을 수행하게 되고, 공무원면직처분 취소소송 계속 중 원고가 사망한 경우 급료청구권을 상속하는 상속인들이 소송을 승계하게 되며, 건축물 철거명령 취소소송 계속 중 그 건축물을 양수한 자는 승계참가를 할 수 있다.

다만, 행정청의 승계허가나 승계신고 수리를 받아야만 지위승계가 인정되는 영업에 관한 처분 등에 관한 소는 행정청의 승계허가나 승계신고수리가 있어야만 소송승계가 가능하며, 각종 자격취소처분 등 순수 대인적 처분이나 일신 전속적인 권리·이익을 침해하는 처분의 취소소송 중 원고가 사망한 경우는 소송은 승계되지 아니하고 그대로 종료되고,[10] 이에 관하여 다툼이 있으면 소송종료 선언절차에 따라 처리하면 된다.

나. 권한청의 변경으로 인한 피고경정

항고소송의 피고는 권리의무의 주체가 아닌 처분 행정청이므로 처분의 취소 등을 구하는 항고소송의 제기 후, 그 처분 등에 관계되는 권한이 다른 행정청에 승계될 때는 당사자의 신청 또는 직권에 의하여 피고를 새로 권한을 가지게 된 행정청으로 변경하고, 승계할 행정청이 없게 된 때에는 그 처분 등에 관한 사무가 귀속되는 국가 또는 지방자치단체로 변경한다. 이는 직권에 의하여서도 가능하다는 점을 제외하고는 경정결정의 절차, 불복, 효과 등은 피고를 잘못 지정한 경우의 경정과 거의 같다.

3. 임의적 당사자 변경

가. 의 의

임의적 당사자변경이란 소송계속 중 당사자의 임의의 의사에 당사자가 교체 또는 추가되는 것을 말한다. 이는 당사자의 동일성이 바뀌는 것이므로, 동일성이 유지되는 범위 내에서 소장 등에 기재된 당사자의 표시만을 정정한 '당사자 표시정정'과 구별된다.

나. 원고의 변경

동일성이 유지되는 범위 내에서 단순히 표시를 정정하는 표시 정정 외에, 임의적 원고변경은 허용되지 않는다. 가령 처분 상대방이 법인인데 법인의 대표자를 처분 상대방으로 보고 법인의 대표이사 개인을 원고로 하여 제기된 소에서 원고를 해당 법인으로 변경하는 정정신청은 원고를 변경하는 것으로서 허용되지 않는다. 다만 고유필수적 공동소송인 중 일부가 누락된 채 소가 제기된 경우, 신청에 의하여 누락된 원고를 추가할 수는 있다.[11]

---

10) 대법원 2003. 8. 19. 선고 2003두5037 판결.

11) 이미 사망한 자가 원고가 되어 제기된 소는 부적법하고, 원칙적으로 경정이나 소송수계가 불가능하나, 피상속인이 과세처분에 대하여 심판청구를 한 후 심판청구 계속 중 사망하여, 조세심판소장으로부터 피상속인을 청구인으로 표시한 기각결정문이 송달되었는데, 상속인들이 이에 불복하여 과세처분취소소송을 제기하면서 망인 명의로 소를 제기하였다가 후에 상속인들 명의로 수계신청을 한 경우, 이를 다만 원고 표시를 잘못한 데 불과한 것이어서 당사자표시정정에 해당한다고 보아 허가한 예가 있다(대법원

다. 잘못 지정한 피고의 경정

(1) 민사소송과의 이동

(가) 도입취지

행정소송의 경우 행정청을 피고로 하기 때문에 민사소송의 경우보다 피고를 잘못 지정하는 경우가 빈번히 발생하기 때문에 만일 피고경정을 허용하지 아니할 경우 국민의 권리구제에 중대한 장해를 가져오게 된다. 이러한 연유로 행정소송법은 오래전부터 피고경정을 허용해 오고 있으며, 피고경정에 관한 규정은 취소소송 이외의 항소소송이나 당사자소송, 객관적 소송에도 준용된다.

(나) 민사소송법상 피고경정과의 차이점

행정소송법상 피고경정과 민사소송법상의 피고경정은 첫째 민사소송의 경우 피고가 본안에 관하여 준비서면을 제출하거나 변론준비기일에서 진술하거나 변론을 한 뒤에는 그의 동의가 있는 경우에 한하여 피고경정이 가능한 반면, 행정소송의 경우에는 그러한 제한이 없으며, 둘째 민사소송의 경우 서면에 의한 신청을 요하나, 행정소송에 경우 구두신청도 가능하고, 셋째 민사소송의 경우 제1심에서만 가능한 데 비하여, 행정소송에서는 제2심에서도 가능하다고 해석된다는 점 등에서 차이가 있다.

(2) 요 건

피고경정이 인정되기 위해서는 첫째 사실심에 계속 중이어야 하고(법률심인 대법원에서는 피고경정이 허용되지 아니함), 둘째 피고로 지정된 자가 정당한 피고적격을 가지지 않는다는 것이 객관적으로 인식되어야 하며(피고를 잘못 지정하였을 것), 셋째 원칙적으로 피고를 경정하는 것은 원고의 권한 및 책임이므로 새로운 피고가 피고적격자인지 여부에 관계없이 법원으로서는 피고경정을 허가 할 수 있고,[12] 넷째 원고의 고의·과실이 없을 것을 요하지 않으며,[13] 다섯째 신·구 피고의 동의를 요하지 않는다.[14]

1994. 12. 2. 선고 93누12206 판결).

12) 법원이 피고경정을 허가하였다 하여 그 피고가 정당한 피고적격자로 확정되는 것이 아니며, 정당한 피고적격이 있는지 여부는 사후 종국판결에서 따로 판단될 사항이다.

13) 원고의 고의나 중과실에 의한 경우에도 피고경정은 허용되나, 소송지연 등을 목적으로 피고를 다르게 지정하는 경우와 같은 때에는 피고경정을 허가하지 않을 수도 있다.

(3) 신청절차

(가) 신 청

피고경정신청은 원고의 신청에 의하며, 이때 신청은 구두 또는 서면으로 가능하며, 만일 구두에 의할 경우는 법원사무관 등의 면전에서 진술하여 그 취지를 조서에 기재한 후 법원사무관 등이 기명날인한다.

(나) 피고경정의 촉구

원고가 피고의 지정을 잘못하였을 경우, 법원으로서는 석명권을 행사하여 원고로 하여금 이를 시정할 기회를 주어야 한다. 만일 그러한 기회를 주지 않고 바로 소를 각하함은 위법이다. 그러나 법원이 피고적격에 관하여 석명할 수 있는 충분한 기회를 부여하였음에도 불구하고 피고경정을 하지 아니한 경우에는 그 소는 부적법하여 각하될 수 있다.[15]

(다) 결 정

피고경정요건을 갖추었을 경우 법원은 피고경정허가결정을 한다. 각하결정이 있으면 새로운 피고에 대하여 신소의 제기가 있는 것으로 된다. 이때 허가법원은 신소에 관한 관할권이 있으면 소장부본 및 기일통지서 등을 결정정본과 함께 송달하여야 하고, 피고경정으로 법원이 신소에 대한 관할권을 상실하면, 관할법원으로 이송절차를 취한다.

(라) 불 복

신청인은 만일 법원이 경정신청각하결정을 할 경우 즉시항고를 할 수 있다(행소법 14조 3항). 다만 경정허가결정에 대하여는 신청인이 불복할 수 없다.[16] 한편, 이때 경정허가결정은 새로운 피고에 대한 관계에서 중간적 재판의 성질을 갖는 것이므로 새로운 피고는 자신에게 피고적격이 없다고 생각되더라도 본안에서 다투면 되고 특별항고 등으로도 불복할 수 없다.[17]

---

14) 피고가 본안에서 준비서면을 제출하거나 준비절차에서 진술하거나 변론을 한 후에도 종전 또는 새로운 피고의 동의 없이 피고 경정이 가능하다.
15) 대법원 2004. 7. 8. 선고 2007두16608 판결.
16) 경정전의 피고는 항고제기의 방법으로 불복할 수 없고 다만 특별항고(민소법 449조)가 허용될 뿐이다.
17) 대법원 1994. 6. 29.자 93프3 결정.

⑷ 효   과

(가) 새로운 피고에 대한 신소 제기

피고경정결정이 있으면 새로운 피고에 대한 소송은 처음에 소를 제기한 때에 제기한 것으로 보는데, 이는 제소기간을 준수하지 아니함으로 인한 불이익 등을 배제하기 위한 것이다.

(나) 종전 피고에 대한 소 취하

피고경정결정이 있으면, 종전 피고에 대한 소송은 취하된 것으로 본다.

(다) 종전 소송자료 등의 효력

경정허가결정이 있는 경우 새로운 피고가 종전 피고의 소에 구속될 이유가 없기 때문에 당사자가 종전의 소송자료를 이용하려면 원칙적으로 그 원용이 필요하다. 다만, 행정청의 권한변경에 의한 피고경정의 경우 신·구 피고가 실질적으로 같다고 평가되는 경우에는 원용조차도 필요치 않다.

라. 소의 변경에 수반되는 피고경정

소의 변경에는 항고소송 상호간, 항고소송에서 당사자소송으로, 당사자소송에서 항고소송을 변경하는 소의변경 및 청구의 기초에 변경이 없는 범위 내에서 청구취지 원인을 변경하는 경우 등이 있다.

전자의 경우 행정소송법 제21조의 규정[18]에 따라 허용되며, 후자의 경우에는 논란의 여지가 있지만 행정소송법 제14조의 규정[19]에 따라 법원의 허가를 받아 피고경정이 가능하다. 예를 들면, 징계위원회를 피고로 하여 징계의결의 취소를 구하다가 징계처분의 취소를 구하는

---

18) 제21조(소의 변경)
   ① 법원은 취소소송을 당해 처분등에 관계되는 사무가 귀속하는 국가 또는 공공단체에 대한 당사자소송 또는 취소소송외의 항고소송으로 변경하는 것이 상당하다고 인정할 때에는 청구의 기초에 변경이 없는 한 사실심의 변론종결시까지 원고의 신청에 의하여 결정으로써 소의 변경을 허가할 수 있다.
   ② 제1항의 규정에 의한 허가를 하는 경우 피고를 달리하게 될 때에는 법원은 새로이 피고로 될 자의 의견을 들어야 한다.
   ③ 제1항의 규정에 의한 허가결정에 대하여는 즉시항고할 수 있다.
19) 제14조(피고경정)
   ① 원고가 피고를 잘못 지정한 때에는 법원은 원고의 신청에 의하여 결정으로써 피고의 경정을 허가할 수 있다

것으로 청구취지를 변경함과 아울러 징계처분권자로 피고를 변경하거나, 원처분주의에 반하여 재결청을 상대로 재결의 취소를 구하다가 취소의 대상을 원처분으로 바꾼 뒤 피고를 원처분청으로 경정하는 것은 일반 소의 변경의 요건을 갖춘 이상 허용된다.

마. 필수적 공동소송에서의 누락된 당사자의 추가

행정소송에도 민사소송법 68조가 준용되어, 필수적 공동소송인 중 일부가 누락된 경우, 원고의 신청에 의하여 결정으로 누락된 원·피고를 추가할 수 있다. 이는 제1심 변론종결시까지만 가능하고, 원고의 추가는 그 추가될 자의 동의를 요한다. 또한 공동소송인의 추가가 있는 경우 처음의 소가 제기된 때에 추가된 당사자와의 사이에 소가 제기된 것으로 보므로 제소기간 준수여부 등도 처음 소제기 당시를 기준으로 한다.

바. 관련청구를 병합하는 경우

항고소송에서는 관련청구소송을 병합하여 제기할 수 있다. 이때 그 병합은 원시적 또는 후발적 병합 모두 가능하다. 한편 피고 외의 자를 상대로 하는 관련청구소송의 후발적 병합의 경우에는 당연히 피고 추가가 수반되므로, 이 경우에는 다른 경우와 달리 법원의 피고경정결정을 받을 필요가 없다.[20]

제5절 소송참가인

1. 의 의

소송참가란 타인간의 소송 계속 중에 소송외의 제3자가 소송의 결과에 따라 권익침해를 받을 경우에 자기의 이익을 위하여 그 소송절차에 참가하는 것을 말한다. 행정소송법은 제3자의 소송참가와 행정청의 소송참가를 규정하고 있다. 행정소송, 특히 항고소송에 있어서는 그 소송의 대상인 처분 등이 다수의 권익에 관계되는 일이 많을 뿐만 아니라 경업자·경원자·인인

---

20) 대법원 1987. 10. 27. 자 89두1 결정.

등 제3자효행정행위의 경우처럼 처분의 상대방 이외의 제3자의 권익에 영향을 미치는 경우가 있으므로 소송참가의 필요성이 매우 크다. 특히 행정소송법은 취소판결의 제3자효를 규정하고 있으므로, 이와 관련해서도 제3자의 이해관계의 보호를 위한 제도적 보장이 요청된다. 따라서 행정소송법은 민사소송과는 별도로 제3자의 소송참가를 명문화함과 동시에 피고가 되는 외에는 그 자체로서 당사자적격을 가지지 않는 행정청의 소송참가제도를 규정하게 되었다. 소송참가제도는 취소소송 이외의 항고소송 및 당사자소송과 민중소송, 기관소송에도 준용된다.

2. 소송참가의 형태

가. 행정소송법 제16조에 의한 제3자의 소송참가

(1) 의의

법원은 소송의 결과에 따라 권리 또는 이익의 침해를 받을 제3자가 있는 경우에는 당사자 또는 제3자의 신청 또는 직권에 의하여 결정으로써 그 제3자를 소송에 참가시킬 수 있다. 이는 실질적인 당사자로서의 지위를 갖는 제3자에게 소송에 있어 공격·방어방법을 제출할 기회를 제공하여 권익을 보호하게 하고, 아울러 적정한 심리·재판을 실현함과 동시에 제3자에 의한 재심청구를 사전에 방지하기 위한 의미도 갖고 있다.

(2) 요 건

(가) 타인간의 행정소송이 계속 중일 것

적법한 소송이 계속되어 있는 한 심급을 묻지 않으나, 소가 적법하여야 한다.

(나) 소송의 결과에 따라 권익침해를 받을 제3자가 있을 것

권익침해는 법률상이익의 침해를 말하고 단순한 사실상의 이익 내지 경제적 이익의 침해는 해당되지 않는다. 여기서 소송의 결과란 판결주문에 있어서의 소송물 자체에 대한 판단을 말하며, 단순히 이유 중의 판단은 이에 해당되지 않는다. 그리고 '제3자'란 당해 소송당사자이외의 자를 말하는 것으로, 국가 및 공공단체는 이에 포함되나 행정청은 해당되지 않는다. 또한 제3자란 취소판결의 형성력 그 자체에 의하여 권익침해를 받을 제3자뿐만 아니라 판결의 기속력을 받는 관계행정청의 새로운 처분에 의하여 권익침해를 받을 제3자도 포함된다.

예컨대 A와 B가 경원자로서 허가 신청을 하였는데 A는 허가를 받고 B가 거부됨으로써 B가 허가거부처분취소소송을 제기하여 승소할 경우 그 판결이 곧 A에 대한 허가처분까지 소멸시키는 것은 아니지만, 처분청은 그 판결에 기속되어 A에 대한 허가를 취소하지 않을 수 없으므로 이 경우 A는 권익침해를 받을 제3자로서 참가인이 될 수 있다.

(3) 절 차
제3자의 소송참가는 당사자 또는 제3자의 신청 또는 직권에 의한다. 참가의 신청방법은 민사소송법 제72조가 준용된다. 참가신청이 있으면 법원은 결정으로써 허가 또는 각하의 재판을 하고, 직권에 의한 소송참가의 경우는 법원은 결정으로써 제3자에게 소송참가를 명한다. 법원이 참가결정을 하고자 할 때에는 미리 당사자 및 제3자의 의견을 들어야 하며, 제3자가 신청한 경우 그 신청이 각하되면 각하 결정에 즉시항고 할 수 있다.

(4) 참가인의 지위
행정소송법은 제3자의 소송참가의 경우는 참가인의 지위에 관한 민사소송법 제67조의 규정을 준용하고 있으므로, 제3자는 계속 중인 취소소송에서 필수적 공동소송인에 준하는 지위가 주어진다. 그러므로 제3자는 피참가인의 소송행위와 저촉되는 행위를 할 수 있다. 그러나 제3자는 어디까지나 참가인이며 당사자에 대하여 독자적 청구를 하지 못한다는 점에서 일종의 공동소송적 보조참가와 비슷하다는 것이 통설이다.

나. 행정청의 소송참가

(1) 의의 및 취지
행정청은 본디 권리의무의 주체가 아니어서 특별히 행정소송법에 의하여 항고소송의 피고능력과 행정소송법 17조의 규정에 의한 참가능력 이외에는 당사자능력이 없는 존재이므로 민사소송법에 의한 보조참가 등은 할 수 없다(대법원 2002. 9. 24. 선고 99두1519 판결). 그러나 법원은 다른 행정청을 소송에 참가시킬 필요가 있다고 인정할 때에는 당사자 또는 당해 행정청의 신청 또는 직권에 의하여 결정으로써 그 행정청을 소송에 참가시킬 수 있다. 관계행정청도 취소판결에 기속되는데 따르는 조치이다. 다른 행정청의 협력을 요하는 행위에 의미를 갖는다. 따라서 공공성과 관계되는 취소소송의 적정한 심리·재판을 도모하기 위하여 관계 행정청으로 하여금 직접소송에 참가하여 공격·방어방법을 제출할 수 있도록 행정청의 소송참가 제도를 명문화 한 것이다.

(2) 요 건

(가) 타인간의 소송이 계속 중일 것

행정청의 소송참가도 소송참가의 일종이므로 타인간에 행정소송이 계속되어 있을 것을 필요로한다. 상고심 및 재심절차에서도 가능하다.

(나) 피고 행정청 이외의 다른 행정청이 참가할 것

여기서 다른 행정청이란 피고인 행정청 이외의 모든 행정청이 아니라 계쟁대상인 처분이나재결과 관계있는 행정청에 한정된다. 또한 행정청에는 법인격을 달리하는 행정주체의 행정청도 포함한다. 피고 행정청 이외의 다른 행정청인 이상, 그 산하의 행정청이라도 참가하지못할 이유가 없으나, 행정청 참가제도의 취지에 비추어 볼 때, 피고 행정청의 지휘·감독하에있어 피고 행정청이 쉽게 필요한 자료를 얻을 수 있는 경우에는 참가의 필요성이 없을 것이다.

(다) 참가의 필요성이 있을 것

참가시킬 필요가 있다고 인정될 때란 관계행정청을 소송에 끌어들여 공격·방어에 참가시킴으로써 사건의 적정한 심리재판을 실현하기 위하여 필요한 경우를 의미한다.

(3) 절 차

행정청의 소송참가는 당사자 또는 당해 행정청의 신청이나 법원의 직권에 의한다. 신청에의하든 직권에 의하든 법원은 참가여부의 결정을 하기에 앞서 당사자 및 당해 행정청의의견을 들어야 한다. 그러나 그 의견에 기속되는 것은 아니다.
참가의 허부재판은 결정으로 한다.[21]

---

21) 참가를 명하는 결정이 있게 되면, 실제 참가인으로서 아무런 소송행위를 하지 않더라도 참가인으로취급된다. 한편 참가허부의 결정에 대하여는 당사자나 참가행정청 모두 불복할 수 없다.

(4) 참가인의 지위(보조참가인)

행정소송법은 행정청의 소송참가의 경우 참가 행정청의 지위에 관하여 민사소송법 제76조의 규정을 준용하고 있으므로, 관계 행정청은 보조참가인에 준하는 지위가 주어진다. 따라서 참가 행정청은 참가 당시의 소송 정도에 따라 공격·방어수단을 제출할 수 있고, 이의신청·상소도 가능하나, 피참가인에 불리한 소송행위는 할 수 없다. 따라서 참가인의 소송행위가 피참가인의 소송행위와 저촉되는 때에는 효력을 상실하게 된다.

제4장 행정소송의 대상

1. 원 칙

행정소송법에는 소송대리에 관한 특별한 규정이 없으므로 행정소송대리에 관하여는 원칙적으로 민사소송법상의 규정이 적용된다. 따라서 법정대리나 임의대리에 관한 규정이 그대로 적용되지만 항고소송의 경우는 행정청의 장이 그 소속 직원 등을 소송수행자로 지정하여 소송수행을 할 수 있는 점이 민사소송의 경우와 다른 특징이다.

2. 소송수행자

행정소송법에는 소송대리에 관한 특별한 규정이 없으므로 행정소송대리에 관하여는 원칙적으로 민사소송법상의 규정이 적용된다. 다만, 국가를 당사자로 하는 소송에 관한 법률에 의하면 국가를 당사자 또는 참가인으로 하는 소송에서는 법무부장관이 국가를 대표한다. 법무부장관과 행정청의 장은 법무부의 직원, 각급검찰청의 검사, 공익법무관, 또는 소관행정청의 직원 등을 지정하여 국가소송 또는 행정소송을 수행하게 할 수 있고, 변호사를 소송대리인으로 선임하여 국가소송 또는 행정소송을 수행하게 할 수 있다.

3. 소송수행자의 권한

소송수행자는 그 소송에 관하여 대리인의 선임 외에 모든 재판상의 행위를 할 수 있다(위법 7조). 따라서 특별수권이 없더라도 유효하게 소송탈퇴, 상소제기 또는 취하 등을 할 수 있다.

제1절 항고소송의 대상

1. 개 설

행정소송법은 취소소송의 대상을 '처분 등', 즉 행정청이 행하는 구체적 사실에 대한 법집행으로서의 공권력의 행사 또는 그 거부와 그 밖에 이에 준하는 행정작용 및 행정심판에 대한 재결이라고 규정하고(행소법 19조, 2조 1호), 이를 무효등확인소송 및 부작위위법확인소송에도 준용함으로써(행소법 38조 1, 2항), 항고소송의 대상이 '처분'과 '재결'임을 명시함과 아울러, 소송의 대상에 관하여 열거주의가 아닌 개괄주의를 택하였다.

2. 처 분

가. 개 념

취소소송은 행정청의 위법한 처분 등의 취소변경을 구하는 소송이므로 취소소송을 제기함에는 취소의 대상인 행정청의 처분 등이 존재하여야 한다. 여기서 '처분 등'이라 함은 '행정청이 행하는 구체적 사실에 관한 법집행으로서의 공권력의 행사 또는 그 거부와 그 밖에 이에 준하는 행정작용 및 행정심판에 대한 재결'을 말한다. 행정소송법상의 처분의 개념은 행정심판법상의 처분의 개념에 행정심판의 재결을 추가한 것이 특징이다.

나. 요 소

(1) 행정청의 행위

행정청의 행위가 항고소송의 대상이 될 수 있다. 행정청은 원칙적으로 단독제 기관이지만, 방송법상의 방송위원회, 독점규제 및 공정거래에 관한 법률의 공정거래위원회, 각급 노동위원회, 각급 토지수용위원회, 교원지위향상을 위한 특별법의 교원소청심사위원회와 같이 합의제 기관인 경우도 있다. 여기서 행정청은 기능적인 의미로 사용되고 있다. 따라서 국회나 법원의 기관도 실질적인 의미의 행정에 관한 처분을 하는 경우에는 행정청의 지위를 갖는다. 또한 행정소송법은 '법령에 의하여 행정권한의 위임 또는 위탁을 받은 행정기관, 공공단체 및 그 기관 뜨는 사인'을 행정청에 포함시키고 있다. 행정권한의 위임 또는 위탁을 받은 행정기관은 위임행정청의 하급행정청이나 보조기관 또는 그 밖의 행정청이나 공공단체 및 그 기관을 포함하며, 사인은 공무수탁사인으로서 행정권한이 부여된 사법인 또는 자연인을 의미한다. 행정청에는 단독기관은 물론 합의제관청도 포함된다.

(2) 공권력적 행위

행정행위는 행정청의 법적 행위 중에서 공법행위에 제한된다. 이에 따라 사법의 규율을 받는 행정청의 사법행위와 구별된다. 따라서 물자를 조달하거나 일반 재산을 관리하는 국고지원활동이나 또는 공적인 임무수행행위이기는 하나 사법계약의 형식을 취하는 행정사법작용은 행정행위에 해당하지 않는다. 판례는 잡종재산인 국유림대부행위, 입찰보증금의 국고귀속조치, 창덕궁안내원들의 근무관계등은 모두 국가가 사경제주체로서 상대방과 대등한 위치에서 행하는 사법상 법률행위라는 점을 이유로 그 처분성을 부인하고 있다.[22) 행정행위는 공법행위 중에서도 우월한 일방적인 의사의 발동으로써의 단독행위만을 의미한다. 따라서 양 당사자의 의사표시의 합치를 요구하는 공법상의 계약이나 합동행위와 구별된다. 그러나 상대방의 동의나 신청을 요건으로 하는 이른바 협력을 요하는 행정행위는 어디까지나 일방적인 공권력행사에 해당되기 때문에 행정행위에 해당한다.

(3) 구체적 집행행위

구체적 사실에 대한 법집행으로서 공권력의 행사란 개별적 · 구체적 규율로서 외부적 효력을 갖는 법적 행위로서 강학상의 행정행위를 의미한다. 법집행행위이므로 법선언행위인 사법행위, 법정립작용인 행정입법과 구별된다. 이러한 행정행위는 행정주체와 행정의 상대방인 개인 간의 관계에 있어서의 행위이기 때문에 행정조직 내부의 행위는 행정행위가 아니다. 즉 훈령 및 통첩 등의 일반적 · 추상적 규율인 행정규칙은 물론이고 지시와 같이 상관의 부하공무원에 대한 개별적인 직무명령은 내부적 효과만을 가지고 있기 때문에 행정행위가 아니다. 그러나 행정내부영역인 특별신분관계에 있어서 구성원의 법적 지위에 관한 개별적 ·

---

22) 반면에, 관리청이 국유재산법 72조와 공유재산 및 물품관리법 81조에 의하여 국 · 공유재산(잡종재산도 포함)의 무단 점유자에 대하여 하는 변상금부과처분, 국 · 공유 행정처분의 사용허가나 그에 따른 사용료 부과처분(예 : 도로점용허가와 도로점용료부과처분)은 행정주체가 우월적 지위에서 행하는 것으로서 항고소송의 대상이 된다.

구체적 규율, 즉 공무원관계에 있어서 해임, 파면, 감봉조치, 전직명령 및 국공립학교재학관계에 있어서 퇴학, 정학, 유급조치 등은 외부적 효력을 갖기 때문에 행정행위에 해당한다.

(4) 국민의 권리의무에 직접 영향이 있는 법적 행위

항고소송은 국민의 권리나 이익 구제를 위한 것이다. 그러므로 어떤 행정청의 행위의 효과가 국민의 권리의무에 영향을 미치는 것이라면 비록 처분의 근거나 효과가 법규가 아닌 행정규칙에 규정되어 있더라도 항고소송의 대상이 될 수 있고, 아예 법적근거 없는 처분일지라도 항고소송의 대상이 될 수 있다. 그러나 국민의 권리의무에 영향이 없는 단순한 행정청 내부의 중간처분, 의견, 질의 답변, 또는 내부적 사무처리 절차이거나, 알선, 권유, 행정지도 등 비권력적 사실행위 등은 항고소송의 대상이 될 수 없다(대법원 2005. 2. 17. 선고 2003두10312 판결).

3. 행정심판의 재결

가. 개 설

재결이란 행정심판청구사건에 대하여 행정심판위원회가 심리, 의결한 내용에 따라 행정심판위원회가 행하는 종국적 판단인 의사표시를 말한다. 이때의 재결은 원처분과 함께 행정청의 공권력적 행위로서 다 같이 항고소송의 대상이 된다.

한편, 행정소송법은 19조 단서, 38조는 원처분과 아울러 재결에 대하여도 취소소송이나 무효확인소송 등 항고소송을 제기할 수 있도록 하면서, 단지 재결에 대한 소송에 있어서는 원처분의 위법을 이유로 할 수 없고, 재결자체에 고유한 위법이 있음을 이유로 하는 경우에 한하도록 함으로써, 원칙적으로 원처분주의를 택하고 있고, 예외적으로 개별법률이 재결주의를 택하고 있는 경우가 있다.

행정심판위원회 및 전화번호 안내

○ 중앙행정심판위원회		지역번호 없이 110
○ 서울특별시행정심판위원회	(02)	2133 - 6695~8
○ 부산광역시행정심판위원회	(051)	888 - 1652, 1654
○ 대구광역시행정심판위원회	(053)	803 - 2582
○ 인천광역시행정심판위원회	(032)	440 - 2292
○ 광주광역시행정심판위원회	(062)	613 - 2772
○ 대전광역시행정심판위원회	(042)	270 - 3422
○ 울산광역시행정심판위원회	(052)	229 - 2292
○ 경기도행정심판위원회	(031)	8008 - 2881, 2830
○ 강원도행정심판위원회	(033)	249 - 2294
○ 충청북도행정심판위원회	(043)	220 - 2323
○ 충청남도행정심판위원회	(041)	635 - 2144
○ 전라북도행정심판위원회	(063)	280 - 2136
○ 전라남도행정심판위원회	(061)	286 - 2631~3
○ 경상북도행정심판위원회	(053)	950 - 2133, 2913
○ 경상남도행정심판위원회	(055)	211 - 2472~3
○ 제주도행정심판위원회	(064)	710 - 2272, 2276

나. 원처분주의와 재결주의

(1) 원처분주의

원처분주의란 원처분과 재결에 대하여 다 같이 소를 제기할 수 있도록 하면서 원처분의 위법은 원처분취소(무효)소송에서만 주장할 수 있고, 재결취소(무효)소송에서는 원처분의 하자가 아닌 재결에 고유한 하자에 대하여만 주장할 수 있도록 하는 제도를 말한다.

(2) 재결주의

재결주의란 원처분에 대하여는 제소 자체가 허용되지 아니하고 재결에 대하여서만 제소를 인정하되 재결 자체의 위법뿐만 아니라 원처분의 위법도 그 소송에서 주장할 수 있도록 하는 제도를 말한다.

다. 재결 자체에 고유한 위법

(1) 의 의

재결자체의 고유한 위법이란 재결자체에 주체·절차·형식·내용상의 위법이 있는 경우를 말한다. 여기서 재결 자체에 고유한 위법이란 원처분에는 없고 재결에만 있는 흠을 말하는 것으로, 주체의 위법은 권한이 없는 행정심판위원회가 재결을 하거나 행정심판위원회의 구성에 하자가 있거나 의사정족수·의결정족수가 흠결된 경우를 말하며, 행정심판법상의 심판절차를 준수하지 않은 경우나 송달에 흠결이 있는 경우를 말한다. 또한 형식상 위법이란 문서에 의하지 않은 재결, 재결에 주문만 기재가 되고 이유가 전혀 기재되어 있지 않거나 이유가 불충분한 경우 또는 재결서에 기명날인을 하지 않은 경우 등을 말하며 내용의 위법[행정심판청구가 적법함에도 실체 심리를 하지 아니한 채 각하하거나(대법원 2001. 7. 27. 선고 99두2970 판결) 부당하게 사정재결을 하여 기각한 경우 또는 제3자의 행정심판청구에서 위법·부당하게 인용재결을 한 경우(대법원 1997. 9. 12. 선고 96누14661 판결)] 등을 말한다.

(2) 각하·기각재결

적법한 심판청구인데도 실체심리를 하지 아니한 채 각하한 재결의 경우 실체심리를 받을 권리를 박탈당한 것이므로, 그 재결은 취소소송의 대상이 된다. 또한, 원처분을 정당하다고 유지하고 청구를 기각한 경우는 원칙적으로 내용상의 위법을 주장하여 제소할 수 없다. 다만, 행정심판법 제47조에 위반한 재결은 재결고유의 하자가 있으므로 그 취소를 구할 수 있고, 「사정재결」에 대하여는 원처분을 취소하더라도 현저히 공공복리에 적합하지 않는 것이 아니라는 등의 이유를 들어 그 취소를 구할 수 있다.

(3) 인용재결

취소심판에 대하여 인용재결이 나온 경우 심판청구인은 취소소송을 제기할 필요가 없을 것이다. 다만 제3자효 행정행위에 대한 인용재결과 일부인용재결 및 수정재결이 나온 경우에 이들이 재결취소소송의 대상이 될 수 있는지 문제된다.

(가) 제3자효 행정행위에 대한 인용재결

제3자효를 수반하는 행정행위에 대한 행정심판청구에 있어서 인용재결로 인하여 불이익을 입은 자는 그 인용재결로 인하여 비로소 권리 · 이익을 침해받게 되는 자이므로 그 인용재결에 대하여 다툴 필요가 있고 그 인용재결은 원처분과 내용을 달리하는 것이므로 원처분에 없는 재결에 고유한 하자를 주장하는 소송이 된다.

(나) 일부인용재결과 수정재결

일부인용재결의 경우 원처분과 재결 사이에는 질적인 차이가 없고 양적인 차이만 존재한다고 볼 것이다. 이에 따라 원래의 처분 중 재결에 의하여 취소된 일부분을 제외하고 남은 원처분을 소의 대상으로 삼아야 한다. 수정재결은 일부인용재결과 달리 질적인 차이가 있으나 제재처분의 강도를 감경하는 것에 불과하다는 점에서 일부인용재결과 다르지 않다. 예를 들어, 공무원에 대한 파면처분이 소청절차에서 해임으로 감경된 경우, 원처분청을 상대로 해임처분으로 수정된 원처분을 다투어야 하고, 재결에 대하여 다툴 수는 없다고 보아야 한다.

(다) 이행재결

형성재결에 고유한 위법이 있는 경우에는 형성재결이 취소소송의 대상이 되나 이행재결에 의하여 취소 · 변경처분이 내려지고 이행재결에 고유한 위법이 있는 경우 이행재결을 취소소송의 대상으로 할 것인지, 이행재결에 따른 취소 · 변경처분을 취소소송의 대상으로 할 것인지 문제된다. 이행재결에 따른 취소 · 변경처분은 재결의 기속력에 의한 부차적 처분에 지나지 않는다는 점을 고려할 때 재결만이 소의 대상이 될 것이나 국민에 대한 구체적인 권익침해는 재결에 따른 처분이 있어야 발생한다는 점을 강조하면 취소 · 변경처분도 소의 대상으로 함이 타당하다.

라. 원처분주의에 대한 예외

(1) 개 설

행정소송법이 취하고 있는 원처분주의에 대한 예외로서, 개별법이 재결주의를 채택하는 경우가 있다. 재결주의를 채택하는 경우에는 행정소송법 제19조 단서와 같은 제한이 없으므로 원고는 재결취소소송에서 재결 고유의 위법뿐만 아니라 원처분의 위법도 다툴 수 있다. 심결에서 판단되지 않은 처분의 위법사유를 심결취소소송에서 주장할 수 있다. 그러나 재결주의가 적용되는 처분이라 하더라도 당해 처분이 당연무효인 경우에는 그 효력은 처음부터 발생하지 않는 것이므로 원처분 무효확인 소송도 제기할 수 있다. 재결의 취지에 따른 취소처분이 위법할 경우 그 취소처분의 상대방은 이를 항고소송으로 다툴 수 있다. 재결자체의 효력을 다투는 별소가 계속 중인 경우 재결취지에 따른 취소처분의 취소를 구하는 항고소송사건을 심리하는 법원이 그 청구의 당부를 판단할 수 있다. 인용재결의 취소를 구하는 당해 소송은 그 인용재결의 당부를 그 심판대상으로 하고 있고, 그 점을 가리기 위하여는 행정심판청구인들의 심판청구원인 사유에 대한 재결청의 판단에 관하여도 그 당부를 심리·판단하여야 할 것이므로, 법원은 재결청이 원처분의 취소 근거로 내세운 판단사유의 당부뿐만 아니라 재결청이 심판청구인의 심판청구원인 사유를 배척한 판단 부분이 정당한가도 심리·판단하여야 한다.

(2) 재결주의가 채택되어 있는 예

(가) 노동위원회의 처분

중앙노동위원회의 처분도 재결주의의 예에 해당하므로 중앙노동위원회 위원장을 피고로 하여 처분의 통지를 받은 날부터 15일 이내에 재심판정 취소의 소를 제기하여야 한다.

(나) 감사원의 변상판정

감사원법 36조, 40조에 따르면, 원처분에 해당하는 회계관계직원에 대한 감사원의 변상판정은 행정소송의 대상이 되지 못하고, 재결에 해당하는 재심의 판정에 대하여만 감사원을 당사자로 하여 행정소송을 제기할 수 있다.

(다) 중앙해양심판원의 재결

지방심판원의 재결에 대해서는 소송을 제기할 수 없고, 중앙행정심판의 재결에 대하여서만 중앙심판원장을 피고로 하여 재결서 정본을 송달받은 날부터 30일 이내에 소송을 제기하되 대법원의 전속관할로 하고 있다.

(라) 특허심판의 재결

특허출원에 대한 심결에 대한 소 및 심판청구서나 재심청구서의 각하 결정에 대한 소는 특허법원의 전속관할로 하고 특허청장을 피고로 하여야 한다.

(마) 교원소청심사위원회에 의한 사립학교교원이 신청한 재심결정

사립학교교원에 대한 해임처분에 대한 구제방법으로는 학교법인을 상대로 한 민사소송 이외에도 교원지위향상을 위한 특별법 제7조 내지 제10조에 따라 교육부내에 설치된 교원소청심사위원회에 소청심사 청구를 하고 교원소청심사위원회의 결정에 불복하여 결정서 송달을 받은 날부터 90일 이내에 행정소송을 제기할 수도 있다. 이 경우 행정소송의 대상이 되는 행정처분은 교원소청심사위원회의 결정이다.

(바) 중앙토지수용위원회의 이의재결

현행 토지보상법은 구 토지수용법과는 달리 이의신청 전치주의를 폐지하고, 신속한 권리구제 및 조속한 분쟁해결을 위하여 임의적 행정심판주의를 도입하였다. 따라서 지방토지수용위원회의 수용재결에 대하여 불복이 있는 때에는 피보상자는 이의신청을 거치지 않고도 행정소송을 제기할 수 있고, 중앙토지수용위원회에 이의신청을 제기하여 중앙토지수용위원회의 이의재결에 대하여 불복하는 경우에도 원처분주의가 적용되어 이의재결이 아니라 수용재결이 행정소송의 대상이 된다. 물론 이의재결에 고유한 위법이 있다면 이의재결을 다룰 수도 있다.

4. 부작위위법확인소송의 대상
가. 개 설

부작위위법확인소송의 대상은 행정청의 부작위이고, 부작위란 행정청이 신청에 대하여 상당한 기간 내에 일정한 처분을 하여야 할 법률상 의무가 있음에도 불구하고 이를 하지 않는 것을 말한다.

나. 요 건

(1) 당사자의 신청

행정청의 부작위가 성립되기 위하여서는 당사자의 신청이 있어야 한다. 그 신청은 법규상 또는 조리상 일정한 행정처분을 요구할 수 있는 자가 하였어야 한다. 그러한 신청권이 없는 자의 신청은 단지 행정청의 직권발동을 촉구하는데 지나지 않는 것이어서 그 신청에 대한 무응답은 부작위위법확인소송의 대상이 될 수 없다(대법원 1993. 4. 23. 선고 92누17099 판결). 신청절차와 방식 등이 부적법하더라도 행정청이 이를 무시하여 응답하지 않을 수는 없고, 보정을 명하거나 각하하여야 하는 것이므로 신청절차 등이 부적법하다는 이유로 응답하지 않은 경우도 부작위위법확인의 소의 대상이 된다. 즉 응답을 하지 아니하는 이상 무응답의 이유 여하는 묻지 아니한다.

(2) 처분을 하여야할 법률상 의무존재

부작위는 행정청이 당사자의 신청에 대하여 일정한 처분을 하여야 할 법률상 의무가 있음에도 불구하고 처분을 하지 않는 경우에 성립한다. 여기서 법률상 의무란 처분의 요건이 충족된 경우에 상대방의 신청에 따라 처분을 하여야만 하는 기속행위뿐만 아니라 하자없는 재량을 행사하여야 할 의무가 있는 재량행위에도 존재한다고 보아야 할 것이다.

(3) 상당한 기간

신청에 대하여 상당한 기간 내에 일정한 처분을 하지 아니하여야 한다. 여기서 상당한 기간이란 사회통념상 당해 신청에 대한 처분을 하는데 필요한 것으로 인정되는 기간을 말한다. 이는 획일적·일의적으로 결정될 수 없으며, 그 처분의 성질·내용 등을 참작하여 합리적으로 판단해야 할 것이다. 상당한 기간 내의 판단에 있어서 처분의 지연에 정당한 사유가 있으면 이를 고려해야 할 것이다 행정절차법에 따라 공표된 처리기간을 도과하였다고 하여 곧바로 상당한 기간이 경과하였다고 보기는 어렵다. 법률상 일정한 기간을 정하여 준 경우 그 기간 내에 처분을 하지 아니하면 거부한 것으로 간주되는데, 간주거부의 경우는 거부처분이 있는 것으로 보고, 이에 대하여는 취소소송을 제기해야 할 것이다.

(4) 처분의 부존재

부작위는 행정청의 처분으로 볼만한 외관 자체가 존재하지 않은 상태를 말하므로, 신청을 각하·기각하는 거부처분은 취소소송의 대상인 거부이며 부작위는 아니다. 또한 중대하고 명백한 하자로 인하여 효력은 없으나 외관적 존재는 인정되는 무효인 행정행위도 부작위가 되지 않는다. 더 나아가 법령이 일정한 상태에서 부작위를 거부처분으로 규정을 둔 경우에는 법적으로는 거부처분이라는 소극적 처분이 있는 것으로 되므로 부작위가 성립되지 않는다. 판례는 부작위위법확인소송을 주위적 청구로 하고 거부처분취소소송을 예비적 청구로 한 소송에서 부작위가 거부처분으로 발전된 경우에는 부작위위법확인을 구하는 주위적 청구를 소의 이익의 결여를 이유로 각하하고 거부처분의 취소를 구하는 예비적 청구를 본안에 나아가 심리·판단하여야 한다고 판시한바 있다.[23]

제2절 당사자소송의 대상

1. 개 설

당사자소송이란 행정청의 처분 등을 원인으로 하는 법률관계에 관한 소송 그 밖에 공법상 법률관계에 관한 소송으로서 그 법률관계의 한 쪽 당사자를 피고로 하는 소송을 말한다. 예컨대 행정처분등의 결과로 생긴 법률관계에 관한 소송, 공무원의 신분이나 지위의 확인에 관한 소송, 공법상금전지급청구소송, 공법상계약에 관한 소송 및 각종 사회보장급부청구소송 등이 이에 해당한다.

2. 당사자 소송의 예

가. 형식적 당사자소송

(1) 의 의

형식적 당사자소송이란 행정청의 처분 등이 원인이 되어 형성된 법률관계에 다툼이 있는

---

23) 대법원 1990. 9. 25. 선고 89누4758 판결.

경우에 그 원인이 되는 처분 등의 효력에 불복하는 것이 아니라, 그 처분 등의 결과로써 형성된 법률관계에 대해서 제기하되 처분청을 피고로 하지 않고 그 법률관계의 한쪽 당사자를 피고로 하여 제기하는 소송을 말한다. 즉, 소송의 실질은 처분 등의 효력을 다투는 것이지만, 소송의 형식은 당사자소송인 것이 형식적 당사자소송이다. 예컨대 토지수용에 대한 토지수용 위원회의 재결과 관련하여 그 보상액에 관한 부분을 토지소유자 등과 사업시행자가 각각 원·피고로 하여 다투는 소송이 이에 해당한다.

(2) 공익사업을 위한 토지 등의 취득 및 보상에 관한 법률 85조 2항의 보상금 증감에 관한 소송

공익사업을 위한 토지 등의 취득 및 보상에 관한 법률 제85조 제2항은 토지수용의 재결 또는 이의신청의 재결에 대한 행정소송이 보상금증감소송인 경우에는 원고가 토지소유자 또는 관계인인 때에는 사업시행자를, 사업시행자인 때에는 토지소유자 또는 관계인을 각각 피고로 하여 소송을 제기할 수 있도록 함으로써 구 토지수용법 제75조의2 제2항과는 달리 토지수용위원회를 피고에서 배제시켜, 당해 소송이 형식적 당사자소송의 성격을 갖고 있음을 명확히 하고 있다.

(3) 특허관계소송 등

특허법 제187조는 항고심판의 심결을 받은 자가 제소할 때에는 특허청장을 피고로 하여야 하나, 특허무효항고심판·권리범위항고심판 등의 경우에는 청구인 또는 피청구인을 피고로 하여야 한다고 규정하고 있으며, 동법 제191조는 보상금 또는 대가에 관한 불복의 소송에 있어서 보상금을 지급할 관서 또는 출원인특허권자 등을 피고로 하여야 한다고 규정하고 있다. 특허법 제191조는 디자인보호법 제167조, 상표법 제85조의 4 등에도 준용되고 있다.

나. 실질적 당사자소송

(1) 의 의

실질적 당사자소송이란 본래의미의 당사자소송으로 대립하는 대등 당사자 간의 공법상 법률관계에 관한 분쟁이 있고, 이 분쟁의 한쪽 당사자를 피고로 하는 소송을 말한다. 이러한 분쟁은 처분 등을 원인으로 하는 법률관계뿐만 아니라 그 밖에 공법상 법률관계에서도 발생할 수 있다. 당사자소송의 대부분이 실질적 당사자소송에 속한다.

(2) 처분 등을 원인으로 하는 법률관계에 관한 소송

행정처분의 원인이 되어 그 결과로서 형성된 법률관계에 다툼이 있을 때에는 그 원인인 행정처분에 대하여서가 아니라, 결과로서 형성된 법률관계의 당사자가 권리보장을 위하여 소송을 제기하는 경우이다. 예컨대 처분 등의 무효·취소를 전제로 하는 공법상 부당이득반환청구소송, 공무원의 직무상 불법행위로 인한 국가배상청구소송 등이 있다.

(3) 그 밖의 공법상의 법률관계에 관한 소송

(가) 공법상 신분·지위 등의 확인

예컨대 국회의원, 지방의회의원, 공무원, 국립학교 학생 등의 신분·지위확인소송 등을 들 수 있다. 공법상 법률관계의 존부확인소송 등도 당사자소송의 대상이 된다.

(나) 공법상 각종 급부 청구

의원세비, 공무원보수, 손해배상청구, 손실보상청구, 공법상 사무관리비용, 행정주체간의 비용부담청구소송, 연금지급청구 등을 들 수 있다. 손실보상청구권의 성질에 관하여 대법원은 전통적으로 사권설의 입장에서 민사소송으로 다루어 왔으나, 하천편입토지소유자의 보상청구권에 기하여 손실보상금의 지급을 구하거나 손실보상청구권의 확인을 구하는 소송을 당사자소송으로 판시하고 있다.[24]

(다) 공법상 계약에 관한 소송

행정사무위탁계약, 임의적 공용부담 계약, 의무교육 대상자 취학입학, 토지보상법상 토지소유자가 기업자에 대해 제기하는 보상금지급청구소송, 지방전문직공무원 채용계약해지의 의사표시 서울특별시립무용단단원의 위촉과 해촉, 광주광역시 합창단원 재위촉거부, 공중보건의사 전문직공무원채용계약의 해지등도 당사자소송의 대상이 된다.

---

24) 대법원 2006. 11. 9. 선고 2006다23503 판결.

(라) 국가배상청구

일반적으로 행정법학자들은 국가배상청구소송을 당사자소송의 예로 들고 있으나 대법원은 일관하여 국가배상사건을 민사사건으로 보고 있고, 하급심에서도 예외 없이 이를 민사소송에 의하여 처리하고 있다.

(마) 공법상 권리의 범위 확인

비관리청이 당해 항만시설을 무상사용하는 것은 일반인에게 허용되지 아니하는 특별한 사용으로서, 이른바 공물의 특허사용에 해당한다. 비관리청이 당해 항만시설을 무상사용할 수 있는 기간은 총사업비에 의하여 결정되므로, 관리청이 적법한 기준에 미달하게 총사업비를 산정하였다면, 그 금액과 적법한 기준에 의한 총사업비의 차액에 따는 기간만큼 무상사용기간이 단축되므로, 그 차액에 해당하는 기간에 관하여는 비관리청이 무상사용할 수 없게 된다는 법적 불안·위험이 현존한다고 보아야 한다. 따라서 이를 제거하기 위하여 국가를 상대로 공법상의 당사자소송으로 권리범위의 확인을 구할 필요나 이익이 있으며, 이러한 방법이 가장 유효·적절한 수단이라고 할 것이다.[25]

(바) 행정주체 상호간의 비용부담청구 등

법령에 의하여 관리주체와 비용부담자체가 다르게 정하여져 있는 경우 관리주체가 비용을 청구하는 소송이나 비용부담주체가 과불금의 반환을 청구하는 소송 및 비용부담자가 공무원의 선임·감독자에 대하여 행하는 구상금청구소송 등은 행정주체가 당사자가 되는 소송으로서 공법상의 권리관계에 관한 소송이므로 당사자소송에 해당한다고 볼 것이나, 판례는 민사소송 사항으로 보고 있다.[26]

---

25) 대법원 2001. 9. 4. 선고 99두10148 판결.
26) 대법원 1998. 7. 10. 선고 96다42819 판결.

제3절 민중소송과 기관소송의 대상

객관적 소송은 법률에 특별한 규정이 있는 경우에 가능한 것으로, 그 대상도 당해 법률이 정한 바에 의하여 개별적으로 파악할 수밖에 없다. 선거의 무효를 주장하는 소송은 선거의 효력을, 당선의 무효를 주장하는 소송은 당선의 효력 또는 당선인 결정처분을 각 소송의 대상으로 한다. 판례는 지방자치법 107조 3항과 172조 3항의 규정에 의한 조례무효소송의 대상을 재의결 자체를 소송의 대상으로 보고 있다.

1. 기관소송

가. 의 의

기관소송이란 국가 또는 공공단체의 기관 상호 간에 있어서의 권한의 존부 또는 그 행사에 관한 다툼이 있을 때 이에 대하여 제기하는 소송을 말한다. 다만 헌법재판소법 제2조의 규정에 의하여 헌법재판소의 관장사항으로 되는 소송은 제외한다. 행정소송법상의 기관소송은 행정기관사이의 소송에 한정되며, 행정주체와 행정주체간의 소송은 행정소송법상의 기관소송에 포함되지 아니한다. 행정주체와 행정주체간의 권한쟁의에 관한 소송, 국가기관 상호간, 국가기관과 지방자치단체간 및 지방자치단체상호간의 권한 쟁의에 관한 심판은 헌법재판소의 관장사항으로 행정소송으로서의 기관소송에서 제외된다. 그리고 기관소송은 동일한 행정주체(별주체)에 속하는 행정기관 상호간의 권한분쟁에 관한 소송이다.

나. 유 형

(1) 지방자치법상 기관소송

(가) 지방자치법 제107조 제3항에 의한 기관소송

지방자치단체의 장은 지방의회의 의결이 월권이거나 법령에 위반되거나 공익을 현저히 해친다고 인정되면 그 의결사항을 이송받은 날부터 20일 이내에 이유를 붙여 재의를 요구할 수 있고, 재의결된 사항이 법령에 위반된다고 인정되면 재의결된 날로부터 20일 이내에 대법원에 그 무효확인의 소를 제기할 수 있다.

(나) 지방자치법 제172조 제3항에 의한 기관소송

지방의회의 의결이 법령에 위반되거나 공익을 현저히 해친다고 판단되면 시·도에 대하여는
주무부장관이, 시·군 및 자치구에 대하여는 시·도지사가 재의를 요구하게 할 수 있고,
재의요구를 받은 지방자치단체의 장은 의결사항을 이송받은 날부터 20일 이내에 지방의회에
이유를 붙여 재의를 요구하여야 하며, 지방자치단체의 장은 재의결된 사항이 법령에 위반된다
고 판단되면 재의결된 날부터 20일 이내에 대법원에 소를 제기할 수 있다.

(다) 지방자치법 제169조 제2항에 이한 기관소송

지방자치단체의 사무에 관한 그 장의 명령이나 처분이 법령에 위반되거나 현저히 부당하여
공익을 해친다고 인정되면(자치사무에 관한 명령이나 처분에 대하여는 법령을 위반하는 것에
한한다) 시·도에 대하여는 주무부장관이, 시·군 및 자치구에 대하여는 시·도지사가 기간을
정하여 서면으로 시정할 것을 명하고, 그 기간에 이행하지 아니하면 이를 취소하거나 정지할
수 있고, 지방자치단체의 장은 자치사무에 관한 명령이나 처분의 취소 또는 정지에 대하여
이의가 있으면 그 취소처분 또는 정지처분을 통보받은 날부터 15일 이내에 대법원에 소를
제기할 수 있다.

(2) 지방교육자치에 관한 법률 제28조 제3항에 의한 기관소송

교육감은 교육·학예에 관한 시·도의회의 의결이 법령에 위반되거나 공익을 현저히 저해한다
고 판단될 때에는 그 의결사항을 이송받은 날부터 20일 이내에 이유를 붙여 재의를 요구할
수 있고, 재의결된 사항이 법령에 위반된다고 판단될 때에는 교육감은 재의결된 날부터 20일
이내에 대법원에 제소할 수 있다.

2. 민중소송

(1) 의의
민중소송이란 국가 또는 공공단체의 기관이 법률에 위반되는 행위를 한때에 일반국민이나 주민 등이 직접 자기의 법률상이익과 관계없이 그 시정을 구하기 위하여 제기하는 소송을 말한다.

(2) 유형
민중소송은 법률의 명시적인 규정이 있는 경우에 법률에 정한 자에 한하여 제기할 수 있다. 현행법이 인정하고 있는 민중소송은 공직선거법상 민중소송, 국민투표법상 민중소송, 주민투표법상 민중소송, 지방자치법상 민중소송이 있다.

제5장 행정소송과 행정심판

제1절 서 론

행정소송법은 행정소송을 제기함에 있어서 당해 처분에 대한 행정심판을 제기할 수 있는 경우에도 이를 거치지 아니하고 바로 취소소송을 제기할 수 있어 임의적 행정심판전치주의를 원칙으로 하고, 다만, 다른 법률에 당해 처분에 대한 행정심판의 재결을 거치지 아니하면 취소소송을 제기할 수 없다는 규정이 있는 때에는 예외적으로 필요적 행정심판 전치주의를 취하고 있다(행정소송법 18조 1항). 이는 행정내부의 자율적 통제와 신속한 권리구제를 도모하기 위한 것이다.

또한, 행정소송법은 종래 필요적 전치주의를 택하여 원칙적으로 행정심판을 거치지 않으면 항고소송을 제기할 수 없도록 하였으나, 1998. 3. 1.부터 개정법이 시행되면서 행정소송에 3심제를 채택함과 아울러 임의적 전치주의를 원칙으로 하고 있다.

[행정심판과 행정소송의 이동]

비고	행정심판	행정소송
적용법률	행정심판법	행정소송법
존재이유	자율적 통제, 전문성확보	타율적 통제, 독립성 확보
심판기관	행정부:위원회	사법부:법원
성질	약식쟁송	정식쟁송
종류	취소심판, 무효확인심판, 의무이행 심판	취소소송, 무효확인소송, 부작위위법확인소송
심판대상	위법, 부당한처분+부작위 예외:대통령의처분·부작위, 재결	위법한 처분+부작위 위법한 재결
거부처분에 대한 쟁송형태	의무이행심판+취소심판	취소소송
적극적 변경여부	가능	불가능
심판기간	처분안날:90일 처분 있은날:180일	처분안날:90일 처분 있은날:1년
심리절차	구술심리와 서면심리 비공개원칙	구술심리 공개원칙
의무이행확보수단	직접처분권 인정	간접강제제도
고지규정	0	x

[서식] 구술심리신청서

■ 행정심판법 시행규칙 [별지 제39호서식] 〈개정 2012.9.20〉

구술심리 신청서

접수번호		접수일		
사건명				
청구인	성명			
	주소			
피청구인				
신청 취지				
신청 이유				

「행정심판법」 제40조제1항 단서 및 같은 법 시행령 제27조에 따라 위와 같이 구술심리를 신청합니다

년   월   일

신청인   (서명 또는 인)

○○행정심판위원회 귀중

첨부서류	없음	수수료 없음

처리 절차

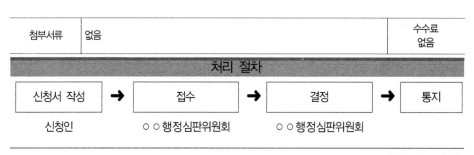

210mm×297mm[백상지 80g/㎡]

제2절 임의적 전치주의(원칙)

1. 의 의

구 행정소송법(1998. 3. 1. 시행 전 법률)에서는 행정소송을 제기하려면 반드시 먼저 행정심판을 거치도록 하는 필요적 전치주의를 택하고 있었으나, 행정심판전치주의의 장점을 살리지 못한 채 국민에게 불필요한 절차를 요구함으로써 권리구제의 신속성을 저해하는 장애요인으로 작용하고 있다는 비판에 따라 개정 행정소송법 제18조 제1항에서는 '임의적 전치주의'를 명문으로 규정하고 있다.

예외적으로 각 개별 법률에서 정하는 경우에만 행정심판전치주의를 택하고 있다. 행정심판전치주의를 채택하고 있는 경우는 국가공무원법 제16조, 지방공무원법 제20조의2, 국세기본법 제56조, 관세법 제120조, 도로교통법 제142조, 지방자치법 제140조 제5항, 감사원법 제46조의2 등이 있다.

한편, 행정심판전치주의에서 말하는 행정심판이란 행정심판법에 따른 행정심판 외에 특별법상 심판도 포함한다. 즉 협의의 행정심판은 물론이고 소청, 이의신청, 심사청구, 심판청구 기타 행정청의 위법·부당한 처분 그 밖의 공권력의 행사·불행사에 대한 불복절차를 모두 포함한다.

2. 행정심판청구의 실익

임의적 행정심판전치주의 하에서는 행정심판을 거칠 것인지 여부는 원고의 선택에 맡겨져 있으나 행정심판을 먼저 제기하면 다음과 같은 장점이 있다.

첫째, 행정심판에서는 행정소송과는 달리 심판의 범위가 확대된다. 즉 행정심판은 행정소송과 달리 행정처분이 위법한 경우뿐만 아니라 부당한 경우도 인용재결을 할 수 있으므로, 청구인의 권리구제 범위가 넓다.

둘째, 청구인의 출석 없이 비교적 단기간에 보다 저렴한 비용으로 권리구제를 받을 수 있다는 장점이 있다.

셋째, 설사 행정심판에서 권리구제를 받지 못하였다 하더라도 이후 행정소송절차에서 '행정심판기록 제출명령제도'에 의해 비교적 간편하게 소송자료를 얻을 수 있다(행정소송법 제25조).

3. 필요적 전치사건

개정 행정소송법이 임의적 전치주의를 채택하고 있지만, 다음과 같은 경우에는 반드시 행정심판을 거쳐야 한다.

가. 공무원에 대한 징계 기타 불이익처분

나. 국세기본법과 관세법상의 처분. 단, 지방세는 제외됨.

다. 노동위원회의 결정

라. 부당해고, 부당노동행위등

마. 도로교통법에 의한 처분

바. 운전면허 취소·정지등

한 가지 유의할 것은 위와 같은 필요적 전치를 요하는 처분 중 '처분의 취소소송'과 '부작위위법 확인소송'의 제기시에는 반드시 행정심판을 거쳐야 하지만, '무효확인소송'의 제기에는 행정심판을 거칠 필요가 없다는 것이다.

4. 필요적 전치사건에서 행정심판을 제기함이 없이 바로 행정소송을 제기할 수 있는 경우

그러나 다음과 같은 경우에는 비록 필요적 전치사건에 해당한다고 하더라도 행정심판을 거치지 않고 바로 행정소송을 제기할 수 있다.

가. 동종사건에 대하여 이미 행정심판의 기각재결이 있는 경우

나. 서로 내용상 관련되는 처분 또는 같은 목적을 위하여 단계적으로 진행되는 처분 중 어느 하나가 이미 행정심판의 재결을 거친 때 선행처분과 후행처분이 서로 내용상 관련된 경우(원칙적으로 피고가 동일해야 한다)

다. 소송계속 중이거나 또는 변론종결 후에 행정청이 당해 항고소송의 대상인 처분을 변경하여 그 변경된 처분에 대한 항고소송을 제기하는 때

라. 처분청이 행정심판을 거칠 필요가 없다고 잘못 알릴 때(고지의무 : 행정절차법 제26조)

1. 취 지

현행 행정소송법은 "취소소송은 법령의 규정에 의하여 당해 처분에 대한 행정심판을 제기할 수 있는 경우에도 이를 거치지 아니하고 제기할 수 있다. 다만 다른 법률에 당해 처분에 대한 행정심판의 재결을 거치지 아니하면 취소소송을 제기할 수 없다는 규정이 있는 때에는 그러하지 아니하다"(제18조 제1항)라고 규정하고 있다. 따라서 원칙적으로 행정심판임의주의를 채택하고 있으며, 예외적으로 각 개별 법률이 규정하고 있는 경우에만 행정심판전치주의를 채택하고 있다. 예컨대 국가공무원법(제16조) 및 지방공무원법(제20조의2) 상의 공무원징계 처분, 국세기본법(제56조)·관세법(제38조의2) 상의 조세부과처분, 도로교통법(제101조의3) 상의 운전면허취소·정지처분 등 각 개별법률이 행정심판의 재결을 거치지 아니하면 행정소송을 제기할 수 없다는 특례를 규정하고 있는 경우에만 행정심판전치주의를 채택하고 있다. 이러한 필요적 전치주의는 주로 대량적으로 행해진 처분이나 전문기술적인 성질 띤 처분 등에 대하여 소송을 앞서 행정심판을 거치도록 함으로써 행정청에게 스스로 시정할 기회를 마련하여 행정청이 전문지식의 활용으로 자율적이고 능률적으로 행정작용을 하도록 하는 한편, 법원의 부담경감을 꾀하기 위한 데에 그 취지가 있다.

2. 적용 범위

가. 필요적 전치를 요하는 처분

(1) '법률'의 근거

제소에 앞서 필요적으로 행정심판을 거치도록 하기 위하여는 처분의 근거가 되는 '형식적 의미의 법률'에 필요한 전치를 요하는 규정이 있어야 한다. 법률 이외의 법규명령이나 조례·규칙으로써는 이를 규정할 수 없다. 설사 당해 처분이 법규명령이나 조례·규칙에 근거한 것이라 하더라도 마찬가지이다. 이에 대하여 조례에 근거한 처분에 대하여는 조례로서 필요적 전치로 할 수 있다는 반대 견해가 있으나, 필요적 전치주의는 일종의 재판청구권의 제한으로서, 국가사무의 하나인 사업에 관한 사무이므로, 조례로써는 불가능하다고 본다.

(2) 명시적 규정

법률에 "행정심판의 재결을 거치지 아니하면 취소소송을 제기할 수 없다"는 취지의 명시적 규정이 필요하다. 필요적 전치주의는 예외적인 제도이므로, 재결을 거치지 아니하면 소송을 제기할 수 없음이 명시적으로 규정되어야 한다.[27]

(3) 현행법상 필요적 전치주의의 적용을 받은 처분

현행법상 필요적 전치를 거쳐야 하는 것으로는, ⅰ) 공무원에 대한 징계 기타 불이익처분(국가공무원법 16조 2항, 교육공무원법 53조 1항, 지방공무원법 20조의2), ⅱ) 국세·관세법상의 처분(국세 56조 2항, 관세 120조 2항), ⅲ) 운전면허취소처분 등 도로교통법에 의한 각종 처분(도로교통법 142조, 다만, 과태료처분과 통고처분은 제외), ⅳ) 해양수산부장관 등의 선박검사 등 처분(선박안전법 72조 3항)을 들 수 있다.

그 밖에 노동위원회의 결정이나 특허청의 거절사정 등과 같이 원처분이 아니라 행정심판 재결만이 소송의 대상이 되는 사건에 있어서도 행정심판을 거침이 불가피하나 이는 재결주의가 채택된 결과로서, 통상적인 전치주의 사건과는 구별된다.

나. 필요적 전치가 적용되는 소송

(1) 취소소송과 부작위위법확인의 소송

원래 행정심판은 행정청의 처분 등이 있고 나서 이에 대하여 제기하는 것이므로 성질상 항고소송에만 적용되며, 공법상 당사자소송에는 적용될 여지가 없다.

그러나 항고소송 중에서도 이론상 취소소송과 부작위위법확인소송에는 당연히 적용된다(제18조 제1항 및 제38조 제2항). 그러나 무효등확인소송은 처음부터 아무런 효력이 발생치 않거나 존재 자체가 의심스러운 행위를 대상으로 하여 단지 무효 등임을 공적으로 확인받기 위한 것에 불과하므로 굳이 행정심판전치주의를 적용할 이유가 없으며 행정소송법(제38조 제1항)도 이를 명백히 하고 있다.

---

27) 대법원 1999. 12. 20.자 99무42 결정.

(2) 무효를 선언하는 의미의 취소소송

형식적으로는 처분의 취소를 구하는 소송이지만 그 청구원인을 살펴보면 무효선언을 구하는 내용인 경우에, 판례는 무효사유와 취소사유의 구별의 상대성, 형식이 취소소송이면 취소소송에 요구되는 소송요건이 구비되어야 한다는 점 등을 들어 행정심판전치주의가 적용된다는 적극설[28]을 취하고 있는 반면, 다수설은 소송은 형식보다는 내용을 중심으로 판단하여야 한다는 전제하에 이러한 경우도 무효확인소송으로 볼 것이므로 행정심판전치주의가 적용되지 않는다고 하는 소극설[29]을 취하고 있다.

(3) 제3자의 제소와 행정심판 전치주의

처분 등의 상대방이 아닌 제3자는 행정심판 청구기간을 지키기 어렵다는 점을 들어 이들이 취소소송을 제기함에는 원칙적으로 전치주의의 적용이 없다는 견해도 있으나, 이들에 대하여는 행정심판법 27조 3항 단서 소정의 행정심판을 처분이 있은 날로부터 180일 이내에 제기할 수 없었던 정당한 사유가 있는 경우에 해당하는 것으로 보는 등 행정심판 청구기간에 특수성을 인정하는 것으로 족하고, 전치주의의 적용 자체를 부인할 수는 없다(대법원 1989. 5. 9. 선고 88누5150 판결).

(4) 재결이나 재결에 따른 처분

행정심판의 재결에 대한 취소소송에서는 다시 행정심판을 청구하는 것이 불필요할 뿐 아니라 불가능하고(행정심판법 51조), 이행재결에 따른 처분에 대한 취소소송에서는 다시 행정심판 절차를 거칠 필요가 없다. 행정심판 전치주의를 택하는 것은 행정청으로 하여금 스스로 시정할 기회를 주는 데 의미가 있는 제도이므로, 그러한 기회가 주어진 뒤 이루어진 재결이나 그 재결에 따른 처분의 취소를 구하는 경우에는 행정심판 전치주의의 적용이 없다.

3. 내 용

가. 소송요건

필요적 전치주의가 적용되는 사건에 있어서는 행정심판의 청구와 그 재결의 존재는 소송요건이

---

28) 대법원 1987. 9. 22. 선고 87누842 판결 참조.
29) 김동희(Ⅰ), p.717; 박윤흔(상), p.948; 변재옥(Ⅰ), p.647; 이상규(상), p.782.

다. 따라서 이러한 사건에 있어서는 먼저 행정심판을 청구하여 재결이 있는 다음 제소하여야 하고, 만일 재결이 있기 전에 소를 제기하면 부적법한 소로서 각하하여야 한다. 그러나 소송요건의 충족 여부는 변론종결시를 기준으로 하는 것이므로 소를 각하하기 전에 재결이 있으면 그 흠이 치유되고, 행정심판의 청구조차 하지 아니하고 제기된 소송도 변론종결시까지 전치의 요건을 충족하게 되면 각하할 수 없다.

나. 행정심판 청구는 적법하여야 한다

행정심판 제기기간의 경과 등 보정이 불가능하여 부적법한 행정심판에 대하여는 위원회가 각하하여야 하며, 각하된 경우에는 행정심판전치의 요건을 충족치 못하게 되어 행정소송을 제기하여도 역시 각하된다. 그러나 만일 이를 간과하고 위원회가 재결을 해 버린 경우에는 행정심판전치의 요건이 충족된다는 판례(대법원 1960. 12. 12. 선고4294행상104 판결)와, 반대로 충족치 못한 것이라는 판례(대법원 1982. 6. 22. 선고 81누368 판결, 대법원 1991. 6. 25. 선고 90누6091 판결)가 있으나, 현행 행정심판기간의 단기성으로 인한 실기의 가능성 등을 고려하건대 이러한 경우까지 굳이 권리구제의 길을 봉쇄할 필요는 없는 것으로 생각된다. 반대로 적법한 행정심판임에도 불구하고 착오로 위원회가 각하해 버린 경우에는 당연히 행정심판전치의 요건이 충족된 것으로 보아야 할 것이다.[30]

한편. 행정심판만 제기하고 그 재결이 있기 전에 제기된 행정소송은 원칙적으로 부적법하므로 각하되어 마땅하지만, 실제로 사실심의변론종결 전까지 재결이 있기만 하면 불필요한 절차의 반복을 피한다는 점에서 그 하자는 치유된 것으로 보고 있다.[31] 나아가서 행정심판과 행정소송을 동시에 제기하거나, 행정소송만 먼저 제기한 경우에도 그 후 행정심판 제기기간 내에 행정심판을 제기하고 사실심의 변론 종결시까지 재결이 있을 때에는 하자가 치유된 것으로 보고 적법한 소로서 인정하고 있다.[32]

다. 심판청구와 행정소송의 관련성

(1) 인적 관련

특정 행정처분에 대하여 행정심판청구가 있고 그 재결이 있으면 필요적 전치의 요건은 충족된 것으로 보아야 하고, 행정심판청구인과 행정소송의 원고는 원칙적으로 동일인이어야 한다.

---

30) 대법원 1960. 11. 28. 선고 4291행상9 판결.
31) 대법원 1965. 6. 29. 선고 65누57 판결.
32) 대법원 1987. 4. 28. 선고 86누29 판결.

다만, 행정소송의 원고가 행정심판청구인과 동일한 지위에 있거나 그 지위를 승계한 자인 경우에는 원고 자신이 행정심판을 거치지 아니한 경우에도 그 행정소송은 적법하고, 동일한 행정처분에 대하여 공동의 법률적 이해관계를 갖는 공동권리자 1인이 적법한 행정심판을 거친 경우 다른 공동권리자는 행정심판을 경유함이 없이 바로 소송을 제기할 수 있다.[33]

(2) 물적요건

행정심판에서 주장했던 청구원인과 행정소송의 청구원인 간에는 기본적인 점에서 동일성이 유지되면 족하다. 따라서 내용이 완전히 일치할 필요는 없으며, 원고는 행정심판에서 제출하지 아니하였던 새로운 청구원인을 주장할 수도 있다.[34]

(3) 주장의 공통여부

행정심판 전치주의는 소송의 제기 전에 행정심판 재결을 거칠 것을 요구하는데 그치고, 청구인이 행정심판 절차에서 주장하지 않았던 위법사유를 소송에서 새로 주장할 수 없도록 하는 취지는 아니다. 그리하여 행정심판에서는 처분의 절차적 위법만을 주장하였더라도 소송단계에 이르러 비로소 처분의 실체적 위법을 주장할 수도 있다. 왜냐하면, 행정심판청구가 있으면 재결청은 직권에 의하여 신청인이 주장하지 않은 사항에 대하여도 심사할 수 있는 것이므로, 소송단계에서 주장·입증을 특별히 제한하지 않아도 행정청에 재심사의 기회를 부여한다는 전치의 목적은 달성할 수 있기 때문이다.

4. 필요적 전치의 완화

현행법상 필요적 전치를 요하는 대표적 처분인 국세·관세법상의 처분에 대하여는 행정소송법 18조 1항 본문과 함께 2항, 3항의 규정까지 그 적용이 배제되므로(국세 56조 2항, 관세 10조 2항), 실제 아래에서 설명되는 전치주의의 완화는 위 처분에는 그대로 적용되지는 않으나, 뒤에서 따로 보는 바와 같이 조세소송에서도 세법상의 특별조문에 의하여 또는 성질상 필요적 전치가 완화되는 경우가 적지 않다.

---

33) 대법원 1988. 2. 23. 선고 87누704 판결.
34) 대법원 1999. 11. 26. 선고 99두9407 판결, 대법원 1982. 9. 28. 선고 81누106 판결.

가. 행정심판 재결을 기다릴 필요가 없는 경우

이는 행정심판청구는 이를 하여야 하나 그 재결을 기다릴 필요 없이 행정소송을 제기할 수 있는 경우로서 행정심판을 청구조차 아니하고 직접 제소할 수 있는 다음 '나'의 경우와는 구별된다.

여기에 해당하는 경우 당사자는 행정심판 재결을 기다리지 아니하고 바로 행정소송을 제기할 수 있음은 물론 행정심판 재결을 기다려 소송을 제기할 수도 있다.

(1) 행정심판을 청구한 후 60일을 경과한 때

재결은 피청구인 또는 위원회가 심판청구서를 받은 날부터 60일 이내에 하여야 하고, 다만 부득이한 사정이 있는 경우에는 위원장이 직권으로 30일을 연장할 수 있다. 그러나 행정소송법은 재결이 지연됨으로 인하여 국민이 입게 될 불이익을 방지하기 위하여 행정심판청구가 있은 날로부터 60일이 지나도 재결이 없는 때에는 곧바로 소송을 제기할 수 있도록 하고 있다. 행정소송을 제기한 날에 60일이 지나지 않았더라도 당해 소송의 변론종결시까지 60일이 경과하였다면 행정심판전치주의에 대한 흠은 치유된다.

(2) 처분의 집행 또는 절차의 속행으로 생길 중대한 손해를 예방하여야 할 긴급한 필요가 있을 때

재결을 기다리다가 처분의 집행, 절차의 속행 또는 부작위의 계속으로 중대한 손해가 발생할 긴급한 사유가 있는 사건에 있어서는 재결을 기다릴 필요 없이 행정소송을 제기할 수 있도록 하여, 본질적인 권리구제수단으로서의 행정소송의 실효성을 확보하기 위한 것이다.[35]

---

35) '중대한 손해를 예방하여야 할 긴급한 필요가 있을 때'에 해당하는지 여부는 개별적·구체적으로 판단할 문제이나, 위 (1)항과 관련하여 볼 때 행정심판청구가 있은 날로부터 60일을 기다렸다가는 처분이 집행되는 등으로 말미암아 회복이 곤란하거나 그 밖의 중대한 손해를 입을 위험성이 있는 경우를 말한다. 이러한 긴급성을 요하는 경우는 행정소송법 23조 2항에 의한 집행정지결정을 받아 두어야 할 때가 많을 것이고, 집행정지결정이 있는 뒤에는 행정심판의 재결 전에 판결을 하여야 할 긴급성이 소멸되는 것이 보통일 것이다. 그러므로 이 항에 의한 재결주의의 예외는 주로 집행정지하기에 적절치 않은 거부처분 등에 대하여 속히 본안 판단을 받을 필요가 있는 경우에 그 효용이 있을 것이다.

(3) 법령의 규정에 의한 행정심판기관이 의결 또는 재결을 하지 못할 사유가 있는 때

이는 행정심판위원회가 구성되어 있지 않거나 과반수 이상의 결원이 있고 단시일 안에 보충될 가망성이 없는 경우 등을 예상한 것이다. 이는 일반적으로 예견할 수 없는 일이나, 만일 그러한 사유가 있는데도 불구하고 재결을 기다리는 것은 무용한 시간의 낭비를 초래하고 결과적으로 행정구제제도의 취지에 어긋나게 되는 것임에 비추어 그러한 사유가 있는 때에는 재결을 기다릴 필요 없이 바로 행정소송을 제기할 수 있도록 한 것이다

(4) 그 밖의 정당한 사유가 있는 때

행정심판의 재결을 기다려서는 취소소송을 제기하는 목적을 달성키 곤란한 경우, 60일 이내에 재결이 행하여질 가능성이 없는 경우, 재결의 결과가 예측되는 경우 등을 의미한다.

나. 행정심판을 청구할 필요가 없는 경우

(1) 동종사건에 대하여 이미 행정심판의 기각결정이 있은 때

여기서 동종사건이란 동일한 사실에 대하여 동일 법적 근거에서 대량으로 행하여진 처분, 즉 당해 사건과 기본적인 점에서 동질성이 인정되는 사건을 말한다. 다만, 판례는 쟁점이 동일하다 하여 동종사건으로 보고 있지는 않고, 동종사건의 범위를 상당히 좁게 인정하고 있다.

(2) 서로 내용상 관련되는 처분 또는 같은 목적을 위하여 단계적으로 진행되는 처분 중 어느 하나가 이미 행정심판의 재결을 거친 때

여기서 서로 내용상 관련되는 처분이란 각각 별개의 처분이지만 그 내용에 있어서는 관련되는 처분을 말한다. 또한 같은 목적을 위하여 단계적으로 진행되는 처분 중 어느 하나에 대한 행정심판이 있은 때에는 다시 행정심판절차를 거칠 것 없이 취소소송을 제기할 수 있다. 여기서 같은 목적을 위하여 단계적으로 진행되는 처분이란 각각 별개의 처분이지만 하나의 행정목적을 실현하기 위한 단계적인 절차관계에 있는 처분을 말한다. 예를 들어 행정대집행에서 계고와 대집행영장의 통지가 그에 해당한다.

(3) 소송계속중이나 또는 변론종결 후에 행정청이 당해 항고소송의 대상인 처분을 변경하여 그 변경된 처분에 대한 항고소송을 제기하는 때

취소소송이 제기된 뒤에도 행정청은 당해 소송의 대상인 처분을 변경할 수 있다. 그러나 사실심변론종결 후에 행정청이 당해 소송의 대상인 처분을 변경하면 원고로서는 소의 변경을 할 수가 없어 변경된 처분에 관하여 다시 소를 제기하여야 한다. 이 경우 변경된 처분을 대상으로 행정심판절차를 거치게 한다면 원고에게 지나친 부담이 되고, 행정청에 의한 소송지연 또는 방해를 가져올 수 있으며, 처분의 변경에 따른 소의 변경과도 균형을 유지할 수 없으므로 전심절차를 거치지 않고 직접 소송을 제기할 수 있도록 하고 있다.

(4) 처분청이 행정심판을 거칠 필요가 없다고 잘못 알린 때

처분을 행한 행정청이 행정심판을 거칠 필요가 없다고 잘못 알린 때는 잘못된 고지인 것을 알았는지의 여부에 관계없이 행정심판절차를 거치지 않고 행정소송을 제기할 수 있다. 이는 행정에 대한 신뢰를 보호함과 아울러 고지의 실효성을 확보하기 위한 것이다.

5. 특별 전치절차

개별법령이 필요적 전치주의를 취하면서 특별 행정심판절차를 규정하고 있는 경우에는, 행정심판법 제3조의 해석상, 그 특별 전치절차를 거쳐야만 전치주의를 충족한 것이 되고 일반 전치절차만을 거쳐 제소한 경우에는 전치주의 흠결이 될 것이며, 특별 전치절차를 거친 후 다시 일반 전치절차를 거쳐서 제소한 경우에는 제소기간의 기산점을 그 일반 전치절차의 재결서 송달일로 해줄 수 없기 때문에 결국 제소기간 도과의 불이익을 입게 된다(대법원 1994. 6. 24. 선고 94누2497 판결).

가. 조세소송의 전치절차

처분청→고지서발송→고지서를 받은날로부터 90일 이내 → 서면접수, 직접접수, 사이버접수 → 심판청구서를 세무서 · 세관 · 지방자치단체의 장 또는 조세심판원에 제출

(1) 직전구제절차

직권구제절차에 관하여는 국세기본법에는 명문의 규정이 없다. 그러나 지방세기본법 제58조는 지방자치단체의 장은 지방자치단체의 징수금의 부과징수가 위법 또는 부당한 것임을 확인하면 즉시 그 처분을 취소하거나 변경할 수 있다는 명문규정을 두고 있다. 따라서 비록 국세기본법에는 명문의 규정이 없지만 조세법률주의 원칙에 따라 당연히 인정된다고 할 것이다. 하지만 처분청이 직접 과세부당을 인정하고 이를 경정한다는 것을 실제 기대하기 어렵기 때문에 실효성에서는 다소 의문이 남는다.

(2) 과세전적부심사

과세전적부심사는 과세예고통지나 세무조사결과에 대한 서면통지와 같이 납세자에게 결정내용을 미리 통보하여 납세자가 관련 내용을 검토하게 하고, 30일 이내 심사청구를 하는 경우 과세적부를 심사하여 30일 내에 결정내용을 통지하여 주도록 하는 제도이다. 만약 거부당하는 경우 납세고지를 받은 후 90일 이내에 이의신청이나 심사청구 또는 심판청구 중 하나를 선택해 불복을 제기하면 된다.

(3) 이의신청

국세에 관한 처분이 국세청장이 조사, 결정 또는 처리하거나 하였어야 할 것인 경우를 제외하고는 그 처분에 대하여 심사청구 또는 심판청구에 앞서 해당처분을 하거나 하였거나 할 세무서장이나 지방국세청장에게 이의신청을 할 수 있다. 이럴 경우 세무서와 지방국세청은 30일 이내, 국세청 본청은 60일 이내, 국세심판원은 90일 이내, 감사원은 3개월 이내 정해진 기간에 세금 부과 적법성에 대한 결과를 발표한다. 과세전 적부심사와 이의신청 없이도 심사청구와 심판청구를 할 수 있는데 심사청구, 심판청구 후에도 이의가 있는 경우에는 심의 결과 통지를 받은 날로부터 90일 이내에 행정법원에 소송을 낼 수 있다.

(4) 심사청구

심사청구는 불복사유를 갖추어 해당 처분을 하였거나 하였어야 할 세무서장을 거쳐 국제청장에게 해야한다. 이때 심사청구에는 청구인의 주소 또는 거소와 성명, 처분이 있은 것을 안

연월일, 통지된 사항 또는 처분의 내용, 불복의 이유 등의 사항을 기재하여 관계증명서류나 증거물을 첨부하여 이의신청과 마찬가지고 당해 처분이 있은 것을 안날로부터 90일 이내에 청구하여야 한다.

(5) 심판청구

심판청구는 불복의 사유를 갖추어 그 처분을 하거나 하였어야 할 세무서장을 거쳐 조세심판원장에게 제출한다. 기재사항은 심사청구와 같지만 동일한 처분에 대한 심사청구와 심판청구를 중복하여 제기할 수는 없다. 이기간 역시 심사청구와 마찬가지로 당해 처분이 있은 것을 안날로부터 90일 이내에 청구하여야 한다. 다만, 국제의 경우 조세심판청구는 필요적 전치절차이기 때문에 조세소송을 제기하기 위해서는 조세심판청구를 우선적으로 하여야 한다.

나. 공무원 징계처분에 대한 행정심판

(1) 일반 공무원

징계처분 기타 본인의 의사에 반하는 불이익처분을 받은 국가 또는 지방공무원은 처분사유설명서를 받은 날, 이 설명서가 교부되지 않은 경우는 그 처분이 있은 것을 안 날로부터 30일 내에 소청심사위원회에 심사를 청구하고(국공법 76조, 지공법 67조 2항), 이로써 구제받지 못하면 소청결정서 정본을 송달받은 날로부터 90일 내에 소송을 제기하여야 한다(행소법 20조).

(2) 교원인 공무원

교육공무원 중 교원(교육공무원법 2조 참조)이 징계처분 기타 본인의 의사에 반하는 불이익처분(재임용거부처분 포함)에 대하여 불복이 있을 때에는 그 처분이 있음을 안 날부터 30일 이내에 교육부에 설치된 교원소청심사위원회에 소청심사를 청구한 다음, 소청심사위원회의 결정서 송달을 받은 날로부터 90일 이내에 소를 제기하여야 한다(교원지위향상을위한특별법 9조, 10조).

다. 노동위원회의 결정에 대한 행정심판(재결주의)

지방노동위원회나 특별노동위원회의 결정이나 명령에 불복이 있는 관계 당사자는 그 결정서나 명령서를 송달받은 날로부터 10일 이내에 중앙노동위원회에 재심을 신청하고, 그 재심판정서 정본을 송달받은 날로부터 15일 이내에 행정소송을 제기할 수 있다(노동위원회법 26조, 27조, 노동조합및노동관계조정법 85조).

라. 해양수산부장관의 검사 · 확인 · 검정에 대한 행정심판

해양수산부장관 또는 그 대행검사기관의 검사 · 확인 · 검정에 대하여 불복이 있는 자는 그 검사 등의 결과에 관한 통지를 받은 날부터 90일 내에 해양수산부장관에게 재검사 · 재검정을 신청하고(선박안전법 72조 1항, 3항), 그 재검사 등의 결정서를 받은 날부터 90일 내에 소를 제기하여야 한다(행소법 20조).

제6장 행정소송의 제기

1. 개 설

행정소송법 20조는 취소소송을 일정기간 내에 제기하도록 일반 제소기간을 두고 있으며 그 밖의 개별법에서도 행정소송법과 다른 특별 제소기간을 두고 있는 경우가 많다. 행정소송법의 규정 또는 개별법의 규정에 따라 제소기간이 정하여져 있는 소송에서는 제소기간의 준수는 소송요건이다. 따라서 이는 직권조사사항이며, 그 경과여부를 명백히 한 다음 본안판결을 하여야 하고, 만일 제소기간을 도과하여 소장을 접수할 시 법원은 이를 각하한다.

2. 제소기간 제한을 받지 아니하는 소송

가. 무효등확인의 소송 및 부작위위법확인 소송

행정법관계의 조속한 안정이 필요하다 하더라도 처분에 존속하는 하자가 중대하고 명백하여 처음부터 그 효력이 없는 무효인 처분까지도 일정기간이 지나면 그 효력을 다툴 수 없다고 하는 것은 법치행정의 원리상 허용될 수 없다. 그러한 이유로 제소기간의 제한은 원칙적으로 취소소송에만 적용되고, 같은 항고소송이라도 무효등확인소송에는 적용되지 않는다. 다만, 무효선언을 구하는 의미의 취소소송은 형식상 취소소송에 속하기 때문에 제소기간의 제한을 받는다.36)

---

36) 대법원 1984. 5. 29. 선고 84누175 판결.

부작위위법확인의 소는 비록 행정소송법 38조 2항이 제소기간에 관한 같은 법 제20조를 준용하도록 규정하고 있지만, 그 성질상 부작위 상태가 계속되는 한 언제라도 소를 제기할 수 있고 부작위 상태가 해소되면 소의 이익이 소멸되는 소송이므로 원칙적으로 제소기간의 제한을 받지 않는다고 할 것이다. 다만, 필요적 전치가 적용되는 처분의 부작위위법확인의 소에 있어서는, 취소소송의 경우와 마찬가지로 행정심판 재결서를 송달받은 날로부터 일정기간 내에 소를 제기하여야 한다.

나. 당사자소송

당사자소송에 관하여는 법령에 특별히 제소기간을 제한하고 있지 않는 한 제소기간의 제한을 받지 않는다. 제소기간의 정함이 있는 경우 그 기간의 성질은 불변기간이다.

3. 취소소송의 제소기간

가. 개 설

행정소송은 민사소송과는 달리 제소기간을 제한하고 있는바 이는 행정법관계는 직접 공익과 관련되어 있어서 오랫동안 불확정상태로 둘 수 없고 조속히 안정시킬 필요성이 있기 때문이다. 취소소송의 제소기간에 관하여 행정소송법은 처분 등이 있음을 안 날로부터 90일, 처분 등이 있은 날로부터 1년 이내로 하면서, 행정심판청구를 한 경우에 있어서는 위 각 기간의 기산일을 재결서정본을 송달받은 날을 기준으로 하도록 함으로써 행정심판청구를 한 경우와 하지 않은 경우의 두 가지로 나누어 정하고 있다.

한편, 각 개별법에 제소기간에 관하여 특별 규정을 두는 때가 있고, 이러한 때에는 각 개별법이 행정소송법에 앞서 적용된다.

나. 행정심판 청구를 하지 않은 경우

(1) 제소기간

취소소송은 처분 등이 있음을 안 날로부터 90일, 처분이 있은 날로부터 1년 내에 제기하여야 한다. 위 두 기간 중 어느 것이나 먼저 도래한 기간 내에 제기하여야 하고, 어느 하나의 기간이라도 경과하게 되면 부적법한 소가 된다. 기간의 계산은 행정소송법에 특별한 규정이 없으므로 초일을 산입하지 않는 등 민법의 규정에 따른다.

⑵ 처분 등이 있음을 안 날로부터 90일

㈎ 처분 등이 있음을 안 날

처분이 있음을 안 날이란 통지·고지 기타의 방법에 의하여 당해 행정처분이 있은 것을 현실적으로 안 날을 말하며, '처분이 있었던 날'이라 함은 당해 처분이 처분으로서 효력이 발생한 날을 가리킨다.

이와 관련하여 판례는 "행정심판법 제18조 제1항 소정의 심판청구기간 기산점인 '처분이 있음을 안 날'이라 함은 당사자가 통지·공고 기타의 방법에 의하여 당해 처분이 있었다는 사실을 현실적으로 안 날을 의미하고 추상적으로 알 수 있었던 날을 의미하는 것은 아니라 할 것이며, 다만 처분을 기재한 서류가 당사자의 주소에 송달되는 등으로 사회통념상 처분이 있음을 당사자가 알 수 있는 상태에 놓여진 때에는 반증이 없는 한 그 처분이 있음을 알았다고 추정할 수는 있다."라고 하였다(대법원 2002. 8. 27. 선고 2002두3850 판결).

다만, 위 제기기간에 대한 예외로서 청구인이 천재지변·전쟁·사변 그밖에 불가항력으로 90일의 제기기간 내에 심판청구를 할 수 없을 때에는 그 사유가 소멸한 날로부터 14일(국외에서는 30일) 이내에 심판청구를 제기할 수 있고, 처분이 있은 날부터 180일 이내에 심판청구를 하지 못할 정당한 사유가 있는 경우에는 180일이 경과하게 되더라도 심판청구를 제기할 수 있다(행정심판법 제27조 제2항, 제3항 단서).

여기서 '정당한 사유'에 관하여 판례는 "행정소송법 제20조 제2항 소정의 '정당한 사유'란 불확정 개념으로서 그 존부는 사안에 따라 개별적·구체적으로 판단하여야 하나 민사소송법 제160조(현행 민사소송법 제173조)의 '당사자가 그 책임을 질 수 없는 사유'나 행정심판법 제27조 제2항 소정의 '천재지변, 전쟁, 사변 그밖에 불가항력적인 사유'보다는 넓은 개념이라고 풀이되므로, 제소기간도과의 원인 등 여러 사정을 종합하여 지연된 제소를 허용하는 것이 사회통념상 상당하다고 할 수 있는가에 의하여 판단하여야 한다."라고 하였다(대법원 1991. 6. 28. 선고 90누6521 판결).

이 기간은 불변기간이므로 법원은 이를 직권으로 단축할 수 없다.

또한, 처분이 있음을 알았다고 하기 위해서는 처분의 존재가 전제되어야 하므로, 아직 외부적으로 성립되지 않은 처분이나, 상대방 있는 행정처분이 상대방에게 통지되지 않은 경우 등은 비록 원고가 그 내용을 어떠한 경로를 통하여 알게 되었다 하더라도 제소기간이 진행될 수 없다.[37]

(나) 앎의 추정

처분이 있음을 알았다고 하려면 단순히 행정처분이 적법하게 송달되어 상대방이 알 수 있는 상태에 놓인 것만으로는 부족하다. 그러나 적법한 송달이 있게 되면 특별한 사정이 없는 한 그때 처분이 있음을 알았다고 사실상 추정된다. 특별한 사정이 있어 당시에 알지 못하였다고 하는 사정은 원고가 이를 입증하여야 한다.[38]

(다) 수령 거절

처분의 상대방이나 정당한 수령권자가 합리적 이유 없이 처분서의 수령을 거절하거나 또는 일단 수령하였다가 반환한 경우에는 적법하게 송달된 것으로 보아야 하며, 특별한 사정이 없는 이상 그때부터 제소기간이 기산되어야 한다.

(라) 대리인이 안 경우

처분에 대한 처리권한을 명시적으로 제3자에게 위임하였을 때는 물론이고, 장기간의 여행 등으로 그 권한을 묵시적으로 가족 등에게 위임하였다고 볼 수 있을 때에는 그 수임인의 수령시부터 제소기간이 개시된다.

(마) 처분의 상대방이 아닌 제3자의 경우

행정처분의 상대방이 아닌 제3자인 경우에는 일반적으로 처분이 있는 것을 바로 알 수 없기 때문에 처분 등이 있음을 안 날로부터 진행되는 제소기간의 제한은 받지 않는다. 그러나 제3자가 어떤 경위로든 행정처분이 있음을 알았거나 쉽게 알 수 있는 등 심판청구가 가능하였다는 사정이 있을 때는 그 때부터 90일 내에 소를 제기하여야 한다.

(바) 고시·공고 등에 의하여 효력이 발생하는 처분

불특정 다수인에 대한 처분으로서 관보·신문에의 고시 또는 게시판에의 공고의 방법으로 외부에 그 의사를 표시함으로서 그 효력이 발생하는 처분은 공고 등이 있음을 현실로 알았는지 여부를 불문하고, 근거법규가 정한 처분의 효력발생일[39]에 처분이 있음을 알았다고 본 후

---

37) 대법원 2004. 4. 9. 선고 2003두13908 판결.
38) 대법원 1999. 12. 28. 선고 99두9742 판결.

그 때부터 제소기간을 기산한다.[40]

다만, 특정인에 대한 처분으로서 주소불명이나 송달불가능으로 인하여 게시판·관보·공보·일간신문 중 어느 하나에 공고하는 방법으로 처분서를 송달하는 경우에는 원래 고시·공고에 의하도록 되어 있는 처분이 아니므로, 공고일로부터 14일이 경과한 때에 송달의 효력이 발생하지만, 그 날에 처분이 있음을 알았다고 볼 수는 없다.[41]

(사) 기간의 성질

취소소송의 제기기간 90일은 불변기간이다. 따라서 당사자가 책임질 수 없는 사유로 기간을 준수할 수 없었을 때에는 추후 보완이 허용되므로 그 사유가 소멸된 때로부터 2주 내에 소를 제기하면 된다.

(3) 처분이 있은 날로부터 1년

(가) 처분이 있은 날

'처분이 있은 날'이란 당해 처분이 대외적으로 표시되어 효력이 발생한 날 즉, '처분이 효력을 발생한 날'을 의미한다. 때문에 처분이 단순히 행정기관 내부적으로 결정된 것만으로는 부족하고, 외부에 표시되어 상대방 있는 처분의 경우에는 상대방에게 도달됨을 요한다.[42]

(나) 도 달

'도달'이란 상대방이 현실적으로 그 내용을 인식할 필요는 없고, '상대방이 알 수 있는 상태 또는 양지할 수 있는 상태'면 충분하다. 따라서 처분서가 본인에게 직접 전달되지 않더라도 우편함에 투입되거나, 동거하는 친족, 가족, 고용원 등에게 교부되어, 본인의 세력범위 내 또는 생활지배권 범위 내에 들어간 경우에는 도달되었다고 보아야 한다. 한편 도달은 우편법상의 배달과는 다른 개념으로 우편법 31조에 따른 적법한 배달이 있었다 하여 '도달'되었다고

---

39) 근거법규가 효력발생일을 정하지 아니한 경우에는 공고 후 5일이 경과한 날.
40) 공고 등에 의하여 효력이 발생하도록 되어 있는 행정처분은 그 효력이 불특정 다수인에게 동시에 발생하고, 제소기간을 일률적으로 정함이 상당하기 때문이다(대법원 2006. 4. 14. 선고 2004두3847 판결 등).
41) 대법원 2006. 4. 28. 신고 2005두14851 판결.
42) 대법원 1990. 7. 13. 선고 90누2284 판결.

단정(추정)할 수 없다.[43]

그 외 송달방법 및 장소, 수령인 등에 대하여는 처분의 근거법률에 특별 규정이 있는 경우는 그에 따라야 적법한 것이 되고,[44] 그와 같은 특별한 규정이 없을 경우 행정절차법 14조, 15조의 송달에 관한 규정에 의하면 되고, 행정절차법에 규정하지 않고 있는 부분에 대하여는 민법의 일반원칙에 의하면 된다.

1) 송달장소

일반적으로 송달장소는 당사자의 주소, 거소, 영업소 또는 사무소 등을 말한다. 그 외 송달받을 장소가 아닌 곳에서의 송달은 그 곳이 가족 혹은 친척 등이라 하더라도 본인으로부터 수령권한을 위임받지 아니하는 한 그 효력이 인정되지 아니한다.[45]

2) 재소자 등에 대한 송달

송달에 관하여 민사소송법의 규정을 준용하는 규정이 없는 통상의 처분에 대하여는, 군사용의 청사 또는 선박에 속하는 자, 교도소·구치소에 구속되어 있는 자에 대한 송달에 관한 민사소송법 181조, 182조가 적용되지 아니하므로, 특별한 사정이 없으면 이들에 대한 송달을 주소지로 하여도 적법하다.[46]

3) 수송달자

본인 및 대리인뿐만 아니라 동거하는 가족이나 고용원이 수령한 경우 적법한 송달로 보아야 한다. 가족이라 하더라도 별거하는 경우 적법한 수령인이 될 수 없는 반면, 비록 친척이 아니더라도 생계를 같이 하여 동거하는 경우는 수령인이 될 수 있다고 보아야 한다.

4) 서면행위

문서에 의할 필요가 없는 행위는 구술에 의한 통지도 무방하다. 그러나 일정한 서면에 의한

---

43) 대법원 1993. 11. 26. 선고 93누17478 판결.
44) 행정심판법 57조는 서류의 송달에 관하여 민사소송법을 준용하게 되어 있으며, 국세기본법 8조 내지 12조는 송달에 관하여 특별히 규정하고 있다.
45) 대법원 1986. 10. 28. 선고 86누553 판결.
46) 대법원 1999. 3. 18. 선고 96다23184 판결.

행위는 그 서면이 상대방에게 도달하여야 효력이 발생함이 원칙이며, 상대방이 객관적으로 행정처분의 존재를 인식할 수 있었다거나, 그 처분에 따른 행위를 한 바 있더라도[47] 부적법한 송달의 하자(무효사유)가 치유되지 아니한다.[48]

(다) 예외 – 정당한 사유가 있는 때

정당한 사유가 있는 때에는 처분이 있은 날로부터 1년이 경과하였더라도 제소할 수 있다. 여기서 정당한 사유란 불확정개념으로서 그 존부는 사안에 따라 개별적, 구체적으로 판단하여야 할 것이나, 불변기간에 관한 민사소송법 173조의 '당사자가 그 책임을 질 수 없는 사유'나 행정심판법 27조 2항 소정의 '천재 · 지변 · 전쟁 · 사변 그 밖에 불가항력적인 사유'보다 넓은 개념으로, 제소기간 도과의 원인(처분이 공시송달된 경우나 행정청 또는 담당 공무원의 잘못된 교시 등) 등 여러 사정을 종합하여 지연된 제소를 허용하는 것이 사회통념상 상당하다고 할 수 있는가에 의하여 판단하여야 한다.[49] 또한, 행정처분의 상대방 아닌 제3자는 처분이 있음을 알았다고 볼 수 있는 특별한 사정이 없는 한(알았다면 그 때부터 90일의 제소기간이 적용된다), 원칙적으로 제소기간을 지키지 못한 데 정당한 사유가 있다고 보아야 한다.

다. 행정심판 청구를 한 경우

(1) 제소기간 등

(가) 제소기간

행정심판청구를 한 경우 그 재결서정본을 송달받은 날로부터 90일, 재결이 있은 날로부터 1년 내에 소를 제기하여야 한다. 이 두 기간 중 어느 하나의 기간이라도 경과하게 되면 제소기간이 지난 뒤에 제소한 것이 되어 부적법 하다. 이때 재결서정본 받은 날로부터 90일의 기간은 불변기간이고, 재결이 있은 날로부터 1년의 기간은 정당한 사유가 있을 때는 연장된다.

(나) 행정심판을 청구한 경우

행정심판청구를 한 경우란, ⅰ) 필요적으로 행정심판절차를 거쳐야 하는 처분(행소법 18조

---

47) 예를 들면 적법한 고지서가 발부되지 않았음에도 세금을 일부 납부한 경우.
48) 대법원 1997. 5. 28. 선고 96누5308 판결.
49) 대법원 1991. 6. 28. 선고 90누6521 판결.

1항 단서에 해당하는 처분)뿐만 아니라, ⅱ) 임의적으로 행정심판절차를 거칠 수 있는 처분(행소법 18조 1항 본문에 해당하는 처분), ⅲ) 또는 비록 법령상은 행정심판청구가 금지되어 있으나 행정청이 행정심판청구를 할 수 있다고 잘못 알린 처분에 대하여, 행정심판청구를 한 모든 경우를 포함한다.

(다) 임의적 전치사건 및 필요적 전치사건

임의적 전치사건에 있어서는 행정심판청구를 하였다 하더라도 재결을 기다릴 필요 없이 소를 제기할 수 있다. 또한 필요적 전치사건에 있어서도 행정심판을 한 후 60일이 지나도록 재결이 없을 때는 바로 소송을 제기할 수 있다. 그러나 이렇듯 바로 소를 제기할 수 있다고 하여 그 때부터 제소기간이 진행되는 것이 아니며, 재결서정본을 송달받을 때까지는 제소기간이 진행되지 아니한다. 따라서 위 어느 경우에도 재결서정본을 송달받을 날로부터 90일, 재결이 있은 날로부터 1년이 경과되기 전까지는 소를 제기할 수 있다.

(2) 재결서의 정본을 송달받은 날 등의 의미

재결서의 정본을 송달 받은 날이란 재결서정본을 본인이 직접 수령한 경우를 비롯하여 보충송달, 유치송달, 공시송달 등 민사소송법이 정한 바에 따라 적법하게 송달된 모든 경우를 포함된다. 한편 행정심판재결은 심판청구인에게 재결서의 정본이 송달된 때에 그 효력이 발생하는 것이므로, 재결이 있은 날이란 결국 재결서정본이 송달된 날을 의미하게 된다. 따라서 통상 재결이 있은 날[50]과 재결서정본을 송달받은 날은 동일하고, 재결서정본을 송달받은 날로부터 90일이 경과하면 제소기간은 도과하게 되므로, 결국 재결이 있은 날로부터 1년 내라는 제소기간은 거의 무의미하다고 볼 수 있다.

(3) 적법한 행정심판 청구

취소소송 제기기간을 처분기준시가 아니라 재결서를 송달받은 날을 기준으로 기산하기 위해서는 행정심판의 청구가 적법하여야 한다. 행정심판청구 자체가 행정심판 청구기간을 도과되어 청구되는 등 부적법한 경우는 재결을 기준으로 하여 제소기간을 기산할 수 없다.[51] 따라서

---

50) '재결이 있은 날'이란, 재결이 내부적으로 성립한 날을 말하는 것이 아니라, '재결의 효력이 발생한 날'을 말한다(대법원 1990. 7. 13. 선고 90누2284 판결).

이럴 경우에는 행정심판청구의 적법여부는 재결청의 의사에 구애받음이 없이 법원이 판단하여야 한다.

(가) 행정심판의 청구기간

행정심판청구의 제기기간은 원칙적으로 처분이 있음을 안 날로부터 90일(행소법 27조 1항), 처분이 있은 날로부터 180일 내이다. 여기서 처분이 있음을 안날이란 당해 처분의 존재를 현실적으로 알게 된 날을 말하고, 처분이 있은 날이란 당해 처분이 대외적으로 표시되어 효력을 발생한 날을 말한다.

다만, 행정청이 처분을 하면서 심판청구기간을 행정심판법 27조 1항에 규정한 기간보다 길게 잘못 알려 준 경우 즉, 오고지의 경우에는 그 잘못 알린 기간 내에 제기하면 되고, 심판청구기간을 고지받지 못한 처분 즉, 불고지의 경우에는 처분이 있은 날로부터 180일 내에 청구하면 되는 점이 행정소송의 제소기간과 다르다.

(나) 특별 행정심판의 제소기간

1) 개설

행정심판에 관한 일반법인 행정심판법 외에 처분의 내용·성질에 따라 각 개별법에서 특별행정심판절차를 규정하고 있는 경우가 있는데, 만일 그러한 특별규정이 있는 경우에는 그 특별절차에 따라야 적법한 행정심판청구라 할 수 있다.

특별 행정심판절차를 규정한 예로는, 수용재결에 대한 이의신청(공익사업을위한토지등의취득및보상에관한법률 83조), 사용료·수수료·분담금의 부과·징수처분에 대한 이의신청(지방자치법 140조 3항), 표준공시지가 및 개별공시지가, 표준주택가격 및 개별주택가격, 공동주택가격에 대한 각 이의신청(부동산가격공시및감정평가에관한법률 8조, 12조, 16조 8항, 17조 8항), 광업법상의 처분에 대한 이의신청(광업법 90조), 주민등록사항의 정정·말소 등에 대한 이의신청(주민등록법 21조), 보조금교부결정 등에 관한 이의신청(보조금의예산및관리에관한법률 37조), 급여 또는 급여변경신청 등에 관한 이의신청(국민기초생활보장법 38조, 40조), 국민연금에 관한 처분에 대한 심사청구·재심사청구(국민연금법 108조, 110조), 공무

---

51) 대법원 1992. 7. 28. 선고 91누12905 판결.

원연금결정에 대한 심사청구(공무원연금법 80조), 산업재해보상보험결정에 대한 심사청구 및 재심사청구(산업재해보상보험법 6장), 자동차등록에 대한 이의신청(자동차관리법 28조) 등이 있다. 이상의 특별 행정심판절차는 각 개별법에서 반드시 그것을 거쳐 제소하여야 한다는 명문규정을 두지 않고 있으므로 모두 임의적 전치절차이다.

2) 감사원의 심사청구 등

감사원법(1999. 8. 31. 법률 제5999호로 개정된 것) 46조의2는 감사원의 감사를 받은 행정기관의 직무에 관한 처분에 대하여 감사원법 43조, 46조의 심사청구와 결정절차를 거친 날로부터 90일 이내에 행정소송을 제기할 수 있다고 규정하여 감사원법에 의한 심사청구절차를 감사원의 감사를 받는 모든 행정청의 처분에 대한 일반적인 행정심판절차로 보고 있다. 그러므로 일반처분은 물론이고, 위 1)에서 본 바와 같은 특별행정심판절차가 따로 마련되어 있는 처분에 대하여도 감사원법상의 적법한 심사청구를 한 후, 심사결정의 통지를 받은 날로부터 90일 내에 소를 제기할 수 있다.

3) 국민고충처리위원회에 대한 고충민원 신청

국민고충처리위원회의 설치 및 운영에 관한 법률에 의한 국민고충처리위원회에 대한 고충민원의 신청은 행정소송의 전심으로서의 행정심판청구에 해당하지 않는다. 다만, 그 고충민원신청이 내용상 행정처분의 시정을 구하는 것임이 명백한 경우에는 이를 행정심판청구로 보되 행정심판청구가 처분청이나 재결청이 아닌 다른 행정기관에 제출된 경우에 해당하므로 행정심판 청구기간 내에 국민고충처리위원회에 의하여 처분청이나 재결청에 와야만 적법한 행정심판청구로 될 것이다.

라. 제소기간과 관련된 특수한 문제

(1) 소제기 전 처분의 변경과 제소기간

단순히 처분을 정정한 경우에는 당초처분을 기준으로 하고, 처분의 내용을 변경한 경우에는 그 동일성이 유지되는가의 여부에 따라 원처분 또는 변경된 처분을 대상으로 제소기간의 준수여부를 판단하여야 한다.

다만, 감액경정처분의 경우는 당초처분의 일부취소에 해당하고 소송의 대상이 되는 것은 일부 취소되고 남은 당초처분으로, 당초처분을 기준으로 제소기간의 준수여부를 따져야 한다. 이에 반해 반대로 증액경정처분의 경우 당초처분은 후의 증액경정처분에 흡수되고 경정처분만이 소송의 대상이 되므로 제소기간의 준수 여부도 경정처분을 기준으로 하여야 한다.

(2) 소의 변경과 제소기간

(가) 개념 등

1) 개념

소의 변경이란 소송의 계속 중에 원고가 심판의 대상인 청구를 변경하는 것을 말한다. 청구의 변경이 아닌 공격·방어방법의 변경은 소의 변경이 아니다. 소의 변경에는 구청구에 갈음하여 신청구를 제기하는 교환적변경과 구청구를 유지하면서 신청구를 추가하는 추가적변경이 있다. 소의 변경은 종래의 소에 의하여 개시된 소송절차가 유지되며, 소송자료가 승계되는 점에 의의가 있다. 행정소송법은 소의 종류의 변경과 처분변경에 따른 소의 변경을 규정하고 있다. 행정소송법상 소의 변경은 민사소송법상 소의 변경을 배척하는 취지가 아니므로 처분의 변경을 전제로 하지 않고 소송의 종류를 변경하지도 않는 청구의 변경도 가능하다.

2) 원칙

소송계속 중에 민사소송법의 준용에 의하여 소를 변경하는 경우에는 원칙적으로 제소기간 내에 하여야 한다.[52] 소송계속 중 소송의 대상인 처분이 변경됨으로써 그 변경된 처분을 대상으로 하는 소변경은 처분변경이 있음을 안 날로부터 60일 내에 하여야 한다. 그 기간을 도과한 경우에는 90일 내에 별소를 제기할 수 있다. 소송계속 중 관련청구소송으로서 취소소송을 병합 제기할 수 있는바, 이 경우도 병합 제기된 때를 기준으로 관련청구의 제소기간 준수여부를 살펴야 한다.

3) 요건 및 절차

가) 취소소송이 계속되고 있을 것

나) 사실심의 변론종결시까지 원고의 신청이 있을 것

---

52) 대법원 2004. 11. 25. 선고 2004두7023 판결.

상고심은 법률심이므로 상고심에서는 소의 변경은 허용되지 않는다.

다) 청구의 기초에 변경이 없을 것

청구의 기초란 신·구 청구간의 관련성을 뜻하고, 청구의 기초에 변경이 없어야 한다는 것은 청구의 기초가 동일함을 말하며, 청구의 기초가 동일하다는 것은 원고가 취소소송에 의하여 구제 받고자 하는 법률상이익의 동일성이 유지되어야 한다는 것을 의미한다.

라) 법원의 허가

법원은 소의 변경이 상당하다고 인정하는 때에는 결정으로 허가할 수 있다. 소의 변경이 피고의 변경을 수반하는 것일 때에는 법원은 변경허가 결정에 앞서 새로이 피고 될 자의 의견을 들어야 한다. 법원은 허가결정의 정본을 신피고에게 송달하여야 한다.

(나) 예 외

행정처분 등으로 인하여 불이익을 받은 자가 그에 불복할 의사를 나타내어 소까지 제기하였음에도 법을 잘 알지 못하여 소송형식 등을 잘못 택하였다거나 청구취지변경 등을 늦게 하였다는 이유로 제소기간을 도과한 부적법한 소라고 보는 것은 당사자에게 가혹한 경우가 적지 아니하다. 이에 따라 행정소송법은 제소기간의 소급을 인정하는 몇 가지 구제규정을 두고 있고, 또한 해석상 제소기간의 소급을 인정하여야 할 경우가 있다.

1) 피고의 경정과 추가

피고를 잘못 지정한 소에 관하여는 당사자의 신청으로 피고를 경정할 수 있다. 이와 같이 피고를 경정할 경우 새로운 피고에 대한 소는 처음에 소를 제기한 때에 제기한 것으로 보기 때문에 제소기간 준수여부 또한 처음의 피고를 상대로 한 제소시를 기준으로 한다. 필수적 공동소송인 중 일부가 탈루되어 추가하는 경우, 추가된 당사자와의 사이의 소도 처음 소가 제기된 때에 제기된 것으로 보기 때문에 이 또한 처음의 소제기 시를 기준으로 제소기간 준수여부를 판단하여야 한다.

2) 소송 종류의 변경

무효등 확인소송이나 부작위위법확인소송을 취소소송으로, 당사자소송을 취소소송으로, 항고소송을 당사자소송으로 각 변경하는 경우 모두 변경전 소 제기 당시를 기준으로 제소기간 준수여부를 판단한다.

3) 감액경정처분

감액경정처분은 당초 처분의 일부 취소의 성질을 가지는데 지나지 않고, 소의 대상은 감액처분으로 감액된 당초의 처분이므로, 당초의 처분에 대한 소가 적법한 제소기간 내에 이루어진 이상, 경정처분에 따른 소의 변경시기는 문제되지 않는다.

4) 변경 전·후의 청구가 밀접한 관계가 있는 경우

변경 후의 청구가 변경 전의 청구와 소송물이 실질적으로 동일하거나 아니면 밀접한 관계가 있어 변경 전의 청구에 이미 변경 후의 청구까지 포함되어 있다고 볼 수 있는 등 특별한 사정이 있는 때에는, 당초의 소제기시를 기준으로 제소기간의 준수여부를 살핌이 상당하다.

4. 특별법상의 제소기간

가. 조세소송

국세·관세처분에 대한 소송을 제기하기 위해서는 원칙적으로 국세기본법과 관세법이 정한 특별행정심판절차를 거쳐야 하고, 행정소송은 최종 행정심판결정을 받은 때로부터 90일 이내에 제기하여야 한다. 감사원법상의 심사청구를 거쳐 바로 소를 제기할 수도 있는바, 이 경우 심사청구에 대한 결정통지를 받은 날로부터 90일 이내에 행정소송을 제기하여야 하며, 위 기간은 불변기간이다.

조세사건에 있어서도 해석상 행정심판절차를 거치지 아니하고 바로 소송을 제기할 수 있는 경우가 있는데, 이때의 제소기간에 대하여 국세기본법에 아무런 규정이 없어 논란의 여지가 있으나, 일반의 행정처분과 같이 행정소송법이 정한 제소기간(90일)의 적용을 받는다고 보아야 한다.

나. 토지수용위원회의 수용·사용재결에 대한 소

공익사업을 위한 토지 등의 취득 및 보상에 관한 법률에 의한 지방토지수용위원회나 중앙토지수용위원회의 수용·재결에 대하여 불복이 있으면, 그 재결서를 받은 날로부터 30일 내에 중앙토지수용위원회에 이의를 신청할 수 있다.[53] 행정소송의 경우 이의신청을 거친 경우에는 이의재결서를 받은 날로부터 60일 내에, 그렇지 아니한 경우에는 수용·사용재결서를 받은 날로부터 90일 내에 각 수용·사용재결의 취소를 구하는 행정소송을 제기하여야 한다.

다. 중앙노동위원회의 처분 및 재심판정에 대한 소

중앙노동위원회가 한 처분이나 재심판정에 대한 소는 처분 또는 재심판정서의 송달을 받은 날로부터 15일 이내에 소를 제기하여야 한다.

라. 교원징계에 관한 소

교원소청심사위원회의 결정에 대한 소는 그 결정서를 송달받은 날로부터 90일 이내에 소를 제기하여야 하며, 교원 이외 다른 공무원에 대하여는 소청심사위원회의 필요적 전치를 거쳐야 하나 제소기간에 관하여는 특별한 규정이 없으므로 행정소송법상의 제소기간(90일)에 따른다.

마. 해난심판재결에 대한 소

중앙해양안전심판원의 재결에 대한 소는 재결서 정본을 송달받은 날부터 30일 이내에 중앙해양안전심판원의 소재지를 관할하는 고등법원에 제기하여야 한다.

---

53) 대법원 1992. 6. 9. 선고 92누565 판결.

▶ 사건관리 개요도

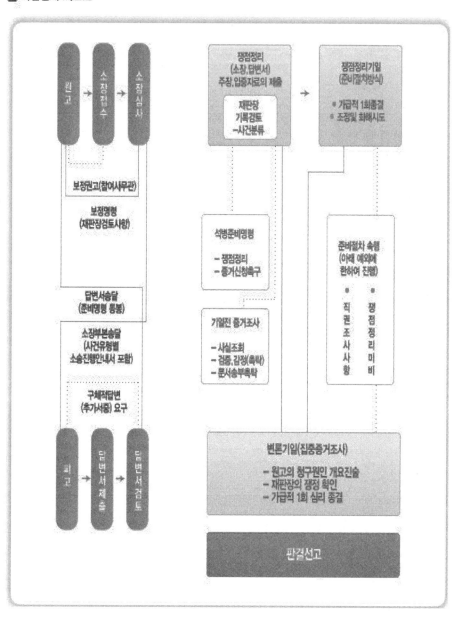

1. 소장의 필요적 기재사항

가. 원고의 표시

원고의 표시방법에 관하여는 원칙적으로 민사소송의 경우와 같다.

```
원    고    ㅇㅇㅇ(주민등록번호)
            ㅇㅇ시 ㅇㅇ구 ㅇㅇ길 ㅇㅇ(우: ㅇㅇㅇㅇㅇ)



피    고    서울특별시 ◇◇구청장
            ㅇㅇ시 ㅇㅇ구 ㅇㅇ길 ㅇㅇ(우 : ㅇㅇㅇㅇㅇ)
```

나. 피고의 표시

항고소송의 경우 피고로 처분행정청만 표시하고, 그 기관의 지위에 있는 자연인의 성명이나 주소는 표시하지 않는다.

「피고 서울특별시장」

「피고 경기도지방경찰청장」

「피고 서초세무서장」

「피고 관악구청장」

(1) 보통지방행정기관의 경우

(가) 구청장의 경우

실무상 구청장의 경우에는 상급 자치단체의 이름을 같이 기재하는 예가 더 많다(예 : 서울특별시 서초구청장).

```
피    고    서울특별시 ◇◇구청장
            ㅇㅇ시 ㅇㅇ구 ㅇㅇ길 ㅇㅇ(우: ㅇㅇㅇㅇㅇ)
```

(나) 군수나 시장의 경우

군수나 시장의 경우는 상급자치단체의 이름을 기재하지 않는 예가 더 많다(예 : 전주시장, 고창군수). 그러나 어느 도에 속하는지를 밝혀야 하는 경우에는 상급 자치단체를 기재하여야 할 것이다.

(다) 면의 경우

면의 경우에도 소속 자치단체를 기재하지 않는 예가 있으나, 면이나 동의 경우는 일반인에게 잘 알려져 있지 아니하므로 소속 자치단체를 기재하는 것이 바람직할 것이다(예 : 고창군 성내면장, 부안군 면장).

(2) 특수지방행정청

세무서의 경우에는 세무서장만 표시하고 상급기관은 표시하지 않으며 기타의 지방행정기관은 그 고유 명칭이 있으므로 이를 기재하면 될 것이다(예 : 관악세무서장, 고창경찰서장, 서울남부 보훈지청장 등, 서울시 동작관악교육지원청 교육장 등).

피   고   △△세무서장
　　　　　　○○시 ○○구 ○○길 ○○ (우 : ○○○○○)

---

(3) 공·사법인

민사소송과 같이 대표기관 및 그 성명을 기재하여야 한다. 주소도 병기하나 당사자 특정에 문제가 없을 경우 생략하기도 한다.

「한국도로공사
　　대표자 사장 ○ ○ ○」

---

(4) 합의제

중앙토지수용위원회, 공정거래위원회, 교원소청심사위원회, 방송위원회 등의 경우에는 위원회가 피고가 되나, 대표자 또는 그 대리인을 표기한다. 예를 들어, 노동위원회에 의한 중앙노동위원회의 처분에 대한 소송에 있어서는 중앙노동위원회 위원장을, 해양사고의 조사 및 심판에 관한 법률에 의한 중앙해양안전심판원의 재결에 대한 소송에 있어서는 중앙해양안전심판원장을, 공직선거법에 의한 선거의 효력을 다투는 소송이나 당선인의 결정·공고·통지에 관한 결정의 위법을 다투는 소송의 경우 당해 선거관리위원회 위원장을 피고로 한다.

(5) 의회의 경우

국회를 비롯한 각종 의결기구가 예외적으로 처분청이 되는 경우에도 의회 의장을 대표자로 표시한다.

> 「서울시 관악구의회
> 대표자 의장 ○ ○ ○」

다. 청구취지

민사소송의 경우와 다르지 않다. 행정소송의 대표적 소송형태인 취소소송은 형성의 소이므로 '하라'로 표시하여서는 안 된다(예 : 피고가 2011. 1. 10. 원고에 대하여 한 파면처분을 취소한다). 따라서 행정소송에서의 청구취지는 '~한다'로 표기하여야 한다.

> 피청구인이 청구인에 대하여 한 20○○년 ○월 ○일자 제○○○호 자동차운전면허(서울 ○종보통, 면허번호 : ○○○호)취소처분을 취소한다.

> 피고가 20○○. ○. ○. 원고에 대하여 한 3개월 간의 영업정지처분(20○○. ○. ○. ~ 20○○. ○. ○.)을 취소한다.

> 피고가 2019. 11. 19. 원고에게 한 2015년 종합소득세 30,000,000원의 부과처분을 취소한다.

라. 청구원인

청구원인의 기재는 소송상의 청구를 다른 청구와 구별할 수 있을 정도로 주장책임의 범위 내에서 간결·명료하게 기재하여야 한다. 이때 처분의 적법성에 대한 주장·입증책임이 피고 행정청에게 있는 경우(대표적으로 취소소송)라 하더라도, 원고는 청구원인으로 단순히 그 처분이 위법하다는 것만을 주장하여서는 아니 되며, 구체적으로 어떠한 점에서 어떤 부분이 위법한지를 먼저 주장하여야 한다.[54)

> 1. 청구인은 1995. 6.경 ○○운전면허시험장에서 자동차운전면허(1종보통)를 취득하고 그 뒤 계속해서 원고 소유 승용차를 스스로 운전해 오던 중 20○○. ○. ○○. 19:00경 음주운전을 하였다는 이유로 20○○. ○. ○. 피청구인에 의하여 운전면허를 취소당하였습니다.
>
> 2. 그러나 피청구인에 대한 운전면허취소처분은 피청구인이 운전을 하지 않고는 생계를 유지할 수 없는 차량을 이용하여 배달을 하는 업종에 종사하는 점에서 볼 때 너무나 과다한 처분으로 처분과 청구인의 행위와의 사이에 비례관계에 위반한 부당한 처분이라 사료되는 바 이에 대한 취소를 구하고자 이 건 청구에 이른 것입니다.

---

54) 대법원 2000. 5. 30. 선고 98두20162 판결.

1. 개 설

항고소송(당사자소송 포함)에는 그 청구와 관련되는 원상회복, 손해배상 기타의 청구를 동종절차가 아닌 경우에도 병합할 수 있는 관련청구의 병합을 인정하고 있다. 이는 소송경제와 판결의 모순, 저촉의 방지 등을 위하여 인정되는 제도이다. 행정소송법은 행정사건에 관련된 청구로서 민사청구까지 병합하여 해결할 수 있도록 특별규정을 두고 있다.

2. 병합의 종류와 형태

행정소송법은 취소소송과 관련하여 ⅰ) 관련청구소송의 병합인 객관적 병합(제10조 2항 전단), ⅱ) 피고 외의 자를 상대로 한 관련청구소송을 병합하는 것으로서의 주관적 병합(제10조 2항 후단), ⅲ) 공동소송으로서의 주관적 병합(제15조) 등을 인정하고 있다. 이러한 소의 병합은 다시 병합의 시점에 따라 ⅰ) 제소시에 행하는 시원적 병합과, ⅱ) 소송의 계속 중에 행하는 후발적(추가적) 병합으로 나뉜다.

가. 취소소송과 무효확인소송간의 관계

취소소송과 무효확인소송은 보충의 관계에 있는 것이 아니라 서로 병렬관계에 있다. 그러므로 행정청의 처분 등에 불복하는 자는 소송요건을 충족하는 한, 바라는 목적을 가장 효과적으로 달성할 수 있는 항고소송을 택할 수 있다. 취소소송과 무효확인소송을 예비적으로 병합하여 제기할 수도 있다. 다만 취소소송의 소송물을 처분 등의 위법성일반으로 보는 이상 취소소송의 기각판결의 기판력은 무효확인소송에도 미친다.[55]

나. 취소소송과 당사자소송과의 관계

행정처분은 비록 하자가 있더라도 당연무효의 흠이 아닌 한, 공적기관에 의하여 취소될 때까지는 일응 유효한 것으로 취급되는 것이므로, 행정처분에 취소사유의 흠이 있는 경우, 처분취소소

---

55) 대법원 1992. 12. 8. 선고 91누6891 판결, 대법원 1993. 4. 27. 선고 92누9777 판결.

이외의 방법으로 그 효력을 부인할 수 없다. 그러므로 파면처분을 당한 공무원은 그 처분에 비록 흠이 있더라도 무효사유가 아닌 취소사유에 해당하는 흠인 경우 파면처분 취소소송을 제기하여야 하고, 바로 당사자소송으로 공무원지위확인소송을 제기할 수 없다.

다. 무효확인소송과 당사자소송의 관계

처분이 무효인 경우는 이른바 공정력이 없고 누구나 어떠한 방법으로나 그 효력을 부인할 수 있는 것이므로, 예를 들면, 공무원 파면처분이 무효인 경우 항고소송으로서의 파면처분무효확인의 소가 가능할 뿐만 아니라 당사자소송으로서 그 파면처분무효임을 전제로 한 공무원지위확인소송도 가능하고, 과세처분이 무효이면 항고소송으로서 과세처분무효확인의 소와 당사자소송으로서의 조세채무부존재확인의 소도 가능하다고 보아야 한다.

3. 관련청구의 병합(행소법 10조 2항)

가. 요 건

(1) 관련청구일 것

청구의 병합은 각 청구가 관련청구임을 전제로 한다. 다시 말해 취소소송에 병합할 수 있는 청구는 취소소송의 대상인 처분 등과 관련 되는 손해배상, 부당이득반환, 원상회복 등 청구소송과 본체인 취소소송의 대상인 처분 등과 관련되는 취소소송이다.

(2) 주된 청구가 사실심 계속 중일 것(후발적 병합의 경우)

관련청구의 병합은 사실심의 변론종결 이전에 하여야 한다. 그러나 사실심의 변론종결 이전이면 원시적 병합이든 후발적 병합이든 상관없다. 다만, 후발적 병합의 경우에는 주된 청구가 사실심 변론종결전이어야 한다. 항소심에서의 병합에 대하여는 심급의 이익과 관련하여 상대방의 동의를 요하는지가 문제되나, 명문규정이 없는 이상 동의는 불필요하다.

(3) 관할법원

병합되는 소송의 관할법원은 취소소송이 계속된 법원이다. 병합대상인 관련청구소송은 같은 법원에 계속된 경우도 있고 다른 법원으로부터 이송되어 온 경우도 있을 수 있다.이송받은 법원은 이송된 사건에 대하여 독립된 사건번호와 표지를 부여하여 표지는 종전절차의 기록표지 앞에 철하고, 그 후의 당해 사건서류는 종전기록에 가철한다.

(4) 피고가 동일할 필요는 없다.

행정청을 피고로 하는 취소소송에서 국가를 피고로 하는 손해배상청구를 병합하는 경우와 같이 관련청구소송의 피고는 원래의 소송의 피고와 동일할 필요는 없다.

원고는 원시적으로 수인의 피고를 상대로 한 관련청구를 병합제소할 수 있을 뿐만 아니라, 후발적으로 사실심종결시까지 피고 이외의 자를 상대로 한 관련청구를 병합하여 제소할 수 있다.

이 점이 민사소송의 경우와의 주된 차이점이다. 이처럼 원고가 피고를 추가할 수 있을 뿐, 제3자가 원고로 추가되는 병합청구는 비록 관련청구라 할지라도, 행정소송법 10조 2항에 의해서만 허용되지 않는다.

나. 청구절차 및 심리

원시적으로 관련청구를 병합 제기할 경우는 소장에 관련청구까지 포함하여 청구하면 되고 특별히 문제될 것이 없고, 후발적으로 관련청구를 병합 제소하는 경우에는 소변경서를 제출하는 방식에 의한다. 새로운 피고가 추가되는 경우에도 동일하다.

다만, 행정사건에 관련청구로서 민사사건인 손해배상이나 부당이득반환청구가 병합될 경우 그 민사사건의 심리에 적용될 법규에 관하여, 모두 행정소송절차에 따라야 한다는 설도 있으나, 심리가 공통되는 부분, 예를 들면 행정처분이 위법성 부분에는 행정소송법을 그대로 적용하여야 하지만, 심리가 공통되지 않는 손해배상액의 산정과 같은 부분은 민사소송절차에 따라야 할 것이다.

소병합신청서

사　　건　　2016구단0000호 소득세부과처분취소

원　　고　　김 0　0

피　　고　　서초세무서장

위 사건은 현재 귀원에 계류 중인 2016구단0000호 부가가치세부과처분 청구사건과
관련사건이오니 양 사건을 병합하여 심하여 주실 것을 신청합니다.

2016.　0.　0.

위 원고 0 0 0 (인)

서울행정법원　　귀중

제4절 소의 변경

1. 개 론

소의 변경이란 소송의 계속 중에 원고가 심판의 대상인 청구를 변경하는 것을 말한다. 청구의 변경이 아닌 공격·방어방법의 변경은 소의 변경이 아니다. 소의 변경에는 구청구에 갈음하여 신청구를 제기하는 교환적변경과 구청구를 유지하면서 신청구를 추가하는 추가적변경이 있다. 소의 변경은 종래의 소에 의하여 개시된 소송절차가 유지되며, 소송자료가 승계되는 점에 의의가 있다. 행정소송법은 소의 종류의 변경과 처분변경에 따른 소의 변경을 규정하고 있다. 행정소송법상 소의 변경은 민사소송법상 소의 변경을 배척하는 취지가 아니므로 처분의 변경을 전제로 하지 않고 소송의 종류를 변경하지도 않는 청구의 변경도 가능하다.

2. 소의 종류의 변경

가. 종 류

소종류의 변경에는, ⅰ) 항고소송과 당사자소송간의 변경과, ⅱ) 동일한 항고소송 내에서의 취소소송, 무효등확인소송, 부작위위법확인소송간의 변경이 있다. 이러한 소의 변경은 행정소송의 경우 그 종류가 다양하고 또 종류별로 그 성질과 소 제기요건을 달리하므로 만일 원고가 그 종류를 잘못 선택하였더라도 행정구제의 기능을 살리기 위해서 그 변경이 필요하다.

나. 요 건

(1) 사실심에 계속 중이고 변론종결 전일 것

소의 변경은 사실심 계속 중이고 변론종결 전일 것을 전제로 하므로 상고심에서는 인정되지 아니한다. 또한 부적법한 소라도 그것이 각하되기 전이라면 소의 변경이 가능하다.

(2) 청구의 기초에 변경이 없을 것

청구의 기초란 신·구 청구간의 관련성을 뜻하고, 청구의 기초에 변경이 없어야 한다는 것은 청구의 기초가 동일함을 말한다. 또한 청구의 기초가 동일하다는 것은 원고가 취소소송에 의하여 구제 받고자 하는 법률상이익의 동일성이 유지되어야 한다는 것을 의미한다.

(3) 소의 변경이 상당하다고 인정될 것

민사소송과 달리 행정소송의 경우 소의변경은 그것이 상당하다고 인정하는 때에 법원은 이를 하가할 수 있다. 여기서 상당성은 각 사건에 따라 구체적으로 판단할 것이나 소송자료의 이용가능성, 당사자의 이익, 소송경제(소송의 지연여부), 새로운 피고에게 입히는 불이익의 정도 등을 종합적으로 고려한다.

(4) 신소의 적법성

신소는 그 자체로 적법한 요건을 갖추어야 한다. 따라서 예컨대 당사자소송을 취소소송으로 변경하고자 하는 경우에는 행정심판전치주의, 제소기간을 준수해야 할 것이다. 다만, 제소기간에 관하여는 행정소송법은 처음의 당사자소송을 제기한 때에 항고소송을 제기한 것으로 본다.

다. 절 차

(1) 신청과 의견청취

소의 변경은 원고의 신청이 있어야 한다. 즉, 소의 종류의 변경은 일종의 소송 중의 소제기이므로 소변경서의 제출이 필요하다. 다만 소의 변경으로 피고를 달리하게 될 경우에는 법원은 그 허가결정에 앞서 새로이 피고로 될 자의 의견을 들어야 하며, 법원의 허가결정이 있어야 한다.

(2) 요건의 심사 및 허부결정

행정소송법상의 소의 종류의 변경은 법원의 허가결정이 있어야 한다. 민사소송법의 준용에 의한 소변경의 경우에는 허가의 경우 법원의 허가결정이 불필요하고 불허가의 경우에만 불허가결정을 하는 것과 다르다.

위 허가결정은 피고에게 고지하여야 하고, 피고가 변경되는 소변경의 경우에는 허가결정의 정본을 새로운 피고에게 송달하여야 한다.

라. 불복방법

소변경 허가결정에 대하여는 신·구청구의 피고 모두 즉시항고기 가능하나(행소법 21조 3항), 불허가결정에 대하여는 독립하여 불복할 수 없고 종국판결에 대한 상소로써만 다툴 수 있다.

마. 효 과

법원의 허가에 의한 소의변경 허가결정이 있는 때에는 새로운 피고에 대한 소송은 처음 소를 제기한 때에 제기한 것으로 보며, 종전 피고는 소송에서 탈퇴된다. 따라서 구 피고의 소송대리인이 신 피고의 소송대리를 계속하기 위하여는 신 피고로부터의 새로운 위임장이 필요하다.

3. 처분변경으로 인한 소의 변경

가. 의 의

법원은 행정청이 소송의 대상인 처분을 소가 제기된 후 변경한 때에는 원고의 신청에 의하여 결정으로써 청구의 취지 또는 원인의 변경을 허가할 수 있다. 이러한 소의 변경을 인정하는 취지는 피고의 책임 있는 사유로 소의 목적물이 변경 또는 소멸되어 생기는 소 각하와 다시 제소를 하여야만 하는 절차의 불합리한 반복을 피하고 원고로 하여금 신속하게 구제받도록 하는데 있다.

나. 요 건

(1) 사실심 계속 중 처분의 변경이 있을 것

처분의 변경으로 인한 소의 변경은 사실심 변론 종결 전이며, 처분의 변경이 있을 것을 전제로 한다. 여기서 처분의 변경이란 당해 소송의 대상인 처분이 처분청 또는 상급감독청의 직권에 의하여 또는 원고가 행정심판을 청구하였으나 재결을 기다리지 않고 취소소송을 제기하였는데 소송 계속 중에 재결에 의하여 당초의 처분이 일부 취소되거나 적극적으로 변경된 경우이다. 따라서 당해 처분이 아닌 관련된 처분이 변경된 경우에는 이에 해당하지 않는다.

(2) 청구의 기초에 변경이 없을 것

처분변경으로 인한 소의 변경은 변경 전 후 청구의 기초에 변경이 없어야 한다. 다만, 변경전의 처분에 대하여 행정심판절차를 거쳤으면 변경된 처분에 대하여도 행정심판 전치요건을 갖춘 것으로 본다. 그 외 변경된 신소는 적법하여야 한다.

다. 절 차

원고가 당해 처분의 변경이 있은 것을 안 날로부터 60일 이내에 소변경신청을 하여야 하며, 법원의 변경허가 결정이 있을 것을 요한다. 허가결정에 대하여는 독립하여 불복할 수 없고(소의 종류의 변경에서와 다른 점이다), 소변경신청이 부적법한 경우 소변경을 불허한다는 결정을 할 수도 있으며, 결정을 따로 하지 아니하고 종국판결 이유 중에서 판시하여도 무방하다.

라. 효 과

소의 변경을 허가하는 결정이 확정되면 새로운 소는 변경된 소를 처음에 제기한 때에 제기된 것으로 보며, 변경된 구소는 취소된 것으로 본다.

4. 민사소송법의 준용에 의한 소의 변경

행정소송법에서 인정하는 소변경의 형태는 민사소송법상의 소변경을 배척하는 것은 아니다. 그러므로 행정소송의 원고는 소송의 현저한 지연을 가져올 우려가 없는 한 청구의 기초에 변경이 없는 범위 안에서 사실심의 변론종결시까지 청구의 취지 및 원인을 변경할 수 있다. 또한 행정소송이라 하더라도 민사소송법에 따른 청구의 변경에는 원칙적으로 소변경신청서를 법원에 제출한 때 기간을 준수한 것으로 본다.

제5절 행정소송에서의 가구제

1. 집행정지

가. 적용범위

(1) 개 설

취소소송과 무효확인소송이 제기된 경우에 가능하고(행소법 23조 2항, 38조 1항), 부작위위법확인소송에는 허용되지 않는다(행소법 38조 2항). 취소소송에서의 가구제란 본안판결의 실효성을 확보하기 위하여 분쟁있는 행정작용이나 공법상의 권리관계에 임시적인 효력관계나 지위를 정함으로써 본안판결이 확정될 때까지 잠정적으로 권리구제를 도모하는 것을 말한다. 행정소송법은 침해적 행정처분에 대한 가구제제도로서 집행정지제도만을 규정하고 있고, 수익적 행정처분의 신청에 대한 부작위나 거부에 대하여 잠정적인 허가 또는 급부 등을 명하는 적극적인 가처분제도는 도입하지 않고 있다.[56]

(2) 거부처분

각종 신청에 대한 불허처분, 즉 거부처분은 그 효력을 정지하여도 신청인의 법적지위는 거부처분이 없는 상태(즉, 신청시의 상태)로 돌아가는 것에 그치고 만다. 집행정지에 관한 행정소송법 23조 6항도 판결의 기속력에 관한 30조 1항만을 준용하고 거부처분에 대한 처분의무를 규정한 같은 조 2항은 준용하지 않고 있다. 따라서 거부처분의 효력이 정지되어도 처분청은 위 정지결정의 취지에 따라 다시 신청에 대한 처분을 할 의무를 지는 것은 아니어서 거부처분에 대한 집행정지결정을 얻은 신청인의 법적지위는 신청시의 법적지위 이상이 될 수 없다. 그런데 거부처분에 대한 집행정지를 구하는 자가 주장하는 회복 곤란한 손해란 일반적으로

---

56) 그 밖에 각 개별법상 집행정지에 관한 규정으로는, ① 감사원법 40조 2항 단서에 감사원의 재심의판정(대법원 1984. 4. 10. 선고 84누91 판결)에 대한 감사원을 상대로 하는 행정소송에 있어서는 그 효력을 정지하는 가처분결정을 할 수 없다고 규정하고 있으며, ② 지방자치법 107조 3항과 172조 3항은 지방자치단체의 장 등이 지방의회의 재의결사항에 대하여 법령위반을 이유로 대법원에 소를 제기할 경우, 지방자치법 172조 7항, 8항은 재의요구지시를 받은 지방자치단체의 장이 재의를 요구하지 아니하여 주무장관 등이 직접 대법원에 소를 제기하는 경우에 그 의결의 집행정지 결정을 신청할 수 있다고 규정하고 있다(주의적·확인적 규정으로 해석된다).

그 신청을 받아들이지 않음으로써(허가가 되지 않음으로써) 입은 손해를 말하므로 그것을 방지하기 위해서는 적극적으로 허가처분이 된 것과 같은 상태를 창출하지 않으면 안되고, 단순히 거부처분의 효력을 정지하여 거부처분이 있기 전의 상태로 돌아가는 것만으로는 충분하지 않다. 결국 일반적으로 거부처분에 대한 집행정지는 당해 거부처분에 의하여 생긴 손해를 방지하는데 무력하고 따라서 그 집행정지신청은 신청의 이익을 흠결한 부적법한 것이 될 수밖에 없다.

나. 집행부정지 원칙

집행부정지원칙이란 취소소송의 제기가 처분 등의 효력이나 그 집행 또는 절차의 속행에 영향을 주지 아니한다는 것을 말한다. 이는 국민의 권익구제보다는 행정의 신속성과 실효성을 앞세운 것이라 할 수 있다. 독일에서는 항고소송이 제기되면 처분의 집행을 정지시키는 집행정지의 원칙을 택하고 있다. 이 제도가 국민의 권리구제를 위해서는 보다 더 실효적이다. 이러한 집행부정지 원칙은 취소 및 무효등확인소송에는 적용되나 부작위법확인소송에 적용되지 않는다. 거부처분에 대한 집행정지는 인정되지 않는다는 것이 판례의 태도이다.

다. 집행정지의 요건

취소소송이 제기된 경우에 처분 등이나 그 집행 또는 절차의 속행으로 인하여 생길 회복하기 어려운 손해를 예방하기 위하여 긴급한 필요가 있다고 인정할 때에는 본안이 계속되고 있는 법원은 당사자의 신청 또는 직권에 의하여 처분 등의 효력이나 그 집행 또는 절차의 속행의 전부 또는 일부의 정지를 결정할 수 있다. 다만, 처분의 효력정지는 처분 등의 집행 또는 절차의 속행을 정지함으로써 목적을 달성할 수 있는 경우에는 허용되지 아니한다.

(1) 형식적 요건

(가) 집행정지의 이익이 있을 것

철거집행이 완료된 뒤에 있어서의 계고처분 집행정지와 같이 이미 집행이 완료되어 회복이 불가능한 경우에는 집행정지신청은 신청의 이익이 없어 부적법하다. 다만, 집행이 완료된 경우라도 위법상태가 계속 중이거나 처분의 효력정지효과로서 사실상태를 원상으로 복구할 수 있는 경우에는 집행정지가 가능하다고 보아야 할 것이다(예 : 교도소장의 이송명령이나 국립요양원의 퇴원명령 등).

(나) 적법한 본안소송이 계속 중일 것

집행정지신청은 민사소송에서의 가처분과 달리 본안소송이 계속되어 있을 것을 요한다.[57] 따라서 집행정지 신청은 본안의 소제기 후 또는 동시에 제기되어야 한다. 행정소송제기가 적법하게 이루어져야 하며 형식적 요건을 그르친 경우는 본안소송이 계속된 것으로 보지 않는다. 본안자체의 적법여부는 집행정지신청의 요건은 아니지만, 본안소송의 제기자체는 적법한 것이어야 한다.

한편, 본안소송의 계속은 집행정지결정의 요건일 뿐만 아니라 그 효력지속의 요건이기도 하므로, 비록 집행정지결정이 있었더라도 본안의 소가 취하되면 별도의 집행정지취소결정을 할 필요 없이 집행정지의 결정은 당연히 실효된다(대법원 1975. 11. 11. 선고 75누97 판결).

(다) 처분 등이 존재할 것

집행정지를 위해서는 먼저 집행정지의 대상인 처분 등이 존재하여야 한다.

(2) 집행정지의 실체적 요건

(가) 본안청구가 이유 없음이 명백하지 아니할 것(소극적 요건)

집행정지제도는 신청인이 본안소송에서 승소판결을 받을 때까지 그 지위를 보호함과 동시에 후에 받을 승소판결이 무의미하게 되는 것을 방지하려는 제도이므로, 본안소송의 승소가능성 (즉, 처분에 취소나 무효사유의 흠이 있을 가능성)이 있어야 함은 해석상 당연하다. 그러나 본안소송의 승소가능성은 신청인이 소명책임을 지는 적극적 요건이 아니라 본안소송의 승소가 능성이 없음을 피신청인(행정청)이 소명해야 하는 소극적 요건이다.

---

57) 대법원 1988. 6. 14. 선고 88두6 판결.

(나) 보전의 필요성

긴급한 필요가 있다고 인정되어야 한다. 여기서 긴급한 필요란 회복하기 어려운 손해가 발생이 시간적으로 절박하였거나 이미 시작됨으로 인하여 본안판결을 기다릴만한 여유가 없는 경우를 말하며, 그 소명책임은 신청인에게 있다.

(다) 공공의 복리에 중대한 영향을 미칠 우려가 없을 것(소극적 요건)

집행정지는 적극적 요건이 충족된다고 하더라도 공공복리에 중대한 영향을 미칠 우려가 있는 경우에는 허용되지 않는다. 공공복리에 미칠 영향이 중대한지 여부는 절대적 기준에 의하여 판단할 것이 아니라, '신청인의 회복하기 어려운 손해'와 '공공복리' 양자를 비교·교량하여, 전자를 희생하더라도 후자를 옹호하여야 할 필요가 있는지 여부에 따라 상대적·개별적으로 판단되어야 한다.

마. 집행정지 신청 및 심리

(1) 신청 또는 직권

집행정지는 당사자의 신청 또는 직권에 의하여 한다(행소법 23조 2항). 집행정지신청방법에 관하여 행정소송법에 특별한 규정이 없으므로 구술로 할 수도 있으나(민소법 161조), 서면에 의함이 보통이다.

(2) 관 할

본안이 계속되고 있는 법원은 당사자의 신청 또는 직권에 의하여 처분 등의 효력이나 그 집행 또는 절차의 속행의 전부 또는 일부의 정지를 결정할 수 있다. 이는 민사 가처분의 경우와 마찬가지로 항소심과 항고심에서도 가능하다.

(3) 심 리

신청인은 그 신청의 이유에 대하여 주장·소명을 하여야 하고, 피신청인인 행정청은 집행정지의 소극적요건에 대하여 소명하여야 할 것이다.

집행정지의 요건에 관하여는 증명이 아닌 소명으로 족함은 민사상의 보전처분의 경우와 같다(행소법 23조 4항). 소명에 갈음하는 보증금공탁(민소법 299조 2항)은 실무상 채용되지 않고 있다. 통상 집행정지절차의 긴급성에 비추어 서면심리로 그치거나 심문을 하는 정도가 관례이다. 제3자의 이해관계가 있는 처분에는 행정청 이외에 그 제3자의 의견을 들을 필요가 있다. 심문기일에 당사자가 대동한 증인에 대한 신문 등은 실무에서 널리 행하여지고 있다. 위법한 집행정지로서 침해되는 이익은 공공의 이익이므로 위법한 보전처분으로 말미암아 상대방이 입을 손해를 담보하기 위한 민사집행법 280조 2항 소정의 담보제도는 적용되지 않는다.

바. 집행정지 결정

(1) 처분의 효력정지

처분의 효력정지는 구속력·공정력·집행력 등을 잠정적으로 정지시킴으로써 장래를 향하여 처분자체가 존재하지 않는 상태로 두는 것을 말한다. 예컨대 영업정지의 처분에 대하여 집행정지결정이 있으면 상대방은 적법하게 영업을 할 수 있게 된다. 다만, 처분의 효력정지는 처분의 집행 또는 절차의 속행을 정지함으로써 목적을 달성할 수 있을 때에는 허용되지 아니한다. 따라서 예컨대 강제징수절차와 같은 일련의 계속적인 절차에서 그 절차의 속행을 정지함으로써 압류정지의 목적을 달성할 수 있으므로 과세처분의 효력을 정지할 필요성이 없다.

(2) 처분의 집행정지

집행정지는 처분이 가지는 효력은 유지시키면서 이를 실현하기 위한 집행력의 행사만을 정지하게 하는 것을 말한다. 예컨대 강제퇴거명령을 받은 자에 대한 강제퇴거 조치를 정지하는 경우이다.

(3) 절차의 속행정지

절차의 속행정지는 처분의 효력을 유지시키면서 당해 처분의 후속절차를 잠정적으로 정지하게 하는 것을 말한다. 예컨대 토지수용절차나 행정대집행절차의 경우에 후속적인 절차를 정지하는 행위가 이에 해당한다.

(4) 집행정지결정의 효력

(가) 형성력

집행정지결정이 고지되면 행정청의 별도의 효력정지통지 등이 없이 당연히 결정에서 정한 대로 처분의 효력 등이 정지된다. 당해 처분이 유효함을 전제로 한 후속처분 등도 할 수 없다. 그러나 소급효는 없다. 이러한 집행정지결정은 잠정적·일시적인 성질을 갖는 것이나 그 효력은 종국적인 것으로, 후에 본안에서 원고청구가 승소확정될 것을 조건으로 하는 것이 아니다. 예컨대 운전면허정지처분에 대한 집행정지결정이 있은 뒤, 본안에서 원고 패소판결이 확정되었다 하더라도 위 정지기간 중의 자동차운전이 무면허운전으로 되는 것은 아니다.

(나) 기속력

집행정지결정은 당해 사건에 관하여 당사자인 행정청과 그 밖의 관계행정청을 기속한다. 따라서 행정청은 동일한 내용으로 다시 새로운 행정처분을 하거나 또는 그에 관련된 처분을 할 수 없다. 집행정지결정의 기속력에 위반하는 행정처분은 당연무효이다. 또한, 집행정지의 효력은 제3자에게도 미치지만[58] 결정은 판결이 아니므로 기판력은 없다.

(다) 시간적 효력

집행정지결정의 효력은 결정의 주문에 정해진 시기까지 존속한다. 주문에서 정하는 바가 없는 때에는 본안소송의 판결선고시까지 효력이 존속한다. 또한 집행정지결정은 장래에 대하여 효력을 발생함이 원칙이나 처분의 효력정지의 경우에는 소급효가 인정된다.

한편, 기간을 정한 제재적 처분에 있어 그 시기와 종기가 특정일자로 표시된 경우, 집행정지신청이 받아들여져 처분의 집행을 본안판결확정시까지 정지한다는 결정이 내려졌다고 할 때, 본안사건의 심리도중 위 제재기간의 종기가 경과하게 되면, 그로써 본안사건의 소의 이익이 소멸하는 것이 아닌가 하는 의문이 들 수 있다. 그러나 통상의 제재적 처분은 그 제재기간에 중점이 있는 것이고 비록 시기와 종기가 표시되어 있다고 하더라도 이는 단순히 기간을 정하는 의미가 있을 뿐이므로, 집행정지결정에 의하여 처분에서 정한 제재기간의 진행이 정지되면, 그 집행정지된 기간만큼 제재기간이 당연 순연(順延)되는 것에 불과하고, 그 처분시

---

58) 대법원 1955. 7. 12. 선고 4288민상132 판결.

에 기재한 종기가 경과하였다 하더라도 그 처분의 취소를 구할 소의 이익이 소멸하였다고 할 수 없다(대법원 1974. 1. 29. 선고 73누202 판결).

사. 집행정지결정 등에 대한 불복

집행정지결정 또는 기각결정에 대하여는 즉시항고를 할 수 있다. 따라서 결정고지가 있은 날로부터 1주일 내에 원 결정법원에 항고장을 제출하여야 한다. 집행정결정에 대한 즉시항고에는 그 결정의 집행을 정지하는 효력이 없다.

아. 집행정지효력의 소멸

(1) 집행정지결정의 취소

집행정지결정이 확정된 후 집행정지가 공공복리에 중대한 영향을 미치거나 그 정지사유가 없어진 때와 같은 사정변경이 있어 더 이상 행정처분 등의 효력이나 그 집행 또는 절차의 속행을 잠정적으로 정지시킬 필요가 없어진 경우에는 당사자의 신청 또는 직권에 의해 이를 취소할 수 있다(행소법 24조 1항). 취소의 재판도 정지의 재판과 마찬가지로 결정의 형식으로 한다.

(2) 본안의 소취하

본안소송의 계속은 집행정지결정의 요건일 뿐만 아니라 그 효력지속의 요건이기도 하므로 비록 집행정지결정이 있더라도 본안의 소가 취하되면 별도의 집행정지취소결정을 할 필요없이 집행정지결정은 실효된다.[59]

2. 민사집행법상의 가처분 규정의 준용 여부

가처분이란 금전이외의 특정한 급부를 목적으로 하는 청구권의 집행보전을 도모하거나 분쟁이 있는 법률관계에 관하여 임시의 지위를 정함을 목적으로 하는 보전처분을 말한다.
집행정지결정은 민사집행법상의 가처분과 같이 광범위한 권리에 대한 잠정적 보호를 가능하게 하는 것이 아니라 처분 등을 전제로 하여 그 효력 등을 정지시키는 것을 내용으로 하는

---

[59] 대법원 2007. 6. 28. 선고 2005무75 판결.

부담적 행정행위에 대한 보전처분으로서의 소극적 기능만을 수행하고 있어, 수익적 행정처분의 신청에 대한 부작위나 거부에 대하여 잠정적인 허가 또는 급부 등을 명하는 조치는 취할 수 없다는 한계를 가지고 있다.

한편, 민사소송법상 가처분 규정의 준용 여부에 관하여 행정소송법은 명문규정이 없어 집행정지제도 이외에 가처분제도를 인정할 것인지 여부에 대하여 논의가 대립한다. 판례는 항고소송에서 민사집행법상의 가처분 규정은 준용되지 않는다고 보고 있다.

3. 관련서식

(1) 신청취지 기재례

피신청인이 2007. 3. 26.자로 신청인에게 한 과징급납입처분은 의정부지방법원 2007구   호 과징금납입처분취소 청구사건의 본안판결확정시까지 그 효력을 정지한다.

라는 결정을 구합니다.

(2) 신청서

[서식] 행정처분집행정지신청서

행정처분집행정지신청서

신 청 인   000
      경기 00시 00동 000-00

      위 신청인의 소송대리인 변호사 백 00
      경기 000시 00동 000-00 00빌딩 3층(우 : 480-808)
      (전화 : 031-800-0000 / 팩스 : 031-800-0000)

피신청인   구리시장
          경기 구리시 아차산길 62
          대표자 시장 OOO

신 청 취 지

피신청인이 2007. 3. 26.자로 신청인에게 한 과징금납입처분은 의정부지방법원 2007구 호 과징금납입처분취소 청구사건의 본안판결확정시까지 그 효력을 정지한다. 라는 결정을 구합니다.

신 청 이 유

1. 이 사건 처분의 내용
피신청인은 2007. 3. 26.자로 신청인에 대하여, 신청인이 식품위생법 제31조(영업자준수사항)규정을 위반하고 영업을 하다 적발 되어 식품위생법 제58조 및 제65조(과징금처분) 규정에 의하여 영업정지 1월에 갈음한 과징금 6,000,000원의 부과처분을 하였습니다(소갑 제1호증 : 행정처분통보 참조, 같은 호증의 2 : 과징금납입고지서 참조).

2. 신청인의 지위
신청인은 경기도 OO시 OO동 414-9 소재에서 제1종 유흥업소인 'OOO (이하 '이 사건 업소'라고만 합니다)라는 상호로 유흥주점을 운영하는 업주이며(소갑 제2호증 : 사업자등록증 참조),

신청 외 ○○○는 자신이 직접 고용한 무용수들로 조직한 '나진 쇼'라는 명칭의 쇼단을 운영하며 이 사건 업소를 비롯하여 동종업종의 여러 업소를 돌아다니며 공연을 하는 자입니다(소갑 제3호증 : 사업자등록증 참조).

3. 이 사건 처분경위

가. 신청인은 2000. 4. 28. 이 사건 업소의 사업자등록을 한 후 제1종 유흥주점(이는 주로 주류를 판매하는 영업으로 유흥종사자를 두거나 유흥시설을 설치할 수 있고 손님이 노래를 부르거나 춤을 추는 행위가 허용되는 영업입니다)을 운영해 오면서 관련법규를 철저히 준수하며 영업을 해왔던 터라, 이 사건으로 단속되기 전까지 약 6년여 남짓 이 사건 업소를 운영해 오면서 단 한 번도 식품위생법 제31조(영업자준수사항)규정을 위반하는 행위를 한 적이 없고 그 밖의 사유로도 어떠한 행정처분이나 처벌을 받은 바도 없습니다.

나. 하지만, 위와 같이 관련법규를 모두 준수하며 업소를 운영해오던 신청인이 피신청인으로부터 이 사건 처분을 받는 등의 문제가 발생한 경위는, 위 장우천수가 조직하여 운영하던 나진 쇼단(이하 '이 사건 쇼가무단'이라고만 합니다)이 이 사건 업소에서 2006. 2. 26.부터 같은 해 4. 22.경까지 약 3개월간 공연을 하게 되면서입니다.

그런데, 당시 이 사건 쇼가무단은 이 사건 업소 외에도 이미 서울 등 여러 지역에 소재하는 동종업종의 업소를 돌아다니며 이 사건과 같은 공연을 해오고 있었지만 어떠한 문제도 발생치 않았던 상태였고, 무엇보다도 이 사건 쇼가무단이 합법적으로 등록된 쇼가무단이었으며 그 공연시간 또한 8분여에 불과할 정도로 아주 짧은 시간이었기 때문에 신청인으로서는 그와 같이 합법적으로 등록된 공연단의 공연이 무슨 문제가 되겠냐싶어 이 사건 업소에서 공연을 하게 하였던 것입니다.

다. 그렇지만 신청인은 이 사건 쇼가무단이 이 사건 업소에서 공연을 하는 동안에 ⎯⎯⎯ㄱ와 관련하여 무용수들의 무대의상, 공연내용 등의 일체의 행위에 대하여는 어떠한 관여를 한 바도 없는데, 이는 신청인이 쇼가무단 등록 등 그 운영과 관련된 법규 등에 무지하였던 이유에서이기도 하였지만, 무엇보다 그와 관련된 모든 것들은 위 쇼가무단을 조직하여 운영하였던 위 장우천수의 기획과 의도 하에 모두 진행되었던 이유에서입니다.

라. 그럼에도 불구하고, 피신청인는 마치 신청인이 무용수를 고용하여 손님들이 지켜보는 앞에서 무용수들이 브래지어 및 팬티60)만 입은 채로 성행위를 묘사하는 춤을 추게 하는 등 음란행위를 조장·묵인하였다는 이유로 식품위생법 제31조(영업자준수사항)규정을 위반하였다며 과징금 6,000,000원의 부과 처분을 하였습니다(갑 제1호증 : 행정처분통보 참조).

마. 한편, 이 사건과 관련하여 위 무용수가 소속되어 있는 쇼가무단의 단장인 위 장우천수는 풍속영업에관한법률위반죄로 약식 기소(의정부지방법원 2006고약0000호)되어 벌금 200만 원의 처벌을 받고(소갑 제4호증 : 약식명령 참조), 이에 불복하여 곧바로 정식재판(의정부지방법원 2006고정0000호 풍속영업의규제에관한법률위반)청구를 하였고, 위 재판절차에서 동인은 공연자 등록사항이 일부 인정되어 선고유예의 판결을 선고받았습니다(소갑 제5호증 : 판결 참조).

4. 처분의 위법성

피신청인의 신청인에 대한 이 사건 처분은 아래와 같은 사유로 피신청인이 재량권을 일탈하였거나 남용한 위법한 처분입니다.

위에서 본바와 같이, ① 이 사건 쇼가무단이 합법적으로 등록된 쇼가무단인 점, ② 이 사건 업소는 무대시설이 설치된 제1종 유흥업소로서 유흥종사자를 두거나 유흥시설을 설치할 수 있고 손님이 노래를 부르거나 춤을 추는 행위까지도 허용되는 업소로서 그와 같은 곳에서 무용수가 다소 특이한 무대의상을 입고 공연을 하였다고 한들

이를 가지고 음란행위를 조장 또는 묵인하였다고 보는 데에는 다소 무리가 있는 점, ③ 더욱이 공연당시 무용수들이 입었다는 브래이저 및 팬티 또한 일반인이 입는 속옷의 개념과는 전혀 다른 단순히 무대 공연을 위하여 제작된 무대의상에 불과한 점, ④ 문제된 공연의 내용 또한 신청인과는 무관하게 모두 쇼단의 단장인 장우천수가 기획한 것이라는 점, ⑤ 그리고 위 공연을 모두 기획한 위 장우천수가 이 사건과 관련하여 관련법에 의하여 등록된 합법적인 쇼가무단을 운영하였다는 이유로 선고유예의 비교적 가벼운 판결을 선고받은 점, ⑥ 특히 이 사건이 신청인의 업태 위반과는 아무런 관련이 없는 점 등에 비추어 피신청인가 신청인에게 한 이 사건 처분은 너무 가혹하여 재량권의 범위를 일탈하였다고 볼 수밖에 없을 것입니다.

5. 긴급한 필요

가. 신청인은 현재 당뇨합병증 및 관절염, 요추 추간판탈출증(디스크) 증세로 치료를 받고 있는 환자로서, 현재의 건강상태로는 마땅히 생계를 위한 활동을 할 수조차 없는 상황이라 이러한 사정을 잘 알고 있는 주변의 친인척들의 도움으로 어렵사리 돈(가게 보증금 및 인테리어비 포함)을 빌려 생계 및 병원비 등을 마련하고자 이 사건 업소를 운영하게 되었습니다.

나. 하지만, 신청인과 같은 건강상태로는 정상인도 운영하기 힘이 든 유흥업소를 운영한다는 것이 무리였는지 점점 더 건강상태가 악화되어 부득이 업소의 운영을 위하여 종업원을 고용하여 동인에게 이를 맡기다 시피 하다 보니 당연히 그 수입 또한 변변치 못하여 업소의 한 달 평균소득이라고 해봐야 고작 금 6,000,000원 정도에 불과 하였습니다(소갑 제 6호증 : 징수결정결의서 참조).

다. 더구나 위 수입 또한 모두 신청인이 얻을 수 있는 순수한 영업수익은 아니어서 이를 가지고 업소를 운영하고자 빌린 차용금에 대한 매달 이자를 지급하고, 업소 종업원들의 급료 및 가게 운영을 위한 식자재의 구입 그리고 각종 공과금(전기요금, 전화요금 등) 등을 모두 지급하고 나면 신청인의 생계비 및 병원비로 사용하기 에도 버거워 사실상 적자의 상태에서 벗어나지를 못하고 있는 실정입니다.

라. 그렇기 때문에 신청인의 경우 만일 이 사건 행정처분이 확정되어 과징금 6,000,000원을 납부하게 되거나, 또는 이를 납부하지 못하여 영업정지 1월의 처분을 받게 되어, 어느 한 달이라도 업소의 정상적인 운영을 하지 못하여 일정한 수익을 득하지 못할 경우 차용금에 대한 압박 및 자신의 생계비 및 병원비조차도 마련하지 못하여 경제적으로는 물론 건강상에도 아주 다급한 상황에 처하게 됩니다.

마. 이처럼 신청인이 위 행정처분에 대하여 급히 집행정지 결정을 받아 두지 못할 경우 신청인은 법원에서 위 처분의 적법성 여부를 심사받을 이익도 잃게 되는 것이므로 이 사건에 있어 행정소송법 제 23조 제2항이 규정한 '긴급한 필요'는 더욱 뚜렷하다고 할 것입니다.

바. 그런 이유로 신청인은 현재 피신청인를 상대로 귀원에 과징금납입처분취소를 청구하는 본안 소송을 제기한 상태입니다(소갑 제7호증 : 소장접수증명원 참조).

5. 결 론

위에서 본바와 같이 피신청인의 위 과징금납입처분의 집행으로 인하여 신청인에게 생길 회복하기 어려운 손해를 예방하기 위하여 긴급한 필요가 있으며, 위 처분의 취소를 구하는 본안소송도 제기되어 있으므로 이 사건 신청을 인용하여 행정소송법 제23조에 의하여 위 행정처분의 효력을 정지하여 주시기 바랍니다.

소 명 방 법

1. 소갑 제1호증의 1 행정처분통보　　　　1부

　　　　　　　　　－ 2 과징금납입고지서　　　1부

　　2. 소갑 제2호증 사업자등록증　　　　　1부

　　3. 소갑 제3호증 사업자등록증　　　　　1부

　　4. 소갑 제4호증 약식명령　　　　　　　1부

　　5. 소갑 제5호증 판결　　　　　　　　　1부

　　6. 소갑 제6호증 징수결정결의서　　　　1부

　　7. 소갑 제7호증 소장접수증명원　　　　1부

첨 부 서 류

　　1. 위 소명서류　　　　　　　　　　　각 1부

　　1. 소송위임장　　　　　　　　　　　　1부

　　1. 송달료 영수증　　　　　　　　　　　1부

2007. 5. .

위 신청인의 소송대리인

변호사 백 00

의정부지방법원 귀중

---

60) 사실은, 위 브레이저 빛 팬티는 일반인이 입는 속옷 개념이 아니고 무대 공연을 위하여 제작된 무대의상에 불과한 것입니다.

집행정지신청서

접수번호		접수일	
사건명			
신청인	성명		
	주소		
피신청인			
신청 취지			
신청 원인			
소명 방법			

「행정심판법」 제30조제5항 및 같은 법 시행령 제22조제1항에 따라 위와 같이 집행정지를 신청합니다.

년   월   일

신청인   (서명 또는 인)

○○행정심판위원회 귀중

※ 집행정지는 처분만을 대상으로 할 수 있고 집행정지 전과 후에 달라지는 내용이 없어 실익이 없는 거부처분이나 부작위에 대해서는 신청할 수 없다. 처분의 효력정지는 처분의 집행 또는 절차의 속행을 정지함으로써 그 목적을 달성할 수 있을 때에는 허용되지 않는다

집행정지결정 취소신청서

접수번호	접수일	
사건명		
청구인	성명	
	주소	
피청구인		
집행정지 결정일		
신청인	성명	
	주소	
신청 취지		
신청 원인		
소명 방법		

「행정심판법」제30조제5항에 따라 위와 같이 집행정지결정의 취소를 신청합니다.

년   월   일

신청인   (서명 또는 인)

○○행정심판위원회 귀중

[서식] 집행정지신청(자동차운전면허취소처분)

행정처분집행정지신청

신 청 인   O   O   O (000000-0000000)

          OO시 OO구 OO로 OO

          신청대리인 변호사 OOO   (전화 :   )

          OO시 OO구 OO로 OO   (우 :   )

피신청인   OO지방경찰청장

          OO시 OO구 OO로 OO   (우 :   )

자동차운전면허취소처분 집행정지신청

신 청 취 지

피신청인이 2000. O. O자로 신청인에 대하여 한 자동차운전면허취소처분은 신청인과 피신청인 사이의 귀원 2000구 1234호 자동차운전면허취소처분취소 청구사건의 본안판결 확정시까지 이를 정지한다.

라는 재판을 구합니다.

신 청 원 인

1. 신청인은 2000년도 OO도지사로부터 면허번호 2345-32호로 운전면허를 취득하여 O년여 동안 오직 운전만을 하여 왔습니다.

2. 운전면허가 없으면 생계의 공란 등 기타 적절한 내용을 기재

3. 이 사건 처분의 경위

   가. 신청인은 2000. 6. 24. 제1종 보통, 2000. 6. 22. 제1종 대형, 같은 해

11. 29. 제2종 소형, 2000. 12. 13. 제1종 특수의 각 자동차운전면허(면허면호 : 경기 OO-OOOOO-OO)를 취득하여 차량을 운전하여 오던 중 2000. 7. 26. 21:40경 OO시 OO구 OO로 OOO 소재 농협중앙회 OO지점 앞 편도 1차선 도로 상에서 신청인 소유의 경기 3고OOOO 그랜져 승용차를 운전하여 OO쪽에서 OO광장쪽으로 가다가 교차로에서 신호를 받기 위하여 서행 중이던 신청외 이OO가 운전의 경기 3가OOOO호 소나타 승용차와 신청외 김OO 운전의 경기 3가OOOO 세피아 승용차를 연쇄충돌하여 위 이OO과 김OO 및 위 이OO의 차량에 동승하고 있던 신청외 홍OO으로 하여금 각 2주간의 치료를 상해를 입게 하였고, 위 사고 후 3시간가량이 지난 다음 날 00:50경 음주측정 결과 혈중알코올농도가 0.1%로 측정되어 여기에 시간의 경과에 따른 감소량을 합산하면 사고 당시의 혈중알코올농도는 0.14%로 추정되었습니다.

나. 피신청인은 신청인의 주취 정도가 0.1%인 상태에서 운전하여 고의 또는 과실로 교통사고를 일으켰음을 이유로 2000. 8. 8. 도로교통법 제44조 제1항, 제4항, 제93조 제1항 제1호의 규정 등을 적용하여 청구인에 대하여 위 각 자동차운전면허를 취소하는 처분(그 중 제1종 특수면허를 취소하는 처분만을 "이 사건 처분"이라 한다)을 하였습니다.

4. 이 사건 처분의 적법 여부

피신청인은 이 사건 처분은 위 처분사유와 관계 법령에 따라 이루어진 것으로서 적법하다고 주장함에 대하여, 신청인은 첫째 신청인이 제1종 특수 자동차운전면허를 취득한 것은 2000. 12. 13.로서 당시 위 면허로 운전할 수 있는 트레일러 및 레커뿐이었으므로 승용자동차를 음주운전한 행위는 제1종 대형 및 보통, 제2종 보통면허의 취소사유에 해당할 뿐 제1종 제1종 특수면허의 취소사유는 아님에도 불구하고 피신청인이 2000. 7. 1. 제2종 보통면허로 운전할 수 있는 차량도 제1종 특수면허로 운행할 수 있도록 개정한 도로교통법시행규칙 제26조 및 [별표 14]의 규정을 잘못 적용하여 신청인의 제1종 특수면허까지 취소한 것은 위법하고, 둘째 가사 그렇지 않더라도 이 사건 사건의 발생 및 음주운전을 하게 된 경위, 그 위반 정도, 청구인의 직업과 이 사건 처분으로 인하여 신청인이 입게 될 불이익 및 그 동안 아무런 사고 없이 모범적으로 운전업무에 종사해온 점 등에 비추어 보면 피신청인의 이 사건 처분은 재량권을 남용하거나 재량권의 한계를 일탈한 것으로서 위법한 처분이므로 이 건 청구에 이른 것입니다.

입 증 방 법

1. 소갑 제1호증   접수증(행정심판청구서)
1. 소갑 제2호증   자동차운전면허취소통지서 사본
1. 소갑 제3호증   자동차등록증 사본
1. 소갑 제4호증   표창장

첨 부 서 류

1. 위 입증서류   각 1통
1. 주민등록초본   1통
1. 소송위임장   1통

2000.   0.   0.

신청인 대리인 변호사 ○ ○ ○ (인)

○ ○ 행 정 법 원 귀중

행정처분집행정지신청서

신 청 인   김 00
서울 00구 00동 000-0 00아파트 000-000

위 신청인의 소송대리인 변호사 백 00
경기 000시 001동 000-00 00빌딩 3층(우 : 480-808)
(전화 : 031-800-0000 / 팩스 : 031-800-0000)

피신청인   남양주시장
남양주시 경춘로 641(금곡동 185-10)

신 청 취 지

피신청인이 2007. 10. 4.자로 신청인에게 한 영업정지처분은 의정부지방법원 2007
구 호 영업정지처분취소 청구사건의 본안판결확정시까지 그 효력을 정지한다.
라는 결정을 구합니다.

신 청 이 유

1. 이 사건 처분의 내용
피신청인은 2007. 10. 4.자로 신청인에 대하여, 신청인이 음악산업진흥에관한법률
제27조 규정을 위반(노래연습장업 준수사항, 주류판매)하고 영업을 하다 적발 되이

동법 제27조 제1항의 제5호의 규정에 의하여 영업정지 40일(2007. 10. 15 ~ 2007. 11. 23.)의 처분을 하였습니다(소갑 제1호증의 1 : 행정처분알림, 같은 호증의 2 : 행정처분명령서 각 참조).

2. 이 사건 처분경위

가. 신청인은 현재 뇌경색, 재발성우울성장애, 신경병증있는 당뇨병, 고혈압, 혼합성 고지혈증 등의 증세로 치료를 받고 있는 뇌병변 3급의 중증장애를 가지고 있는 장애인으로서, 생계를 위한 어떠한 구직활동도 불가능한 처지에 있는 국민기초생활보장법상의 기초생활수급자입니다(소갑 제2호증의 1 : 진단서, 같은 호증의 2 : 장애인증명서, 같은 호증의 3 : 수급자증명서 각 참조).

나. 그렇지만 신청인에게는 한 집안의 장남이자 한 가정의 가장으로서 처와 초등학교 5학년에 재학 중인 아들 그리고 현재 노환으로 거동조차도 불편한 칠순을 바라보는 아버지(김00, 2000. 00. 00.생)를 부양해야 할 형편에 있어 자신의 장애 및 그에 대한 치료를 위하여 마냥 요양이나 하고 있을 형편에 있지 아니합니다.

다. 그렇다고 장애인인 신청인의 처지에 아무리 구직활동을 한다고 한들 신청인이 원하는 곳에 취업을 할 만한 형편도 아닐 뿐만 아니라 장애를 가지고 있는 신청인을 채용하겠다고 나서는 곳조차 한 곳 없었기에 신청인은 이에 좌절한 나머지 한동안 자신의 처지를 한탄하며 자살까지도 생각하였던 적이 한 두 번이 아니었습니다.

라. 그러던 중 위와 같은 신청인의 처를 딱히 여긴 주변의 지인들이 신청인에게 "별다른 기술 없이도 아르바이트 학생 하나만 잘 두면 생계비 정도를 버는 데에는 아무런 문제가 없을 것이다"라고 하며 이 사건 노래방 영업을 권유하는 것이었습니다.

마. 그래서 신청인은 오랜 기간 고민을 한 끝에, 현실적으로 장애를 가진 신청인이

정상인들과 같은 일을 할 수 있는 곳을 찾는 다는 것이 불가능하다는 판단하에 주변 지인들의 권유에 따라 이 사건 노래방운영을 하게 되었던 것이지만, 신청인이 그와 같은 결정을 하고나서도 정작 문제가 되었던 것은 노래방 운영을 위한 자금을 마련하는 일이었습니다.

바. 그래서 신청인은 아버지인 신청외 김OO에게 그와 같은 사정이야기를 하며 돈을 빌려줄 것을 부탁하여 아버지로부터 자신의 전 재산이나 다름없는 아파트를 담보로 대출받은 금 5,000만 원을 빌리고, 그 외 사채로 금 3,000만 원을 빌려 합계 금 8,000만 원을 마련한 후, 'OOO시 OO읍 OO리 410-2 OO빌딩 2층 약 213,24㎡'를 보증금 2,500만 원, 월차임 1,800,000원으로 정하여 임차한 후 나머지 돈으로 기계를 구입하고 돈을 빌려준 아버지 명의로 사업자등록을 한 후 OO노래방(이하 '노래방'이라 합니다)이라는 상호로 난생처음 노래방이라는 것을 운영하게 되었습니다(소갑 제3호증 : 사업자등록증 참조).

사. 신청인은 위와 같이 어렵게 돈을 마련한 후 노래방운영을 전적으로 가족들의 생계를 위해 운영하는 것이라서 어떠한 문제라도 발생할 경우 당장 가족들의 생계는 물론 은행대출금에 대한 이자 및 특히 사채 이자에 대한 상환 압박을 받는 처지에 놓일 수가 있고 그렇게 되면 하루 아침에 신용불량자로까지 전락할 수가 있어 관련법규를 철저히 준수하며 영업을 하였습니다.

아. 하지만, 위와 같이 관련법규를 모두 준수하며 노래방을 운영해오던 신청인이 피신청인으로부터 이 사건 처분을 받게 된 경위는, 대체로 노래방을 찾는 손님들이 다른 곳에서 1차로 어느 정도 술을 마시고 와서 2차로 여흥을 즐기기 위하여 찾는 손님들이 대부분 인지라, 노래방에 들어와서도 대부분은 술을 가져다 달라고 하든지 아니면 도우미를 불러 달라고 하기 일쑤였고, 만일 그와 같은 손님들의 요구를 충족시켜주지 못할 경우 그 중 대부분의 손님들은 대놓고 신청인에게 "뭐 이런 데가 다 있어, 장사를 하겠다는 거야 말겠다는 거야"라고 큰소리를

치며 가게를 박차고 나가는 일이 태반이었습니다.

자. 그러다보니 신청인은 막상 노래방 영업을 시작하였지만 주변의 지인들로부터 들었던 수익이 발생하기는커녕 시간이 지날수록 노래방을 찾는 손님들마저 뜸해져 당장 노래방의 임대료조차 지급하기 어려운 형편에 놓였을 뿐만 아니라 사채 이자에 대한 압박을 받는 등 노래방을 운영하기 전보다 더욱더 어려운 경제적인 상태에 놓이게 되었습니다.

차. 그래서 신청인은 경제적으로 너무도 어려운 나머지 당장의 생계비 등을 마련하고자 하는 욕심에서 노래방을 찾는 손님들 중 술을 찾는 손님이 있거나 도우미를 찾는 손님이 있을 경우 처음에는 술을 팔지 않고 도우미도 없다고 말을 하다가 만일 손님들이 그 말을 듣고 노래방을 나가려고 하면 그때서야 노래방 영업상 어쩔수 없이 그들에게 술을 판매하거나 도우미를 알선해 주었던 것인데 그 경위야 어찌되었던 그에 대하여는 무어라 변명할 여지없이 그저 죄송할 따름입니다.

3. 처분의 위법성

피신청인의 신청인에 대한 이 사건 처분은 아래와 같은 사유로 피신청인이 재량권을 일탈하였거나 남용한 위법한 처분입니다.

위에서 본바와 같이, 신청인은 노래방을 운영하였던 기간이 3개월여에 불과하였고, 당초에는 관련 법규를 준수하며 노래방을 운영하였지만 그 결과 점차 시간이 흐를수록 영업상 수익이 거의 발생치 아니하여 당장의 임대료 및 사채이자 등에 대한 압박을 거세게 받는 상황에서 생계를 위하여 어쩔수 없이 관련법규를 위반하여 영업을 하였던 점, 신청인이 자신의 잘못을 깊이 반성하며 다시는 위와 같은 잘못을 반복치 않을 것을 굳게 다짐하고 있는 점, 만일 신청인이 노래방 영업을 40일 동안 정지할 경우 현재 경제적으로 조금의 여유도 없는 상황에서 당장 임대료 지급 및 은행대출금에 대한 원리금 상환 그리고 사채 이자에 대한 압박 등으로 생계에 막대한 영향을 미치게 되는 점 등에 비추어 피신청인이 신청인에게 한 이 사건 처분은 너무 가혹하여 재량권의 범위를 일탈하였다고 볼 수밖에 없을 것입니다.

4. 긴급한 필요

가. 신청인은 위에서 본 바와 같이 현재 뇌경색, 재발성우울성장애, 신경병증있는 당뇨병, 고혈압, 혼합성 고지혈증 등의 증세로 치료를 받고 있는 뇌병변 3급의 중증장애를 가지고 있는 장애인으로서, 생계를 위한 어떠한 구직활동도 불가능한 처지에 있는 국민기초생활보장법 상의 기초생활수급자인지라 현재의 건강상태로는 마땅히 생계를 위한 활동을 할 수조차 없어 아버지로부터 돈을 빌리고 일부 사채를 빌려 생계 및 병원비 등을 마련하고자 이 사건 노래방을 운영하게 되었습니다.

나. 하지만, 신청인과 같은 건강상태로는 정상인도 운영하기 힘이 든 업소를 운영한다는 것이 무리였는지 시간이 지날수록 점점 더 건강상태가 악화되어 부득이 업소의 운영을 위하여 종업원을 고용하여 동인에게 이를 맡기다시피 하다 보니 당연히 그 수입 또한 변변치 못하여 업소의 한 달 평균소득이라고 해봐야 얼마 되지를 아니하였습니다.

다. 더구나 위 수입도 모두 신청인이 얻을 수 있는 순수한 영업수익은 아니어서 이를 가지고 노래방을 운영하고자 빌린 차용금에 대한 매달 이자를 지급하고, 업소 종업원의 급료 및 가게 운영을 위한 각종 공과금(전기요금, 전화요금 등) 등을 모두 지급하고 나면 신청인의 생계비 및 병원비로 사용하기에도 버거워 사실상 적자의 상태에서 벗어나지를 못하고 있는 실정입니다.

라. 그렇기 때문에 신청인의 경우 만일 이 사건 행정처분이 확정되어 영업정지 40일의 처분을 받게 되고, 그로 인하여, 그 기간 동안 업소의 정상적인 운영을 하지 못할 경우 차용금에 대한 압박 및 자신의 생계비 및 병원비조차도 마련하지 못하

여 경제적으로는 물론 건강상에도 아주 다급한 상황에 처하게 됩니다.

마. 이처럼 신청인이 위 행정처분에 대하여 급히 집행정지 결정을 받아 두지 못할
   경우 신청인은 법원에서 위 처분의 적법성 여부를 심사받을 이익도 잃게 되는
   것이므로 이 사건에 있어 행정소송법 제 23조 제2항이 규정한 '긴급한 필요'는
   더욱 뚜렷하다고 할 것입니다.

바. 그런 이유로 신청인은 현재 피신청인를 상대로 귀원에 과징금납입처분취소를
   청구하는 본안 소송을 제기한 상태입니다(소갑 제4호증 : 소장접수증명원 참
   조).

5. 결 론

위에서 본바와 같이 피신청인의 위 과징금납입처분의 집행으로 인하여 신청인에게
생길 회복하기 어려운 손해를 예방하기 위하여 긴급한 필요가 있으며, 위 처분의
취소를 구하는 본안소송도 제기되어 있으므로 이 사건 신청을 인용하여 행정소송법
제23조에 의하여 위 행정처분의 효력을 정지하여 주시기 바랍니다.

소 명 방 법

1. 소갑 제1호증의 1 행정처분알림   1부
   – 2 행정처분명령서행정처분통보   1부
2. 소갑 제2호증의 1 진단서   1부
   – 2 장애인증명서 1부
   – 3 수급자증명서 1부
3. 소갑 제3호증 사업자등록증   1부
4. 소갑 제4호증 소장접수증명원   1부

첨 부 서 류

1. 위 소명서류   각 1부
1. 소송위임장   1부
1. 송달료 영수증   1부

2007. 10. .

위 신청인의 소송대리인

변호사 백 00

의정부지방법원 귀중

[서식] 집행정지신청서(일반음식점 영업정지처분)

행정처분집행정지신청서

신 청 인　　000

　　　　　　000시 00동 0000-0 00아파트 0000-000

　　　　　　신청인의 소송대리인 법무법인 00

　　　　　　담당변호사 박 0 0

　　　　　　서울 00구 00동 0000-00 00빌딩 1층(우 : 137-885)

　　　　　　(전화 : 02-500-5000 / 팩스 : 02-500-5000)

피신청인　　남양주시장

　　　　　　남양주시 경춘로 641(금곡동 185-10)

신 청 취 지

피신청인이 2008. 10. 27.자로 신청인에게 한 영업정지처분은 00지방법원 2008
구 호 영업정지처분취소 청구사건의 본안판결확정시까지 그 효력을 정지한다.
라는 결정을 구합니다.

신 청 이 유

1. 이 사건 처분의 내용

피신청인은 2008. 10. 27.자로 신청인에 대하여, 신청인이 식품위생법 제31조 규정

을 위반(영업자준수사항)하여 영업하였다는 이유로, 동법 제58조 동법시행규칙 제5
3조 규정에 의거하여 영업정지 2월(2008. 11. 7. ~ 2009. 1. 6.)의 처분을 하였습니
다(소갑 제1호증의 1 : 청소년주류제공에 따른 영업정지 알림, 같은 호증의 2 : 청소
년 주류제공에 따른 영업정지 사전통지 각 참조).

2. 이 사건 행정처분을 받기까지의 과정

가. 신청인은 2006. 3. 27. 000시 00읍 00리 소재에 0000라는 상호의 일반음식점
   을 오픈한 후 평소 나이어린 자식을 키우는 입장에서 청소년이 나쁜 길로 빠지지
   않도록 어른들이 노력을 해야 된다는 신념을 갖고 가게를 운영해 왔기 때문에
   지금껏 단 한 번도 식품위생법이나 청소년보호법을 위반한 사실이 없을 정도로
   성실히 살아왔습니다(소갑 제2호증의 1 : 사업자등록증, 같은 호증의 2 : 부동산
   임대차계약서, 소갑 제3호증 : 재학증명서).

나. 더욱이 신청인은 이 사건 0000를 운영하기 위하여 주변에서 많은 돈을 빌려서
   투자한 상태라 만일 장사를 하면서 가게에 청소년을 출입시켰다가 영업정지처분
   이라도 받게 될 경우, 당장 차용금에 대한 이자부담은 물론 가족들의 생계에도
   막대한 영향이 미치게 된다는 사실을 너무나 잘 알고 있었습니다.

다. 그렇기 때문에 신청인은 평소 가게를 운영하면서 청소년인 듯 외모가 어려보이는
   사람이 가게에 출입할 경우 반드시 주민등록증을 통하여 나이를 확인한 후 주류
   를 판매해 오는 등 관련 법규를 성실히 준수하며 가게영업을 해왔던 것이 사실입
   니다.

라. 그런데 00연휴가 막 끝난 2008. 9. 16.경 그 날은 평일이기는 하였지만 짧았던
   추석연휴 탓인지 인근대부분의 가게들이 문을 닫았고, 그 때문인지 신청인 운영
   의 가게는 평소와 달리 아주 많은 사람들로 북적거려 아내와 단 둘이서 장사
   를 하는데 많은 어려움이 있었습니다[61].

마. 그 와중에 같은 날 19:30경 여성손님 5명이 가게로 들어왔는데, 신청인이 보기에 그 중 한 명이 청소년인 듯 어려 보여 동인들 모두에게 주민등록증을 제시할 것을 요구하였고, 이를 직접 확인하여 보니 5명 모두 1988년생, 1989년생으로 청소년이 아니었습니다. 그래서 신청인은 동인들을 가게의 테이블로 안내한 후 동인들이 주문한 맥주 2000cc와 소주 2병과 안주류를 제공하였습니다.

바. 그 후에도 신청인은 계속해서 가게에 드나드는 손님들에 대한 주문과 서빙 및 계산 등을 하느라 분주한 시간을 보내고 있던 중, 같은 날 20:00경으로 기억되는 데 위 여성손님들이 앉아서 술을 마시고 있는 테이블에서 주문 벨이 울려 가보니 이미 그 자리에는 신청인도 모르는 사이 위 여성손님들의 친구로 보이는 3~4명 이 합석해 있는 상태였고, 서로가 서로에게 큰소리로 웃으며 반말로 이야기 를 나누고 있었습니다[62].

그래서 신청인은 당연히 동인들도 모두 성년자라는 생각을 하였지만, 그래 도 새로 합석을 한 손님들에 대한 나이 정도는 확인을 하여야 될 것 같아 동인들의 나이는 확인하고자 주민등록증의 제시를 요구하면서 나이를 물어 보니 다들 서로가 서로의 친구들이라고 말하며, 이미 주민등록증으로 우리 가 청소년이 아님을 확인하지 않았느냐고 짜증을 냈습니다.

더구나 당시 신청인이 보기에도 뒤늦게 들어온 여성손님들의 경우, 옷차림 도 모두 정장차림이고, 헤어스타일도 긴 생머리였고, 체격도 보통보다 크며, 화장도 짙게하여 나이가 최소한 23-4세 정도 들어 보였기 때문에 청소년이 라고는 상상도 못해 주민등록증을 확인 절차를 거치지 아니하고 주류를 제 공하였던 것입니다.

사. 그런데 그 얼마 후 20:20경 00지구대에서 경찰관 두 명이 단속을 나왔다며

가게로 들어와 동인들의 신분을 확인하는 과정에서 9명 중 단 한 명이 청소년으로 확인되었는데, 그때서야 신청인도 동인이 청소년이라는 것을 알고 놀라움을 금치 못하였고, 지금도 동인이 청소년이라는 사실이 도저히 믿겨지지 않을 정도입니다.

더구나 당시 동인들을 단속하였던 경찰관들조차도 단속과정에서 그 중 한 명이 청소년이라는 것이 확인되자 깜짝 놀라며 "누가 이런 사람을 청소년이라고 생각하겠느냐"는 말 하였을 정도로 동인은 외관상으로는 상당히 성숙하게 보이는 사람이었습니다.

아. 경위야 어찌되었던 당시 신청인이 가게가 바쁘다는 이유로 가게로 들어온 손님들의 신분을 모두 정확히 확인하지 못한 것은 불찰이지만, 당시 단속을 나온 경찰관에 의하여 청소년으로 확인된 사람을 제외한 나머지 사람들은 모두 성년자였고, 청소년으로 확인된 사람 또한 동인의 외모나 차림 등 외관상으로 신청인이 동인에게 주민등록증을 제시하라는 말 자체를 꺼낼 수 없을 정도로 나이가 들어보였기 때문에, 신청인으로서는 그러한 사람이 청소년일 것이라고는 상상도 못했고, 그러한 인식자체를 기대할 수조차 없는 상황이었습니다.

참고로, 대법원은, '수학여행을 온 대학교 3학년생 34명이 지도교수의 인솔하에 피고인 경영의 나이트클럽에 찾아와 단체입장을 원하므로 그들 중 일부만의 학생증을 제시받아 확인하여 본즉 그들이 모두 같은 대학교 같은과 소속의 3학년 생들로서 성년자임이 틀림없어 나머지 학생들의 연령을 개별적, 기계적으로 일일이 증명서로 확인하지 아니하고 그들의 단체입장을 허용함으로써 그들 중 섞여 있던 미성년자(19세 4개월 남짓 된 여학생) 1인을 위 업소에 출입시킨 결과가 되었다면 피고인이 단체입장하려는 위 학생들이 모두 성년자일 것으로 믿은데에는 정당한 이유가 있었다고 할 것이고, 따라서 위와 같은 상황아래서 피고인에게 위 학생들 중 미성년자가 섞여 있을 지도 모른다는 것을 예상하여 그들의 증명서를 일일이 확인할 것을 요구하는 것은 사회통념상 기대가능성이 없다고 봄이 상당하므로 이를 벌할 수 없다'고 판시하고 있으며(대법원 1987. 1. 20. 선고 86도847 판결 참조),

또한, 서울고등법원은, '개인이 유흥주점에 출입함은 출입자의 비밀이 보장되어야 하는 개인적 사생활의 영역이므로 영업자라도 모든 출입자에게 증명서의 제시를 요구할 수는 없겠으나, 미성년자를 풍속 상 유해한 환경으로부터 격리시켜 미성년자의 비행을 방지하고 건전한 심신의 육성을 꾀하고자 유흥주점 영업자에게 미성년자의 출입을 막기 위한 연령조사 의무를 부과하고 그로 하여금 출입자의 연령에 관한 증명서의 제시를 요구하여 그 연령을 확인한 후 미성년자임이 밝혀지면 그 출입을 거부할 수 있도록 하는 한편, 출입자의 연령을 증명서로 조사하지 아니한 채 미성년자를 출입시킨 경우에는 그에 관한 주의의무를 다하였다고 할 수 없도록 한 것으로서 그로 인한 개인적 사생활 영역의 침해는 미성년자 보호에 필요한 최소한에 그치도록 하여야 하고, 이를 기계적, 획일적으로 적용할 것은 아니므로, <u>영업자라도 외관상 미성년자로 의심될 수 없음이 명백한 출입자에게까지 미성년자임을 확인한다는 명목으로 획일적으로 증명서의 제시를 요구할 수 없음은 물론 달리 출입자가 외관상 또는 객관적으로 보아 미성년자로 의심되거나 개별적으로 증명서로서 미성년자 인지의 여부를 확인하여야 할 별단의 사정이 없는 한 영업자의 연령조사 의무를 다하지 못한 것은 아니라고 봄이 상당하다</u>'고 판시하여(서울고등법원 1986. 2. 13. 선고 85노452 판결 참고),

이 사건과 같은 경우 신청인이 영업자로서 연령조사 의무를 다하지 못한 것은 아니라고 보고 있습니다.

3. 신청인은 이 사건으로 기소유예의 처분을 받았습니다.

신청인은 이 사건으로, 위 2항과 같은 정상이 참작되어 2008. 10. 16. 의정부지방검찰청(2008형제 0000호)에서 기소유예의 처분을 받았습니다(소갑 제4호증 : 사건처분결과증명서 참조).

4. 처분의 위법성

피신청인의 신청인에 대한 이 사건 처분은 아래와 같은 사유로 재량권을 일탈하였거나 남용한 위법한 처분입니다.

위에서 말씀드린 바와 같이, ① 신청인이 2006. 3. 27. 쪼끼쪼끼를 개업한 이래 이 사건 당시까지 단 한 번도 식품위생법이나 청소년보호법을 위반한 사실이 없을 정도로 관련 법규에 따라 적법한 범위 내에서 영업을 하여온 점, ② 이 사건으로 2개월 영업정지를 당하게 될 경우 신청인이 커다란 경제적 손실을 입게 되는 점, ③ 이로 인해 0000의 정상적인 영업재개가 곤란해질 수도 있는 점, 경위야 어찌되었던 신청인이 자신의 잘못을 깊이 반성하며 다시는 이와 같은 잘못을 반복치 않을 것을 굳게 다짐하고 있는 점, ④ 만일 신청인이 0000 영업을 2개월 동안 정지할 경우 현재 경제적으로 조금의 여유도 없는 상황에서 당장 임대료 및 차용금에 대한 이자 등의 압박으로 생계에 막대한 영향을 미치는 점, ⑤ 그 밖에 위 2항에 나타난 여러 정상들 및 특히 본건과 같은 사안의 경우 검찰에서 기소유예의 처분을 받거나 법원에서 선고유예의 판결(결정)을 받을 경우 사전 통고한 영업정지 기간이 1/2로 감할 수 있는 것임에도 사전처분 그대로 2월의 영업정지 처분을 한 점[63] 등을 고려한다면 신청인에게 영업정지 2개월을 명한 피신청인의 이 사건 처분은 너무 가혹하여 재량권의 범위를 일탈하였다고 볼 수밖에 없을 것입니다.

이에 신청인은 피신청인의 이 사건 행정처분이 위와 같이 재량권의 범위를 일탈한 위법한 처분임을 내세워 그 취소를 구하는 본안의 소를 제기하게 된 것입니다.

5. 긴급한 필요

가. 피신청인이 위 처분에 따른 영업정지 기간은 2008. 11. 7. ~ 2009. 1. 6.자까지

2개월 동안으로 위 기간의 시작이 임박한 상태입니다.

그런데 일단 위 처분이 집행된 후에는 영업정지 기간을 거치면서 위 쪼끼쪼끼의 고객 관계가 단절될 것이고 또한 위 처분으로 인하여 위 쪼끼쪼끼의 신용과 명성이 크게 훼손될 것이 예상되므로 위 영업정지 처분으로 신청인이 입을 손해는 금전으로도 회복되기 어려울 것입니다.

나. 그러한 연유로 신청인은 피신청인을 피신청인으로 하여 귀원에 영업정지가처분의 취소를 청구하는 본안소송을 제기한 상태입니다(아래 첨부하는 소장접수증명원).

위 본안소송이 종결될 때까지 최소한 수개월이 소요될 것임은 분명한 일인데, 그럴 경우 이미 위 영업정지 기간인 2개월이 경과해 신청인은 위 본안 사건에서 소의 이익을 잃게 되고 말 것입니다.

이처럼 신청인이 위 행정처분에 대하여 급히 집행정지 결정을 받아 두지 못할 경우 신청인은 법원에서 위 처분의 적법성 여부를 심사받는 이익도 잃게 되는 것이므로 이 사건에 있어 행정소송법 제23조 제3항이 규정한 '긴급한 필요'는 더욱 뚜렷하다고 할 것입니다.

다. 한편, 신청인은 위와 같이 적발된 이후 0000의 운영을 함에 있어 가게를 찾는 손님들 중 청소년인 듯 외모가 어려보이는 사람이 출입할 경우 주민등록증을 통하여 더욱더 철저히 나이를 확인하고 있기 때문에 이 사건이 재발할 우려조차 없습니다.

그렇다면 위 본안사건의 판결선고시까지 이 사건 행정처분의 효력을 정지한다고 하여 그 것이 행정소송법 제23조 제3항이 정한 '공공복리에 중대한 영향을 미칠 우려가 있을 때'에 해당한다고 볼 여지도 없을 것입니다.

6. 결 론

위에서 본바와 같이 피신청인의 위 영업정지집행으로 인하여 신청인에게 생길 회복하기 어려운 손해를 예방하기 위하여 긴급한 필요가 있으며, 위 처분의 취소를 구하는 본안소송도 제기되어 있으므로 이 사건 신청을 인용하여 행정소송법 제23조에 의하여 위 행정처분의 효력을 정지하여 주시기 바랍니다.

소 명 방 법

1. 소갑 제1호증의 1 청소년주류제공에따른영업정지알림   1부
   - 2 청소년의주류제공에따른영업정지사전통지   1부
1. 소갑 제2호증의 1 사업자등록증   1부
   - 2 부동산임대차계약서   1부
1. 소갑 제3호증 재학증명서   1부
1. 소갑 제4호증 사건처분결과증명서   1부

첨 부 서 류

1. 위 소명서류   각 1부
1. 소송위임장   1부
1. 소장접수증명   1부

참 고 자 료

1. 식품위행법 시행규칙 별표 15 행정처분기준(제53조 관련)

2008. 10. .

신청인의 소송대리인

법무법인 OO

담당변호사 김 OO

의정부지방법원 귀중

---

61) 신청인은 본건 쪼끼쪼끼를 2006. 3. 27.경 오픈한 이래 인건비라도 아껴보려는 마음에 지금껏 단 한 명의 직원도 채용치 아니하고 아내와 단 둘이(아내는 주방에서 신청인은 홀에서 일을 하였습니다)서 이를 운영해 왔습니다.

62) 당시 위 여성손님들이 앉아서 술을 마셨던 자리는 가게의 출입문 좌측에 칸막이로 가려진 곳이라, 만일 신청인이 가게의 다른 테이블에서 주문 등의 이유로 특별히 그 곳을 응시하고 있지 아니하면 그 곳에 누군가가 늘어와 앉아 있더라도, 직접 그 곳으로 가서 확인을 하지 않고는 알 수 없는 곳입니다.

63) 식품위생법 시행규칙 별표 15 행정처분기준(제53조 관련)(참고자료 1 참조)

제7장   행정소송의 종료

제1절 소송의 종료사유

1. 종국판결의 확정

소송판결이나 본안판결이 확정되면 소송이 종료되는 것은 당연하며 가장 보편적인 종료사유이다. 종국판결은 상소기간의 도과, 상소권의 포기 등에 의하여 확정된다.

2. 당사자의 행위로 인한 종료

가. 소의 취하 등

(1) 소의 취하

당사자가 소 또는 상소의 취하로 소송을 종료시킬 수 있다. 피고가 본안에 관하여 준비서면을 제출하거나 변론준비기일에서 진술하거나 변론을 한 후에는 상대방의 동의를 얻어야 함은 민사소송의 경우와 동일하다(민소법 266조 2항). 또한 항고소송은 제소기간의 제한이 있기 때문에 취하 후의 제소가 불가능하므로, 취하할 경우 소송이 종국적으로 종결되는 효과가 있어 취하에 부동의할 실익이 거의 없다.

(2) 행정소송과 민사소송의 병합

행정소송에 민사소송인 관련청구가 병합되어 있는 경우, 기본이 되는 행정소송이 취하되면 병합된 민사소송을 각하하여야 한다는 견해도 있으나, 별개 독립의 소로 취급하여 심리 판단하거나 관할법원으로 이송하여야 할 것이다. 행정소송법 16조에 의한 참가인인 경우 참가인과 피참가인 모두의 의사가 합치되어야 소의 취하나 상소의 취하가 가능하다.

(3) 쌍방 불출석으로 인한 소취하나 상소취하

쌍방 불출석으로 인한 소취하나 상소취하에 관한 민사소송법 268조의 규정이 행정소송에도 준용된다.

나. 청구의 포기 · 인낙 · 화해

행정소송은 원칙적으로 당사자가 임의로 처분할 수 없는 공법상의 법률관계를 그 소송의 대상으로 하며, 제3자에게도 판결의 효력이 미치는 점 등에 비추어 볼 때, 원칙적으로 청구의 포기나 인낙, 화해 등이 허용될 수 없다. 항고소송에서는 원고가 소를 취하함으로써 청구의 포기와 동일한 결과를 가져올 수 있고, 행정청이 직권으로 처분을 취소 · 변경하고 원고가 소를 취하함으로써 청구의 인낙이나 화해와 같은 결과를 가져 올 수 있으므로 이들을 인정할 실익은 크지 아니하다.

다. 조 정

행정소송에서의 조정의 허용 여부는 소송상 화해의 허용 여부처럼 이론상의 다툼이 있을 수 있으나, 행정소송법이 민사조정법을 준용하는 명문의 규정을 두고 있지 않으므로, 현행법상 행정사건은 조정이 허용되지 않는다 할 것이다.

라. 기타의 종료사유

성질상 승계가 허용될 수 없는 소송에서 원고가 사망한 경우 소송은 중단됨이 없이 종료하게 된다.[64] 다만 피고 행정청이 없게 된 때에는 그 처분 등의 사무가 귀속되는 국가 또는 공공단체가 피고로 소송을 승계해야 하기 때문에 피고 행정청의 폐지로 인한 소송의 종료는 있을 수 없다. 또한 당사자지위의 혼동으로 인한 종료도 예상할 수 없다.

---

64) 대법원 2007. 7. 26. 선고 2005두15748 판결.

제2절 행정소송의 판결

1. 판결의 종류

가. 중간판결, 종국판결

중간판결은 소송 진행 중에 독립적 공격 또는 방어의 방법, 그 밖의 중간의 다툼이나 청구의 원인과 액수 중 원인에 대한 다툼과 같이 당사자 사이에 쟁점이 된 사항을 미리 판결하는 판결이다. 중간판결을 하였을 경우 그 쟁점에 대하여 변론을 제한하여야 하며, 이에 대하여 독립한 상소는 허용되지 아니한다. 반면, 종국판결은 행정소송의 전부 또는 일부를 종료시키는 판결의 유형이다.

나. 전부판결, 일부판결

수개의 청구가 병합되어 제기되었거나 변론이 병합된 경우에 그 전부를 판결한 정도로 심리가 진행되었을 경우에는 전부판결을 하여야 한다. 다만 그 일부에 대한 심리만을 마친 때에는 일부판결을 할 수 있다. 이때 일부판결을 할 것인가의 여부는 법원의 재량사항이다. 그러나 선택적, 예비적 병합 또는 필수적 공동소송의 경우에는 일부판결을 할 수 없다.

일부판결을 할 경우에는 그 부분 변론을 분리하여 재판하고 나머지 청구에 관하여는 심리를 속행하여 나머지 부분을 판결하며, 일부판결은 종국판결이므로 독립하여 상소하는 것은 가능하다.

2. 이행판결

국가·공공단체에 대하여 일정한 행위를 명하는 판결은 당사자소송에서 나타난다. 손실보상금 증액청구소송도 형식적 당사자소송으로서 이행판결을 한다. 하지만 행정청으로 하여금 일정한 행정처분을 하도록 명하는 이행판결을 구하는 소송은 현행법상 허용되지 아니한다.[65]

---

65) 대법원 1997. 9. 30. 선고 97누3200 판결.

3. 사정판결(事情判決)

가. 의 의

사정판결이란 원고의 청구가 이유 있더라도 당해 처분 등을 취소·변경함이 현저하게 공공복리에 적합하지 아니하다고 판단될 때에는 이유 있는 원고의 청구를 기각하는 판결을 말한다. 사정판결제도는 법치행정 내지 행정의 법률적합성 및 재판에 대한 권리보호라는 헌법원칙에 대한 중대한 예외이므로 그 요건을 엄격하게 해석해야 하고, 불가피하게 사정판결을 하는 경우에도 원고에 가해진 침해에 대한 구제책이 반드시 확보되어야 한다.

나. 요 건

(1) 처분 등이 위법하여 원고의 청구가 이유있을 것

처분 등이 위법하여 원고의 청구가 이유 있을 것이라 함은 쟁송의 대상인 처분 등이 위법하고, 그 위법한 처분 등에 의하여 원고의 법률상이익이 침해되었을 것임을 의미한다.

(2) 처분을 취소하는 것이 현저히 공공복리에 적합하지 않을 것

사정판결은 승소판결을 하는 것이 공공복리에 현저히 적합지 아니하여 공익을 위하여 사익을 희생시키는 것으로, 극히 엄격한 요건 아래 제한적으로 인정되어야 한다.[66] 여기서 어떠한 경우에 처분 등을 취소하는 것이 현저히 공공복리에 적합하지 않는 것인가에 관하여 구체적인 기준을 정할 수 있는 것은 아니나, 위법한 행정처분의 효력을 유지하는 것 자체가 당연히 공공의 복리를 저해하는 것이므로 위법한 처분을 취소하지 아니하고 방치함으로써 발생하는 공익침해의 정도보다 위법처분을 취소함으로써 발생하는 새로운 공익침해의 정도가 월등하게 큰 경우, 예를 들면 처분이 위법하기는 하나 이미 집행되어 버렸고 그로 말미암아 다수 관계인 사이에 새로운 사실관계, 법률관계가 형성되어 이를 뒤엎을 경우 그로 인한 손해가 크고 이에 비하면 위법한 처분으로 불이익을 받은 자의 손해의 정도는 비교적 근소하며 또 다른 방법으로 그 손해를 보충할 수 있다고 인정되는 경우이어야 한다(대법원 1980.12. 23. 선고 76누70 판결 등).

---

66) 대법원 1991. 5. 28. 선고 90누1359 판결.

다. 적용범위

사정판결은 취소소송에만 인정된다. 취소소송에는 무효선언을 구하는 취소소송을 포함한다. 그러나 당사자 소송은 물론이고, 항고소송 중 무효등확인소송은 존치시킬 효력이 존재하지 않기 때문에 각각 사정판결이 인정되지 않는다. 당사자소송, 무효등확인소송과 부작위위법확인소송에는 사정판결을 준용하는 규정도 없다.

라. 사정판결에 대한 불복

(1) 청구기각

처분이 위법함에도 불구하고 원고의 청구는 기각된다. 기각의 효과는 일반의 기각판결과 같다. 따라서 그 범위 내에서는 원고는 패소한 것이므로 사정판결에 대하여 원고는 항소·상고할 수 있다.

(2) 위법명시

사정판결을 하는 경우 법원은 판결주문에서 당해 처분이나 재결의 위법성을 명시하여야 한다. 판결주문에 위법성을 명시함으로써 (i) 처분 등의 위법성에 대하여 기판력이 발생하고, (ii) 당해 처분이 적법·유효한 것임을 전제로 하는 후속처분 등을 저지시키며, (iii) 원고에 대한 보상적 구제를 가능하게 하고, (iv) 소송비용의 결정에 참작되도록 하기 위한 것이다.

(3) 소송비용부담

사정판결에 있어서는 원고의 청구가 이유 있음에도 불구하고 공공복리를 위하여 청구가 기각되는 것이므로 소송비용은 피고가 부담한다.

(4) 불복

사정판결에 대하여는 원고와 피고 모두가 상소할 수 있다. 원고는 사정판결을 할 사정이 없는데도 사정판결을 하여 원고청구가 기각되었음을 이유로 다툴 수 있고, 피고도 원고청구를 기각한 것에 대하여는 불만이 없지만 처분이 적법한데도 위법하다고 선언하였다는 점을 이유로 다툴 수 있다.

제3절 판결의 효력

1. 기속력

가. 의 의

기속력이란 판결이 그 내용에 따라 소송 당사자인 행정청과 기타 관계행정청을 기속하는 효력을 말한다. 판결이 행정처분을 취소하였음에도 불구하고 처분청이 동일한 행위 또는 판결의 취지와 배치되는 행위를 할 수 없도록 하기 위하여 인정된 효력이다. 이러한 취소판결의 기속력은 무효등확인소송과 부작위위법확인소송에 준용된다.

나. 성 질

모든 민·형사판결의 주문은 그 후의 모든 재판을 구속하여 이와 모순되는 재판을 금지하는 효력, 즉 기판력의 내용에 따른 결과로서 인정되는 것이라는 '기판력설'도 있으나, 취소소송의 실효성을 확보하기 위하여 기판력보다 널리 직접 행정청을 구속하는 효력이라는 '특수효력설'이 통설이다. 항고소송의 대상은 특정 처분이고 그 처분의 전제가 된 법률관계가 아니므로, 처분 등을 취소한다는 판결 등이 확정되더라도 행정청이 또 다시 같은 내용의 처분을 되풀이한다면 판결의 실효성이 없으므로, 행정소송 판결의 실효성 확보를 위하여 특별히 인정된 효력이라 할 것이다.

다. 내 용

(1) 반복금지효 및 원상회복금지

취소판결이 있으면 행정청은 동일한 사정 하에서 동일한 당사자에게 동일한 내용의 처분을 반복하여서는 아니되며(반복금지효), 이에 위반하면 그 자체가 중대하고 명백한 하자로 되어 무효사유에 해당한다.[67]

한편, 이러한 소극적 반복금지효에서 한걸음 더 나아가 행정청은 취소된 처분에 의하여 초래된 위법상태를 원상으로 회복할 적극적인 의무까지도 진다(예, 과세처분의 취소판결이 있으면

---

67) 대법원 1982. 5. 11. 선고 80누104 판결.

나아가 압류·공매 등의 체납처분까지도 취소하는 것).

(2) 재처분 의무

거부처분에 대한 취소판결 또는 부작위위법확인판결이 있으면 행정청은 판결의 취지에 따라 종전의 원고의 청구에 대하여 재처분의무를 지게 된다. 이 경우 원고는 처분에 대한 신청을 다시 할 필요가 없다. 피고인 행정청은 반드시 원고의 신청대로 재처분할 의무는 없으며, 판결내용에 적시되지 않은 다른 적법한 거부사유가 있으면 이를 이유로 다시 거부처분을 할 수 있다.

라. 범 위

기속력은 당사자인 행정청뿐만 아니라 모든 관계행정청까지 미치며(주관적 범위), 판결의 주문뿐만 아니라 이유에 명시된 사실인정과 법률문제에 대한 판단에까지 미친다(객관적 범위).

(1) 주관적 범위

취소판결은 당사자인 행정청 기타의 관계행정청을 기속하는데, 여기의 '관계행정청'이란 피고 행정청과 동일한 행정주체에 속하는 행정청이나 동일한 사무계통에 속하는 상하관계에 있는 행정청에 한하지 않고, 취소된 행정처분을 기초 또는 전제로 하여 이와 관련된 처분 또는 이에 부수하는 행위를 할 수 있는 모든 행정청을 총칭한다.

(2) 객관적 범위

기속력의 객관적 범위는 판결의 주문뿐만 아니라 이유에 명시된 사실인정과 법률문제에 대한 판단에까지 미친다. 따라서 과세가격 평가방법이 잘못되었거나 추계조사결정의 필요성 및 그 방법의 합리성 내지 타당성에 잘못이 있다고 하는 경우에는 다시 위법사유를 보완하여 새로운 과세처분을 할 수 있으며,[68] 공무원에 대한 징계처분취소판결이 있은 뒤에 그 징계처분사유설명서의 기재사유 이외의 사유를 들어 다시 징계처분을 할 수 있다.[69]

거부처분을 취소하는 확정판결이 있으면 행정청은 원칙적으로 원고의 신청을 인용하는 처분을

---

68) 대법원 1992. 11. 24. 선고 91누10275 판결.
69) 대법원 1989. 2. 28. 선고 88누6177 판결.

하여야 하지만,[70] 예외적으로 종전의 거부처분 이유와 다른 이유를 들어 재차 거부할 수 있다. 거부처분이 절차위배를 이유로 취소한 경우 다시 적법한 절차에 따라 처분하도록 한 행정소송법 30조 3항은 당연한 것을 규정한 주의규정에 불과하다.

(3) 시간적 범위

처분 당시의 법령이나 사실관계에 변동이 있을 때에는 판결의 기속력이 인정되지 아니한다. 그 결과 행정청은 확정판결에 의하여 취소된 처분과 동일한 이유로 동일한 내용의 처분을 다시 할 수 있다. 판례 중에는 사실심 변론종결시를 기준으로 그 이후에 법령이나 사실상태가 변동되어야만 기속력을 받지 않는 것처럼 설시한 것도 있으나, 부작위위법확인의 소송을 제외하고는 처분의 위법여부 판단의 기준시점이 사실심변론종결시가 아닌 처분시인 점에 비추어, 당초의 처분이 있은 후에 법령이나 사실상태가 변동된 이상 그 변동시점이 사실심 변론종결 이후인지 여부에 관계없이 기속력을 받지 아니하므로, 동일한 이유로 동일한 내용의 처분을 할 수 있다고 보아야 한 것이다.[71]

마. 위반행위의 효력

취소판결이 확정된 후에 그 기속력에 위반하여 한 동일한 내용의 처분은 위법하고, 그 하자가 중대·명백하여 당연 무효이다.[72]

2. 형성력

가. 의 의

취소판결이 확정되면 처분청의 별도의 취소처분 없이 당해 처분은 당연히 효력이 상실된다. 이에 따라 처분 등에 기하여 형성된 기존의 법률관계나 법률상태에 변동을 가지고 오는 효력을 형성력이라 한다. 이러한 형성력은 기속력과 마찬가지로 원고 승소판결에만 인정되는 효력이다.

예를 들어, 과세처분을 취소하는 판결이 확정되면 그 과세처분은 소멸하므로, 과세처분을

---

70) 대법원 2001. 3. 23. 선고 99두5238 판결.
71) 대법원 1998. 1. 17.자 97두22 결정.
72) 대법원 1990. 12. 11. 선고 90누3560 판결.

취소하는 판결이 확정된 후에는 그 과세처분을 경정하는 경정처분을 할 수 없고 그 경정처분은 당연 무효이다.[73]

나. 소급효

소급효를 지니는 형성력은 취소판결이 확정되면 당해 처분은 처분 당시부터 당연히 효력이 없었던 것으로 된다. 그로 인해 가령 어업면허취소처분을 취소하는 판결이 확정되면 그 판결이 있기 전의 어로행위는 무면허가 되지 아니하고, 영업허가취소처분을 취소하는 판결이 확정되면 영업허가 취소처분을 받고서도 한 영업행위가 무허가 영업으로 되지 아니한다.[74]

다. 제3자효

처분 등을 취소하는 확정판결은 제3자에 대하여도 효력이 있다. 따라서 행정처분취소판결이 있으면, 제3자라 하더라도 그 취소판결의 존재와 그 취소판결에 의하여 형성되는 법률관계를 용인하여야 한다.[75]

3. 기판력

가. 의 의

기판력은 취소판결이 확정된 때에는 동일한 사항이 다시 소송상으로 문제가 되었을 때에 당사자는 이에 저촉되는 주장을 할 수 없고 법원도 이에 저촉되는 판단을 할 수 없는 효력을 의미한다.[76] 행정소송법 8조 2항에서 이 법에 특별한 규정이 없는 사항에 대하여는 민사소송법을 준용한다고 하므로 행정소송 판결에 대하여도 기판력이 있음은 의문의 여지가 없다.

나. 범 위

(1) 주관적 범위

기판력은 당사자와 그 승계인(상속인·매수인·권한인수관청 등)에게 미치며, 특히 피고인

---

73) 대법원 1989. 5. 9. 선고 88다카16096 판결.
74) 대법원 1993. 6. 25. 선고 93도277 판결.
75) 대법원 1986. 8. 19. 선고 83다카2022 판결.
76) 대법원 1987. 6. 9. 선고 86다카2756 판결.

행정청이 소속된 국가 또는 공공단체에게도 미친다고 볼 것이다. 따라서 처분의 취소소송에서 위법임이 확정된 이상 그 위법한 처분으로 인한 손해배상청구소송에서 국가는 위법이 아님을 주장할 수 없다[77].

그 결과 세무서장을 피고로 하는 과세처분취소소송에서 패소한 자가 국가를 피고로 하여 과세처분의 무효를 주장하여 과오납금반환청구소송을 제기하면 위 취소소송의 기판력에 반한다.[78] 그러나 토지수용재결이나 환지처분에 대한 취소소송에서 패소한 자가 위와 같은 처분 등의 무효를 전제로 제3자인 사인(私人)을 상대로 종전토지의 소유권에 기하여 토지인도소송을 제기하는 경우에는 위 패소판결의 기판력이 미치지 않는다고 할 것이다.

(2) 객관적 범위

민사소송에서의 판결과 같이 판결의 주문(즉 판단의 결론부분)에만 기판력이 미치며, 판결이유에 적시된 위법사유에 관한 판단에 대하여는 미치지 아니한다.[79]

(3) 시간적 범위

기판력은 사실심(고등법원까지만을 의미)의 변론종결시를 표준으로 하여 발생한다. 따라서 확정된 종국판결은 그 기판력으로서 당사자가 사실심의 변론종결시를 기준으로 그 때까지 제출하지 않은 공격방어방법은 그 뒤 다시 동일한 소송을 제기하여 이를 주장할 수 없다.[80]

---

77) 박윤흔(상), p.983. 서원우 교수는, 취소소송의 청구인용판결의 기판력은 손해배상청구소송에 미치지만, 청구기간판결의 기판력은 그에 미치지 않는다고 하는 기판력 일부긍정설을 취하고 있다. 서원우, 취소소송판결의 국가배상소송에 대한 기판력, 고시계 1987.11, p.164 이하.
78) 대법원 1998. 7. 24. 선고 98다10854 판결.
79) 대법원 1987. 6. 9. 선고 86다카2756 판결.
80) 대법원 1992. 2. 25. 선고 91누6108 판결.

제4절 종국판결의 부수적 재판

1. 가집행선고

행정처분의 취소·변경을 구하는 취소소송은 확정이 되어야 형성력이 생기기 때문에 가집행선고를 할 수 없다. 또한 무효등확인소송이나 부작위위법확인소송에서도 성질상 가집행선고가 불가능하다. 다만, 당사자소송 또는 행정사건에 관련청구도 병합된 민사사건에 대하여는 민사소송법 213조 1항이 적용되어, 재산상의 청구에 관한 한, 상당한 이유가 있는 경우를 제외하고는 가집행선고를 하여야 할 것이다.

2. 소송비용재판

가. 소송비용의 부담

(1) 패소자부담의 원칙

소송비용의 부담에 관하여는 원칙적으로 패소자 부담이고 원고 청구의 일부가 인용되는 때는 원·피고가 분담한다. 다만, 사정판결은 형식적으로는 원고 패소판결이지만 실질적으로는 피고 패소판결에 해당하므로 소송비용은 피고의 부담으로 한다.

(2) 취소소송

취소소송 계속 중에 피고 행정청이나 상급행정청에 의하여 소의 대상인 행정처분의 전부 또는 일부가 취소·변경됨으로 인하여 청구가 각하 또는 기각된 경우에는 그 취소·변경에 해당하는 부분에 대하여는 피고의 부담으로 한다.

(3) 부작위위법확인소송

명문의 규정이 없으나 부작위위법확인의 소에 있어서 소송계속 중 피고 행정청이 상당한 기간이 경과한 후에 처분을 한 경우에도 소송비용은 피고의 부담으로 하여야 할 것이다.

(4) 당사자소송

당사자소송에 있어 당해 공법상의 법률관계의 원인이 되는 행정청의 처분 등이 취소·변경되어 각하 또는 기각된 경우에도 위 행정소송법 32조가 준용된다.

나. 소송비용에 관한 재판의 효력

소송비용에 관한 재판이 확정된 때에는 피고 또는 참가인이었던 행정청이 소속하는 국가 또는 공공단체에 그 효력이 미치는데, 이는 행정청에는 권리의무능력이 없기 때문이다. 따라서 소송비용을 피고의 부담으로 하는 판결이 확정된 때는 피고 행정청이 속하는 국가 또는 공공단체가 비용을 부담하여야 하고, 소송비용을 원고의 부담으로 하는 판결이 확정된 때는 피고 행정청이 속하는 국가 또는 공공단체가 비용채권자로서 소송비용액확정결정신청을 하고 강제집행을 할 수 있다.

당해 행정청의 소속관계는 사무의 귀속관계와는 다르므로 기관위임사무의 경우 행정처분의 효과는 국가에 귀속되나 소송비용부담의 재판은 처분청이 소속한 공공단체에 대하여 그 효력이 생긴다.

제8장 행정소송의 강제집행

제1절 서 론

1. 개 념

행정소송에 있어서의 강제집행이란 국가의 집행기관이 집행권에 표시된 공법상 청구권을 국가권력에 의하여 강제적으로 실현하는 법적절차를 말한다. 따라서 집행권에 표시된 사법상의 청구권에 관한 민사소송의 강제집행과는 구별되고 행정기관이 행정목적의 달성을 위하여 사람의 신체 또는 재산에 대하여 실력으로 행정상 필요한 상태를 실현하는 행정강제와도 구별된다.

2. 대 상

강제집행의 대상되는 것은 이행청구권에 한하며, 확인판결이나 형성판결은 그 확정에 의하여 기판력이나 형성력이 발생하여 그 판결을 구하는 목적이 달성되므로 강제집행을 할 필요성은 없다. 당사자소송에서는 이행판결이 가능하므로 이행판결에 기하여 강제집행이 허용되지만 행정소송법에서는 특별한 규정을 두고 있지 아니하므로 민사집행법 규정이 준용된다. 강제집행이 허용되는 경우라도 국가에 대한 강제집행의 경우에는 국유재산 중 국고금[81]에 압류함으로써 하며, 국가 이외의 지방자치단체 등 공공단체에 관하여는 일반원칙에 따라 모든 재산이 집행의 대상이 된다.

---

81) 국고금이란 법령 또는 계약 등에 따라 국가의 세입으로 납입되거나 기금에 납입된 모든 현금 및 현금과 같은 가치를 가지는 것으로 대통령령으로 정하는 것 등의 자산을 말하고(국고관리금 제2조 제1호), 채무자가 국가인 이상 집행문 내용에 표시된 관서의 소관 국고금이 아니라도 압류할 수 있다.

제2절　간접강제

1. 적용범위

의무이행소송 대신에 인정되는 부작위위법확인판결과 거부처분에 대한 취소판결의 실효성을 담보하기 위하여 행정소송법은 단순히 판결의 기속력에 따른 처분청의 재처분의무를 규정함에 그치지 아니하고, 재처분의무를 이행치 아니할 경우에 대비하여 당사자의 신청에 의하여 법원의 결정으로 상당한 재처분기간을 정하고 그 기간 내에 처분치 아니할 경우에는 그 지연기간에 따라 일정한 손해배상을 할 것을 명하거나, 즉시 배상을 할 것을 명할 수 있도록 하였다. 이 손해배상명령은 피고 행정청이 소속하는 국가 또는 공공단체에게도 그 효력이 미친다. 이러한 간접강제제도는 부작위위법확인소송에도 준용된다.

2. 요　건

가. 거부처분취소 등 판결의 확정

거부처분취소의 판결, 거부처분무효확인의 판결, 부작위위법확인의 판결 등의 확정이 간접강제의 전제요건이다. 위 판결들은 모두 성질상 가집행선고를 할 수 없다는 특징이 있다.

나. 상당한 기간 내 판결의 취지에 따른 처분이 없을 것

특별한 사정이 없는 한 판결확정시로부터 새로운 처분을 하는데 필요한 상당한 기간 내에 새로운 처분을 하여야 하고, 그 기간 내에 처분이 없을 경우 간접강제가 가능하다.[82]

---

82) 판례 중에는 변론 종결 이후에 발생한 새로운 사유에 기한 거부처분만이 여기의 새로운 처분에 해당하는 것처럼 설시한 것도 있으나(대법원 2004. 1. 15.자 2002무30 결정 등), 거부처분의 위법여부 판단의 기준시는 변론종결시가 아니라 처분시이므로, 그 취소된 거부처분이 있은 이후에 사실관계나 법령의 변동이 있을 경우 동일한 사유로 재차 거부처분을 하더라도 이러한 거부처분은 새로운 처분이므로 이러한 처분이 있으면 간접강제가 허용되지 않는다(대법원 1998. 1. 7.자 97두22 결정).

3. 결 정 등

가. 간접강제결정 및 집행

간접강제결정은 변론 없이 할 수 있다. 다만, 변론을 열지 않고 결정을 하는 경우에도 처분의무 행정청을 심문하여야 한다. 따라서 법원은 당사자의 신청이 이유 있다고 인정되면 상당한 기간을 정하고, 행정청이 그 기간 내에 이행하지 아니하는 때에는 그 지연기간에 따라 일정한 배상을 할 것을 명하거나 즉시 손해배상을 할 것을 명할 수 있다. 한편, 간접강제결정은 소송비용의 부담재판과 마찬가지로 금전지급의무의 주체가 될 수 없는 행정청에게 금전배상을 명한다는 점에서 특이하고, 결국 그 배상의무는 당해 행정청이 속한 국가나 지방자치단체가 부담한다.

나. 간접강제결정의 변경

(1) 사정변경으로 인한 변경

간접강제결정이 있는 경우라도 그 후 사정이 변경이 있을 경우 법원은 당사자의 신청에 의하여 그 결정내용을 변경할 수 있다. 그 신청은 원·피고 모두 가능하고, 후발적 사정이 아니라 간접강제결정 당시 존재하였던 사정이라도 그것이 후에 밝혀진 경우에는 변경결정을 할 수 있다. 변경결정을 하는 경우에는 신청의 상대방을 심문을 요한다.

(2) 주된 변경내용

간접강제의 주된 변경내용은 처분을 할 기간의 연장 또는 단축, 배상금액의 증액 또는 감액, 즉시 일정금액의 배상을 명하던 것을 지연기간에 따라 일정금액을 배상하도록 변경하는 것 등이다.

(3) 소급효 금지

법원의 간접강제 변경결정이 있으면, 그 효력은 장래에 향하여 생기고, 소급효는 없다.

4. 배상금의 추심

간접강제결정이 있은 후에 의무행정청이 그 결정에 정한 상당한 기간 내에 확정된 판결의 취지에 따른 처분을 하지 않는 경우에는 신청인은 간접강제결정 자체를 집행권원으로 하여 집행문의 부여를 받아 집행할 수 있다. 이 때 위 결정은 피신청인 또는 피참가인이었던 행정청이 소속하는 국가 또는 공공단체에 그 효력이 미치므로 이들 소유의 재산에 대하여 집행한다.

간접강제결정에 기한 배상금의 추심에도 불구하고 행정청이 처분 등을 하지 않은 경우에는 그 결정내용이 지연기간에 따라 일정한 비율에 의한 배상금의 지급을 명하는 경우에는 재차 배상금을 추심할 수 있고, 일시금의 배상금을 명한 경우에는 당사자는 재차 간접강제신청을 할 수 있다.

5. 불복절차

간접강제신청에 관한 기각결정이나 인용결정에 대하여는 즉시항고를 할 수 있다(민집법 261조 2항).

제2편
행정심판·소송 각론

제1장　국가배상

국가배상은 국가나 지방자치단체의 직무수행에 대하여 고의 또는 과실로 인한 위법행위로 특정인에게 가한 손해를 구제하여 주는 제도를 말한다. 즉, 국가 또는 지방자치단체가 부담하는 공법상의 손해배상을 말한다. 우리나라 헌법 제29조에 근거하여 제정된 「국가배상법」(1967년 3월 3일 법률 제1899호)이 근거법이다.

이러한 국가책임은 전통적으로 위 특정인의 손해가 적법한 공무수행에 의한 것인지 아니면 그것이 위법한 공무수행에 의한 것인지에 따라 손실보상과 손해배상으로 나누어지지만 손해배상과 손실보상만으로는 해결할 수 없는 손해가 특정인에게 발생하는 경우가 있고, 그러한 손해를 전보하는 제도가 독일에서 발전한 수용유사침해보상과 수용적 침해보상 및 희생보상청구권결과제거청구권 등이다.

1. 국가배상책임의 본질

공무원의 위법한 직무집행으로 인한 국가 등의 손해배상책임은 헌법 29조 1항과 국가배상법 2조 1항 본문에 의한 본래적 형태의 국가배상책임이며, 그 공무원의 임용·감독에 과실이 있는지 여부를 묻지 않는 무과실책임이다.

2. 공무원의 개인책임

공무원이 고의·과실로 위법한 직무집행을 하여 특정인에게 손해를 입힌 경우, 그 특정인에 대하여 국가·지방자치단체가 배상책임을 진다. 이 경우 실제 불법행위를 행한 당사자인 공무원에 대하여 국가 등이 구상권을 행사할 수 있는지가 문제될 수 있는데 위법행위를 한 공무원에게 고의·중과실이 있으면 공무원 개인도 책임을 지지만, 경과실이 있으면 공무원 개인은 책임을 지지 않는다.[83]

3. 이중배상 금지

군인·군무원·경찰공무원·향토예비군대원이 전투·훈련 등 직무집행과 관련하여 전사·순직 또는 공상을 입은 경우에, 본인 또는 그 유족이 다른 법령의 규정에 의하여 재해보상금·유적연금·상이연금 등의 보상을 지급받을 수 있을 경우, 국가배상법 및 민법 규정에 의한 손해배상을 청구할 수 없다. 이와 같은 이중배상금지규정의 취지는 고도의 위험성을 지닌 직무에 종사하는 공무원에 대하여 사회보장적 위험부담으로서의 국가보상제도를 별도로 마련하되, 그것과 경합되기 쉬운 국가배상청구를 배제하려는데 있다.

4. 배상책임자

배상책임은 가해공무원이 소속된 국가 또는 지방자치단체가 진다. 다만 공무원의 선임감독자와 비용부담자가 다른 경우에는 선임감독자 뿐만 아니라 비용부담자도 배상책임이 있는바,

---

83) 대법원 2003. 12. 26. 선고 2003다13307 판결.

판례는 비용부담자에 대하여 실직적부담자가 아니더라도 적어도 대외적으로 경비를 부담하는 자는 비용부담자에 속한다고 하고 있다

5. 배상책임의 요건과 배상액

가. 요 건

(1) 공무원

국가배상책임의 요건으로서 국가배상법 제2조 소정의 '공무원'이라 함은 국가공무원법이나 지방공무원법에 의하여 공무원으로서의 신분을 가진 자에 국한하지 않고, 널리 공무를 위탁받아 실질적으로 공무에 종사하고 있는 공무수탁사인을 포함하는 넓은 광의의 개념이다.[84]

(2) 직무집행

'공무원의 직무'에는 권력적 작용만이 아니라 비권력적 작용도 포함된다. 그러나 단순히 행정주체가 사경제주체로서 하는 활동은 제외된다.[85] 한편, '직무를 집행함에 당하여'라 함은 직접 공무원의 직무집행행위이거나 그와 밀접한 관계에 있는 행위를 포함하며, 이를 판단함에 있어서는 행위 자체의 외관을 객관적으로 관찰하여 공무원의 직무행위로 보일 때에는 비록 그것이 실질적으로 직무행위에 속하지 아니하거나 또는 행위자로서는 주관적으로 공무집행의 의사가 없었다 하더라도 그 행위는 공무원이 '직무를 집행함에 당하여'한 것으로 본다.[86]

(3) 위법성

공무원의 작위 또는 부작위에 의한 가해행위가 법령에 위반한 것이어야 하는데 학설은 법령의 범위에 대해서 모든 법규를 의미한다고 보는 협의설과 인권존중 공서양속등도 포함된다는 광의설이 대립되는바 광의설이 다수설이고 판례의 입장이다. 구체적으로 행정규칙의 법규성을 긍정하는 경우에는 여기서의 위법에 해당하며, 재량행위도 재량을 일탈·남용한 경우에는 여기의 위법에 해당한다.

---

84) 대법원 2001. 1. 5. 선고 98다39060 판결.
85) 대법원 2004. 4. 9. 선고 2002다10691 판결.
86) 대법원 2005. 1. 14. 선고 2004다26805 판결.

(4) 고의 · 과실

고의 과실을 요구하는 것은 과실책임주의를 인정하는 것으로 가해 공무원을 기준으로 하는 것이고 국가 등의 선임 감독상의 책임을 의미하는 것은 아니다. 한편, 공무원의 과실에 관한 판례를 살펴보면, 법령집행을 하는 공무원의 법령해석의 잘못에 관하여는 법령해석이 복잡 · 미묘하여 어렵고 이에 대한 학설 · 판례조차 귀일되어 있지 않는 등의 특별한 사정이 없는 한 과실이 인정되지만,[87] 위와 같은 특별한 사정이 있는 경우에 공무원이 나름대로 신중하게 합리적 근거를 찾아서 한 것이라면 과실은 인정되지 아니한다.[88]

또한, 행정입법을 하는 공무원의 잘못에 관하여도 마찬가지이다.[89] 그리고 행정처분이 항고소송에서 취소 · 확정되었다고 하여 곧바로 당해 처분에 관계된 공무원에게 과실이 있다고 볼 수 없고, 편의재량(공익재량, 합목적재량)의 일탈 · 남용이 있었더라도 행정청 내부처리기준에 따른 행정처분을 한 것이라면 공무원의 과실이 있다고 할 수 없다.[90] 판례는 공무원에게 과실을 인정하면서도 그것이 극히 경미함에 비하여 상대방에게는 과실이 크다는 등의 이유로 공평의 원칙을 적용하여 국가배상책임의 면책을 인정한 바 있다.[91]

(5) 타인에게 손해가 발생하였을 것

여기서의 타인이란 가해자인 공무원 및 그의 직무상의 위법행위에 가세한 자 이외의 모든 사람을 가리키며, 손해는 공무원의 가해행위로 인해 피해자가 입은 모든 불이익이고, 공무원의 직무행위와 손해의 발생에는 상당한 인과관계가 있어야 한다.

나. 배상액

국가배상은 정당한 배상이어야 하며 가해행위와 상당인과관계가 있는 모든 손해를 정당한 가격으로 환산한 가액을 배상하여야 한다. 국가배상법 3조는 배상기준을 정하고 있는데 이러한 배상기준의 성질에 관하여 한정액설과 기준액설의 대립이 있으나, 이는 피해자가 배상신청을 하였을 경우 배상심의회에서 배상액을 결정하는데 있어 하나의 기준이 되는

---

87) 대법원 2001. 2. 9. 선고 98다52988 판결.
88) 대법원 1996. 11. 15. 선고 96다30540 판결.
89) 대법원 1997. 5. 28. 선고 95다15735 판결.
90) 대법원 2002. 5. 10. 선고 2001다62312 판결.
91) 대법원 2001. 10. 9. 선고 98다20929 판결.

것일 뿐 법원을 구속하지 못한다(기준액설)는 것이 판례이다. 따라서 구체적 사안에서 배상액의 증감이 가능하다고 보는 기준액설이 타당하다. 또한, 국가배상은 형사보상과는 그 근거를 달리하므로 형사보상법상의 보상기준은 국가배상에 적용되지 아니한다.[92]

6. 행정소송의 소송물가액(소가)의 산정방법

가. 행정소송의 소가의 산정방법

(1) 조세 기타 공법상의 금전, 유가증권 또는 물건의 납부를 명한 처분의 무효 확인 또는 취소를 구하는 소송

청구가 인용됨으로써 원고가 납부의무를 면하게 되거나 환급 받게 될 금전, 유가증권 또는 물건가액의 3분의 1(다만, 그 가액이 30억원을 초과하는 경우 이를 30억원으로 본다)

(2) 체납처분취소의 소송

체납처분의 근거가 된 세액을 한도로 한 목적물건가액의 3분의 1. 다만, 그 가액이 30억원을 초과하는 경우 이를 30억원으로 본다.

(3) 금전지급 청구의 소

국가배상청구 등 금전지급을 구하는 소송의 경우 그 청구금액을 소가로 하여 역진제로 계산한다.

(4) 이외의 소송

50,000,000원(비재산권을 목적으로 하는 소송으로 간주)

　　※ 토지의 가액은 개별공시지가에 100분의 50을 곱하여 산정한 금액

나. 부동산에 관련한 처분

환지예정지 지정처분이나 토지수용에 관한 사업인정처분과 같은 부동산에 관련한 처분은 비재산권을 목적으로 하는 소송으로 보아 50,000,000원으로 한다.

---

92) 대법원 1994. 1. 14. 선고 93다28515 판결.

다. 특수한 소송

부작위위법확인을 구하는 소도 비재산권상의 소로 보아 50,000,000원으로 한다.

라. 수개의 청구

(1) 수개 청구의 주장 이익이 독립한 별개의 것인 때

소가산정의 원칙상 합산하여 소가 산정한다(민사소송법 제27조 제1항, 민사소송등인지규칙 제19조)

(2) 수개 청구의 주장 이익이 동일 또는 중복될 때

수개 청구의 주장 이익이 동일 또는 중복될 때는 그 중 다액을 소가로 한다.

(3) 과실, 손해배상, 위약금 또는 비용의 청구가 소송의 부대목적인 때

과실, 손해배상, 위약금 또는 비용의 청구가 소송의 부대목적인 때에는 그 가액은 산입하지 아니한다(민사소송법 제27조 제2항).

7. 관련서식

(1) 청구취지 기재례

피고는 원고들에게 각 1,000만원 및 각 이에 대하여 이 사건 소장 부본 송달 다음날부터 다 갚는 날까지는 연 12%의 비율에 의한 금원을 지급하라

(2) 서식례

[서식] 소장 - 국가배상청구의 소

소 　 장

원 고　최　혜　수 (○○○○○○-○○○○○○○) (전화 :　　　)

춘천시 퇴계동 111(우 :　　　　　)

피 고　　대한도로공사 (○○○○○○-○○○○○○○)

주소 및 대표자 생략

손해배상(기) 청구의 소

청 구 취 지

1. 피고는 원고에게 위 금 867,887,512원 및 이에 대하여 위 양돈장 폐업일
   다음날인 2010. 6. 1.부터 이 사건 소장 부본 송달 일까지는 연 5%, 그
   다음날부터 갚는 날까지는 연 120%의 각 비율로 계산한 금원을 지급하
   라.

2. 소송비용은 피고의 부담으로 한다.

3. 제1항은 가집행할 수 있다.

라는 판결을 구합니다.

청 구 원 인

---

1. 원고는 2007. 5. 1.부터 강원 횡성군 우천면 법주리 1 지상에서 혜수농장의 상호로 대지면적 2000㎡, 건축물 연면적 1500㎡의 양돈장을 경영하면서 약 1600두의 돼지를 양육하여 왔다.

2. 피고는 소외 고산개발주식회사에 제4호 고속국도의 만종리부터 우항리까지의 구간에 대한 4차선 확장공사 중 제2공구 공사(이하 '이 사건 공사'라고 한다)를 도급주어 시행케 하였다.

3. 그런데 이 사건 공사가 2009. 1.경부터 약 1년간 위 농장으로부터 약 50m 떨어진 곳에서 시행되면서 발파 및 중장비의 통행으로 인한 소음과 진동이 발생하였으며, 이 사건 공사로 인하여 위 양돈장과 위 고속국도 사이의 거리가 65m에서 25m로 줄어들었을 뿐 만 아니라, 원래 위 양돈장과 제4호 고속국도 사이에 있었던 야트막한 야산이 위 도로확장을 위한 법면부지 조성공사로 인하여 깎여 나가게 되었고, 그 후 위와 같이 확장된 고속국도에서 운행하는 차량의 통행으로 인하여 위 양돈장 일대에 소음 및 진동이 발생하고 있다.

4. 이로 인하여 돼지들이 2009. 4.경부터 발파시 일제 기립 후 도피행동, 집단 질주, 분만시 허약자돈생산율 급증, 유산 사산율 증가, 이동행동 거부증상 증가, 유산 또는 폐사발생율 증가 등의 현상을 보임으로써 더 이상 양돈업의 운영이 불가능하게 되어 원고는 2010. 5. 31. 위 양돈사업을 폐업하였으며, 원고는 위 양돈장의 이전을 위하여 위 횡성군 내의 다른 지역을 물색하였으나 횡성군에서는 양돈업이 악취 등으로 인근주민에게 혐오감을 주는 시설이라는 이유로 다른 지역으로의 이전이 곤란하다는 이유로 건축허가 등 행정적 조치가 어렵다는 태도를 취하고 있다.

5. 돼지는 각종 스트레스에 예민한 반응을 나타내는 동물로서, 소음 진동 등의 스트레스성 자극인자는 돼지의 체온과 근육대사, 혈액의 전해질 농도, 부신

피질 조직 등에 이상을 일으켜 식욕부진, 유산 사산율 증가, 갑작스런 폐사 증상, 불임 등의 증상을 보일 수 있으며, 돼지의 양육에 적절한 소음은 약 45 내지 55데시벨 이하인데, 이 사건 공사의 완공 이후에 확장된 4차선 도로에서 통행하는 차량들의 소음은 공사 이전에 비하여 약 20데시벨이 증가된 75데시벨 정도 되는바, 이와 같은 상황 아래에서라면 더 이상 위 양돈장의 정상적인 영위가 어렵다고 할 것이고, 따라서 위와 같이 확장된 4차선 고속도로의 관리책임을 지고 있는 피고로서는 위 고속국도에서의 차량운행시 발생하는 소음으로 인하여 운영유지가 어렵게 된 위 양돈장의 소유자인 원고에게 민법상의 임밋시온에 기한 손해를 배상하여야 한다.

6. 그 손해액은 위 양돈장의 폐업 당시 각종 관련시설의 평가액 금 406,682,980원, 폐업에 따라 위 양돈장 부지를 농토로 환원하는 데 드는 비용 금 54,747,000원, 위 양돈장과 유사한 정도의 시설물 건설 및 양돈상태 조성에 드는 기간을 합친 기간 동안 정상적인 영업을 할 수 없음으로 인하여 얻지 못한 영업이익 금 406,457,532원, 합계 867,887,152원이 된다.

7. 따라서 피고는 원고에게 위 금 867,887,512원과 이에 대하여 위 양돈장 폐업일 다음날인 2010. 6. 1.부터 이 사건 소장 부본 송달일까지는 연 5%, 그 다음날부터 갚는 날까지는 연 20%의 각 비율로 계산한 지연손해금을 지급하여야 할 의무가 있다.

20○○. . .

위 원고 최 ○ ○ (인)

서울중앙지방법원 귀중

제3절 영조물 설치·관리 하자로 인한 손해배상

1. 개념 등

가. 개 념

도로, 하천 그 밖의 공공의 영조물의 설치나 관리의 하자가 있기 때문에 타인에게 손해를 발생하게 하였을 때에 국가나 지방자치단체가 그 손해를 배상하는 것이다.

나. 성 질

국가배상법 제5조 소정의 영조물의 설치·관리상의 하자로 인한 책임은 무과실책임이고,[93] 그 대상도 공작물에 한하지 아니하며, 위 두 가지 점에서 민법 제758조 소정의 공작물의 점유자의 책임과는 다르다(통설, 판례). 이에 대하여는 '설치·관리상의 하자'의 의미에 관하여 주관설을 취함으로서 무과실책임이 아니라 완화된 과실책임이라는 견해도 있다.

2. 요 건

가. 공공의 영조물

'공공의 영조물'이라 함은 국가 또는 지방자치단체에 의하여 특정공공의 목적에 공여된 유체물 내지 물적 설비를 말하며, 국가 또는 지방자치단체가 소유권·임차권 그 밖의 권한에 기하여 관리하고 있는 경우뿐만 아니라 사실상의 관리를 하고 있는 경우도 포함된다.[94] 따라서 행정주체의 소유물일 필요도 없이 국가나 지자체가 사실적 관리만으로도 성립하며 사유공물도 영조물(사인소유+공공목적으로 제공된 물건), 자연공물, 인공공물(군사격장, 광장, 철도건널목), 동산(소방차, 관용차, 군용기), 동물(경찰견, 경찰마)을 모두 포함한다. 결국 영조물이라 함은 '행정주체가 일정한 공적 목적을 위하여 공용한 인적·물적 결합체'라는 영조물의 개념 중 시설적 부분을 이루는 유체물을 말하는 것이다.

---

93) 대법원 1994. 11. 22. 선고 94다32924 판결.
94) 대법원 1998. 10. 23. 선고 98다17381 판결.

나. 영조물의 설치 · 관리의 하자

공공의 목적에 공여된 영조물이 그 용도에 따라 갖추어야 할 안전성을 갖추지 못한 상태, 타인에게 위해를 끼칠 위험성이 있는 상태는 영조물을 구성하는 물적 시설 그 자체에 있는 물리적 외형적 흠결이나 불비로 인하여 이용자에게 위해를 끼칠 위험성이 있는 경우뿐만 아니라, 영조물이 공공의 목적에 이용됨에 있어 그 이용상태 및 정도가 일정 한도를 초과하여 제3자에게 사회통념상 참을 수 없는 피해를 입히는 경우까지 포함하며, 사회통념상 참을 수 있는 피해인지 여부는 그 영조물의 공공성 피해의 내용과 정도 이를 방지하기 위해 노력한 정도 등을 종합적으로 고려하여 판단하여야 한다.

다. 타인에게 손해발생

(1) 손해발생

타인에 대한 손해의 발생은 영조물의 설치 또는 관리의 하자로 인한 것이어야 하고, 설치관리하자와 손해사이 상당 인과관계가 있어야 한다.

(2) 입증책임

영조물인 점과 설치 · 관리상의 하자가 있다는 점 및 인과관계는 배상책임의 적극적 요건이므로 이를 피해자(원고)가 입증하여야 함이 원칙이나, 설치 · 관리상의 하자를 위 판례와 같이 개념 짓는 경우, 설치 · 관리자에게 손해발생의 예견가능성과 회피가능성이 없었다는 점은 설치 · 관리자(국가 · 지방자치단체)가 입증하여야 한다.[95]

3. 배상책임

가. 설치관리자와 비용부담자가 다른 경우

영조물의 설치 · 관리자의 설치 · 관리의 비용을 부담하는 자가 다른 경우에는 국가배상법 6조가 적용되어 두 주체가 부진정연대책임을 진다. 따라서 배상을 한 자가 내부관계에서 배상책임이 있는 자에게 구상할 수 있다. 다만, 구상에 있어서 두 주체가 모두 관리자 겸 비용부담자라면 그들 간의 구상에 있어서 내부 부담부분은 제반 사정을 종합하여 결정한다.[96]

---

95) 대법원 1998. 2. 10. 선고 97다32536 판결.

나. 국가배상법 제2조와 제5조의 경합

국가배상법 2조와 5조 소정의 각 배상책임에 모두 해당하는 사고가 발생하였고 각 배상책임자가 다르다면 그들 간의 배상책임도 부진정연대관계에 있다고 보아야 할 것이다. 따라서 피해자는 위 둘 중 선택적 및 양자를 상대로한 청구 모두 가능하다.

4. 관련서식

(1) 청구취지 기재례

> 피고는 원고 ○기입에게 금 17,000,000원, 원고 ○혜정에게 금 3,000,000원, 원고 ○아라, 원고 ○아연에게 각 금 1,500,000원 및 각 이에 대한 1998. 9. 17.부터 이 사건 소장 부본 송달일까지는 연 5%, 그 다음날부터 완제일까지는 연 12%의 각 비율에 의한 금원을 지급하라.

(2) 서식례

[서식] 소장 - 공작물설치관리하자 손배청구

소　　장

```
원　　고　　1. ○기입
            2. ○혜정
            3. ○아라
            4. ○아연
원고들 주소 : 충남 ○○군 ○○면 ○○리 61
위 원고 3, 4는 미성년자이므로 법정대리인
친권자 부 ○기입, 모 ○혜정
```

---

96) 대법원 1998. 7. 10. 선고 96다42819 판결.

피   고   한국전력공사
서울 강남구 삼성동 167
대표자 사장 장○○

손해배상(기)청구의 소[공작물설치 관리의 하자]

청 구 원 인

1. 피고는 원고 ○기입에게 금 17,000,000원, 원고 ○혜정에게 금 3,000,000
   원, 원고 ○아라, 원고 ○아연에게 각 금 1,500,000원 및 각 이에 대한 1998.
   9. 17.부터 이 사건 소장 부본 송달일까지는 연 5푼, 그 다음날부터 완제일까
   지는 연 2할 5푼의 각 비율에 의한 금원을 지급하라.
2. 소송비용은 피고의 부담으로 한다.
3. 위 제1항은 가집행할 수 있다.
라는 판결을 구합니다.

청 구 원 인

1. 당사자들의 관계
피고는 우리 나라 전역에서 발전 · 송전 · 변전 · 배전 및 이와 관련되는 사업 등
을 하는 공사(이하 피고공사라 한다.)이고 원고 ○기입은 이 사건 사고의 피해자
이고 같은 ○혜정은 위 ○기입의 처이며 같은 ○아라, ○아연은 같은 ○기입의
딸들입니다.

2. 손해배상책임의 발생

피해자인 원고 ○기입은 1998. 9. 17. 15:00경 충남 ○○군 ○○면 ○○리 133 소재 그의 소유인 표고버섯 재배용 비닐하우스의 지붕 위에서 차광용 그물망을 고정하는 작업을 하던 중 피고공사가 위 비닐하우스의 상공에 가설해 놓은 약 22,900볼트(V)의 고압용 나전선에 감전됨으로써 우측 수부 및 전완부와 우측 족부에 각 3도의 전기화상을 입어 우측 전완부의 피부이식술 및 피판술, 우족지 모두를 절단하는 각 수술을 받았습니다.

그런데 피고 공사는 고압전선의 설치 및 관리자로서 고압선을 설치할 경우에는 법정 고도를 유지할 의무가 있을 뿐만아니라 위 고압전선이 약 14가구의 농가가 있는 마을입구와 마을 주민들이 수시로 통행하는 도로에 인접해 설치되어 있으므로 위 고압전선을 피복하거나 위험표지 혹은 경고판을 부탁하는 등 안전조치를 취해야 할 의무가 있고 나아가 원고 ○기입이 1998. 6. 22.경 피고공사에게 부 소외 ○종환 명의로 위 고압전선이 너무 낮게 시설되어 있어 위 비닐하우스 설치작업에 장해가 된다는 사유로 그 이전신청을 하였으면 이설해야 할 의무가 있음에도 불구하고 이를 각 이행하지 않아 결국 이 사건 사고가 발생한 것입니다. 따라서 피고는 위 고압전선의 점유자 및 소유자로서 그 설치 및 보존의 하자로 인하여 원고들이 입은 모든 손해를 배상할 책임이 있다 할 것입니다.

3. 손해배상책임의 범위

가. 적극적 손해

피해자인 원고 ○기입은 이 사건 사고로 인하여 현재까지 입원치료중에 있는바 기왕의 치료비 및 향후치료비, 개호비, 의족구입비 등 적극적 손해는 추후 귀원의 신체감정을 통해 확정하여 청구하기로 하고 우선 금 1,000,000원의 지급을 구합니다.

나. 소극적 손해

원고 ○기입은 1969. 5. 15.생으로 이 사건 사고 당시인 1998. 9. 17. 현재 만 29세의 신체건강한 남자로서 그 나이의 우리나라 남자의 평균여명은

40.85년이므로 동인은 69세 남짓 생존할 수 있을 것으로 추정되고, 한편 원고 ㅇ기입은 충남 ㅇㅇ군 ㅇㅇ면 ㅇㅇ리 소재 농부가정의 막내아들로 태어나 현재까지 군복무기간을 제외한 전기간 동안 농업에 종사해 온 성실한 청년농부로서 최소한 만 60세가 될 때까지인 2029. 5. 15.까지 매월 25일씩 농촌 남자일용노임 만큼의 수익을 얻을 수 있는 것으로 예상되는바 원고 ㅇ기입이 이 사건 사고로 잃게 되는 일실수익은 추후 귀원의 신체감정을 통해 확정하여 청구하기로 하고 우선 금 10,000,000원의 지급을 구합니다.

다. 위자료

원고 ㅇ기입은 이 사건 사고로 생긴 신체장애로 인하여 평생동안 생활하는데 불편을 가져올 것이며 원고들의 정신적 고통 또한 클 것임은 경험칙상 명백하므로 피고공사는 이를 금전으로나마 위자할 의무가 있다고 할 것인 바 원고들의 나이, 가족관계, 사고경위 및 결과 등을 참작하여 볼 때 위자료로 원고 ㅇ기입에게는 금 6,000,000원, 같은 ㅇ혜정에게는 금 3,000,000원, 같은 ㅇ아라와 ㅇ아연에게는 각 금 1,500,000원이 상당하다 할 것입니다.

4. 결 론

그렇다면 피고 공사는 원고 ㅇ기입에게 금 17,000,000원(적극적 손해 1,000,000원+일실수익 10,000,000원+위자료 6,000,000원), 같은 ㅇ혜정에게 금 3,000,000원, 같은 ㅇ아라와 ㅇ아연에게 각 금 1,500,000원 및 각 이에 대하여 1998. 9. 17.부터 이 사건 소장 부본 송달일까지는 연 5푼, 그 다음날부터 완제일까지는 소송촉진등에관한특례법 소정의 연 2할 5푼의 각 비율에 의한 지연손해금을 지급할 의무가 있다 할 것이므로 그 지급을 구하기 위하여 이 건 청구에 이른 것입니다.

입 증 방 법

1. 갑제1호증   주민등록등본
1. 갑제2호증   법인등기부초본
1. 갑제3호증의 1, 2   각 진단서
1. 갑제4호증의 1, 2   1991년 표준생명표 표지 및 내용
1. 갑제5호증의 1, 2   농협조사월보 표지 및 내용
기타는 추후 변론시 수시로 제출하겠습니다.

첨 부 서 류

1. 위 입증방법   각 1통
1. 위임장   1통
1. 소장 부본   1통
1. 송달료 납부서   1통

1999. 6. 12.

위 원고   1. ○ 기 입   (인)

2. ○ 혜 정   (인)

3. ○ 아 라   (인)

4. ○ 아 연   (인)

원고 3, 4는 미성년자이므로 법정대리인

친권자 부 ○기입, 모 ○혜정   (인)

서울지방법원 귀중

제2장 손실보상

1. 개 념

행정상 손실보상이란 공공필요에 의한 적법한 공권력행사로 인하여 국민의 재산에 가해진 특별한 손해에 대하여 전체적인 평등부담의 견지에서 행하여지는 재산적 보상을 의미한다. 전체적인 평등부담의 견지에서 보상이 행해진다는 것은 공적 부담 앞에서의 평등의 원칙을 의미하고, 이는 결국 손실보상의 이론적 근거를 이룬다. 그리고 손실보상이 필요한 '특별한 손해'인지 아니면 손실보상이 필요 없는 '재산권 내재의 사회적 제약'인지를 구별하는 기준에 관하여서는 형식적 기준설, 실질적 기준설(보호가치설, 수인한도설, 사적효용설, 목적위배설, 중대성설, 상황구속설), 사회적구속성설 등이 있다.

2. 대 상

손실보상의 대상은 일반적으로는 공권력 행사에 의하여 국민의 재산권에 가해진 직접손실을 의미하지만, 공공사업의 시행 결과 그 공공사업의 시행으로 기업지 밖에 미치는 간접손실도 이에 포함된다.[97)]

---

97) 대법원 1999. 10. 8. 선고 99다27231 판결.

3. 실정법적 근거

가. 헌법적 근거

헌법 제23조 제3항은 공공필요에 의한 재산권에 대한 수용·사용·제한 및 그에 대한 보상은 법률로써 하되, 정당한 보상을 지급하여야 한다고 규정함으로써, 공공필요를 위한 재산권 침해의 근거를 법률로 정할 것과 그 경우 보상의 기준과 방법 등에 보상에 관한 사항도 이를 법률로 정하도록 하고 있다.

나. 법률적 근거

2003. 1. 1. 시행된 공익사업을 위한 토지 등의 취득 및 보상에 관한 법률이 손실보상에 관한 일반법이다.

1. 직접손실의 보상

가. 수용토지의 보상

(1) 평가기준 및 기준시점

공익사업을 위한 토지 등의 취득 및 보상에 관한 법률은 수용재산의 재결 당시의 가격을 손실보상액으로 하되 재결 당시의 토지가격은 사업인정고시일 전의 시점을 공시기준일로 하는 표준지공시지가[98] 중 사업인정고시일에 가장 가까운 시점의 공시지가를 기준으로 당해 토지의 위치·형상·환경·이용상황 등 제반 가격형성요인을 재결시를 기준으로 표준지의 그것과 비교한 비준치를 공시지가에 곱하고(=지역오인·개별요인·기타요인에 의한 사정보정) 공시지가 기준일부터 재결시까지의 지가변동률(관계법령에 의한 당해 토지의 이용계획이나 당해 공익사업의 시행으로 인한 지가변동이 없는 지역에 대한 것), 생산자물가상승률을 곱하여(시점수정) 평가하도록 규정하고 있다.

(2) 평가기준 시점을 사업인정고시일에 근접한 시점의 공시지가로 정한 이유

토지수용보상액을 산정함에 있어, 사업인정고시일에 근접한 시점의 공시지가를 기준으로 한 것, 당해 공익사업으로 인한 지가변동이 없는 지역의 지가변동률을 적용하도록 한 것, 당해 공익사업의 시행을 직접 목적으로 용도지역이나 용도지구가 변경된 경우에는 변경전의 용도지역이나 용도지구를 기준으로 평가하도록 한 것 등은, 모두 당해 공익사업의 시행으로 인하여 발생하는 개발이익을 보상액 평가에서 배제하기 위함이다.[99]

(3) 정당한 보상금 산정시 참작사유

정당한 보상금액 산정시에 인근 유사토지의 정상거래가격이나 보상선례를 반드시 참작하여야 하는 것은 아니지만, 인근 유사토지가 거래된 사례나 보상이 된 사례가 있고 그 가격이 정상적인 것으로서 적정한 보상액 평가에 영향을 미칠 수 있는 것임이 입증된 경우에는

---

98) 대법원 2002. 3. 29. 선고 2000두10106 판결.
99) 대법원 1999. 10. 22. 선고 98두7770 판결.

이를 참작할 수 있다.[100]

나. 부대적 손실의 보상

(1) 부대적 손실 보상

헌법 제23조 제3항 소정의 정당한 보상이 성립되기 위해서는 수용재산의 객관적 가치를 완전하게 보상하여야 할 뿐만 아니라 수용이 원인이 되어 부수적으로 발생한 손실도 보상하여야 한다.

(2) 대상

공익사업을 위한 토지 등의 취득 및 보상에 관한 법률에서는 수용으로 인한 잔여지 가격감소에 의한 손실과 공사비용의 보상(73조), 지상물건의 이전비 보상(75조 1항 본문), 영업손실보상(77조)에 관하여 규정하고, 잔여지매수ㆍ수용청구(74조), 사용토지에 대한 매수ㆍ수용청구(72조), 이전대상 건축물 등의 수용청구(75조 1항 단서 1호, 2호, 공익사업보상법시행령 12조 4항)에 관한 규정을 두고 있다. 그리고 79조 2항에 보충적 보상규정을 두어 기타 공익사업의 시행으로 인하여 발생하는 손실도 같은 법 시행규칙이 정하는 기준에 의하여 보상하도록 하고 있다.

2. 간접손실의 보상

가. 의 의

공공사업의 시행으로 기업지 이외의 인근토지 소유자인 제3자에게 미치는 손실을 일반적으로 간접손실이라 하고, 간접손실 중에서는 특히 사업손실의 보상이 문제된다.

나. 보상의 근거 및 내용

간접손실이란 공익사업의 시행 또는 완성후의 시설이 간접적으로 사업지 밖의 재산권에 가해지는 손실이며, 이에 대한 보상을 간접손실보상이라고 한다. 현행법상 간접손실보상에 대하여는 공익사업법 제73조,74조에 의한 잔여지보상 및 제75조의2에 의한 잔여건축물에

---

100)대법원 2002. 4. 12. 선고 2001두9783 판결.

대한 보상과 동법 제79조 제2항에 의한 공익사업지구 밖의 토지 등에 대한 보상이 있다. 즉, 공익사업을 위한 토지 등의 취득 및 보상에 관한 법률은 앞서 본 직접손실 및 부대적손실보상에 관한 규정 외에 79조 2항을 두어 '기타 공익사업의 시행으로 인하여 발생하는 손실'의 보상에 관하여 시행규칙이 정하는 기준에 의하도록 규정하고, 이를 받은 같은법 시행규칙 59조 내지 65조는 여러 가지 간접보상에 관한 규정을 두고 있으므로, 이제는 간접손실을 입은 자도 보상에 관한 협의성립 여부를 불문하고 대지 등이 보상(59조), 건축물보상(60조), 소수잔존자에 대한 보상(61조), 공작물 등의 보상(62조), 어업피해보상(63조), 영업손실보상(64조), 농업손실보상(65조)을 청구할 수 있게 되었다.

3. 생활보상

가. 개 설

공공사업이 대규모화하여 수용도 점·선적 수용(點·線的 收用)에서 면적 수용(面的 收用)으로 바뀌면서 공공사업에 의하여 피수용자가 생활기반을 상실하는 경우가 생김에 따라 생활상의 이익상실에 대한 보상도 필요하게 되었다. 이에 따라 공익사업보상법과 그 시행령 및 시행규칙에 이주정착금(같은법 78조 1항, 같은법시행령 41조, 같은법시행규칙 53조 2항), 소유자·세입자의 주거이전비·이사비(같은법 78조 5항, 같은법시행규칙 54조, 55조 2항), 이농비·이어비(같은법 78조 6항, 같은법시행규칙 56조), 사업폐지 등 보상(같은법시행규칙 57조), 주거용 건축물의 최저보상액(같은법시행규칙 58조) 등 생활보상적 규정을 두게 되었다.

나. 이주대책

(1) 이주대책의 내용

생활상의 이익상실에 대한 보상은 재산권이나 생활권에 대한 금전적 보상만으로는 부족하므로, 다른 지역에서 종전과 같은 생활을 유지할 수 있도록 하기 위하여 이주대책 등 실질적인 생활재건조치가 보상내용에 포함되어야 한다. 이에 공익사업을 위한 토지 등의 취득 및 보상에 관한 법률은 사업시행자로 하여금 공익사업의 시행으로 인하여 주거용 건축물을 제공함으로써 생활근거를 상실하게 되는 자(이주대책대상자)를 위하여 이주대책을 수립·실시하거나 이주정착금을 지급하도록 규정하고 있고(같은법 78조 1항), 이는 협의매수의 경우는 물론 수용의 경우에도 적용된다고 할 것이다. 이주대책의 내용에는 이주정착지에 대한 도로·급수시설·배수시설 등 생활기본시설이 포함되어야 하고 이에 필요한 비용은 사업시행자의 부담으로 한다(같은 법 78조 4항).

(2) 수분양권의 취득시기

이주대책대상자는 사업시행자가 수립하는 이주대책상 택지분양권이나 아파트입주권 등을 받을 수 있는 구체적인 권리(수분양권)를 취득하게 되는데, 수분양권의 취득시기와 관련하여 대법원은 이주자가 사업시행자에게 이주대책대상자 선정신청을 하고 사업시행자가 이를 받아들여 이주대책대상자로 확인·결정하여야만 비로소 구체적인 수분양권(공법상의 권리)이 발생한다고 본다. 따라서 사업시행자가 하는 이주대책대상자 확인·결정은 구체적인 이주대책상의 수분양권을 취득하기 위한 요건이 되는 행정작용으로서의 처분으로 보아야 하므로, 이주대책대상자 선정신청에 대하여 사업시행자가 이를 제외시키거나 거부한 경우에는 사업시행자를 상대로 항고소송에 의하여 거부처분의 취소를 구할 수 있고, 이주대책대상자 선정신청 및 이에 따른 확인·결정 등 절차를 밟지 아니하여 구체적인 수분양권을 아직 취득하지도 못한 상태에서 곧바로 사업시행자를 상대로 민사소송이나 공법상 당사자소송으로 이주대책상의 수분양권의 확인 등을 구하는 것은 허용될 수 없다.

제3절 손실보상액의 결정방법 및 불복절차

1. 통칙규정의 결여

손실보상의 결정방법에 관하여는 통칙적 규정이 없어, 개별법에서 여러 형태로 규정하고 있고, 그에 대응하여 불복절차 또한 구구한 바, 이에 대한 명시적 규정을 두지 않은 경우에는 해석에 의하여 이를 보충할 수밖에 없다. 판례가 보상액의 결정방법에 따라 불복방법을 행정소송에 의하는 경우와 민사소송에 의하는 경우로 나누어 보고 있음은 앞에 나온 당사자소송의 대상에서 살펴본 바와 같다.

2. 토지 등 수용의 경우

가. 행정소송 및 이의신청수용재결에 대한 불복

사업시행자·토지소유자 또는 관계인은 수용재결에 불복이 있는 때에는 재결서를 받은 날부터 90일 이내에, 이의신청을 거친 때에는 이의재결서를 받은 날부터 90일 이내에 각각 행정소송을 제기할 수 있다.

나. 수용재결에 대한 불복

수용재결에 대한 불복에는 수용 자체를 다투는 경우와 보상액의 증액 또는 감액을 구하는 경우가 있다. 수용 자체를 다투는 경우 종전에는 구 토지수용법이 재결주의를 취하여 이의재결 청인 중앙토지수용위원회를 상대로 이의재결취소소송을 제기하도록 하였으나(구 토지수용법 73조 1항, 74조, 75조, 75조의2), 공익사업보상법은 원처분주의를 취하고 있으므로 수용재결 청을 상대로 수용재결의 취소소송을 제기하여야 한다. 다만 이의재결 자체에 고유한 위법이 있는 경우에는 이의재결 취소소송을 제기할 수 있음은 당연하다.

다. 보상금증액청구소송

보상액증감청구소송의 경우에는 당해 소송을 제기하는 자가 토지소유자 또는 관계인인 때에는 사업시행자를, 사업시행자인 때에는 토지소유자 등을 각각 피고로 한다. 종전에는 토지소유자

등이 제기하는 경우 재결청과 기업자를 공동피고로 하고, 기업자가 제기하는 경우[101]재결청과 토지소유자 등을 공동피고로 하였으나(구 토지수용법 75조의2 2항), 재결청을 피고에 포함시키는 것은 재결청에 부담만 가중시킬 뿐 실익이 별로 없었기 때문에 재결청을 소송당사자에게 제외시킴으로써 당사자주의에 충실하도록 하였다.

3. 관련서식

가. 손실보상금청구의 소

(1) 청구취지 기재례

> 피고는 원고에게 금 38,666,666원 및 이에 대한 20○○. ○. ○.부터 이 사건 소장부본 송달일까지는 연 5%의, 그 다음날부터 다 갚는 날까지는 연 12%의 각 비율에 의한 금원을 지급하라.

> 피고 중앙토지수용위원회가 2010. 2. 10. 원고에 대하여 한 별지 목록 기재 토지 및 건물 등의 수용에 관한 이의재결서에서 원고의 신청을 기각한 부분 가운데 금 25,000,000원에 해당하는 부분을 취소한다.

> 피고는 원고가 의정부지방법원 2010년 금제777호 공탁금의 출급청구권자임을 확인한다.

---

101) 대법원 2001. 4. 27. 선고 2000다50237 판결.

(2) 서식례

[서식] 수용재결 신청서

■ 공익사업을 위한 토지 등의 취득 및 보상에 관한 법률 시행규칙[별지 제13호서식] 〈개정 2016. 6. 14.〉

재결신청서

(앞쪽)

접수번호		접수일	
신청인 (사업시행자)	성명 또는 명칭	한국토지공사	
	주소	00시 00구00도 00지	

공익사업의 종류 및 명칭	행정복합도시	
사업인정의 근거 및 고시일	2000.00.00.	
수용하거나 사용할 토지등	00도 00군00면00리 답000평방미터	
수용할 토지에 있는 물건		
보상액 및 그 명세	금000000원	
사용하려는 경우	사용의 방법	
	사용의 기간	2000.00.00.
토지소유자	성명 또는 명칭	김00
	주 소	서울 00구 00동 00번지
관계인	성명 또는 명칭	
	주 소	
수용 또는 사용의 개시예정일	2000.00.00.	
재결신청의 청구	청구일	2000.00.00.
	청구인의 성명	김00

또는 명칭	
청구인의 주소	서울 00구 00동 00번지

「공익사업을 위한 토지 등의 취득 및 보상에 관한 법률」 제28조제1항·제30조제2항 및 같은 법 시행령 제12조제1항에 따라 위와 같이 재결을 신청합니다.

2000년   00월   00 일

신청인(사업시행자)   인

토지수용위원회 위원장   귀하

| 첨부서류 | 1. 토지조서 또는 물건조서 각 1부
 2. 협의경위서 1부
 3. 사업계획서 1부
 4. 사업예정지 및 사업계획을 표시한 도면 각 1부
 5. 보상금을 채권으로 지급할 수 있는 경우에 해당함을 증명하는 서류와 채권으로 보상하는 보상금의 금액, 채권원금의 상환방법 및 상환기일, 채권의 이자율과 이자의 지급방법 및 지급기일을 적은 서류 각 1부(보상금을 채권으로 보상하는 경우에만 제출합니다) | 수수료
 「공익사업을 위한 토지 등의 취득 및 보상에 관한 법률 시행규칙」 별표 1에서 정하는 금액 |

210mm×297mm[백상지 80g/㎡]

[서식] 이의신청서(수용재결)

이 의 신 청 서

신 청 인	주 소	
	성명 또는 명칭	
상 대 방 (기 업 자)	주 소	
	명 칭	
재 결 일		신청대상인 토지 및 물건	
재 결 서 정본수령일		
신청의 요지		
신청의 이유		

20 년 월 일자 토지수용위원회의 수용재결에 대하여 위와 같은 이유로 승복할 수 없으므로 이에 이의신청서를 제출합니다.

20 년 월 일

신 청 인   (인)
신 청 인   (인)
신 청 인   (인)

중앙토지수용위원회 귀중

소   장

원   고   ○ ○   ○(주민등록번호)

　　　　○○시 ○○구 ○○길 ○○ (우편번호 ○○○ – ○○○)

피   고   △ △ △

　　　　○○시 ○○구 ○○길 ○○ (우편번호 ○○○ – ○○○)

손실보상금 청구의 소

청 구 취 지

1. 피고는 원고에게 금 38,666,666원 및 이에 대한 20○○. ○. ○.부터 이
   사건 소장부본 송달일까지는 연 5%의, 그 다음날부터 다 갚는 날까지는 연
   15%의 각 비율에 의한 금원을 지급하라.
2. 소송비용은 피고가 부담한다.
3. 제1항은 가집행 할 수 있다.
라는 판결을 구합니다.

청 구 원 인

1. 당사자관계

원고는 주소지에서 ☆☆재첩국이라는 상호로 일반음식점을 경영하여 오고 있는 자이고, 피고는 공공사업인 ○○-◎◎간의 국도 ○○호선 ○차선 확장공사 시행자로서 20○○. ○.경부터 그 사업실시계획에 따라 공사를 착공하여 현재 시행 중에 있습니다.

2. 손실보상 책임의 발생

가. 원고는 20○○. ○. ○. 국도○○호선과 인접한 원고의 주소지에서 ☆☆재첩국이라는 상호로 일반음식점을 개업하여 영업을 하여 오던 중 20○○. ○.경부터 국도 ○○호선의 ○차선 확장공사가 시행되면서 원고가 운영하는 위 음식점의 부지 일부가 국도 ○○호선 확장공사 일부 토지로 편입되었으며, 20○○. ○.경부터 위 음식점 도로가 4,5미터 높이로 복토공사가 시작되면서 위 국도에서 직접 차량을 이용하는 손님들이 위 음식점에 출입하는 통로가 폐쇄되고, 복토공사가 대부분 완료된 이후에는 도로 밑으로 차량 1대가 겨우 출입할 정도로 굴다리를 만들었고 그것도 위 음식점을 직접 통행할 수 있는 굴다리가 아니고 위 음식점과 수백미터 떨어져 마을 진입도로와 같이 사용하도록 되어 있으며 그리고 확장된 도로에서 위 음식점으로 진입하는 도로는 없으며 수 킬로미터 떨어진 곳에서 우회하여 들어갈 수밖에 없는 것입니다.

나. 위와 같은 경위로 위 음식점을 찾는 손님이 뚝 끊겨 현재에는 아예 손님들이 전혀 없는 상태입니다.

다. 공익사업을 위한 토지 등의 취득 및 보상에 관한 법률 시행규칙 제64조는 "공익사업 시행지구 밖에서 제45조에 따른 영업손실의 보상대상이 되는 영업을 하고 있는 자가 공익사업의 시행으로 인하여 그 배후지의 3분의 2 이상이 상실되어 그 장소에서 영업을 계속할 수 없는 경우에는 그 영업자의 청구에 의하여 당해 영업을 공익사업시행지구에 편입되는 것으로 보아 보상하여야 한다."라고 규정하는 한편 위 법률 시행규칙 제46조는 폐지하는 영업의 종류에 따라 그 손실을 평가하는 기준을 규정하고 있어 이 사건 원고와 같이 간접적인 영업손실을 입은 자에 대한 직접적인 보상규정은 없다고 할 수 있습니다.

라. 그러나, 헌법 제23조 제3항이 "공공 필요에 의한 재산권의 수용, 사용 또는 제한 및 그에 대한 보상은 법률로써 하되 정당한 보상을 지급하여야 한다"고 규정하고 있는 점, 공익사업을 위한 토지 등의 취득 및 보상에 관한 법률 제61조가 "공익사업에 필요한 토지 등의 취득 또는 사용으로 인하여 토지소유자나 관계인이 입은 손실은 사업시행자가 보상하여야 한다."고 규정하고 있는 점 등을 종합한다면, 원고의 음식점 수입 상실에 따른 간접적인 영업손실에 관하여 그 밖의 법령에 직접적인 보상규정이 없더라도 위 법 시행규칙 제64조의 규정을 유추적용하여 원고에 대하여 음식점 수입상실에 따른 간접적인 영업손실에 관하여 위 법 시행규칙 제46조에 의하여 평가한 손실보상금을 지급할 의무가 있다 할 것입니다.

3. 손실보상의 범위

위 법 시행규칙 제46조 제1항의 규정에 의하여 영업손실에 따른 평가액은 2년간의 영업 이익에 영업용 고정자산, 원재료, 제품 및 상품 등의 매각손실액을 더한 금액으로 평가하여야 하고 영업이익은 해당 영업의 최근 3년간의 평균 영업이익을 기준으로 하여 이를 평가할 것이나 원고에게는 3년간의 영업이익의 산출근거가 되는 자료가 없으므로 20○○. ○. ○.부터 20○○. ○. ○.까지의 1년 6개월 간의 부가세 신고 과세표준액이 원고의 순 영업이익금(사실 원고의 순영업이익금은 이보다 더 많으나 우리나라의 전반적 통상 그 영업자들이 그 영업이익금을 숨기고 있는 실정임)으로 산정하면 원고가 위 기간 과세표준 금원 29,000,000원으로 년 평균 영업이익금은 금 19,333,333원(29,000,000 × 12/18)이 되므로 피고가 보상하여야 할 원고의 손실금액은 금 38,666,666원이 됩니다.

4. 결론

그렇다면 피고는 원고에게 손실보상금 38,666,666원 및 이에 대한 20○○. ○. ○.부터 이 사건 소장부본 송달일까지는 민법 소정의 연 5%의, 그 다음날부터 다 갚는 날까지는 소송촉진등에관한특례법 소정의 연 15%의 각 비율에 의한 지연손해금을 지급할 의무가 있다 할 것이므로 그 이행을 구하기 위하여 이 건 청구에 이른 것입니다.

입 증 방 법

1. 갑 제1호증	영업허가증
1. 갑 제2호증	사업자등록증
1. 갑 제3호증	지적도등본
1. 갑 제4호증의 1,2	각 사진

첨 부 서 류

1. 위 입증방법	각 1통
1. 소장부본	1통
1. 납 부 서	1통

20○○. ○. ○.

원 고 ○ ○ ○ (인)

○ ○ 행 정 법 원 귀 중

[서식] 소장 - 보상금증액청구

소　　장

원　　고　○○○(주민등록번호)

○○시 ○○구 ○○길 ○○(우편번호 ○○○-○○○)

전화·휴대폰번호:

팩스번호, 전자우편(e-mail)주소:

피　　고　서울특별시 ◇◇구

법률상 대표자 ◇◇구청장

○○시 ○○구 ○○길 ○○(우편번호 ○○○-○○○)

토지수용에 대한 보상금 증액 청구의 소

청 구 취 지

1. 피고 서울특별시 ◇◇구는 원고에게 금 70,000,000원 및 이에 대한 이 사건 판결선고 다음날부터 완제일까지 연 12%의 비율에 의한 금원을 지급하라.
2. 소송비용은 피고의 부담으로 한다.

라는 판결과 가집행의 선고를 구합니다.

청 구 원 인

1. 원고는 서울 ○○구 ○○동 ○○○의 ○ 대 366㎡ 중 2분의 1 지분 및 같은 동
   ○○○의 ○○ 대 72㎡ 중 2분의 1 지분의 소유자입니다.

2. 피고 서울특별시 ◇◇구가 도시계획사업으로 위 토지를 ◎◎광장 조성공사구간
   에 편입하고, 위 도시계획사업의 시행자로서 원고와 토지수용을 위한 협의를 하
   였으나, 그 가격이 저렴하여 협의가 성립되지 아니하자 소외 서울특별시 지방토
   지수용위원회에 그 수용을 위한 재결을 신청하였습니다.

3. 서울특별시 지방토지수용위원회는 20○○. ○. ○○. 이 사건 토지를 수용하고
   원고에 대한 손실보상금을 350,855,000원으로 정하는 재결을 하였고, 피고는
   위 금원을 공탁하였습니다. 이에 원고는 "이의를 유보하고 보상금의 일부를 수령
   한다."는 조건을 명시하고 위 공탁금을 수령한 후 중앙토지수용위원회에 이의신
   청을 하였습니다.

4. 중앙토지수용위원회는 20○○. ○. ○○. 이 사건 토지의 손실보상금을 370,855,
   000원으로 증액 변경하는 내용의 이의재결을 하였으나, 위 중앙토지수용위원회
   가 결정한 보상금액은 싯가의 3분의 2도 안되는 금액이므로 이 사건 토지에 관한
   손실보상금액은 귀원의 감정결과에 따라 확장하기로 하고 우선 금 70,000,000
   원만 청구합니다.

입 증 방 법

1. 갑 제 1호증   등기부등본
1. 갑 제 2호증   토지대장 등본
1. 갑 제 3호증   토지가격 확인원

첨 부 서 류

    1. 위 입증방법   각 1통

    1. 소장부본   1통

    1. 송달료납부서   1통

20○○. ○. ○.

위 원고 ○○○ (서명 또는 날인)

○○행정법원 귀중

소   장

원   고   ㅇ ㅇ ㅇ(주민등록번호)

　　　　　　ㅇㅇ시 ㅇㅇ구 ㅇㅇ길 ㅇㅇ (우편번호 ㅇㅇㅇ-ㅇㅇㅇ)

피   고   1. △△토지수용위원회

　　　　　　　ㅇㅇ시 ㅇㅇ구 ㅇㅇ길 ㅇㅇ (우편번호 ㅇㅇㅇ-ㅇㅇㅇ)

　　　　　　　위원장 △ △ △

　　　　　　2. △△시 △△구

　　　　　　　법률상 대표자 △△△구청장

　　　　　　　ㅇㅇ시 ㅇㅇ구 ㅇㅇ길 ㅇㅇ (우편번호 ㅇㅇㅇ-ㅇㅇㅇ)

토지수용재결처분 취소등 청구의 소

청 구 취 지

1. 피고 중앙토지수용위원회가 20ㅇㅇ. ㅇ. ㅇ.자 원고에 대하여 한 별지목록 기재
   토지에 대한 이의재결처분 중 보상금증액신청을 기각한 부분을 취소한다.

2. 피고 △△시 △△구는 원고에게 금 50,000,000원을 지급하라.

3. 소송비용은 피고들의 부담으로 한다.

라는 판결을 원합니다.

청 구 원 인

1. 기초사실

가. △△시장은 19○○. ○. ○. 국토의 계획 및 이용에 관한 법률 제88조, 제91조에 따라 도시계획사업인 '○○ - ○○동 도로확장공사'의 실시계획을 인가 고시함으로써, 원고 소유 별지기재 토지(이하 '이 사건 토지')가 위 도시계획 사업지역에 편입되었다.

나. 피고 ○○구는 위 도시계획사업의 시행자로서 이 사건 토지를 취득하기 위하여 원고와 협의를 하였으나 협의가 성립되지 않아 ○○특별시지방토지수용위원회에 이 사건 토지의 수용을 위한 재결을 신청하였고, 동 위원회는 19○○. ○. ○. 위 사업 시행을 위하여 피고 성북구가 이 사건 토지를 수용하되 그 손실보상금을 100,000,000원[총평수(10,000평) × 평당단가(10,000원)], 수용시기를 19○○. ○. ○.로 정하여 토지수용재결을 하였습니다.

다. 이에 원고는 보상금을 증액하여 달라는 이의신청을 하였고, 이에 피고 중앙토지수용위원회는 19○○. ○. ○. 원고의 보상금증액신청을 기각하는 이의재결(이하 '이 사건 재결')을 하였습니다.

2. 이 사건 재결의 위법성

가. 피고 중앙토지수용위원회의 위 재결은 공익사업을 위한 토지 등의 취득 및 보상에 관한 법률 제70조 제1항의 산정방법을 위배한 것으로서 내용상 흠이 있어 위법하므로 취소되어야 할 것입니다.

나. 이 사건 토지는 표준지가가 선정되어 있지 않고, 또한 인접지역에 소재하는 표준지 중에는 이 사건 토지와 동일하거나 유사한 지목의 표준지도 없습니다.

다. 그럼에도 서울특별시지방토지수용위원회 또는 피고 중앙토지수용위원회는,

인접지역의 표준지의 기준시가를 기준으로 손실보상액을 산정한 소외 토지평가사합동사무소의 판단을 기초로 하여 토지수용재결 및 이 사건 재결을 발하였던 것입니다.

라. 그러나 앞서 본 바와 같이 이 사건 토지에는 표준지가가 선정되어 있지 않을 뿐 아니라, 더 나아가 이 사건 토지와 동일하거나 유사한 지목도 없으므로 결국 공익사업을 위한 토지 등의 취득 및 보상에 관한 법률 제67조 제1항의 일반조항에 의하여 보상액을 산정하였어야 할 것입니다. 만약 이에 의한다면 이 사건 토지에 대한 보상액은 최소한 금 150,000,000원[총평수(10,000평) ×평당단가(15,000원)]에 이를 수 있었을 것입니다.

3. 결론

그렇다면 피고 중앙토지수용위원회의 이 사건 재결 중 보상금증액신청을 기각한 부분은 내용상 하자가 있어 위법하여 취소되어야 할 것이며, 피고 ○○시 ○○구는 이미 지급한 보상금과 위 정당한 보상액과의 차액인 금 50,000,000원을 원고에게 추가 지급하여야 할 것입니다.

<h3 style="text-align:center">입 증 방 법</h3>

1. 갑 제1호증의 1	재결서정본송부
1. 갑 제1호증의 2	재결서
1. 갑 제2호증	이의신청서
1. 갑 제3호증	도면
1. 갑 제4호증	확인서

첨 부 서 류

    1. 위 입증방법   각 1통

    1. 소장사본   1통

    1. 납 부 서   1통

                          20○○년 ○월 ○일

                          원 고 ○ ○ ○ (인)

○ ○ 행 정 법 원 귀 중

[별지]

부 동 산 의 표 시

○○시 ○○구 ○○동 ○○

대 10,000평방미터. 끝.

소   장

원 고   홍 길 동 (○○○○○○-○○○○○○○)

          ○○시 ○○구 ○○동 ○○○

          소송대리인 변호사 ○ ○ ○

          ○○시 ○○구 ○○동 ○○○   (우 :   )

          (전화 :   ,팩스 :   )

피 고   1. 중앙토지수용위원회

           대표자 위원장 ○○○

         2. ○○ 시

           대표자 시장 ○○○

토지수용이의재결처분취소 청구의 소

청 구 취 지

1. 피고 중앙토지수용위원회가 2010. 2. 10. 원고에 대하여 한 별지 목록 기재 토지 및 건물 등의 수용에 관한 이의재결서에서 원고의 신청을 기각한 부분 가운데 금 25,000,000원에 해당하는 부분을 취소한다.

2. 피고 ○○시는 원고에게 금 25,000,000원과 이에 대하여 20○○. 8. 6.부터

소장부본송달일까지는 연 5%, 그 다음날부터 다 갚는 날까지는 연 20%의 각 비율로 계산한 돈을 지급하라.

3. 소송비용은 피고들의 부담으로 한다.

4. 제2항은 가집행할 수 있다.
라는 판결을 구합니다.

청 구 원 인

1. **이 사건 이의재결의 경위**

　가. 원고는 별지 목록 기재 제1토지(이하 "이 사건 토지"라 한다)를 소유하고 있었는데, 위 토지가 피고 ○○시(이하 "피고시"라 한다)가 도시계획사업인 ○○도시고속도로건설공사 2, 3, 4 공구의 기업자로서 국토의계획및이용에관한법률 제22조의2에 의하여 실시계획승인을 받고 20○○. 3. 12. ○○시 고시 제○○○호로 고시되었다가 같은 해 12. 15. ○○시 고시 ○○○○호로 변경인가고시된 사업시행지 안에 편입되었으므로 피고시는 그 소유자인 원고와 이 사건 토지의 취득 및 별지 목록 제2 기재 각 물건 등의 이전을 위하여 원고와 협의하였으나 협의가 성립되지 아니하였습니다.

　나. 이에 피고시는 피고 중앙토지수용위원회(이하 "피고 중토위"라 한다)에 이 사건 토지의 수용을 위한 재결을 신청하였고, 피고 중토위는 20○○. 6. 27. 위 사업시행을 위하여 피고시가 이 사건 토지를 수용하기로 하고 이 사건 토지 및 지장물 등에 대한 손실보상금을 합계 금 432,167,010원으로 정하고, 수용시기는 같은 해 8. 5.로 한다는 내용의 수용재결을 하였습니다.

다. 원고가 위 수용재결에 불복하여 피고 중토위에 이의신청을 하자, 피고
　중토위는 ○○감정평가법인과 한국감정원으로 하여금 위 수용재결일을
　기준으로 한 이 사건 토지 및 지방물의 가격을 평가하도록 하였고, 20○
　○. 2. 10. 잔여지에 대한 보상청구를 받아들이지 아니한 채 이 사건 토지
　및 지장물에 대한 보상금을 위 두 감정기관의 감정가격을 산술평균하여
　금 487,263,320원으로 증액 변경하는 취지의 이의재결(이하 "이 사건
　이의재결"이라 한다)을 하였습니다.

2. 이 사건 이의재결의 위법

이 사건 이의재결은 다음과 같은 점에서 위법합니다.

가. 이 사건 토지는 원래 총면적 388㎡의 대지이었으나 이 사건 수용으로 161
　㎡만 남게 되고 형상도 부정형으로 되었으며 이 사건 도시계획시설인 도시
　고속도로에 인접하게 됨으로서 그 잔여지의 가치가 하락하였음에도 불구
　하고 그 가치하락분에 대한 보상이 이루어지지 않은 잘못이 있습니다.

나. 이 사건 토지가 도시계획법상 주거지역으로 지정되어 기존의 모텔 외 숙박
　시설의 설치가 금지되어 없게 되었고 인근지역으로의 이전을 위한 비용이
　기존토지나 시설 등에 대한 보상액의 합계액을 초과하여 종래의 영업을
　계속하기 어려운 경우에 해당하므로 폐업보상을 하여야 함에도 휴업보상
　만을 한 것은 잘못입니다.

다. 재결의 기초가 된 감정평가가 이 사건 토지 및 지상 건물의 손실보상금의
　산정방법에 관한 관계법령의 기준을 준수하지 아니함으로서 그 보상금이
　관한계법령에 따른 정당한 보상금이 되지 못하여 위법합니다.
　따라서 이 사건 이의재결은 위법하므로, 피고 중토위에 대하여는 이 사건
　이의재결의 취소를, 피고시에 대하여는 정당한 보상금액의 지급을 구하는

바 추후 감정에 의하여 확정하기로 하고 우선 피고 중토위에 대하여는 금 25,000,000원에 해당하는 부분의 취소를 구하고 피고시에 대하여는 위 금액 및 이에 대한 지연손해금의 지급을 구하고자 본 소 청구에 이르렀습니다.

입 증 방 법

추후 변론시 제출하겠습니다.

첨 부 서 류

1. 주민등록초본   1통
1. 소장부본   2통
1. 위임장   1통

20○○. ○. .

위 원고 소송대리인 변호사 ○ ○ ○ (인)

○○행정법원   귀중

[사례] 공탁금출급청구권확인청구 소장(수용보상금의 공탁, 절대적 불확지공탁)

소 장

원 고   최 종 수 (OOOOOO-OOOOOOO) (전화 :   )
          서울 OO구 수서동 789   (우 :   )

피 고   대 한 민 국
          법률상 대표자 법무부장관 김 도 수

공탁금출급청구권확인 청구의 소

청 구 취 지

1. 피고는 원고가 의정부지방법원 2010년 금제777호 공탁금의 출급청구권자임
   을 확인한다.
2. 소송비용은 피고의 부담으로 한다.
라는 판결을 구합니다.

청 구 원 인

1. 피고는 2010. 2. 17. 강원 철원군 갈말면 신철원리 69 대 189㎡를 수용하면서
   그 수용보상금으로 금 150,000,000원을 피공탁자를 절대적 불확지로 하여
   의정부지방법원 2010년 금제777호로 공탁하였습니다.

2. 그러나 위 토지의 소유자는 소외 망 최종락이었고 그는 2006. 7. 3. 사망하였

으며 원고가 그를 단독으로 상속하였습니다(소외 망 최종락이 위 토지의 토지대장상의 소유자란에 등재되어 있고 다만 주소가 미기재로 되어 있으나 소외 망 최종락은 위 신철원리 69 대지를 소외 김철종으로부터 매수하였으며 그 매매계약서가 있으며 위 신철원리 69 지상에 거주한 사실도 있으며 그 외에 누구도 신철원리에는 최종락이라는 이름을 가진 사람은 없었습니다).

3. 이에 원고는 피고에 대하여 원고가 위 수용보상금의 출급청구권자임의 확인을 청구하여 이 사건 소를 제기합니다.

입 증 방 법

변론시 수시 제출하겠습니다.

첨 부 서 류

1. 주민등록초본   1통
1. 소장 부본   1통
1. 납부서   1통

2000.   .   .
위 원고   최 종 수   (인)

서울중앙지방법원   귀중

[사례] 청산금청구 소장(토지구획정리사업법, 수용보상금의 출급, 시효취득과 대상청구)

소　　　장

원　고　　　보람 주식회사 (OOOOOO-OOOOOOO)　　(전화 :　　　)

　　　　　　　충남 대덕군 유성면 봉명리 48　　　　　(우 :　　　　)

　　　　　　　대표이사 김 민 주

피　고　　　천　안　시

　　　　　　　대표자 시장 김 복 지

청산금 청구의 소

청　구　취　지

1. 피고는 원고에게 21,526,384원을 지급하라.
2. 소송비용은 피고의 부담으로 한다.
3. 위 제1항은 가집행할 수 있다.

라는 판결을 구합니다.

청　구　원　인

1. 천안시 대흥동 84-1 대 972㎡은 원고가 2008. 7. 1. 소외 장정의로부터 매수
   하여 그 날 원고 앞으로 등기를 마친 원고의 소유로서 소외 이창공에게 소유권
   을 이전한 사실이 없습니다.

그런데도 위 토지에 관하여 소외 이창공 앞으로 소유권이전등기가 경료되어 있습니다. 따라서 소외 이창공 명의의 소유권이전등기는 원인무효의 것입니다. 한편 피고는 위 토지를 포함하고 있는 지역에 토지구획정리사업을 시행하여 2008. 7. 3. 환지처분공고를 하고 위 토지에는 환지를 정하지 아니하고 소유자에게 청산금 21,526,384원을 교부하기로 하였습니다.

2. 따라서 원고는 위 토지의 진정한 소유자로서 피고에 대하여 청산금 1,526,384원의 교부를 청구하여 이 사건 소를 제기합니다.

입 증 방 법

변론시 수시 제출하겠습니다.

첨 부 서 류

1. 법인등기부초본   1통
1. 소장 부본   1통
1. 납부서   1통

2000. 0. .

위 원고   보람 주식회사

대표이사 김 민 주   (인)

대전지방법원 천안지원 귀중

제3장 운전면허취소 · 정지구제 행정심판 및 행정소송

1. 음주운전 처벌기준

사람의 체질에 따라 주량 및 알콜올 분해 능력에 차이가 있을 수 있지만 개정 도로교통법 시행 전에는 단속기준인 혈중알콜농도 0.05%일 때는 소주 한두잔, 맥주 한두잔 마시고 운전을 하더라도 훈방이 되어 처벌을 받지 아니하는 경우가 많았는데, 음주단속기준이 혈중알콜농도 0.03%로 하향되면서 이제는 소주 한잔, 맥주 한잔만 마셔도 단속에 적발되어 처벌될 수 있으니 각별한 주의가 필요한 상황이다.

[음주운전 처벌기준]

	종전 혈중알콜농도 (2019년 6월 25일 전)	현재 혈중알콜농도 (2019년 6월 25일)
운전면허취소	0.1 % 이상	<u>0.08% 이상</u>
운전면허정지	0.05% 이상 ~ 0.1% 미만	<u>0.03% 이상 ~ 0.08% 미만</u>
면허정지 수치라도 취소대상 음주횟수	3회(삼진아웃)	<u>2회(투스트라이크 아웃)</u>
	음주운전 횟수는 운전자의 최초 운전면허 취득시 부터의 음주운전전력	

2. 벌금기준

제2 윤창호법 시행 이후 아래 기준에 따라 음주운전으로 적발될 경우 500만원 전후의 벌금형이 선고될 가능성이 매우 높아진 상태이다(도로교통법 제148조의2). 전반적으로 처벌기준이 이전보다 2배 이상 상향되었다고 보면 된다. 따라서 종전에 혈중알콜농도 및 음주전력 등에 따라 벌금형으로 처벌을 받을 수 있었던 경우에도 징역형의 집행유예를, 종전에 집행유예를 받을 수 있었던 사건도 실형을 선고받을 수 있게 되었음에 유의하여야 한다.

[벌금기준]

혈중알콜농도	벌금
0.03% ~ 0.08%	500만원 이하 벌금 1년 이하의 징역
0.08% ~ 0.2%	500만원 ~ 1,000만원 1년~2년 이하 징역
0.2% 이상	1,000만원 ~ 2,000만원 2년 ~ 5년 이하 징역
2회 이상 위반	1,000만원 ~ 2,000만원 2년 ~ 5년 이하 징역

3. 민사적책임

음주음전 적발 시 10% ~ 20% 보험료 할증되며, 종합보험에 가입되어 있더라도 대인사고의 경우 300만원, 대물사고 100만원의 자기부담금 부담한다.

4. 음주운전 행정처분의 기준

음주운전으로 적발될 경우 그에 따른 행정처분을 받게 되는데 음주운전 기준에 따라 면허가 일정기간 정지되거나 면허가 취소되기 한다.

한편, 음주운전으로 적발된 후 음주측정결과 혈중알콜농도가 0.1% 이상일 경우 운전면허 취소처분을 받게되며, 이 경우 2년이 지난 뒤에야 운전면허 시험에 응시할 수 있는데, 만일 위 기간 중 운전을 하다가 단속에 적발될 경우 이는 무면허운전에 해당하니 특별한 주의를 요한다.

따라서 음주운전으로 적발되어 면허가 취소된 경우 당장은 임시운전면허증을 교부받아 40일간은 종전과 같이 운전을 하면서, 곧바로 이에 불복하는 이의신청 또는 행정심판을 준비하면서 동시에 운전면허취소처분에 대한 집행정지신청을 하여 그 결정을 받은 후 운전면허는 그대로 유지하면서 행정심판 등의 절차를 진행하는 것이 좋다.

[음주운전시 운전면허 행정처분 기준]

구분		단순음주	대물사고	대인사고
1회	0.03~0.08%미만	벌점 100점	벌점 100점 (벌점110점)	면허취소 (결격기간 2년)
	0.08~0.2%미만	면허취소 (결격기간 1년)	면허취소 (결격기간 2년)	
	0.2% 이상			
	음주측정거부			
2회 이상		면허취소 (결격기간 2년)	면허취소 (결격기간 3년)	
음주운전 인사사고 후 도주				면허취소 (결격기간 5년)
사망사고				

한편, 음주운전으로 적발된 운전자는 위와 같은 처분이외에도 도로교통법에 따라 도로교통공단에서 제공하는 특별안전교육을 의무적으로 받아야 한다. 음주운전으로 1회 적발된 경우에는 6시간, 2회 적발된 경우는 8시간, 3회 적발은 16시간이다. 교육은 강의, 시청각, 상담프로그램 등으로 구성되며 적발 횟수에 따라 교육 내용도 달라진다.

5. 생계형 운전자 면허취소 구제기준

가. 개 설

차량이 업무에 밀접한 생계형 운전자의 경우 우선적으로 생계형 운전자가 구제대상인 이의신청 제도를 활용해 보는 것이 좋다. 생계형 이의신청이란, 음주운전이나 벌점초과 등으로 인해 운선면허의 취소 또는 정지처분을 받은 사람 중 운전이 생계유지의 중요수단에 해당함을 전제로 하여 취소처분의 경우 110일 정지처분으로, 정지처분의 경우 정지 기간을 최대 절반으로 감경 받는 제도로서, 신청 후 결과가 나기까지는 약 2달 정도의 기간이 소요된다. 이러한 생계형 이의신청은 현장실사를 거쳐(이의신청접수 → 현지실사 및 사실조사 102)→ 심의위원회 의결 → 결과 통보) 매우 엄격하게 이루어지므로 구제가능성을 철저히 검토하신 후 진행하여야 한다.

생계형 운전자	– 운전기사(택시, 버스, 화물차기사, 공사차량, 배송기사 등) – 차량을 이용한 노점상 – 배달이 주요 영업수단인 자영업자 – 신문, 생수, 음식 등 배달기사 – a/s 기사, 퀵서비스기사, 대리가가 – 가전, 가구 등 판매업의 배달기사 – 주차장 관리원 – 기타 업무의 성격상 운전면허가 필수적인 자
생계형 운전자 해당 x	– 동거가족에게 충분한 생활능력이 있는 경우 – 월급 및 보유재산 등이 많은 경우

나. 생계형 운전자의 이의신청기간

이때 생계형 운전자 이의신청의 기간은 어느 때나 할 수 있는 것은 아니고 신청기간에 제한이 있다. 따라서 이의신청은 관련규정에 의거하여 운전면허취소처분을 받은 날부터 60일 이내에 관련 처분을 한 지방경찰청에 제출하여야 한다. 접수된 이의신청은 경찰공무원과 위촉된 교통전문가 등으로 구성된 운전면허행정처분심의회에서 심사를 거쳐 구제여부가 판단된다. 그 후 심리결과를 통보 받는 데는 통상 40~60일 소요되며, 만일, 지방경찰청의 심의결과를 통보받고 그에 불복할 경우에는 심의결과 통지를 받은 날로부터 90일 이내에 다시 행정심판을 제기하여 다툴 수 있다.

다. 이의신청서 첨부서류

이의신청시 이의신청서 외에 아래의 서류들을 추가로 제출하여야 하여야 하는데, 첨부서류는 생계형 운전자로 근로자와 사업자에 따라 상의하기 때문에 이의신청자는 자신의 직업에

---

102) 실태조사는 이의신청서 접수 후 통상 2주내에 이루어지는 것이 관례이다.

맞게 유리한 자료를 준비하여 운전의 필요성을 입증하여야 한다.

- 주민등록등본1통
- 부동산등기부등본(소유부동산이 없는 경우 전월세 · 임대주택계약서사본)
- 본인 및 배우자 세목별과세증명서
- 의료보험증 사본
- 장애인의 경우 장애인증명서
- 기타 행정심판청구 신청사유를 증명할 수 있는 서류가 있으면 됩니다.
- 반성문(자필 작성)
- 탄원서(가족, 지인, 직장동료, 친구 등 작성)
- 자동차운전면허취소 · 정지처분 통지서
- 당해 연도 재산세 납부현황
- 부채증명서
- 세목별과세증명원
- 전 · 월세 계약서
- 본인 또는 가족의 건강과 관련한 서류(진단서 등)
- 신용불량자입증서류(해당 시) · 생활보호대상자입증서류(해당 시)
- 생계형 운전자임을 입증할 수 있는 자료(업무관련일지 및 사진 등)
- 상훈자료(표창장 수상경력, 봉사활동 내역 등)

다만, 직장인의 경우,

- 재직증명서(원본)
- 급여증명서(3개월분)또는 근로소득원천징수 영수증이 필요하며 기타 행정심판 청구 사유를 증명할 수 있는 서류를 준비하시면 됩니다.
- 기타 급여통장사본, 차량운행일지, 실적부 등 본인에게 유리한 자료
- 운전기사인 경우 운전차량의 자동차등록증 및 보험가입증명서 사본

자영업자인 경우

- 사업자 등록증
- 사업장 임대차계약서
- 소득금액증명(세무서 발행)
- 거래처명부(연락처), 종사자 명부(연락처), 차량사진(앞면, 뒷면, 옆면) 및
- 회사전경사진, 납품실적부 등 기타 본인에게 유리한 자료 첨부

이의신청서는 음주운전을 하게된 동기를 작성한 후 운전면허가 필요한 이유 그리고 경제적 어려움 및 운전면허와 자신의 직업과의 연관성 등을 논리적으로 작성하여야 하며, 이때 자신의 주장을 뒷받침할 수 있는 증거자료를 첨부하면 그만큼 주장에 대한 신뢰도를 높일 수 있고 구제의 가능성 또한 높아진다.

이하에서는 실제 서식례 및 첨부서류 등에 삽입할 것이니 이를 참고하여 작성하면 된다.

운 전 면 허 행 정 처 분 이 의 신 청

신청인	이 름		생년월일	
	주 소			
	송달주소			
	전화번호	자 택		직 장	
		휴대폰		취소당시직업	
신청취지	자동차 운전면허 행정처분(취소·정지)에 대한 감경을 요청합니다.			

이 의 신 청 이 유 (요 약)

※ 부당하게 감경결정을 받기 위해 **문서를 위·변조**한 경우 관련법령에 따라 **형사처벌** 될 수 있음

근거법조	도로교통법 제94조 및 동시행규칙 제95조, 제96조

본인의 주장 및 제출 자료에 대한 진위여부 확인을 위한 경찰관의 현지실사에 동의하며, 위와 같이 자동차 운전면허 행정처분에 대한 이의신청을 합니다.

20   년   월   일

신 청 인   ㉑

광 주 지 방 경 찰 청 장   귀 하

첨부 서류	취소결정통지서, 주민등록등본, 가족관계증명서, 건강보험증사본, 세목별과세증명서, 등기부등본, 임대계약서, 차량등록증, 재직증명서, 급여명세서 or 원천징수 영수증, 사업자등록증 등 운전이 생계유지의 수단임을 입증할 수 있는 서류	수수료	없음
	※ 증빙자료를 제출하지 않을 경우 심의시 불이익을 받을 수 있음		

행정정보 공동이용 동의서

본인은 이 신청에 따른 업무처리와 관련하여 「전자정부법」제36조에 따른 행정정보의 공동이용을 통하여 담당 공무원이 위의 확인사항을 확인하는 것에 동의합니다.

 ※ 동의하지 않는 경우에는 신청인이 직접 관련 서류를 제출하여야 합니다.

신청인(대표자)   :

 (서명 또는 인)

이 의 신 청 이 유 서

1. 단속일시 및 장소(음주운전자만 기재)

　ㅇ 일 시 :

　ㅇ 장 소 :

　ㅇ 운전차량(차종, 소유자 명기) :

2. 운전면허 취소·정지 사유 :

3. 운전면허의 필요성(구체적 기재) **:**

※ 공간 부족시 덧붙임으로 작성 가능

운 전 면 허 행 정 처 분 이 의 신 청(예시)

신청인	이름	홍 길 동		생년월일		2000. 1. 1.	
	주소	광주광역시 00구 00동 000-00번지					
	송달주소	상동					
	전화번호	자택	062-123-1234	직장		062-123-1234	
		휴대폰	010-123-1234	취소당시직업		버스운전	
신청취지		자동차 운전면허 행정처분(취소 · 정지)에 대한 감경을 요청합니다.					

이 의 신 청 이 유(요 약)

○ 음주운전 및 벌점(누산점수)초과 경위 및 운전의 필요성 등을 간단히 작성하고 뒷장에 신청원인 이유에 구체적으로 작성하시면 됩니다.

※ 이의신청이유서 작성 형식이 어렵다면 형식에 구애받지 말고 편지나 일기를 쓰듯이 운전의 필요성을 기재해 주시면 됩니다.

※ 부당하게 감경 결정을 받기 위해 **문서를 위 · 변조**한 경우 관련법령에 따라 **형사처벌**될 수 있음

근거법조	도로교통법 제94조 및 동시행규칙 제95조, 제96조

본인의 주장 및 제출 자료에 대한 진위여부 확인을 위한 경찰관의 현지실사에 동의하며, 위와 같이 자동차 운전면허 행정처분에 대한 이의신청을 합니다.

20 년 월 일

신 청 인 홍 길 동 ㊞

광 주 지 방 경 찰 청 장 귀 하

첨부 서류	취소결정통지서, 가족관계증명서, 주민등록등본, 의료보험카드사본, 세목별과세증명서, 등기부등본, 전(월)세계약서, 차량등록증, 재직증명서, 급여명세서 or 원천징수 영수증, 사업자등록증 등 운전이 생계유지의 수단임을 입증할 수 있는 서류	수수료	없음
	※ 증빙자료를 제출하지 않을 경우 심의시 불이익을 받을 수 있음		

이 의 신 청 이 유 서(예시)

1. 단속일시 및 장소(음주운전자만 기재)

- ○ 일 시 : 0000년 0월 0일 00:00분경
- ○ 장 소 : 00시 00구 00동 소재 0000 앞 도로상
- ○ 운전차량(차종,소유자 명기) : 00 소유의 000 차량 (00바 0000호)

2. 운전면허 취소 · 정지 사유 :

0000년 0월 0일 00:00에 000와 소주 0잔을 마시고 귀가하기 위해 자동차를 운전하고 가다가 00시 00구 00동 소재 00빌딩앞 도로변에서 음주단속 중이던 경찰관에게 적발되어 혈중알콜농도 0.000%로 0000.00.00일자 운전면허가 취소되었습니다.

3. 운전면허의 필요성(구체적 기재) :

신청인은 00년 0월 0일 000시 00구 00동 소재 000이라는 회사의 버스운전기사로 입사후, 회사소유 00바0000호 00번 시내버스를 운전하여 00에서 00까지 일 0회 왕복하며 승객을 운송하는 운전기사로 근무하며 가족의 생계를 유지하고 있습니다.(운전 등이 생계의 수단임을 육하원칙에 의거 구체적 서술)

저의 집은 전세 000로 가족 0명과 월 000의 급여로 생활하고 있으며, 재산은 000입니다.(동거인의 직업 및 월 소득과 보유재산 기재)

※ 그 외 운전이 가족의 생계를 감당하는 수단임을 구체적 서술

※ 공간 부족 시 덧붙임으로 작성 가능

라. 이의신청의 대상

아무리 생계형 운전자라고 하여도 아래의 기준 요건을 충족하지 못하거나 이를 초과한 경우에는 구제가 되지 아니함에 유의하여야 한다. 또한, 운전면허 취소, 정지처분의 경우 이의신청을 통해 감경받은 경우라도 교통안전교육은 감경과 관계없이 의무사항이라는 점 유의하여야 한다.

구분	내용
음주운전	취소처분 : 혈중알콜농도 0.100% 이상(교통사고 포함) 정비처분 : 혈중알콜농도 0.050% 이상(교통사고 포함) ※ 인적 피해 사고는 피해자와 합의하여 진단서를 제출하지 않는 하에 가능
벌점초과	1년간 : 121점 이상 2년간 : 201점 이상 3년간 : 271점 이상 ※ 음주운전으로 면허정지 + 벌점으로 누산점수 초과자
적성검사 기간 경과	적성검사(면허증 갱신) 경과 후 유예기간마저 경과한 자
경찰의 부당하고 위법한 행위	경찰의 잘못이 있거나 오해를 받아 억울하게 취소된 경우

마. 이의신청이 불가능한 사유

생계형 운전자라고 하더라도 이의신청을 통하여 구제를 받기 위해서는 법이 정한 아래 표상의 일정한 기준을 충족하여야 한다. 따라서 만일 운전이 생계와 별관계가 없거나, 혈중알콜농도가 과다(0.1% 이상)하거나, 인적피해가 발생한 경우 그리고 운전으로 인한 벌금 등 전략이 많은 경우 등 아래의 예시에 해당하는 경우에는 이의신청제도를 통한 구제는 불가능하며(도로교통법 시행규칙 제91조). 또한, 동거가족에게 충분한 생활능력이 있는 경우 또한 구제가 불가능하다.

구분	내용
음주운전	과거 5년 이내에 3회 이상의 인적피해 교통사고의 전력 혈중알콜농도 0.10% 초과 인적 피해 교통사고 발생 음주 측정 불응 및 도주하거나 경찰관 폭행 과거 5년 이내에 음주운전의 전력 행정처분일로부터 60일을 초과한 경우
벌점초과	과거 5년 이내 음주경력 및 3회 이상 피해 교통사고 전력 과거 5년 이내 행정처분 감경 전력 과거 5년 이내 운전면허 취소 전력 과거 5년 이내에 운전면허행정처분 이의심의위원회의 심의 또는 행정심판, 행정소송을 통하여 행정처분이 감경된 경우
적성검사 기간 도과	–아래의 불가피한 사유에 해당하지 아니할 것 – 해외 여행을 하거나 재해 또는 재난을 당한 경우 질병이나 부상을 입어 거동하기 어려운 경우 법령의 규정에 의한 신체의 자유를 구속당한 경우 불가피한 사유가 없어진 날로부터 60일을 초과한 경우

바. 감경의 범위

이의신청에 대한 심의에 있어서는 행정심판에서와 같이 혈중알콜농도, 음주운전을 하게 된 경위, 운전을 생업으로 하는 사정 등을 고려해서 판단하게 된다. 만일, 이의신청이 인용될 경우, ⅰ) 운전면허 취소처분일 경우 기준일자(임시운전면허증 종료일)로부터 110일 감경(벌점 110점) 감경되고, ⅱ) 운전면허의 정지처분에 해당하는 경우에는 정지일로부터 집행일수가 2분의 1로 감경 된다.

다만, 면허취소로 구제신청당시 기존 벌점이 11점 이상 누적되어 있을 경우 면허취소가 벌점 110점으로 감경되더라도 기존 벌점 11점 이상을 합산할 경우 면허취소 수치인 1년 121점을 초과하게 결국 벌점초과로 또 다시 면허취소를 받게 되는 상황에 놓이게 되므로 이러한 경우에는 구제가능성이 희박하다.

사. 행정심판청구 및 절차

만일, 생계형 운전자가 지방경찰청의 심의결과를 통보받고 그에 불복할 경우에는 심의결과 통지를 받은 날로부터 90일 이내 그에 불복하여 행정심판청구를 할 수 있다. 행정심판의 접수기관은 처분청(운전면허 취소 처분 지방경찰청) 또는 중앙행정심판위원회이며 인터넷 온라인 행정심판 (http://www.simpan.go.kr/) 에서도 신청이 가능하다. 또한 처분청(운전 면허 취소처분 지방경찰청) 민원실로 등기우편접수도 가능하다.

행정심판 청구인이 운전면허취소를 구하는 행정심판을 청구하면 피청구인(처분청)은 행정심 판위원회로 답변서를 제출 하는데, 보통 피청구인은 행정심판청구서를 송달받은 날로부터 10일 이내에 답변서 제출하게 되며, 행정심판위원회는 접수된 답변서를 청구인에게 송부하게 된다[답변서는 청구인의 주장에 대한 피청구인(처분청)의 변론임]. 청구인은 피청구인으로부 터 답변서를 수령한 경우 피청구인의 답변서에 대한 반박이나 이전의 주장을 보완하기 위하여 보충서면을 제출할 수 있다.

보 충 서 면

접수번호		접수일		
사건명			사건번호 :	
청구인	성명		(연락처)	
	주소			
피청구인				
구분	보충서면			
제출 내용				

「행정심판법」 제33조제1항에 따라 위와 같이 보충서면을 제출합니다.

년　　월　　일

제출인　　　　　　　　　　　　　　　　　　(서명 또는 인)

○ ○ 행정심판위원회 귀중

※ 보충서면은 다른 당사자의 수 만큼 부본을 함께 제출하시기 바랍니다.

첨부서류		수수료 없음

처리 절차

보충서면 작성 · 제출	→	접수
제출인		○ ○ 행정심판위원회

210mm×297mm[백상지 80g/㎡]

아. 행정심판의 재결기간

행정심판의 재결은 피청구인 또는 행정심판위원회가 행정심판청구서를 받은 날로부터 60일 이내에 하여야 하며, 부득이한 사정이 있는 경우에는 위원장이 직권으로 30일을 연장할 수 있다.

자. 행정심판을 통한 구제의 범위

행정심판위원회에서는 운전자의 혈중알콜농도, 음주운전을 하게 된 경위, 운전을 생업으로 하는 사정 등을 고려해서 판단하게 된다. 만일, 행정심판이 인용될 경우, ⅰ) 운전면허 취소처분이 110일(벌점 110점)의 운전면허정지처분으로 감경되고, ⅱ) 운전면허의 정지처분에 해당하는 경우에는 처분 집행일수의 2분의 1로 감경 된다.

6. 이진아웃제도

가. 개 념

음주운전 이진아웃제도는 상습적인 음주운전자 예방하고 가중처벌하기 위해 만들어진 제도이다. 2019년 6월 25일부터 기존 삼진아웃제도에서 이진아웃제도로 강화되었다. 음주운전 이진아웃제도는 상습 음주 운전자에 대한 행정처분을 강화하기 위해 만들어진 제도이다. 음주운전으로 운전면허 행정처분(정지 또는 취소)을 받은 사람이 다시 음주운전(혈중알코올농도 0.03% 이상)으로 적발되면 운전면허를 취소하고 2년간 운전면허 시험에 응시할 자격을 박탈하는 제도이다.

나. 기준시점

도로교통법 개정에 따라 2019. 6. 25. 이후 발생한 음주운전에 대한 행정처분 시 과거의 전력이 포함되기 때문에 2019. 6. 24. 이전 음주운전 전력이 1회 이상이라면 음주운전 2회 이상으로 취소된다. 음주운전으로 취소 시 단순 음주운전 2회째 이상이면 운전면허 취소에 따른 결격기간이 2년이며 음주사고가 2회 이상이면 결격기간이 3년이다. 단순, 음주운전 과거전력은 2001. 7. 24. 이후 발생한 건부터, 음주사고 과거전력은 2001. 6. 30. 이후 발생한 건부터 산정하게 된다.

7. 위드마크 공식

가. 개 념

1930년대 스웨덴 생화학자 위드마크(Widmark)의 제안에 의해 발달된 공식으로 운전자가 사고 당시 마신 술의 종류, 운전자의 체중, 성별 등의 자료에 의해 운전 당시의 혈중알코올농도를 계산하는 방법이다. 음주 후 30분에서 90분 사이에 혈중알코올농도가 최고치에 이른 후 시간당 알코올 분해 값이 개인에 따라 0.008%에서 0.030%에 감소하는데 평균적으로 시간당 0.015%씩 감소한다. 이를 착안하여 음주운전 사고 및 단속 시 실제 음주운전 시간과 실제 단속시간에 차이가 있을 경우 역추산해 운전 당시 음주상태를 추정하게 된다. 우리나라에서는 1986년 음주운전 뺑소니 운전자를 처벌하기 위해 도입되었고 위드마크 공식을 적용할 때에는 음주운전시점보다 음주측정시점이 늦을 경우에는 본인에게 가장 유리한 조건을 인정하게 되므로 90분 후에 최고치에 도달하는 것으로 계산하고 분해 소멸하는 양도 본인에게 유리한 시간당 0.008%로 계산하여 운전시점의 알코올농도를 역추산하고 있다.

[위드마크 방식의 공식]

$$C = A/(P \times R) = mg/10 = \%$$

C= 혈중 알코올농도 최고치(%)

A= 운전자가 섭취한 알코올의 양
   (음주량(ml) × 술의 농도(%) × 0.7894)

P= 사람의 체중(kg)

R= 성별에 대한 계수(남자 0.52~0.86(평균치 0.68),
   여자 0.47~0.64(평균치 0.55))

음주운전 당시 혈중알코올
= 최고혈중알코올농도-(경과시간 × 0.015%)

나. 수정된 위드마크 공식

우리나라에서는 알코올이 체내에 100% 흡수되지 못한다고 보고 체내흡수율이라는 개념을 도입하여 '수정된 위드마크 공식'을 사용하고 있다. 위드마크 공식을 적용할 때는 음주종료시점, 실제 음주운전시점, 30분에서 90분 사이 음주 상승기 시점을 고려하여 계산한다. 위드마크 공식 적용에 있어서 대법원판례를 살펴보면 위드마크공식에 의한 혈중알코올농도의 추산방법을 원칙적으로 인정하되, 무분별한 적용은 제한하고 있다.

[수정된 위드마크 공식]

$$C = A \times 0.7(체내흡수율)/(P \times R) - \beta t$$

C = 혈중 알코올농도 최고치(%)

A = 운전자가 섭취한 알코올의 양

  (음주량(ml) × 술의 농도(%) × 0.7894)

P = 사람의 체중(kg)

R = 성별에 대한 계수(남자 0.86, 여자 0.64)

  ※ 대법원 판례에 의해 피고인에게 가장 유리한 최고치 적용

음주운전 당시 혈중알코올

= 최고혈중알코올농도 − (경과시간 × 0.015%)

  ※ 대법원 판례에 의해 추산 할때는 0.03%, 역추산할 때는 0.008%으로 적용하는
  경우가 많음. 단, 피고인에게 가장 유리한 수치를 적용.

Q

체중 70kg 남성이 20도 소주 2병(720ml)을 전날 저녁 22:00 까지 마시고 3시간 30분 후인 새벽 01시30분에 음주운전을 하다가 교통사고를 내고 현장을 도주하였다. 이때 교통사고 당시 혈중알코올농도는?

(음주종료시점 22:00, 상승기 90분 이후 시점 23:30, 실제음주운전시간 01:30)

A

혈중알코올농도 최고치를 계산하면,

C = {720ml(음주량) × 0.20(알코올도수) × 0.7894(알코올의비중)× 0.7}
{70kg × 0.86(남자계수) × 10}

= 0.132%(혈중알코올농도최고치)

교통사고 당시 혈중알코올농도를 계산하면,

0.132%−(0.03% × 2시간) = 0.072%

※ 피고인에게 가장 유리한 수치인 0.03%를 적용

다. 위드마크 확장공식

실제 음주운전시간과 단속시점이 다를 경우, 단속 당시 호흡측정 또는 채혈수치가 있을 경우, 그 당시 혈중알코올농도를 기초로 음주 운전 시까지 시간당 혈중알코올농도 감소치를 가산하여 역추산하는 방식이다. 이러한 경우 시간당 분해량은 대법원 판례에 의해서 피고인에게 가장 유리한 0.008%를 적용한다. 이때 음주상승기 안에 운전했을 경우 음주상승기인 30분에서 90분인 시간을 제외하고 계산한다. 음주 상승기 시간을 제외 할 때는 음주운전시점이 아닌 음주종료시점으로 기준으로 한다.

혈중알코올농도(Ct) = 측정 혈중알코올농도 + B(시간당 알콜분해량) × T(시간)

Q

술집에서 저녁 23:00 까지 술을 마시고 24:00 에 음주운전 상태로 집에 귀가하였다. 그러나 술집사장의 신고로 새벽 3:30분에 음주운전으로 자택에서 경찰에 적발되어 음주측정수치는 0.03%로 측정되었다. 이때 실제 운전당시 혈중알코올농도는 얼마일까요?(음주종료시간 23:00, 상승기 90분 이후 시점 24:30, 실제음주운전시간 24:00, 음주단속시점 익일 03:30)

A

C= 0.03%(측정 혈중알코올농도) + (0.008%(시간당 알코올분해량) × 3시간(상승기 제외한 시간))

※ 23시 음주종료시점에서 음주상승기 90분을 제외하고 3시간으로 계산

실제 음주운전 당시 수치를 측정하면

= 0.03% + 0.024 = 0.054%

8. 음주운전 구제사례 및 구제불가사유 살펴보기

가. 음주운전 행정심판 등 기각사유

아래의 사례들은 행정심판위원회의 판단에 따라 단순음주사건에서 개인적인 사정보다는 공익을 우선하여 운전면허취소처분 취소를 구하는 행정심판청구를 기각한 사례들이다. 운전면허취소구제 행정심판 사건은 행정심판위원회의 판단기준을 정확히 분석하는 것에서부터 시작되니 각각의 사례들을 유심히 살펴보고 분석할 필요가 있다.

행정심판위원회의 일반적 판단기준인 • 음주수치 • 음주운전 전력(음주운전의 횟수)이나 과태료나 범칙금 납부 등 교통법규 위반전력(위반횟수) • 운전경력(면허취득 후 기간) •

운전의 생계수단 관련여부 • 인적 · 물적 사고 발생여부 • 운전거리 등을 종합적으로 고려하여 판단을 하게 되는데, 이하에서 위 기준을 고려하여 검토해 보면 쉽게 이해가 되리라 생각된다.

• 식당을 운영하는 청구인(운전경력 7년10월, 1회 교통사고전력 및 1회 교통법규 위반전력)이 혈중알코올농도 0.106%의 술에 취한 상태에서 운전하여 운전면허가 취소된 사건

• 화물차 운전기사인 청구인(운전경력 14년8월, 2회 교통사고전력(사망1인, 중상 및 경상 각 1인) 및 4회 교통법규위반전력)이 혈중알코올농도 0.107%의 술에 취한 상태에 운전하여 운전면허가 취소된 사건

• 회사원인 청구인(운전경력 7년11월, 3회 법규위반전력)이 혈중알코올농도 0.110%의 술에 취한 상태에 운전하여 운전면허가 취소된 사건

• 자영업을 하는 청구인(운전경력 24년5월, 2년6월전 경상 1인의 교통사고전력, 4회 교통법규 위반전력)이 혈중알코올농도 0.114%의 술에 취한 상태에서 운전하여 운전면허가 취소된 사건

• 일용직 근로자인 청구인(운전경력 13년, 4회 교통법규 위반전력)이 혈중알코올농도 0.116%의 술에 취한 상태에 운전하여 운전면허가 취소된 사건

• 식당운영을 하는 청구인(운전경력 10년1월, 교통사고전력 및 법규위반전력 없음)이 혈중알코올농도 0.119%의 술에 취한 상태에서 운전하여 운전면허가 취소된 사건

• 개인택시 운전기사인 청구인(운전경력 32년10월, 2회 교통사고전력 및 11회 교통법규위반전력)이 혈중알코올농도 0.124%의 술에 취한 상태에 운전하다 물적 피해가 있는 교통사고를 일으켜 운전면허가 취소된 사건

• 회사원인 청구인(운전경력 10년3월)이 혈중알코올농도 0.128%의 술에 취한 상태에서 운전하다 운전면허가 취소된 사건

• 운전기사인 청구인(운전경력 14년3월)이 혈중알코올농도 0.131%의 술에 취한 상태에 운전하다 운전면허가 취소된 사건

• 자동차매매원인 청구인(2001년 적성검사 미필로 면허취소)이 혈중알코올농도 0.143%의 술에 취한상태에서 운전하다 승용차 추돌사고를 일으켜 운전면허가 취소된 사건

• 교사인 청구인은 혈중알코올농도 0.129%의 술에 취한 상태에서 운전 중 좌회전하다 렌트카를 충격하여 1만원의 물적피해를 발생 후 운전면허가 취소된 사건

- 중상사고 포함 2회(2007.12.31. 중상 1명, 2011.8.17. 경상 1명)의 교통사고전력이 있던 청구인이 음주운전으로 운전면허가 취소된 사건
- 4회의 교통법규위반전력(2011.4.9 신호 또는 지시위반 등)이 있던 청구인이 음주운전(0.118%)으로 운전면허가 취소된 사건
- 운전면허취득 전에 1회 교통법규위반전력(무면허운전)이 있고, 운전면허취득 후에는 교통사고전력 및 교통법규위반전력이 없는 청구인으로 음주운전(0.107%)으로 면허가 취소된 사건
- 청구인이 음주운전(0.106%)을 하던 중 중앙선 침범으로 교통사고를 일으켜 운전면허가 취소된 사건
- 신호 또는 지시위반(2011.3.29.)으로 벌점이 있던 청구인이 음주운전으로 운전면허가 취소된 사건
- 인명보호장구 미착용(2011.10.1.)등 다수의 법규위반 전력(17회)이 있던 청구인이 음주운전으로 운전면허가 취소된 사건
- 청구인이 음주운전(0.072%)으로 인적피해(1명, 전치 2주)가 있는 교통사고를 일으켜 운전면허가 취소된 사건
- 청구인이 중상사고를 야기하여 벌점초과(130점)로 운전면허가 취소된 사건
- 직업자료 등 허위자료 제출사실이 확인된 경우
- 운전경력이 짧은 경우

나. 위반의 정도가 중대하여 심판청구를 기각한 사례

- 음주운전으로 2006년 면허정지, 2009년 면허취소처분을 받은 전력이 있는 자가 음주운전(0.064%)으로 면허가 취소된 사건
- 5회의 교통법규위반 전력(음주운전전력, 2007.9.8. 등)이 있던 청구인이 음주운전으로 면허가 취소된 사건
- 사망사고전력(2010.9.24.)이 있던 청구인이 음주운전으로 면허가 취소된 사건
- 자동차를 이용한 범죄(2004.8.16.)로 면허가 취소된 전력이 있는 청구인이 음주운전으로 면허가 취소된 사건
- 4회의 교통법규 위반전력(무면허운전전력, 2002.12.13. 등)이 있던 청구인이 음주운전으로 면허가 취소된 사건

- 인적피해가 있는 교통사고 야기 도주전력(2005.6.11.)이 있던 청구인이 음주운전으로 운전면허가 취소된 사건
- 청구인이 운전면허정지기간 중의 운전으로 적발되어 운전면허가 취소된 사건
- 청구인이 자동차를 이용한 범죄(강간)를 이유로 운전면허가 취소된 사건
- 청구인이 운전면허증 대여를 이유로 운전면허가 취소된 사건
- 청구인이 음주운전(0.192%) 중 인피사고(전치 2주)를 일으킨 경우
- 청구인이 혈중알코올농도(0.150%)가 높은 경우
- 청구인이 음주운전(0.185%)을 하던 중 교통사고를 야기하여 피해액 미상의 물피사고를 일으킨 경우

다. 도로교통법 제93조 제1항의 규정상 반드시 취소하도록 되어 있는 음주유형

아래의 사유들은 법 규정상 반드시 취소가 되도록 규정된 내용이기 때문에 구제가 불가능하다.

- 이진아웃에 해당 하는 자
- 음주측정 불응자
- 결격자가 운전면허를 취득한 경우
- 허위 또는 부정한 방법으로 운전면허를 취득한 자
- 정지기간 중 운전면허증 또는 운전면허증을 갈음하는 증명서를 발급받은 자
- 수시 또는 정기 적성검사 미필 또는 불합격
- 자동차나 원동기 장치 자전거를 훔치거나 빼앗은 자
- 단속 중인 경찰공무원 등을 폭행한 자
- 미등록 자동차를 운전한 자
- 연습운전면허의 취소사유가 있었던 자
- 다른 법률에 따라 다른 행정기관의 장이 운전면허의 취소처분을 요청한 자

9. 집행정지신청 활용하기

운전면허취소 행정심판을 청구하여도 당초의 취소처분은 원칙적으로 그 집행이나 효력이

정지되지 않는다. 집행정지제도란 행정심판이 진행되는 동안 청구인의 손해를 예방하기 위해 긴급한 필요가 있는 때에 심판청구의 대상인 처분 또는 후속절차 등의 효력이나 집행을 정지하는 제도이다.

행정처분에 대한 집행정지를 하고자 하는 경우, 청구인은 심판제기와 동시 또는 심판진행 중에 행정심판위원회에 집행정지신청을 하여야 한다. 집행정지의 신청방법은 집행정지신청서를 작성하고, 집행정지신청이 필요한 이유에 대한 소명자료, 심판청구서 사본 및 접수증명서 등을 첨부하여 행정심판위원회에 제출하면 된다.

청구인의 집행정지신청이 있으면, 행정심판위원회는 청구인의 손해예방을 위한 긴급한 필요가 있는 지, 집행정지결정이 공공복리에 중대한 영향을 미칠 우려는 없는 지 등을 종합적으로 고려하여 집행정지 여부에 대한 결정을 한다.

행정심판위원회가 집행정지 인용결정을 하면 해당 처분의 효력이나 집행은 재결이 있을 때까지 정지되며, 재결이 있으면 집행정지 결정의 효력은 자동적으로 소멸하게 되며, 또한, 집행정지는 행정심판의 부수적인 절차이므로 행정심판은 청구하지 않고 집행정지만을 신청할 수는 없다.

[판시사항]

행정처분에 대한 집행정지는 본안소송이 제기되어 계속 중일 것을 요건으로 하는지 여부 (대법원 2007.6.15. 자 2006무89 결정 집행정지)

[판결요지]

행정소송법 제23조 제2항은 '취소소송이 제기된 경우에 처분 등이나 그 집행 또는 절차의 속행으로 인하여 생길 회복하기 어려운 손해를 예방하기 위하여 긴급한 필요가 있다고 인정할 때에는 본안이 계속되고 있는 법원은 당사자의 신청 또는 직권에 의하여 처분 등의 효력이나 그 집행 또는 절차의 속행의 전부 또는 일부의 정지를 결정할 수 있다'고 규정하고 있고, 이는 같은 법 제38조 제1항의 무효등확인소송의 경우에 준용되고 있으므로, 행정처분에 대한 집행정지는 취소소송 또는 무효확인소송 등 본안소송이 제기되어 계속중에 있음을 그 요건으로 한다고 할 것이다.

10. 행정심판 전치주의

운전면허취소·정지처분에 대한 행정소송은 행정심판의 재결을 거치지 아니하면 제기할 수 없다. 행정심판 재결의 존재는 소송요건이므로 행정심판 재결이 있기 전에 소를 제기하면 부적법한 소로서 각하하여야 하지만, 소송요건의 충족여부는 변론종결시를 기준으로 하기 때문에 실무상 바로 소를 각하하지 아니하고 재결이 있을 때까지 기다리는 등 흠의 치유를 기다려 본안판단을 함이 원칙이다.

11. 복수 운전면허취소·정지에 관한 기준

운전면허는 제1종 운전면허(대형, 보통, 소형, 특수), 제2종 운전면허(보통, 소형, 원동기장치 자전거)로 구분되고, 각 그 면허의 종류에 따라 운전가능한 차종, 면허의 취득자격이나 요건과 시험의 내용이 다르다.

가. 복수의 운전면허 취소·정지 범위

복수의 운전면허의 경우 취소·정지할 수 있는 면허의 범위에 관하여는 도로교통법에는 명문의 규정이 없다.

그러나 한 사람이 여러 종류의 자동차운전면허를 취득하는 경우 뿐 아니라, 이를 취소 또는 정지함에 있어서도 서로 별개의 것으로 취급되는 것이 원칙이다.[103] 따라서 복수 운전면허 취득자에게 운전면허 취소·정지 사유가 있는 경우 취소·정지 사유와 관련되는 운전면허만 취소·정지하여야 하고 모든 운전면허를 일괄 취소하여서는 아니된다. 다만, 예외적으로 운전면허의 취소나 정지사유가 특정의 면허에 관한 것이 아니고 다른 면허와 공통된 것이거나 운전면허를 받은 사람에 관한 것일 경우에는 여러 운전면허 전부를 취소 또는 정지할 수 있다.[104]

나. 취소·정지사유가 다른 면허 및 공통된 경우의 의미

취소나 정지사유가 다른 면허와 공통된 경우라 함은 구체적으로 ⅰ) 위반행위 당시 운전한 차량을 기준으로 하여 그 차량을 운전할 수 있는 운전면허는 모두 취소할 수 있고, ⅱ) 취소하여

---

103) 대법원 1995. 11. 16. 선고 95누8850 판결.
104) 대법원 2012. 5. 24. 선고 2012두1891 판결.

야 할 운전면허를 가지고 운전할 수 있는 차량의 범위가 넓어서 다른 운전면허를 가지고 운전할 수 있는 차량이 완전히 포함된 경우에는 다른 운전면허도 취소할 수 있다. 가령 1종 대형, 1종 보통, 2종 보통, 2종 소형 면허를 가진 자가 12인승 승합자동차를 운전하다 운전면허취소 사유가 발생한 경우, 해당 자동차를 운전할 수 있는 1종 대형, 1종 보통 면허도 취소할 수 있고, 1종 대형면허는 2종 보통 면허를 완전히 포함하므로 2종 보통면허도 취소할 수 있으나, 2종 소형 면허는 취소할 수 없다.

12. 운전면허 취소 · 정지처분 기준

■ 도로교통법 시행규칙 [별표 28] 〈개정 2019. 6. 14.〉

운전면허 취소 · 정지처분 기준(제91조제1항관련)

1. 일반기준

　가. 용어의 정의

　　(1) "벌점"이라 함은, 행정처분의 기초자료로 활용하기 위하여 법규위반 또는 사고야기에 대하여 그 위반의 경중, 피해의 정도 등에 따라 배점되는 점수를 말한다.

　　(2) "누산점수"라 함은, 위반 · 사고시의 벌점을 누적하여 합산한 점수에서 상계치(무위반 · 무사고 기간 경과 시에 부여되는 점수 등)를 뺀 점수를 말한다. 다만, 제3호가목의 7란에 의한 벌점은 누산점수에 이를 산입하지 아니하되, 범칙금 미납 벌점을 받은 날을 기준으로 과거 3년간 2회 이상 범칙금을 납부하지 아니하여 벌점을 받은 사실이 있는 경우에는 누산점수에 산입한다.

　　[누산점수=매 위반 · 사고 시 벌점의 누적 합산치−상계치]

---

(3) "처분벌점"이라 함은, 구체적인 법규위반·사고야기에 대하여 앞으로 정지처분기준을 적용하는데 필요한 벌점으로서, 누산점수에서 이미 정지처분이 집행된 벌점의 합계치를 뺀 점수를 말한다.

처분벌점 = 누산점수 − 이미 처분이 집행된 벌점의 합계치
= 매 위반·사고 시 벌점의 누적 합산치 − 상계치
− 이미 처분이 집행된 벌점의 합계치

나. 벌점의 종합관리

(1) 누산점수의 관리

법규위반 또는 교통사고로 인한 벌점은 행정처분기준을 적용하고자 하는 당해 위반 또는 사고가 있었던 날을 기준으로 하여 과거 3년간의 모든 벌점을 누산하여 관리한다.

(2) 무위반·무사고기간 경과로 인한 벌점 소멸

처분벌점이 40점 미만인 경우에, 최종의 위반일 또는 사고일로부터 위반 및 사고 없이 1년이 경과한 때에는 그 처분벌점은 소멸한다.

(3) 벌점 공제

(가) 인적 피해 있는 교통사고를 야기하고 도주한 차량의 운전자를 검거하거나 신고하여 검거하게 한 운전자(교통사고의 피해자가 아닌 경우로 한정한다)에게는 검거 또는 신고할 때마다 40점의 특혜점수를 부여하여 기간에 관계없이 그 운전자가 정지 또는 취소처분을 받게 될 경우 누산점수에서 이를 공제한다. 이 경우 공제되는 점수는 40점 단위로 한다.

(나) 경찰청장이 정하여 고시하는 바에 따라 무위반·무사고 서약을 하고 1년간 이를 실천한 운전자에게는 실천할 때마다 10점의 특혜점수를 부여하여 기간에 관계없이 그 운전자가 정지처분을 받게 될 경우 누산점수에서 이를 공제하되, 공제되는 점수는 10점 단위로 한다. 다만, 교통사고로 사람을 사망에 이르게 하거나 법 제93조제1항제1호·

제5호의2 및 제10호의2 중 어느 하나에 해당하는 사유로 정지처분을 받게 될 경우에는 공제할 수 없다.

(4) 개별기준 적용에 있어서의 벌점 합산(법규위반으로 교통사고를 야기한 경우)

법규위반으로 교통사고를 야기한 경우에는 3. 정지처분 개별기준 중 다음의 각 벌점을 모두 합산한다.

① 가. 이 법이나 이 법에 의한 명령을 위반한 때(교통사고의 원인이 된 법규위반이 둘 이상인 경우에는 그 중 가장 중한 것 하나만 적용한다.)

② 나. 교통사고를 일으킨 때 (1) 사고결과에 따른 벌점

③ 다. 교통사고를 일으킨 때 (2) 조치 등 불이행에 따른 벌점

(5) 정지처분 대상자의 임시운전 증명서

경찰서장은 면허 정지처분 대상자가 면허증을 반납한 경우에는 본인이 희망하는 기간을 참작하여 40일 이내의 유효기간을 정하여 별지 제79호 서식의 임시운전증명서를 발급하고, 동 증명서의 유효기간 만료일 다음날부터 소정의 정지처분을 집행하며, 당해 면허 정지처분 대상자가 정지처분을 즉시 받고자 하는 경우에는 임시운전 증명서를 발급하지 않고 즉시 운전면허 정지처분을 집행할 수 있다.

다. 벌점 등 초과로 인한 운전면허의 취소·정지

(1) 벌점·누산점수 초과로 인한 면허 취소

1회의 위반·사고로 인한 벌점 또는 연간 누산점수가 다음 표의 벌점 또는 누산점수에 도달한 때에는 그 운전면허를 취소한다.

기간	벌점 또는 누산점수
1년간	121점 이상
2년간	201점 이상
3년간	271점 이상

(2) 벌점·처분벌점 초과로 인한 면허 정지

운전면허 정지처분은 1회의 위반·사고로 인한 벌점 또는 처분벌점이 40점 이상이 된 때부터 결정하여 집행하되, 원칙적으로 1점을 1일로 계산하여 집행한다.

라. 처분벌점 및 정지처분 집행일수의 감경

  (1) 특별교통안전교육에 따른 처분벌점 및 정지처분집행일수의 감경

    (가) 처분벌점이 40점 미만인 사람이 특별교통안전 권장교육 중 벌점감경교육을 마친 경우에는 경찰서장에게 교육필증을 제출한 날부터 처분벌점에서 20점을 감경한다.

    (나) 운전면허 정지처분을 받게 되거나 받은 사람이 특별교통안전 의무교육이나 특별교통안전 권장교육 중 법규준수교육(권장)을 마친 경우에는 경찰서장에게 교육필증을 제출한 날부터 정지처분기간에서 20일을 감경한다. 다만, 해당 위반행위에 대하여 운전면허행정처분 이의심의위원회의 심의를 거치거나 행정심판 또는 행정소송을 통하여 행정처분이 감경된 경우에는 정지처분기간을 추가로 감경하지 아니하고, 정지처분이 감경된 때에 한정하여 누산점수를 20점 감경한다.

    (다) 운전면허 정지처분을 받게 되거나 받은 사람이 특별교통안전 의무교육이나 특별교통안전 권장교육 중 법규준수교육(권장)을 마친 후에 특별교통안전 권장교육 중 현장참여교육을 마친 경우에는 경찰서장에게 교육필증을 제출한 날부터 정지처분기간에서 30일을 추가로 감경한다. 다만, 해당 위반행위에 대하여 운전면허행정처분 이의심의위원회의 심의를 거치거나 행정심판 또는 행정소송을 통하여 행정처분이 감경된 경우에는 그러하지 아니하다.

  (2) 모범운전자에 대한 처분집행일수 감경

    모범운전자(법 제146조에 따라 무사고운전자 또는 유공운전자의 표시장을 받은 사람으로서 교통안전 봉사활동에 종사하는 사람을 말한다.)에 대하여는 면허 정지처분의 집행기간을 2분의 1로 감경한다. 다만, 처분벌

점에 교통사고 야기로 인한 벌점이 포함된 경우에는 감경하지 아니한다.

(3) 정지처분 집행일수의 계산에 있어서 단수의 불산입 등

정지처분 집행일수의 계산에 있어서 단수는 이를 산입하지 아니하며, 본래의 정지처분 기간과 가산일수의 합계는 1년을 초과할 수 없다.

마. 행정처분의 취소

교통사고(법규위반을 포함한다)가 법원의 판결로 무죄확정(혐의가 없거나 죄가 되지 아니하여 불기소처분된 경우를 포함한다. 이하 이 목에서 같다)된 경우에는 즉시 그 운전면허 행정처분을 취소하고 당해 사고 또는 위반으로 인한 벌점을 삭제한다. 다만, 법 제82조제1항제2호 또는 제5호에 따른 사유로 무죄가 확정된 경우에는 그러하지 아니하다.

바. 처분기준의 감경

(1) 감경사유

(가) 음주운전으로 운전면허 취소처분 또는 정지처분을 받은 경우

운전이 가족의 생계를 유지할 중요한 수단이 되거나, 모범운전자로서 처분당시 3년 이상 교통봉사활동에 종사하고 있거나, 교통사고를 일으키고 도주한 운전자를 검거하여 경찰서장 이상의 표창을 받은 사람으로서 다음의 어느 하나에 해당되는 경우가 없어야 한다.

1) 혈중알코올농도가 0.1퍼센트를 초과하여 운전한 경우

2) 음주운전 중 인적피해 교통사고를 일으킨 경우

3) 경찰관의 음주측정요구에 불응하거나 도주한 때 또는 단속경찰관을 폭행한 경우

4) 과거 5년 이내에 3회 이상의 인적피해 교통사고의 전력이 있는 경우

5) 과거 5년 이내에 음주운전의 전력이 있는 경우

(나) 벌점·누산점수 초과로 인하여 운전면허 취소처분을 받은 경우

운전이 가족의 생계를 유지할 중요한 수단이 되거나, 모범운전자로서

처분당시 3년 이상 교통봉사활동에 종사하고 있거나, 교통사고를 일으키고 도주한 운전자를 검거하여 경찰서장 이상의 표창을 받은 사람으로서 다음의 어느 하나에 해당되는 경우가 없어야 한다.

1) 과거 5년 이내에 운전면허 취소처분을 받은 전력이 있는 경우

2) 과거 5년 이내에 3회 이상 인적피해 교통사고를 일으킨 경우

3) 과거 5년 이내에 3회 이상 운전면허 정지처분을 받은 전력이 있는 경우

4) 과거 5년 이내에 운전면허행정처분 이의심의위원회의 심의를 거치거나 행정심판 또는 행정소송을 통하여 행정처분이 감경된 경우

(다) 그 밖에 정기 적성검사에 대한 연기신청을 할 수 없었던 불가피한 사유가 있는 등으로 취소처분 개별기준 및 정지처분 개별기준을 적용하는 것이 현저히 불합리하다고 인정되는 경우

(2) 감경기준

위반행위에 대한 처분기준이 운전면허의 취소처분에 해당하는 경우에는 해당 위반행위에 대한 처분벌점을 110점으로 하고, 운전면허의 정지처분에 해당하는 경우에는 처분 집행일수의 2분의 1로 감경한다. 다만, 다목 (1)에 따른 벌점·누산점수 초과로 인한 면허취소에 해당하는 경우에는 면허가 취소되기 전의 누산점수 및 처분벌점을 모두 합산하여 처분벌점을 110점으로 한다.

(3) 처리절차

(1)의 감경사유에 해당하는 사람은 행정처분을 받은 날(정기 적성검사를 받지 아니하여 운전면허가 취소된 경우에는 행정처분이 있음을 안 날)부터 60일 이내에 그 행정처분에 관하여 주소지를 관할하는 지방경찰청장에게 이의신청을 하여야 하며, 이의신청을 받은 지방경찰청장은 제96조에 따른 운전면허행정처분 이의심의위원회의 심의·의결을 거쳐 처분을 감경할 수 있다.

13. 구제기준

운전면허를 받은 사람이 음주운전을 하다가 적발된 경우 운전면허의 취소 또는 정지여부는 행정청의 재량행위라 할 것인데, 그 기준은 일률적으로 정할 수 없으나 보통 음주운전의 동기, 음주정도, 무사고운전경력, 음주 후의 운전거리 및 사고 여부, 운전면허의 취소로 입게 될 불이익(생계수단 등)등을 참작하여 판단하고 있습니다.

다만, 위 운전면허행정처분기준은 그 규정의 성질과 내용이 운전면허의 취소처분 등에 관한 행정청 내부의 사무처리기준준칙을 규정한 것에 지나지 아니하여 대외적으로 법원이나 국민을 기속(羈束)하는 효력은 없습니다(대법원 1991. 6. 11. 선고 91누2083 판결).

[판례기준 운전면허취소처분 기준 정리]
- 음주운전의 동기
- 음주정도
- 무사고운전경력
- 음주 후의 운전거리
- 사고여부
- 운전면허의 취소로 입게 될 불이익(생계수단 등)
- 운전면허취득연한

14. 관련 서식

가. 청구취지 기재례

> 피고가 20○○. 2. 13.자로 원고에 대하여 한 제1종 보통 자동차운전면허 및 제1종 대형 자동차운전면허의 취소처분은 이를 취소한다.

> 피고가 20○○. 2. 4. 원고에 대하여 한 자동차운전면허(경기 제1종 보통 1234-012345-12)의 취소처분은 무효임을 확인한다.

> 피신청인이 20○○. 3. 9. 신청인에 대하여 한 자동차운전면허취소처분의 효력은 신청인과 피신청인 사이의 20○○행 ○○○호 사건의 본안판결 확정시까지 이를 정지한다.

> 피청구인이 2021. 2. 5. 청구인에게 한 2021. 2. 25.자 제1종 대형, 제1종 보통 운전면허 취소처분을 110일의 제1종 대형, 제1종 보통 운전면허 정지처분으로 변경한다.

> 피청구인이 2020. 10. 23. 청구인에게 한 2020. 11. 9.자 제1종 보통운전면허 취소처분을 취소한다.

나. 서식례

[서식] 행정심판청구서(운전면허취소)

■ 행정심판법 시행규칙 [별지 제30호서식] 〈개정 2012.9.20〉

행정심판 청구서

접수번호	접수일	
청구인	성명 김○○	
	주소 서울 강남구 노현동 ○○번지, ○○호	
	주민등록번호(외국인등록번호) 710502-1048965	
	전화번호: 02-523-4567	
[ ] 대표자 [ ] 관리인 [ ] 선정대표자 [ ] 대리인	성명	
	주소	

	주민등록번호(외국인등록번호)
	전화번호
피청구인	서울지방경찰청장
소관 행정심판위원회	[　] 중앙행정심판위원회　　[　] ○○시·도행정심판위원회　　[　] 기타

처분 내용 또는 부작위 내용	자동차운전면허취소 심판청구
처분이 있음을 안 날	2016. 11. 19.
청구 취지 및 청구 이유	별지로 작성
처분청의 불복절차 고지 유무	2016. 11. 25. 통지받음
처분청의 불복절차 고지 내용	
증거 서류	

「행정심판법」 제28조 및 같은 법 시행령 제20조에 따라 위와 같이 행정심판을 청구합니다.

년　월　일

청구인　　　　　　　　　(서명 또는 인)

○○행정심판위원회 귀중

첨부서류	1. 대표자, 관리인, 선정대표자 또는 대리인의 자격을 소명하는 서류(대표자, 관리인,선정대표자 또는 대리인을 선임하는 경우에만 제출합니다.) 2. 주장을 뒷받침하는 증거서류나 증거물	수수료 없음

처리 절차

청구서 작성	→	접수	→	재결	→	송달
청구인		○○행정심판위원회		○○행정심판위원회		

210mm×297mm[백상지 80g/㎡]

[서식] 청구취지 및 이유 작성

<h1 align="center">청 구 취 지</h1>

피청구인이 0000. 00. 00. 청구인에게 한 00처분을 취소한다.

<h1 align="center">청 구 이 유</h1>

1. 사건개요

   청구인이 0000. 00. 00. …를 했다는 이유로 피청구인이 0000. 00. 00. 청구인에게 00처분(이하 '이 사건 처분'이라 한다)을 하였다.

2. 사건발생 경위

   청구인이 이 사건 당시 …한 이유로 …했는데, 피청구인은 …라는 이유로 청구인에게 이 사건 처분을 하였다.

3. 이 사건 처분의 위법·부당성

   가. 「0000법률」에 따르면 피청구인은 …하여야 하나, 피청구인은 이 사건 당시 …하였다.

   나. 청구인에게는 …라는 사정이 있어 …했던 것인데, 피청구인은 이를 전혀 고려하지 않고 …하였다.

   다. 따라서 피청구인이 청구인에게 한 이 사건 처분은 위법·부당하다.

4. 결론

   따라서 이 사건 처분은 취소되어야 한다.

증 거 서 류

갑 제1호증 00000

갑 제2호증 00000

갑 제3호증 00000

[서식] 별지작성

청 구 취 지

'피청구인이 2017. 7. . 청구인에 대하여 한 자동차운전면허의 취소처분을 취소한다'
라는 재결을 구합니다.

청 구 원 인

1. 청구인은 2000. 11. 11. 제1종 보통운전면허를 취득하여 운전해오다가 2016. 1.
   1. 서울시장으로부터 개인택시 운송사업면허를 발급받아 운전으로 생계를 이어가
   고 있는 개인택시 운전자입니다.

2. 청구인은 2016. 11. 18. 친구 아들이 결혼식에 참석했다가 친구들과 식사를 하면
   서 약간의 술을 마시고 있던 중 당시 예식장 주차장에 공간이 없어 골목에 주차를
   해두었는데 안쪽에 있던 차량의 소유자가 차를 빼달라고 요구하여 골목길이고
   약간만 움직이면 될 것 같아 약 7미터정도 운전하여 차를 빼주게 되었는데 그때

마침 골목 바깥을 지나던 승용차와 접촉하게 되어 음주측정을 하게 된 것이고 전혀 운행을 하기 위한 운전이 아니었습니다.

3. 이와 같이 청구인은 단지 주차중인 차를 다른 차량의 운행을 위하여 비켜주는 과정이었지 결코 차를 운행하기 위한 운전이 아니었으며, 평생 운전으로 생계를 유지해오고 있어 ○○○일간의 운전면허정지처분은 당장 생계를 위협하고 있는 바, 청구인이 음주하게 된 동기 기타 제반 정상을 참작할 때 피청구인으로부터의 행정처분은 부당하므로 202016. 11. 19. 정지한 운전면허 행정처분을 취소하여 주시기 바라와 이 사건 신청에 이른 것입니다.

증 거 서 류

1. 갑 제1호증	진술서
1. 갑 제2호증	확인서
1. 갑 제3호증	운전면허취소결정통지서

첨 부 서 류

20○○. ○. ○.

위 청구인   ○ ○ ○ (인)

서울지방경찰청 귀중

소 장

원 고　　　○　　○　　○ (○○○○○○-○○○○○○○)

　　　　　　○○시 ○○구 ○○동 ○○○

　　　　　　소송대리인 변호사 ○　○　○

　　　　　　○○시 ○○구 ○○동 ○○○　　　　　　(우 :　　　　)

　　　　　　(전화 :　　　　　,팩스 :　　　　　)

피 고　　　○○지방경찰청장

자동차운전면허취소처분취소 청구의 소

청 구 취 지

1. 피고가 20○○. 2. 13.자로 원고에 대하여 한 제1종 보통 자동차운전면허
   및 제1종 대형 자동차운전면허의 취소처분은 이를 취소한다.
2. 소송비용은 피고의 부담으로 한다.

라는 판결을 구합니다.

청 구 원 인

1. 처분의 경위

　　원고는 20○○. 7. 30. 제1종 보통자동차운전면허(면허번호 : 경기 1234567
　　8)를, 20○○. 4. 24. 제1종 대형 자동차운전면허(면허번호 : 경기 2345678

90)를 각 취득한 후 20○○. 12. 30. 15:40경 원고 소유의 경기 80도3768호 1톤 화물차량을 운전하여 ○○시 ○○구 ○○동에서 같은 구 ○○동으로 운행하던 중 진행방향 우측 골목길에서 소외 신○용이 운전하던 49cc 오토바이가 갑자기 튀어나와 위 차량의 우측옆 적재함에 부딪쳐 넘어지는 사고가 발생하여 관할 ○○경찰서에 위 사고 신고를 하면서 음주측정을 당한 결과 당시 혈중알콜농도가 0.106%의 주취상태에 있었음이 판명되었습니다. 이에 피고는 원고가 주취운전을 하였다는 이유로 도로교통법 제44조 제1항, 제93조 제1항 제1호 등을 적용하여 20○○. 2. 13. 원고의 위 각 자동차운전면허를 취소하고 원고에게 이를 통지하였습니다.

2. 처분의 위법

그러나 위 처분은 다음과 같은 사정을 종합할 때 지나치게 무거워 위법합니다. 원고는 위 각 운전면허를 취득한 후 이삿짐센타 등의 운전기사로 종사하다가 20○○. 6.경 소외 김○도가 경영하는 ○○시 ○○구 ○○동 소재 ○○음료 ○○대리점에 생수배달을 위한 운전기사로 취업하여 근무해 왔습니다. 원고는 이 사건 사고 당일 거래처에 배달을 갔다가 맥주 2캔을 사마시게 되었습니다. 위 교통사고는 소외 신○용의 오토바이가 골목길에서 갑자기 튀어나와 직진하던 원고의 화물차량에 부딪쳐 발생한 것이고, 그로 인하여 아무런 인적, 물적 피해가 없었으며, 위 사고 후 ○○경찰서에 사고내용을 자진신고하였고, 그 과정에서 위와 같이 음주측정을 받게 되었던 것입니다. 원고는 이 사건 운전면허의 취득 전인 20○○. 4. 4. 음주운전으로 운전면허가 취소된 전력이 있으나, 이 사건 운전면허의 취득 후에는 교통사고를 일으키거나 교통법규를 위반한 사실이 전혀 없습니다.

원고는 처와 2남은 둔 4인 가족의 가장으로서 위 가족의 생계는 오로지 원고의 수입에 의존하고 있고, 원고의 운전면허가 취소되는 경우 배달업무를 맡고 있는 원고는 위 대리점에서 해고될 수밖에 없는 처지에 있어 원고 및 부양가족의 생계가 막연하게 되는 한편, 위 대리점을 경영하는 소외 김○도는 원고의 운전면허가 유지된다면 원고를 계속 고용할 의사를 표시하고 있습니다.

위와 같이 원고가 이 사건 원고를 음주운전에 이르게 된 경우, 주취정도와 이 사건 처분에 따른 운전면허취소로 인하여 원고가 입게 될 불이익의 정도 등 여러 사정을 종합하면, 비록 원고가 음주 후 혈중알콜농도 0.109%의 주취 상태로 운전을 하였더라도 이를 이유로 원고에 대하여 위 자동차운전면허를 취소하기까지 하는 것은 도로교통법에 의하여 달성하고자 하는 공익적 목적의 실현이라는 면을 감안하더라도 너무 무거워서 자동차운전면허취소에 관한 재량권의 범위를 넘은 것이라 아니할 수 없습니다.

따라서 위 처분은 위법한 처분이라고 할 것이므로 원고는 청구취지와 같은 판결을 구하기 위하여 본 소 청구에 이른 것입니다.

입 증 방 법

1. 갑 제1호증   자동차 운전면허취소통지서 사본
1. 갑 제2호증   가족관계증명서
   그 밖의 입증서류는 변론시 수시 제출하겠습니다.

첨 부 서 류

1. 위 입증서류   각 1통
1. 주민등록초본   1통
1. 소장 부본   1통
1. 위임장   1통

20○○. ○. .

위 원고 소송대리인 변호사 ○ ○ ○ (인)

○○행정법원   귀중

[서식] 소장 - 자동차운전면허취소처분무효 청구의 소

소   장

원 고   ○   ○   ○ (○○○○○○-○○○○○○○)

         ○○시 ○○구 ○○동 ○○○

         소송대리인 변호사 ○ ○ ○

         ○○시 ○○구 ○○동 ○○○   (우 :   )

         (전화 :   ,팩스 :   )

피 고   ○○지방경찰청장

자동차운전면허취소처분무효 청구의 소

청 구 취 지

1. 피고가 20○○. 2. 4. 원고에 대하여 한 자동차운전면허(경기 제1종 보통 1234-012345-12)의 취소처분은 무효임을 확인한다.
2. 소송비용은 피고의 부담으로 한다.

라는 판결을 구합니다.

청 구 원 인

1. 처분의 경위

   가. 원고는 20○○. 8. 7. ○○지방경찰청장으로부터 제1종보통 자동차운전면허(면허번호 경기 1234-012345-12)를 취득하여 운전을 하다가 적성검사기간인 20○○. 11. 4.부터 20○○. 2. 3.까지 사이에 적성검사를 받지 아니하고 1년이 경과하였습니다.

   나. 그러나 피고는 원고가 적성검사기간으로부터 1년이 경과할 때까지 적성검사를 받지 아니하였다 하여 20○○. 2. 4.에 도로교통법 제93조에 의하여 원고에 대하여 운전면허를 취소하는 처분을 하고, 원고의 종전 주소지인 ○○시 ○○구 ○○동 123로 원고의 운전면허취소통지를 하였으나 원고

가 위 주소지에서 이사갔다는 사유로 반송되자 그 주소지를 관할하는 ○○
경찰서 게시판에 10일간 공고함으로써 그 통지에 갈음하였습니다.

2. 처분의 위법

원고는 20○○. 7. 8. 당시에는 ○○시 ○○구 ○○동 123에 거주하고 있었
으나 20○○. 5. 1.에 ○○시 ○○구 ○○동 234호 이사를 하였다가 다시
20○○. 11. 18. ○○시 ○○구 ○○동 345로 이사를 한 후 그 때마다 주민등
록상 전입신고를 하고 자동차운전면허증의 주소변경신고를 하였습니다. 그
런데 피고는 20○○. 2. 4.경 원고의 운전면허를 취소함에 있어서 같은법시
행규칙 제93조에 의하여 그 취소사실을 당시 원고의 주소지인 ○○시 ○○구
○○동 345로 통보하여야 함에도 불구하고 운전면허대장상 주소지가 변경기
재되지 아니한 탓으로 원고의 종전 주소지인 ○○시 ○○구 ○○동 123로
통보한 후 반송되자 10일간 공고함으로서 통보에 갈음한 것인 바 이는 위법하
다 할 것이고 나아가 그 하자가 중대 명백하여 무효라 할 것입니다.

3. 따라서 위 처분은 무효이브로 그 확인을 구하기 위하여 본 소 청구에 이르렀습니다.

입 증 방 법

1. 갑 제1호증   자동차 운전면허취소통지서 사본
1. 갑 제2호증   재직증명서 사본
1. 갑 제3호증   진술서

첨 부 서 류

1. 위 입증서류   각 1통
1. 주민등록초본   1통
1. 소장 부본   1통
1. 위임장   1통

20○○.   ○.   .

위 원고 소송대리인 변호사   ○   ○   ○ (인)

○○행정법원   귀중

자동차운전면허 취소처분 효력정지신청

신 청 인   홍 길 동 (○○○○○○-○○○○○○○)

　　　　　　○○시 ○○구 ○○동 ○○○

　　　　　　신청대리인 변호사 ○ ○ ○

　　　　　　○○시 ○○구 ○○동 ○○○　　　　　　(우 :　　　　)

　　　　　　(전화 :　　　　　,팩스 :　　　　　)

피신청인   ○○지방경찰청장

자동차운전면허취소처분 효력정지신청

신 청 취 지

피신청인이 20○○. 3. 9. 신청인에 대하여 한 자동차운전면허취소처분의 효력
은 신청인과 피신청인 사이의 20○○행 ○○○호 사건의 본안판결 확정시까지
이를 정지한다.

라는 결정을 구합니다.

신 청 원 인

1. 처분의 경위

피신청인은 20○○. 3. 9. 신청인이 같은 해 2. 16. 23:40경 ○○시 ○○구

○○동 ○○앞 도로상에서 혈중 알콜농도 0.103의 주취상태에서 신청인 소유의 그랜져승용차를 운전한 사유로 인해 도로교통법 제78조의 규정에 의하여 신청인의 자동차 운전면허(1종 보통 경기 23-1234560-34)를 취소하는 처분을 하였습니다(신청인은 위 처분을 같은 해 3. 19. 수령하였습니다).

2. 처분의 위법성

신청인 위 일자에 음주운전을 한 사실은 인정합니다.

그러나 이 사건 처분은 다음과 같은 점에 비추어 재량권을 일탈하거나 남용한 처분으로서 위법하다 할 것입니다.

먼저 위 음주운전의 경위를 보면 다음과 같습니다.

신청인은 19○○. 5. 14.부터 현재에 이르기까지 소외 ○○산업주식회사의 자재부 기능직 사원(운전원)으로 근무하여 왔는바, 20○○. 2. 16. 19:00경 일과를 마치고 직장 동료인 신청외 성○○, 김○○의 권유로 ○○구 ○○동 소재 ○○전자 사무실 열의 ○○식당에서 함께 식사를 하고 소주 2홉들이 2병을 나누어 마시게 되었습니다. 당시 신청인은 다음 날인 17.이 ○○시 ○○구 ○○동에 거주하는 신청인 모친의 생신이므로 저녁 늦게 승용차로 하향할 계획이 있어 동료들이 권유하는 술잔을 사양하고 소주 두잔 정도만을 마신 다음 같은 날 22:00경 위 식당 부근의 노래방에서 위 동료들과 노래를 부르고 음료수를 마시면서 주기를 없앴고 이미 음주 후 4시간이 경과 되었고 술기운을 느끼지 못할 정도로 평소와 같은 컨디션이어서 같은 날 23:40경 하향키 위하여 운전하기 시작하다가 곧바로 단속 경찰관에게 적발되었습니다. 당시 단속 경찰관도 신청인에게 외형상으로는 언어 및 보행상태가 양호한데 수치측정 상 결과가 나타나니 자신은 어쩔 수 없다고 하면서 신청인을 입건하였습니다.

신청인은 고등학교를 졸업하고 군대를 제대한 이후 얼마간 있다가 위 ○○산업주식회사에 기능직(운전원)사원으로 입사하여 직책은 과장이나 실제 하는 일은 구매한 자재나 납품하는 자재의 운반 등의 업무에 종사하고 있으며 월급으로 130만원을 받아 처와 생후 3개월의 아들을 부양하고 있으며 전세보증금 2,500만원의 전세집에 거주하고 있으며 전주에 거주하는 신청인의 부모님이 야채 행상에 종사하다가 2년 전부터 건강이 좋지 않아 이를 그만 두고 자녀들의 도움으로 생활하고 있어 부모님에게 매월 약 30만원의 생활비를 보조하여 왔습니다.

그런데 이 사건 운전면허 취소처분으로 인하여 신청인은 운전을 할 수 없는 형편에 처하게 되었고, 이로 인하여 회사에서 강제로 퇴직당할 입장에 있어 피신청인의 생계 및 부모님의 부양 자체가 곤란에 처하게 되었으며 자녀가 너무 어려 처 또한 달리 생업에 종사할 수 없는 형편에 있습니다.

비록 신청인이 음주운전을 하였다 하나 음주운전으로 인하여 어떠한 사고도 일으킨 바도 없으며 음주 후 상당시간이 지나 운전하였을 뿐만 아니라 운전한 지 얼마 되지 아니하여 적발되었으며 운전면허 취소로 인하여 신청인이 직업을 잃어 가족을 부양하는 것이 극히 곤란하게 된 점 등을 참작할 때 이 사건 처분은 형식적인 음주운전 수치에 의존한 채 지나치게 가혹하여 재량권을 일탈하거나 남용한 처분이라 할 것이므로 위법하여 결국 취소되어야 할 것입니다.

3. 정지의 필요성

신청인은 앞에서 본 바와 같은 사유로 이 사건 처분은 위법하여 취소되어야 할 것으로 보고 이를 다투는 본안소송을 제기하였습니다만 본안 판결시까지는 상당한 기간이 소요될 것이 예상되고 한편 이 사건 운전면허취소의 효력은 유지된다 할 것인 바 신청인이 본안소송에서 승소한다 하더라도 처분의 효력이 그때까지 유지된다면 신청인에게 회복하기 어려운 손해가 생길 염려가 있으므로 그 효력의 정지를 구하기 위하여 이 사건 신청에 이르렀습니다.

소 명 방 법

1. 소갑 제1호증   행정처분

1. 소갑 제2호증   적발보고서

1. 소갑 제3호증   재직증명서

1. 소갑 제4호증   법인등기부등본

1. 소갑 제5호증   전세계약서

1. 소갑 제6호증   확인서

1. 소갑 제7호증   행정심판청구접수증

첨 부 서 류

1. 주민등록초본   1통

1. 위임장   1통

20○○. ○. .

신청인 대리인 변호사 ○ ○ ○ (인)

○○행정법원   귀중

제4장 영업취소·정지구제 행정심판 및 행정소송

제1절 일반음식점 영업취소·정지구제 행정심판 및 행정소송

1. 영업정지의 개념 및 일반음식점 영업자의 준수사항 등

가. 영업정지의 개념

영업자가 법규위반행위를 하는 경우 행정청은 법이 정하는 한도 이내의 일정 기간을 정하여 영업의 전부 또는 일부를 금지할 수 있는데, 이를 통상 영업정지라 한다.

나. 일반음식점 영업자 등의 준수사항 - 청소년보호법 중심

호프집, 족발집, 감성주점, 소주방, 삼겹살집, 양꼬치집, 국밥집, 치킨집 등 식품접객영업자는 「청소년 보호법」 제2조에 따른 청소년에게[105] 다음의 어느 하나에 해당하는 행위를 하여서는 아니 된다. 한편, 청소년 유해업소에서 주류 등을 판매함에 있어서 그 차림새가 성년자처럼 보인다 하더라도 조금이라도 청소년이라고 의심이 드는 경우에는 주민등록증이나 이에 유사한 정도로 연령에 관한 공적 증명력이 있는 증거에 의하여 연령 확인을 하여야 하고, 공적 증명에 의하여 그 연령이 확인되지 않는다면 주류 판매를 거부하여야 하므로, 청소년이 불러준 허위의 주민등록번호와 이름을 자동응답 서비스를 통하여 확인하는 절차를 거쳤다 하여 청소년에 대한 연령 확인의 책임을 다하였다고 볼 수 없다.[106]

---

105) 청소년보호법 제2조 제1호. "청소년"이란 만 19세 미만인 사람을 말한다. 다만, 만 19세가 되는 해의 1월 1일을 맞이한 사람은 제외한다.
106) 청주지방법원 2004. 12. 22. 선고 2004노1054 판결: 상고

가. 휴게음식점영업 : 음식류를 조리·판매하는 영업으로서 음주행위가 허용되지 아니하는 영업(주로 다류를 조리·판매하는 다방 및 주로 빵·떡·과자·아이스크림류를 제조·판매하는 과자점형태의 영업을 포함). 다만, 편의점·슈퍼마켓·휴게소 기타 음식류를 판매하는 장소에서 컵라면, 1회용 다류 기타 음식류에 뜨거운 물을 부어주는 경우를 제외

나. 일반음식점영업 : 음식류를 조리·판매하는 영업으로서 식사와 함께 부수적으로 음주 행위가 허용되는 영업(대법원 97도2912)

다. 단란주점영업 : 주로 주류를 조리·판매하는 영업으로서 손님이 노래를 부르는 행위가 허용되는 영업(대법원 98도3964)

라. 유흥주점영업 : 주로 주류를 조리·판매하는 영업으로서 유흥종사자를 두거나 유흥시설을 설치할 수 있고 손님이 노래를 부르거나 춤을 추는 행위가 허용되는 영업(대법원 94누4370)

마. 위탁급식영업 : 집단급식소를 설치·운영하는 자와의 계약에 따라 그 집단급식소에서 음식류를 조리하여 제공하는 영업

바. 제과점영업 : 주로 빵, 떡, 과자 등을 제조·판매하는 영업으로서 음주행위가 허용되지 아니하는 영업

(1) 청소년을 유흥접객원으로 고용하여 유흥행위를 하게 하는 행위

【판시사항】

청소년유해업소인 유흥주점의 업주가 종업원을 고용할 때 대상자의 연령을 확인하여야 하는 의무의 내용(대법원 2013. 9. 27. 선고 2013도8385 판결)

【판결요지】

청소년 보호법의 입법목적 등에 비추어 볼 때, 유흥주점과 같은 청소년유해업소의 업주에게는 청소년 보호를 위하여 청소년을 당해 업소에 고용하여서는 아니 될 매우 엄중한 책

임이 부여되어 있으므로, 유흥주점의 업주가 당해 유흥업소에 종업원을 고용할 때에는 주민등록증이나 이에 유사한 정도로 연령에 관한 공적 증명력이 있는 증거에 의하여 대상자의 연령을 확인하여야 하고, 만일 대상자가 제시한 주민등록증상의 사진과 실물이 다르다는 의심이 들면 청소년이 자신의 신분과 연령을 감추고 유흥업소 취업을 감행하는 사례가 적지 않은 유흥업계의 취약한 고용실태 등에 비추어 볼 때, 업주로서는 주민등록증상의 사진과 실물을 자세히 대조하거나 주민등록증상의 주소 또는 주민등록번호를 외워보도록 하는 등 추가적인 연령확인조치를 취하여야 할 의무가 있다.

(2) 「청소년 보호법」 제2조제5호가목3)에 따른 청소년출입·고용금지업소에 청소년을 출입시키거나 고용하는 행위

(3) 「청소년 보호법」 제2조제5호나목3)에 따른 청소년고용금지 업소에 청소년을 고용하는 행위

(4) 청소년에게 주류(酒類)를 제공하는 행위

(5) 누구든지 영리를 목적으로 제36조 제1항 제3호의 식품접객업을 하는 장소(유흥종사자를 둘 수 있도록 대통령령으로 정하는 영업을 하는 장소는 제외한다)에서 손님과 함께 술을 마시거나 노래 또는 춤으로 손님의 유흥을 돋우는 접객행위(공연을 목적으로 하는 가수, 악사, 댄서, 무용수 등이 하는 행위는 제외한다)를 하거나 다른 사람에게 그 행위를 알선하여서는 아니 되며, 또한 이에 따른 식품접객영업자는 유흥종사자를 고용·알선하거나 호객행위를 하여서는 아니 된다.

【판시사항】

청소년유해업소인 유흥주점의 업주가 종업원을 고용하는 경우 대상자의 연령을 확인하여야 하는 의무의 내용 및 성을 사는 행위를 알선하는 행위를 업으로 하는 자가 알선영업행위를 위하여 아동·청소년인 종업원을 고용하는 경우에도 같은 법리가 적용되는지 여부(대법원 2014. 7. 10. 선고 2014도5173 판결)

【판결요지】

청소년 보호법의 입법목적 등에 비추어 볼 때, 유흥주점과 같은 청소년유해업소의 업주에

게는 청소년 보호를 위하여 청소년을 당해 업소에 고용하여서는 아니 될 매우 엄중한 책임이 부여되어 있으므로, 유흥주점의 업주가 당해 유흥업소에 종업원을 고용하는 경우에는 주민등록증이나 이에 유사한 정도로 연령에 관한 공적 증명력이 있는 증거에 의하여 대상자의 연령을 확인하여야 한다. 만일 대상자가 제시한 주민등록증상의 사진과 실물이 다르다는 의심이 들면 청소년이 자신의 신분과 연령을 감추고 유흥업소 취업을 감행하는 사례가 적지 않은 유흥업계의 취약한 고용실태 등에 비추어 볼 때, 업주로서는 주민등록 증상의 사진과 실물을 자세히 대조하거나 주민등록증상의 주소 또는 주민등록번호를 외워보도록 하는 등 추가적인 연령확인조치를 취하여야 하고, 대상자가 신분증을 분실하였다는 사유로 연령 확인에 응하지 아니하는 등 고용대상자의 연령확인이 당장 용이하지 아니한 경우라면 대상자의 연령을 공적 증명에 의하여 확실히 확인할 수 있는 때까지 채용을 보류하거나 거부하여야 할 의무가 있다. 이러한 법리는, 성매매와 성폭력행위의 대상이 된 아동·청소년의 보호·구제를 목적으로 하는 아동·청소년의 성보호에 관한 법률의 입법취지 등에 비추어 볼 때, 성을 사는 행위를 알선하는 행위를 업으로 하는 자가 알선영업행위를 위하여 아동·청소년인 종업원을 고용하는 경우에도 마찬가지로 적용된다고 보아야 한다. 따라서 성을 사는 행위를 알선하는 행위를 업으로 하는 자가 성매매알선을 위한 종업원을 고용하면서 고용대상자에 대하여 아동·청소년의 보호를 위한 위와 같은 연령확인의무의 이행을 다하지 아니한 채 아동·청소년을 고용하였다면, 특별한 사정이 없는 한 적어도 아동·청소년의 성을 사는 행위의 알선에 관한 미필적 고의는 인정된다고 봄이 타당하다.

다. 업주의 의무

대법원은, "업주 및 종사자가 이러한 연령확인의무에 위배하여 연령확인을 위한 아무런 조치를 취하지 아니함으로써 청소년이 당해 업소에 출입한 것이라면, 특별한 사정이 없는 한 업주 및 종사자에게 최소한 위 법률 조항 위반으로 인한 청소년보호법위반죄의 미필적 고의는 인정된다고 할 것이다"고 판시한 바 있다(대법원 2007. 11. 16. 선고 2007도7770 판결 참조).

이러한 판례에 따르면, 청소년의 신분증을 확인조차 하지 않았으며, 그 밖의 연령확인 조치를 취하지 않은 행위는 사소한 부주의를 넘어서 미필적 고의가 인정되어 처벌을 받게된다.

또한, 청소년보호법 제50조 제2호, 제24조 제1항은 청소년을 고용한 청소년유해업소의 업주를 3년 이하의 징역이나 2천만 원 이하의 벌금에 처하도록 규정하고 있고, 같은 법 제54조(양벌규정)는 개인의 대리인, 사용인 기타 종업원이 개인의 업무에 관하여 같은 법 제50조 등의 죄를 범한 때에는 행위자를 벌하는 외에 개인에 대하여도 각 해당 조의 벌금형을 과하도록 규정하고 있는바, 위 양벌규정은 벌칙규정의 실효성을 확보하기 위하여 그 행위자와 업주 쌍방을 모두 처벌하려는 데에 그 취지가 있다고 할 것이므로(대법원 1999. 7. 15. 선고 95도2870 전원합의체 판결, 2004. 5. 14. 선고 2004도74 판결 등 참조), 청소년유해업소의 업주로부터 위임을 받은 종업원이 업무와 관련하여 청소년을 고용하였다면 그 종업원과 업주는 모두 청소년보호법 제50조 제2호의 적용대상이 된다.107)

라. 청소년보호법 위반으로 인한 벌금형 등의 처벌

청소년보호법 제59조, "청소년에게 청소년 유해약물 등을 구매하게 하거나, 청소년을 청소년 출입 또는 고용 금지업소에 출입시킨 자는 2년 이하의 징역이나 2,000만 원 이하의 벌금에 처한다"고 규정하고 있다. 여기엔 면책조항이 없다. 따라서 법 위반이 확인되면 식품위생법을 근거로 한 행정처분과 청소년 보호법에 따른 형사처벌이 동시에 진행되는데, 영업정지등 행정처분은 받지 않더라도 형사처벌은 받을 수 있다.

마. 청소년 주류판매 행위의 의미 및 기수시기

청소년보호법 제51조 제8호 소정의 '청소년에게 주류를 판매하는 행위'란 청소년에게 주류를 유상으로 제공하는 행위를 말하고, 청소년에게 주류를 제공하였다고 하려면 청소년이 실제 주류를 마시거나 마실 수 있는 상태에 이르러야 한다. 따라서 유흥주점 운영자가 업소에 들어온 미성년자의 신분을 의심하여 주문받은 술을 들고 룸에 들어가 신분증의 제시를 요구하고 밖으로 데리고 나온 사안에서, 미성년자가 실제 주류를 마시거나 마실 수 있는 상태에 이르지 않았으므로 술값의 선불지급 여부 등과 무관하게 주류판매에 관한 청소년보호법 위반죄가 성립하지 않는다.108)

---

107) 대법원 2005. 11. 25. 선고 2005도6455 판결
108) 대법원 2008. 7. 24. 선고 2008도3211 판결.

2. 허가취소 등

가. 취소권자

식품의약품안전처장 또는 특별자치시장·특별자치도지사·시장·군수·구청장은 영업자가 위 1의 (1), (2), (4)의 어느 하나에 해당하는 경우에는 영업허가 또는 등록을 취소하거나 6개월 이내의 기간을 정하여 그 영업의 전부 또는 일부를 정지하거나 영업소 폐쇄(제37조제4항에 따라 신고한 영업만 해당한다.)를 할 수 있다.

나. 세부기준

행정처분의 세부기준은 그 위반 행위의 유형과 위반 정도 등을 고려하여 총리령으로 정한다.

3. 행정처분의 기준

가. 청소년 주류제공 – 행정처분의 기준(제89조 관련)

법 제71조, 법 제72조, 법 제74조부터 법 제76조까지 및 법 제80조에 따른 행정처분의 기준은 별표 23과 같다.

(1) 일반기준(별표 23)

(가) 둘 이상 위반행위 적발

둘 이상의 위반행위가 적발된 경우로서 위반행위가 영업정지에만 해당하는 경우에는 가장 중한 정지처분 기간에 나머지 각각의 정지처분 기간의 2분의 1을 더하여 처분한다.

(나) 같은 행위 반복위반

위반행위에 대하여 행정처분을 하기 위한 절차가 진행되는 기간 중에 반복하여 같은 사항을 위반하는 경우에는 그 위반횟수마다 행정처분 기준의 2분의 1씩 더하여 처분한다.

(다) 기준시점

처분기준의 적용은 같은 위반사항에 대한 행정처분일과 그 처분 후 재적발일을 기준으로 한다.

개별기준(식품접객업)[별표 23]

식품접객영업자가 식품위생법규정에 위반하여 청소년에게 주류를 제공한 경우 아래 표의 행정처분기준에 따라 영업정지처분을 받게 된다.

위반사항	근거법령	행정처분기준		
		1차 위반	2차 위반	3차 위반
11. 법 제44조제2항을 위반한 경우 라. 청소년에게 주류를 제공하는 행위 (출입하여 주류를 제공한 경우 포함)를 한 경우	법 제75조	영업정지 2개월	영업정지 3개월	영업허가 취소 또는 영업소폐쇄

(2) 감경기준

「식품위생법」제44조제2항제4호에 의하면 식품접객영업자는 청소년에게 주류를 제공하는 행위를 하여서는 아니 되고, 같은 법 시행규칙 제89조[별표23] Ⅱ. 3. 11호 라목에 의하면 위 법 조항을 위반한 자에게 1차 위반시 영업정지 2월, 2차 위반시 영업정지 3월을 명할 수 있다.

같은 별표 Ⅰ. 15.에 의하면 식품접객업소의 위반사항 중 ⅰ) 그 위반의 정도가 경미하거나 고의성이 없는 사소한 부주의로 인한 것인 때, ⅱ) 해당 위반사항에 관하여 검사로부터 기소유예의 처분을 받거나 법원으로부터 선고유예의 판결을 받은 경우로서 그 위반사항이 고의성이 없거나 국민보건상 인체의 건강을 해할 우려가 없다고 인정되는 경우에는 정지처분 기간의 2분의 1이하의 범위에서 그 처분을 경감할 수 있다.

나. 청소년 유흥접객원 고용

(1) 유흥접객원이 의미

식품위생법 제22조 제1항, 동법 시행령 제7조 제8호 (라)목, 제8조 제1항, 제2항, 동법 시행규칙 제42조 [별표 13] 식품접객영업자 등의 준수사항 5. 타. ⑴ 등에서 규정하고 있는 '유흥접객원' 이란 반드시 고용기간과 임금, 근로시간 등을 명시한 고용계약에 의하여 취업한 여자종업원에 한정된다고는 할 수 없지만, 적어도 하나의 직업으로 특정업소에서 손님과 함께 술을 마시거나 노래 또는 춤으로 손님의 유흥을 돋우어 주고 주인으로부터 보수를 받거나 손님으로부터

팁을 받는 부녀자를 가리킨다고 할 것이다.[109]

(2) 청소년 고용용금지업소가 되는 일반음식점

청소년보호법이 '일반음식점 영업 중 음식류의 조리·판매보다는 주로 주류의 조리·판매를 목적으로 하는 소주방·호프·카페 등의 영업형태로 운영되는 영업'을 청소년고용금지업소의 하나로 규정하고 있는 이유는 그러한 업소에 청소년이 고용되어 근로할 경우 주류에 쉽게 접촉하여 건전한 심신발달에 장애를 유발할 우려가 있고 또한 고용청소년에게 유해한 근로행위의 요구를 할 것이 우려되므로 이를 방지하고자는데 있다할 것이고, 한편 식품위생법상 일반음식점 영업은 '음식류를 조리·판매하는 영업으로서 식사와 함께 부수적으로 음주행위가 허용되는 영업'이지만, 청소년보호법 제2조 제5호는 다른 법령이 요구하는 허가·인가·등록·신고 등의 여하를 불문하고 실제로 이루어지고 있는 영업행위를 기준으로 청소년고용금지업소 등 청소년유해업소 해당 여부를 판단하도록 정하고 있으므로, 음식류를 조리, 판매하면서 식사와 함께 부수적으로 음주행위가 허용되는 업소라고 하더라도 실제로는 음식류의 조리, 판매보다는 주로 주류를 조리, 판매하는 영업행위가 이루어지고 있다면 청소년고용금지업소에 해당하며, 나아가 주간에는 주로 음식류를 조리, 판매하더라도 야간에 주로 주류를 조리, 판매하는 업소라면 야간 영업시에는 청소년고용금지업소에 해당한다 할 것이다.[110]

(3) 처분기준

식품위생법 제75조 제1항, 같은 법 시행규칙 제89조 [별표 23] Ⅱ. 3. 제11호 나.목에 규정에 따라, 1차 적발시 3개월의 영업정지처분을, 2차 적발시에는 영업허가·등록취소 또는 영업소폐쇄 등의 처분을 받게 된다.

다. 유통기간 경과제품 보관, 사용

(1) 처벌의 필요성

식품위생법 시행규칙 [별표 17] 제6호 카.목에서는 식품접객영업자의 준수사항으로서 '유통기한이 경과된 원료 또는 완제품을 조리·판매의 목적으로 보관' 하여서는 아니 된다고 규정하고

---

109) 대법원 2009. 3. 12. 선고 2008도9647 판결.
110) 대법원 2005. 3. 24. 선고 2005도86 판결, 2004. 2. 12. 선고 2003도6282 판결.

있다. 이는 음식류를 조리하여 판매하는 영업을 하는 식품접객업자의 지위에서의 준수사항을 규정한 것이므로 여기에서의 '조리'는 식품접객업자의 지위에서 판매 등 영업을 위한 목적에서 이루어지는 음식품의 조리를 의미하고, 단지 영업자 자신의 식사용으로 음식품을 조리하는 등 영업을 위한 목적이 전혀 없는 경우에는 그 원료 또는 완제품이 유통기한을 경과한 사정이 있다고 하더라도 그에 해당하지 아니한다고 봄이 상당하다.

(2) 처분기준

식품위생법 제75조 제4항, 같은 법 시행규칙 제89조 [별표 23] Ⅱ. 3. 제10호 가.목 4)의 규정에 따라. 1차 적발시에는 15일의 영업정지처분을, 2차 적발시에는 1개월의 영업정지처분을, 3차 적발시에는 3개월의 영업정지처분을 받게 된다.

라. 가타 쟁점사항

(1) 양도 · 합병시 처분기준

「식품위생법」제78조에 의하면 영업자가 영업을 양도하거나 법인이 합병되는 경우에는 제75조 제1항 각 호를 위반한 사유로 종전의 영업자에게 행한 행정 제재처분의 효과는 그 처분기간이 끝난 날부터 1년간 양수인이나 합병 후 존속하는 법인에 승계되며, 행정 제재처분 절차가 진행 중인 경우에는 양수인이나 합병 후 존속하는 법인에 대하여 행정 제재처분 절차를 계속할 수 있다고 되어 있고, 단서 조항으로 양수인이나 합병 후 존속하는 법인이 양수하거나 합병할 때에 그 처분 또는 위반사실을 알지 못하였음을 증명하는 때에는 그러하지 아니하다고 되어 있다.

(2) 과징금전환

(가) 과징금전환

영업정지처분의 경우 처분청에 과징금전환 신청을 하여 영업정지 대신 과징금을 납부[식품위생법 제75조 제1항 각 호 사유 등으로 인한 영업정지 처분에 갈음해서는 2억 원 이하의 과징금을 부과할 수 있다(같은 법 제82조 제1항)]한 후 계속해서 영업을 하는 것도 가능하다. 다만 이때 신중히 고려해야할 부분은 영업정지 및 그 대체로 인한 과징금 납부의 유불리

여부다. 때론 과징금 금액이 너무 과대하여 영업정지처분을 받는 것이 좋다고 말하는 업주도 많기 때문이다.

다만, 과징금 전환이 무조건 가능한 것은 아니며, 청소년(미성년자) 주류제공으로 2개월 이상 영업정지처분을 받은 경우에는 그 전환이 쉽지는 않다. 그러나 청소년 주류제공의 경우라도 과징금 전환이 불가능한 것은 아니고, 수사기관에서 기소유예처분을 받은 경우 과징금 전환도 가능하다. 따라서 영업정지처분으로 적발되어 그에 따른 수사절차가 진행될 때 그 절차를 충분히 활용하여 처음부터 청소년에게 주류를 제공하려는 의사 즉, 고의성이 전혀 없었다는 사실을 충분히 입증하고 나아가 그럼에도 불구하고 일정한 처분을 받게될 경우 회복할 수 없는 손해의 발생이 심대하다는 내용 등의 주장 및 읍소를 통하여 처분으로 인하여 얻는 이익에 비하여 상대방이 입는 피해가 너무 커 부당하다고 여겨질 경우 기소유예처분을 받을 가능성이 높아지며, 특히 초범인 경우에는 위와 같은 사실을 충분히 입증하면 기소유예처분을 받을 가능성이 한층 더 높다.

(나) 과징금전환 제외사유

식품위생법 시행규칙 제89조 [별표 23] Ⅲ. 과징금 제외 대상에서 구체적으로 정하고 있는데, 이에는 유흥접객원 고용•종업원 유흥접객행위, 청소년 유해업소에 청소년을 고용하거나 출입하게 하는 행위, 청소년에게 주류를 제공하는 행위, 성매매알선 등 행위의 처벌에 관한 법률 제4조에 따른 금지행위를 하는 경우 등이다. 다만, 과징금 제외 대상의 경에도 같은 별표 Ⅰ. 일반기준의 제15호에 따른 경감대상에 해당하는 경우에는 과징금처분을 할 수 있다고 규정하고 있다.

4. 행정처분절차 – 처분의 사전통지 및 의견청취

가. 사전통지

행정청은 당사자에게 의무를 부과하거나 권익을 제한하는 처분을 하는 경우에는 미리 처분의 제목, 당사자의 성명 또는 명칭과 주소, 처분하려는 원인이 되는 사실과 처분의 내용 및 법적 근거, 이에 대하여 의견을 제출할 수 있다는 뜻과 의견을 제출하지 아니하는 경우의 처리방법, 의견제출기관의 명칭과 주소, 의견제출기한, 그 밖에 필요한 사항을 당사자등에게 통지하여야 한다(행정절차법 제21조).

이에 따라서 행정관청에서는 청소년 주류판매행위 등으로 적발된 업주에게 영업정지 등 행정처분을 하기 위해서는 위 규정에 의거 처분의 사전통지를 하게 된다. 따라서 단속에 적발된 업주들의 경우 위 통지를 받게 된 후 기한 내에 해당 처분의 부당성 등에 대한 의견을 적극적으로 피력하거나 또는 그에 대해 제출할 어떠한 의견이 없을 경우에는 최소한 해당 처분에 대하여 '수사절차 종결시'까지 또는 '행정심판재결시'까지 최대한 유예해달라는 취지라도 기재하는 것이 좋다.

나. 의견청취

행정청이 처분을 할 때 다른 법령등에서 청문을 하도록 규정하고 있는 경우, 행정청이 필요하다고 인정하는 경우 및 인허가 등의 취소, 신분·자격의 박탈, 법인이나 조합 등의 설립허가의 취소시 의견제출기한 내에 당사자등의 신청이 있는 경우 의견청취를 할 수 있다.

5. 영업정지기간 중 영업

만일, 영업의 금지를 명한 영업허가취소처분 자체가 나중에 행정쟁송절차에 의하여 취소되었다면 그 영업허가취소처분은 그 처분시에 소급하여 효력을 잃게 되며 그 영업허가취소처분에 복종할 의무가 원래부터 없었음이 확정되었다고 봄이 타당하고, 영업허가취소처분이 장래에 향하여서만 효력을 잃게 된다고 볼 것은 아니므로 그 영업허가취소처분 이후의 영업행위를 무허가영업이라고 볼 수는 없다. 그러나 반대의 경우에는 식품위생법 제58조 제2항 소정의 영업자가 영업정지명령을 위반하여 계속적으로 영업행위를 한 때에 해당하며, 이 경우 식품위생법 제75조의 규정에 따라 영업허가 또는 등록을 취소하거나 영업소 폐쇄명령을 할 수 있다.

6. 행정심판청구

행정처분사전통지절차가 종료되면 관할 행정청은 경찰서로부터 통보받은 내용에 기초하여 위반 횟수 및 내용에 따라 영업정지 등 행정처분을 하게 되는데, 만일 업주가 이에 대하여 불복하고자 하는 경우에는 행정심판위원회에 행정처분취소신청과 같은 행정심판이나 행정처분취소소송으로 다툴 수 있다.

행정심판청구는 그 처분이 있음을 안날부터 90일, 처분이 있은 날부터 180일 이내에 청구해야
하니 위 기간에 유념하여야 한다. 단, 행정소송의 경우에는 처분이 있음을 안 날로부터 90일,
처분이 있는 날로부터 1년이다.

[행정심판절차 개관]

> ▶ **심판청구서의 제출**
> 행정심판을 청구하려는 자는 심판청구서를 작성해 피청구인이나 소관 행정심판위원
> 회에 제출해야 한다. 이 경우 피청구인의 수만큼 심판청구서 부본을 함께 제출해야
> 한다(「행정심판법」 제23조제1항).
>
> ▶ **답변서의 제출**
> 청구인의 행정심판청구가 있으면 행정심판의 상대방인 처분청은 청구인의 청구에 대
> 한 반박 자료인 답변서를 심판청구서를 받은 날부터 10일 이내에 작성해 심판청구서와
> 함께 행정심판위원회에 제출한다(「행정심판법」 제24조제1항). 이럴 경우 행정심판위
> 원회는 피청구인의 답변서를 청구인에게 송달해 청구인이 처분청의 주장을 알 수 있도
> 록 한다.
>
> ▶ **사건회부**
> 처분청은 제출된 청구인의 청구서와 답변서를 지체 없이 행정심판위원회에 회부해
> 행정심판위원회가 심판청구사건을 신속히 심리할 수 있도록 한다.
>
> ▶ **심리**
> 행정심판위원회는 처분청으로부터 회부된 사건에 대해 청구인과 피청구인의 주장을
> 충분히 검토한 후, 심리기일을 정해 행정처분의 위법·부당여부를 판단하는 심리를
> 하며, 심리가 이루어지면 행정심판위원회는 심리결과를 처분청 및 청구인에게 송부한
> 다.
>
> ▶ **재결**
> 행정심판위원회의 재결은 행정심판청구사건에 대한 판단을 대외적으로 청구인과 피
> 청구인에게 알리는 것으로 재결서를 청구인과 피청구인에게 송달하며, 행정심판의
> 효력은 재결서가 송달되어야 발생한다.

7. 사후합석 등의 문제

가. 사후합석

판례는 "음식점을 운영하는 사람이 그 음식점에 들어온 사람들에게 술을 내어 놓을 당시에는
성년자들만이 있었고 그들끼리만 술을 마시다가 나중에 청소년이 들어와서 합석하게 된
경우에는, 처음부터 음식점 운영자가 나중에 그렇게 청소년이 합석하리라는 것을 예견할
만한 사정이 있었거나, 청소년이 합석한 이후에 이를 인식하면서 추가로 술을 내어준
경우가 아닌 이상, 나중에 합석한 청소년이 남아있던 술을 일부 마셨다고 하더라도
음식점 운영자가 식품위생법 제31조 제2항 제4호에 규정된 '청소년에게 주류를 제공하는
행위'를 하였다고 볼 수는 없고 이와 같은 법리는 음식점 운영자가 나중에 합석한 청소년에
게 술을 따라 마실 술잔을 내주었다 하여 달리 볼 것은 아니다." 라고 하였다(대법원
2001. 10. 19. 선고 2001도4069 판결, 2002. 1. 11. 선고 2001도6032 판결, 2005. 5.
27. 선고 2005두2223 판결).

나. 청소년을 동반한 성년자에게 술을 판매한 경우

청소년을 포함한 일행이 함께 음식점에 들어와 술을 주문하였고, 청소년도 일행과 함께 술을
마실 것이 예상되는 상황에서 그 일행에게 술을 판매하였으며, 실제로 청소년이 일행과 함께
그 술을 마셨다면, 이는 청소년보호법 제51조 제8호 소정의 '청소년에게 주류를 판매하는
행위'에 해당되며, 이 경우 성년자인 일행이 술을 주문하거나 술값을 계산하였다 하여 달리
볼 것은 아니다.[111]

따라서 영업주가 처음부터 청소년이 그 술자리에 합석할 것을 예견하였거나 또는 청소년이 그 술자리에 합석한 이후에 이러한 사실을 인식하면서 추가로 술을 더 내어준 경우가 아니라 단순히 사후에 합석한 청소년이 그 술자리에 남아있던 술을 마신 것에 불과하다면 영업허가정지처분에 대해서 행정심판 등의 절차를 통하여 영업정지처분 취소 및 감경을 충분히 다투어볼 소지가 있는 것이다.

8. 선량한 자영업자 보호법 – 청소년이 신분증을 위조, 변조, 도용

식품위생법 제75조를 보면 식품접객영업자가 청소년에게 주류를 제공했을 경우 1차 적발시 영업정지 60일, 2차 적발 시 영업정지 180일, 3차 적발 시 영업허가 취소의 행정처분을 받게 되는데, 여기에 면책 조항이 신설된 것이다.

이에 따라 개정 식품위생법에는 "청소년의 신분증 위조·변조 또는 도용으로 식품접객영업자가 청소년인 사실을 알지 못하였거나 폭행 또는 협박으로 청소년임을 확인하지 못한 사정이 인정되는 경우에는 대통령령으로 정하는 바에 따라 해당 행정처분을 면제할 수 있다."라는 문구가 추가되었다. 따라서 법 위반이 확인되면 청소년 보호법에 따른 형사처벌과는 달리[112] 영업정지 등 행정처분은 받지 않는다. 이는 청소년보호법의 형사처벌 조항까지 면책해 주면 업주의 의무나 청소년 보호의 취지가 약해진다는 이유에 기초한다.

그 결과 만일 청소년의 강박이나 신분증 위조, 변조, 도용 등 적극적인 방법으로 인하여 주류판매 등을 한 업주는 선량한 자영업자 보호법으로 통하여 영업정지의 행정처분을 면제받을 수 있다(식품위생법 제75조).

9. 감경기준(행정심판위원회)

청소년에게 주류를 제공한 법위반 사실이 명백한 이상 특별한 사유가 없는 한 영업정지처분이 위법·부당하지 않는다고 판단하는 것이 행정심판위원회의 주된 태도이다. 그럼에도 불구하고 감경이 가능하다면 그 기준을 명확히 인지하고 행정심판 등의 절차를 진행하는 것이 중요한데,

---

111) 대법원 2004. 9. 24. 선고 2004도3999 판결.
112) 소년보호법이 적용되면 형사처벌은 피할 수 없는데, 이는 청소년보호법 제59조, "청소년에게 청소년 유해약물 등을 구매하게 하거나, 청소년을 청소년 출입 또는 고용 금지업소에 출입시킨 자는 2년 이하의 징역이나 2,000만 원 이하의 벌금에 처한다"고만 규정되어 있고, 면책조항이 없기 때문이다.

통상의 경우 감경사유는 1. 업소가 소규모이고 해당 영업이 유일한 생계수단인 점, 2. 동종의 처벌 전력이 없는 점, 3. 고의성이 있다고 보여지지 않는 점, 4. 반성하고 있는 점 등을 고려할 때, 다소 가혹하므로 행정처분기준 별표23. Ⅰ. 일반기준 15. 마.에 의하여 처분을 경감하는 것이 공익목적·사익침해 정도에 부합하다는 것이다.

10. 관련서식

가. 청구취지 기재례

> 피청구인이 20○○. ○. ○. 청구인에 대하여 한 20○○. ○. ○.부터 같은 해
> ○. ○까지(2개월)의 영업정지처분은 이를 취소한다.
> 라는 재결을 구합니다.

> 피청구인이 2013. 5. 14. 청구인에 대하여 한 영업정지 1개월에 갈음하는 2,640만
> 원의 과징금부과처분을 취소한다.

> 피청구인이 2013. 4. 29. 청구인에 대하여 한 「식품위생법」 위반(청소년 주류제
> 공)에 따른 영업정지 2개월처분(2013. 5. 6. ~ 2013. 7. 4.)은 이를 취소한다.

> 피청구인이 2018. 12. 27. 청구인에게 한 영업정지 7일 처분을 과징금으로 변경한다.

나. 서식례

[서식] 영업허가취소처분 취소심판 청구서(대중음식점)

<table>
<tr><td colspan="5" align="center">행 정 심 판 청 구</td></tr>
<tr><td rowspan="2">청 구 인</td><td>이 름</td><td>○ ○ ○</td><td>주민등록
번 호</td><td>111111-1111111</td></tr>
<tr><td>주 소</td><td colspan="3">○○시 ○○구 ○○길 ○○</td></tr>
<tr><td>선정대표자, 관리인
또는 대리인</td><td colspan="4">○ ○ ○ (또는 대리인 변호사 ○ ○ ○)
○○시 ○○구 ○○길 ○○(우편번호 ○○○ - ○○○)</td></tr>
<tr><td>피 청 구 인</td><td colspan="2">△△특별시 △△구청장</td><td>재 결 청</td><td>ㅁㅁ특별시장</td></tr>
<tr><td>청구대상인 처분내용
(부작위의 전제가 되는
신청내용일자)</td><td colspan="4">피청구인이 20○○. ○. ○. 청구인에 대하여 한 영업허가
취소처분</td></tr>
<tr><td>처분 있음을 안 날</td><td colspan="4">20○○년 ○월 ○일</td></tr>
<tr><td>심판청구취지 이유</td><td colspan="4">별지기재와 같음</td></tr>
<tr><td>피청구인의 행정심판
고지유무</td><td colspan="2">20○○년 ○월 ○일</td><td>고 지 내 용</td><td>영업허가 취소</td></tr>
<tr><td>증거서류</td><td colspan="4">재직증명서, 경력증명서, 전세계약서, 주민등록등본
(또는 1. 별지기재와 같음)</td></tr>
<tr><td>근거법조</td><td colspan="4">행정심판법 제28조, 동법시행령 제20조</td></tr>
<tr><td colspan="5">위와 같이 행정심판을 청구합니다.</td></tr>
</table>

20○○년　○월　○일

청 구 인　○　○　○　(인)
(또는 대리인 변호사　○　○　○　⑩)

△△ 특별시 △△ 구청장 귀하

첨부서류	청구서부본	수 수 료	없 음

심 판 청 구 의 취 지

피청구인이 20○○년 ○월 ○일 청구인에 대하여 한 서울 ○○구 ○○길 ○○번지에 있는 대중음식점 ○○에 대한 영업허가취소처분을 취소한다.
라는 재결을 구합니다.

청 구 이 유

1. 이 사건 처분의 경위

청구인은 20○○년 ○월 ○일 피청구인으로부터 대중음식점 영업허가를 받아 서울 ○○구 ○○길 ○○번지에서 ○○라는 상호로 대중음식점 영업을 해 오던중 20○○년 ○월 ○일 위 업소에 청소년에게 주류를 제공하였다는 이유로 ○○구청 소속 단속반원들에게 적발되었습니다.

이에 피청구인은, 금번에 적발되기 전 20○○년 ○월 ○일과 ○○년 ○월 ○일 2차례에 걸쳐 같은 내용으로 적발되어 영업정지에 갈음한 과징금 처분을 하였고 청소년에게 주류를 제공, 식품위생법 제44조 영업자의준수사항을 위반하였다는 이유로 영업허가 취소사유에 해당 같은 법 시행규칙 제89조의 별표23에 규정된 행정처분기준을 적용하여 20○○년 ○월 ○일 청구인에 대하여 위 대중음식점 영업허가를 취소하는 처분을 하였습니다.

2. 처분의 위법

가. 사실오인

청구인이 제3차로 적발될 당시 저녁8시 무렵 손님이 많은 관계로 청년과 청소년들을 구분하기가 쉽지 않았을 뿐만 아니라 처음에 3명의 건장한 청년들이 들어와 고기와 술을 시켜서 먹고 마시고 있었고 다음에 청소년이 들어와 자연스럽게 앉아서 고기를 먹고 있었던 터라 청구인은 전혀 의심을 하지 않았습니다. 청구인은 3명의 청년들과 같이 있는 걸로 보아 같은 또래로 착각을 할 수밖에 없었습니다. 그 당시로는 그 중에서 1명이 청소년인줄을 전혀 인식할 수 없었고 이로 말미암아 단속반들에 적발되어 영업허가를 취소 당하였는바, 그 당시 청소년이 술을 마셨는지 정확히 규명하지 아니하고 청소년에게 주류를 제공하는 행위로 이 사건 처분은 사실을 잘못 인정한 것으로서 위법합니다.

나. 재량남용, 일탈

가사 청소년에게 주류를 제공하는 위반사실이 인정된다 하더라도 처음 3명은 청소년이 아니었고 나중에 온 청소년은 전혀 예상할 수가 없었을 뿐 아니라 이 사건 음식점은 5명의 종업원을 두고 주로 고기 등을 조리판매 하면서 영업을 운영하고 있을 뿐만 아니라 청구인은 이미 2번에 걸쳐 같은 내용으로 적발되어 행정처분을 받은 상태라 평소 많은 주의를 가지고 영업을 해왔습니다.

3. 이러한 여러 사정등을 종합하여 보면, 청구인이 위와 같이 식품위생법 제44조를 위반하였다는 사유로 상당기간의 영업정지처분을 하는 것은 별론으로 하고 곧바로 이 사건 음식점의 영업으로 청구인은 청소년을 출입시켜 수익을 올리고 싶은 생각은 전혀 없었습니다.

또한 적발당시의 청소년이 술을 마셨는지 정확한 규명이 없었으며 이러한 정황을 비추어 볼 때 청소년에 대한 주류판매로 인하여 이 사건 음식점에 대한 영업허가가 취소됨으로써 청구인은 막대한 경제적 손해를 입게 되는 것입니다.

취소까지 한 이 사건처분은 그에 의하여 실현하고자 하는 공익목적을 감안한다 하더라도 재량권의 한계를 현저히 일탈한 위법한 처분인 것입니다.

입 증 방 법

1. 소갑 제1호증   통지서사본
1. 소갑 제2호증   허가증사본
1. 소갑 제3호증   진술서
1. 소갑 제4호증   확인서

첨 부 서 류

1. 위 입증방법   각 1통
1. 심판청구서부본   1통

　　　　　　20○○년　　○월　　○일

　　　　　　위 청구인　　○　　○　　○　　(인)

△△특별시　△△구청장　귀하

제출기관	피청구인 또는 행정심판 위원회(행정심판법 23조)	청구기간	·처분이 있음을 안 날로부터 90일 ·처분이 있은 날로부터 180일 　(행정심판법 27조)
청구인	피처분자	피청구인	행정처분을 한 행정청
제출부수	청구서 및 부본 각1부	관련법규	행정심판법
불복방법	·행정심판 재청구의 금지(행정심판법 51조) 　행정심판법상 행정심판의 단계는 단일화되어 있어 재결에 대한 행정심판 재청구는 할 수 없다. 다만, 국세기본법 등의 개별법에서는 다단계의 행정심판을 인정하고 있음 ·재결에 대한 행정소송(행정소송법 19조, 38조) 　재결자체에 고유한 위법이 있을 때에는 재결 그 자체에 대한 취소소송 및 무효등확인소송을 제기할 수 있음 ·다만, 청구인은 기각 재결 등 청구인의 주장이 인용되지 아니한 경우에는 원행정처분에 대하여 행정소송으로 다툴 수 있음(행정소송법 18조)		

답 변 서

사건번호   2021 - ○○○○○

사 건 명   영업정지처분 취소청구

청 구 인   ○○○(주민번호)

(주소)

피청구인   ○○장관

청 구 일   2016. ○○. ○○.

위 사건에 대하여 피청구인은 다음과 같이 답변 합니다.

청구 취지에 대한 답변

"청구인의 청구 내용을 기각(각하)한다."라는 재결을 구합니다.

청구 원인에 대한 답변

1. 사건 개요

2. 해결방안(합의 등)

3. 청구인 주장에 대한 피청구인의 주장(위 2번에 해당되지 않는 경우)

　가. 관련 법령

　나. 처분 경위

　다. 주장

4. 결 론

입 증 방 법

　　　　을제1호증　　　　　　　　　　　　처분서

2016.　○○.　○○.

피청구인 : ○○장관
심판수행자 :
연 락 처 :

중 앙 행 정 심 판 위 원 회　귀 중

[서식] 영업정지처분 취소심판 청구서(대중음식점)

<table>
<tr><td colspan="6" align="center">**행정심판청구**</td></tr>
<tr><td rowspan="2">청 구 인</td><td>성 명</td><td>○ ○ ○
(○ ○ ○)</td><td>주민등록번호</td><td colspan="2">111111-1111111</td></tr>
<tr><td>주 소</td><td colspan="4">○○시 ○○구 ○○길 ○○</td></tr>
<tr><td colspan="2">선정대표자 · 관리인
또는 대리인</td><td colspan="4">대리인 변호사 ○ ○ ○</td></tr>
<tr><td colspan="2">피 청 구 인</td><td colspan="2">△△특별시 △△구청장</td><td>재 결 청</td><td>서울특별시장</td></tr>
<tr><td colspan="2">청구대상인 처분
내용(부작위의 전제
가 되는 신청내용 ·
일자</td><td colspan="4">피청구인이 20○○. ○. ○. 청구인에 대하여 한 대중음식점
영업허가 정지처분을 취소한다</td></tr>
<tr><td colspan="2">처분이있음을 안날</td><td colspan="4">20○○. ○. ○</td></tr>
<tr><td colspan="2">심판청구취지 · 이유</td><td colspan="4">(별지와 같음)</td></tr>
<tr><td colspan="2">처분청의 고지유무</td><td colspan="2" align="center">유</td><td>고지내용</td><td>통 지</td></tr>
<tr><td colspan="2">증거서류(증거물)</td><td colspan="4">통지서, 허가증, 진술서, 확인서, 관보</td></tr>
<tr><td colspan="2">근거법조</td><td colspan="4">행정심판법 제19조, 동법시행령 제18조</td></tr>
<tr><td colspan="6">

위와 같이 행정심판을 청구합니다

20○○년 ○월 ○일
청구 대리인 변호사 ○ ○ ○ (인)

△△시 △△구청장 귀하

</td></tr>
<tr><td colspan="6">첨부서류 : 청구서부본, 위 각 증거서류 각 1통</td></tr>
</table>

(별 지)

청 구 취 지

피청구인이 20○. ○. ○. 청구인에 대하여 한 ○○시 ○○구 ○○길 ○○ 소재 대중음
식점 ☆☆에 관한 영업정지처분을 취소한다.
라는 재결을 구합니다.

청 구 이 유

1. 처분의 경위

청구인이 ○○시 ○○구 ○○길 ○○에서「☆☆」라는 상호로 대중음식점 영업을 하
여 오던 중, 피청구인은 청구인이 20○. ○. ○. 00:00부터 00:30경 까지 위 식당
에서 시간외 영업을 하였다는 이유로 식품위생법 제30조 및 같은 법 시행
규칙 제53조의 규정에 의하여 20○○. ○. ○.자로 청구인에 대하여 같은 해
○. ○부터 ○. ○까지 2개월 간 위 음식점에 대한 영업정지를 명하는 이 사건 처분
을 하였습니다.

2. 이 사건처분의 위법사항

1) 청구인은 19○○. ○. ○. 피청구인으로부터 대중음식점 영업허가를 받아 서울
   ○○시 ○○구 ○○길 ○○에서 40평 실내규모의 방5개와 홀을 만들어 ☆☆라는
   상호로 대중음식점(일식)을 영업해 왔습니다.
2) 소외 김ㅁ ㅁ외 2명은 20○○. ○. ○. 21:00 경부터 홀에 들어와 식사를 하던 중
   영입주는 위 손님들에게 영업시간이 끝났으니 나가 달라고 부탁하고 손님들이
   아직 이야기 안 끝났으니 기다리라고 하면서 일부 반찬은 테이블에 남은 상태에

서 홀 안의 집기정리 등을 하고 있는 동안에 00:30분경 단속반이 갑자기 들어와서 청구인은 영업시간을 위반한 것이 아님에도 영업시간위반으로 인정한 이 사건처분은 사실을 오인한 것으로서 위법합니다. 당시 위 업소에는 위 소외인들 외에 다른 손님은 없었습니다.

3) 또한 이 사건처분으로 인하여 청구인이 입을 불이익은 너무나 큰 것입니다

4) 위 사항을 종합하면 이 사건처분은 너무 가혹하여 재량권의 범위를 일탈한 위법한 처분입니다

제출기관	피청구인 또는 행정심판위원회(행정심판법 23조)	청구기간	· 처분이 있음을 안 날로부터 90일 · 처분이 있은 날로부터 180일 (행정심판법 27조)
청구인	피처분자	피청구인	행정처분을 한 행정청
제출부수	청구서 및 부본 각1부	관련법규	행정심판법
불복방법	· 행정심판 재청구의 금지(행정심판법 51조) 행정심판법상 행정심판의 단계는 단일화되어 있어 재결에 대한 행정심판 재청구는 할 수 없다. 다만, 국세기본법 등의 개별법에서는 다단계의 행정심판을 인정하고 있음 · 재결에 대한 행정소송(행정소송법 19조, 38조) 재결자체에 고유한 위법이 있을 때에는 재결 그 자체에 대한 취소소송 및 무효등확인소송을 제기할 수 있음 · 다만, 청구인은 기각 재결 등 청구인의 주장이 인용되지 아니한 경우에는 원행정처분에 대하여 행정소송으로 다툴 수 있음(행정소송법 18조)		

[서식] 영업정지처분 취소심판 청구서(주점)

행 정 심 판 청 구

청 구 인   ○ ○ ○(주민등록번호)

　　　　　　 ○○시 ○○구 ○○길 ○○

　　　　　　 청구대리인 소속변호사 ▢　▢　▢

　　　　　　 ○○시 ○○구 ○○길 ○○ (우편번호 ○○○ － ○○○)

피 청 구 인   △△시 △△구청장

영업정지처분취소 심판청구

청 구 취 지

피고가 20○○. ○. ○. 원고에 대하여 한 ○○시 ○○구 ○○길 ○○ 소재 주점 ☆☆에 대한 영업정지처분은 이를 취소한다.

라는 재결을 구합니다.

청 구 원 인

1. 청구인은 20○○. ○. ○. 청구 외 김▢▢이 경영하던 ○○시 ○○구 ○○길 ○○소 재 주점(약108평)을 시설비 및 권리금을 6,000만원으로 하여 양수받고 건물주인 청구외 이▢▢ 외 1인과 임차보증금 1억원, 월 임료 300만원의 조건으로 새로 임대

차계약을 체결하였습니다.

2. 이에 청구인은 약 1억원 정도의 비용을 들여 새로 인테리어를 한 다음 피청구인에게 영업허가를 신청하였고, 200○. ○. ○. 자로 영업허가를 취득하였습니다.

3. 그런데 청구인이 위 ☆☆를 인수하기 전인 200○. ○. ○. 전의 영업주인 청구외 김ㅁㅁ이 수명의 대학생들에게 생맥주를 판매하다가 그 중 2명의 여학생이 아직 만 19세가 되지 아니한 대학신입생이었고, 이것이 적발되는 바람에 위 호프집에 대해 행정처분 절차가 진행 중에 있었다고 합니다.

4. 청구인은 이러한 사실을 모르고 전 영업주로부터 이 사건 점포를 양수받았는바, 그로부터 약 1년이 경과된 지금에 와서야 피고는 위 200○. ○. ○. 자 적발내용을 이유로 청구인에게 2개월간의 영업을 정지하라는 처분을 고지하였습니다.

5. 영업정지와 같은 행정처분은 단속법규를 위반한 영업자에 대한 대인적 제재조치로서 강학상 이른바 대인처분이라고 할 것이고 이러한 대인처분은 원칙적으로 사업양수인에게 승계되지 아니한다 할 것입니다.

다만 식품위생법 제78조에 의하면 영업자가 그 영업을 양도할 경우 행정제재 처분의 절차가 진행 중인 때에는 양수인에 대하여 행정제재처분의 절차를 속행할 수 있으나 이때에도 양수인이 양도시에 그 처분 또는 위반사실을 알지 못하였음을 증명하는 때에는 그러하지 아니하다고 규정되어 있는 바, 청구인은 전 영업주로부터 이러한 사실을 들은 바 없이 위 호프집을 양수받았던 것이므로 피청구인이 양수인인 청구인에 대해 본 건과 같은 영업정지처분을 하는 것은 부당하다고 할 것입니다.

6. 그 외에도 청구인이 확인한 바에 의하면 전 영업주인 위 최ㅁㅁ은 평소 미성년자의 업소출입을 강력히 금지하여 왔으나 그날 많은 손님이 몰려들어 일일이 그들이 미성년자인지 확인하는 것이 사실상 곤란하였고, 또한 단속에 적발된 그 여대생과 같이 온 남학생들은 평소에도 업소에 자주 출입하는 단골로서 대학 3학년생들이었기 때문에 동반한 여학생들도 당연히 성년의 대학생 친구로만 알고 굳이 미성년자인지 여부를 확인하지 않았던 것이며 실제로도 그녀들은 머지않아 곧 만19세가 되는 여학생이었다고 합니다.

7. 따라서 비록 청소년보호법에 의해 아직 정서적으로 보호받아야 하는 청소년들에게 유해환경을 제공한 영업자에게 행정제재를 가함으로써 청소년을 보호해야 하는 공익적 요청 또한 무시할 수 없는 것이나, 이러한 행정제재는 행정목적 달성에 필요한 한도 내에서 최소한에 그쳐야 하는 것인 바 원고의 경우 본인이 직접 위반행

위를 행한 바가 없고 전 영업자로부터 그 제재처분을 승계한 자로서 영업양수시 그 러한 사실을 알지 못하였으며 또 전 영업자가 출입시켜 주류를 제공한 여학생들의 경우 외견상 청소년으로 보이지도 않았고 실제로도 머지않아 만19세가 되는 등 위 반행위의 태양에 있어서도 참작할 사유가 있음에도 이를 고려함이 없이 무조건 획 일적으로 동종의 위반행위를 한 다른 업소와 동일하게 2개월의 영업정지를 명하는 행정처분을 하는 것은 재량권의 한계를 일탈하거나 남용한 위법한 처분이라고 할 것입니다.

8. 이에 청구인은 피청구인의 이 사건 행정처분의 취소를 구하기 위하여 이 서건 청구 에 이르게 되었습니다.

입 증 방 법

1. 갑제1호증   영업신고증
1. 갑제2호증의 1   식품위생법위반업소 영업정지 통보
1. 갑제2호증의 2   영업정지명령서
1. 갑제3호증   임대차계약서
1. 갑제4호증   인증서
1. 갑제5호증   탄원서

첨 부 서 류

1. 위 입증방법   각 1통
1. 심판청구서부본   1통
1. 위임장   1통

20○○년   ○월   ○일

위 청구대리인

변호사 ○   ○   ○ (인)

△△시 △△구청장   귀중

제출기관	피청구인 또는 행정심판위원회(행정심판법 23조)	청구기간	·처분이 있음을 안 날로부터 90일 ·처분이 있은 날로부터 180일 (행정심판법 27조)
청 구 인	피처분자	피청구인	행정처분을 한 행정청
제출부수	청구서 및 부본 각1부	관련법규	행정심판법
불복방법	·행정심판 재청구의 금지(행정심판법 51조) 행정심판법상 행정심판의 단계는 단일화되어 있어 재결에 대한 행정심판 재청구는 할 수 없다. 다만, 국세기본법 등의 개별법에서는 다단계의 행정심판을 인정하고 있음 ·재결에 대한 행정소송(행정소송법 19조, 38조) 재결자체에 고유한 위법이 있을 때에는 재결 그 자체에 대한 취소소송 및 무효등확인소송을 제기할 수 있음 ·다만, 청구인은 기각 재결 등 청구인의 주장이 인용되지 아니한 경우에는 원행정처분에 대하여 행정소송으로 다툴 수 있음(행정소송법 18조)		

[서식] 영업정지처분 취소심판 청구서(일반음식점)

행 정 심 판 청 구

청 구 인 　ㅇ　ㅇ　ㅇ(주민등록번호)

　　　　　　　ㅇㅇ시 ㅇㅇ구 ㅇㅇ길 ㅇㅇ (우편번호 ㅇㅇㅇ - ㅇㅇㅇ)

피청구인 　△△광역시 △△구청장

영업정지처분취소 심판청구

심 판 청 구 취 지

피청구인이 20ㅇㅇ. ㅇ. ㅇ. 청구인에 대하여 한 20ㅇㅇ. ㅇ. ㅇ.부터 같은 해 ㅇ. ㅇ. 까지 (1개월)의 일반음식점 영업정지처분은 이를 취소한다.

라는 재결을 구합니다.

심 판 청 구 이 유

1. 청구인은 ㅇㅇ시 ㅇㅇ구 ㅇㅇ길 ㅇㅇ에서 ☆☆레스토랑을 운영하는 자입니다.

2. 그런데 20ㅇㅇ. ㅇ. ㅇ.에 손님 청구외 ㅁㅁㅁ가 접대하는 여자가 없다고 하면서 스 스로 접대부를 전화로 불러(소위 보도) 접대를 하게 되었습니다.

3. 마침 이때 피청구인 소속의 공무원 ◇◇◇에게 발각되었고, 피청구인은 일반음식점

에서 여자접대부를 고용하였다는 이유로 20○○. ○. ○.부터 같은 해 ○. ○.까지 1개월간의 영업정지처분을 하였습니다.

4. 그러나 이러한 처분은 청구인이 모르는 사이 손님이 한 행위로 영업정지처분을 함을 부당하고 또한 이는 너무나 과다한 행정처분이므로 행정심판을 구하고자 이 건 청구에 이른 것입니다.

입 증 방 법

1. 갑제1호증   영업정지 행정처분
1. 갑제2호증   일반음식점 신고증
1. 갑제3호증   사업자등록증

첨 부 서 류

1. 위 입증방법   각 1통
1. 심판청구서부본   1통

20○○년   ○월   ○일
위 청 구 인   ○   ○   ○   (인)

00 광역시 00구청장   귀중

제출기관	피청구인 또는 행정심판 위원회(행정심판법 23조)	청구기간	·처분이 있음을 안 날로부터 90일 ·처분이 있은 날로부터 180일 　(행정심판법 27조)
청 구 인	피처분자	피청구인	행정처분을 한 행정청
제출부수	청구서 및 부본 각1부	관련법규	행정심판법
불복방법			

- 행정심판 재청구의 금지(행정심판법 51조)

  행정심판법상 행정심판의 단계는 단일화되어 있어 재결에 대한 행정심판 재청구는 할 수 없다. 다만, 국세기본법 등의 개별법에서는 다단계의 행정심판을 인정하고 있음

- 재결에 대한 행정소송(행정소송법 19조, 38조)

  재결자체에 고유한 위법이 있을 때에는 재결 그 자체에 대한 취소소송 및 무효등확인소송을 제기할 수 있음

- 다만, 청구인은 기각 재결 등 청구인의 주장이 인용되지 아니한 경우에는 원행정처분에 대하여 행정소송으로 다툴 수 있음(행정소송법 18조)

[서식] 소장 – 식품영업허가취소처분취소 청구의 소(대중음식점)

소　　장

원　고　　홍　길　동 (000000-0000000)

　　　　　　○○시 ○○구 ○○동 ○○○

　　　　　　소송대리인 변호사 ○　○　○

　　　　　　○○시 ○○구 ○○동 ○○○　　　　　　　(우 :　　　　　)

　　　　　　(전화 :　　　　　,팩스 :　　　　　)

피　고　　○○시 ○○구청장

식품영업허가취소처분취소 청구의 소

청　구　취　지

1. 피고가 2010. 6. 18.자로 원고에 대하여 한 식품영업허가취소처분을 취소한
   다.

2. 소송비용은 피고의 부담으로 한다.
라는 판결을 구합니다.

청　구　원　인

1. 전심절차

　본건 처분수령일자 : 2010. 6. 10.

　행정심판청구 : 2010. 7. 22.

2. 피고는 2009. 10. 31. 원고에 대하여 아래의 식품영업을 허가하였습니다.

아　　래

　명　　칭 : 청수관

　소 재 지 : ○○시 ○○구 ○○동 ○○○

업 종 명 : 대중음식점

3. 원고는 피고에 대하여 2010. 4. 10.부터 같은 해 4. 24.까지 영업정지처분을 받은 일이 있습니다(동 영업정지처분은 영업장살내시설이 영업허가조건에 맞지 아니한다는 이유없음).

4. 원고는 위 영업정지처분기간 중에 전혀 영업을 한 일이 없음에도 불구하고 위 영업정지처분기간중인 2010. 4. 22. 23:30경 영업을 하였다는 이유로 2010. 6. 18.자로 위 영업허가를 취소하는 처분을 하였습니다.

그러나 원고는 위 영업정지 기간종안은 말할 것도 없고 위 일시에 영업행위를 한 일이 없습니다.

원고가 위 일시에 영업을 한 일이 없음에도 불구하고 ○○구청 공무원이 영업행위가 있는 것으로 오인하고 그로 이하여 본건 영업허가취소처분이 이루어진 것 것입니다.

5. 원고는 종래 사용하던 음향기기와 조명시설이 노후하여 이를 교체할 필요가 있어서 2010. 4. 7. 음향기기 등 전자제품설치 및 판매업을 경영하는 업체인 삼성전자(대표자 김갑동, ○○시 ○○동 ○○구 ○○○ 소재)에게 음향시설 및 조명시설 설치를 의뢰하였습니다(시설비는 18,240,000원으로 약정되었음).

위 음향시설 및 조명시설은 위 업소의 홀과 룸에 설치하는 것인데 설치 후 위 삼성전자에서 수시로 점검하여 주기로 하였습니다.

위 삼성전자에서는 2010. 4. 7.에 홀 부분의 설치작업을 하고 룸 부분 설치작업은 하지 않고 있던 중, 원고는 위 영업정지기간이 끝나는 다음날인 2010. 4. 25.부터 영업을 다시하기 위하여 룸 부분 설치작업 및 전체적인 테스트를 마쳐줄 것을 요청하였던 바 위 미래전자 측에서는 같은 해 4. 2. 오후 9시 이후에야 시간이 난다고 하였습니다.

그리하여 2010. 4. 22. 오후 9시경 위 삼성전자 대표 김갑동은 기술자 2명을 대동하고 위 업소에서 약 2시간에 걸쳐서 룸 부분 설치작업과 전체적인 테스트를 완료하였습니다.

6. 위 김갑동과 기술자 2명이 위와 같이 오후 11시경 작업을 끝내자, 이 업소를 원고 대신 사실상 경영하는 성춘향이 위 조창현과 기술자 2명이 작업하느라고 수고했으므로, 고맙다는 뜻에서 음료수와 국산양주(○○○○) 1병과 안주 1쟁반을 내어서 동인들을 대접하게 되었고, 동인들도 위 호의를 받아들여 앉아서 위 업소의 홀에 있는 테이블에 기꺼이 내어놓은 음료수와 술을 마시고 있었습니다. 그러던 중 그날 오후 11:30경 ○○구청 직원들이 단속 차 들어와서 위의 광경을 보고 영업행위로 몰아붙였습니다.

위 김갑동외 2인과 위 성춘향은 위와 같은 조창현 외 2인이 대접받게 된 경위를 설명하였으나 구청직원은 이 말을 들어주지 아니하였습니다.

7. 원고의 위 업소는 약 72평의 면적인데 방(룸)이 4개 있고 홀에는 8개의 테이블과 주방이 있고 종업원은 10명입니다.

위 영업정지기간 동안에는 영업을 하지 아니하였기 때문에 종업원들은 출근을 하지 아니하였습니다.

이러한 사정에 비추어 볼지라도 원고의 업소에서는 위 시간에 영업행위를 하지 아니하였음을 알 수 있습니다.

8. 다라서 원고에 대한 영업허가를 취소할 이유가 없으므로 피고의 본건 처분의 취소를 구하기 위하여 본 소 청구에 이르렀습니다.

입 증 방 법

1. 갑 제1호증   행정심판접수증명원

그 밖의 입증서류는 변론에 따라 수시 제출하겠습니다.

첨 부 서 류

1. 위 입증서류 사본   각 1통
1. 주민등록초본   1통

1. 소장부본   1통
1. 위임장   1통

                    20○○.   ○.   .
            위 원고 소송대리인 변호사   ○ ○ ○ (인)

○○행정법원   귀중

[서식] 소장 - 영업허가취소처분취소 청구의 소(일반음식점)

소 장

원 고   ○   ○   ○ (○○○○○○-○○○○○○○)   (전화 :   )

　　　　　○○시 ○○구 ○○동 ○○   (우 :   )

피 고   ○○시 ○○구청장

　　　　　○○시 ○○구 ○○동 ○○   (우 :   )

영업허가취소처분취소 청구의 소

청 구 취 지

1. 피고가 원고에 대하여 20○○. ○. ○.자로 한 영업허가취소(영업소 폐쇄명령)
   처분은 이를 취소한다.
2. 소송비용은 피고의 부담으로 한다.
라는 판결을 원합니다.

청 구 원 인

1. 처분의 경위

　　원고는 20○○. ○. ○. 피고에게 일반음식점 영업신고를 한 후 ○○시 ○○
구 ○○동 ○○ 소재 건물 1층에서 "○○"이라는 상호로 일반음식점 영업을
해 왔는데, 피고는 소외 박○○이 위 장소에서 일반음식점 영업을 해 오다가
20○○. ○. ○. 청소년인 소외 김○○에게 주류를 제공하다가 적발되자 폐업

을 가장하여 행정처분을 면탈하려는 목적으로 폐업신고를 하였다는 이유로 같은 해 ○. ○. 위 폐업신고의 수리를 철회하고, 원고에 대한 영업허가를 취소한다는 처분을 하였습니다.

2. 처분의 위법

원고는 전영업자인 이○○로부터 위 일반음식점을 양수할 때에 전영업자가 청소년에게 주류 판매한 사실을 전혀 고지 받지 못해 이를 전혀 모르고 있었고, 이 사건 처분은 원고에게 행정제재처분을 면탈할 의사가 없음에도 불구하고 그러한 의사가 있는 것으로 사실을 오인하였을 뿐만 아니라 아무런 법적 근거없는 위법한 처분으로서 취소되어야 할 것입니다.

입 증 방 법

1. 갑 제1호증   영업취소통지서
1. 갑 제2호증   사업자등록증

    그 밖의 입증서류는 변론시 수시 제출하겠습니다.

첨 부 서 류

1. 위 입증서류 사본   각 1통
1. 주민등록초본   1통
1. 소장부본   1통

20○○. ○. ○.

위 원고 ○ ○ ○ (인)

○○행정법원   귀중

[서식] 소장 – 영업정지처분취소 청구의 소(대중음식점)

소 장

원 고   ○   ○   ○ (○○○○○○-○○○○○○○)   (전화 :   )
             ○○시 ○○구 ○○동 ○○   (우 :   )

피 고   ○○시 ○○구청장
             ○○시 ○○구 ○○동 ○○   (우 :   )

영업정지처분취소 청구의 소

청 구 취 지

1. 피고가 20○○. ○. ○. 원고에 대하여 한 영업정지처분은 취소한다.
2. 소송비용은 피고의 부담으로 한다.
라는 판결을 구합니다.

청 구 원 인

1. 원고는 20○○. ○. ○. 피고로부터 일반음식점 허가를 받아 ○○시 ○○구 ○○동 ○○ ○○빌딩 3층에 ○○맥주라는 상호로 경양식 호프음식점업을 경영하여 오던 중 피고는 원고가 20○○. ○. ○. 미성년자에게 주류를 제공하였다는 사유로 같은 해 ○. ○.자로 원고에 대하여 영업정지 2개월을 명하는 처분을 하였습니다.

2. 그러나 위 영업정치처분은 위반행위에 이르게 된 경위 및 원고의 생계에 비추어 보아 너무 가혹하여 재량권의 범위를 일탈 또는 남용한 것으로 위법한 처분이라고 할 것입니다.

3. 관계법령(식품위생법)

제31조 (영업자 등의 준수사항)

② 식품접객영업자는 청소년보호법 제2조의 규정에 의한 청소년(이하 항에서 "청소년"이라 한다)에 대하여 다음 각 호의 행위를 하여서는 아니된다.

4. 청소년유해업소에 청소년을 출입하게 하는 행위

5. 청소년에게 주류를 제공하는 행위

제58조 (허가의 취소 등) ① 식품의약품안전청장, 시·도지사, 시장·군수 또는 구청장은 영업자가 다음 각 호의 (1)에 해당하는 때에는 대통령령이 정하는 바에 따라 영업허가를 취소하거나 6월 이내의 기간을 정하여 그 영업의 전부 또는 일부를 정지하거나, 영업소의 폐쇄(제22조 제5항의 규정에 의하여 신고한 영업에 한한다. 이하 이 조에서 같다)를 명할 수 있다.

(1) 제4조 내지 제6조, 제7조 제4항, 제8조, 제9조 제4항, 제10조 제2항, 제11조, 제15조, 제16조 제1항, 제19조 제1항, 제22조 제1항 후단·제4항·제5항 후단 및 제6항, 제26조 제3항, 제27조 제5항, 제29조, 제31조 또는 제34조의 규정에 위반한 때

6. 이 사건의 경위

원고는 사건 당일 소외 홍○○과 정○○이 다른 남자 1명과 여자 3명이 함께 위 음식점에서 자신들이 대학생인데 신분증을 가져오지 않았다고 하면서 양주 1병과 호프 6잔, 안주 등을 주문하여 마시고는 그 다음날 01:00경 계산을

하지 아니한 채 도망하려고 하자 원고가 그들을 붙잡으려고 하다가 오히려 폭행을 당하게 되어 112로 신고를 하였습니다.

원고는 이 사건 전에 동종의 위반경력이 전혀 없습니다.

7. 결 론

그러므로 원고가 미성년자들이 스스로 속이고 들어왔으며 원고가 112에 신고를 해서 본 건이 문제화되었다는 점 등을 참작하면 피고의 이 사건 영업정지처분은 재량권을 일탈한 위법한 처분으로 취소되어야 할 것입니다.

입 증 방 법

1. 갑 제1호증   영업정지처분서
1. 갑 제2호증   확인서
1. 갑 제3호증   사건발생보고서
1. 갑 제4호증   진술서
1. 갑 제5호증   탄원서
1. 갑 제5호증   주민등록증
1. 갑 제7호증   영업허가증

그 밖의 입증서류는 변론시 수시 제출하겠습니다.

첨 부 서 류

1. 위 입증서류 사본   각 1통
1. 주민등록초본   1통
1. 소장부본   1통

20○○.　○.　○.

위 원고　○　○　○　(인)

○○지방법원　　귀중

1. 개 설

모텔 영업정지의 대표적인 사례는 성매매알선 및 장소제공, 청소년이성혼숙, 음란동영상 방영 등이다. 이 중 모텔 등 숙박업소에서 음란물 상영 및 성매매알선 등 행위는 거의 매일같이 뉴스나 신문의 한 면을 장식할 만큼 비일비재하게 발생하는 사건 중 하나인 것 같다. 그만큼 모텔 등 숙박업을 운영하는 분들의 영업정지처분 또한 많다는 얘기이기도 하다.

이렇듯 모텔에서의 성매매알선 및 장소제공(특히 업소주변에 단란주점 등 속칭 2차를 나가는 업소가 많은 곳) 그리고 음란동영상 방영, 청소년 이성혼숙 등의 문제는 모텔을 운영하는 업주분들이 가장 조심해야할 부분 중의 하나임에 분명하다.

2. 모텔 운영자의 준수사항

가. 청소년 이성혼숙의 의미

청소년보호법 제26조의2 제8호는 누구든지 "청소년에 대하여 이성혼숙을 하게 하는 등 풍기를 문란하게 하는 영업행위를 하거나 그를 목적으로 장소를 제공하는 행위"를 하여서는 아니된다고 규정하고 있는바, 위 법률의 입법 취지가 청소년을 각종 유해행위로부터 보호함으로써 청소년이 건전한 인격체로 성장할 수 있도록 하기 위한 것인 점 등을 감안하면, 위 법문이 규정하는 '이성혼숙'은 남녀 중 일방이 청소년이면 족하고, 반드시 남녀 쌍방이 청소년임을 요하는 것은 아니다.[113]

나. 모텔 운영자의 준수사항

모텔 등 풍속영업을 영위하는 업주들은 ⅰ) 성매매알선등행위(성매매알선 등 행위의 처벌에 관한 법률 제2조 제1항 제2호), ⅱ) 음란행위를 하게 하거나 이를 알선 또는 제공하는 행위, ⅲ) 음란한 문서 · 도화(圖畵) · 영화 · 음반 · 비디오물, 그 밖의 음란한 물건에 대한 반포(頒布) · 판매 · 대여하거나 이를 하게 하는 행위, 관람 · 열람하게 하는 행위, 반포 · 판매 · 대여 ·

---

113) 대법원 2001. 8. 21. 선고 2001도3295 판결.

관람·열람의 목적으로 진열하거나 보관하는 행위 등이 금지되어 있다.

> **【판시사항】**
>
> 이성혼숙을 하려는 자가 청소년이라고 의심할 만한 사정이 있는 경우 여관업주가 취하여야 할 조치(대법원 2002. 10. 8. 선고 2002도4282 판결)
>
> **【판결요지】**
>
> 여관업을 하는 사람으로서는 이성혼숙을 하려는 사람들의 겉모습이나 차림새 등에서 청소년이라고 의심할 만한 사정이 있는 때에는 신분증이나 다른 확실한 방법으로 청소년인지 여부를 확인하고 청소년이 아닌 것으로 확인된 경우에만 이성혼숙을 허용하여야 한다.

다. 성매매 등 알선행위 등에 대한 처벌규정

모텔 등을 운영하는 업주가 위 법률에 위반하여 성매매 알선 및 음란한 영상물을 방영하는 등의 행위를 할 경우 관할 행정기관의 장은 6월 이내의 기간을 정하여 영업의 정지 또는 일부 시설의 사용중지를 명하거나 영업소폐쇄 등을 명령할 수 있다.

[위반시 행정처분기준]

위반사항	관련법규	행정처분기준		
「성매매알선 등 행위의 처벌에 관한 법률」·「풍속영업의 규제에 관한 법률」·「청소년보호법」·「의료법」에 위반하여 관계행정기관의 장의 요청이 있는 때	법 제11조 제1항	1차 위반	2차 위반	3차 위반
업소에서 음란한 문서·도서·영화·음반·비디오물 그 밖에 물건(이하 "음란한 물건"이라 한다)을 반포·판매·대여하거나 이를 하게 하는 행위와 음란한 물건을 관람·열람하게 하는 행위 및 반포·판매·대여·관람·열람의 목적으로 음란한 물건을 진열 또는 보관한 때		영업정지 2월	영업정지 3월	영업장 폐쇄

라. 청소년 이성혼숙금지 위반시 처벌규정

청소년보호법, 공중위생관리법 또는 풍속영업의 규제에 관한 법률 위반 등으로 형사처벌로 3년 이하의 징역 또는 3천만원 이하의 벌금형에 처해질 수 있다.

[형사처벌기준]

위반행위 유형	근거 법률	형사처벌의 기준
청소년 이성혼숙	청소년 보호법 (제26조의2 제8호)	3년 이하의 징역 또는 2천만원 이하의 벌금

또한, 공중위생법위반으로 행정처분 1차 위반 2개월 영업정지 등을 동시에 받게 된다.

[행정처분기준(공중위생관리법 시행규칙)]

[행정처분의 기준]

구분	행정처분	감경기준
1회	영업정지 2개월	• 기소유예시 : 1/2 범위내 감경 또는 과징금전환
2회	영업정지 3개월	• 선고유예시 : 1/2 범위내 감경 또는 과징금전환
3회	영업허가 취소 또는 폐쇄	• 벌금형 : 원칙적으로 과징금전환불가, 행정심판을 통한 과징금전환 가능 • 무혐의처분 : 행정처분 면제, 그러나 사안에 따라서는 일부 과징금이 부과되는 경우도 있음

따라서 청소년 이성혼숙으로 적발될 경우 최소 2개월의 영업정지처분 및 2,000만원 이하의 벌금형에 처해질 가능성이 매우 높다.

3. 행정청의 처분사전통지에 대한 대응

단속에 적발될 경우 관할경찰에서는 관할행정청에 적발사실 통보를 하게 되며, 관할행정청은 이에 따라 위반업주에게 최종 처분에 앞서 향후 어떠한 처분을 하겠다는 것을 통지하면서 그에 관한 의견이 있으면 제출하라는 통지를 하게 되는데, 이를 행정처분사전통지라 한다. 만일, 기한 내 아무런 의견진술이 없을 경우에는 관할행정청은 당사자가 처분의 내용에 아무런 의견이 없는 것으로 간주하고 사전처분 그대로 행정처분명령을 하기 때문에 이 사건의 경우 업주는 이 단계부터 자신의 억울함을 적극적으로 주장하며 임할 필요가 있다.

이때 의견서에는 최소한 "검찰청의 최종 처분이 있을 때까지 행정처분을 보류하여 주시기 바랍니다."라는 내용을 첨언하여 제출해 주는 것이 좋다.

4. 행정심판청구 등 절차 진행하기

행정처분사전통지절차가 종료되고 최종 처분 전까지 수사절차에서 무혐의처분 등을 받고 사건이 종결되지 못할 경우 관할 행정청에서는 사전통지된 내용에 따라 업주에게 영업정지처분을 하게 될 가능성이 높다.

이럴 경우 업주는 수사절차에 소요되는 시간을 확보하기 위한 차원에서라도 당장 그에 불복하여 행정심판위원회에 영업정지취소신청과 같은 행정심판이나 행정처분취소 소송을 제기하여야 한다. 이때 행정심판청구는 억울하고 부당한 처분이 있다고 하여 아무 때나 청구할 수 있는 것은 아니며, 통상 그 처분이 있음을 안날부터 90일, 처분이 있은 날부터 180일 이내에 청구해야 하니 위 기간에 유념하여야 한다. 단, 행정소송의 경우에는 처분이 있음을 안날로부터 90일, 있는 날로부터 1년이다.

5. 과징금전환

가. 과징금 전환

시장 · 군수 · 구청장은 영업정지가 이용자에게 심한 불편을 주거나 그 밖에 공익을 해할 우려가 있는 경우에는 영업정지 처분에 갈음하여 3천만원 이하의 과징금을 부과할 수 있다. 다만, 풍속영업의규제에관한법률 제3조 각호의 1(「성매매알선 등 행위의 처벌에 관한 법률」 제2조제1항제2호에 따른 성매매알선등행위) 또는 이에 상응하는 위반행위로 인하여 처분을 받게 되는 경우를 제외함에 유의하여 한다.

또한, 수사절차에서 기소유예의 처분을 받을 경우 기왕의 처분은 1/2로 감경되고, 감경된 기간 또한 과징금으로의 전환이 가능하다.

나. 과징금전환 방법

과징금의 금액 등 필요한 사항에 대하여는 공중위생관리법 시행령 제7조의2 제1항 [별표 1]이 정하고 이다. 이 기준에 따르면 전년도의 1년간 총 매출금액을 기준으로 영업정지 1일에 해당하는 과징금 부과기준을 정하고 있다. 공중위생관리법 시행령 제7조의2 제2항에서는 그 금액을 가중 도는 감경할 수 있지만 가중하는 경우에도 그 총액이 3처남 원을 초과할 수 없다고 규정하고 있다.

6. 행정심판 등을 통한 감경의 범위

행정처분권자는 위반사항의 내용으로 보아 그 위반정도가 경미하거나 해당위반사항에 관하여 검사로부터 기소유예의 처분을 받거나 법원으로부터 선고유예의 판결을 받은 때에는 그 처분기준을 다음의 구분에 따라 경감할 수 있다.

가. 영업정지 및 면허정지의 경우에는 그 처분기준 일수의 2분의 1의 범위 안에서 경감할 수 있다.

나. 영업장폐쇄의 경우에는 3월 이상의 영업정지처분으로 경감할 수 있다.

또한, 형사절차에서 검사로부터 불기소처분(무혐의)을 받거나 법원으로부터 무죄판결을 받은 경우 행정처분이 취소될 수도 있다.

7. 감경기준

사건업소에서 청소년 혼숙이나 성매매 장소를 제공한 사실은 인정된다면, 관계법령에 따른 영업정지처분이 위법·부당하다고 할 수는 없다는 것이 행정심판위원회의 주지의 태도입니다. 다만, 위와 같은 행위가 위법하다고 하더라도 업주의 잘못이 아닌 종업원의 잘못인 경우, 청소년 이성혼숙 장소제공의 경위(고의인지 과실인지), 과거 동종전과 전력이 있는지 여부, 평소 청소년들에 대한 주민증 검사는 어떠한 형식으로 해왔는지, 영업기간은 어느 정도 되었는지(길수록 유리), 모텔의 규모 및 수입은 어떠한지(수입 및 월세 등 영세성 부각), 모텔이 가족들의 유일한 생계수단이라는 점 등이 고려될 경우 당초의 행정처분은 감경될 가능성이 높다.

8. 관련서식

가. 청구취지 기재례

피청구인이 20○○. ○. ○. 청구인에 대하여 한 20○○. ○. ○.부터 같은 해 ○. ○.까지(2개월)의 숙박업영업정지처분은 이를 취소한다.
라는 재결을 구합니다.

피고가 2010. 5. 7. 원고에 대하여 한 ○○시 ○○구 ○○동 123-10 소재 숙박업소 "다이아모텔"에 대한 영업정지처분은 이를 취소한다.

피청구인이 2012. 9. 28. 청구인에 대하여 한 과징금 180만원 부과 처분은 이를 취소한다.

나. 서식례

[서식] 영업정지처분 취소심판청구

행정심판청구서

청 구 인   ○ ○ ○(주민등록번호)

○○시 ○○구 ○○길 ○○ (우편번호 ○○○-○○○)

피청구인   ○○시 ○○구청장

○○시 ○○구 ○○길 ○○ (우편번호 ○○○-○○○)

영업정지처분 취소심판청구

신 청 취 지

피청구인이 20○○. ○. ○. 청구인에 대하여 한 20○○. ○. ○.부터 같은 해 ○.
○.까지(2개월)의 숙박업영업정지처분은 이를 취소한다.

라는 재결을 구합니다.

신 청 이 유

1. 처분의 경위

청구인은 19○○. ○.경 ○○시 ○○구 ○○길 ○○번지 소재 ○○이라는 상호의 여
관을 인수하여 신청외 ○○○으로부터 숙박업 허가를 득한 후 경영해 왔는 바, 피청구
인은 청구인이 20○○. ○. ○. 21 : 00경 위 여관에 미성년자를 혼숙하게 하였다는

이유로, 20○○. ○. ○. 자로 청구인에 대하여 20○○. ○. ○.부터 같은 해 ○. ○.까지 2개월간 위 여관의 영업을 정지할 것을 명하는 처분을 하였습니다.

2. 처분의 위법성

이 사건 처분은 다음과 같은 점에서 위법하므로 취소되어야 합니다.

가. 청소년보호법상 "청소년을 남녀 혼숙하게 하는 등 풍기를 문란하게 하는 영업행위를 하거나 이를 목적으로 장소를 제공하는 행위"를 금지하고 있고, 공중위생관리법에서는 "시장·군수·구청장은 공중위생영업자가 이 법 또는 이 법에 의한 명령에 위반하거나 또는 「성매매알선 등 행위의 처벌에 관한 법률」·「풍속영업의 규제에 관한 법률」·「청소년 보호법」·「의료법」에 위반하여 관계행정기관의 장의 요청이 있는 때에는 6월 이내의 기간을 정하여 영업의 정지 또는 일부 시설의 사용중지를 명하거나 영업소폐쇄등을 명할 수 있다"고 규정하고 있으나, 원고의 업소에서는 청소년을 남녀혼숙하게 한 사실이 없습니다.

이 사건의 경우는 김○○라는 30대 중반의 남자와 이○○라는 18세의 여자가 위 여관에 다른 목적을 가지고 잠시 들어왔을 뿐으로, 그들은 성관계를 갖거나 잠을 잔 적이 없으므로, 청소년보호법 제30조 제8호에 정한 "청소년을 남녀 혼숙하게 하는 등 풍기를 문란하게 하는 영업행위를 하거나 이를 목적으로 장소를 제공하는 행위"에 해당하지 아니한다 할 것입니다.

나. 이 사건 당일 21:00경 위 김○○라는 30대 중반의 남자가 20대 초반으로 보이는 이○○라는 여자를 데리고 대실을 요구하여 원고가 여자에게 주민등록증을 요구하였던 바, 위 김○○는 "사람을 그렇게 믿지 못하느냐, 미성년자가 아니니 걱정 말라."고 하면서 화를 내었고, 이에 원고가 "숙박계라도 기재하라."고 요구하자 "잠시 쉬어 갈텐데 무슨 숙박계를 쓰느냐."고 화를 내므로 하는 수 없이 동 여관 308호실로 안내하였습니다.

3. 처분의 부당성

설령 위 행위가 명목상 청소년보호법에 반하는 것이라고 하더라도 위와 같은 사정에 비추어 청구인을 비난하기 어렵고, 이 사건의 실체에 비추어 볼 때, 이 사건 처분은 지나치게 형식에만 치우쳐 그 처분으로 달성하려는 원래의 목적에서 일탈하는 결과에 이르게 될 것인 바, 그렇다면 이 사건 처분은 청구인에게 과도한 것으로 부당하다고 아니할 수 없어 마땅히 취소를 면키 어렵다고 할 것입니다. 따라서 위 처분은 위법하고 부당하므로 취소되어야 할 것입니다.

입 증 방 법

1. 갑 제1호증의 1   청소년보호법 위반업소 행정처분
1. 갑 제1호증의 2   행정처분(영업정지)
1. 갑 제2호증   숙박업 신고증
1. 갑 제3호증   사업자 등록증

첨 부 서 류

1. 위 입증방법   각 1통
1. 청구서 부본   1통

20○○년 ○월 ○일
청구인   ○ ○ ○   (인)

00 광역시 00구청장   귀중

답 변 서

사건번호   2021 - ○○○○○

사 건 명   영업정지처분 취소청구

청 구 인   ○○○(주민번호)

(주소)

피청구인   ○○장관

청 구 일   2016. ○○. ○○.

위 사건에 대하여 피청구인은 다음과 같이 답변 합니다.

청구 취지에 대한 답변

"청구인의 청구 내용을 기각(각하)한다."라는 재결을 구합니다.

청구 원인에 대한 답변

1. 사건 개요

2. 해결방안(합의 등)

– 청구인 주장 전부수용 또는 일부수용 여부

– 기타 청구인의 주장에 대한 다른 대안 제시 여부

※ 청구인의 입장에서 문제 해결을 위한 최선의 대안이 있다면 제시해 주시기

바랍니다.

3. 청구인 주장에 대한 피청구인의 주장(위 2번에 해당되지 않는 경우)

　가. 관련 법령

　나. 처분 경위

　다. 주장

4. 결　론

입　증　방　법

　　　을제1호증　　　처분서

2016.　○○.　○○.

피청구인 : ○○장관

심판수행자 :

연 락 처 :

중 앙 행 정 심 판 위 원 회　귀 중

행 정 심 판 청 구

청 구 인   ○ ○ ○(주민등록번호)

　　　　　　　　○○시 ○○구 ○○길 ○○ (우편번호 ○○○ － ○○○)

피청구인   △△도 △△시장

영업정지처분취소 심판청구

심 판 청 구 취 지

피청구인이 20○○. ○. ○. 청구인에 대하여 한 숙박업영업정지 2개월의 처분은
이를 취소한다.
라는 재결을 구합니다.

심 판 청 구 이 유

1. 사건개요

　청구인은 ○○시 ○○구 ○○길 ○○에서 ◇◇장이라는 상호의 여관(이하 '이
사건 업소'라 합니다)을 운영하는 자로 20○○. ○. ○. 업소에 미성년자를 혼
숙하였다는 이유로 20○○. ○. ○.자로 청구인에 대하여 2개월(20○○. ○.
○.－ 20○○. ○. ○.)간 위 여관의 영업을 정지할 것을 명하는 처분(이하 '이

사건 처분'이라 합니다)을 하였습니다.

2. 청구인의 주장

가. 공중위생법상 숙박업자는 '풍기문란의 우려가 있는 미성년 남녀(일부가 성년자인 경우를 포함한다)의 혼숙을 하게 하거나 이를 하도록 내버려 두어서는 아니된다'라고 규정하고 있는 바, 청구인의 업소에는 투숙객이 혼숙한 사실이 없습니다.

나. 이 사건의 경우 김○○자라는 성인 남자와 이○○라는 미성년 여자가 위 여관에 다른 목적을 가지고 잠시 들어 왔을 뿐 그들은 성관계를 갖거나 잠을 잔적이 없으므로 공중위생법 제12조 제2항 제1호 나목에서 정한 '풍기문란의 우려가 있는 미성년 남녀의 혼숙을 하게 하거나 이를 하도록 내버려 둔 경우'에 해당하지 않습니다.

다. 더구나 당시 청구인이 위 미성년여자에게 성인인지 여부를 확인하기 위해 주민등록증을 요구하자 위 김○○는 '사람을 그렇게 믿지 못하느냐, 미성년자가 아니니 걱정 말라'고 화를 내었고, 이에 청구인이 '그러면 숙박계라도 기재하라'고 요구하자 '잠시 쉬어 갈 텐데 무슨 숙박계를 쓰냐'면서 화를 내므로 하는 수 없이 안내를 했던 것입니다.

3. 결 론

그렇다면 가사 청구인의 위 행위가 공중위생법에 위반한 것이라 하더라도 위와 같은 사정에 비추어 청구인을 비난하기 어렵고 이 사건의 실체에 비추어 볼 때 이 사건 처분은 지나치게 형식에만 치우쳐 그 처분으로 달성하려는 원래의 목적에 일탈하는 결과에 이르게 될 것인 바, 그렇다면 이 사건 처분은 청구인에게 과도한 것으로 부당하다고 아니할 수 없어 마땅히 취소를 면키 어렵다고 할 것입니다. 따라서 이 사건 처분은 위법 부당한 행정처분이므로 청구인은 행정심판을 구하고자 이 건 청구에 이른 것입니다.

입 증 방 법

1. 갑제1호증　　　　　　　　행정처분통지서
1. 갑제2호증　　　　　　　　사업자등록증
1. 갑제3호증　　　　　　　　확인서
1. 갑제4호증　　　　　　　　진술서

첨 부 서 류

1. 위 입증방법　　　　　　　각 1통
1. 심판청구서부본　　　　　　1통

20○○년　○월　○일

위 청 구 인　○　○　○　(인)

△△시 △△구청장　귀중

행 정 심 판 청 구

청 구 인   ○ ○   ○(주민등록번호)

           ○○시 ○○구 ○○길 ○○ (우편번호 ○○○ － ○○○)

피청구인   △△도 △△시장

영업정지처분취소 심판청구

심 판 청 구 취 지

피청구인이 20○○. ○. ○. 청구인에 대하여 한 숙박업영업정지 2개월의 처분은
이를 취소한다.

라는 재결을 구합니다.

심 판 청 구 이 유

1. 사건개요

청구인은 2004. 6. 14. ○○시 ○○구 ○○동 123 소재 행운장모텔에 관하여
숙박업허가를 받고 이래 위 모텔을 경영하여 왔습니다. 다만, 청구인은 현재
건강이 좋지 않은 관계로 위 모텔을 직접 경영할 수 없어 자기아들인 청구외
최○선으로 하여금 경영하게 하고 있습니다. 그런데 피청구인은 청구인이 윤락

행위알선 및 장소제공을 하였다는 이유로 2010. 6. 5. 공중위생관리법 제11조 제1항의 규정에 의하여 같은 해 6. 6.부터 2개월간 위 숙박업소에 대한 영업정지처분을 하였습니다.

2. 이 사건 처분의 위법성

가. 피청구인의 행정처분이나 명령서만으로는 구체적인 위반사항이 무엇인지 확실히는 알 수 없으나 그간 있었던 형사사건 등으로 미루어 볼 때 2009. 3. 말부터 같은 해 6. 초순경 사이에 윤ㅇ자와 임ㅇ순 사이에 대하여 윤락행위를 알선하였다는 취지인 듯합니다. 그렇게 오래된 일이 어떻게 하여 뒤늦게 문제가 되었는지 모르겠습니다만 청구인은 물론 위 최ㅇ선 조차도 그런 일이 있는 줄은 전혀 알지 못했고 지금도 마찬가지입니다.

나. 혹시 만에 하나 당시 있던 종업원이 몰래 그런 짓을 하였는지 모르겠습니다만 가사 그렇다고 하더라도 청구인이 2006. 6.부터 오랫동안 숙박업을 해오면서도 한 번도 법에 어긋나는 짓을 하여 무슨 행정처분을 받은 적이 없는 점, 이미 상당히 오래된 일이라는 점, 알선했다는 사람도 두 사람 뿐인 점, 본건 모텔이 청구인 가족의 유일한 생업인 점 등을 고려할 때 대뜸 2월이나 되는 영업정지 처분을 하는 것은 지나치게 가혹한 처분이라고 생각됩니다.

3. 결 론

그렇다면 가사 청구인의 위 행위가 공중위생법에 위반한 것이라 하더라도 위와 같은 사정에 비추어 청구인을 비난하기 어렵고 이 사건의 실체에 비추어 볼 때 이 사건 처분은 지나치게 형식에만 치우쳐 그 처분으로 달성하려는 원래의 목적에 일탈하는 결과에 이르게 될 것인 바, 그렇다면 이 사건 처분은 청구인에게 과도한 것으로 부당하다고 아니할 수 없어 마땅히 취소를 면키 어렵다고 할 것입니다. 따라서 이 사건 처분은 위법 부당한 행정처분이므로 청구인은 행정심판을 구하고자 이 건 청구에 이른 것입니다.

입 증 방 법

1. 갑제1호증   행정처분통지서
1. 갑제2호증   사업자등록증
1. 갑제3호증   확인서
1. 갑제4호증   진술서

첨 부 서 류

1. 위 입증방법   각 1통
1. 심판청구서부본   1통

20○○년 ○월 ○일

위 청 구 인 ○ ○ ○ (인)

△△시 △△구청장 귀중

소   장

원 고   성 춘 향 (000000-0000000)

　　　　　　○○시 ○○구 ○○동 ○○○

　　　　　　소송대리인 변호사 ○ ○ ○

　　　　　　○○시 ○○구 ○○동 ○○○　　　　　(우 :　　　)

　　　　　　(전화 :　　　　,팩스 :　　　　)

피 고   ○○시장

영업정지 처분취소 청구의 소

청 구 취 지

1. 피고가 2010. 5. 7. 원고에 대하여 한 ○○시 ○○구 ○○동 123-10 소재 숙박업소 "다이아모텔"에 대한 영업정지처분은 이를 취소한다.
2. 소송비용은 피고의 부담으로 한다.

라는 판결을 구합니다.

청 구 원 인

1. 처분내용

　원고는 청구취지 기재의 지번 소재 건물 5층 건물에서 2006. 9. 8. 숙박업의 허가를 받고 "다이아모텔"이라는 상호로 숙박업을 경영해 오던 중, 2010. 4. 13. 23:40경 소외 안○승이 미성년자인 소외 한○선과 투숙하는 것을 받아들였다는 이유로, 같은 해 5. 7. 피고로부터 영업정지 2개월(정지기간 : 같은 해 5. 15.부터 7. 14.까지)의 행정처분(이하 "이 사건 처분"이라고 한다)을 받았습니다.

2. 이 사건 처분의 위법성

가. 피고는 영업정지 명령서에서, 위 처분의 사유로 삼은 위 사실이 청소년보호법 제26조의2 제8항에 누구든지 "청소년에게 이성혼숙을 하게 하는 등 풍기를 문란하게 하는 영업행위를 하거나 그를 목적으로 장소를 제공하는 행위"를 위반한 것에 해당한다 하여, 동법 제50조 제4항에 따라 이 사건 처분을 행한 것으로 보여집니다.

그러나 위 처분은 아래에서 보는 바와 같이 사실과 법리를 오해하여 한 위법한 처분입니다.

나. 이 사건에서 문제된 소외 안○승은 2010. 4. 13. 22:50경 위 모텔에 와서 종업원인 소외 고○명에게 투숙의사를 밝혀 숙박부에 기재하게 한 후 305호실에 투숙하게 하였는바, 투숙당시 위 고○명이 동숙자 유무를 물었는데 없다하여 1인 요금만 받은 후 혼자 투숙하게 되었습니다.

그런데 위 안○승은 투숙 후 30분이 지나 잠시 나갔다오겠다고 하면서 나간 후, 23:40경 만 18세 되었다는 소외 한○선과 함께 다시 모텔에 돌아와 두 사람이 함께 숙박한 것이 후에 밝혀졌지만, 두 사람이 함께 돌아왔을 때는 위 숙박업소의 업주인 원고나 종업원인 위 고○명 모두 소외 한○선은 물론 안○승이 들어온 것도 보지 못하였습니다.

다. 가사 원고가 이를 알고 있었다고 하더라도 단순히 성년의 남자가 성년에 가까운 성숙한 모습의 여자와 동숙하였는데, 후에 여자의 연령이 만 18세 남짓이라는 것이 밝혀졌다고 하여, 그것이 바로 "풍기문란의 우려가 있는 미성년 남녀의 혼숙"이라고 할 수는 없을 법리일 것이고, 적어도 다수의 사람이 투숙하였는데 그 중 상당수의 투숙자가 미성년자이라든지, 또는 외관상 명백히 미성년자라고 할 수 있을 것입니다. 그렇다면 이 사건에서도 위 한○선가 법률상 미성년자임이 후에 밝혀졌다고 하여 이를 "풍기문란의 우려가 있는 미성년 남녀의 혼숙"이라고 볼 수 없을 것입니다.

라. 따라서 이 사건 처분은 사실과 법리를 오해한 위법한 처분으로서 취소되어야 할 것입니다.

입 증 방 법

1. 갑 제1호증의 1   행정처분 통보
1. 갑 제1호증의 2   영업정지명령서
1. 갑 제2호증   숙박업허가증
1. 갑 제3호증   사업자등록증
그 밖의 입증서류는 변론에 따라 수시 제출하겠습니다.

첨 부 서 류

1. 위 입증서류 사본   각 1통
1. 주민등록초본   1통
1. 소장부본   1통
1. 위임장   1통

20○○. ○. .
위 원고 소송대리인 변호사   ○ ○ ○ (인)

○○행정법원   귀중

[서식] 숙박업영업정지처분 집행정지신청서

행정처분효력집행정지신청

신 청 인   홍   길   동 (000000-0000000)

　　　　　　○○시 ○○구 ○○동 ○○○

　　　　　　신청대리인 변호사 ○ ○ ○

　　　　　　○○시 ○○구 ○○동 ○○○　　　　　　(우 :　　　　)

　　　　　　(전화 :　　　　　,팩스 :　　　　　)

피신청인　　　○○구청장

숙박업영업정지처분 집행정지신청

신 청 취 지

피신청인이 2010. 6. 5. 신청인에 대하여 한 ○○시 ○○구 ○○동 123-1 소재 "루비모텔"에 관한 영업정지(2010. 6. 6.부터 2010. 8. 5.까지) 처분은 귀원 2010구 2345호 숙박업 영업정지처분취소 청구사건의 본안판결 확정시까지 그 효력을 정지한다.

라는 결정을 구합니다.

신 청 원 인

1. 신청인은 ○○시 ○○구 ○○동 123-1 소재 루비모텔에 관하여 2007. 1. 20. 자신의 명의로 숙박업허가 명의변경을 하고 이래 위 여관을 경영하여 왔습니다.

다만 신청인은 현재 건축사로 일하고 있는 관계로 위 모텔을 직접 경영할 수 없어 신청외 김○영으로 하여금 경영하게 하다가 2009. 9. 15.부터는 신청외 문○귀로 하여금 경영하게 하고 있습니다.

그런데 피신청인은 신청인이 윤락행위알선 및 장소제공을 하였다는 이유로 2010. 6. 5. 공중위생관리법 제11조 제1항의 규정에 의하여 같은 해 6. 6.부터 2개월간 위 숙박업소에 대한 영업정지처분을 하였습니다.

2. 피신청인의 행정처분이나 명령서만으로는 구체적인 위반사항이 무엇인지 확실히는 알 수 없으나 그긴 있었던 형사사건 등으로 미루어 볼 때 위 김○영이 경영하고 있을 당시인 2009. 3. 말부터 같은 해 6. 초순경 사이에 정○지와 김○진에 대하여 윤락행위를 알선하였다는 취지인 듯 합니다.

그렇게 오래된 일이 어떻게 하여 뒤늦게 문제로 되었는지 모르겠습니다만, 신청인은 물론 단시 영영자인 위 김○영조차도 그런 일이 있는 줄은 전혀 알지 못했고 지금도 마찬가지입니다.

3. 혹시 만에 하나 당시 있던 종업원이 몰래 그런 짓을 하였는지 모르겠습니다. 가사 그렇다고 하더라도 신청인이 2007. 1.부터 오랫동안 숙박업을 해오면서도 한 번도 법에 어긋나는 짓을 하여 무슨 행정처분을 받은 적이 없는 점, 이미 상당히 오래된 일이라는 점, 알선했다는 사람도 두 사람 뿐인 점 등을 고려할 때 돌연 2개월이나 되는 영업정지 처분을 하는 것은 지나치게 가혹한 처분이라고 생각됩니다.

없는 돈에 여기 저기 끌어 모아 위 모텔을 경영하고 있는 문○귀나 그 종업원들의 입장까지 고려하면 더욱 그러합니다.

위와 같이 본건 처분은 처분의 근거가 없거나 재량권의 일탈 내지는 남용에 의한 것으로 위법부당하다 할 것이어서 마땅히 취소되어야 할 것인바, 만약 위 처분이 그대로 집행된다면 신청인이 후일 본안 소송에서 승소한다고 하더라도 이로 인하여 회복하기 어려운 손해를 입게 될 것임이 명백하므로 그 집행을 정지하여야 할 긴급할 필요가 있다고 사료되어 이 신청에 이른 것입니다.

소 명 방 법

1. 소갑 제1호증의 1   공중위생업소 행정처분
1. 소갑 제1호증의 2   영업정지명령서
1. 소갑 제2호증   숙박업 허가증
1. 소갑 제3호증의 1, 2   각 사업자등록증
1. 소갑 제4호증   행정심판청구접수증

첨 부 서 류

1. 주민등록초본   1통
1. 위임장   1통

20○○. ○. .

신청인 대리인 변호사 ○ ○ ○ (인)

○○행정법원   귀중

1. 노래연습장업자의 준수사항 등

가. 노래방영업정지 개요

노래연습장업장 업자는 법 제22조 준수사항을 위반할 경우 음악산업진흥에 관한 법률 제27조의 규정에 의거 영업의 폐쇄, 등록취소처분, 6개월 이내의 영업정지명령 등을 받을 수 있다. 그 처분기준은 음악산업진흥에관한법률 제27조 제3항, 같은 법 시행규칙 제15조 제1항 [별표 2]에서 정하고 있다.

나. 노래연습장업자의 준수사항

노래연습장업자는 다음의 사항을 지켜야 한다.

(1) 영업소 안에 화재 또는 안전사고 예방을 위한 조치를 할 것

(2) 해당 영업장소에 대통령령이 정하는 출입시간외에 청소년이 출입하지 아니하도록 할 것. 다만, 부모 등 보호자를 동반하거나 그의 출입동의서를 받은 경우 그 밖에 대통령령이 정하는 경우에는 그러하지 아니하다.

(3) 주류를 판매 · 제공하지 아니할 것

(4) 접대부(남녀를 불문한다)를 고용 · 알선하거나 호객행위를 하지 아니할 것

(5) 「성매매알선 등 행위의 처벌에 관한 법률」 제2조제1항의 규정에 따른 성매매 등의 행위를 하게 하거나 이를 알선 · 제공하는 행위를 하지 아니할 것

(6) 건전한 영업질서의 유지 등에 관하여 대통령령이 정하는 사항을 준수할 것

다. 기타 접대행위

누구든지 영리를 목적으로 노래연습장에서 손님과 함께 술을 마시거나 노래 또는 춤으로 손님의 유흥을 돕는 접객행위를 하거나 타인에게 그 행위를 알선하여서는 아니 된다.

> [별표 1]
>
> 노래연습장업자의 준수사항(제9조관련)
> 1. 법 제20조에 따른 등록증을 출입자가 쉽게 볼 수 있는 곳에 붙여야 한다.
> 2. 청소년실 외의 객실에 청소년을 출입하게 하여서는 아니 된다. 다만, 부모 등 보호자를 동반하는 경우에는 그러하지 아니하다.
> 3. 영업소 안에 주류를 보관하거나, 이용자의 주류 반입을 묵인하여서는 아니 된다.

2. 노래방 주류제공 및 도우미 알선시 행정처분

가. 처분의 내용

음산법 제22조 및 제27조에 의하면 노래연습장업자는 손님에게 주류를 제공·판매하거나 접대부(남녀를 불문한다)를 고용·알선하거나 호객행위를 할 수 없다고 규정하고 있다. 그리고 같은 법 시행규칙 제15조 별표2에 따르면 위반사항이 주류를 제공·판매한 때에는 1차 위반일 경우 영업정지 10일, 2차 위반일 경우 영업정지 1개월, 3차 위반일 경우 영업정지 3개월, 4차 위반일 경우 등록취소 및 영업소 폐쇄를 할 수 있도록 규정하고 있다.

또한, 위반사항이 접대부를 고용·알선한 경우에는 1차 위반일 경우 영업정지 1개월, 2차 위반일 경우 영업정지 2개월, 3차 위반일 경우 등록취소 및 영업소 폐쇄를 할 수 있도록 규정하고 있다. 또한 위반행위가 2 이상인 경우로서 그에 해당하는 각각의 처분기준이 다른 경우에는 그 중 무거운 처분기준에 따르며, 둘 이상의 처분기준이 영업정지인 경우에는 6개월의 범위에서 무거운 처분기준의 2분의 1 이내에서 가중할 수 있다고 규정하고 있다.

나. 주류를 판매·제공한 때

위반사항	1차 위반	2차 위반	3차 위반	4차 위반
주류 판매, 제공	영업정지 10일	영업정지 1월	영업정지 3월	등록취소 영업폐쇄

다. 도우미(접대부 - 남녀불문)를 고용, 알선한 때

위반사항	1차 위반	2차 위반	3차 위반	4차 위반
도우미 고용알선	영업정지 1월	영업정지 2월	등록취소 영업폐쇄	

위 행정처분기준을 기초로 만일 업주가 노래방을 운영하면서 고의적이든 손님이나 파파라치의 요구에 따른 것이든 1차 위반 기준 손님들에게 술을 제공(판매)할 경우 영업정지 10일의 행정처분을, 도우미를 알선(고용)한 경우에는 영업정지 30일의 행정처분을 총 40일의 행정처분을 받게 된다(참고로 주류보관 및 반입묵인 등의 경우는 각각 10일의 행정처분을 받게 된다).

3. 파파라치의 신고행위에 대한 감경여부

현행법에는 노래연습장 업주는 단란주점과는 달리 주류를 판매·제공할 수 없고, 누구든지 영리를 목적으로 노래연습장에서 손님과 함께 술을 마시거나 노래 등으로 손님의 유흥을 돋우는 접객행위를 하거나 타인에게 알선하는 경우에는 1년 이하의 징역 또는 300만원 이하의 벌금에 처하도록 하고 있다. 결국 이를 위반한 경우 그것이 상대방의 유도된 행위라고 하더라도 업주만 처벌받는 구도다. 이 때문에 위 사건과 같이 악의적으로 업주에게 도우미와 술 판매 등을 강요한 뒤 이를 빌미삼아 업주를 협박하거나 비용을 지불하지 않고 악용하거나 처음부터 경찰에 신고할 목적으로 고의로 업주의 위반행위를 유도하는 사례가 빈번히 발생해왔다. 문제는 이처럼 '노래방(노래연습장)에 손님으로 온 일행이 처음부터 경찰에 신고할 의도로 일부러 업주로 하여금 위반행위를 하도록 유도한 뒤 실제로 경찰에 신고하였다 하더라도, 제반 사정에 비추어 볼 때 당시 위반행위를 할 의사가 전혀 없는 상태에서 오로지 손님의 유도행위에 의하여 위반행위가 야기되었다고 볼 수 없고, 다만 이들은 상황에 따라 접대부 알선 의사를 가지고 있는 원고에게 접대부 알선 기회를 제공한 것에 불과하므로, 업주는 이런 사유를 들어 위와 같은 위반행위로 인한 행정처분을 면할 수 없다'(대전지방법원 2008. 6. 25. 선고 2008구합1049 판결)고 보는 것이 법원의 입장이다는 것이다.

따라서 신고인 등에게 강박 또는 기망을 당하였다거나 그 밖에 음산법상 노래연습장업자의 준수사항을 위반할 수밖에 없는 불가피한 사정이 있었다고 보여지지 않는 이상, 업주가 위반행위를 하지 않고자 하는 의사가 충분했다면 아무리 고의로 유도된 것이라고 하였더라도 관련 법규를 준수할 수 있었을 것이므로 도우미 알선 등의 행위가 파파라치의 악의적인 요구 및 신고 등의 행위에 기인하였다는 등의 사정이 있다하여 위법성이 가벼워진다거나 이를 달리 볼 것은 아니다.

4. 과징금전환

가. 부과권자

특별자치시장·특별자치도지사·시장·군수·구청장은 노래연습장업자가 시설기준을 갖추지 못한 때 또는 출입시간 외에 청소년 출입, 건전한 영업질서의 유 등에 관하여 대통령령으로 정하는 사항 중 어느 하나에 해당하여 영업정지처분을 하여야 하는 때에는 그 영업정지처분에 갈음하여 3천만원 이하의 과징금을 부과할 수 있다. 이 경우 특별자치시장·특별자치도지사·시장·군수·구청장은 과징금의 부과·징수에 관한 사항을 기록·관리하여야 한다.

다만, 위의 사항 중 출입시간외에 청소년 출입의 경우 부모 등 보호자를 동반하거나 그의 출입동의서를 받은 경우에는 처벌의 대상이 되지 아니하는데, 이때 출입동의서에는 ⅰ) 청소년의 인적사항(성명·생년월일·주소), ⅱ) 출입 사유와 출입 허용 일시, ⅲ) 부모 등 보호자의 인적사항(성명·생년월일·연락전화·청소년과의 관계) 및 서명 등이 기재되어야 한다.

나. 과징금 징수

특별자치시장·특별자치도지사·시장·군수·구청장은 제1항의 규정에 따른 과징금을 납부하여야 할 자가 납부기한까지 이를 납부하지 아니하는 때에는 「지방세외수입금의 징수 등에 관한 법률」에 따라 징수한다.

다. 과징금의 기준 등

(1) 기준

과징금 금액은 보통 영업정지 1일당 5만원으로 책정되며, 이 경우 영업정지 1월에 해당하는 과징금의 금액은 30일로 하여 산정한다. 다만, 시장·군수·구청장은 위반행위의 정도·위반 횟수 및 위반행위의 동기와 그 결과 등을 고려하여 이에 따른 과징금의 남액의 2분의 1

범위에서 가중 또는 경감할 수 있다.

(2) 과징금의 상한

과징금을 가중하는 경우에도 과징금의 총액은 3천만원을 넘을 수 없다.

과징금 전환의 가능한 경우

- · 노래방 등록위반
- · 청소년 출입시간 위반
- · 청소년 외 객실 청소년 출입
- · 업소 내 주류보관 · 반입 묵인

과징금 전환이 어려운 경우

- · 주류 판매 · 제공(단, 행정심판위원회나 법원에서 과징금 전환이 가능하다는 재결이나 판결이 있을 시 가능)
- · 도우미 알선 · 고용

라. 과징금의 납부

과징금으로 전환될 경우 노래방 업주는 과징금부과 통지서를 받은 후 20일 이내에 시장 · 군수 · 구청장 등이 정하는 수납기관에 납부하면 된다.

마. 과징금납부의 장점

과징금으로 전환될 경우 일정금의 과징금을 납부하여야 된다는 어려움은 있지만, 영업정지 없이 계속해서 영업을 할 수 있다는 장점이 있다.

5. 등록취소 등

가. 등록취소 사유

시·도지사 또는 시장·군수·구청장은 영업을 영위하는 자가 다음의 어느 하나에 해당하는 때에는 그 영업의 폐쇄명령, 등록의 취소처분, 6개월 이내의 영업정지명령, 시정조치 또는 경고조치를 할 수 있다. 다만, (1) 또는 (2)에 해당하는 때에는 영업을 폐쇄하거나 등록을 취소하여야 한다. 위의 규정에 따른 행정처분의 기준 등에 관하여 필요한 사항은 문화체육관광부령으로 정한다.

(1) 거짓 그 밖의 부정한 방법으로 신고 또는 등록을 한 때

(2) 영업의 정지명령을 위반하여 영업을 계속한 때

(3) 시설기준을 위반한 때

(4) 변경신고 또는 변경등록을 하지 아니한 때

(5) 노래연습장업자 준수사항을 위반한 때

(6) 제29조제3항에 해당하는 음반등을 제작·유통 또는 이용에 제공하거나 이를 위하여 진열·보관 또는 전시한 때

나. 등록증반납

영업의 폐쇄명령 또는 등록의 취소처분을 받은 자는 그 처분의 통지를 받은 날부터 7일 이내에 신고증 또는 등록증을 반납하여야 한다.

다. 과태료부과기준

[별표 2] 〈개정 2011.3.30〉

과태료의 부과기준(제17조 관련)

1. 일반기준

   가. 위반행위의 횟수에 따른 과태료의 기준은 최근 1년간 같은 행위로 과태료를 받은 경우에 적용한다. 이 경우 위반행위에 대하여 과태료 처분을 한 날과 다시 같은 위반행위를 적발한 날을 각각 기준으로 하여 위반횟수를 계산한다.

나. 부과권자는 다음의 어느 하나에 해당하는 경우에는 제2호에 따른 과태료 금액의 2분의 1의 범위에서 감경할 수 있다. 다만, 과태료를 체납하고 있는 위반행위자의 경우에는 그러하지 아니하다.

   1) 위반행위자가 「질서위반행위규제법 시행령」 제2조의2제1항 각 호의 어느 하나에 해당하는 경우

   2) 위반행위가 사소한 부주의나 오류로 인한 것으로 인정되는 경우

   3) 그 밖에 위반행위의 정도, 위반행위의 동기와 그 결과 등을 고려하여 감경할 필요가 있다고 인정되는 경우

다. 부과권자는 다음의 어느 하나에 해당하는 경우에는 제2호에 따른 과태료 금액의 2분의 1의 범위에서 가중할 수 있다. 다만, 법 제36조제1항에 따른 과태료 금액의 상한을 넘을 수 없다.

   1) 법 위반상태의 기간이 6개월 이상인 경우

   2) 그 밖에 위반행위의 정도, 위반행위의 동기와 그 결과 등을 고려하여 가중할 필요가 있다고 인정되는 경우

2. 개별기준

위반행위	근거 법조문	과태료 금액
1. 노래연습장업자가 법 제11조를 위반하여 교육을 받지 않은 경우	법 제36조제1항제1호	30만원
2. 법 제21조제1항을 위반하여 변경신고 또는 변경등록을 하지 않은 경우 　가. 1차 위반한 경우 　나. 2차 위반한 경우 　다. 3차 이상 위반한 경우	법 제36조제1항제2호	 30만원 50만원 100만원
3. 법 제25조제1항을 위반하여 상호 등을 표시하지 않은 경우 　가. 1차 위반한 경우 　나. 2차 위반한 경우 　다. 3차 이상 위반한 경우	법 제36조제1항제3호	 100만원 200만원 300만원

6. 행정처분의 기준

■ 음악산업진흥에 관한 법률 시행규칙 [별표 2] 〈개정 2019. 6. 4.〉

행정처분의 기준(제15조 관련)

1. 일반기준

　가. 위반행위가 2 이상인 경우로서 그에 해당하는 각각의 처분기준이 다른 경우에는 그 중 무거운 처분기준에 따른다. 다만, 둘 이상의 처분기준이 영업정지인 경우에는 6개월의 범위에서 무거운 처분기준의 2분의 1 이내에서 가중할 수 있다. 이 경우 그 행정처분은 각 위반행위별 처분기준을 합산한 기간을 초과할 수 없다.

　나. 어떤 위반행위에 대하여 그 행정처분을 하기 위한 절차가 진행되는 기간 중에 추가로 다른 위반행위를 한 때에도 가목에 따라 처분한다.

　다. 어떤 위반행위에 대하여 그 행정처분을 하기 위한 절차가 진행되는 기간 중에 반복하여 같은 위반행위(개별기준의 위반사항이 동일한 경우의 위반행위를 말한다. 이하 같다)를 하는 경우로서 처분기준이 영업정지인 때에는 위반횟수마다 처분기준의 2분의 1씩 더하여 처분한다. 이 경우 처분을 합산한 기간이 6개월을 초과할 수 없다.

　라. 위반행위의 횟수에 따른 행정처분의 기준은 최근 1년간 같은 위반행위로 행정처분을 받은 경우에 적용한다. 이 경우 기간의 계산은 위반행위에 대하여 행정처분을 받은 날과 그 처분 후 다시 같은 위반행위를 하여 적발된 날을 기준으로 한다.

　마. 라목에 따라 가중된 행정처분을 하는 경우 행정처분의 적용차수는 그 위반행위 전 행정처분 차수(라목에 따른 기간 내에 행정처분이 둘 이상 있었던 경우에는 높은 차수를 말한다)의 다음 차수로 한다.

　바. 같은 위반행위로 4차 행정처분까지 받은 후 다시 5차 이상 위반행위를 한 경우 4차 위반 시의 처분기준이 영업정지 1개월인 경우에는 영업정지 3개월,

영업정지 2개월인 경우에는 영업정지 4개월, 영업정지 3개월인 경우에는 영업정지 6개월로 처분한다.

사. 위반사항의 내용으로 보아 그 위반의 정도가 경미하거나 위반행위가 고의·과실이 아닌 사소한 부주의나 오류로 인한 것으로 인정되는 경우에는 그 처분을 감경할 수 있다. 이 경우 그 처분이 영업정지인 경우에는 그 처분기준의 2분의 1의 범위에서 감경할 수 있고, 영업폐쇄 또는 등록취소인 경우(법 제27조제1항제1호 및 제2호에 해당하여 영업폐쇄 또는 등록취소에 해당하는 경우는 제외한다)에는 3개월 이상의 영업정치처분으로 갈음할 수 있다.

아. 영업정지처분기간 1개월은 30일로 보며, 감경처분하려는 경우 그 영업정지기간을 산정할 때 1일 미만은 처분기간에서 제외한다.

2. 개별기준

위반사항	근거 법령	행정처분기준			
		1차위반	2차위반	3차위반	4차위반
가. 거짓 그 밖의 부정한 방법으로 신고 또는 등록을 한 때	법 제27조 제1항제1호	등록취소 영업폐쇄			
나. 영업의 정지명령을 위반하여 영업을 계속한 때	법 제27조 제1항제2호	등록취소 영업폐쇄			
다. 법 제18조에 따른 노래연습장 시설기준을 위반한 때	법 제27조 제1항제3호				
1) 투명유리창 및 마이크 시설이 시설기준을 위반한 때		경고	영업정지 10일	영업정지 20일	영업정지 1개월
2) 그 외의 시설이 시설기준을 위반한 때		영업정지 10일	영업정지 1개월	영업정지 3개월	등록취소
라. 법 제21조에 따른 변경신고 또는 변경등록을 하지 아니한 때	법 제27조 제1항제4호	경고	영업정지 10일	영업정지 20일	영업정지 1월
마. 법 제22조에 따른 노래연습장업자의 준수사항을 위반한 때	법 제27조 제1항제5호				
1) 영업소 안에 화재 또는 안전사고 예방을 위한 조치를 취하지 아니한 때		경고	영업정지 10일	영업정지 20일	영업정지 1월

위반사항	근거법령	1차	2차	3차	4차
2) 청소년 출입시간 외에 청소년을 출입시킨 때		영업정지 10일	영업정지 1월	영업정지 3월	등록취소 영업폐쇄
3) 주류를 판매·제공한 때		영업정지 10일	영업정지 1월	영업정지 3월	등록취소 영업폐쇄
4) 접대부(남녀를 불문한다)를 고용·알선한 때		영업정지 1월	영업정지 2월	등록취소 영업폐쇄	
5) 청소년을 접대부(남녀를 불문한다)로 고용·알선하는 행위를 한 때		등록취소 영업폐쇄			
6) 호객행위를 한 때		영업정지 10일	영업정지 20일	영업정지 1월	영업정지 3월
7) 「성매매알선 등 행위의 처벌에 관한 법률」 제2조제1항에 따른 성매매 등의 행위를 하게 하거나 이를 알선·제공하는 행위를 한 때		등록취소 영업폐쇄			
8) 보호자 동반 없이 청소년실 외의 객실에 청소년을 출입하게 한 때		영업정지 10일	영업정지 20일	영업정지 1월	영업정지 3월
9) 업소 안에 주류를 보관한 때		영업정지 10일	영업정지 20일	영업정지 1월	영업정지 3월
10) 이용자의 주류 반입을 묵인한 때		영업정지 10일	영업정지 20일	영업정지 1월	영업정지 3월
11) 등록증을 출입자가 쉽게 볼 수 있는 곳에 붙이지 아니한 때		경고	영업정지 10일	영업정지 20일	영업정지 1월
바. 법 제29조제3항에 해당하는 음반 등을 제작·유통 또는 이용에 제공하거나 이를 위하여 진열·보관 또는 전시한 때	법 제27조 제1항제6호				
1) 법 제29조제3항에 해당하는 음반 등을 제작한 때		영업정지	등록취소		

	1차	2차	3차	4차
	3월	영업폐쇄		
2) 법 제29조제3항에 해당하는 음반 등을 유통한 때				
가) 적발수량이 5개 미만인 때	경고	영업정지 10일	영업정지 20일	영업정지 1월
나) 적발수량이 20개 미만인 때	영업정지 10일	영업정지 1월	영업정지 3월	등록취소
다) 적발수량이 20개 이상인 때	영업정지 1월	영업정지 3월	등록취소 영업폐쇄	영업폐쇄
3) 법 제29조제3항에 해당하는 음반 등을 이용에 제공한 때	영업정지 1월	영업정지 3월	등록취소 영업폐쇄	
4) 법 제29조제3항에 해당하는 음반 등을 제작·유통 또는 이용에 제공하기 위하여 진열·보관 또는 전시한 때				
가) 적발수량이 20개 미만인 때	경고	영업정지 10일	영업정지 1월	영업정지 2월
나) 적발수량이 20개 이상인 때	영업정지 10일	영업정지 1월	영업정지 2월	등록취소 영업폐쇄

7. 감경기준

통상 노래방영업정지사건의 재결례를 살펴보면 사건 처분결과 통보서, 손님 진술서 등에 의하면 사건업소에서 주류를 판매한 사실은 다툼이 없다. 따라서 관계법령에 따라 피청구인이 청구인에게 한 이 사건 처분에 위법·부당함은 없다고 판단하면서도 감경을 할 경우 그 감경사유로 언급하는 것들은 청구인이 이 사건에 대하여 깊이 반성하고 있는 점, 초범인 점, 남편과 사별 후 세 명의 자녀와 함께 살면서 어렵게 생계를 이어가고 있는 점 등 청구인의 어려운 가정적·경제적 형편과 이 사건 처분으로 청구인이 입게 될 경제적 불이익 등을 감안해 볼 때 피청구인의 이 사건 처분은 청구인에게 다소 가혹한 처분이라고 여겨질 경우 감경이 된다.

8. 관련 서식

가. 청구취지 기재례

> 피청구인이 2000. ○. ○. 청구인에 대하여 결정 고지한 45일의 영업정지처분은 이를 취소한다.

> 피고가 20○○. ○. ○. 원고에 대하여 한 20○○. ○. ○.부터 같은 해 ○. ○까지(2개월)의 영업정지처분은 이를 취소한다.

> 피청구인이 2013. 7. 22. 청구인에 대하여 한 40일의 영업정지 처분을 취소한다.

나. 서식례

[서식] 행정심판청구서 – 영업정지처분취소(노래방)

행 정 심 판 청 구

청 구 인   O   O   O (000000-0000000)   (전화 :   )

OO시 OO구 OO로 OO   (우 :   )

피청구인   OO지방경찰청장

영업정지처분취소 청구

청 구 취 지

피청구인이 2000. O. O. 청구인에 대하여 결정 고지한 45일의 영업정지처분은
이를 취소한다.
라는 재결을 구합니다.

청 구 원 인

1. 청구인은 OO시 OO구 OO로 OO 소재 지하층 30평을 임차하여 'OOO노래방'
   이라는 상호로 노래연습장을 경영하고 있습니다.

2. 이 사건 단속경위
   청구인은 2000. O. O. OO:OO경 위 노래연습장의 종업원인 김OO의 친구

인 이○○가 그의 일행 5명을 데리고 왔기에 이들의 주민등록증을 확인하기 위해 주민등록증 제시를 요구하였으나 위 이○○만 주민등록을 소지하고 있어 그의 주민등록증으로 만 19세가 넘었음을 확인하고, 박○○과 최○○에게 나머지 일행들은 모두 친구들이냐고 묻자 그렇다는 말을 믿고 출입시켰는데, 20분 뒤에 피청구인의 관할인 ○○파출소 소속 경찰관 2명으로부터 만 19세 미만인 박○○ 일행을 입장시켰다는 이유로 단속되었습니다.

3. 위 이○○은 주민등록상 분명히 만 19세가 넘는 자이고, 그 일행 중 2명이 만 19세 미만자라는 이유로 단속되었는 바, 청구인으로서는 위 이○○ 일행이 종업원의 친구라 하고 이○○이 만 19세 미만자가 아님이 확인되었기에 일행 중 일부가 연령미달자라고 의심할 여지가 없었던 점에 비추어 본건 처분은 지나치게 가혹한 것이라 생각됩니다.

4. 또한 청구인은 사업 실패 후 은행과 친구들로부터 막대한 돈을 빌려 이 사건 노래연습장을 임차해 내부시설 투자를 하고, 영상가요 반주기를 구입하여 영업을 하면서 생계를 꾸려나가고 있는데, 이 사건 행정처분으로 수입도 얻지 못하게 되어 채무이행은 물론이고 당장 생계유지도 힘든 형편입니다.

5. 따라서 이 사건의 단속경위 등 여러 사정을 참작할 때 피청구인의 45일간의 영업정지처분은 부당하므로 이를 취소하여 주시기 바랍니다.

입 증 방 법

1. 갑 제1호증   행정처분통지서 사본
1. 갑 제2호증   종업원 진술서
1. 갑 제3호증   탄원서

첨 부 서 류

1. 위 입증서류   각 1통
1. 주민등록초본   1통
1. 심판청구서 부본   1통

2000.   0.   0.

위 청구인 0 0 0 (인)

0 0 지 방 경 찰 청 장 귀하

답 변 서

사건번호   2021 - ○○○○○

사 건 명   영업정지처분 취소청구

청 구 인   ○○○(주민번호)

(주소)

피청구인   ○○장관

청 구 일   2016. ○○. ○○.

위 사건에 대하여 피청구인은 다음과 같이 답변 합니다.

청구 취지에 대한 답변

"청구인의 청구 내용을 기각(각하)한다."라는 재결을 구합니다.

청구 원인에 대한 답변

1. 사건 개요

2. 해결방안(합의 등)

※ 청구인의 입장에서 문제 해결을 위한 최선의 대안이 있다면 제시해 주시기
바랍니다.

3. 청구인 주장에 대한 피청구인의 주장(위 2번에 해당되지 않는 경우)

　가. 관련 법령

　나. 처분 경위

　다. 주장

4. 결　론

입　증　방　법

　　1. 을제1호증　　　　　　　　　　　　　처분서
　　2.
　　3.
　　4.

2016.　○○.　○○.

피청구인 :　○○장관
심판수행자 :
연　락　처 :

중 앙 행 정 심 판 위 원 회　귀 중

[서식] 소장 – 영업정지처분취소 청구의 소(노래방)

소   장

원 고   ○   ○   ○ (○○○○○○-○○○○○○○)

　　　　　　○○시 ○○구 ○○동 ○○　　　　　　　　(우 :　　　)

피 고   ○○시 ○○구청장

　　　　　　○○시 ○○구 ○○동 ○○　　　　　　　　(우 :　　　)

영업정지처분취소 청구의 소

청 구 취 지

1. 피고가 20○○. ○. ○. 원고에 대하여 한 20○○. ○. ○.부터 같은 해 ○.
   ○까지(2개월)의 영업정지처분은 이를 취소한다.
2. 소송비용은 피고의 부담으로 한다.

라는 판결을 구합니다.

청 구 원 인

1. 처분의 경위

원고는 20○○. ○월경 ○○시 ○○구 ○○동 ○○소재 지하실 "○○노래방"
이라는 상호의 노래방을 인수하여 영업의 승계인 신고를 하여 피고로부터
갱신등록증을 득한 후 경영해 왔는데, 피고는 원고가 20○○. ○. ○. 21:00
경 위 노래방에서 주류를 판매·제공하였다는 이유로 20○○. ○. ○.자로

원고에 대하여 20○○. ○. ○.부터 같은 해 ○. ○까지 2개월 간 위 노래방의 영업을 정지할 것을 명하는 처분을 하였습니다.

2. 처분의 위법성

이 사건 처분은 다음과 같은 점에서 위법하므로 취소되어야 합니다.

가. 영화 및 비디오물의 진흥에 관한 법률상 노래연습장업자의 준수사항으로 "주류를 판매·제공하는 행위"를 금지하고 있는바, 원고의 업소에서는 노래방 이용 손님에게 주류 반입을 묵인하거나 판매·제공한 사실이 없습니다. 이 사건의 경우는 30대 중반 남자 김○○외 4명이 위 노래방에 들어와 1시간동안 노래를 부르고 가겠다고 하여 1시간 대실료 금 15,000원을 받고 노래기기에 음악을 제공한 사실은 있었으나 영화및비디오물의진흥에관한법률 제62조 제3항 가목에 정한 주류를 판매·제공한 행위"에 해당하지 아니한다 할 것입니다.

나. 이 사건 당일 21:00경 위 30대 남자 안○○외 일행 4명이 만취상태에서 노래방에 들어와 1시간만 노래를 부르고 가겠다고 하여 201호를 대실한 사실이 있으나 위 손님 중에 1명이 품속에 캔맥주 5개를 노래방 종사자 모르게 반입하여 5명이 201호 내에서 나누어 마신 후 빈 캔을 휴지통에 버린 것을 피고의 소속 단속공무원이 원고가 주류반입을 묵인한 것으로 오인하여 위 같은 처분한 것으로 사료됩니다.

3. 처분의 부당성

원고는 위와 같다면 노래방 종사자로 내방 손님이 품속에 주류를 숨겨 반입하는 것까지 이를 막을 방법이 없다 할 것입니다. 가사 원고가 주류반입을 알고 있었다고 하더라도 만취한 손님에게 주류반입을 금지할 경우 손님이 이에 응할 손님이 거의 없는 현실에서 단순히 소극적으로 이를 제지하지 아니하였다는 이유로 원고에게 생계수단인 노래방 영업정지처분은 가혹하고 부당하다 할 것입니다. 따라서 위 같은 사정에 비추어 원고를 비난하기 어렵고, 이 사건의 실체에 비추어 볼 때 이 사건처분은 지나치게 형식에만 치우쳐 그 처분으로 달성하려는 원래 목적에서 일탈하는 결과에 이르게 될 것인 바,

그렇다면 이 사건 처분은 원고에게 과도한 것으로 부당하다고 아니할 수 없어 마땅히 취소를 면키 어렵다고 할 것입니다.

입 증 방 법

1. 갑 제1호증   행정처분통지서
1. 갑 제2호증   노래방등록증
1. 갑 제3호증   사업자등록증
1. 갑 제4호증   사실확인서
그 밖의 입증서류는 변론시 수시 제출하겠습니다.

첨 부 서 류

1. 위 입증서류 사본   각 1통
1. 주민등록초본   1통
1. 소장부본   1통

20○○. ○. ○.

위 원고 ○ ○ ○ (인)

○○행정법원   귀중

1. 편의점 업주의 의무

유해매체물이나 약물 등이 청소년에게 유통되는 것을 막고, 청소년이 유해업소에 출입하는 것을 규제하는 등 청소년의 건전한 인격체로의 성장을 이끌기 위해 마련된 법률이 청소년보호법이다. 이법에서 청소년은 19세 미만인 자를 말하며, 편의점 등을 운영하는 업주들의 경우 청소년에게 술과 담배 등 유해물을 판매하는 것이 금지되어 있다.

2. 편의점 업주의 청소년에 대한 술,담배 판매시 처벌기준

가. 형사처벌

청소년에게 담배 및 주류를 판매하였을 경우 청소년 보호법에 따라 2년 이하의 징역 또는 2천만원 이하의 벌금에 처해질 수 있으며, 실무에서는 초범인 경우 대략 500~600만원 정도의 벌금형에 처해지는 경우가 많다.

[관련규정]

> 청소년보호법 제59조(벌칙)
> 다음 각 호의 어느 하나에 해당하는 자는 2년 이하의 징역 또는 2천만원 이하의 벌금에 처한다.
>
> 7의3. 제28조제5항을 위반하여 주류 등의 판매 · 대여 · 배포를 금지하는 내용을 표시하지 아니한 자

나. 행정처분

(1) 소매인 지정의 취소

시장 · 군수 · 구청장은 소매인이 다음의 어느 하나에 해당하는 경우에는 그 지정을 취소하여야

한다(담배사업법 제17조).

(가) 부정한 방법으로 소매인의 지정을 받은 경우

(나) 제16조제2항 제1호각 목의 결격사유[114] 중 어느 하나에 해당하게 된 경우. 다만, 법인의 대표자가 그 사유에 해당하게 된 경우로서 6개월 이내에 그 대표자를 바꾸어 임명한 경우에는 그러하지 아니하다.

(다) 최근 5년간 2회의 영업정지처분을 받은 사실이 있는 자가 다시 (2)의 호의 어느 하나에 해당하게 된 경우

(라) 영업정지기간 중에 영업을 한 경우

(마) 폐업신고 또는 휴업신고를 하지 아니하고 60일 이상 영업을 하지 아니한 경우

(바) 정당한 사유 없이 90일 이상 제조업자, 수입판매업자 또는 도매업자로부터 담배를 매입하지 아니한 경우

(사) 소매인으로 지정된 후 제16조제2항제3호에 따라 기획재정부령으로 정하는 지정기준을 충족하지 못하게 된 경우. 다만, 그 소매인에게 책임이 없는 사유로 지정기준을 충족하지 못한 경우는 제외한다.

(2) 영업정지

시장·군수·구청장은 소매인이 다음의 어느 하나에 해당하는 경우에는 1년 이내의 기간을 정하여 그 영업의 정지를 명할 수 있으며, 이에 따른 영업정지처분의 기준 및 절차 등에 관하여 필요한 사항은 기획재정부령으로 정한다.

(가) 제12조 제3항[115]을 위반하여 담배를 판매한 경우

---

114) ② 시장·군수·구청장은 제1항에 따른 소매인의 지정을 받으려는 자가 지정을 신청한 때에는 소매인 지정을 하여야 한다. 다만, 다음 각 호의 어느 하나에 해당하는 경우에는 그러하지 아니하다.
　1. 다음 각 목의 어느 하나에 해당하는 자인 경우
　가. 미성년자 또는 피성년후견인·피한정후견인
　나. 파산선고를 받고 복권되지 아니한 자
　다. 이 법을 위반하여 징역의 실형을 선고받고 그 집행이 끝나거나(집행이 끝난 것으로 보는 경우를 포함한다) 집행이 면제된 날부터 1년이 지나지 아니한 사람
　라. 이 법을 위반하여 징역형의 집행유예를 선고받고 그 유예기간 중에 있는 사람
　마. 제17조제1항에 따라 지정이 취소된 날부터 2년이 지나지 아니한 자
　바. 대표자가 가목부터 마목까지의 어느 하나에 해당하는 법인
115) ③ 제조업자, 수입판매업자, 도매업자 또는 소매인은 다음 각 호의 담배를 판매해서는 아니

(나) 제18조제5항116)을 위반하여 담배를 판매한 경우

(다) 제20조(다른 담배 포장지의 사용금지 등)를 위반하여 담배의 포장 및 내용물을 바꾸어 판매한 경우

(라) 제25조 제3항에 따른 광고물의 제거 등 시정에 필요한 명령이나 조치를 이행하지 아니한 경우

(마) 정당한 사유 없이 기획재정부령으로 정하는 기간 동안 계속하여 담배를 판매하지 아니한 경우

(바) 정당한 사유 없이 60일 이상 제조업자, 수입판매업자 또는 도매업자로부터 담배를 매입하지 아니한 경우

(사) 청소년에게 담배를 판매한 경우

(아) 그 밖에 이 법 또는 이 법에 따른 명령을 위반한 경우

된다.
  1. 담배제조업허가를 받지 아니한 자가 제조한 담배
  2. 「관세법」 제14조에 따라 부과되는 관세를 내지 아니하거나, 같은 법 제235조에 따라 보호되는 상표권을 침해하거나, 같은 법 제241조에 따른 수입신고를 하지 아니하고 수입된 담배
  3. 절취 또는 강취(强取)된 담배
  4. 제11조의5제3항을 위반하여 화재방지성능인증서를 제출하지 아니한 담배
116) ④ 세소업자나 수입판매업자는 제1항에 따른 판매가격을 결정하여 신고하였을 때에는 기획재정부령으로 정하는 바에 따라 그 가격을 공고하여야 한다.
  ⑤ 소매인은 제4항에 따라 공고된 판매가격으로 담배를 판매하여야 한다.

(3) 소매인에 대한 영업정지처분 기준

[별표 3] 〈개정 2018. 12. 7.〉

소매인에 대한 영업정지처분 기준(제11조제4항 관련)

1. 일반기준

가. 위반행위의 동기·내용·기간·횟수 및 위반행위로 인하여 얻은 이익 등 다음에 해당하는 사유를 고려하여 위반행위에 해당하는 처분기준의 2분의 1의 범위에서 감경할 수 있다.

　　1) 위반행위가 고의나 중대한 과실이 아닌 사소한 부주의나 단순한 오류로 인한 것으로 인정되는 경우

　　2) 위반의 내용·정도 등이 경미하여 담배판매업 등 담배사업에 미치는 피해가 적다고 인정되는 경우

　　3) 위반 행위자가 처음 위반 행위를 한 경우로서 5년 이상 담배소매업을 모범적으로 수행한 사실이 인정되는 경우

나. 위반행위가 둘 이상인 경우로서 그에 해당하는 각각의 처분기준이 다른 경우에는 그 중 가장 무거운 처분기준에 따른다. 다만, 각각의 처분기준을 합산한 기간을 넘지 않는 범위에서 무거운 처분기준의 2분의 1의 범위에서 기간을 늘릴 수 있되, 영업정지기간은 1년을 초과할 수 없다.

다. 위반행위의 횟수에 따른 행정처분의 기준은 최근 2년간 같은 위반행위를 한 경우에 적용한다. 이 경우 행정처분 기준의 적용은 같은 위반행위에 대한 행정처분일과 다시 같은 위반행위(처분 후의 위반행위만 해당한다)를 적발한 날을 기준으로 한다.

2. 개별기준

위반사항	근거 법령	영업정지기준	
		1차	2차
가. 법 제12조제3항을 위반하여 담배를 판매한 경우	법 제17조제2항제1호	3개월	6개월
나. 법 제18조제5항을 위반하여 담배를 판매한 경우	법 제17조제2항제2호	1개월	3개월
다. 법 제20조를 위반하여 담배의 포장 및 내용물을 바꾸어 판매한 경우	법 제17조제2항제3호	2개월	4개월
라. 법 제25조제3항에 따른 광고물의 제거 등 시정에 필요한 명령이나 조치를 이행하지 아니한 경우	법 제17조제2항제4호	3개월	6개월
마. 정당한 사유 없이 30일 이상 계속하여 담배를 판매하지 아니한 경우	법 제17조제2항제5호	1개월	2개월
바. 정당한 사유 없이 60일 이상 제조업자, 수입판매업자 또는 도매업자로부터 담배를 매입하지 아니한 경우	법 제17조제2항제6호	1개월	2개월
사. 청소년에게 담배를 판매한 경우	법 제17조제2항제7호	2개월	3개월
아. 그 밖에 이 법 또는 이법에 따른 명령을 위반한 경우로서 제7조의3제3항 후단을 위반하여 소매인이 담배진열장 또는 담배소매점 표시판을 건물 또는 시설물의 외부에 설치한 경우	법 제17조제2항제8호	경고	1개월
자. 그 밖에 이 법 또는 이 법에 따른 명령을 위반한 경우로서 제8조를 위반하여 소매인이 승인을 받지 않고 영업소의 위치를 변경한 경우	법 제17조제2항제8호	15일	1개월

※ 비고: 법 제17조제1항제3호에 따라 최근 5년간 2회의 영업정지처분을 받은 사실이 있는 자가 다시 제2호 개별기준 각 목의 어느 하나에 해당하게 된 경우에는 소매인 지정을 취소해야 한다.

3. 행정심판 등을 통한 감경 정도

가. 담배소매인(청소년에 담배판매)

위반행위의 동기·내용·기간·횟수 및 위반행위로 인하여 얻은 이익 등 다음에 해당하는 사유를 고려하여 위반행위에 해당하는 처분기준의 2분의 1의 범위에서 감경할 수 있다.

(1) 위반행위가 고의나 중대한 과실이 아닌 사소한 부주의나 단순한 오류로 인한 것으로 인정되는 경우

(2) 위반의 내용·정도 등이 경미하여 담배판매업 등 담배사업에 미치는 피해가 적다고 인정되는 경우

(3) 위반 행위자가 처음 위반 행위를 한 경우로서 5년 이상 담배소매업을 모범적으로 수행한 사실이 인정되는 경우

나. 청소년 주류판매

청소년에 주류판매의 경우 행정처분의 기준의 영업정지인 경우 정지처분 규정에 따라 기간의 2분의 1 이하의 범위에서 감경할 수 있다.

다만, 주류를 제공하는 행위를 한 식품접객업자가 청소년의 신분증 위조·변조 또는 도용으로 청소년인 사실을 알지 못하였거나 폭행 또는 협박으로 인하여 청소년임을 확인하지 못한 사정이 인정되어 불기소처분이나 선고유예 판결을 받은 경우 9/10 이하의 범위에서 감경할 수 있으며, 영업허가취소 또는 영업장 폐쇄의 경우에는 영업정지 3개월 이상의 범위에서 그 처분을 감경될 수 있다.

4. 행정청의 사전통지

관할행정청은 편의점 점주가 단속에 적발되었다는 사실을 수사기관으로부터 통지를 받게되면 업주에게 해당 위반행위에 대하여, 어떠한 법적근거로 향후 어떠한 처분을 받게될 것이라는 사전통지를 하게된다. 이때 행정청은 사전통지에 대한 개인의 의견을 제출할 수 있는 기회를 함께 부여하는데 이는 최종 처분을 하기에 앞서 관할행정청에서 처분에 대한 당사자의 의견을 청취하고자 하는 절차라 생각하면 된다.

청문절차를 통해 실제 구제받을 가능성은 매우 낮다. 그러나 위 기간 내 사전처분에 대한 의견을 제시하지 아니할 경우 사전처분된 내용에 의견이 없는 것으로 간주하고 그 내용 그대로 처분이 되기 때문에 향후 진행될 행정심판 등에 끼칠 영향을 고려하고 또한 혹시 모를 구제가능성을 위해서라도 자신의 억울함을 최대한 호소해 보는 것이 좋다.

5. 행정심판청구 등 절차진행하기

사전통지기간이 도과되면 관할 행정청은 담배사업법의 규정에 의거하여 해당 위반 점주에게 영업정지 등의 처분을 하게 되는데, 만약 점주가 이러한 영업정지 등의 처분에 불복하려는 경우 그 처분이 있음을 안날로 부터 90일 이내, 처분이 있은 날로부터 180일 이내에 행정심판을 청구해야만 된다(다만 행정소송의 경우에는 처분이 있음을 안날로부터 90일, 있는 날로부터 1년임). 만일 그 기간이 도과될 경우에는 제대로 다투어 보지도 못하고 각하 처분될 수 있음에 주의하여야 한다.

집행정지신청은 행정심판청구와 동시에 제기할 수 있음은 다른 불복절차와 같다.

6. 감경기준

대법원에서는 "제재적 행정처분이 사회통념상 재량권의 범위를 일탈하였거나 남용하였는지 여부는 처분사유로 된 위반행위의 내용과 당해 처분행위에 의하여 달성하려는 공익목적 및 이에 따르는 제반 사정 등을 객관적으로 심리하여 공익침해의 정도와 그 처분으로 인하여 개인이 입게 될 불이익을 비교·교량하여 판단하여야 한다.(대법원 2000. 4. 7. 선고 98두11779 판결)"고 판시하고 있다.

이를 기준으로 감경된 사안의 감경사유를 살펴보면, "이 사건인 경우, 청구인이 고용한 민○○이 기소유예 처분을 받은 사실, 사건 당일은 민○○이 편의점 아르바이트를 처음 시작한 날이었고 CCTV영상을 보면 그 이전 손님에 대하여는 신분증 검사를 실시한 사실, 담배를 구입한 청소년의 경우 술에 취한 상태였으며 화장과 의상이 외관상 청소년이 아니라고 볼 여지가 있는 점을 고려하고 최근 코로나19 사태로 인하여 소상공인의 사업 운영에 어려움이 예상되는 점 등 참작할 만한 사정들을 종합적으로 감안해 볼 때, 피청구인이 청구인에게 한 처분은 다소 가혹하다고 볼 수 있으므로 피청구인은 청구인에 대하여 한 1개월의 영업정지처분을 1/2감경하여 15일로 변경하여도 크게 무리가 없다 할 것이다."라는 것이다.
따라서 행정심판청구시 관련 내용을 반드시 참고하여 진행하여야 할 것이다.

7. 관련서식

가. 청구취지 기재례

피청구인이 2008. 7. 8. 청구인에 대하여 한 영업정지 2월 처분은 이를 취소한다.

피청구인이 2010. 3. 2.과 2010. 5. 7. 청구인에 대하여 각각 한 과징금 550,000원 부과 처분은 이를 취소한다.

피청구인이 2020. 2. 4. 청구인에 대하여 한 담배소매인 영업정지 1개월 처분을 영업정지 15일 처분으로 변경한다.

나. 서식례

[서식] 영업정지처분취소(편의점: 담배판매)

행정심판청구

청 구 인   김 ○ ○
피청구인   ○○구청장

담배소매인영업정지처분 취소청구

청 구 취 지

피청구인이 2008. 7. 8. 청구인에 대하여 한 영업정지 2월 처분은 이를 취소한다.
라는 재결을 구합니다.

청 구 원 인

1. 사건의 개요

청구인은 2006. 6. 29. 피청구인에게 부산광역시 ○○구 ○○동 1가 52-6번지
에서 "◇◇"라는 상호의 담배소매인 지정을 받아 업소(이하 "사건업소"라 한다)를
운영하던 중 2007. 10. 30. 03:10경 사건업소에서 청소년에게 담배를 판매하였
다 하여 부산○○경찰서 소속 경찰관에게 적발되었고, 부산○○경찰서장이 200
7. 11. 1. 피청구인에게 위 적발사항을 통보함에 따라 피청구인은 2008. 5. 27.
청구인에게 처분사전통지를 한 후 2008. 6. 11. 청구인으로부터 의견제출서를

받아 2008. 7. 8. 청구인에 대하여 사건업소에서 청소년에게 담배판매 행위를 하였다는 이유로 영업정지 2월 처분(이하 "이 건 처분"이라 한다)을 하였다.

2. 청구인의 주장

가. 2007. 10. 30. 03:10경 사건업소에서 경찰관도 신분증 확인 전까지는 성인으로 판단했다고 할 정도로 청소년으로 보기 힘든 복장과 형색의 청소년에게 담배를 판매한 사실이 있다. 담배판매와는 시간적, 공간적으로 직접적인 관련이 없는 남녀혼숙과 관련하여 이를 목격한 시민의 고발에 의하여 경찰관이 출동하여 담배를 구매한 당사자들을 조사하는 과정에서 사건업소가 적발되었다. 청구인은 19세미만 청소년에게 유해물 판매 등을 금지하는 「청소년보호법」제26조제1항과 제51조제8호 위반으로 벌금 처분 및 영업정지 처분을 받았다. 사건업소는 청소년에게 술, 담배의 판매를 금지하는 경고성 문구를 누구나 쉽게 볼 수 있는 계산대 앞에 명시하고 있었고, 편의점 영업을 한 때부터 종업원 교육에 상당한 주의를 기울였으며, 특히 청소년과 미성년자에 대한 술, 담배를 비롯한 유해물품의 판매금지에 관한 지시는 가장 강조하는 점 중의 하나이다. 사건업소에서 이 건 위반사항 적발 전까지 단 한번도 위반사항이 발생한 사실이 없고, 청구인과 당시 종업원은 일평생 단 한번도 위법행위에 연루된 사실이 없이 선량한 주부이자 시민으로 생활하여 왔다.

나. 이 건 위반사항이 청소년의 출입이 드문 시간대인 새벽 3시경에 발생한 점과 19세미만의 청소년에 대한 담배판매 등의 처벌의 취지가 청구인과 같은 경우까지도 포함된다고 한다면, 19세미만 청소년에 대한 식별수단과 정확한 판단은 일반인의 지식과 구속력으로는 대단히 곤란함을 감안해 주기 바란다. 특히 19세미만의 청소년에 대한 유해물품 판매 등에 주의를 기울였음을 소명하였고, 성인으로의 위장, 신분증 도용, 선·후천적으로 성인과 분별이 안 되는 청소년 등 예외직인 경우와 헤아리기 힘든 술수와 상상을

초월하는 방법에 의한 경우에는 생계와 직결되는 영업정지 처분을 한다면, 권리남용이다. 청구인은 현재 적자누적으로 채무에 상당한 부담을 느끼고 있는데, 이 건 처분으로 매출감소가 가중된다면, 생계유지가 막막하다.

3. 결론
청구인 이 사건의 깊은 반성과 재발방지를 위한 각성의 계기로 삼고 청소년 보호에 더욱 힘쓸 것을 다짐하니 이 건 처분을 취소하여 주기 바란다.

입증방법

추후 제출하겠습니다.

2020. 1. 1.
청구인 김 ○ ○ (인)

000행정심판위원회   귀중

행정심판청구

청 구 인   김○○
피청구인   ○○구청장

청소년보호법위반과 징금부과처분 취소청구

청 구 취 지

피청구인이 2010. 3. 2.과 2010. 5. 7. 청구인에 대하여 각각 한 과징금 550,000원 부과 처분은 이를 취소한다.
라는 재결을 구합니다.

청 구 원 인

1. 사건의 개요

청구인은 부산광역시 ○○구 ○○동1가 20-4번지에 '◇◇'이라는 상호의 편의점 (이하 "사건업소"라 한다)을 운영하던 중, 2010. 2. 7. 18:18경 사건업소에서 청소년에게 술과 담배를 판매한 사실이 부산○○경찰서 소속 경찰관에게 적발되었고, 부산○○경찰서장이 2010. 2. 8. 위 적발사실을 피청구인에게 통보하자 피청구인은 2010. 2. 10. 청구인에게 청소년에게 주류 판매를 이유로 과징금 처분을 위한 사전처분통지를 하고 2010. 2. 24. 청구인으로부터 의견을 제출받아 2010. 3. 2. 청구인에게 청소년에게 주류 판매(1차)를 이유로 과징금 550,000원 부과 처분(이하 '이 사건 처분1'이라 한다)을 하였다.

한편, 피청구인은 2010. 3. 5. 청구인에게 청소년에게 담배 판매를 이유로 담배소매인 영업정지 처분을 위한 사전처분통지를 하자 청구인은 2010. 3. 24. 피청구인에게 의견을 제출하였으나 2010. 3. 31. 피청구인에게 담배소매인 폐업신고를 하였다. 이에 피청구인은 2010. 5. 3. 청구인에게 청소년에게 담배 판매를 이유로 과징금 처분을 위한 사전처분통지를 하고 2010. 5. 6. 청구인으로부터 의견을 제출받아 2010. 5. 7. 청구인에게 청소년에게 담배 판매(1차)를 이유로 과징금 550,000원 부과 처분(이하 '이 사건 처분2'라 한다)을 하였다.

가. 2010. 2. 7. 18:00경 사건업소의 종업원 강○○이 생김새도 비슷한 한살 차이의 신분증을 들고 온 손님에게 담배와 술을 판매하였고, 종업원 강○○이 손님에게 신분증을 보자고 하니까 그냥 주머니에서 꺼내는 것이 아니라 뒷주머니 안의 지갑에 꽂혀 있는 신분증을 제시하여 연도뿐만 아니라 사진까지 확인을 받고 술과 담배를 들고 나갔다. 사건당일 청소년은 신분증이 본인과 아주 비슷하였기에 지갑 속에 넣고 다녔다 할 것이며 경찰도 아닌 일반인이 본인 유무를 확인하는 것은 정말 불가능하다 할 것이다.

나. 사건업소는 편의점으로 담배판매가 매출의 60% 이상을 차지하는데 2개월간 영업정지 처분을 받게 되면 문을 열수도 없고 빚을 내어 사건업소를 운영하고 있어 재산 손실을 감수하더라도 사건업소를 정리·처분하는 것이 나을 것 같아 사건업소를 넘겼다. 청구인은 검찰로부터 혐의 없음 처분도 받고 손님의 신분 확인 등 해야 할 도리를 다 했는데도 영세상인만 이렇게 피해를 받아야 하는 것이 억울하고 부당하므로 피청구인의 이 사건 처분1과 이 사건 처분2를 취소하여 주기 바란다.

입증방법

추후 제출하겠습니다.

2020. 1. 1.

청구인 김 ○ ○ (인)

○○○행정심판위원회   귀중

제5장 공무원, 교원 소청심사

1. 공무원

가. 소청제도의 의의

(1) 의의

공무원이 징계처분 그 밖에 그 의사에 반하는 불리한 처분이나 부작위에 대하여 이의를 제기하는 경우 이의를 심사하고 결정하는 행정심판제도의 일종으로서, 위법, 부당한 인사상 불이익 처분에 대한구제 라는 사법 보완적 기능을 통하여 직접적으로 공무원의 신분 보장과 직업 공무원 제도를 확립하고, 간접적으로는 행정의 자기 통제 효과를 도모하고 있다.

(2) 징계의 종류

징계에는 파면, 해임, 강등, 정직, 감봉, 견책으로 구분된다. 그리고 파면·해임·강등 또는 정직을 중징계라 하고, 감봉·견책을 경징계라 한다(공무원징계령 제1조의2).

(가) 파 면

파면이란 공무원의 신분을 박탈하여 공무원관계를 배제하는 징계처분이다. 징계로 파면처분을 받은 자는 5년간 공무원이 될 수 없다(국가공무원법 제33조 7호, 지방공무원법 제31조 7호). 그리고 파면의 경우는 퇴직급여를 ½(5년 이상 근무자) 또는 ¼ 감액(5년 미만 근무자)하고, 퇴직수당을 ½ 감액한다(공무원연금법 제64조 1항, 같은법 시행령 제55조 1항).

(나) 해 임

해임이란 파면과 같이 공무원신분을 박탈하여 공무원관계를 배제하는 징계처분이다. 다만, 징계로 해임처분을 받은 자는 3년간 공무원이 될 수 없다는 점과 퇴직급여 및 퇴직수당의 감액이 없는 점이 파면이 다르다(국가공무원법 제33조 3호, 지방공무원법 제31조 3호). 단, 금품 및 향응수수, 공금의 횡령·유용으로 징계해임된 경우는 퇴직급여 및 퇴직수당의 일부를 감액하여 지급한다(공무원연금법 제64조 1항).

(다) 강 등

강등이란 1계급 아래로 직급을 내리고 공무원신분은 보유하나 3개월간 직무에 종사하지 못하며 그 기간 중 보수의 전액을 감한다. 고등교육법 제 14조에 해당하는 교원 및 조교에 대하여는 강등을 적용하지 아니한다(국가공무원법 제80조 2항 2호, 지방공무원법 제71조 1항).

(라) 정 직

정직이란 공무원의 신분은 보유하되 일정기간 직무에 종사하지 못하게 하는 징계처분이다. 정직기간은 1개월 이상 3개월 이하의 기간이고 직무에 종사하지 못하며 보수의 전액을 감한다 (국가공무원법 제80조 3항, 지방공무원법 제71조 2항).

(마) 감 봉

감봉이란 1개월 이상 3개월 이하의 기간동안 보수의 3분의 1을 감하는 징계처분이다(국가공무원법 제80조 4항, 지방공무원법 제71조 3항).

(바) 견 책

견책이란 전과에 대하여 훈계하고 회개하게 하는 징계처분이다(국가공무원법 제80조 5항, 지방공무원법 제71조 4항). 견책은 집행종료한 후 6개월 기간동안 승진과 승급이 제한되고 승진소요최저연수에도 산입되지 않게 된다(공무원보수규정 제14조 1항, 지방공무원보수규정 제13조 1항).

종류		기간	인사 · 신분(공무원임용령)	보수 · 퇴직급여 (공무원보수 · 수당규정)	비고
중징계	파면	–	· 공무원 신분 배제 · 5년간 공무원임용 결격사유	· 퇴직급여(수당)의 1/2 감액 ＊5년 미만 재직자는 퇴직급여의 1/4 감액	
	해임	–	· 공무원 신분 배제 · 3년간 공무원 임용결격사유	· 퇴직급여(수당) 전액지급 ＊금품 비리자는 퇴직급여의 1/4 감액 ＊5년 미만 재직자는 퇴직급여(수당)의 1/8 감액	
	강등	3월	· 1계급 내림+정직3월 · 처분기간(3월) 신분은 보유, 직무에 종사하지 못함 · 처분기간(3월)+18월+(금품 · 향응 수수, 공급횡령 · 유용, 성폭력, 성희롱, 성매매는 3월 추가)은 승진제한 · 승진소요 최저연수에서 제외	· 3월간 보수의 2/3 감액(연봉적용자는 연봉월액 7할 감액) · 승급제한 －처분기간(3월)+18월+(금품 · 향응 수수, 공급횡령 · 유용, 성폭력, 성희롱, 성매매는 3월 추가) · 3월간 각종 수당 감액 －대우공무원수당, 정근수당가산금, 가족수당(가산금) · 자녀 학비보조수당 및 주택수당의 2/3 감액	9년 경과후 승급 제한 기간 산입
	정직	1~3월	· 신분은 보유, 직무에 종사하지 못함 · 정직처분기간+18월+(금품 · 향응 수수, 공급횡령 · 유용, 성폭력, 성희롱, 성매매는 3월 추가)은 승진제한 · 승진소요 최저연수에서 제외	· 보수의 2/3 감액(연봉적용자는 연봉월액 7할 감액) · 승급제한 －정직기간+18월+(금품 · 향응 수수, 공급횡령 · 유용, 성폭력, 성희롱, 성매매는 3월 추가) · 처분기간 동안 각종 수당 감액 －대우공무원수당, 정근수당가산금, 가족수당(가산금) · 자녀학비보조수당 및 주택수당의 2/3 감액	7년 경과후 승급 제한 기간 산입
경징계	감봉	1~3월	· 감봉처분기간+12월+(금품 · 향응 수수, 공급횡령 · 유용, 성폭력, 성희롱, 성매매는 3월 추가)은 승진제한 · 승진소요 최저연수에서 제외	· 보수의 1/3 감액(연봉적용자는 연봉월액 4할 감액) · 승급제한 －감봉처분기간+12월+(금품 · 향응 수수, 공급횡령 · 유용, 성폭력, 성희롱, 성매매는 3월 추가)	5년 경과후 승급 제한 기간산임

| | | ·처분기간 동안 각종 수당 감액
– 대우공무원수당·정근수당가
산금·가족수당(가산금)·
자녀학비보조수당·주택수
당의 1/3 감액·· | |
| 견
책 | ·6월+(금품·향응 수수, 공
급횡령·유용, 성폭력, 성
희롱, 성매매는 3월 추가)은
승진제한·승진소요 최저
연수에서 제외·· | ·승급제한
– 6월+(금품·향응 수수, 공급
횡령·유용, 성폭력, 성희롱,
성매매는 3월 추가) | 3년 경과후
승급제한
기간산입 |

나. 소청심사위원회

준사법적 합의제 의결기관으로 위원장 1인을 포함한 5명 이상 7명 이내의 상임위원과 상임위원 수의 2분의 1 이상인 비상임위원으로 구성되어 있으며, 현재 인사혁신처 소청심사위원회는 위원장 1명을 포함한 상임위원 5명과 비상임위원 7명으로 구성되어 있고, 위원회 사무를 처리하기 위하여 행정과를 두고 있다.

다. 공무원의 징계 또는 징계부과금의 기준

(1) 징계 또는 징계부가금의 기준

(가) 기준

징계위원회는 징계 또는 「국가공무원법」 제78조의2에 따른 혐의자의 비위(非違)의 유형, 비위의 정도 및 과실의 경중과 평소의 행실, 근무성적, 공적(功績), 규제개혁 및 국정과제 등 관련 업무 처리의 적극성, 뉘우치는 정도 또는 그 밖의 정상 등을 참작하여 별표 1의 징계기준, 별표 1의2의 청렴의 의무 위반 징계기준, 별표 1의3의 음주운전 징계기준 및 별표 1의4의 징계부가금 부과기준에 따라 징계 또는 징계부가금 사건을 의결하여야 한다(공무원 징계령 시행규칙 제2조 1항).

이에도 불구하고 비위의 정도가 약하고 과실로 인한 비위로서 다음 각 호의 어느 하나에 해당되는 경우에는 징계의결 또는 징계부가금 부과 의결을 하지 아니할 수 있다.

1) 국가적으로 이익이 되고 국민생활에 편익을 주는 정책 또는 소관 법령의 입법목적을 달성하기 위하여 필수적인 성책 등을 수립·집행하거나, 정책목표의 달성을 위하여 업무처리 절차·방식을 창의적으로 개선하는 등 성실하고 능동적으로 업무를 처리하는 과정에서 발생한

것으로 인정되는 경우

2) 국가의 이익이나 국민생활에 큰 피해가 예견되어 이를 방지하기 위하여 정책을 적극적으로 수립·집행하는 과정에서 발생한 것으로서 정책을 수립·집행할 당시의 여건 또는 그 밖의 사회통념에 비추어 적법하게 처리될 것이라고 기대하기가 극히 곤란했던 것으로 인정되는 경우

3) 제4조제2항에 따른 감경 제외 대상이 아닌 비위 중 직무와 관련이 없는 사고로 인한 비위로서 사회통념에 비추어 공무원의 품위를 손상하지 아니하였다고 인정되는 경우

(나) 비위관련자 처벌

징계위원회가 징계등 사건을 의결할 때에는 비위와 부조리를 척결함으로써 공무집행의 공정성 유지와 깨끗한 공직사회의 구현 및 기강 확립에 주력하고, 그 의결 대상이 다음 각 호의 어느 하나에 해당하는 경우에는 그 비위행위자는 물론 다음에 규정된 사람에 대해서도 엄중히 책임을 물어야 한다.

1) 의결 대상이 직무와 관련한 금품수수 비위 사건인 경우: 해당 비위와 관련된 감독자 및 그 비위행위의 제안·주선자

2) 부작위 또는 직무태만으로 국민의 권익을 침해하거나 국가 재정상의 손실을 발생하게 한 비위 사건인 경우: 해당 비위와 관련된 감독자

[별표 1]

징계기준(제2조제1항 관련)

비위의 정도 및 과실 여부 / 비위의 유형	비위의 정도가 심하고 고의가 있는 경우	비위의 정도가 심하고 중과실이거나, 비위의 정도가 약하고 고의가 있는 경우	비위의 정도가 심하고 경과실이거나, 비위의 정도가 약하고 중과실인 경우	비위의 정도가 약하고 경과실인 경우
1. 성실 의무 위반 가. 「국가공무원법」 제78조의2 제1항제2호에 해당하는 비위	파면	파면-해임	해임-강등	정직-감봉

나. 직권남용으로 타인 권리침해	파면	해임	강등-정직	감봉
다. 부작위·직무태만(라목에 따른 소극행정은 제외한다) 또는 회계질서 문란	파면	해임	강등-정직	감봉-견책
라. 소극행정	파면	파면-해임	강등-정직	감봉-견책
마. 직무 관련 주요 부패행위의 신고·고발 의무 불이행	파면-해임	강등-정직	정직-감봉	감봉-견책
바. 부정청탁에 따른 직무수행	파면	파면-해임	강등-정직	감봉-견책
사. 부정청탁	파면	해임-강등	정직-감봉	견책
아. 성과상여금을 거짓이나 부정한 방법으로 지급받은 경우	파면-해임	강등-정직	정직-감봉	감봉-견책
자. 기타	파면-해임	강등-정직	감봉	견책
2. 복종의 의무 위반				
가. 지시사항 불이행으로 업무 추진에 중대한 차질을 준 경우	파면	해임	강등-정직	감봉-견책
나. 기타	파면-해임	강등-정직	감봉	견책
3. 직장 이탈 금지 위반				
가. 집단행위를 위한 직장 이탈	파면	해임	강등-정직	감봉-견책
나. 무단결근	파면	해임-강등	정직-감봉	견책
다. 기타	파면-해임	강등-정직	감봉	견책
4. 친절·공정의 의무 위반	파면-해임	강등-정직	감봉	견책
5. 비밀 엄수의 의무 위반				
가. 비밀의 누설·유출	파면	파면-해임	강등-정직	감봉-견책
나. 개인정보 부정이용 및 무단 유출	파면-해임	해임-강등	정직	감봉-견책
다. 비밀 분실 또는 해킹 등에 의한 비밀 침해 및 비밀유기 또는 무단방치	파면-해임	강등-정직	정직-감봉	감봉-견책
라. 개인정보 무단조회·열람 및 관리 소홀 등	파면-해임	강등-정직	감봉	견책
마. 그 밖의 보안관계 법령 위반	파면-해임	강등-정직	감봉	견책
6. 청렴의 의무 위반	별표 1의2와 같음			

7. 품위 유지의 의무 위반				
가. 성폭력(업무상 위력 등에 의한 성폭력, 미성년자 또는 장애인 대상 성폭력)	파면	파면-해임	해임-강등	강등-정직
나. 그 밖의 성폭력	파면	파면-해임	강등-정직	감봉-견책
다. 성희롱	파면	파면-해임	강등-감봉	감봉-견책
라. 성매매	파면-해임	해임-강등	정직-감봉	견책
마. 기타	파면-해임	강등-정직	감봉	견책
8. 영리 업무 및 겸직 금지 의무 위반	파면-해임	강등-정직	감봉	견책
9. 정치 운동의 금지 위반	파면	해임	강등-정직	감봉-견책
10. 집단 행위의 금지 위반	파면	해임	강등-정직	감봉-견책

※ 비고
1. 제1호다목에서 "부작위"란 공무원이 상당한 기간 내에 이행해야 할 직무상 의무가 있는데도 이를 이행하지 아니하는 것을 말한다.
2. 제1호라목에서 "소극행정"이란 공무원의 부작위 또는 직무태만으로 국민의 권익침해 또는 국가 재정상의 손실이 발생하게 하는 업무행태를 말한다.
3. 제1호마목에서 "주요 부패행위"란 「국가공무원법」 제83조의2제1항에서 정한 징계 및 징계부가금 부과 사유의 시효가 5년인 비위를 말한다.
4. 제1호바목에서 "부정청탁에 따른 직무수행"이란 「부정청탁 및 금품등 수수의 금지에 관한 법률」 제6조의 부정청탁에 따른 직무수행을 말한다.
5. 제1호사목에서 "부정청탁"이란 「부정청탁 및 금품 등 수수의 금지에 관한 법률」 제5조에 따른 부정청탁을 말한다.
6. 제1호아목에서 "성과상여금"이란 「공무원수당 등에 관한 규정」 제7조의2제10항에 따른 성과상여금을 말한다.
7. 제7호가목에서 "업무상 위력 등"이란 업무, 고용이나 그 밖의 관계로 인하여 자기의 보호 또는 감독을 받는 사람에 대하여 위계 또는 위력을 행사한 경우를 말한다.
8. 제7호다목에서 "성희롱"이란 「국가인권위원회법」 제2조제3호라목에 따른 성희롱을 말한다.
9. 제7호마목의 규정에도 불구하고 음주운전에 대한 징계기준은 별표 1의3과 같다.

(2) 청렴의무 위반의 징계기준

공무원의 금품·향응 등 재산상의 이익 득하는 비위의 유형 및 그에 따른 징계기준은 아래 별표 1의2와 같다.

[별표 1의2] 〈신설 2015.12.29.〉

청렴의 의무 위반 징계기준(제2조제1항 관련)

금품·향응 등 재산상 이익 비위의 유형	100만원 미만		100만원 이상
	수동	능동	
1. 위법·부당한 처분과 직접적인 관계 없이 금품·향응 등 재산상 이익을 직무관련자 또는 직무관련공무원으로부터 받거나 직무관련공무원에게 제공한 경우	강등-감봉	해임-정직	파면-강등
2. 직무와 관련하여 금품·향응 등 재산상 이익을 받거나 제공하였으나, 그로 인하여 위법·부당한 처분을 하지 아니한 경우	해임-정직	파면-강등	파면-해임
3. 직무와 관련하여 금품·향응 등 재산상 이익을 받거나 제공하고, 그로 인하여 위법·부당한 처분을 한 경우	파면-강등	파면-해임	파면

※ 비고
1. "금품·향응 등 재산상 이익"이란 「국가공무원법」 제78조의2제1항제1호에 따른 금전, 물품, 부동산, 향응 또는 그 밖에 「공무원 징계령」 제17조의2제1항에서 정하는 재산상 이익(금전이 아닌 재산상 이득의 경우에는 금전으로 환산한 금액을 말한다)을 말한다.
2. "직무관련자"와 "직무관련공무원"이란 「공무원 행동강령」 제2조제1호에 따른 직무관련자와 같은 조 제2호에 따른 직무관련공무원을 말한다.

라. 징계의 감경

(가) 원칙

징계위원회는 징계의결이 요구된 사람에게 다음의 어느 하나에 해당하는 공적이 있는 경우에는 별표 3의 징계의 감경기준에 따라 징계를 감경할 수 있다. 다만, 그 공무원이 징계처분이나 이 규칙에 따른 경고를 받은 사실이 있는 경우에는 그 징계처분이나 경고처분 전의 공적은 감경 대상 공적에서 제외한다.

1) 「상훈법」에 따른 훈장 또는 포장을 받은 공적

2) 「정부표창규정」에 따라 국무총리 이상의 표창(공적상 및 창안상만 해당한다. 이하 이 호에서 같다)을 받은 공적. 다만, 비위행위 당시 6급 이하 공무원, 연구사, 지도사와 기능직공무원은 중앙행정기관장인 청장(차관급 상당 기관장을 포함한다) 이상의 표창을 받은 공적

3) 「모범공무원규정」에 따라 모범공무원으로 선발된 공적

(나) 예외

(1) 위 (가)항에도 불구하고 징계사유가 다음의 어느 하나에 해당하는 경우에는 해당 징계를 감경할 수 없다.

가) 「국가공무원법」 제83조의2제1항에 따른 징계 사유의 시효가 5년인 비위

나) 「성폭력범죄의 처벌 등에 관한 특례법」 제2조에 따른 성폭력범죄

다) 「성매매알선 등 행위의 처벌에 관한 법률」 제2조제1항제1호에 따른 성매매

라) 「국가인권위원회법」 제2조제3호라목에 따른 성희롱

마) 「도로교통법」 제44조제1항에 따른 음주운전 또는 같은 조 제2항에 따른 음주측정에 대한 불응

바) 「공직자윤리법」 제8조의2제1항 또는 제22조에 따른 등록의무자에 대한 재산등록 및 주식의 매각·신탁과 관련한 의무 위반

사) 부작위 또는 직무태만

(2) 또한, 징계위원회는 징계의결이 요구된 사람의 비위가 성실하고 능동적인 업무처리 과정에서 과실로 인하여 생긴 것으로 인정되거나, 위 (나).항에 따른 감경 제외 대상이 아닌 비위 중 직무와 관련이 없는 사고로 인한 비위라고 인정될 때에는 그 정상을 참작하여 별표 3의 징계의 감경기준에 따라 징계를 감경할 수 있다

[별표 3] 〈개정 2009.3.30〉

징계의 감경기준(제4조 관련)

제2조제1항 및 제3조에 따라 인정되는 징계	제4조에 따라 감경된 징계
파면	해임
해임	강등
강등	정직
정직	감봉
감봉	견책
견책	불문(경고)

(다) 공무원 비위사건 처리규정

공무원의 비위사건에 대한 처리기준은 별표 1부터별표 3까지와 같다(공무원 비위사건 처리규정 제3조).

[별표 1] 〈개정 2016.8.31., 2017.1.10〉

공무원 비위사건 처리기준

비위의 정도 및 과실 여부 ／ 비위의 유형	비위의 정도가 심하고 고의가 있는 경우	비위의 정도가 심하고 중과실이거나, 비위의 정도가 약하고 고의가 있는 경우	비위의 정도가 심하고 경과실이거나, 비위의 정도가 약하고 중과실인 경우	비위의 정도가 약하고 경과실인 경우
1. 성실 의무 위반				
가. 「국가공무원법」 제78조의 2제1항제2호에 해당하는 비위	중징계 의결 요구	중징계 의결 요구	중징계 의결 요구	중징계·경징계 의결 요구
나. 직권남용으로 타인의 권리 침해	중징계 의결 요구	중징계 의결 요구	중징계 의결 요구	경징계 의결 요구
다. 부작위·직무태만(라목에 따른 소극행정은 제외한다) 또는 회계질서 문란	중징계 의결 요구	중징계 의결 요구	중징계 의결 요구	경징계 의결 요구
라. 소극행정	중징계 의결 요구	중징계 의결 요구	중징계 의결 요구	경징계 의결 요구

마. 직무 관련 주요 부패행위의 신고·고발 의무 불이행	중징계 의결 요구	중징계 의결 요구	중징계·경징계 의결 요구	경징계 의결 요구
바. 부정청탁에 따른 직무수행	중징계 의결 요구	중징계 의결 요구	중징계 의결 요구	경징계 의결 요구
사. 부정청탁	중징계 의결 요구	중징계 의결 요구	중징계·경징계 의결 요구	경징계 의결 요구
아. 성과상여금을 거짓이나 부정한 방법으로 지급받은 경우	중징계 의결 요구	중징계 의결 요구	중징계·경징계 의결 요구	경징계 의결 요구
자. 기타	중징계 의결 요구	중징계 의결 요구	경징계 의결 요구	경징계 의결 요구
2. 복종의 의무 위반				
가. 지시사항 불이행으로 업무 추진에 중대한 차질을 준 경우	중징계 의결 요구	중징계 의결 요구	중징계 의결 요구	경징계 의결 요구
나. 기타	중징계 의결 요구	중징계 의결 요구	경징계 의결 요구	경징계 의결 요구
3. 직장 이탈 금지 위반				
가. 집단행위를 위한 직장이탈	중징계 의결 요구	중징계 의결 요구	중징계 의결 요구	경징계 의결 요구
나. 무단결근	중징계 의결 요구	중징계 의결 요구	중징계·경징계 의결 요구	경징계 의결 요구
다. 기타	중징계 의결 요구	중징계 의결 요구	경징계 의결 요구	경징계 의결 요구
4. 친절·공정의 의무 위반	중징계 의결 요구	중징계 의결 요구	경징계 의결 요구	경징계 의결 요구
5. 비밀 엄수의 의무 위반				
가. 비밀의 누설·유출	중징계 의결 요구	중징계 의결 요구	중징계 의결 요구	경징계 의결 요구
나. 개인정보 부정이용 및 무단유출	중징계 의결 요구	중징계 의결 요구	중징계 의결 요구	경징계 의결 요구
다. 비밀 분실 또는 해킹 등에 의한 비밀침해 및 비밀유기 노는 부단방치	중징계 의결 요구	중징계 의결 요구	중징계·경징계 의결 요구	경징계 의결 요구
라. 개인정보 무단 조회·열람 및 관리소홀 등	중징계 의결 요구	중징계 의결 요구	경징계 의결 요구	경징계 의결 요구

마. 그 밖에 보안관계 법령 위반	중징계 의결 요구	중징계 의결 요구	경징계 의결 요구	경징계 의결 요구
6. 청렴의 의무 위반	별표 2와 같음			
7. 품위 유지의 의무 위반				
가. 성폭력(업무상 위력 등에 의한 성폭력, 미성년자 또는 장애인 대상 성폭력)	중징계 의결 요구	중징계 의결 요구	중징계 의결 요구	중징계 의결 요구
나. 그 밖의 성폭력	중징계 의결 요구	중징계 의결 요구	중징계 의결 요구	경징계 의결 요구
다. 성희롱	중징계 의결 요구	중징계 의결 요구	중징계 · 경징계 의결 요구	경징계 의결 요구
라. 성매매				
마. 기타	중징계 의결 요구	중징계 의결 요구	경징계 의결 요구	경징계 의결 요구
8. 영리업무 및 겸직금지 의무 위반	중징계 의결 요구	중징계 의결 요구	경징계 의결 요구	경징계 의결 요구
9. 정치 운동의 금지 위반	중징계 의결 요구	중징계 의결 요구	중징계 의결 요구	경징계 의결 요구
10. 집단 행위의 금지 위반	중징계 의결 요구	중징계 의결 요구	중징계 의결 요구	경징계 의결 요구

※ 비고
1. 제1호다목에서 "부작위"란 공무원이 상당한 기간 내에 이행해야 할 직무상 의무가 있는데도 이를 이행하지 아니하는 것을 말한다.
2. 제1호라목에서 "소극행정"이란 공무원의 부작위 또는 직무태만으로 국민의 권익침해 또는 국가 재정상의 손실이 발생하게 하는 업무행태를 말한다.
3. 제1호마목에서 "주요 부패행위"란 「국가공무원법」 제83조의2제1항에서 정한 징계 및 징계부가금 부과 사유의 시효가 5년인 비위를 말한다.
4. 제1호바목에서 "부정청탁에 따른 직무수행"이란 「부정청탁 및 금품등 수수의 금지에 관한 법률」 제6조의 부정청탁에 따른 직무수행을 말한다.
5. 제1호사목에서 "부정청탁"이란 「부정청탁 및 금품등 수수의 금지에 관한 법률」 제5조에 따른 부정청탁을 말한다.
6. 제1호아목에서 "성과상여금"이란 「공무원수당 등에 관한 규정」 제7조의2제10항에 따른 성과상여금을 말한다.
7. 제7호가목에서 "업무상 위력 등"이란 업무, 고용이나 그 밖의 관계로 인하여 자기의 보호 또는 감독을 받는 사람에 대하여 위계 또는 위력을 행사한 경우를 말한다.
8. 제7호다목에서 "성희롱"이란 「국가인권위원회법」 제2조제3호라목에 따른 성희롱을 말한다.
9. 제7호마목의 규정에도 불구하고 음주운전에 대한 처리기준은 별표 3과 같다.

청렴의 의무 위반 처리기준

비위의 유형 ＼ 금품·향응 등 재산상 이익	100만원 미만		100만원 이상
	수동	능동	
1. 위법·부당한 처분과 직접적인 관계 없이 금품·향응 등 재산상 이익을 직무관련자 또는 직무관련공무원으로부터 받거나 직무관련공무원에게 제공한 경우	경징계·중징계 의결 요구	중징계 의결 요구	중징계 의결 요구
2. 직무와 관련하여 금품·향응 등 재산상 이익을 받거나 제공하였으나, 그로 인하여 위법·부당한 처분을 하지 아니한 경우	중징계 의결 요구	중징계 의결 요구	중징계 의결 요구
3. 직무와 관련하여 금품·향응 등 재산상 이익을 받거나 제공하고, 그로 인하여 위법·부당한 처분을 한 경우	중징계 의결 요구	중징계 의결 요구	중징계 의결 요구

※ 비고
1. "금품·향응 등 재산상 이익"이란 「국가공무원법」 제78조의2제1항제1호에 따른 금전, 물품, 부동산, 향응 또는 그 밖에 「공무원 징계령」 제17조의2제1항에서 정하는 재산상 이익(금전이 아닌 재산상 이득의 경우에는 금전으로 환산한 금액을 말한다)을 말한다.
2. "직무관련자"와 "직무관련공무원"이란 「공무원 행동강령」 제2조제1호에 따른 직무관련자와 같은 조 제2호에 따른 직무관련공무원을 말한다.

마. 구제절차

공무원은 위법한 징계처분에 대한 취소소송 등의 행정소송을 제기하기 전에, 우선 소청심사위원회에 행정심판의 일종인 소청심사를 제기해야 한다.

⑴ 소속기관장이 잘못된 사실을 기초로 하여 징계사유가 없는 데 징계처분을 발하였거나 징계사유에 비해 과도하게 무거운 징계처분을 한 것이라면 재량권의 일탈·남용이 있는 처분으로서 위법하게 됩니다(행정소송법 27조)

⑵ 소청제도란 징계처분 기타 자기의 의사에 반하는 불이익한 처분(강임·휴직·직위해제·면직처분)을 받은 공무원이 그 처분에 불복이 있는 경우, 관할 소청심사위원회에 심사를 청구하는 행정심판을 뜻합니다.

① 공무원은 처분사유설명서를 받은 날로부터 30일이내에 소청심사위원회에 징계처분 등에 대한 소청을 제기해야 합니다(국가공무원법 76조).

② 소청사항의 심사는 소청심사위원회가 행하게 되는데 행정기관소속 공무원이 대상이 되는 때엔 행정자치부내에 상설기관으로서 소청심사위원회를 두고 있습니다(9조).

③ 소청심사위원회는 심사에 있어 필요한 경우에 검증·감정·조사·증인환문·관계서류의 제출 등을 명할 수 있습니다(12조). 심사할 때는 반드시 소청인 또는 그 대리인에게 진술의 기회를 주어야 하며, 이를 거치지 않은 결정은 무효가 됩니다(13조).

④ 소청심사위원회는 소청심사청구를 접수한 날로부터 60일 이내에 이에 대한 결정을 해야 합니다(76조). 또한 그 내용에 있어서 원래의 징계처분보다 무거운 징계를 부과하는 결정을 하지 못합니다(14조).

⑶ 소청을 제기한 공무원이 소청심사위원회의 결정에 불복이 있는 때엔 결정서를 송달받은 날로부터 60일 이내에 행정소송을 제기할 수 있습니다(16조

바. 관련 서식

⑴ 청구취지 기재례

피고가 2010. 12. 23. 원고에 대하여 한 해임처분은 이를 취소한다.

피고가 원고에 대하여 20○○. 11. 25.자로 한 파면처분은 이를 취소한다.

피고의 20○○. ○. ○.자 원고에 대한 견책처분은 이를 취소한다.

피고가 20○○. ○. ○. 원고에 대하여 한 감봉 2월의 징계처분을 취소한다.

피고가 20○○. 7. 15. 원고에 대하여 한 퇴직급여제한지급처분 중 19○○. 2. 23.부터 20○○. 6. 11.까지 공무원으로서의 근무기간에 대한 부분을 취소한다.

피고가 20○○. 2. 26. 원고들에 대하여 한 각 3월의 정직처분 결정은 이를 취소한다.

피소청인이 20○○. ○. ○. 소청인에 대하여 한 감봉 3월의 징계처분을 취소한다. 라는 재결을 구합니다.

(2) 서식례

[서식] 소청심사청구서

소청심사청구서

1. 사건명 : 감봉1월 처분 취소 청구,

    감봉1월 및 징계부가금 1배 처분 취소 청구

    ※ 사건명은 ○○ 처분 취소, 감경, 취소 또는 감경, 무효확인 중 선택

    예시) 감봉1월 처분 취소 또는 감경 청구, 견책 처분 감경 청구,

    ○○ 처분 취소 청구, ○○ 처분 무효확인 청구,

    ○○ 및 징계부가금 ○배 처분 취소 청구

2. 소청인

성　　명	홍 길 동　　(한자 : 洪吉童)
주민등록번호	800101 - 1234567 (37 세)
소　　속	○○지방경찰청 ○○경찰서
직(계)급	경 위
주　　소	○○시 ○구 ○○로 0, 101동 101호(○동, ○○아파트)

	(우편번호 : 12345)
전자우편(e-mail)	abcdefg@korea.kr
전화번호	- 자택 또는 직장 : 02-123-1234 - 휴대전화 : 010-1234-5678 ※ 휴대전화 문자메시지(SMS)수신 동의 여부 : 동의함( ), 동의안함( )
대리인(선임시 기재)	변호사 홍길순

3. 피소청인 :

  ※ 처분사유설명서의 처분권자(대통령인 경우 제청권자)

  예시) ○○장관, ○○처장, ○○청장, ○○지방경찰청장, ○○경찰서장 등

4. 소청의 취지 : 피소청인이 2017년 1월 1일 소청인에게 한 감봉1월 처분의 취소

  또는 감경 을(를) 구함.

  ※ 징계부가금 처분도 함께 소청심사을 청구 경우

  예시) 피소청인이 2017년 1월 1일 소청인에게 한 감봉1월 및 징계부가금 1배 처분의

  취소 또는 감경 을(를) 구함.

5. 처분사유설명서 수령일 :   년   월   일

6. 희망 심사시기 : 빨리( ), 늦게*( ), 의견 없음( )

  * '늦게'로 표기한 경우 구체적인 희망시기와 사유 기재(법원명 사건번호, 희망시

  기, 사유)

7. 소청이유 : 별지로 작성

8. 입증자료 :

  가. 인사발령통지서

  나. 처분사유설명서(징계의결서 포함)

다. 소청 이유에 대한 입증서류(있을 경우)

라.

위와 같이 청구합니다.

2017년 1월 1일

위 청구인 홍 길 동 (서명 또는 인)

인사혁신처 소청심사위원회 위원장 귀하

[서식] 소청심사청구서(해임)

소 청 심 사 청 구 서

1. 사   건 : 해임처분취소 또는 감경청구

2. 소 청 인 : 성 명 홍   길   동
   소 속 경기 ○○경찰서 경무과
   직 급 경정
   주 소 경기도 ○○시 ○○동 ○○○
   주민등록번호 ○○○○○○-○○○○○○○

3. 피소청인 : 행정자치부장관

4. 소청의 취지 : 피소청인 2011년 8월 20일 소청인에 대하여 한 해임처분에

대하여 이의 취소를 구함

5. 소청 이유

가. 본건 징계의결서에는 소청인이 복무규율을 담당하는 경무과장으로서 청렴한 공직풍토조성과 품위유지에 솔선수범해야 할 의무가 있음에도 ○○파출소장 경위 김갑동 외 3명의 부하직원으로부터 4회에 걸쳐 6,400,000원 상당의 금품을 수수하였다고 인정한 부분과

나. 3년여 전부터 우연히 알게 된 ○○시 ○○동 ○○○주 성춘향 여인과 불륜관계를 지속하고 있다는 의혹과 비난을 받는 등 품위를 손상했다는 비위에 대하여는

다. 평소 금품수수와 여자관계에 있어서 아무런 물의와 잡음이 없었던 소청인을 허무맹랑한 무기명 투서를 근거로 하여 경찰청 감찰과 경감 ○○○외 4명이 2011년 7. 26.부터 ○○경찰서 관내에 상주하면서 소청인과 관련된 업무의 부서는 물론 각과 및 지구대, 치안센터, 파출소에 대하여 집중감찰을 실시, 비위를 적발한 다음 적발당한 당사자에게 경무과장 홍길동의 비위를 진술하면 적발된 비위를 봐주고 그렇지 않으면 면직 또는 인사조치 시키겠다고 위협함은 물론, 당사자들이 현지에서 졸도하여 병원에 입원하는 등의 강압적인 방법으로 진실 내용과는 전혀 다른 왜곡된 진술조서를 작성하여 소청인의 비위가 진실인 것처럼 하여 일반적으로 처리된 부당한 징계처분임으로 이 사실에 대하여 다음과 같이 소명코져 합니다.
(1). ○○파출소장 경위 김갑동 외 3명의 부하직원들로부터 4회에 걸쳐 6,400,000원 상당의 금품을 수수하였다고 인정하고 있는 점에 대하여
－ 이하 생략 －

라. 소청인을 공무원의 신분을 박탈케 하는 무거운 징계인 해임처분을 하여 놓고도 징계의결이유서에 25년간 징계처분없이 성실히 근무한 정상을 참작한다고 하고도 경찰공무원징계양정규정에 감경 사유로 되어 있는 옥조근정훈장을 받은 사실조차 누락시켜 의도적으로 무거운 징계처분을 받도

록 한 것은 부당하며

이상과 같은 사유로 해임처분에 대하여 취소 또는 감경을 요구합니다.

입 증 자 료

1. 증 제1호 증 자술서   1통

– 생 략 –

위와 같이 청구합니다.

20○○. ○. ○.

위 청구인 홍 길 동 (인)

소청심사위원회 위원장 귀하

소 청 심 사 청 구 서

소 청 인 ○   ○   ○ (○○○○○○-○○○○○○○)   (전화 :   )

　　　　○○시 ○○구 ○○동 ○○ (우 :   )

　　　　소 속 : ○○경찰서

　　　　직 명 : ○ ○

피소청인 ○○지방경찰청장

소 청 취 지

피소청인이 20○○. ○. ○. 소청인에 대하여 한 감봉 3월의 징계처분을 취소한다.
라는 재결을 구합니다.

소 청 이 유

1. 처분의 경위

　가. 소청인은 20○○. ○. ○.부터 ○○경찰서 ○○과 ○○계에 근무하는 자로서,
　　20○○. ○. ○. 23 : 20 경 서울 ○○구 ○○동 소재 ○○사거리 부근에서
　　음주단속을 피하기 위하여 신호위반을 하고 도주하다가 순찰차에 검거된 김○
　　○를 순찰차로부터 인수하여 후에 사례를 하겠다고 하면서 연락처를 알려주자
　　단속을 하지 않고 훈방한 후 선처의 대가로 금 100,000원을 받았으며,

나. 부하 경찰관 이○○가 위 같은 날 22:10 경 관할구역 내 소재 ○○교통주식회사 전무로부터 식사비 명목으로 금 7만원을 직무와 관련하여 수수한 비위로 감봉 1월의 징계처분을 받은 데 대한 감독자로서 평소 부하 경찰관에 대한 교양감독을 소홀히 한 잘못이 있다하여,

다. 국가공무원법 제56조, 동법 제61조, 제1항에 위배되어 동법 제78조 제1항 제1호, 제2호에 해당하는 징계사유라 하여 20○○. ○. ○. 감봉 3월의 징계처분을 하였습니다.

2. 이 사건 처분의 위법, 부당성

가. 소청인은 위 김○○로부터 위 금 100,000원을 받은 사실이 없음에도 부당하게 이 건 징계를 하였으므로 이를 밝히기 위해 위 김○○와 대질심문을 요구하였으나 거부되었으며,

나. 소청인이 금품수수사실을 시인하지 않았음에도 위 김○○에게는 소청인이 금품을 수수한 사실을 시인하였으므로 이를 시인하지 않으면 좋지 못할 것이라고 협박·회유하여 김○○로 하여금 허위의 진술을 하게 하였으며,

다. 위 김○○에 대하여 음주측정을 한 결과 혈중 알콜수치가 0.02%로 단속수치에 미치지 않아 금품을 수수할 이유가 없으며,

라. 위 김○○가 금품을 지급했다고 진술하는 경찰관에 대한 인상착의 등이 소청인의 인상착의와는 전혀 다르고,

마. 부하 경찰관 이의 금품수수행위에 대해서는 소청인이 책임질 사안이 아니라고 할 것이며,

바. 그럼에도 불구하고 소청인을 감봉 3월의 처분을 한 것은 사실을 오인하거나 재량권을 일탈한 것으로서 위법하다 할 것입니다.

입 증 방 법

1. 소갑 제1호증   증인 ○○○의 진술서
1. 소갑 제2호증   증인 ○○○의 대화내용 녹취서
1. 소갑 제3호증   차량사진

첨 부 서 류

1. 위 입증방법   각1통
1. 심판청구서 부본   1통

20○○. ○. ○.
위 소청인 ○ ○ ○ (인)

행정안전부 소청심사위원회   귀중

소 청 심 사 청 구 서

청구인   홍 길 동 (OOOOOO-OOOOOOO)   (전화 :   )

소 속 : ○○시청 ○○과

○○시 ○○구 ○○동 ○○○   (우 :   )

피청구인   ○○시장

파면처분취소심판 청구

심판청구의 내용 : '청구인을 파면에 처한다'라는 처분의 내용

(징계처분 사유설명서를 통지받은 날 : 20○○. ○. ○.)

신 청 취 지

피청구인이 20○○. ○. ○.결정한 청구인에 대한 파면처분은 이를 취소한다.
라는 재결을 구합니다.

심판청구의 이유

1. 이건 징계의결 이유서에서 심판청구인 ○○○은 20○○. ○. ○. ○○에서
   ○○건설회사 과장 김○○으로부터 식사비 명목으로 ○○○원을 받은 등 총
   ○회에 걸쳐 합계 금 ○○○만원을 직무와 관련하여 금품을 수수하였다고
   하였는바, 이는 사실과 전혀 다른 내용임과 동시에 의결내용도 청구인에게는
   심히 과다하여 재량권을 일탈한 행위라 아니할 수 없습니다.
2. 청구인은 이건 금품수수에 관하여는 위 김○○으로부터 직무와 관련하여
   직·간접적으로 어떠한 대가도 요구받은 사실이 없으며, 단지 ○○건설회사

과장 김○○은 청구인과 평소 친하게 지내는 사이로 같이 서너 차례 식사를 하였던 것이며, 청구인이 금품을 수수한 사실은 전혀 사실과 다릅니다.

3. 이는 ○○건설회사 과장 김○○의 사실확인서 및 함께 같은 장소에서 식사를 자주 해왔던 청구외 이○○의 사실확인서가 이를 입증해 주고 있듯이 직무와 관련하여서는 어떠한 향응이나 대가를 받은 적이 없습니다.

4. 따라서 청구인은 피청구인이 결정한 파면처분에 대하여 심히 부당하므로 신청취지와 같은 심판을 구하고자 본 청구에 이르게 된 것입니다.

입 증 방 법

1. 소갑 제1호증　　　　　　자술서
1. 소갑 제2호증　　　　　　사실확인서
1. 소갑 제3호증　　　　　　징계사유설명서
1. 소갑 제4호증　　　　　　주민등록증

첨 부 서 류

1. 위 입증서류 사본　　　　　　　　각1통
1. 주민등록초본　　　　　　　　　　1통
1. 심판청구서 부본　　　　　　　　　1통

20○○. ○. ○.

위 청구인 홍 길 동 (인)

○○ 시장　귀하

[서식] 소장 – 해임처분취소 청구의 소

소 장

원 고   홍 길 동 (○○○○○○-○○○○○○○)
          ○○시 ○○구 ○○동 ○○○
          소송대리인 변호사 ○ ○ ○
          ○○시 ○○구 ○○동 ○○○   (우 :   )
          (전화 :   ,팩스 :   )

피 고   고용노동부장관

해임처분취소청구의 소

청 구 취 지

1. 피고가 2010. 12. 23. 원고에 대하여 한 해임처분은 이를 취소한다.
2. 소송비용은 피고의 부담으로 한다.
라는 판결을 구합니다.

청 구 원 인

피고는 원고에게 국가공무원법 제78조 제1항 제1호에 해당하는 징계사유가 있다 하여 2010. 12. 23. 고용노동부 보통징계위원회 의결을 거쳐 원고를 해임처분하였습니다. 원고는 이에 불복하여 중앙행정심판위원회에 심판청구를 하였으나 동 위원회는 2011. 3. 28. 원고의 청구를 기각하는 결정을 하였고 원고는 동 결정문을 같은 해 4. 6. 송달받았습니다.

1. 피고가 원고에게 국가공무원법 제78조 제1항 제1호에 해당하는 사유가 있다하여 내세운 징계사유는 다음과 같습니다.
   가. 원고는 고용노동부소속 7급 공무원으로서 ○○지방노동사무소에서 훈련

지도원으로 근무하던 중 2010년 3월, 6월, 9월, 12월에 4차례에 걸쳐 주식회사 한성훈련원 담당직원인 소외 권ㅇ식으로부터 식사비로 각 금 500,000원을 교부받고,

나. 또 2010년 3월 중순경 위 사무소 부근 식당에서 국제직업훈련원 국장인 소외 김ㅇ가 주식회사 한성회사 직원들도 위 노동사무소 훈련에서 훈련받도록 해 달라는 부탁을 하면서 식사비로 1,000,000원을 교부하자 이를 수령하므로 그 직무에 관하여 위 합계금 3,000,000원을 수수하였다는 것입니다.

2. 그러나 위 징계사유로 내세운 위 사실은 실제와 다릅니다. 위 권ㅇ식과 김ㅇ재는 오래전부터 사귀어 온 친구들로서 평소 서로 만나면 점심이나 저녁을 같이 하고 또 애경사에도 서로 참석하는 사이로서 원고가 위 권ㅇ식과 김ㅇ재로부터 현금으로 받은 돈은 450,000원 뿐이고 그 중 300,000원은 권ㅇ식의 소내 체육대회 찬조금이고 나머지는 김ㅇ재의 축의금으로서 원고는 각각 위 돈을 체육대회 주체 측과 혼주인 원고의 아버지에게 전달했을 뿐이고 그 밖에는 위 권ㅇ식과 김ㅇ재로부터 대접받은 점심식사인데 이를 안분하면 위 권ㅇ식으로부터 받은 식사대는 8만원이고 위 김ㅇ재로부터 받은 식사대는 50,000원 뿐이므로 그 합계금은 130,000원입니다.
원고는 중고등학교를 거쳐 1997. 10. ㅇㅇ기능대학 2년 과정을 우수한 성적으로 졸업한 후 같은 해 12월 고용노동부에 ㅇㅇ고용센터에서 근무한 이래 이 건 징계시까지 12년 1개월 동안 수원, 안산, 광주, 안양 각 지방노동사무소에서 성실하게 근무하였으며 그간 박봉에 노모와 처자 등 4명의 가족을 부양하면서도 이건 이외는 사무실에 찾아온 친구들로부터 식사 대접을 받거나 그 밖에 어떠한 비위를 저지른 바 없이 성심성의껏 국가에 봉사하여 왔습니다.
따라서 원고의 위 소위는 친구들 간의 사교범위에 속하는 것으로서 국가공무원법 제78조 제1항의 어느 각호에도 해당하는 것이라 볼 수 없고 설령 견해를 달리한다 하더라도 원고의 근무기간과 지위, 이건 비위에 이르게 된 경위와 액수 및 가정환경 등 제반정상을 잠작하면 죽음과도 같은 이건 해임처분은

징계의 재량권의 범위를 크게 일탈한 것이 명백하고 고동노동부가 정한 징계의 기준에 의하더라도 원고가 수수하였다는 금품의 액수는 50만원 미만이므로 정직에 해당될 뿐입니다.

결국 원고에 대한 이 건 해임처분은 위법 부당하므로 이를 바로잡기 위하여 이 건 청구에 이르렀습니다.

입 증 방 법

1. 갑 제1호증의 1, 2   징계처분사유설명서 및 의결서
1. 갑 제1호증의 1, 2   송달서 및 재결

첨 부 서 류

1. 위 입증서류 사본   각 1통
1. 주민등록초본   1통
1. 소장부본   1통
1. 위임장   1통

20○○. ○. .

위 원고 소송대리인 변호사 ○ ○ ○ (인)

○ ○ 지 방 법 원귀 중

소 장

원 고   홍 길 동 (000000-0000000)

         ○○시 ○○구 ○○동 ○○○

         소송대리인 변호사 ○ ○ ○

         ○○시 ○○구 ○○동 ○○○　　　　　(우 :　　　　　)

         (전화 :　　　　　,팩스 :　　　　　)

피 고   ○○지방경찰청장

파면처분취소 청구의 소

청 구 취 지

1. 피고가 원고에 대하여 200○. 11. 25.자로 한 파면처분은 이를 취소한다.
2. 소송비용은 피고의 부담으로 한다.

라는 판결을 구합니다.

청 구 원 인

1. 전심절차

    원고는 청구취지 기재 처분에 대하여 200○. 12. 10. 소청심사청구를 하였으나 20○○. 1. 15. 기각되었습니다.

2. 처분의 경위

원고는 ○○경찰서 수사과에 근무하면서 유치장 관리업무를 담당하던 중 20 ○○. 11. 2. 10:30경 위 경찰서 유치장에 구속되어 있던 김○○ 등 2명을 면회온 이○○ 등으로부터 위 수감자들에게 사식을 넣어 달라는 부탁을 받고 그 대금으로 300,000원을 수령한 후 이를 횡령하였다는 이유로, 피고는 징 계위원회의 의결을 거쳐 국가공무원법 제78조 제1항을 적용하여 20○○. 11. 25.자로 원고를 파면하는 처분을 하였습니다.

3. 처분의 위법

이 사건 처분은 다음과 같은 점을 종합하여 볼 때 지나치게 무거워 위법합니다. 비록 원고가 20○○. 11. 2. ○○경찰서 수사과 소속의 경찰공무원으로서 유치장관리업무를 담당하고 있던 중 같은 날 이○○이 위 수감자들에게 사실 을 넣어 달라면서 교부하는 돈 300,000원을 교부받아, 그 중 60,000원을 구내매점에 사식비용으로 지급하고 나머지 240,000원을 가지고 있다가 임 의로 소비해 버리긴 하였으나 이는 보관하고 있던 사식대금을 단순 횡령한 데 지나지 아니하고, 직무집행과 관련하여 부정행위를 하거나 이를 약속하여 그 대가로 돈을 받은 것은 아니라는 점에서 참작할 바가 있습니다.

또한 원고는 19○○. 12. 21.생으로 19○○. 9. 순경에 임용되고 20○○. 5. 경장으로 승진하여 15년 이상을 경찰관으로 근무하는 동안 12회에 걸쳐 각종 표창을 받은 바는 있으나 징계처분을 받은 적은 없었으며, 이 사건 사식 대금의 횡령이 문제되자 피해자들에게 당초 지급받은 300,000원 전액을 반 환하여 피해자들도 원고에 대한 처벌을 원치 않고 있습니다.

이상의 여러 사정을 감안하면, 원고의 이 사건 비위에 대하여 파면처분을 함으로서 공무원으로서의 신분을 박탈하는 것은 그 행위내용과 원고의 근무 경력 등에 비추어 지나치게 가혹하다 할 것이므로, 이 사건 처분은 정당한 재량권의 범위를 벗어난 위법한 것이라 할 것입니다.

따라서 위 해임처분은 위법하여 취소되어야 할 것이므로 그 취소를 구하고자 본 소 청구에 이르렀습니다.

입 증 방 법

추후 변론시 제출하겠습니다.

첨 부 서 류

1. 주민등록초본   1통
1. 소장부본   1통
1. 위임장   1통

20○○.   ○.   .

위 원고 소송대리인 변호사   ○ ○ ○ (인)

○○행정법원   귀중

소   장

원 고   ○ ○   ○ (○○○○○○-○○○○○○○)
           ○○시 ○○구 ○○동 ○○   (우 :   )

피 고   ○○시장
           ○○시 ○○구 ○○동 ○○   (우 :   )

견책처분취소 청구의 소

청 구 취 지

1. 피고의 20○○. ○. ○.자 원고에 대한 견책처분은 이를 취소한다.
2. 소송비용은 피고의 부담으로 한다.
   라는 판결을 구합니다.

청 구 원 인

1. 당사자의 관계
   원고는 공무원 경력 10년의 ○○시 소속 7급 직원으로 민원담당 부서에서
   근무하고 있으며 피고는 원고에게 견책처분이라는 징계를 한 행정청입니다.

2. 원고는 평소 공무원으로서 긍지와 사명감을 가지고 그 직분을 충실히 수행해 온 성실한 직원입니다. 그러나 민원부서에서 각양각색의 민원들을 접하다보니 나름대로의 원칙과 소신을 견지할 필요가 있었고 이로 인해 차가운 사람이라는 평을 듣는 경우도 있었습니다.

3. 20○○. ○월경 ○○시의 지방세 부과처분에 대해 이의를 가지고 있던 납세의무자 소외 정○○이 원고에게 찾아와 잘 부탁한다면서 제3의 장소에서 한번 만나줄 것을 거듭 요구하였습니다. 평소 성실하며 업무처리면에서 만큼은 소신을 뚜렷이 하던 원고에게 민원인의 요구는 청탁을 하겠다는 의사로 비추어졌기에 그 자리에서 단호한 거절의 의사표시를 하였습니다. 원고의 단호한 거절에 당황한 민원인은 원고의 민원처리 태도에 불만을 토로하기 시작했으며 급기야 시장에게 원고를 징계해달라는 취지의 민원을 내기에 이르렀습니다. 당시 민원인은 숙박업소 협의회 회장이라는 감투를 가지고 있었으며 이러한 그의 배경이 민선자치단체장에게는 암암리에 압력으로 작용했는지 다음날 즉시 원고에게 불호령이 떨어졌습니다. 누구보다 친절해야 할 민원부서 공무원이 오히려 민원을 야기했다는 이유였습니다.

4. 이 일로 인해 원고는 견책처분을 받았고, 소청까지 했으나 받아들여지지 않았습니다. 비록 원고가 본의 아니게 민원인에게 고지식하게 굴어 불친절한 인상을 주었다고 하나 이는 민원인 측에서 업무에 관한 청탁을 하겠다는 인상을 주었기에 발단이 된 것이고, 민원서의 내용도 진위파악이 되지 않은 상태이기에 평소 원고의 성실함을 고려한다면 단순한 주의 조치로도 시정이 가능했으리라 판단되는데 공무원으로서 승진 및 승급에 제한이 따르는 견책처분은 사회통념상 현저하게 타당성을 잃어 징계권자에게 주어진 재량권을 남용했다고 판단됩니다.

5. 따라서 원고는 청구취지와 같은 판결을 구하고자 본 소 청구에 이른 것입니다.

입 증 방 법

1. 갑 제1호증　　　　　　　　견책처분통고서

　그 밖의 입증서류는 변론시 수시 제출하겠습니다.

첨 부 서 류

1. 위 입증서류 사본　　　　　　　　각 1통
1. 주민등록초본　　　　　　　　　　1통
1. 법인등기부등본　　　　　　　　　1통
1. 소장부본　　　　　　　　　　　　1통

20○○.　○.　○.

위 원고　○ ○ ○ (인)

○○행정법원　　귀중

소   장

원 고   홍 길 동 (000000-0000000)   (전화 :   )

　　　　　　　○○시 ○○구 ○○동 ○○   (우 :   )

피 고   ○○시장

　　　　　　　○○시 ○○구 ○○동 ○○   (우 :   )

감봉처분취소 청구의 소

청 구 취 지

1. 피고가 20○○. ○. ○. 원고에 대하여 한 감봉 2월의 징계처분을 취소한다.
2. 소송비용은 피고의 부담으로 한다.
라는 판결을 구합니다.

청 구 원 인

1. 처분의 경위

　가. 원고는 지방직 8급 공무원으로 ○○시 회계과에서 근무하면서 퇴직자에
　　　대한 퇴직금지급 등의 업무를 수행하고 있습니다.

　나. 그런데 소외 윤○○이 20○○. ○. ○.에 일용직 영양사로 고용되어 시청
　　　식당에서 노무를 제공하던 중 같은 해 ○. ○.에 퇴사하게 되었는데 1년
　　　미만 근무하였으므로 퇴직금 지급규정이 적용되지 않음에도 원고가 퇴직
　　　금지급 규정을 잘못 알고 20○○. ○. ○.에 퇴직금 금 1,200,000원을
　　　지급하였습니다.

다. 이후 20○○. ○. ○.에 원고는 소외 윤○○에 대한 퇴직금지급이 잘못된 것임을 알고 소외 윤○○에게 조속한 시일 내에 퇴직금을 반환해줄 것을 전화상으로 수차례에 걸쳐 요구하였으나 윤○○이 차일피일 미루며 퇴직금을 반환하지 않았습니다.

라. 그러던 중 20○○. ○. ○.에 ○○시청의 자체 감사에서 윤○○에 대한 퇴직금이 잘못 지급되었음이 지적되었습니다.

마. 감사실에서는 원고가 윤○○과 고등학교 동기로 절친한 친구사이로서 근무 기간이 1년 미만이므로 퇴직금이 지급되지 않음에도 불구하고 퇴직금을 지급하였고, 원고가 소외 윤○○에 대한 퇴직금환수 노력을 태만히 하였다는 사유로 인사위원회에 징계의결을 요구하였고 인사위원회는 20○○. ○. ○. 지방공무원법 제69조 제1항 제 2호에 해당한다고 보아 원고에 대하여 감봉 2월의 징계처분을 하였습니다.

2. 징계처분의 위법

가. 원고는 19○○. ○. ○.에 ○○시청 9급 공무원으로 채용된 이래 교통과에서 근무하여 오던 중 20○○. ○. ○.에 회계과로 발령 받아 퇴직자에 대한 퇴직금지급 업무를 맡게 되었으며 소외 윤○○에 대한 퇴직금을 지급할 당시에는 업무 파악이 되지 않아 단순 실수로 인하여 윤○○에게 퇴직금을 지급하게 된 것입니다.

나. 원고는 20○○. ○. ○.에 소외 윤○○에 대한 퇴직금이 잘못 지급된 것임을 알았고 이후 소외 윤○○에게 전화상으로 퇴직금을 조속히 반환하도록 요구하였으나 소외 윤○○이 사정이 어렵다며 차일피일 미루곤 하였습니다.

다. 원고는 소외 윤○○이 고등학교 동기로 친구사이여서 법적 조치를 취하지는 못 하였으나 퇴직금을 환수받기 위해서 수십 차례에 걸쳐 전화로 독촉하고 소외 윤○○의 집에까지 찾아가 독촉한 바가 있습니다.

라. 원고가 소외 윤○○에게 퇴직금을 지급한 것은 원고와 소외 윤○○이 친구사이여서 이득을 주기 위해서 한 것이 아니라 퇴직금 규정을 미처 파악하지 못한 상태에서 단순 실수로 인하여 퇴직금을 지급한 것입니다.

마. 소외 윤○○은 원고가 자신의 일로 감봉처분을 받은 것을 알고는 퇴직금을 즉시 반납하였습니다.

3. 결 론

원고가 규정을 잘못 알고 퇴직금을 지급한 것은 사실이나 이는 오로지 단순 실수로 인한 것이고 소외 윤○○과의 친분에 의하여 이득을 주기 위한 것이 아니었고, 소외 윤○○이 퇴직금을 반납하였으므로 원고에 대한 징계처분은 징계권의 범위에서 벗어난 남용에 해당한다 할 것이므로 원고에 대한 감봉처분은 취소되어야 할 것입니다.

입 증 방 법

1. 갑 제1호증 　　　　　　퇴직금반납확인서

첨 부 서 류

1. 위 입증서류 사본 　　　　　　각 1통
1. 주민등록초본 　　　　　　1통
1. 소장 부본 　　　　　　1통

20○○. ○. ○.

위 원고 홍 길 동 (인)

○○지방법원　　귀중

[서식] 소장 – 퇴직급여제한지급처분취소 청구의 소

소 장

원 고   홍 길 동 (○○○○○○-○○○○○○○)

○○시 ○○구 ○○동 ○○○

소송대리인 변호사 ○ ○ ○

○○시 ○○구 ○○동 ○○○   (우 :   )

(전화 :   ,팩스 :   )

피 고   공무원연금공단

퇴직급여제한지급처분취소 청구의 소

청 구 취 지

1. 피고가 20○○. 7. 15. 원고에 대하여 한 퇴직급여제한지급처분 중 19○○.
   2. 23.부터 20○○. 6. 11.까지 공무원으로서의 근무기간에 대한 부분을 취소
   한다.
2. 소송비용은 피고의 부담으로 한다.
라는 판결을 구합니다.

청 구 원 인

1. **처분의 경위**
   가. 원고는 19○○. 12. 1. 지방행정서기보로 임용되어 지방공무원으로 근무하

다가 20○○. 6. 12. 지방 5급 상당 별정직으로 ○○시 ○○구 총무국 총무과 근무를 끝으로 의원면직되었습니다.

나. 원고는 지방공무원으로 재직하던 중 19○○. 11. 21. ○○지방법원 ○○지 원에서 허위공문서작성죄 등으로 징역 10월에 형의 선고유예의 유죄판결 을 선고받고, 이에 대하여 ○○지방법원에 항소하였으나 항소기각되어 19○○. 2. 23. 위 판결이 확정되었습니다.

다. 원고가 위 의원면직으로 퇴직한 후인 20○○. 6. 19. 피고에게 퇴직급여청 구를 하자, 피고는 원고가 위 유죄확정판결로 인하여 지방공무원법 제61 조의 당연퇴직사유에 해당되어 원고는 이미 위 유죄판결확정일에 당연퇴 직하였음을 이유로 원고의 공무원연금법상의 재직기간을 19○○. 12.부 터 19○○. 2.까지 9년 3개월로 인정하고 당연퇴직 당시의 보수월액 금 1,250,000원을 기초로 하여 퇴직급여 일시금을 금 18,264,000원으로 산 정 한 후 여기에 원고가 19○○. 2. 23. 이후 20○○. 6.까지 피고에게 납부한 기여금 총액 85,247,360원을 합산 금 103,511,360원을 퇴직급여 지급액으로 결정하여 20○○. 7. 15. 위 금원을 퇴직일지금으로 수령할 것을 원고에게 통지(이하 "이 사건 처분"이라 한다)하였습니다.

2. 처분의 위법

이 사건 처분은 다음과 같은 점에서 위법합니다.

첫째, 원고는 위 선고유예 판결을 선고받은 후에도 계속 근무하여 왔으므로 퇴직금이 지급되어야 합니다.

둘째, 원고는 20○○. 1. 15. 지방행정주사직을 사임하고 같은 날 별정직인 ○○시 ○○구 ○○동장에 임명되었는바, 이는 원고가 그 동안 지방행정주사 로 근무한 기간을 고려하여 한 것으로서 원고에 대한 공무원신분관계를 추인 한 것이므로 퇴직금은 원고가 처음 임명된 19○○. 12. 1.부터 퇴직한 20○ ○. 6. 12.까지 계산하여 지급하여야 합니다.

셋째, 원고는 위 선고유예의 판결이 확정되고 그 유예기간이 끝난 19○○. 7. 1. ○○시 ○○구 세무과 세무1계장(6급)으로 발령받아 근무하여 왔고, 20○○. 1. 15. ○○시 ○○구 ○○동장(5급)으로 승진발령받아 근무하여 왔 으며, 위 전보발령과 승진발령은 새로운 처분(신규의 임용행위)으로 볼 것이 므로 적어도 새로운 임용관계가 성립된 이후부터는 적법한 임용을 전제로 한 퇴직금산정이 이루어져야 할 것이므로 원고에 대하여 퇴직급여를 제한한 것은 위법합니다.

따라서 위 처분은 위법하여 취소되어야 할 것이므로 본 소 청구에 이르렀습니다.

입 증 방 법

추후 변론시 제출하겠습니다.

첨 부 서 류

1. 주민등록초본   1통
1. 법인등기부초본   1통
1. 소장부본   1통
1. 위임장   1통

20○○. ○. .

위 원고 소송대리인 변호사 ○   ○   ○ (인)

○○행정법원   귀중

[서식] 소장 - 정직처분취소 청구의 소

소   장

원 고   1. ○ ○   ○ (○○○○○○-○○○○○○○)

　　　　　　　○○시 ○○구 ○○동 ○○○

　　　　　2. ○ ○ ○ (○○○○○○-○○○○○○○)

　　　　　　　○○시 ○○구 ○○동 ○○○

　　　　　　　원고들 소송대리인 변호사 ○ ○ ○

　　　　　　　○○시 ○○구 ○○동 ○○○　　　　　(우 :　　　　　)

　　　　　　　(전화 :　　　　,팩스 :　　　　　)

피 고   교육인적자원부 교원징계재심위원회

정직처분취소 청구의 소

청 구 취 지

1. 피고가 20○○. 2. 26. 원고들에 대하여 한 각 3월의 정직처분 결정은 이를
   취소한다.
2. 소송비용은 피고의 부담으로 한다.

라는 판결을 구합니다.

청 구 원 인

1. 처분의 경위

　가. 원고 ○○○은 19○○. 11. 1.부터 소외 학교법인 ○○학원(이하 "○○학
　　　원"이라 한다)이 설치 운영하는 ○○시 ○○구 ○○동 123 소재 ○○고등
　　　학교(이하 "○○고교"라 한다)에서 교원으로 근무하여 왔습니다.

　나. 그런데 ○○학원은 20○○. 10. 18. ○○학원 내에 설치되어 있는 교원징
　　　계위원회에, 원고들이 ○○고교의 전체교사 35명 중 30명의 이름으로 ○

○고교의 운영비리와 관련한 탄원서를 작성하여 ○○도 교육지원청 및 교육과학기술부 등 관계기관에 송부하고 신문사 및 방송국 등 언론기관이 위 사실을 보도한 것과 관련하여 원고들이 교원으로서 국가공무원법상의 직장이탈금지의무와 비밀엄수의무를 위반하였음을 이유로 징계의결을 요구하였고, 위 징계위원회사 같은 해 10. 30. 원고들이 (1) 같은 해 3. 8. ○○고교의 운영비리와 관련하여 전체교사 35명 중 30명의 서명을 받아 탄원서를 작성하여 이를 ○○도 교육지원청 및 교육과학기술부 등 관계기관에 송부하고 같은 날 KBS 방송요원과 동아일보 기자 등의 취재에 응하여 위 학교의 운영비리가 언론에 보도되었으며, 그 날 이후 원고들은 진상조사요구서, 우리서명교사 30명의 입장, 기자회견문 등에 집단으로 서명하여 언론기관에 제공 또는 취재에 응하거나 기자회견을 함으로서 신문과 TV 방송에 보도되었고, 또한 ○○학원이 같은 해 3. 18. 원고들에 대한 징계를 요구하자 원고들이 이에 대한 항의의 표시로 ○○고교 내에서 검은 리본을 가슴에 달고 근무하는 등 교원의 본분에 배치되거나 품위를 송상한 점, (2) 일과시간 내에 학교장의 결제 없이 직장을 이탈하여 언론기관 등을 방문하여 학교운영 비리와 관련한 유인물을 전달함으로써 국가공무원법상의 직장이탈금지의무와 비밀엄수의무를 위반한 점 등을 징계사유로 삼아 원고들을 각 해임하였습니다.

2. 처분의 위법

이 사건 처분은 다음과 같은 점에서 위법합니다.

원고들이 소외 이○○ 교장의 퇴진 및 관련인사의 학교운영에의 배제를 요구한 것은, 소외 이○○이 고교의 설립자로서 독선적인 방식으로 위 학교를 운영함으로써 서 학생 및 교사들에게 정상적인 학사운영을 불가능하게 되었고, 수회에 걸친 교사들의 학사운영에 대한 정상화 건의를 묵살하였을 뿐 아니라 오히려 이를 빌미로 관련교사를 징계하는 등으로 위 학교를 비민주적인 방식으로 운영함으로서 원고들을 비롯한 위 학교교사 30명이 ○○고교의 운영비리를 대외적으로 알려 위 학교의 정상화를 도모하기 위한 것이지 결코 ○○학원의 경영권을 침해할 의도가 없었으며, 또한 원고들을 비롯한 서명교사 30명이 원고들에 대한 징계요구에 항의하여 20○○. 9. 21. 출근시 가슴에 검은 리본을 패용한 것은 사실이나 당시 위 학교에 파견나온 ○○도 교육지원청 소속 장학사인 소외 김○○ 등의 만류로 즉시 떼었으므로, 원고 등의 이와 같은 행동을 ○○학원의 경영권을 침해하거나 집단행동으로 본 피고의 이 사건 결정에는 사실을 오인한 위법이 있습니다.

가사 피고가 인정한 징계사유의 일부가 사실이라 하더라도 원고들은 그 동안 학교의 정상화를 위하여 성실하게 근무하였고, 원고들이 주장한 ○○고교의 학사운영 비리가 ○○도 교육지원청의 감사결과 대부분 사실로 밝혀졌으며, 원고들은 위 학교의 정상화를 위하여 위 학교 전체교사 35명 중 뜻을 같이 하는 28명과 함께 위와 같은 조치를 취하였을 뿐 원고들이 그 과정에서 주도적인 역할을 하였거나 다른 교사들을 선동한 사실이 없음에도 불구하고 평소 이○○ 교장의 학사운영에 협조하지 않았다는 이유로 위 서명교사 30명 중 원고들만을 선별하여 정직 3월의 중징계에 처한 이 사건 결정은 재량권의 범위를 일탈한 것으로서 위법합니다.

따라서 그 처분은 위법하여 취소를 구하기 위하여 본 소 청구에 이르렀습니다.

입 증 방 법

추후 변론시 제출하겠습니다.

첨 부 서 류

1. 주민등록초본	2통
1. 소장부본	1통
1. 위임장	1통

20○○. ○. .

위 원고들 소송대리인 변호사 ○ ○ ○ (인)

○○행정법원 귀중

소 청 심 사 청 구 서

소 청 인   ○   ○   ○ (○○○○○○-○○○○○○○)   (전화 :   )

○○시 ○○구 ○○동 ○○   (우 :   )

소 속 : ○○경찰서

직 명 : ○ ○

피소청인   ○○지방경찰청장

소 청 취 지

피소청인이 20○○. ○. ○. 소청인에 대하여 한 감봉 3월의 징계처분을 취소한다. 라는 재결을 구합니다.

소 청 이 유

1. 처분의 경위

가. 소청인은 20○○. ○. ○.부터 ○○경찰서 ○○과 ○○계에 근무하는 자로서, 20○○. ○. ○. 23 : 20 경 서울 ○○구 ○○동 소재 ○○사거리 부근에서 음주단속을 피하기 위하여 신호위반을 하고 도주하다가 순찰차에 검거된 김○○를 순찰차로부터 인수하여 후에 사례를 하겠다고 하면서 연락처를 알려주자 단속을 하지 않고 훈방한 후 선처의 대가로 금 100,00

0원을 받았으며,

나. 부하 경찰관 이○○가 위 같은 날 22:10 경 관할구역 내 소재 ○○교통주식회사 전무로부터 식사비 명목으로 금 7만원을 직무와 관련하여 수수한 비위로 감봉 1월의 징계처분을 받은 데 대한 감독자로서 평소 부하 경찰관에 대한 교양감독을 소홀히 한 잘못이 있다하여,

다. 국가공무원법 제56조, 동법 제61조, 제1항에 위배되어 동법 제78조 제1항 제1호, 제2호에 해당하는 징계사유라 하여 20○○. ○. ○. 감봉 3월의 징계처분을 하였습니다.

2. 이 사건 처분의 위법, 부당성

가. 소청인은 위 김○○로부터 위 금 100,000원을 받은 사실이 없음에도 부당하게 이 건 징계를 하였으므로 이를 밝히기 위해 위 김○○와 대질심문을 요구하였으나 거부되었으며,

나. 소청인이 금품수수사실을 시인하지 않았음에도 위 김○○에게는 소청인이 금품을 수수한 사실을 시인하였으므로 이를 시인하지 않으면 좋지 못할 것이라고 협박·회유하여 김○○로 하여금 허위의 진술을 하게 하였으며,

다. 위 김○○에 대하여 음주측정을 한 결과 혈중 알콜수치가 0.02%로 단속수치에 미치지 않아 금품을 수수할 이유가 없으며,

라. 위 김○○가 금품을 지급했다고 진술하는 경찰관에 대한 인상착의 등이 소청인의 인상착의와는 전혀 다르고,

마. 부하 경찰관 이의 금품수수행위에 대해서는 소청인이 책임질 사안이 아니라고 할 것이며,

바. 그럼에도 불구하고 소청인을 감봉 3월의 처분을 한 것은 사실을 오인하거나 재량권을 일탈한 것으로서 위법하다 할 것입니다.

입 증 방 법

1. 소갑 제1호증   증인 ○○○의 진술서
1. 소갑 제2호증   증인 ○○○의 대화내용 녹취서
1. 소갑 제3호증   차량사진

첨 부 서 류

1. 위 입증방법   각1통
1. 심판청구서 부본   1통

20○○. ○. ○.

위 소청인   ○ ○ ○ (인)

행정안전부 소청심사위원회   귀중

2. 교 원

가. 사립학교 교원

(1) 당사자 및 소송의 대상

사립학교 교원은 재임용거부 등 의사에 반하는 불이익한 처분에 대하여 그 처분이 있음을 안 날로부터 30일 이내에 교원 소청심사위원회에 심사청구를 하고 그 교원소청심사위원회의 결정에 불복이 있으면 교원특별법 제10조 제3항의 규정에 따라 그 결정서를 송달받은 날로부터

90일 이내에 행정소송을 제기할 수 있다. 이 경우 행정소송의 대상은 학교 법인의 불이익 처분이 아니라 행정처분인 교원소청심사위원회의 결정이고 교원소청심사위원회가 행정소송의 피고가 된다.

교원의 소청심사에 대한 교원소청심사위원회의 기각결정에 대하여는 당해 교원이 행정소송에 있어서 원고가 될 것이고, 교원소청심사위원회의 인용결정에 대하여는 사립학교법 제2조에 따른 학교법인 또는 사립학교 경영자가 원고가 된다.

교원소청심사의 피청구인이 된 학교의 장이 교원소청심사위원회의 결정에 대하여 행정소송을 제기할 수 있는지에 대하여, 대법원은 학교의 장은 학교법인의 위임 등을 받아 교원에 대한 징계처분, 인사발령 등 각종 업무를 담당하는 등 독자적 기능을 수행하고 있어 하나의 활동단위로 특정할 수 있는 점까지 아울러 고려하여 보면, 교원지위향상을 위한 특별법 제 10조 제3항에서 명시하고 있는 교원, 사립학교법 제2조에 의한 학교법인, 사립학교 경영자뿐 아니라 소청심사의 피청구인이 된 학교의 장도 교원소청심사 위원회의 결정에 대하여 행정소송을 제기할 수 있다고 판시하여 학교의 장에게 원고적격을 인정하고 있다.

이와 같이 사립학교 교원에 대한 불이익처분은 행정처분인 교원소청심사위 원회의 결정을 매개로 행정소송의 영역에 들어오게 되는데, 그 행정소송의 형태는 교원소청심사위원회의 결정에 대하여 그 취소를 구하는 취소소송이 될 것이다. 왜냐하면, 사립학교 교원은 불이익처분에 대하여 행정소송 외에 민사 소송을 제기할 수 있기 때문에 제소기간을 도과한 교원소청심사위원회의 결정에 대하여 그 기각결정에 중대하고 명백한 하자가 있음을 주장하면서 무효확인을 구하는 행정소송을 제기할 이유가 없기 때문이다.

(2) 심리 및 판단

소송물은 학교법인의 불이익 처분 자체가 아니라 행정처분인 교원소청심사위원회의 결정이므로 이론적으로 법원은 교원소청심사위원회 결정에 나타난 사실인정과 판단이 적법한지 심리 · 판단하여야 하나, 교원소청심사위원회는 학교법인의 사립학교 교원에 대한 불이익처분과 관련한 절차적 · 실체적 요건 등을 심사하여 결정하게 될 것이고, 교원소청심사위원회에서 주장하지 아니한 사유도 그것이 결정 후에 생긴 사유가 아닌 이상 행정소송에서 주장할 수 있으므로, 결국 실질적으로는 학교법인의 불이익처분이 심리의 대상이 된다.

따라서 법원은 학교법인의 불이익처분과 관련된 절차적 · 실체적 요건 등을 심리한 후 교원소청심사위원회의 결정과 결론을 같이 하면 교원소청심사위원회의 결정이 적법함을 선언하면서 원고의 청구를 기각하는 판결을 하고, 교원소청심사위원회의 결정과 결론을 달리하는 경우에는 교원소청심사위원회의 결정이 위법함을 선언하면서 그 취소를 명하는 판결을 선고한다.

(3) 판결의 효력

사립학교 교원과 관련한 교원소청심사위원회의 결정을 취소하는 판결이 선고·확정된 경우, 처분행정청인 교원소청심사위원회는 취소판결의 기속력에 따라 다시 위원회를 열어 판결의 취지에 따른 결정을 하여야 한다. 이와 같이 교원소청심사위원회의 결정을 취소하는 판결을 선고하고 그 판결이 확정된다 하여도 교원소청심사위원회가 다시 그 소청심사청구사건을 재심사하게 될 뿐 학교법인 등이 바로 판결 취지에 따라 재처분을 할 의무를 부담하는 것은 아니다.

한편, 교원소청심사위원회의 결정에는 처분권자에 대한 기속력이 있는데, 이는 그 결정의 주문에 포함된 사항뿐 아니라 그 전제가 된 요건사실의 인정과 판단, 즉 처분 등의 구체적 위법사유에 관한 판단에까지 미친다. 따라서 교원소청심사위원회가 사립학교 교원의 소청심사청구를 인용하여 불이익처분을 취소한데 대하여 행정소송이 제기되지 아니하거나 그에 대하여 학교법인 등이 제기한 행정소송에서 법원이 원고의 청구를 기각하여 교원소청심사위원회 결정이 그대로 확정되면, 교원소청심사위원회 결정의 주문과 그 전제가 되는 이유에 관한 판단만이 학교법인 등 처분권자를 기속하게 되고, 설령 판결 이유에서 교원소청심사위원회의 결정과 달리 판단한 부분이 있더라도 거기에는 기속력이 없다. 그러므로 사립학교 교원이 예컨대 징계처분을 받아 교원소청심사위원회에 소청심사청구를 하였고, 이에 대하여 교원소청심사위원회가 그 징계사유 자체가 인정되지 않는다는 이유로 징계양정의 당부에 대해서는 나아가 판단하지 않은 채 징계처분을 취소하는 결정을 한 경우, 그에 대하여 학교법인 등이 제기한 행정소송 절차에서 심리 결과 법원이 징계사유 중 일부 사유를 인정할 수 있다고 판단한 경우 설령 인정한 징계사유를 기준으로 볼 때 당초의 징계양정이 과중한 것이어서 그 징계처분을 취소한 교원소청심사위원회 결정이 결론에 있어서는 타당하다고 보았더라도 교원소청심사위원회의 결정을 취소하여야 한다. 위와 같이 행정소송에 있어 확정판결의 기속력은 처분 등을 취소하는 경우 피고인 행정청에만 미치는 것이므로, 법원이 교원소청심사위원회 결정이 결론에 있어서 타당하다고 하여 학교법인 등의 청구를 기각하게 되면 결국 행정소송의 대상이 된 교원소청심사위원회 결정이 유효한 것으로 확정되어 처분권자인 학교법인 등도 이에 기속되므로, 교원소청심사위원회 결정의 잘못은 바로잡을 길이 없게 되고 학교법인 등도 해당 교원에 대한 적절한 재 징계를 전혀 할 수 없게 되기 때문이다.

재임용 거부처분과 관련하여 교원소청심사위원회가 판결의 취지에 파라 재임용 거부처분 취소결정을 한 경우 임용권자는 재임용심사를 다시 하여 재임용 여부를 결정하여야 하며, 이 경우 취소결정의 취지에 어긋나는 결정을 할 수는 없다. 재임용거부처분의 취소가 확정되어도 교원이 당연히 지위를 되찾는 것은 아니므로 교원의 지위가 유지됨을 전제로 임금을 청구할 수는 없다.

(4) 관련서식

(가) 청구취지 기재례

피청구인은 청구인에 대하여 한 중등2급정교사자격증을 교부하라.

피고가 20○○. 00. 00. 원고들에 대하여 한 각 3월의 정직처분 결정은 이를 취소한다.

피청구인은 20○○. ○. ○. 청구인에 대하여 한 교원미임용자등록거부처분은 이를 취소한다.

피고가 2008. ○. ○. 원고와 피고 보조참가인 사이의 2008-○○○ 승진 및 재임용탈락 처분 취소청구에 관하여 한 결정을 취소한다.

피고가 2009. 4. 6. 원고와 피고보조참가인(이하 '참가인'이라고 한다) 사이의 2009-○호 재임용거부처분취소청구사건에 관하여 한 재임용거부처분취소결정을 취소한다.

(나) 서식례

[서식] 소청심사청구서

소청심사청구서

1. 사 건 명 : ○○처분취소청구
2. 청 구 인 :

성명		생년월일	
소속 학교명		(전)직위	
주소	주민등록 등(초)본 주소		
	우편물수령 희망 주소	(우편번호 :　　　　　)	
연락처	전화번호 (휴대 폰번호)		
	전자우편 (이메일)		
대리인			

※ 주민등록등(초)본 주소는 당사자 확인을 위해 작성하는 사항입니다.

※ 대리인 선임 시 소송 위임장을 별지로 첨부해 주시기 바랍니다.

3. 피청구인 :
4. 처분이 있은 것을 안 날 :
5. 청구취지 :

※ (예) 피청구인이 0000년 00월 00일 청구인에게 한 00처분의 취소(또는 감
경)를 구합니다.

6. 청구이유 :

※ 구체적인 청구이유는 별지로 작성하여 제출하셔도 됩니다.

위와 같이 청구합니다.

20 . . .

위 청구인   (서명)

교원소청심사위원회 귀중

1.사건명

처분권자에게 받은 처분 뒤에 우리 위원회에서 받고자 하는 결정의 종류(취소,
감경, 무효확인등)를 붙여 사건명을 작성하시면 됩니다. 예) 해임처분취소청구,
재임용거부처분취소청구, 휴직처분취소청구

2. 청구인

대리인은 변호사를 선임한 경우만 기재합니다.

3. 피청구인

처분을 한 자의 직위, 법인명 등을 기재하시면 됩니다.

4. 처분이 있는 것을 안 날

처분서를 수령한 날짜나 처분이 있음을 알게 된 날짜를 기재하시면 됩니다 예)
○○년 ○○월 ○○일, ○○처분에 대한 사유설명서를 송달받음.

5. 소청심사청구의 취지

우리 위원회에서 받기를 원하는 결정의 종류를 기재하시면 됩니다.

예) 피청구인이 ○○년 ○○월 ○○일 청구인에게 한 해임처분의 취소를 구합니다.

6. 소청심사청구 이유

○○처분이 취소되어야 하는 이유를 처분사유를 중심으로 항목별로 기술 절차상의 문제는 별도의 항목으로 기술

7. 입증자료

본 건과 관계있는 제반증거를 증거번호를 붙여 순서대로 첨부하시면 됩니다(분량이 많을 때는 별첨함). 처분에 대한 사유설명서 또는 인사발령통지서를 받았을 때에는 그 사본(2부 송부요청)을 반드시 첨부하여야 합니다. 변호사를 대리인으로 선임하였을 경우 반드시 위임장을 첨부하여야 합니다.

행 정 심 판 청 구

청 구 인 홍 길 동 (000000-0000000)
　　　　　ㅇㅇ시 ㅇㅇ구 ㅇㅇ동 ㅇㅇㅇ
　　　　　대리인 변호사 ㅇ ㅇ ㅇ　　　　　　(전화 :　　　)
　　　　　ㅇㅇ시 ㅇㅇ구 ㅇㅇ동 ㅇㅇㅇ　　　(우 :　　　)

피청구인　　ㅇㅇ대학교 총장
　　　　　　ㅇㅇ시 ㅇㅇ구 ㅇㅇ동 ㅇㅇㅇ

교원자격증교부이행청구서

심 판 청 구 취 지

피청구인은 청구인에 대하여 한 중등2급정교사자격증을 교부하라.
라는 재결을 구합니다.

심 판 청 구 이 유

1. 이 사건 처분의 경위
　　교원자격검정령 시행규칙 제15조(교직과정이수예정자의 선발) ①항에서는
　　'교직과정을 이수하고자 하는 지는 제2학년 중에 학교의 장에게 교직과정이수

신청을 하여야 하며, 학교의 장은 교직과정신청자중 인성, 적성 및 성적 등을 고려하여 당해학년의 학과별입학정원의 30퍼센트 범위 안에서 선발하여 교직 과정을 이수하게 하여야 한다.'라고 규정되어 있는 바, 청구인은 귀 규정에 의하여 적법한 절차에 의하여 교직과정이수신청을 하였음이 분명하며, 피청 구인은 시행규칙 제15조 제1항 후단의 규정에 의하여 청구인의 교직이수 및 성적등을 고려하여 교원자격증을 교부하여야 함에도 불구하고 이를 교부하지 아니한 피청구인의 행위는 위법 부당하다 할 것입니다.

2. 이 사건 처분의 적법 여부

교육부 및 피청구인이 마련한 수강신청서에 수록된 교직과정이수에 관한 규 정 제3조의 규정에 의하면 학과장은 교직과정 잠정이수 허가를 받은 학생에 한하여 2학년 초 학과당 입학정원 30%범위 내에서 선발하여 그 명단을 매년 3월 20일 까지 교무처장에게 통보하여야 한다고 규정되어 있는 바, 위 규정은 피청구인의 내부적인 훈시규정에 불과하고 청구인을 비롯한 일반인에게 효력 이 없으며 만약에 청구인의 경우와 같이 신청자중에 명단에 누락된 자가 있을 경우에는 이를 시정하여야 함에도 불구하고 피청구인이 이를 하지 아니한 것은 위법, 부당하다 할 것입니다.

따라서 청구인은 피청구인 소속의 2부 대학 영어영문학과 학과장이 교직이수 신청자에게 교육실습신청서를 제출하도록 하였기 때문에 신청을 하였고 피청 구인이 청구인의 신청을 받아들여 학교에서 교육실습을 하도록 하였으며 또 한 청구인은 피청구인의 교원자격무시험검정원서를 제출하라는 지시에 따라 서 교원자격무시험검정원서를 제출하는 등 청구인이 법령의 규정에 따른 조 치를 모두 하였으며 청구인은 대학교를 수석으로 졸업하는 등 우수한 성적으 로 교직과정을 수료하였음이 분명하므로 피청구인은 청구인에 대하여 중등2 급정교사자격증을 교부하여야 한다.

입 증 방 법

1. 소갑 제1호증   통지서
1. 소갑 제2호증   확인서

첨 부 서 류

1. 위 입증서류 사본   각 1통
1. 주민등록초본   1통
1. 심판청구서 부본   1통

20○○. ○.○.

위 청구인 대리인 변호사 ○ ○ ○ (인)

○○대학교 총장   귀하

[서식] 소장 - 정직처분취소청구의 소

소　　장

원　고　　　1. ○　　○　　　○ (○○○○○○-○○○○○○○)
　　　　　　　　　　○○시 ○○구 ○○동 ○○○

　　　　　　　2. ○ ○ ○ (○○○○○○-○○○○○○○)
　　　　　　　　　　○○시 ○○구 ○○동 ○○○
　　　　　　　　　　원고들 소송대리인 변호사 ○ ○ ○
　　　　　　　　　　○○시 ○○구 ○○동 ○○○　　　　　(우 :　　　　)
　　　　　　　　　　(전화 :　　　　 ,팩스 :　　　　)

피　고　　　교육인적자원부 교원징계재심위원회

정직처분취소 청구의 소

청 구 취 지

1. 피고가 20○○. 2. 26. 원고들에 대하여 한 각 3월의 정직처분 결정은 이를
   취소한다.
2. 소송비용은 피고의 부담으로 한다.
라는 판결을 구합니다.

청 구 원 인

1. 처분의 경위

　가. 원고 ○○○은 19○○. 11. 1.부터 소외 학교법인 ○○학원(이하 "○○학
　　　원"이라 한다)이 설치 운영하는 ○○시 ○○구 ○○동 123 소재 ○○고등
　　　학교(이하 "○○고교"라 한다)에서 교원으로 근무하여 왔습니다.

나. 그런데 ○○학원은 20○○. 10. 18. ○○학원 내에 설치되어 있는 교원징계위원회에, 원고들이 ○○고교의 전체교사 35명 중 30명의 이름으로 ○○고교의 운영비리와 관련한 탄원서를 작성하여 ○○도 교육지원청 및 교육과학기술부 등 관계기관에 송부하고 신문사 및 방송국 등 언론기관이 위 사실을 보도한 것과 관련하여 원고들이 교원으로서 국가공무원법상의 직장이탈금지의무와 비밀엄수의무를 위반하였음을 이유로 징계의결을 요구하였고, 위 징계위원회사 같은 해 10. 30. 원고들이 (1) 같은 해 3. 8. ○○고교의 운영비리와 관련하여 전체교사 35명 중 30명의 서명을 받아 탄원서를 작성하여 이를 ○○도 교육지원청 및 교육과학기술부 등 관계기관에 송부하고 같은 날 KBS 방송요원과 동아일보 기자 등의 취재에 응하여 위 학교의 운영비리가 언론에 보도되었으며, 그 날 이후 원고들은 진상조사요구서, 우리서명교사 30명의 입장, 기자회견문 등에 집단으로 서명하여 언론기관에 제공 또는 취재에 응하거나 기자회견을 함으로서 신문과 TV 방송에 보도되었고, 또한 ○○학원이 같은 해 3. 18. 원고들에 대한 징계를 요구하자 원고들이 이에 대한 항의의 표시로 ○○고교 내에서 검은 리본을 가슴에 달고 근무하는 등 교원의 본분에 배치되거나 품위를 송상한 점, (2) 일과시간 내에 학교장의 결제 없이 직장을 이탈하여 언론기관 등을 방문하여 학교운영 비리와 관련한 유인물을 전달함으로써 국가공무원법상의 직장이탈금지의무와 비밀엄수의무를 위반한 점 등을 징계사유로 삼아 원고들을 각 해임하였습니다.

2. 처분의 위법

이 사건 처분은 다음과 같은 점에서 위법합니다.

원고들이 소외 이○○ 교장의 퇴진 및 관련인사의 학교운영에의 배제를 요구한 것은, 소외 이○○이 고교의 설립자로서 독선적인 방식으로 위 학교를 운영함으로써 서 학생 및 교사들에게 정상적인 학사운영을 불가능하게 되었고, 수회에 걸친 교사들의 학사운영에 대한 정상화 건의를 묵살하였을 뿐 아니라 오히려 이를 빌미로 관련교사를 징계하는 등으로 위 학교를 비민주적인 방식으로 운영함으로서 원고들을 비롯한 위 학교교사 30명이 ○○고교의 운영비리를 대외적으로 알려 위 학교의 정상화를 도모하기 위한 것이지 결코 ○○학원의 경영권을 침해할 의도가 없었으며, 또한 원고들을 비롯한 서명교사 30명이 원고들에 대한 징계요구에 항의하여 20○○. 9. 21. 출근시 가슴에 검은 리본을 패용한 것은 사실이나 당시 위 학교에 파견나온 ○○도 교육지원청 소속 장학사인 소외 김○○ 등의 만류로 즉시 떼었으므로, 원고 등의이와 같은 행동을 ○○학원의 경영권을 침해하거나 집단행동으로 본 피고의이 사건 결정에는 사실을 오인한 위법이 있습니다.

가사 피고가 인정한 징계사유의 일부가 사실이라 하더라도 원고들은 그 동안학교의 정상화를 위하여 성실하게 근무하였고, 원고들이 주장한 ○○고교의학사운영 비리가 ○○도 교육지원청의 감사결과 대부분 사실로 밝혀졌으며,원고들은 위 학교의 정상화를 위하여 위 학교 전체교사 35명 중 뜻을 같이하는 28명과 함께 위와 같은 조치를 취하였을 뿐 원고들이 그 과정에서 주도적인 역할을 하였거나 다른 교사들을 선동한 사실이 없음에도 불구하고 평소이○○ 교장의 학사운영에 협조하지 않았다는 이유로 위 서명교사 30명 중원고들만을 선별하여 정직 3월의 중징계에 처한 이 사건 결정은 재량권의범위를 일탈한 것으로서 위법합니다.

따라서 그 처분은 위법하여 취소를 구하기 위하여 본 소 청구에 이르렀습니다.

입 증 방 법

추후 변론시 제출하겠습니다.

첨 부 서 류

1. 주민등록초본   2통
1. 소장부본   1통
1. 위임장   1통

20○○. ○. .

위 원고들 소송대리인 변호사 ○ ○ ○ (인)

○○행정법원   귀중

행 정 심 판 청 구

청 구 인　홍　길　동 (OOOOOO-OOOOOOO)
　　　　　OO시 OO구 OO동 OOO
　　　　　대리인 변호사 O O O　　　　　　　(전화 :　　　)
　　　　　OO시 OO구 OO동 OOO　　　　　　(우 :　　　)

피청구인　　OOOO교육감

교원미임용자등록거부처분취소청구서

심 판 청 구 취 지

　피청구인은 20OO. O. O. 청구인에 대하여 한 교원미임용자등록거부처분은
이를 취소한다.
라는 재결을 구합니다.

심 판 청 구 이 유

1. 이 사건 처분의 경위
　청구인은 20OO. O. O. 이전에 국립 OO대학교를 졸업하고 OO교육위원회의
교사임용후보자명부에 등재되어 임용이 예정되어 있었으나 헌법재판소가 20

○○. ○. ○. 교사의 신규채용에 있어서 국,공립의 사범대학 출신자를 우선하여 채용하도록 규정한 교육공무원법 관계규정에 대하여 위헌으로 결정함에 따라 청구인은 교원으로 임용되지 못하였다.

청구인은 20○○. ○. ○. 공포, 시행된 병역의무 이행관련 교원 미 임용 자 채용에 관한 특별법에 따라 임용등록을 신청하였으나 피청구인은 이 사건 특별법 시행 공포일 현재 사립학교 교원으로 임용되어 근무 중 이라는 이유로 20○○. ○. ○. 청구인에 대하여 등록거부 처분하였습니다.

2. 이 사건 처분의 적법 여부

특별법에서 말하는 교원은 국, 공립학교 교원을 말하는 것이고 사립학교 교원은 신분보장 및 승진, 전보 등에 있어서 국, 공립학교 교원과 차이가 있어 동일한 것으로 볼 수 없고 이 사건 외 국립사범대학 졸업자 중 교원 미 임용 자 임용 등에 관한 특별법의 적용 시에는 사립학교 교원도 등록하여 주고 있는 점 등을 고려 할 때 이 사건 처분은 위법, 부당하다.

특별법 제2조에서 위헌결정에 따라 교원으로 임용되지 아니한 자라 함은 위헌 결정에 따라 교육감이 국립사범대학 등의 졸업자를 우선하여 채용할 수 없어 교육공무원인 국, 공립학교의 교원으로 임용되지 아니한 자를 말한다고 보아야 한다.

특별법은 위 위헌결정으로 인하여 발생한 병역의무 이행에 따른 불합리한 피해를 구제하고자 국립의 사범대학을 졸업한 자 중 교원으로 임용되지 못한 자를 특별채용하기 위하여 제정된 법으로 이들을 특별 채용하여 할 의무 역시 특별시, 광역시, 도교육감에게 있으므로 특별법에서 말하는 교원은 시, 도교육감이 관리하는 교육공무원인 국, 공립학교 교원만을 가리키고 학교법인 또는 사립학교 경영자가 임명하는 사립학교 교원은 제외된다고 보는 것이 교육공무원법과 유기적인 구조를 가지고 있는 이 사건 특별법의 제정목적 및 입법취지에 부합된다.

3. 결론

따라서 이 사건 특별법 제2조에 규정된 교원으로 임용되지 아니한 자라 함은 국, 공립학교의 교원으로 신규 채용되지 아니한 자를 의미한다고 보아 야 함으로 청구인들이 이미 사립학교 교원으로 근무하고 있다는 이유로 행한 피청구인의 이 사건 처분은 위법, 부당한 처분이라 할 것입니다.

입 증 방 법

1. 소갑 제1호증   통지서
1. 소갑 제2호증   확인서

첨 부 서 류

1. 위 입증서류 사본   각 1통
1. 주민등록초본   1통
1. 심판청구서 부본   1통

20○○. ○.○.
위 청구인 대리인 변호사 ○ ○ ○ (인)

○○교육감   귀하

[서식] 교원소청심사위원회결정취소 청구의 소

소 장

원고   김 길 동(주민등록번호)

         서울시 ○○구 ○○동 ○번지

피고   교원소청심사위원회

보조   ○○○

참가인

교원소청심사위원회결정취소

청구취지

1. 피고가 2008. ○. ○. 원고와 피고 보조참가인 사이의 2008-○○○ 승진 및
   재임용탈락 처분 취소청구에 관하여 한 결정을 취소한다.
2. 소송비용은 피고의 부담으로 한다.

라는 판결을 구합니다.

청구원인

1. 결정의 경위

(1) 피고 보조참가인(이하 "참가인"이라 한다)은 199○. ○. ○. 원고가 설립 · 운영
하는 ○○대학교의 ○○대학원 조교수로 임용되었다가 199○. ○. ○.부터 부교
수로 승진하여 근무하던 중, 2008. 5. 13. 원고로부터 교원인사위원회의 심의를
거쳐 총장의 제청으로 이사회에서 2008. 5. 1. 종합 심의한 결과 "교수자질 등
승진자격요건이 미비(이하 '원고의 처분사유'라고 한다)"한 것으로 판단하여 정관
제43조의4 제1항에 의하여 교수 승진 및 재임용에서 탈락시키기로 결정함에 따
라 2008. 2. 29. 임용기간 만료로 해임 처리하여야 하나, 사정에 의하여 2009.
8. 31.까지 특별임용기간을 부여하고 2009. 8. 31. 임용기간 만료로 해임 처리하
게 된다는 통지(이하 "원고의 처분"이라 한다)를 받았습니다.

(2) 참가인은 피고에게 원고의 처분의 취소를 구하는 소청심사를 청구하였고, 피고
는 2008. 9. 8. 그 중 승진탈락처분의 취소를 구하는 부분은 승진탈락처분이
소청심사 청구대상인 처분에 해당하지 않아 부적법하다는 이유로 각하하고, 나
머지 부분에 관하여는 먼저 원고의 처분사유의 내용에 구체적이고 명확한 사실
(평가결과 등 객관적인 사유)의 적시가 없어 사립학교법 제53조의2 제6항을 위
반한 절차상 중대하고 명백한 하자가 있고, 다음으로 교원인사위원회가 학생교
육, 학문연구, 학생지도에 관한 사항에 관한 평가 등 객관적인 사유로서 학칙이
정하는 사유에 근거하여 합리적이고 공정한 심사를 하였다고 볼 수 없어 위법.부
당하다는 이유로 청구를 인용하여 재임용탈락처분을 취소하는 청구취지 기재
결정(이하 "이 사건 결정"이라 한다)을 하였다.

2. 결정의 위법성

피고의 결정은 아래와 같은 사유로 인해 위법합니다.

(1) 원고는 참가인에 대한 심사를 기쳐 교수 승진 및 (승진된 지위로의) 재임용에서

탈락시켰을 뿐 종전의 지위, 즉 부교수 재임용 여부에 관하여는 아무런 처분을 한 바 없고, 참가인 또한 이러한 성격의 교수 승진 및 재임용 탈락처분에 관하여 소청심사를 청구하였을 뿐인데, 피고는 부교수 재임용탈락처분의 적법 여부에 관하여 판단함으로써 심판범위를 넘어 원고의 방어권을 침해하였습니다.

(2) 원고의 처분사유는 그 자체로 구체적이고 명확한 사실의 적시이고, 가사 그렇지 않다하더라도 참가인이 교원인사위원회 심사 당시 소명자료를 제출하는 등으로 원고의 처분사유가 구체적으로 참가인의 임용기간 중 발생한 ○○○ 사건 등을 의미한다는 사실을 알고 있었으므로, 원고의 처분은 처분사유가 명시되었다고 보아야 합니다.

(3) 원고의 교원인사위원회에서는 참가인의 임용기간 중 발생한 ○○○ 사건 등에 관하여 객관적이고 합리적인 기준에 따라 심의를 하여 참가인의 교수자질이 부족하다고 판단하였습다.

3. 결론

이상과 같이 이 사건 결정은 위법하므로 이의 취소를 구하는 본 건 소송에 이르게 되었습니다.

입증방법

1. 갑 제1호증
2. 갑 제2호증

첨부서류

1. 위 각 입증방법 각 1부

2. 송달료 납부서

3. 소장부본

20 . . .

위 원고 (날인 또는 서명)

서울행정법원 귀중

[서식] 재임용거부처분취소결정취소 청구의 소

소 장

원고   학교법인 ○○

                      서울시 동작구 동 ○○번지

                      (전화 000-000, 팩스 000-000)

피고   교육과학기술부 교원소청심사위원회

보조   ○ ○ ○(주민등록번호)

참가인

재임용거부처분취소결정취소

청구취지

1. 피고가 2009. 4. 6. 원고와 피고보조참가인(이하 '참가인'이라고 한다) 사이의 2009-○호 재임용거부처분취소청구사건에 관하여 한 재임용거부처분취소결정을 취소한다.
2. 소송비용중 피고로 인한 부분은 피고가, 피고보조참가로 인한 부분은 보조참가인이 부담한다.

라는 판결을 구합니다.

청구원인

1. 결정의 경위

(1) 참가인은 원고 법인이 운영하고 있는 ○○대학 ○○과 전임교원으로 1996. 3. 1. 신규 임용되어 1999. 10. 1. 조교수로 승진한 후 2002. 9. 1.자로 계약제 교원으로 근무하여 왔습니다.

(2) 참가인은 2009. 2. 28. 임용기간 만료를 앞두고 원고에게 재임용신청을 하였으나, 원고는 교원인사위원회의 심의를 거쳐 '참가인이 교원임용계약서 제5조 제4항(교원 업적평가점수 312점 이상일 경우 재임용한다)에 정한 재임용 기준에 미달하였다'는 이유로 2008. 12. 30. 참가인을 2009. 3. 1.자로 재임용하지 아니하기로 하는 처분(이하 '이 사건 재임용거부처분'이라고 한다)을 하였습니다.

(3) 참가인은 2009. 1. 22. 피고에게 이 사건 재임용거부처분의 취소를 구하는 소청심사청구를 하였고, 피고는 2009. 4. 6. '원고와 참가인 사이의 계약에 의해 재임용 기준점수를 정하고 이러한 기준도 합의로 변경할 수 있도록 한 후 참가인의 점수가 이에 미달하였다는 이유로 이 사건 재임용거부처분을 함으로써 합리적이고 객관적인 재임용 기준을 학칙 등에 정하여 그에 따라 심의하도록 한 사립학교법 제53조의2 제7항의 규정을 위반하였다'는 이유로 이 사건 재임용거부처분을 취소하는 결정(이하 '이 사건 결정'이라고 한다)을 하였습니다.

2. 처분의 위법성

사립학교법 제53조의2 제3항은 학교법인 교원과의 임용계약을 체결함에 있어서 개별적인 계약조건을 정할 수 있도록 명시적으로 허용하고 있고 원고 법인은 참가인으로 부터 성취가 가능한 조건으로 변경하여 달라는 요청을 받고 이를 적극적으로 수용하여 계약조건을 변경해주기까지 하였음에도 불구하고 피고가 이러한 계약의 효력을 부인하여 단순히 재임용 세부평가기준이 학칙 등에 마련되어 있지 아니하다는 이유로 이 사건 재임용거부처분을 취소한 이 사건 결정은 위법합니다.

3. 결론

이상과 같이 피고의 처분은 위법한 행정처분이므로, 이의 취소를 구하는 행정소송에 이르게 되었습니다.

입증방법

1. 갑 제1호증
2. 갑 제2호증
3. 갑 제4호증
4. 갑 제5호증

첨부서류

1. 위 각 입증방법   각 1부
2. 송달료 납부서
3. 소장부본

20 . . .

위 원고 (날인 또는 서명)

서울행정법원 귀중

나. 국립학교 교원

(1) 의의

사립학교 교원은 그 불이익처분에 대하여 민사소송을 제기 할 수도 있고 행정처분인 교원소청심사위원회의 불이익처분에 대한 심사결정에 대하여 행정소송을 제기할 수도 있다. 그러나 국·공립학교 교원들에 대한 불이익처분은 그 자체가 행정처분이므로 그 불이익처분에 대한 소송형태로 가능한 것은 행정소송뿐이다.

(2) 당사자 및 소송의 대상

(가) 취소소송

국·공립학교 교원에 대한 불이익처분은 그 자체가 행정처분이므로 원칙적으로 교육감 등 원처분청의 불이익처분 자체가 행정소송의 대상이 된다. 국·공립학교 교원의 경우 재임용거부를 포함하여 의사에 반하는 불이익한 처분의 취소를 구하는 소송을 교육감 등 원처분청을 상대로 제기할 수 있다. 이 경우 일반적 행정처분의 경우와 달리 필요적으로 그 처분이 있음을 안 날로부터 30일 이내 교원소청심사위원회에 심사청구를 하여야 하고, 그 교원소청심사위원회의 결정에 불복이 있으면 그 결정서 송달일부터 90일 이내에 교원지위향상을 위한 특별법 제10조 제3항에 따라 취소소송을 제기하여야 한다.

국·공립학교 교원의 경우는 교원지위향상을 위한 특별법상 교원소청심사위원회에 대한 불복절차는 행정심판절차이고, 교원소청심사위원회의 결정은 행정심판절차상의 재결에 다름 아니므로 교원소청심사위원회의 심사결정 자체에 주체·절차·형식 또는 내용상 고유한 위법이 있는 경우 이를 이유로 삼아 교원소청심사위원회를 상대로 심사결정의 취소를 구하는 소송을 제기할 수 있음은 일반 행정심판의 경우와 같다.

교원소청심사위원회가 국·공립학교 교원의 심사청구를 인용하거나 원래의 불이익처분을 변경하는 처분을 하여도 처분권자는 이에 기속되어 불복할 수 없다.

(나) 무효확인소송

국·공립학교 교원은 재임용거부를 포함하여 그 의사에 반하는 불이익한 처분에 대하여 그 하자가 중대·명백함을 이유로 무효 확인을 구하는 행정소송을 제기할 수 있는데, 이 경우 소송의 대상은 불이익처분 자체이고 피고는 원처분청이다.

(3) 판결의 효력

국·공립학교 교원에 대한 불이익처분의 취소를 구하는 소송에서 위법사유가 있다고 인정되면 법원은 교원소청심사위원회의 결정이 아니라 원래의 불이익처분을 취소하는 판결을 하게 되고, 그 취소 판결이 확정되면 판결의 기속력에 의하여 원처분청은 취소 판결의 취지에 따른 재처분을 하여야 한다. 즉, 재임용 거부처분이 취소되면, 임용권자는 판결의 취지에 따라 재임용재심사를 다시 하여 처분을 하여야 할 것이다. 사립학교 교원의 경우와 마찬가지로 재임용거부처분이 취소되더라도 교원의 지위를 당연히 되찾는 것은 아니다. 판결로 재임용 거부처분이 취소되었음에도 임면권자나 임용권자가 재임용재심사 절차를 취하지 아니하는 경우 행정소송법 제34조에 따라 간접강제의 형태로 재임용심사를 요구할 수 있을 것이나, 임면권자에게 재임용재심사를 직접 강제할 방법은 없다.

(4) 관련서식

(가) 청구취지 기재례

> 피고가 20○○. 12. 27. 원고에 대하여 한 해임처분은 이를 취소한다.

(나) 서식례

[서식] 소장 - 해임처분취소 청구의 소

소　장

원　고　　○　　　○　　　○ (○○○○○○-○○○○○○○)
　　　　　○○시 ○○구 ○○동 ○○○
　　　　　소송대리인 변호사 ○ ○ ○
　　　　　○○시 ○○구 ○○동 ○○○　　　　　(우 :　　　)
　　　　　(전화 :　　　　,팩스 :　　　　)

피　고　　○○도 교육감

해임처분취소 청구의 소

청 구 취 지

1. 피고가 20○○. 12. 27. 원고에 대하여 한 해임처분은 이를 취소한다.
2. 소송비용은 피고의 부담으로 한다.
라는 판결을 구합니다.

청 구 원 인

1. 처분의 경위

　　원고는 20○○. 5. 5. ○○도 ○○군 소재 ○○초등학교 교감으로 근무하여
　오던 중 20○○. 12. 1.부터 20○○. 4. 15.까지 분임출납원직을 맡아 급식비

를 지출하면서 영양사로부터 품의받은 급식물품 금액이 21,857,820원임에도 금 29,049,500원을 인출하여 그 중 금 19,958,200원만 거래처에 지급하고 나머지 금 9,091,280원을 부당하게 사용하였다는 사유로 ○○도 교육공무원일반징계위원회에 징계회부되어 20○○. 12. 20. 해임으로 징계의결되어 같은 달 27. 피고로부터 해임처분을 받았습니다.

이에 원고는 교육인적자원부 교원징계재심위원회에 재심청구를 하였으나 재심위원회는 원고가 금 7,349,640원을 부당하게 사용하였다고 인정하여 위 횡령금이 일부 감소되었으나 해임처분이 정당하고 하여 재심청구를 기각하는 재결을 하였습니다.

2. 처분의 위법

이 사건 처분은 다음과 같은 점에서 위법합니다.

가. 원고는 교사로서 오래 봉직한 후 교감으로 승진하여 분임출납원직의 직책에 문외한이었으나 학교사정상 부득이 그 직책을 임시 인수받을 수밖에 없었고 그 당시 교장이었던 소외 ○○○이 20○○. 2. 28.자로 정년퇴임하게 되어 있어 원고는 교감으로서의 본연의 업무 외에 교장의 업무대행, 서무주사가 맡는 분임출납원직의 업무까지 맡게 되어 급식비지출에 관하여는 서무보조인 소외 김○○, 영양사인 소외 이○○와 새로 부임한 서무주사인 소외 박○○의 품의대로 급식물품 대금을 지출하여 그대로 거래처에 지불하였던 것으로 인출한 금액 중 9,091,280원을 부당하게 사용한 사실이 없습니다.

나. 가사 부당하게 사용된 금액이 있다 하여도 위 금액은 재결에서 인정한 금 7,349,640원에서 20○○. 5. 20. 소외 ○○마트에 입금한 금 1,655,340원 중 음료수 값 금 400,950원을 제외한 나머지 금 1,245,390원을 공제하면 횡령금은 금 6,104,250원이고, 출납업무에 문외한인 원고가 그 업무를 겸직하고 교장의 정년퇴임 및 신임교장 부임 등 복잡한 학교행사 가운데 금전출납업무를 서무주임인 위 박○○ 등에게 맡겨 금전을 변태취급하게 된 잘못은 있으나 원고가 30년간 교육공무원으로서 성실히 봉

직하고 각종 표창장을 받았고 당초 횡령하였다는 금 9,091,280원을 전액 변상한 점에 비추어 보면 이 사건 해임처분은 사회통념상 현저하게 타당성을 잃은 것으로서 피고는 이 사건 해임처분을 함에 있어 그 재량권을 남용하였거나 재량권을 일탈한 위법이 있다 할 것입니다.

따라서 위 해임처분은 위법하여 취소되어야 할 것이므로 본 소 청구에 이른 것입니다.

입 증 방 법

추후 변론시 제출하겠습니다.

첨 부 서 류

1. 주민등록초본   1통
1. 소장부본   1통
1. 위임장   1통

20○○. ○. .

위 원고 소송대리인 변호사   ○ ○ ○ (인)

○○행정법원   귀중

제6장 학교폭력 - 가해자 중심

1. 학교폭력의 개념 및 유형

가. 개념

학교 내·외에서 학생을 대상으로 발생한 상해, 폭행, 감금, 협박, 약취·유인, 명예훼손·모욕, 공갈, 강요·강제적인 심부름 및 성폭력, 따돌림, 사이버 따돌림, 정보통신망을 이용한 음란폭력 정보 등에 의하여 신체·정신 또는 재산상의 피해를 수반하는 행위를 말한다.

학교폭력 행위의 경중 판단 소요

〈학교폭력예방 및 대책에 관한 법률 제16조의2, 제17조 제2항〉

■ 피해학생이 장애학생인지 여부

■ 피해학생이나 신고·고발 학생에 대한 협박 또는 보복행위인지 여부

〈학교폭력예방 및 대책에 관한 법률 시행령 제19조〉

■ 가해학생이 행사한 학교폭력의 심각성 · 지속성 · 고의성

■ 가해학생의 반성의 정도

■ 해당 조치로 인한 가해학생의 선도 가능성

■ 가해학생 및 보호자와 피해학생 및 보호자 간의 화해의 정도

〈기타〉

■ 교사(敎唆)행위를 했는지 여부

■ 2인 이상의 집단 폭력을 행사한 것인지 여부

- 위험한 물건을 사용했는지 여부

- 폭력행위를 주도했는지 여부

- 폭력서클에 속해 있는지 여부

- 정신적·신체적으로 심각한 장애를 유발했는지 여부

나. 유형

학교폭력의 유형은 다음 표 예시사항과 같다.

유형	예시 사항
신체폭력	■ 신체를 손, 발로 때리는 등 고통을 가하는 행위(상해, 폭행) ■ 일정한 장소에서 쉽게 나오지 못하도록 하는 행위(감금) ■ 강제(폭행, 협박)로 일정한 장소로 데리고 가는 행위(약취) ■ 상대방을 속이거나 유혹해서 일정한 장소로 데리고 가는 행위(유인) ■ 장난을 빙자한 꼬집기, 때리기, 힘껏 밀치기 등 상대학생이 폭력으로 인식하는 행위
언어폭력	■ 여러 사람 앞에서 상대방의 명예를 훼손하는 구체적인 말(성격, 능력, 배경 등)을 하거나 그런 내용의 글을 인터넷, SNS 등으로 퍼뜨리는 행위(명예훼손). ※ 내용이 진실이라고 하더라도 범죄이고, 허위인 경우에는 형법상 가중 처벌 대상이 됨. ■ 여러 사람 앞에서 모욕적인 용어(생김새에 대한 놀림, 병신, 바보 등 상대방을 비하하는 내용)를 지속적으로 말하거나 그런 내용의 글을 인터넷, SNS등으로 퍼뜨리는 행위(모욕) ■ 신체 등에 해를 끼칠 듯한 언행("죽을래" 등)과 문자메시지 등으로 겁을 주는 행위(협박)
금품갈취 (공갈)	■ 돌려 줄 생각이 없으면서 돈을 요구하는 행위 ■ 옷, 문구류 등을 빌린다며 되돌려주지 않는 행위 ■ 일부러 물품을 망가뜨리는 행위 ■ 돈을 걷어오라고 하는 행위
따돌림	■ 집단적으로 상대방을 의도적이고, 반복적으로 피하는 행위 ■ 싫어하는 말로 바보 취급 등 놀리기, 빈정거림, 면박주기, 겁주는 행동, 골탕 먹이기, 비웃기

	■ 다른 학생들과 어울리지 못하도록 막는 행위
성폭력	■ 폭행 · 협박을 하여 성행위를 강제하거나 유사 성행위, 성기에 이물질을 삽입하는 등의 행위 ■ 상대방에게 폭행과 협박을 하면서 성적 모멸감을 느끼도록 신체적 접촉을 하는 행위 ■ 성적인 말과 행동을 함으로써 상대방이 성적 굴욕감, 수치감을 느끼도록 하는 행위 [부록] 성폭력 사안처리 가이드(105쪽 참조)
사이버 폭력	■ 속칭 사이버모욕, 사이버명예훼손, 사이버성희롱, 사이버스토킹, 사이버음란물 유통, 대화명 테러, 인증놀이, 게임부주 강요 등 정보통신기기를 이용하여 괴롭히는 행위 ■ 특정인에 대해 모욕적 언사나 욕설 등을 인터넷 게시판, 채팅, 카페 등에 올리는 행위. 특정인에 대한 저격글이 그 한 형태임 ■ 특정인에 대한 허위 글이나 개인의 사생활에 관한 사실을 인터넷, SNS 등을 통해 불특정 다수에 공개하는 행위 ■ 성적 수치심을 주거나, 위협하는 내용, 조롱하는 글, 그림, 동영상 등을 정보통신망을 통해 유포하는 행위 ■ 공포심이나 불안감을 유발하는 문자, 음향, 영상 등을 휴대폰 등 정보통신망을 통해 반복적으로 보내는 행위

2. 학교폭력 처리절차

가. 학교폭력사건의 사안처리 흐름도

학교폭력사건의 사안처리는 아래 표와 같다.

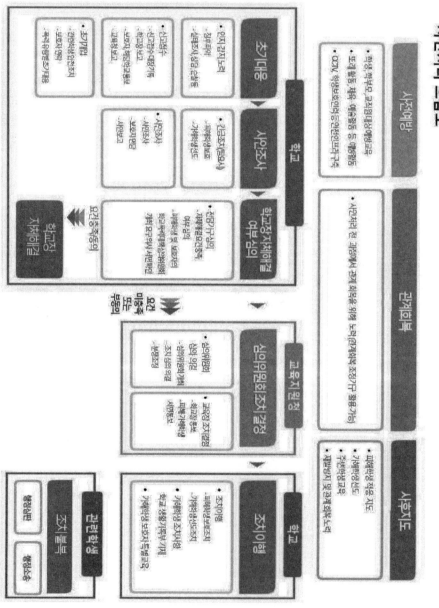

나. 학교폭력 처리과정

(1) 사안조사

(가) 필요조치

학교폭력 발생(접수) 후 학교에서는 사안을 조사하여 필요한 조치를 실시한다.

피해학생 조치	• 피해를 당한 학생의 마음을 안정시키고(심호흡, 안정을 유도하는 말 등) 신변안전이 급선무다. • 가벼운 상처는 학교 보건실에서 1차적으로 치료하고, 상처 정도가 심해 학교 보건실에서 치료할 수 없을 때는 2차적으로 병원으로 신속히 이송한다. • 탈골, 기도 막힘, 기타 위급상황이라고 판단된 경우 자리에서 움직이지 않고 119에 도움을 청한다.
가해학생 조치	• 피해학생의 상태가 위중하거나 외상이 심한 경우, 가해학생 역시 충격을 받아 예측하지 못하는 돌발행동을 할 수 있다. 그러므로 심리적으로 안정될 수 있도록 교사가 계속 주의를 기울이고 빨리 보호자에게 연락을 취한다. • 이후 가해학생에게 지나친 질책 및 감정적 대처를 하지 않도록 유의한다.
보호자 조치	• 보호자에게 사실을 빠르게 알린다. • 연락할 때 보호자들이 지나치게 흥분하거나 놀라지 않도록 연락하고, 학교에 오면 사전에 정해진 장소에 가서 자녀를 만날 수 있도록 안내한다. • 사안의 내용과 학교 측의 대처사항에 대해 보호자에게 정확히 알려준다. • 피해 및 가해학생이 귀가했을 경우, 학생이 가정에서 심리적 안정을 취할 수 있도록 보호자에게 안내한다. 특히 피해학생인 경우, 보호자가 자녀에게 정서적 지지와 지원을 아끼지 말 것을 당부한다.
목격학생 주변학생 주치	• 학교폭력을 목격하거나 폭력 현장에 있음으로 인해 심리적·정서적 충격을 받은 간접 피해자도 유사한 문제 반응이 나타날 수 있다. • 주변학생들의 현장 접근을 통제하고, 특히 초등학교 저학년의 경우 동화책 읽어주기, 종이접기 등 흥미 있는 활동으로 주의를 돌려 심리적 충격을 완화시킨다. • 사안에 관련된 학생 및 목격한 학생들에게 상황을 인식시키고, 차후 유사한 폭력상황이 벌어지지 않도록 예방교육을 한다. • 사안에 관련된 학생들에 대해 낙인을 찍어 따돌리거나, 사안과 관련하여 사실과 다른 소문을 퍼뜨리지 않도록 주의시킨다.

(나) 사안조사

학교폭력예방법 제14조(전문상담교사 배치 및 전담기구 구성)

③ 학교의 장은 교감, 전문상담교사, 보건교사 및 책임교사(학교폭력문제를 담당하는 교사를 말한다), 학부모 등으로 학교폭력문제를 담당하는 전담기구(이하 '전담기구'라 한다)를 구성한다. 이 경우 학부모는 전담기구구성원의 3분의1 이상이어야 한다.

④ 학교의 장은 학교폭력사태를 인지한 경우 지체 없이 전담기구 또는 소속교원으로 하여금 가해 및 피해사실 여부를 확인하도록 하고, 전담기구로 하여금 제13조의2에 따른 학교의 장의 자체해결부의 여부를 심의하도록 한다.

⑤ 전담기구는 학교폭력에 대한 실태조사(이하 '실태조사'라 한다)와 학교폭력예방프로그램을 구성·실시하며, 학교의 장 및 심의위원회의 요구가 있는 때에는 학교폭력에 관련된 조사결과 등 활동결과를 보고하여야 한다.

⑧ 전담기구는 성폭력 등 특수한 학교폭력사건에 대한 실태조사의 전문성을 확보하기 위하여 필요한 경우 전문기관에 그 실태조사를 의뢰할 수 있다.이 경우 그 의뢰는 심의위원회위원장의 심의를 거쳐 학교의 장 명의로 하여야 한다.

학교폭력예방법시행령 제16조(전담기구운영 등)

① 법률 제14조제3항에 따른 학교폭력문제를 담당하는 전담기구(이하 '전담기구'라 한다)의 구성원이 되는 학부모는 「초·중등교육법」 제31조에 따른 학교운영위원회에서 추천한 사람 중에서 학교의 장이 위촉한다. 다만, 학교운영위원회가 설치되지 않은 학교의 경우에는 학교의 장이 위촉한다.

② 전담기구는 가해 및 피해사실 여부에 관하여 확인한 사항을 학교의 장에게 보고해야 한다.

③ 제1항 및 제2항에서 규정한 사항 외에 전담기구의 운영에 필요한 사항은 학교의 장이 정한다.

피해 및 가해사실 여부 확인을 위한 구체적인 사안조사 실시(관련학생의 면담, 주변학생

조사, 설문조사, 객관적인 입증자료 수집 등) 하여야 하며, 이를 위해 피해 및 가해학생 심층면 담을 실시한다. 그 후 조사한 결과를 바탕으로 육하원칙에 따라 사안조사 보고서 작성하여야 한다. 이 때 성폭력의 경우, 비밀유지에 특별히 유의하여야 하며, 장애학생, 다문화학생에 대한 사안조사의 경우, 특수교육 전문가 등을 참여시켜 장애학생 및 다문화학생의 진술 기회 확보 및 조력 제공을 받아야 한다. 또한 필요한 경우, 보호자 면담을 통해 각각의 요구사항을 파악하고 사안과 관련하여 조사된 내용을 관련 학생의 보호자가 충분히 이해할 수 있도록 안내하여야 한다.

참고 - 사안조사 시 유의사항

- 서면 조사, 해당학생 및 목격자의 면담 조사, 사안 발생 현장 조사 등을 통해 종합적인 방법으로 신속하게 증거 자료를 확보한다.
- 면담 조사를 하는 경우에는 육하원칙에 근거하여 구체적으로 확인서를 받는다.
- 객관적이고 공정하게 사안조사를 실시한다.
- 관련학생 간의 주장이 다를 경우, 목격 학생의 확인을 받거나 직 · 간접 증거자료 확보를 통해 적극적으로 사안조사에 임한다. 피해 및 가해학생이 일관된 진술을 하는지, 증거자료와 진술 내용이 일치하는지 등을 살펴야 한다.
- 전담기구 소속교사는 학생, 보호자, 목격자, 담임교사 등을 면담조사한 후에 확인된 사실을 바탕으로 학교폭력 사안조사 보고서를 작성한다.
- 장애학생에 대한 사안조사의 경우, 특수교육 전문가를 참여시켜 장애학생의 진술 기회를 확보할 수 있도록 지원할 수 있다.
- 한국어 의사소통능력이 부족하거나, 다양한 문화적 배경을 지닌 다문화학생(중도입 국 · 외국인학생 등) 및 탈북학생의 사안조사 시, 통역의 활용 또는 관련 담당교사를 참여시키도록 한다.
- 성 사안의 경우 비밀유지 및 대상자 신변보호, 2차 피해 방지 등에 특별히 유의한다.
- 관련학생의 소속 학교가 서로 다른 경우에는 학교 간 사안조사 내용 확인을 위해 긴밀하게 협조한다.

(2) 사안의 처리

사안에 따라 학교폭력 사건은 아래 2가지 경우로 처리된다.

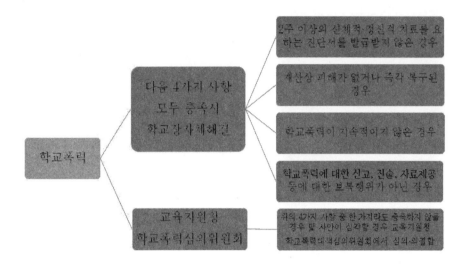

(가) 학교장의 자체해결

> **학교폭력예방법 제13조2(학교의 장의 자체 해결)**
>
> ① 제13조 제2항 제4호 및 제5호에도 불구하고 피해학생 및 그 보호자가 심의위원회의 개최를 원하지 아니하는 다음 각 호에 모두 해당하는 경미한 학교폭력의 경우 학교의 장은 학교폭력사건을 자체적으로 해결할 수 있다. 이 경우 학교의 장은 지체 없이 이를 심의위원회에 보고하여야 한다.
>
>   1. 2주 이상의 신체적 · 정신적 치료를 요하는 진단서를 발급받지 않은 경우
>   2. 재산상 피해가 없거나 즉각 복구된 경우
>   3. 학교폭력이 지속적이지 않은 경우
>   4. 학교폭력에 대한 신고, 진술, 자료제공 등에 대한 보복행위가 아닌 경우
>
> ② 학교의 장은 제1항에 따라 사건을 해결하려는 경우 다음 각 호에 해당하는 절차를 모두 거쳐야 한다.
>
>   1. 피해학생과 그 보호자의 심의위원회 개최요구 의사의 서면 확인

    2. 학교폭력의 경중에 대한 제14조 제3항에 따른 전담기구의 서면확인 및 심의

③ 그밖에 학교의 장이 학교폭력을 자체적으로 해결하는 데에 필요한 사항은 대통령령으로 정한다.

학교폭력예방법시행령 제14조의3(학교의 장의 자체해결)

학교의 장은 법률 제13조의2 제1항에 따라 학교폭력사건을 자체적으로 해결하는 경우 피해학생과 가해학생 간에 학교폭력이 다시 발생하지 않도록 노력해야 하며, 필요한 경우에는 피해학생·가해학생 및 그 보호자 간의 관계회복을 위한 프로그램을 운영할 수 있다.

학교장 자체해결 여부 심의는 2주 이내에 결정하여야 하며, 필요한 경우 1주 연장이 가능하다. 자체해결 요건을 충족하기 위해서는 관련학생 측이 심의위원회를 개최하지 않는 것에 동의하여야 하고, 피해상황이 경미 하여야 합니다. 이 때, 경미한 사안이란 ⅰ) 2주 이상의 진단서를 발급받지 않은 경우, ⅱ) 재산상 피해가 없거나 즉각 복구된 경우, ⅲ) 학교폭력이 지속적이지 않은 경우, ⅳ) 학교폭력 보복행위가 아닌 경우 등이다.

다. 교육지원청 학교폭력대책심의위원회 개최

위의 4가지 사항 중 한 가지라도 충족하지 않을 경우 및 사안이 심각할 경우, 피해측이 요구할 경우, 교육지원청 학교폭력대책심의위원회의 심의·의결 사안 대상이 된다.

참고 – 학교폭력 아닌 사안의 종결

- 사안조사 결과, 학교폭력이 아닌 사안(예시)
  - 제3자가 신고한 사안에 대한 조사결과, 오인신고였던 경우
  - 학교폭력 의심사안(담임교사 관찰로 인한 학교폭력 징후 발견 등)에 대한 조사 결과, 학교폭력이 아니었던 경우
  - 피해학생(보호자)이 신고한 사안에서 피해학생(보호자)이 오인신고였음을 스스로

인정하는 경우

- **학교폭력이 아닌 사안의 처리**
  - 학교장이 전담기구 회의를 통해 학교폭력이 아님을 확인한 경우, 교육(지원)청으로 보고한다.
  - ※ 피해학생 및 보호자가 심의위원회 개최를 요청할 경우 반드시 심의위원회를 개최하여 처리해야 함. 단, 심의위원회에서 '학교폭력 아님'으로 결정할 경우 '조치없음'으로 처리할 수 있음.

(1) 가해학생에 대한 조치

학교폭력예방법 제17조(가해학생에 대한 조치)

① 심의위원회는 피해학생의 보호와 가해학생의 선도·교육을 위하여 가해학생에 대하여 다음 각 호의 어느 하나에 해당하는 조치(수개의 조치를 병과하는 경우를 포함한다)를 할 것을 교육장에게 요청하여야 하며, 각 조치별 적용기준은 대통령령으로 정한다. 다만, 퇴학처분은 의무교육과정에 있는 가해학생에 대하여는 적용하지 아니한다.

1. 피해학생에 대한 서면사과
2. 피해학생 및 신고·고발학생에 대한 접촉, 협박 및 보복행위의 금지
3. 학교에서의 봉사
4. 사회봉사
5. 학내외전문가에 의한 특별교육이수 또는 심리치료
6. 출석정지
7. 학급교체
8. 전학
9. 퇴학처분

② 제1항에 따라 심의위원회가 교육장에게 가해학생에 대한 조치를 요청할 때 그 이유가 피해학생이나 신고·고발 학생에 대한 협박 또는 보복행위일 경우에는 같은 항 각

호의 조치를 병과하거나 조치내용을 가중할 수 있다.

③ 제1항 제2호부터 제4호까지 및 제6호부터 제8호까지의 처분을 받은 가해학생은 교육감이 정한 기관에서 특별교육을 이수하거나 심리치료를 받아야 하며, 그 기간은 심의위원회에서 정한다.

④ 학교의 장은 가해학생에 대한 선도가 긴급하다고 인정할 경우 우선 제1항 제1호부터 제3호까지, 제5호 및 제6호의 조치를 할 수 있으며, 제5호와 제6호는 병과조치할 수 있다. 이 경우 심의위원회에 즉시 보고하여 추인을 받아야 한다.

⑤ 심의위원회는 제1항 또는 제2항에 따른 조치를 요청하기 전에 가해학생 및 보호자에게 의견진술의 기회를 부여하는 등 적정한 절차를 거쳐야 한다.

⑥ 제1항에 따른 요청이 있는 때에는 교육장은 14일 이내에 해당 조치를 하여야 한다.

⑦ 학교의 장이 제4항에 따른 조치를 한 때에는 가해학생과 그 보호자에게 이를 통지하여야 하며, 가해학생이 이를 거부하거나 회피하는 때에는 학교의 장은 「초·중등교육법」 제18조에 따라 징계하여야 한다.

⑧ 가해학생이 제1항 제3호부터 제5호까지의 규정에 따른 조치를 받은 경우 이와 관련된 결석은 학교의 장이 인정하는 때에는 이를 출석일수에 산입할 수 있다.

⑨ 심의위원회는 가해학생이 특별교육을 이수 할 경우 해당 학생의 보호자도 함께 교육을 받게 하여야 한다.

⑩ 가해학생이 다른 학교로 전학을 간 이후에는 전학 전의 피해학생 소속학교로 다시 전학 올 수 없도록 하여야 한다.

⑪ 제1항 제2호부터 제9호까지의 처분을 받은 학생이 해당조치를 거부하거나 기피하는 경우 심의위원회는 제7항에도 불구하고 대통령령으로 정하는 바에 따라 추가로 다른 조치를 할 것을 교육장에게 요청할 수 있다.

⑫ 가해학생에 대한 조치 및 제11조 제6항에 따른 재입학 등에 관하여 필요한 사항은 대통령령으로 정한다.

(가) 피해학생에 대한 서면사과(제1호)

가해학생이 피해학생에게 서면으로 그동안의 폭력행위에 대하여 사과하는 조치이다.

(나) 피해학생 및 신고·고발 학생에 대한 접촉, 협박 및 보복행위의 금지(제2호)

피해학생이나 신고·고발학생에 대한 가해학생의 접근을 막아 더 이상의 폭력이나 보복을 막기 위한 조치이다.

> - 시간적 범위: 심의위원회에서 제2호 '접촉 등 금지' 조치를 결정할 경우 그 기간을 정하는 것이 바람직하다. 만일, 기간을 정하지 않은 경우 해당 학교급의 졸업시점까지 '접촉 등 금지'가 유효하다.
> - '접촉'의 범위: 접촉 금지는 조치를 받은 학생이 의도적으로 피해학생에게 접촉하는 것을 금지하는 것으로, 교육활동 및 일상생활 가운데 이루어지는 의도하지 않은 접촉에 대해서 모두 금지하는 것은 아니다. 다만, 무의도성을 이유로 빈번하게 접촉이 이루어지거나, 무의도성을 가장해 피해학생에게 접촉할 경우, 법률 제17조제11항에 따라 다른 조치를 추가할 수 있다.

(다) 학교에서의 봉사(제3호)

교내에서 봉사활동을 통해 자신의 행동을 반성하는 기회를 주기 위한 조치이다.

> - 단순한 훈육적 차원이 아니라, 봉사의 진정한 의미를 알고 학생 스스로 잘못을 깨달을 수 있는 봉사 방법을 선정하여 선도적·교육적 차원에서의 봉사활동을 실시한다.
> - 가해학생에게 학교 내의 화단 정리, 교실의 교구 정리, 화장실 청소, 장애 학생의 등교 도우미 지도 등을 실시할 수 있다.
> - 지도교사를 다양하게 구성할 수 있다.
> - 학교에서의 봉사 조치를 부과할 경우 봉사 시간을 명확하게 제시하는 것이 필요하다.

(라) 사회봉사(제4호)

- 사회봉사는 지역 행정기관에서의 봉사(환경미화, 교통안내, 거리질서유지 등), 공공기관에서의 봉사(우편물 분류, 도서관 업무보조 등), 사회복지기관(노인정, 사회복지관 등) 봉사 등의 형태로 진행될 수 있다.
- 학교에서는 사회봉사를 실시하는 기관과 업무협조를 긴밀히 하고, 각종 확인 자료와 담당자 간의 통신을 통하여 사회봉사가 실질적으로 이루어질 수 있도록 한다.

학교 밖 행정 및 공공기관 등 관련기관에서 사회구성원으로서의 책임감을 느끼고, 봉사를 통해 반성하는 시간을 마련하기 위한 조치이다.

(마) 학내외 전문가에 의한 특별교육이수 또는 심리치료(제5호)

가해학생이 봉사활동 등을 통하여 스스로의 행동을 반성하는 것이 어려워 보이는 경우에 전문가의 도움을 받아 폭력에 대한 인식을 개선하고 스스로의 행동을 반성하게 하는 조치이다.

- 교육감이 정한 기관에서 특별교육을 이수하거나 심리치료를 받아야 하며, 그 기간은 심의위원회에서 정한다.
- 가해학생이 담임교사 및 생활교육 담당교사 등과 나누기 어려운 이야기를 상담 전문가와 나눔으로써 자신의 폭력적인 행동의 원인을 생각해 보고 행동을 개선할 의지가 있는 경우에 교육적 의미를 지닌다.

(바) 출석정지(제6호)

가해학생을 수업에 출석하지 못하게 함으로써 일시적으로 피해학생과 격리시켜 피해학생을 보호하고, 가해학생에게는 반성의 기회를 주기 위한 조치이다. 가해학생에 대한 출석정지 기간은 출석일수에 산입하지 않는다.

- 학교장은 출석정지 기간 동안 가해학생에게 적절한 지도가 이루어질 수 있도록 필요한 교육 방법을 마련해야함.
- 법률 제17조제1항제6호에 따른 출석정지는 미인정결석으로 처리함(학교생활기록부 기재요령).

(사) 학교급체(제7호)

가해학생을 피해학생으로부터 격리하기 위하여 같은 학교 내의 다른 학급으로 옮기는 조치이다.

(아) 전학

가해학생을 피해학생으로부터 격리시키고 피해학생에 대해 더 이상의 폭력행위를 하지 못하도록 하기 위하여 다른 학교로 소속을 옮기도록 하는 조치이다. 가해학생이 다른 학교로 전학을 간 이후에는 전학 전의 피해학생 소속 학교로 다시 전학 올 수 없도록 하여야 한다.

(자) 퇴학처분(제9호)

피해학생을 보호하고 가해학생을 선도·교육할 수 없다고 인정될 때 취하는 조치이다. 다만 의무교육과정에 있는 가해학생에 대하여는 적용하지 아니한다.

3. 가해학생에 대한 조치사항

가. 기재 및 기재유보

(1) 학교생활기록부 학교폭력 조치사항 기재

가) 조치사항 기재

학교폭력 가해학생에 대한 조치사항의 경우 학교에서 조치결정 통보 공문을 접수한 즉시 학교생활기록부에 기재하며, 구체적인 작성·관리에 관한 사항은 「학교생활기록 작성 및 관리지침」을 따른다. 가해학생 조치사항에 대한 행정심판 및 소송이 청구된 경우에도 기재된 조치사항을 삭제하지 아니하고, 향후 조치가 변경되거나 취소될 경우 이를 수정하며 조치결정 일자는 변경하지 않는다.

나) 기재내용

법률 제17조제1항제1호부터 제3호까지에 따른 조치사항에 관한 내용을 적어야 하는 경우는 다음 각 호의 어느 하나에 해당하는 경우로 한정한다.

- 해당 학생이 법률 제17조제1항제1호부터 제3호까지에 따른 조치사항을 이행하지 않은 경우
- 해당 학생이 법률 제17조제1항제1호부터 제3호까지에 따른 조치를 받은 후 동일 학교급에 재학하는 동안(초등학생인 경우에는 그 조치를 받은 날부터 3년 이내의 범위에서 동일 학교급에 재학하는 동안) 다른 학교폭력사건으로 같은 조 제1항의 조치를 받은 경우로, 그 다른 학교폭력사건으로 받은 법률 제17조제1항제1호부터 제3호까지에 따른 조치사항에 관한 내용도 함께 적어야 한다.

다) 기재내용 유지

심의위원회가 정한 이행 기간 내에 조치사항을 이행하지 않으면 조치사항을 기재하고 이후 조치사항을 이행하여도 기재내용은 유지된다.

나. 조건부 기재유보

학교폭력 가해학생이 법률 제17조제1항 제1호부터 제3호까지의 조치를 받고, 이행 기간 만료 이전에 집행정지(효력정지) 인용결정을 받고 조치를 미이행 했을 경우, 집행정지 기간 동안 조치 이행 의무가 정지된 점을 고려하여 학교생활기록부 기재를 보류한다. 다만, 본안에 대한 심리결과 청구가 기각된 경우 법률 제17조제1항제1호부터 제3호 조치를 집행정지(효력정지) 결정 당시 남은 이행 기간 내에 조치를 이행했는지 여부에 따라, 동 조치사항에 대한 학교생활기록부의 기재 여부를 결정한다.

다. 조치사항 삭제

학교폭력예방법 제17조 제1항 제1호~제3호, 제7호의 조치는 졸업과 동시에, 제4호~제6호, 제8호의 조치는 졸업하기 직전에 전담기구에서 심의를 거쳐 졸업과 동시에 삭제 가능하며 이때 해당 학생의 반성 정도와 긍정적 행동변화 정도 등을 고려해야 한다.

가해학새 조치사항 [학교폭력예방법]	학교생활기록부 영역	삭제시기
제1호(피해학생에 대한 서면사과)	행동특성 및 종합의견	✔ 졸업과 동시(졸업식 이후부터 2월 말 사이 졸업생 학적반영 이전) ✔ 학업중단자는 해당학생이 학적을 유지 했을 경우를 가정하여 졸업할 시점
제2호(피해학생 및 신고·고발 학생에 대한 접촉, 협박 및 보복행위의 금지)		
제3호(학교에서의 봉사)		
제7호(학급교체)		
제4호(사회봉사)	출결상황 특기사항	졸업일로부터 2년 후 ✔ 졸업 직전 전담기구 심의를 거쳐 졸업과 동시 삭제 가능 ✔ 학업중단자는 해당학생이 학적을 유지 하였을 경우를 가정하여 졸업 하였을 시점으로부터 2년 후
제5호(학내외 전문가에 의한 특별교육 이수 또는 심리치료)		
제6호(출석정지)		
제8호(전학)	인적·학적사항 특기사항	
제9호(퇴학)		

4. 조치에 대한 불복 방법

> 행정심판법 제23조(심판청구서의 제출)
> ① 행정심판을 청구하려는 자는 제28조에 따라 심판청구서를 작성하여 피청구인이나 위원회에 제출하여야 한다. 이 경우 피청구인의 수만큼 심판청구서 부본을 함께 제출하여야 한다.

② 행정청이 제58조에 따른 고지를 하지 아니하거나 잘못 고지하여 청구인이 심판청구서를 다른 행정기관에 제출한 경우에는 그 행정기관은 그 심판청구서를 지체 없이 정당한 권한이 있는 피청구인에게 보내야 한다.

③ 제2항에 따라 심판청구서를 보낸 행정기관은 지체 없이 그 사실을 청구인에게 알려야 한다.

④ 제27조에 따른 심판청구기간을 계산할 때에는 제1항에 따른 피청구인이나 위원회 또는 제2항에 따른 행정기관에 심판청구서가 제출되었을 때에 행정심판이 청구된 것으로 본다.

행정심판법 제27조(심판청구의 기간)

① 행정심판은 처분이 있음을 알게 된 날부터 90일 이내에 청구하여야 한다.

② 청구인이 천재지변, 전쟁, 사변(事變), 그 밖의 불가항력으로 인하여 제1항에서 정한 기간에 심판청구를 할 수 없었을 때에는 그 사유가 소멸한 날부터 14일 이내에 행정심판을 청구할 수 있다. 다만, 국외에서 행정심판을 청구하는 경우에는 그 기간을 30일로 한다.

③ 행정심판은 처분이 있었던 날부터 180일이 지나면 청구하지 못한다. 다만, 정당한 사유가 있는 경우에는 그러하지 아니하다.

④ 제1항과 제2항의 기간은 불변기간(不變期間)으로 한다.

⑤ 행정청이 심판청구 기간을 제1항에 규정된 기간보다 긴 기간으로 잘못 알린 경우 그 잘못 알린 기간에 심판청구가 있으면 그 행정심판은 제1항에 규정된 기간에 청구된 것으로 본다.

⑥ 행정청이 심판청구 기간을 알리지 아니한 경우에는 제3항에 규정된 기간에 심판청구를 할 수 있다.

⑦ 제1항부터 제6항까지의 규정은 무효등확인심판청구와 부작위에 대한 의무이행심판 청구에는 적용하지 아니한다.

행정심판법 제28조(심판청구의 방식)

① 심판청구는 서면으로 하여야 한다.

② 처분에 대한 심판청구의 경우에는 심판청구서에 다음 각 호의 사항이 포함되어야 한다.

> 1. 청구인의 이름과 주소 또는 사무소(주소 또는 사무소 외의 장소에서 송달받기를 원하면 송달장소를 추가로 적어야 한다)
> 2. 피청구인과 위원회
> 3. 심판청구의 대상이 되는 처분의 내용
> 4. 처분이 있음을 알게 된 날
> 5. 심판청구의 취지와 이유
> 6. 피청구인의 행정심판 고지 유무와 그 내용

행정심판법 제30조(집행정지)

① 심판청구는 처분의 효력이나 그 집행 또는 절차의 속행(續行)에 영향을 주지 아니한다.

② 위원회는 처분, 처분의 집행 또는 절차의 속행 때문에 중대한 손해가 생기는 것을 예방할 필요성이 긴급하다고 인정할 때에는 직권으로 또는 당사자의 신청에 의하여 처분의 효력, 처분의 집행 또는 절차의 속행의 전부 또는 일부의 정지(이하 "집행정지"라 한다)를 결정할 수 있다. 다만, 처분의 효력정지는 처분의 집행 또는 절차의 속행을 정지함으로써 그 목적을 달성할 수 있을 때에는 허용되지 아니한다.

③ 집행정지는 공공복리에 중대한 영향을 미칠 우려가 있을 때에는 허용되지 아니한다.

④ 위원회는 집행정지를 결정한 후에 집행정지가 공공복리에 중대한 영향을 미치거나 그 정지사유가 없어진 경우에는 직권으로 또는 당사자의 신청에 의하여 집행정지 결정을 취소할 수 있다.

⑤ 집행정지 신청은 심판청구와 동시에 또는 심판청구에 대한 제7조제6항 또는 제8조제7항에 따른 위원회나 소위원회의 의결이 있기 전까지, 집행정지 결정의 취소신청은 심판청구에 대한 제7조제6항 또는 제8조제7항에 따른 위원회나 소위원회의 의결이 있기 전까지 신청의 취지와 원인을 적은 서면을 위원회에 제출하여야 한다. 다만, 심판청구서를 피청구인에게 제출한 경우로서 심판청구와 동시에 집행정지 신청을 할 때에는

심판청구서 사본과 접수증명서를 함께 제출하여야 한다.

⑥ 제2항과 제4항에도 불구하고 위원회의 심리·결정을 기다릴 경우 중대한 손해가 생길 우려가 있다고 인정되면 위원장은 직권으로 위원회의 심리·결정을 갈음하는 결정을 할 수 있다. 이 경우 위원장은 지체 없이 위원회에 그 사실을 보고하고 추인(追認)을 받아야 하며, 위원회의 추인을 받지 못하면 위원장은 집행정지 또는 집행정지 취소에 관한 결정을 취소하여야 한다.

⑦ 위원회는 집행정지 또는 집행정지의 취소에 관하여 심리·결정하면 지체 없이 당사자에게 결정서 정본을 송달하여야 한다.

가. 행정심판 – 해당 교육청 행정심판위원회

1) 행정심판청구

교육장의 조치에 대하여는 처분이 있음을 알게 된 날부터 90일 이내, 처분이 있었던 날부터 180일 이내에 행정심판을 청구할 수 있다. 이 두 기간 중 어느 하나라도 도과하면 행정심판청구를 할 수 없다. 여기서 '처분이 있었던 날'이란 교육장 명의의 조치결정 통보서가 '당사자에게 도달하여 해당 조치가 성립한 날'을 의미한다. 이때 행정심판은 피해학생(또는 보호자)뿐만 아니라 가해학생(또는 보호자)는 교육장의 조치에 대하여 행정심판을 제기할 수 있다.

2) 집행정지신청

행정심판의 청구는 가해학생에 대한 조치사항 처분의 효력이나 그 집행 또는 절차의 속행에 영향을 주지 아니하므로, 만일 그 처분의 효력, 처분의 집행 또는 절차의 속행을 정지한 상태에서 심판을 통하여 처분의 위법 또는 부당성을 다투려고 한다면 행정심판위원회의 집행정지 결정이 있어야 한다. 따라서 조치사항에 불복하여 다투려고 하는 경우에는 학교 측에서 조치사항에 대한 집행 전에 미리 집행정지신청을 한 후 다투는 것이 좋다.

나. 행정소송

1) 행정소송제기

교육장의 조치에 대하여 이의가 있는 경우 행정심판을 거치지 않고 바로 행정소송을 제기할 수 있다. 제소기간은 처분이 있음을 안 날부터 90일 이내이며, 처분이 있은 날로부터 1년을 경과하면 제기할 수 없다. 이때 당사자는 처분의 취소 또는 무효를 구하는 학생이 원고가 되고(미성년자인 경우에는 법정대리인이 대리하여야 함) 교육장이 피고가 된다.

2) 집행정지신청

가해학생에 대한 조치사항의 취소소송의 제기 또한 조치사항의 효력이나 그 집행 또는 절차의 속행에 영향을 주지 아니하므로 처분의 절차 또는 효력을 정지하기 위해서는 집행정지 결정이 있어야 한다(행정소송법 제23조).

5. 서식례

[서식] 행정심판청구서

■ 행정심판법 시행규칙 [별지 제30호서식] 〈개정 2012.9.20〉

행정심판 청구서〈학교폭력 외 사건 예시〉

접수번호		접수일	
청구인	성명 **홍길동**		
	주소		
	주민등록번호(외국인등록번호)		
	전화번호		
[ ] 대표자	성명 (변호사 등 대리인이 있는 경우 기재)		
[ ] 관리인	주소		
[ ] 선정대표자	주민등록번호(외국인등록번호)		
[ ] 대리인	전화번호		
피청구인	**인천광역시○○교육지원청교육장 / ○○고등학교장** → 처분을 한 행정청(처분청)을 기재		

소관 행정심판위원회	인천광역시교육청행정심판위원회
처분 내용 또는 부작위 내용	**피청구인이 2020. 00. 00. 청구인에게 한 □□□□처분(예시)** → 처분서에 있는 조치결정일, 처분 내용 기입
처분이 있음을 안 날	**2000. 00. 00.** → 처분서를 받은 날 기입
청구 취지 및 청구 이유	**별지로 작성** → 작성방법은 다음장 예시문 참고
처분청의 불복절차 고지 유무	**행정심판청구에 대한 고지(안내)가 있었음 / 없었음** → 처분 시 행정심판청구에 대한 고지(안내)가 있었는지 기재
처분청의 불복절차 고지 내용	**이 사건 처분이 있음을 안 날부터 90일 이내에 행정심판 또는 행정소송을 제기할 수 있습니다.(예시)**
증거 서류	**별지로 작성**

「행정심판법」 제28조 및 같은 법 시행령 제20조에 따라 위와 같이 행정심판을 청구합니다.

년   월

일

청구인   **홍 길 동**   (서명 또는 인)

인천광역시교육청행정심판위원회 귀중

첨부서류	1. 대표자, 관리인, 선정대표자 또는 대리인의 자격을 소명하는 서 류(대표자, 관리인,선정대표자 또는 대리인을 선임하는 경우에만 제출합니다.) 2. 주장을 뒷받침하는 증거서류나 증거물	수수료 없음

처리 절차

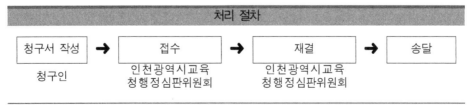

210mm×297mm[백상지 80g/㎡]

청 구 취 지

피청구인이 2000. 00. 00. 청구인에게 한 □□□□처분을 취소한다.

청 구 이 유

1. 사건개요 및 사건발생 경위

　　가. 청구인이 0000. 00. 00. …를 했다는 이유로 피청구인이 0000. 00. 00. 청구인에게
　　　　□□□□처분(이하 '이 사건 처분'이라 한다)을 하였다.

　　나. 청구인이 이 사건 당시 …한 이유로 …했는데, 피청구인은 …라는 이유로 청구인에게
　　　　이 사건 처분을 하였다.

→ 청구인이 피청구인으로부터 이 사건 처분을 받게 된 경위를 육하원칙에 의해 기재

2. 이 사건 처분의 위법 · 부당성

→ 이 사건 처분의 위법 · 부당성과 구제되어야 하는 사유 등을 상대방이 이해할 수 있도록
　사실관계, 증거, 관계 법령 등을 활용하여 구체적으로 작성

　　가. 이 건 처분의 위법성
　　　　「0000법률」에 따르면 피청구인은 …하여야 하나, 피청구인은 이 사건 당시 ……
　　　　하였다.

→ 피청구인이 이 사건 처분이나 이 사건 처분의 원인이 되는 사실에서 적법한 절차를
　준수하였는지 등 적법성에 대하여 기재

나. 이 건 처분의 부당성

　　청구인에게는 …라는 사정이 있어 …했던 것인데, 피청구인은 이를 전혀 고려하지

　　않고 ……하였다.

→ 이 사건 처분으로 인해 청구인이 입게 되는 어려움, 피청구인의 재량권 일탈·남용

　여부 등 처분의 부당성에 대하여 기재

다. 따라서 피청구인이 청구인에게 한 이 사건 처분은 위법·부당하다.

4. 결론

　따라서 이 사건 처분은 취소되어야 한다.

증 거 서 류

(청구인이 제출하는 증거서류의 목록을 기재하고 뒤에 첨부합니다.)

갑 제1호증　00000

갑 제2호증　00000

갑 제3호증　처분서(필수 첨부)

행정심판청구서

청 구 인   ㅇ ㅇ ㅇ

서울 관악구 보라매로 300-00

피청구인   ㅇ ㅇ ㅇ 교육청

징계처분취소심판청구

청구취지

피청구인이 2012. 11. 6. 청구인에 대하여 한 징계(전학)처분을 취소 (또는 변경)
한다.

라는 재결을 구합니다.

청구이유

1. 이 사건 처분의 경위

청구인 유ㅇㅇ은 ㅇㅇ중학교 1학년 학생으로 ㅇㅇ초등학교 6학년 학생 9명을 폭행
한 학교폭력 가해사실에 대하여 학교폭력대책자치위원회(이하'자치위원회'라 한
다)에 회부되어 자치위원회 심의결과, 2012. 11. 6. 피청구인으로부터 「학교폭력
예방 및 대책에 관한 법률」제17조제1항의 규정에 따라 전학 처분을 받은 바, 피청
구인의 전학 처분의 위법·부당함을 이유로 이에 대한 취소 또는 감경을 구하는
행정심판을 청구한 것입니다.

2. 청구인 주장

청구인이 전학 후 낯선 환경에 적응하는 과정에서 상급생으로부터 구타를 수차례 당하였고, 같은 학교에 진학하면서 본인의 의지와 상관없이 상급생들과 어울리게 됨에 따라 상급생들의 강요에 의하여 이 사건 폭력을 행사하게 되었으며, 피해학생 9명 모두 청구인이 전학가기보다는 ○○중학교에서 생활을 잘 할 수 있도록 선처를 바란다고 합의를 해준 상태입니다.

3. 피해자들과의 합의 등

학교구조상 청구인이 생활하게 될 2학년 건물과 피해학생들이 입학하여 생활할 1학년 건물이 분리되어 있어 가해학생들과 접촉이 최소화 될 수 있는 점, 이번 사건으로 청구인이 스스로 잘못을 인정하고 깊은 반성을 하고 있는 점, 청구인이 다른 학교로 전학을 가게 된다면 환경에 적응하며 똑같은 상황이 반복될 수 있는 점, 청구인 부모가 많은 관심과 사랑으로 지도하고 노력하는 점 등을 감안하여 청구인에 대한 전학 처분을 변경하여 주길 바라옵니다.

4. 결론

이상과 같은 이유로 청구취지와 같은 결정을 구하고자 이 사건 신청에 이른 것이오니, 합의 및 반성 등 여러 제반사정을 살피시여 선처해 주시기를 다시 한 번 간절히 바라옵니다.

입증방법

1. 갑 제 1호증

2021. 6.   .

청구인 000

의　법정대리인　000

(인)

000교육청 귀중

제7장 국가유공자등록

1. 개념

국가유공자란 국가를 위해 공헌하거나 희생한 사람을 통칭하는 말로써, 국가유공자와 그 유족에게는 국가가 생활안전과 복지향상을 위해 그 공헌과 희생의 정도에 따라 연금·생활조정수당·간호수당·보철구(補綴具) 수당 및 사망일시금 등을 지급한다. 또한 국가유공자와 유족 등이 건전한 사회인으로 자립할 수 있도록 학자금 지급 등의 교육보호, 취업알선 등의 취업보호, 의료비보조 등의 의료보호 및 양로·양육보호와, 자립 및 생활안정을 위한 농토·주택구입자금의 대부, 생활안정자금의 대부 등을 하고 있다.

2. 적용대상

다음 각 호의 어느 하나에 해당하는 국가유공자, 그 유족 또는 가족(다른 법률에서 이 법에 규정된 예우 등을 받도록 규정된 사람을 포함한다)은 이 법에 따른 예우를 받는다(국가유공자 등 예우 및 지원에 관한 법률 제4조 1항).

제1호 순국선열: 「독립유공자예우에 관한 법률」 제4조제1호에 따른 순국선열

제2호 애국지사: 「독립유공자예우에 관한 법률」 제4조제2호에 따른 애국지사

제3호 전몰군경(戰歿軍警): 군인이나 경찰공무원으로서 전투 또는 이에 준하는 직무수행 중 사망한 사람(군무원으로서 1959년 12월 31일 이전에 전투 또는 이에 준하는 직무수행 중 사망한 사람을 포함한다)

제4호 전상군경(戰傷軍警): 군인이나 경찰공무원으로서 전투 또는 이에 준하는 직무수행 중 상이를 입고 전역(퇴역·면역 또는 상근예비역 소집해제를 포함한다. 이하 같다)하거

나 퇴직(면직을 포함한다. 이하 같다)한 사람(군무원으로서 1959년 12월 31일 이전에 전투 또는 이에 준하는 직무수행 중 상이를 입고 퇴직한 사람을 포함한다)으로서 그 상이정도가 국가보훈처장이 실시하는 신체검사에서 제6조의4에 따른 상이등급(이하 "상이등급"이라 한다)으로 판정된 사람

제5호 순직군경(殉職軍警): 군인이나 경찰·소방 공무원으로서 국가의 수호·안전보장 또는 국민의 생명·재산 보호와 직접적인 관련이 있는 직무수행이나 교육훈련 중 사망한 사람(질병으로 사망한 사람을 포함한다)

제6호 공상군경(公傷軍警): 군인이나 경찰·소방 공무원으로서 국가의 수호·안전보장 또는 국민의 생명·재산 보호와 직접적인 관련이 있는 직무수행이나 교육훈련 중 상이(질병을 포함한다)를 입고 전역하거나 퇴직한 사람으로서 그 상이정도가 국가보훈처장이 실시하는 신체검사에서 상이등급으로 판정된 사람

제7호 무공수훈자(武功受勳者): 무공훈장(武功勳章)을 받은 사람. 다만, 「국가공무원법」 제2조 및 「지방공무원법」 제2조에 따른 공무원과 국가나 지방자치단체에서 일상적으로 공무에 종사하는 대통령령으로 정하는 직원이 무공훈장을 받은 경우에는 전역하거나 퇴직한 사람만 해당한다.

제8호 보국수훈자(保國受勳者): 다음 각 목의 어느 하나에 해당하는 사람
　가. 군인으로서 보국훈장을 받고 전역한 사람
　나. 군인 외의 사람으로서 간첩체포, 무기개발 및 그 밖에 대통령령으로 정하는 사유(이하 "간첩체포등의 사유"라 한다)로 보국훈장을 받은 사람. 다만, 「국가공무원법」 제2조 및 「지방공무원법」 제2조에 따른 공무원(군인은 제외한다)과 국가나 지방자치단체에서 일상적으로 공무에 종사하는 대통령령으로 정하는 직원이 간첩체포등의 사유로 보국훈장을 받은 경우에는 퇴직한 사람만 해당한다.

제9호 6·25참전 재일학도의용군인(在日學徒義勇軍人)(이하 "재일학도의용군인"이라 한다): 대한민국 국민으로서 일본에 거주하던 사람으로서 1950년 6월 25일부터 1953년 7월 27일까지의 사이에 국군이나 유엔군에 지원 입대하여 6·25전쟁에 참전하고 제대한 사람(파면된 사람이나 형을 선고받고 제대된 사람은 제외한다)

제10호 참전유공자: 「참전유공자 예우 및 단체설립에 관한 법률」 제2조제2호에 해당하는 사람 중 다음 각 목의 어느 하나에 해당하는 사람

가. 「참전유공자 예우 및 단체설립에 관한 법률」 제5조에 따라 등록된 사람

나. 「고엽제후유의증 등 환자지원 및 단체설립에 관한 법률」 제4조 또는 제7조에 따라 등록된 사람

제11호 4·19혁명사망자: 1960년 4월 19일을 전후한 혁명에 참가하여 사망한 사람

제12호 4·19혁명부상자: 1960년 4월 19일을 전후한 혁명에 참가하여 상이를 입은 사람으로서 그 상이정도가 국가보훈처장이 실시하는 신체검사에서 상이등급으로 판정된 사람

제13호 4·19혁명공로자: 1960년 4월 19일을 전후한 혁명에 참가한 사람 중 제11호와 제12호에 해당하지 아니하는 사람으로서 건국포장(建國褒章)을 받은 사람

제14호 순직공무원: 「국가공무원법」 제2조 및 「지방공무원법」 제2조에 따른 공무원(군인과 경찰공무원은 제외한다)과 국가나 지방자치단체에서 일상적으로 공무에 종사하는 대통령령으로 정하는 직원으로서 국민의 생명·재산 보호와 직접적인 관련이 있는 직무수행이나 교육훈련 중 사망한 사람(질병으로 사망한 사람을 포함한다)

제15호 공상공무원: 「국가공무원법」 제2조 및 「지방공무원법」 제2조에 따른 공무원(군인과 경찰공무원은 제외한다)과 국가나 지방자치단체에서 일상적으로 공무에 종사하는 대통령령으로 정하는 직원으로서 국민의 생명·재산 보호와 직접적인 관련이 있는 직무수행이나 교육훈련 중 상이(질병을 포함한다)를 입고 퇴직한 사람으로서 그 상이정도가 국가보훈처장이 실시하는 신체검사에서 상이등급으로 판정된 사람

제16호 국가사회발전 특별공로순직자(이하 "특별공로순직자"라 한다): 국가사회발전에 현저한 공이 있는 사람 중 그 공로와 관련되어 순직한 사람으로서 국무회의에서 이 법의 적용 대상자로 의결된 사람

제17호 국가사회발전 특별공로상이자(이하 "특별공로상이자"라 한다): 국가사회발전에 현저한 공이 있는 사람 중 그 공로와 관련되어 상이를 입은 사람으로서 그 상이정도가 국가보훈처장이 실시하는 신체검사에서 상이등급으로 판정되어 국무회의에서 이 법의 적용 대상자로 의결된 사람

제18호 국가사회발전 특별공로자(이하 "특별공로자"라 한다): 국가사회발전에 현저한 공이 있는 사람 중 제16호와 제17호에 해당하지 아니하는 사람으로서 국무회의에서 이 법의 적용 대상자로 의결된 사람

3. 구체적인 기준과 범위

가. 일반적인 기준

국가유공자의 요건에 해당되는지에 대한 구체적인 기준과 범위는 다음 각 호의 사항 등을 종합적으로 고려하여 대통령령으로 정한다.

제1호 전투 또는 이에 준하는 직무수행의 범위

제2호 직무수행이나 교육훈련과 국가의 수호·안전보장 또는 국민의 생명·재산 보호와의 관련 정도

제3호 사망하거나 상이(질병을 포함한다)를 입게 된 경위 및 본인 과실의 유무와 정도

나. 다른 법률에 따른 기준

제4조 제1항 제1호 및 제2호에 따른 순국선열·애국지사의 예우에 관하여는 「독립유공자예우에 관한 법률」에서 정하며, 제1항 제10호 가목에 해당하는 사람의 예우에 관하여는 「참전유공자예우 및 단체설립에 관한 법률」에서 정하고, 제1항 제10호 나목에 해당하는 사람의 지원에 관하여는 「고엽제후유의증 등 환자지원 및 단체설립에 관한 법률」에서 정한다.

다. 제외 대상

제4조 제1항 제3호부터 제6호까지, 제14호 또는 제15호에 따른 요건에 해당되는 사람이 다음 각 호의 어느 하나에 해당되는 원인으로 사망하거나 상이(질병을 포함한다)를 입으면 국가유공자, 그 유족 또는 가족에서 제외한다.

제1호 불가피한 사유 없이 본인의 고의 또는 중대한 과실로 인한 것이거나 관련 법령 또는 소속 상관의 명령을 현저히 위반하여 발생한 경우

제2호 공무를 이탈한 상태에서의 사고나 재해로 인한 경우

제3호 장난·싸움 등 직무수행으로 볼 수 없는 사적(私的)인 행위가 원인이 된 경우

4. 국가유공자요건해당사실 여부 결정방법

국가유공자 등 요건 해당여부는 보훈심사위원회에서 보훈(지)청의 요청에 의하여 각군본부 등 소속기관의 장이 확인하여 통보한 요건관련 사실확인서와 관련 입증서류, 관할 보훈(지)청에

등록신청 시 제출된 관련 입증자료와 행정심판 재결 및 법원 판례, 의학적 연구발표 사례, 복무기간 및 근무환경 등을 종합적으로 검토하여 국가유공자 등 요건해당여부를 심의의결하게 되며, 주소지 관할 보훈(지)청장이 최종 결정하게 된다.

등록 및 결정

1. 등록절차

국가유공자, 그 유족 또는 가족이 되려는 사람(이하 이 조에서 "신청 대상자"라 한다)은 대통령령으로 정하는 바에 따라 국가보훈처장에게 등록을 신청하여야 한다. 다만, 신청 대상자가 다음 각 호의 어느 하나에 해당하는 경우에는 대통령령으로 정하는 바에 따라 국가보훈처 소속 공무원이 신청 대상자의 동의를 받아 등록을 신청할 수 있고, 그 동의를 받은 경우에는 신청 대상자가 등록을 신청한 것으로 본다(국가유공자 등 예우 및 지원에 관한 법률 제6조).

제1호 「국가보훈 기본법」 제23조제1항제3호의2에 따라 발굴된 희생·공헌자의 경우

제2호 전투 또는 이에 준하는 직무수행 중 상이를 입거나 사망한 경우

제3호 그 밖에 대통령령으로 정하는 사유로 직접 등록을 신청할 수 없는 경우

2. 보훈보상대상자 지원에 관한 법률에 따른 특례

「보훈보상대상자 지원에 관한 법률」 따라 등록을 신청하는 사람에 대하여는 그 등록신청을 한 날에 등록을 신청한 것으로 본다. 〈신설 2011.9.15.〉

3. 결정 및 통지 절차

국가보훈처장은 등록신청을 받으면 그 요건을 확인한 후 국가유공자, 그 유족 또는 가족에 해당하는지를 결정한다. 이 경우 제4조제1항제3호부터 제6호까지, 제8호, 제14호 및 제15호의 국가유공자(이하 "전몰군경등"이라 한다)가 되기 위하여 등록을 신청하는 경우에는 그 소속하였던 기관의 장에게 그 요건과 관련된 사실의 확인을 요청하여야 하며, 그 소속하였던 기관의 장은 관련 사실을 조사한 후 대통령령으로 정하는 바에 따라 그 요건과 관련된 사실을 확인하여 국가보훈처장에게 통보하여야 한다.

4. 국가유공자, 그 유족 또는 가족에 해당하는 사람으로 결정

가. 보훈심사위원회의 심의, 의결

국가보훈처장은 국가유공자, 그 유족 또는 가족에 해당하는 사람으로 결정할 때에는 보훈심사위원회의 심의·의결을 거쳐야 한다. 다만, 국가유공자, 그 유족 또는 가족의 요건이 객관적인 사실에 의하여 확인된 경우로서 대통령령으로 정하는 경우에는 보훈심사위원회의 심의·의결을 거치지 아니할 수 있다.

나. 불신청자에 대한 예우 및 관리

국가보훈처장은 제4조 제1항 각 호(제1호, 제2호 및 제10호는 제외한다)의 어느 하나에 해당하는 적용 대상 국가유공자임에도 불구하고 신청 대상자가 없어 등록신청을 할 수 없는 사람에 대해서는 보훈심사위원회의 심의·의결을 거쳐 국가유공자로 기록하고 예우 및 관리를 할 수 있다.

5. 국가유공자로 등록신청 후 결정되기까지 소요기간

국가유공자로 등록신청을 하고 결정되기까지의 주요 대상별 소요 기간은 대략 다음과 같다 (사실확인 및 심사기간 제외). 무공수훈자, 보국수훈자 : 20일, 순국선열, 애국지사 : 6개월-1년, 전·공상군경, 재해부상군경 : 6개월, 전몰·순직군경, 재해사망군경 : 4개월, 순직(공상) 공무원, 재해부상(사망)공무원 : 4개월 등이다.

6. 신체검가

가. 방법

국가보훈처장은 제4조제1항제4호·제6호·제12호·제15호 및 제17호에 따라 이 법의 적용 대상자로 될 상이를 입은 사람의 판정과 그가 입은 상이정도 또는 상이처의 변경 등으로 인한 상이등급을 판정하기 위하여 신체검사를 실시한다. 이 경우 대통령령으로 정하는 사유가 있는 사람의 상이등급 판정을 위한 신체검사는 서면심사(書面審査)로 할 수 있다(국가유공자 등 예우 및 지원에 관한 법률 제6조의3).

1. 상이등급 심사

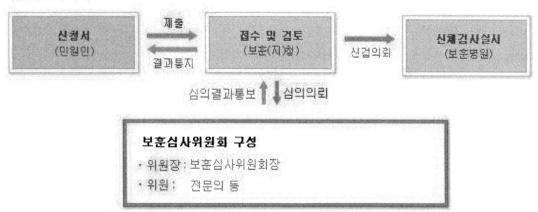

2. 장애등급 심사

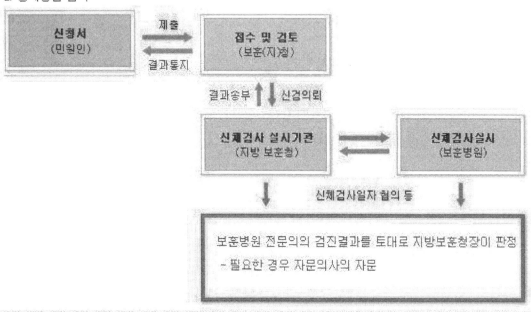

나. 신체검사의 구분

위 1항에 따라 실시하는 신체검사는 다음 각 호의 구분에 따른다.

제1호 신규신체검사: 제6조제1항에 따라 등록을 신청한 사람에 대하여 보훈심사위원회가 심의·의결한 경우에 실시하는 신체검사

제2호 재심신체검사: 신규신체검사의 판정에 이의가 있는 사람에 대하여 실시하는 신체검사

제3호 재확인신체검사: 신규신체검사나 재심신체검사에서 상이등급의 판정을 받지 못한 사람에 대하여 실시하는 신체검사

제4호 재판정(再判定)신체검사: 신규신체검사, 재심신체검사 또는 재확인신체검사에서 상이등급의 판정을 받아 이 법의 적용 대상이 된 사람 중 본인의 신청 또는 국가보훈처장의 직권에 의하여 상이등급을 재판정할 필요가 있다고 인정되는 사람에 대하여 실시하는 신체검사

7. 보상받을 권리의 발생시기 및 소멸시기 등

가. 등록신청을 한 날이 속하는 달

보상을 받을 권리는 제6조제1항에 따른 등록신청을 한 날이 속하는 달부터 발생한다. 다만, 제14조의2제1항, 제22조제4항 및 제63조의2제2항에 따라 생활조정수당 지급, 교육지원 및 보조금 지급을 신청하는 경우에는 그 신청한 날이 속하는 달부터 해당 보상을 받을 권리가 발생한다(국가유공자 등 예우 및 지원에 관한 법률 제9조).

나. 사유가 발생한 날이 속하는 달

국가유공자, 그 유족 또는 가족이 제6조의2제1항제1호부터 제3호까지, 제79조제1항 및 제2항의 어느 하나에 해당하게 되면 그 해당되는 사유가 발생한 날이 속하는 달의 다음 달부터 이 법에 따라 보상을 받을 권리가 소멸된다. 이 경우 국가유공자 본인이 제6조의2제1항제2호 또는 제79조제1항에 해당하게 되는 경우에는 그 가족이 보상을 받을 권리도 함께 소멸된다.

다. 소급 소멸사유

국가유공자, 그 유족 또는 가족이 다음 각 호의 어느 하나에 해당하면 이 법에 따라 보상을 받을 권리가 발생하였던 날로 소급하여 그 권리가 소멸된다. 이 경우 국가유공자 본인이

보상을 받을 권리가 소멸된 경우에는 그의 유족 또는 가족이 보상을 받을 권리도 함께 소멸된다.

제1호 거짓이나 그 밖의 부정한 방법으로 등록결정을 받은 사실이 밝혀진 경우

제2호 제6조제3항 후단에 따라 소속하였던 기관의 장이 통보한 국가유공자 등의 요건 관련 사실에 중대한 흠결(欠缺)이 있어 국가유공자 등의 등록요건에 해당되지 아니하는 것으로 밝혀진 경우

5. 관련 서식

가. 청구취지

[국가유공자유족등록신청기각처분취소 청구]

> 1. 피고가 2010. 10. 12. 원고에 대하여 한 국가유공자유족등록신청 기각처분은 이를 취소한다.
> 2. 소송비용은 피고의 부담으로 한다.

[국가유공자상이사망인정거부처분취소 청구]

> 피고가 2010. 10. 21. 청구인에 대하여 한 국가유공자상이사망인정거부처분은 이를 취소한다.

[국가유공자유족순위변경처분취소 청구]

> 1. 피고가 2010. 9. 14.자로 원고에 대하여 한 애국지사유족순위변경처분은 이를 취소한다.
> 2. 소송비용은 피고의 부담으로 한다.

[광주민주유공자예우에관한법률적용대상배제처분취소 청구]

> 피청구인이 2010. 10. 12. 청구인에 대하여 한 광주민주유공자예우에관한법률적용대상배제처분은 이를 취소한다.

[전공상불인정처분취소 청구의 소]

1. 피고가 20○○. ○. ○. 원고에 대하여 한 전공상불인정처분은 이를 취소한다.
2. 소송비용은 피고의 부담으로 한다.
라는 판결을 구합니다.

나. 서식례

[서식] 국가유공자등록거부처분취소 청구의 소

소   장

원고   김 길 동(주민등록번호)

서울시 ○○구 ○○동 ○번지

피고   서울북부보훈지청장

국가유공자등록거부처분취소

청구취지

1. 피고가 2006. 4. 24. 원고에 대하여 한 국가유공자등록거부처분을 취소한다.
2. 소송비용은 피고의 부담으로 한다.
라는 판결을 구합니다.

청구원인

1. 처분의 경위

(1) 원고는 6.25 전쟁 당시인 1952. 2. 1. 육군에 입대하여 복무하다가 북한군에 의하여 체포되어 북한에서 생활하였고, 2004. XX.경 북한을 탈출하여 대한민국에 입국하였는데, 이후 국군포로 귀환자 후속조치 육인(부사관) XXX호(2005. 8. 5. 시행)에 의하여 1955. 3. 1.자로 하사로 임관되고 2005. 8. 12.자로 만기전역 처리되었습니다.

(2) 원고는 2005. 11. 22. 피고에게 6.25 전쟁 중인 1955.경 금화지구전투에서 우측 수부 제3수지 원위지골 관절절단 상해를 입었고, 이후 국군포로로서 북한 아오지탄광에서 채탄작업을 하다가 1981.경 좌측 수부 제2수지 근위지골관절 절단, 좌측 수부 제4수지 관절구축 등의 상해를, 1983.경 우측 족부 중족 족관절 절단(이하 모두 '이 사건 상이'라고 한다)의 상해를 입었다고 하면서 국가유공자 등 예우 및 지원에 관한 법률(이하 '국가유공자법'이라고 한다) 제4조 제1항 제4호 소정의 국가유공자등록신청을 하였습니다.

(3) 피고는 2006. 4. 24. 원고에 대하여 입원기록 및 병상일지 등 관련 기록이 없어 발병경위 등을 확인할 수 없고, 달리 원고의 진술 이외에 이 사건 상이를 입었다는 점을 입증할 구체적이고 객관적인 자료가 없다는 이유로, 원고가 국가유공자법 제4조 제1항 제4호 소정의 '전상군경'에 해당하지 않는다는 결정을 하였습니다(이하 '이 사건 처분' 이라고 한다).

(4) 이에 원고는 2006. 7. 12. 국가보훈처에 행정심판을 청구하였으나, 국가보훈처는 2006. 10. 11. 국무총리 행정심판위원회의 의결에 따라 원고의 청구를 기각하는 재결을 하였습니다.

2. 처분의 위법성

원고는 6.25 전쟁 중에 육군에 입대하여 금화지구전투에 참가하여 우측 제3수지 절단상을 입고 국군야전병원에서 치료를 받다가 다시 전투에 투입되었으나 휴전 직전 북한군의 포로가 되었고, 이후 1985.까지 포로수용소인 함경북도 아오지탄광 (오봉탄광)에서 강제노역을 하였는데, 강제노역중이던 1980.경 석탄채굴기에 좌측 제2수지가 절단되고 좌측 제4수지 관절구축상태가 되는 상해를 입었고, 1982.경에 는 석탄운반차에 치여 우측 족부 중족 족관절 절단상을 입었습니다.

이와 같이 원고는 군복무 또는 국군 포로로서 북한에서 30여년간 강제노역을 당하던 중 이 사건 상이를 입었는바, 원고는 국가유공자법 제4조 제4호 소정의 '전상군경'에 해당한다. 이와 달리 판단하고 있는 이 사건 처분은 위법합니다.

3. 결론

이상과 같이 피고의 이 사건 처분은 위법하므로 이의 취소를 구하는 본 건 소송에 이르게 되었습니다.

입증방법

1. 갑 제1호증
2. 갑 제2호증
3. 갑 제3호증

첨부서류

1. 위 각 입증방법   각 1부

2. 송달료 납부서

3. 소장부본

20   .   .   .

위 원고   (날인 또는 서명)

서울행정법원   귀중

[서식] 국가유공자비해당결정처분취소 청구의 소

소 장

원 고   ○   ○   ○ (○○○○○○-○○○○○○○)

　　　　　○○시 ○○구 ○○동 ○○○

　　　　　소송대리인 변호사 ○ ○ ○

　　　　　○○시 ○○구 ○○동 ○○○　　　　　　　　(우 : 　　　　)

　　　　　(전화 : 　　　　　,팩스 : 　　　　)

피 고   ○○보훈지청장

　　　　　○○시 ○○구 ○○동 ○○○　　　　　　　　(우 : 　　　　)

국가유공자비해당결정처분취소 청구의 소

청 구 취 지

1. 피고가 20○○. 4. 7.자 원고에 대하여 한 국가유공자비해당결정처분을 취소한다.
2. 소송비용은 피고의 부담으로 한다.
라는 판결을 구합니다.

청 구 원 인

1. 이 사건 처분의 존재 및 경위

　가. 원고의 상이 경위

　　(1) 원고는 19○○. ○. ○. ○○훈련소에 입소하여 훈련을 받는 도중 같은 해
　　　2. 일자불상경 야간훈련 도중 미끄러져 허리를 다치게 되었습니다. 원고는
　　　허리를 다친 이후 요통이 시작되어 약물을 계속 복용하였지만 증싱이 더

악화되어 같은 해 4. 7. 국군 ○○병원에 입원을 하여 같은 해 5. 29. 수핵탈출용(L4-5)의 진단을 받고, 같은 해 6. 18. 제4요추 후궁부분절제술 및 수핵제거술을 시행받은 후 같은 해 7. 28. 이등병으로 의가사 제대를 하게 되었습니다.

(2) 그러나 원고는 제대 후에도 계속되는 요통으로 인하여 10분 정도로 서 있기 힘든 상태여서 도저히 생계유지를 위한 활동을 할 수 없는 상태에 있고 20○○. 12. 26. 척추장애 6급 5호의 장애등록을 하였습니다.

나. 피고의 국가유공자 비해당통보

원고는 피고에게 국가유공자 등록신청을 하여 보훈심사위원회에서 19○○. ○. ○.자로 국가유공자등예우및지원에관한법률 제4조 제1항 제6호 전단의 요건에 해당하는 자로 등외 판정을 받았습니다. 그 이후 피고에게 등급상향조정신청을 하여 20○○. ○. ○. 소외 ○○보훈병원에서 재신체검사를 받았으나 종전과 동일한 등외판정을 박게 되었고, 피고로부터 같은 해 4. 7.자로 이러한 결과를 통보받았습니다.

2. 관련 법령

국가유공자등예우및지원에관한법률 제1조(목적) "이 법은 국가를 위하여 희생하거나 공헌한 국가유공자와 그 유족에게 합당한 예우를 하고 국가유공자에 준하는 군경 등을 지원함으로써 이들의 생활환경과 복지향상을 도모하고 국민의 애국정신을 기르는 데에 이바지함을 목적으로 한다."라고 규정하고 있고, 같은 법 제4조 제1항 제6호는 "군인이나 경찰·소방공무원으로서 교육훈련 또는 직무수행 중 상이(공무상의 질병을 포함한다)를 입고 전역하거나 퇴직한 자로서 그 상이정도가 국가보훈처장이 실시하는 신체검사에서 제6조의4에 따른 상이등급에 해당하는 신체의 장애를 입은 것으로 판정된 자를 공상군경이라 칭하고 이를 국가유공자로 인정하고 있습니다.

3. 이 사건 비해당결정처분의 위법성
  가. 직무수행과 상이의 인과관계

위 관련법령을 종합하면, 국가유공자등예우및지원에관한법률 제4조 제1항 제6호 소정의 "군인이나 경찰·소방공무원으로서 교육훈련 또는 직무수행 중 상이를 입은 경우"라 함은 군인 또는 경찰·소방공무원이 교육훈련 또는 직무수행 중 사고나 재해를 당하여 부상하거나 질병에 걸리는 것을 의미한다 할 것이고, 이에는 사고나 재해가 공무수행과 직접적인 관련이 있는 경우뿐만 아니라, 기존의 질병이 공무수행 중의 사고나 충격, 과로, 무리 등의 재해로 인하여 재발 또는 악화된 경우도 포함된다 할 것입니다.

나. 원고의 경우

원고는 군에 입대할 당시에는 아무런 질병 없이 입대하였으나 훈련도중 사고로 인하여 위와 같은 수술을 받고 의가사 제대까지 하였으므로 군 복무와 질병과의 사이에는 인과관계가 인정된다고 할 것인 바, 국가유공자등록의무가 있는 피고가 이를 거부한 것은 위법성을 면치 못한다 할 것입니다.

4. 결 어

원고는 허리의 통증으로 10분 이상 걷거나 일을 할 수 없는 상태에 있고, 통증 완화를 위한 약물을 지속적으로 복용하고 있는 상태입니다. 원고는 19○○, 20○○, 20○○.경 세 차례에 걸쳐 등외판정을 번복하여 달라고 신청하였으나 기각당하였고, 20○○.경에는 문답에 의하여 등외판정을 하였을 뿐입니다. 원고는 군입대 전에는 아무런 질병이 없었으나 훈련 중 사고로 인하여 고질적인 요통에 시달리고 있는 바, 원고의 상이와 군복무 사이에 상당인과관계가 인정됨에도 국가유공자등예우및지원에관한법률 제4조 제1항 및 관련법령에 의하여 국가유공자등록의무가 있는 피고가 이를 거부한 것은 위법성을 면치 못한다 할 것입니다.

따라서 피고의 이 사건 처분은 취소되어야 할 것이므로 본 소 청구에 이르렀습니다.

입 증 방 법

1. 갑 제1호증의 1   등록신청서

1. 갑 제1호증의 2   신체검사통지서

1. 갑 제2호증   심의의결서

1. 갑 제3호증   국가유공자 등 요건사실확인서

1. 갑 제4호증의 1   병상일지

1. 갑 제6호증의 2   의무조사보고서

1. 갑 제5호증   의무기록사본증명서

1. 갑 제6호증   신체검사표

1. 갑 제7호증   장애인증명서

그 밖의 입증서류는 변론에 따라 수시 제출하겠습니다.

첨 부 서 류

1. 위 입증서류 사본   각 1통

1. 주민등록초본   1통

1. 소장부본   1통

1. 위임장   1통

20○○.   ○.   .

위 원고 소송대리인 변호사 ○ ○ ○ (인)

○○행정법원   귀중

[서식] 소장 - 국가유공자 비해당결정처분 취소청구의 소

소 장

원 고 ○○○(주민등록번호)

○○시 ○○구 ○○길 ○○(우편번호 ○○○-○○○)

전화 ? 휴대폰번호:

팩스번호, 전자우편(e-mail)주소:

피 고 ○○지방보훈청장

○○시 ○○구 ○○길 ○○(우편번호 ○○○-○○○)

국가유공자비해당결정처분 취소청구의 소

청 구 취 지

1. 피고가 19○○. ○. ○. 소외 망 ◇◇◇에 대하여 한 국가유공자비해당결정처분을 취소한다.
2. 소송비용은 피고의 부담으로 한다.

라는 판결을 구합니다.

청 구 원 인

1. 소외 망 ◇◇◇은 1945년 해방직후부터 ◎◎경찰서 사찰계에서 '경사'직급으로 근무하다가, 19○○년경에는 ◆◆경찰서 △△지서장으로 근무하였습니다.

2. 1950년 6. 25사변이 일어난 후, 전북 ○○군 ○○읍을 점령하였던 인민군이 후퇴하면서 1950. ○. ○○. ○○군 일대의 사회지도층 인사들을 전북 ○○군 ○○읍 ○○길 소재 ○○산으로 끌고 가서 모두 총살하였습니다. 망 나ㅁㅁ도

인민군에 체포되어 사회지도층 인사들과 같이 위 ○○산으로 끌려가서 총살을 당했습니다.

3. 위 망 나□□의 아들인 원고는 경찰청장의 '국가유공자등록절차 안내'에 따라 20○○. ○. 중순경 ▽▽경찰서장의 '국가유공자등요건관련사실확인서'를 발급 받아 국가보훈처에 국가유공자등록신청을 하였습니다. 그런데 국가보훈처 보훈심사위원회는 위 망 나□□이 경찰관으로 근무한 사실과 1950. ○. ○○. 인민군에 의해 총살되어 순직하였다는 사실을 입증할 자료가 없는 이유로 20○○. ○. ○. 국가유공자등예우및지원에 관한 법률 제4조 제1항 제3호의 요건에 해당되지 아니한다'는 내용의 의결을 하였으며, 피고는 20○○. ○. ○.자로 위 보훈심사위원회의 의결에 따라 위 망 나□□이 국가유공자에 해당하지 아니한다는 결정을 하여 원고에게 송달하였습니다.

4. 국가는 국가공무원에 대한 인사사항, 경력사항 및 상벌사항 등을 기록하는 '인사기록부'를 작성하여 보관 및 보존하여야 할 의무가 있는 것입니다. 위 망 나□□이 소속되어 있던 ◆◆경찰서도 망 나□□이 ◆◆경찰서에서 근무한 사실을 인정하면서도 위 나□□에 대한 인사기록부인 '사령원부'를 보관하고 있던 중, 6. 25사변으로 1950. ○. ○.이후 근무자 들에 대한 기록만 보관하고 있고 이전에 사령원부는 소각하였으므로 위 나□□에 대한 공부상의 기록을 발견할 수 없다는 것입니다.

5. 국가의 인사기록부에 해당하는 '사령원부가 비록 천재지변에 해당하는 6. 25. 사변 중에 소실되었다면 그 '사령원부'의 소실에 따르는 불이익은 사령원부의 보관 및 보존의 책임이 있는 국가가 받아야 함이 마땅합니다. 위 망 나□□의 아들인 원고는 위 '사령원부'가 6. 25. 사변 중에 소실되었다는 사실을 확인하고 나□□의 근무사실 및 총살사실을 목격한 사람 및 그 사실을 알고 있는 사람들의 확인서를 수집하여 ▽▽경찰서를 통하여 경찰청에 제출하여 경찰청장 명의의 '국가유공자등요건관련사실확인서'를 발급 받아 국가보훈처에 제출하였습니다. 그럼에도 불구하고, 위 '사령원부' 보관 및 보존의 책임이 있는

국가가 위 '사령원부'를 보관하지 못하였는데 그 '사령원부'가 없음으로 인한 불이익을 국민인 원고에게 돌려 위 망 나ㅁㅁ에 대한 국가유공자비해당결정처분을 하는 것은 위법하다 할 것이므로, 위와 같은 위법처분의 취소를 구하기 위하여 이 건 소송에 이르렀습니다.

6. 원고는 20○○. ○. ○.자 국가유공자(요건)비행당 결정통보를 20○○. ○. ○.경 송달 받았으며, 20○○. ○. ○.자 국가유공자요건 재심의 결과통보를 20○○. ○. ○. 송달 받았습니다.

입 증 방 법

1. 갑 제1호증		국가유공자요건 재심의 결과통보
1. 갑 제2호증		국가유공자(요건)비해당 결정통보
1. 갑 제3호증		심의의결서
1. 갑 제4호증		각 사실확인서

첨 부 서 류

1. 위 입증방법	각 1통
1. 소장부본	1통
1. 송달료납부서	1통

20○○. ○. ○.

위 원고   ○○○ (서명 또는 날인)

○○행정법원 귀중

소 장

원 고 　　　○ 　 ○ 　 ○ (○○○○○○-○○○○○○○)

　　　　　　　○○시 ○○구 ○○동 ○○○

　　　　　　　소송대리인 변호사 ○ ○ ○

　　　　　　　○○시 ○○구 ○○동 ○○○　　　　　(우 : 　　　)

　　　　　　　(전화 : 　　　　　,팩스 : 　　　　　)

피 고 　　　○○보훈지청장

　　　　　　　○○시 ○○구 ○○동 ○○○　　　　　(우 : 　　　)

국가유공자비해당결정처분취소 청구의 소

청 구 취 지

1. 피고가 20○○. 4. 7.자 원고에 대하여 한 국가유공자비해당결정처분을 취소한
　다.
2. 소송비용은 피고의 부담으로 한다.
라는 판결을 구합니다.

청 구 원 인

1. 이 사건 처분의 존재 및 경위
　가. 원고의 상이 경위
　　　⑴ 원고는 19○○. ○. ○. ○○훈련소에 입소하여 훈련을 받는 도중 같은
　　　　　해 2. 일자불상경 야간훈련 도중 미끄러져 허리를 다치게 되었습니

다. 원고는 허리를 다친 이후 요통이 시작되어 약물을 계속 복용하였지만 증상이 더 악화되어 같은 해 4. 7. 국군 ○○병원에 입원을 하여 같은 해 5. 29. 수핵탈출용(L4-5)의 진단을 받고, 같은 해 6. 18. 제4요추 후궁부분절제술 및 수핵제거술을 시행받은 후 같은 해 7. 28. 이등병으로 의가사 제대를 하게 되었습니다.

(2) 그러나 원고는 제대 후에도 계속되는 요통으로 인하여 10분 정도로 서 있기 힘든 상태여서 도저히 생계유지를 위한 활동을 할 수 없는 상태에 있고 20○○. 12. 26. 척추장애 6급 5호의 장애등록을 하였습니다.

나. 피고의 국가유공자 비해당통보

원고는 피고에게 국가유공자 등록신청을 하여 보훈심사위원회에서 19○○. ○. ○.자로 국가유공자등예우및지원에관한법률 제4조 제1항 제6호 전단의 요건에 해당하는 자로 등외 판정을 받았습니다. 그 이후 피고에게 등급상향조정신청을 하여 20○○. ○. ○. 소외 ○○보훈병원에서 재신체검사를 받았으나 종전과 동일한 등외판정을 받게 되었고, 피고로부터 같은 해 4. 7.자로 이러한 결과를 통보받았습니다.

2. 관련 법령

국가유공자등예우및지원에관한법률 제1조(목적) "이 법은 국가를 위하여 희생하거나 공헌한 국가유공자와 그 유족에게 합당한 예우를 하고 국가유공자에 준하는 군경 등을 지원함으로써 이들의 생활환경과 복지향상을 도모하고 국민의 애국정신을 기르는 데에 이바지함을 목적으로 한다."라고 규정하고 있고, 같은 법 제4조 제1항 제6호는 "군인이나 경찰·소방공무원으로서 교육훈련 또는 직무수행 중 상이(공무상의 질병을 포함한다)를 입고 전역하거나 퇴직한 자로서 그 상이정도가 국가보훈처장이 실시하는 신체검사에서 제6조의4에 따른 상이등급에 해당하는 신체의 장애를 입은 것으로 판정된 자를 공상군경이라 칭하고 이를 국가유공자로 인정하고 있습니다.

3. 이 사건 비해당결정처분의 위법성

가. 직무수행과 상이의 인과관계

위 관련법령을 종합하면, 국가유공자등예우및지원에관한법률 제4조 제1항 제6호 소정의 "군인이나 경찰·소방공무원으로서 교육훈련 또는 직무수행 중 상이를 입은 경우"라 함은 군인 또는 경찰·소방공무원이 교육훈련 또는 직무수행 중 사고나 재해를 당하여 부상하거나 질병에 걸리는 것을 의미한다 할 것이고, 이에는 사고나 재해가 공무수행과 직접적인 관련이 있는 경우뿐만 아니라, 기존의 질병이 공무수행 중의 사고나 충격, 과로, 무리 등의 재해로 인하여 재발 또는 악화된 경우도 포함된다 할 것입니다.

나. 원고의 경우

원고는 군에 입대할 당시에는 아무런 질병 없이 입대하였으나 훈련도중 사고로 인하여 위와 같은 수술을 받고 의가사 제대까지 하였으므로 군복무와 질병과의 사이에는 인과관계가 인정된다고 할 것인 바, 국가유공자등록의무가 있는 피고가 이를 거부한 것은 위법성을 면치 못한다 할 것입니다.

4. 결 어

원고는 허리의 통증으로 10분 이상 걷거나 일을 할 수 없는 상태에 있고, 통증 완화를 위한 약물을 지속적으로 복용하고 있는 상태입니다. 원고는 19○○, 20○○, 20○○.경 세 차례에 걸쳐 등외판정을 번복하여 달라고 신청하였으나 기각당하였고, 20○○.경에는 문답에 의하여 등외판정을 하였을 뿐입니다. 원고는 군입대 전에는 아무런 질병이 없었으나 훈련 중 사고로 인하여 고질적인 요통에 시달리고 있는 바, 원고의 상이와 군복무 사이에 상당인과관계가 인정됨에도 국가유공자등예우및지원에관한법률 제4조 제1항 및 관련법령에 의하여 국가유공자등록의무가 있는 피고가 이를 거부한 것은 위법성을 면치 못한다 할 것입니다.

따라서 피고의 이 사건 처분은 취소되어야 할 것이므로 본 소 청구에 이르렀습니다.

입 증 방 법

1. 갑 제1호증의 1   등록신청서
1. 갑 제1호증의 2   신체검사통지서
1. 갑 제2호증   심의의결서
1. 갑 제3호증   국가유공자 등 요건사실확인서
1. 갑 제4호증의 1   병상일지
1. 갑 제6호증의 2   의무조사보고서
1. 갑 제5호증   의무기록사본증명서
1. 갑 제6호증   신체검사표
1. 갑 제7호증   장애인증명서

　　그 밖의 입증서류는 변론에 따라 수시 제출하겠습니다.

첨 부 서 류

1. 위 입증서류 사본   각 1통
1. 주민등록초본   1통
1. 소장부본   1통
1. 위임장   1통

　　　　　　　20○○. ○. .

　　　　위 원고 소송대리인 변호사 ○ ○ ○ (인)

○○행정법원   귀중

[서식] 소장 - 전공상불인정처분취소청구의 소

소 장

원 고   ○ ○ ○(주민등록번호)

　　　　　　○○시 ○○구 ○○길 ○○ (우편번호 ○○○-○○○)

피 고   △△보훈지청장

　　　　　　○○시 ○○구 ○○길 ○○ (우편번호 ○○○-○○○)

전공상불인정처분 취소청구의 소

청 구 취 지

1. 피고가 20○○. ○. ○. 원고에 대하여 한 전공상불인정처분을 취소한다.
2. 소송비용은 피고의 부담으로 한다.

라는 판결을 구합니다.

청 구 원 인

1. 이 사건의 경위에 대하여

　　가. 원고는 19○○. ○. ○. 육군에 입대하여 ○○훈련소 ○○연대 ○중대 ○ 소재에 편성되어 6주간의 전투훈련을 하던 중 철조망을 통과하고 통나무를 뛰다가 미끄러져 허리를 부딪혀 허리를 심하게 다쳤습니다.

　　　　당시 군대의 군기가 무척 세어서 아프다는 말도 못하고 혼자서 고생을 하면서 훈련을 마치고 수도사단 제○○○○부대에 배치되어 복무하던 중 상급자가 원고의 이러한 상태를 알고서 부대 내 의무대에서 약을 복용하였습니다.

나. 그러나, 원고는 허리부상으로 인한 좌골신경통이 더욱 악화되어 경주 18육군병원으로 후송되어 좌골신경통을 치료하던 중 급성충수염(맹장염)으로 인하여 복막유찰수술까지 받게 되었습니다.
한편 위 좌골신경통도 마저 치료를 하다가 완치가 되지 않은 상태에서 군대를 의가사제대하였습니다.

다. 원고는 제대한 후에도 수년동안 좌골신경통으로 고통을 받으면서 병원생활을 하였으며, 그러던 중 ○○대부속병원에서 좌골신경통수술을 받았으나 완쾌되지 않고 후유증이 남게 되었으며, 그후에도 여러 병원을 전전하고 많은 약을 복용하였으나 신경통이 여전하였습니다. 원고는 이러한 원인으로 인하여 현재까지 노동에 종사하지 못하고 원고의 처가 일을 하면서 생계를 꾸려오고 있는 형편인 것입니다.

라. 결국 원고는 군대에서 훈련을 받던 중에 다치게 되었고 좌골신경통이 완치되지 않은 상태에서 의병 제대하여 지금까지 장애가 온 것입니다.

마. 이에 원고는 군복무중의 상이를 이유로 20○○. ○. ○. 국가유공자등록신청을 하였으나, 국가보훈처에서는 20○○. ○. ○. 원고의 상이 중 '복막유착'의 상이만 공상으로 인정하고 좌골신경통의 상이는 공상으로 인정하지 않는 전공상불인정처분을 하였던 것입니다.

2. 피고는 원고의 '좌골신경통'에 대해서는 원고가 입대한 후 9개월이 경과한 시점에서 특별한 외상력없이 발병되어 확인이 불가능하므로 군공무와의 관련성 확인이 불가능하다는 이유로 군복무상의 상이로 인정하기 곤란하다고 판단하여 원상병명으로 인정하지 않았습니다.

가. 그러나 당시 육군병원에서는 원고의 병상일지를 보더라도 최종진단란에 '좌골신경통'도 기재되어 있었던 것으로 원고는 군입대 후 18육군병원에

입원할 때까지 한번도 휴가 등을 가지 않았던 바, 이로 보건대, 군대에서 생활하던 중에 위 좌골신경통이 발생되어진 것이 명확한 것입니다.

나. 피고측에서는 입대 후 9개월이 경과되어 발병이 되었다고 판단하였으나, 원고는 당시 신체검사를 받아 갑종으로 판정을 받았으며, 입대하여 신병 훈련이 전반기 6주, 후반기 6주의 훈련을 받는 도중에 발병이 되었으나, 당시 군대의 상황에서 원고는 참고 있었던 것이었을 뿐 이미 9개월 경과이 전에 발병이 되었던 것입니다.

다. 원고가 치료를 하였던 ○○의원에서 발행한 진단서를 보더라도 '원고가 장기간의 가료 및 관찰이 요구되고 요추부 좌골신경통으로 노동이 불가능 한 상태'라고 기재되어 있습니다.

라. 또한 당시 원고와 같이 신병훈련을 받았던 라□□, 천□□ 등의 확인서를 보더라도 원고가 당시 야간각개전투훈련 중에 철조망을 통과하는 등의 훈련을 받다가 허리를 다친 것이 인정되는 것입니다.

3. 사실이 이러함에도 불구하고 피고는 특별한 합리적인 이유없이 단지 그 이전에 특별한 외상이 없이 발병되어 확인이 불가능하다는 이유만으로 원고의 좌골신경통을 군복무상의 상이로 인정하지 않았으므로 이러한 전공상불인정 처분을 취소되어야 할 것입니다.

4. 따라서 원고는 청구취지와 같은 판결을 받고자 이건 청구에 이르게 된 것입니다.

입 증 방 법

1. 갑제1호증의 1　　　　국가유공자비해당결정통보
　　　　　　　 2　　　　신체검사결과통지서
1. 갑제2호증　　　　　　행정심판청구서
1. 갑제3호증의 1, 2　　　각 진단서 사본

1. 갑제4호증　　　　　　　심의의결서

1. 갑제5호증의 1　　　　　국가유공자등 요건관련 사실확인서

　　　　　　　　2　　　　병상일지 사본

1. 갑제6호증　　　　　　　제대증사본

1. 갑제7호증　　　　　　　재결서

1. 갑제8호증의 1 내지 3　각 인우보증서

첨 부 서 류

1. 위 입증방법　　　　　　　　　각 1통

1. 소장부본　　　　　　　　　　　1통

1. 납부서　　　　　　　　　　　　1통

20○○.　○.　○.

원　고　○　○　○　(인)

○ ○ 행 정 법 원　귀중

[서식] 소장 − 장해등급결정처분취소 청구의 소

소　　장

원　고　　○　○　　○ (○○○○○○−○○○○○○○)

　　　　　　○○시 ○○구 ○○동 ○○○

　　　　　　소송대리인 변호사 ○　○　○

　　　　　　○○시 ○○구 ○○동 ○○○　　　　　　(우 :　　　　)

　　　　　　(전화 :　　　　　,팩스 :　　　　　)

피　고　　공무원연금공단

장해등급결정처분취소 청구의 소

청　구　취　지

1. 피고가 20○○. 8. 11. 원고에 대하여 한 폐질등급 제14급을 적용하여 한
   장해급여지급결정처분을 취소한다.
2. 소송비용은 피고의 부담으로 한다.
라는 판결을 구합니다.

청　구　원　인

1. 전심절차
　　원고는 청구취지 기재 처분에 대하여 20○○. 9. 24. 심사청구를 하였으나
　　20○○. 1. 25. 기각되었습니다.

2. 처분의 경위

원고는 19○○. 10. 1. 철도청에 고원 직급으로 채용되어 19○○. 10. 9. 21:30경 전국체전 참가인단의 열차수송을 위하여 운행되는 열차 내 정리요원으로 근무 중 승객들에 떠밀려 열차에서 추락하는 바람에 우안건부좌창, 우안결막하출혈, 뇌진탕 등의 상해를 입고 공무상요양승인을 받아 치료를 받았는데 20○○. 6. 30. 철도청에서 퇴직한 후, 위 공무상부상의 후유증으로 폐질상태로 되어 퇴직하였다고 하여 공무원연금법 소정의 장해보상금 지급을 청구하지 피고는 20○○. 8. 11. 원고에 대하여 장해보상금지급결정을 하면서 장해보상금지급액산정의 기준이 되는 원고의 폐질등급이 공무원연금법시행령 제45조 별표2의 제14급 제10호 소정의 국부에 신경증상이 남은 사람에 해당하는 것으로 · 보고 이에 기하여 금액을 산정하여 장해보상금으로 금 17,642,320원을 지급하는 것을 내용으로 하는 장해보상금지급결정처분(이하 "이 사건 처분"이라 한다)을 하였습니다.

3. 처분의 위법

이 사건 처분은 다음과 같은 점에서 위법합니다.

원고는 위 부상의 치료를 위하여 천공술 등 치료를 받았는데 그로 인하여 두개골결손이 남게 되었고 또한 위 부상과 천공술의 후유증으로 두통, 기억력장애 등이 남아 있고, 그로 인하여 철도청에서 더 이상 근무하지 못하고 위에서 본 바와 같이 퇴직하였던 것인바, 원고는 위에서 본 부상을 입은 후 군에 입대하였다가 위 부상의 후유증으로 19○○. 9. 30. 의병제대하였는데 대한민국 상이군경회에서 보훈신체검사규정 5급 21호(국가유공자예우등에관한법률시행령 제14조 별표 3 상이등급구분표상의 제5급 분류번호 21과 같다) 소정의 뇌골부상후유증으로 취업상 상당한 제한을 받는 자로 인정받은 바 있습니다.

또한 의사 최○규, 고○석이 작성한 각 장해진단서에 의하면 원고에게 두개골 결손증과 후외상성 신경증 또는 외상후 신경증이 있어 그로 인한 노동력

상실률이 33% 또는 37%에 이르는 것으로 되어 있고 국가보훈처에서 원고의 상이등급을 제5급 제21호로 인정하고 있는 점 등에 비추어 보면 피고로서는 원고에 대하여 폐질등급을 결정함에 있어서 마땅히 공무원연금법시행령이 정하는 폐질등급 중 보다 상위등급으로 결정하여야 함에도 위 제14급 제10호를 적용하여 한 피고의 이 사건 처분은 위법한 것입니다.

따라서 피고의 원고에 대한 위 처분은 위법이므로 청구취지와 같은 판결을 구하기 위하여 본 소 청구에 이르렀습니다.

입 증 방 법

추후 변론시 제출하겠습니다.

첨 부 서 류

1. 주민등록초본   1통
1. 소장부본   1통
1. 위임장   1통

20○○. ○. .

위 원고 소송대리인 변호사 ○ ○ ○ (인)

○○행정법원   귀중

소 장

원고 　김 길 동(주민등록번호)

　　　　서울시 강동구 명일동 ○-○번지

　　　　(전화 000-000, 팩스 000-000)

피고 　서울지방보훈처장

군인사망보상금지급거부처분취소

청구취지

1. 피고가 2012. 1. 12. 원고에 대하여 한 군인사망보상금지급거부 처분을 취소한다.
2. 소송비용은 피고가 부담한다.

라는 판결을 구합니다.

청구원인

1. 처분의 경위

(1) 원고의 아버지인 망 김**(이하 '망인'이라 한다)은 애국청년운동단체인 대한청년

단의 황해도단 소속 대원으로서 한국전쟁 중인 1950. 12. 18. 단장 김○○(제헌 국회의원)의 명령에 따라 대원 약 15명과 함께 당시 해주시 용당포에 주둔하고 있던 해군 503함의 함장 장근섭 중위의 지휘를 받게 되었는바, 같은 달 20일 장근섭의 명령을 받고 해군과 함께 황해도 신천군 구월산 지역 공비정찰작전에 참여하였다가 적군과의 교전 과정에서 해군 6명, 청년단원 3명과 함께 전사하였습니다.

(2) 원고는 1989. 12. 19. 해군참모총장으로부터 망인이 위와 같은 사유로 전사하였으니 국가유공자에 해당한다는 취지의 사실확인서(이하 '이 사건 확인서'라 한다)를 발급받고, 같은 달 29일 피고에게 국가유공자 및 유족등록 신청을 하였습니다.

(3) 피고는 위 신청에 따라 1990. 2. 27. 보훈심사위원회의 심의·의결을 거쳐 망인을 국가유공자(전몰군경)로, 피고를 그 유족으로 각 결정하였습니다.

(4) 원고는 2011. 12. 14. 피고에게 망인의 전사를 이유로 사망급여금의 지급을 청구하였으나, 피고는 2012. 1. 12. 원고가 이 사건 확인서를 발급받은 날로부터 5년이 경과하여 사망급여금 청구권이 시효로 소멸하였다면서 지급을 거절하였습니다(이하 '이 사건 처분'이라 함).

2. 처분의 위법성

(1) 망인이 해군과 함께 작전을 수행하던 중에 전사하였는데, 정식 군인은 아니었으므로 피고는 구 군인사망급여금규정 부칙(1953. 11. 10. 대통령령 제831호, 이하 '1953년 부칙'이라 하고 그 본칙들을 통틀어 '1953년 규정'이라 한다) 제2문에서 정한 '징용자 및 노무자'의 예에 따라 망인의 유족인 원고에게 사망급여금을 지급할 의무가 있습니다.

(2) 한편, 군인사망급여금규정은 1974. 6. 19. 구 군인재해보상규정(1974. 6. 19. 대통령령 제7181호)의 시행으로 폐지되었고, 군인재해보상규정 역시 1980. 7. 1. 구 「군인연금법 시행령」(1980. 7. 11. 대통령령 제9963호)의 시행으로 폐지되었는데, 그 과정에서 1953년 부칙의 '징용자 및 노무자'에 관한 규정이 승계되지 않았기 때문에 원고로서는 사망급여금을 청구함에 있어서 근거규정을 찾을 수 없는 법률상의 장애사유가 있었습니다.

(3) 따라서 원고의 사망급여금 청구권이 이 사건 확인서를 발급받은 날인 1989. 12. 19.부터 5년이 경과하여 시효로 소멸하였음을 전제로 한 피고의 이 사건 처분은 위법합니다.

3. 결론

이와 같이 피고의 처분은 위법한 행정처분이 아닐 수 없으므로, 상기와 같이 원고의 행정처분의 취소를 구하는 행정소송에 이르게 되었습니다.

입증방법

    1. 갑 제1호증
    2. 갑 제2호증
    3. 갑 제3호증

첨부서류

1. 위 각 입증방법   각 1부

2. 송달료 납부서

3. 소장부본

20 . . .

위 원고 (날인 또는 서명)

서울행정법원 귀중

[서식] 국립묘지안장거부처분취소 청구의 소

소 장

원고　　　김 길 동(주민등록번호)

　　　　　서울시 서초구 서초3동 ○○번지

　　　　　(전화 000-000, 팩스 000-000)

피고　　　국가보훈처장

국립묘지안장거부처분취소

청구취지

1. 피고가 2009. 2. 16. 원고에 대하여 한 국립묘지안장거부처분을 취소한다.
2. 소송비용은 피고가 부담한다.

라는 판결을 구합니다.

청구원인

1. 처분의 경위

(1) 원고의 아버지인 망 김○○(이하 '망인'이라 한다)은 1967. 10. 26. 입대하여
월남 전에 참전하였다가 1970. 8. 29. 전역한 자로, 2008. 8. 27. 전상군경

3급의 국가유공자로 등록되었는데, 2009. 1. 4. 사망하였습니다.

(2) 원고는 2009. 1. 5. 피고에게 망인을 국립묘지인 국립대전현충원에 안장하여 달라고 신청하였습니다.

(3) 피고는, 망인이 2001. 1. 19. 대전지방법원 2000고단000 사건에서 폭력행위등 처벌에관한법률위반, 상습도박으로 징역 1년에 집행유예 2년을 선고받아 그 판결이 확정되고, 2008. 9. 25. 같은 법원 2008고단000 사건에서 무고, 사기로 징역 6월에 집행유예 2년을 선고받아 그 판결이 확정된 사실을 발견하고, 안장대상심의위원회에 망인에 의하여 국립묘지의 설치 및 운영에 관한 법률(이하 '국립묘지법'이라 한다) 제5조 제3항 제5호(이하 '이 사건 법률조항'이라 한다)에 따른 국립묘지의 영예성이 훼손되는지 여부에 대한 심의를 의뢰하였습니다.
안장대상심의위원회는 심의 결과 2009. 2. 12. 망인이 국립묘지의 영예성을 훼손하는 자에 해당한다고 의결하였고, 피고는 2009. 2. 16. 원고에 대하여 위 심의 결과에 따라 원고의 위 신청을 거부하는 통지(이하 '이 사건 처분'이라 한다)를 하였습니다.

2. 처분의 위법성

(1) 이 사건 법률조항은, 안장대상심의위원회가 어떠한 기준으로 심의할 것인지에 대하여 구체적인 기준을 정하지 않아 불명확하므로 입법재량권(헌법 제40조)을 일탈하고, 포괄위임입법금지원칙(헌법 제75조, 제95조)에 어긋나며, 입법취지가 유사한 국가 유공자 등 예우 및 지원에 관한 법률(이하 '국가유공자법'이라 한다) 제79조 제1항이나 형사처벌에 관련된 조항인 국립묘지법 제5조 제3항 제3호의 내용에 비추어 국가유공자 법상 결격사유에 해당하지 않는 국가유공자라면 국립묘지에 안장되어야 함에도, 합리적인 이유 없이 국가유공자에게 전과가 있다는 이유만으로 국립묘지의 영예성을 훼손할 수 있도록 규정되어 있어 평등권

(헌법 제11조)을 침해하고 과잉금지원칙(헌법 제37조 제2항)에 어긋나는 등 헌법 규정에 위반되는 위헌법률이므로, 이 사건 법률조항을 적용한 이 사건 처분은 위법합니다.

(2) 가사 이 사건 법률조항이 위헌법률이 아니라 하더라도, 입법취지가 유사한 국가유공자법 제79조 제1항, 동법 시행령 제98조 제1항 및 형사처벌에 관련된 조항인 국립묘지법 제5조 제3항 제3호의 내용, 모든 전과자를 안장대상심의위원회의 심의 대상으로 하여 원칙적으로 국립묘지안장대상자에서 제외할 경우 입법자의 입법의도를 해치게 될 것인 점, 국가유공자법상 결격사유에 해당하지 않는 국가유공자임에도 국립묘지에 안장할 수 없다는 것은 일반인의 관념에도 어긋나는 점 등에 비추어 볼 때, 금고 1년 이상의 실형을 선고받아 확정된 자에 한하여 이 사건 법률조항에 따른 국립묘지의 영예성을 훼손하는 것으로 해석하여야 한다. 따라서 망인의 전과가 국가유공자법 제79조 제1항이나 국립묘지법 제5조 제3항 제3호에서 정한 범죄에 해당하지 않는 집행유예 전과에 불과한 이상, 망인이 국립묘지의 영예성을 훼손하였다고 할 수 없음에도 달리 본 이 사건 처분은 위법합니다.

(3) 가사 이 사건 법률조항을 위와 같이 해석하지 않는다 하더라도, 망인의 전과가 국가유공자법 제79조 제1항이나 국립묘지법 제5조 제3항 제3호에서 정한 범죄에 해당하지 않고, 집행유예 전과에 불과한 점, 각 범행에 대한 유리한 양형사유가 있었던 점 등에 비추어 볼 때, 이 사건 처분은 재량권을 일탈·남용한 것으로 위법합니다.

3. 결론

이상과 같이 피고의 처분은 위법한 행정처분이므로, 이의 취소를 구하는 행정소송에 이르게 되었습니다.

입증방법

1. 갑 제1호증
2. 갑 제2호증
3. 갑 제4호증
4. 갑 제5호증

첨부서류

1. 위 각 입증방법   각 1부
2. 송달료 납부서
3. 소장부본

20 . . .

위 원고 (날인 또는 서명)

서울행정법원 귀중

제8장 보건행정사건

(의사면허자격정지, 업무정지 등)

1. 요양기관, 의료급여기간 업무정지처분

국민건강보험법 제85조는 보건복지부장관은 요양기관이 속임수 기타 부정한 방법으로 공단, 가입자 또는 피부양자에게 요양급여비용을 부담하게 한때 당해 요양기관 업무정지를 명할 수 있다.

가. 속임수 기타 부정한 방법의 의미

요양급여비용의 청구원인이 되는 실제 존재하지 않은 사실을 허위로 존재한 것으로 하여 진료비를 청구하는 허위청구 및 사실관계는 실제 존재하나 요양급여가 관계법령에 위반하여 부정하게 이루어지는 등 허위청구 외 부정하게 이루어진 진료비 청구행위 등 부당청구행위 등을 말한다.

나. 부당청구의 성립

속임수 기타 부정한 방법으로 보장기관 또는 보험자 등에게 급여비용을 부담하게 하면 부당청구가 되는 것이고, 그 금액을 직접 수령한 경우에만 부당청구가 되는 것은 아니다.[117]

---

117) 서울행정법원 2009. 10. 15. 선고 2008구합48282, 49537 판결.

2. 면허정지처분(의료법 제66조 제1항)

의료법 제66조(자격정지 등)

① 보건복지부장관은 의료인이 다음 각 호의 어느 하나에 해당하면 1년의 범위에서 면허자격을 정지시킬 수 있다. 이 경우 의료기술과 관련한 판단이 필요한 사항에 관하여는 관계 전문가의 의견을 들어 결정할 수 있다.

  1. 의료인의 품위를 심하게 손상시키는 행위를 한 때

  2. 의료기관 개설자가 될 수 없는 자에게 고용되어 의료행위를 한 때

2의2. 제4조제6항을 위반한 때

  3. 제17조제1항 및 제2항에 따른 진단서·검안서 또는 증명서를 거짓으로 작성하여 내주거나 제22조제1항에 따른 진료기록부등을 거짓으로 작성하거나 고의로 사실과 다르게 추가기재·수정한 때

  4. 제20조를 위반한 경우

  5. 제27조제5항을 위반하여 의료인이 아닌 자로 하여금 의료행위를 하게 한 때

  6. 의료기사가 아닌 자에게 의료기사의 업무를 하게 하거나 의료기사에게 그 업무 범위를 벗어나게 한 때

  7. 관련 서류를 위조·변조하거나 속임수 등 부정한 방법으로 진료비를 거짓 청구한 때

  8. 삭제 [2011.8.4] [[시행일 2012.2.5]]

  9. 제23조의3을 위반하여 경제적 이익등을 제공받은 때

  10. 그 밖에 이 법 또는 이 법에 따른 명령을 위반한 때

가. 진료기록 등을 허위기재 등

국민건강보험법 제85조에서 정한 "사위 기타 부당한 방법으로 보험자에게 요양급여비용을 부담하게 한 때"와 중복되는 경우가 많은데, 국민건상보험법상의 요양기관업무정지처분과 의료병상의 자격정지처분은 그 적용법률과 보호법익 및 제재대상을 달리하는 것이어서 양처분이 병과될 수 있다.[118]

나. 의료인이 아닌 자로 하여금 의료행위를 하게 하는 경우 등

의료행위라 함은 의학적 전문지식을 기초로 하는 경험과 기능으로 진료, 검안, 처방, 투약 또는 외과적 시술을 시행하여 하는 질병의 예방 또는 치료행위 및 그밖에 의료인이 행하지 아니하면 보건위생상 위해가 생길 우려가 있는 행위이고, 진료보조행위인지의 여부는 보조행위의 유형에 따라 일률적으로 결정할 수 없고 구체적인 경우에 그 행위의 객관적인 특성상 위험이 따르거나 부작용 혹은 후유증이 있는지, 당시의 환자상태가 어떠한지, 간호조무사의 자질과 숙련도는 어느 정도인지 등의 여러 사정을 참작하여 개별적으로 결정하여야 한다.[119]

다. 의료인이 의료법령에 위반하였을 경우

진료기록부 등의 작성, 보존의무를 제대로 하지 않은 경우가 주문제가 된다. 의료법 시행규칙 제15조 제1항 각호의 규정은 한정적, 열거적인 것으로 보아야 한다. 따라서 가령 위 규정에서 초음파 검사사진을 보존하여야 할 진료에 관한 기록의 하나로 명시하지 아니한 이상 산부인과 의사인 원고가 사진을 보존하지 아니하였다는 이유로 의료법 제22조 제2항에 따른 보존의무를 위반하였다고 할 수 없다.[120]

3. 소위 사무장 병원의 환수처분 대상자

의료인이 아닌 자가 의료인을 고용하여 의료인 명의로 의료기관을 개설한 경우, 명의대여자인 의료인에 대한 부당이득금 환수처분은 실질적으로 요양급여비용이 의료인이 아닌 자에게 귀속되었다 하더라도, 건강공단에 대한 관계에서 요양급여비용을 청구하여 지급받은 자는

---

118) 서울행정법원 2008. 5. 20. 선고 2008구합372 판결.
119) 대법원 2006. 12. 7. 선고 2005도674 판결.
120) 서울행정법원 2009. 10. 8. 선고 2009구합28760 판결(확정).

개설명의의인 의료인이므로, 그 반환의 성격을 띤 부당이득금징수의 상대방인 요양기관 역시 그 개설명의인인 의료인이라고 볼 수밖에 없다는 이유로 명의대여인에 대한 부당이득환수처분은 적당하다.[121]

그런데 명의차용자에 대한 부당이득 징수와 관련하여서는 국민건강보험법이 2013. 5. 22. 법률 제11787호로 개정되기 전에는 명의차용자에 대한 부당이득 징수의 근거규정이 없어 국민건강보험공단이 명의차용자를 상대로 한 부당이득금 환수통보는 처분이 아니라는 이유로 각하된 바 있다.[122] 그러나 국민건강보험법이 2013. 5. 22. 법률 제11787호로 개정되어 명의차용자에 대하여도 명의대여자와 연대하여 부당이득을 징수할 수 있는 근거규정이 마련됨으로써 명의차용자에 대한 부당이득징수 환수의 처분성이 더 이상 문제가 되지 않게 정리되었다.

4. 관련서식

가. 청구취지 기재례

피고가 20○○. 11. 7. 원고에 대하여 한 20○○. 11. 28.부터 20○○. 12. 27.까지 의사면허자격정지처분을 취소한다.

---

121) 서울행정법원 2010. 4. 30. 선고 2010구합2531 판결.
122) 서울행정법원 2014. 4. 17. 선고 2013구합28169 판결(확정).

나. 서식례

[서식] 소장 - 의사면허자격정지처분취소 청구의 소

소　　장

원　고　　　○　　○　　　○ (○○○○○○-○○○○○○○)

　　　　　　　○○시 ○○구 ○○동 ○○○

　　　　　　　소송대리인 변호사 ○ ○ ○

　　　　　　　○○시 ○○구 ○○동 ○○○　　　　　　(우 :　　　　　)

　　　　　　　(전화 :　　　　　,팩스 :　　　　　)

피　고　　　보건복지부장관

의사면허자격정지처분취소 청구의 소

청 구 취 지

1. 피고가 20○○. 11. 7. 원고에 대하여 한 20○○. 11. 28.부터 20○○. 12. 27.까지 의사면허자격정지처분을 취소한다.
2. 소송비용은 피고의 부담으로 한다.

라는 판결을 구합니다.

청 구 원 인

1. 처분의 경위

　가. 원고는 피고로부터 의사면허(면허번호 제○○○호)를 받고, 20○○. 11. 27.경부터 ○○시 ○○구 ○○동 123에서 제일의원을 개설하여 의료업에 종사하고 있습니다.

　나. 원고는 20○○. 11. 19. ○○시 ○○구 ○○동 234 소재 ○○도자기 회사

에 전화로 건강검진을 무료로 해준다고 하여 위 회사 측에서 이에 응하자, 같은 달 23. 위 회사에 현지출장을 하여 위 회사 직원인 소외 박○일 외 4명의 채혈을 하면서, 간염과 혈액검사는 무료이나 그 외에 혈액종합 검사는 검진료가 60,000원이라고 하고는 그 검진료는 나중에 결과가 나오는 대로 받기로 하고 검사를 하였다는 협의로 형사입건되어 20○○. 6. 8. ○○지방법원으로부터 의료법위반죄로 벌금 1,000,000원의 선고유예판결을 받고, 위 판결은 그 무렵 확정되었습니다.

다. 피고는 원고가 의료기관을 개설운영하면서 위와 같이 영리를 목적으로 환자를 알선 유인한 의료법 제17조 제3항 위반사실로 ○○지방법원으로부터 선고유예의 판결을 받았다는 이유로 20○○. 11. 7. 원고에 대하여 20○○. 11. 28.부터 20○○. 1. 27.까지 2개월간 위 의사면허자격을 정지하는 처분을 하였다가 원고가 같은 해 11. 16. 불복 청구한 행정심판에서 20○○. 2. 22. 중앙행정심판위원회의 의결에 따라 위 처분내용이 20○○. 11. 28. 20○○. 12. 27.까 지 1개월간으로 경정되었습니다.

2. 처분의 위법

위 처분은 다음과 같은 점에서 위법합니다.

첫째, 원고가 지역주민에 대한 의료서비스 및 홍보차원에서 위 ○○도자기 회사에 위 회사측의 사전동의를 받고 무료건강진단차 출장을 나갔다가 위 회사직원들로부터 자신들의 비용부담하에 혈액종합검사를 하여 달라는 간청을 받고 시중가보다 대폭 저렴한 가격으로서 필요경비에 해당하는 금 60,000원씩으로 약정을 하고 위 검사를 하여, 주게 된 것으로서 원고에게는 처음부터 영리목적이 없었음에도 피고는 고의적으로 명백히 영리를 목적으로 환자를 소개, 알선 유인하거나 이를 사주하는 행위를 한 때에 적용되는 위 규칙에 따라 이 사건 처분을 한 위법이 있습니다.

둘째, 원고는 15년 이상 전문의로 종사해 온 의사로서 지역사회에 끼친 봉사 등으로 유관기관의 표창과 감사장을 수차에 걸쳐 받아 왔으며, 원고는 십수억원을 투자하여 15명의 직원을 고용하여 매달 평균 약 2,000여명의 고객에 대한 건강진단을 하여 왔으므로 이 사건으로 인하여 1개월간 병원을 운영하지 못하게 될 경우 원고는 막대한 경제적 손실을 입고 직원들의 생계는 물론 위 근로자 등의 건강측면에서도 엄청난 피해가 예상되며, 영업상의 신용훼손으로 병원을 폐쇄할 수밖에 없는 처지에 놓이게 되는 등 위 의료법의 취지, 위 규칙상의 행정처분의 기준, 이 사건 위반행위의 동기, 경위 정도 등에 비추어 보면 이 사건 처분에는 재량권의 범위를 일탈하거나 남용한 위법이 있다할 것입니다.

따라서 위 처분은 위법하여 취소를 구하기 위하여 본 소 청구에 이른 것입니다.

입 증 방 법

변론시 제출하겠습니다.

첨 부 서 류

1. 주민등록초본   1통
1. 소장부본   1통
1. 위임장   1통

20○○. ○. .

위 원고 소송대리인 변호사 ○ ○ ○ (인)

○○행정법원   귀중

제9장 정보공개청구

1. 정보공개의 원칙

공공기관이 보유·관리하는 정보는 국민의 알권리 보장 등을 위하여 이 법에서 정하는 바에 따라 적극적으로 공개하여야 한다.

2. 적용범위

정보의 공개에 관하여는 다른 법률에 특별한 규정이 있는 경우를 제외하고는 공공기관의 정보공개에 관한 법률에서 정하는 바에 따르지만 지방자치단체는 그 소관 사무에 관하여 법령의 범위에서 정보공개에 관한 조례를 정할 수 있다. 다만, 국가안전보장에 관련되는 정보 및 보안 업무를 관장하는 기관에서 국가안전보장과 관련된 정보의 분석을 목적으로 수집하거나 작성한 정보에 대해서는 이 법을 적용하지 아니한다.

3. 정보공개청구권자 및 공공기관의 의무

가. 정보공개청구권자

모든 국민은 정보의 공개를 청구할 권리를 가진다. 다만, 외국인의 정보공개 청구에 관하여는 대통령령으로 정한다.

나. 공공기관의 의무

공공기관은 정보의 공개를 청구하는 국민의 권리가 존중될 수 있도록 이 법을 운영하고 소관 관계 법령을 정비하여야 하고, 또한 정보의 적절한 보존과 신속한 검색이 이루어지도록 정보관리체계를 정비하고, 정보공개 업무를 주관하는 부서 및 담당하는 인력을 적정하게 두어야 하며, 정보통신망을 활용한 정보공개시스템 등을 구축하도록 노력하여야 한다.

4. 공개대상 정보의 원문공개

공공기관 중 중앙행정기관 및 대통령령으로 정하는 기관은 전자적 형태로 보유·관리하는 정보 중 공개대상으로 분류된 정보를 국민의 정보공개 청구가 없더라도 정보통신망을 활용한 정보공개시스템 등을 통하여 공개하여야 한다.

5. 비공개정보

가. 비공개정보

공공기관이 보유·관리하는 정보는 공개 대상이 된다. 다만, 다음의 어느 하나에 해당하는 정보는 공개하지 아니할 수 있다.

⑴ 다른 법률 또는 법률에서 위임한 명령(국회규칙·대법원규칙·헌법재판소규칙·중앙선거관리위원회규칙·대통령령 및 조례로 한정한다)에 따라 비밀이나 비공개 사항으로 규정된 정보

⑵ 국가안전보장·국방·통일·외교관계 등에 관한 사항으로서 공개될 경우 국가의 중대한 이익을 현저히 해칠 우려가 있다고 인정되는 정보

⑶ 공개될 경우 국민의 생명·신체 및 재산의 보호에 현저한 지장을 초래할 우려가 있다고 인정되는 정보

⑷ 진행 중인 재판에 관련된 정보와 범죄의 예방, 수사, 공소의 제기 및 유지, 형의 집행, 교정(矯正), 보안처분에 관한 사항으로서 공개될 경우 그 직무수행을 현저히 곤란하게 하거나 형사피고인의 공정한 재판을 받을 권리를 침해한다고 인정할 만한 상당한 이유가 있는 정보

⑸ 감사·감독·검사·시험·규제·입찰계약·기술개발·인사관리에 관한 사항이나 의사결정 과정 또는 내부검토 과정에 있는 사항 등으로서 공개될 경우 업무의 공정한 수행이나 연구·개발에 현저한 지장을 초래한다고 인정할 만한 상당한 이유가 있는 정보. 다만, 의사결정 과정 또는 내부검토 과정을 이유로 비공개할 경우에는 의사결정 과정 및 내부검토

과정이 종료되면 제10조에 따른 청구인에게 이를 통지하여야 한다.

(6) 해당 정보에 포함되어 있는 성명·주민등록번호 등 개인에 관한 사항으로서 공개될 경우 사생활의 비밀 또는 자유를 침해할 우려가 있다고 인정되는 정보. 다만, 다음에 열거한 개인에 관한 정보는 제외한다.

(가) 법령에서 정하는 바에 따라 열람할 수 있는 정보

(나) 공공기관이 공표를 목적으로 작성하거나 취득한 정보로서 사생활의 비밀 또는 자유를 부당하게 침해하지 아니하는 정보

(다) 공공기관이 작성하거나 취득한 정보로서 공개하는 것이 공익이나 개인의 권리 구제를 위하여 필요하다고 인정되는 정보

(라) 직무를 수행한 공무원의 성명·직위

(마) 공개하는 것이 공익을 위하여 필요한 경우로서 법령에 따라 국가 또는 지방자치단체가 업무의 일부를 위탁 또는 위촉한 개인의 성명·직업

(7) 법인·단체 또는 개인(이하 "법인등"이라 한다)의 경영상·영업상 비밀에 관한 사항으로서 공개될 경우 법인등의 정당한 이익을 현저히 해칠 우려가 있다고 인정되는 정보. 다만, 다음 에 열거한 정보는 제외한다.

(가) 사업활동에 의하여 발생하는 위해(危害)로부터 사람의 생명·신체 또는 건강을 보호하기 위하여 공개할 필요가 있는 정보

(나) 위법·부당한 사업활동으로부터 국민의 재산 또는 생활을 보호하기 위하여 공개할 필요가 있는 정보

(8) 공개될 경우 부동산 투기, 매점매석 등으로 특정인에게 이익 또는 불이익을 줄 우려가 있다고 인정되는 정보

나. 비공개 정보의 공개

공공기관은 위 가.항의 어느 하나에 해당하는 정보가 기간의 경과 등으로 인하여 비공개의 필요성이 없어진 경우에는 그 정보를 공개 대상으로 하여야 한다.

6. 정보공개의 청구방법 및 공개여부의 결정 등

가. 정보공개의 청구방법

정보의 공개를 청구하는 자(이하 "청구인"이라 한다)는 해당 정보를 보유하거나 관리하고 있는 공공기관에 i) 청구인의 성명·주민등록번호·주소 및 연락처(전화번호·전자우편주소 등을 말한다), ii) 공개를 청구하는 정보의 내용 및 공개방법의 사항을 적은 정보공개 청구서를 제출하거나 말로써 정보의 공개를 청구할 수 있다.

청구인이 말로써 정보의 공개를 청구할 때에는 담당 공무원 또는 담당 임직원(이하 "담당공무원 등"이라 한다)의 앞에서 진술하여야 하고, 담당공무원등은 정보공개 청구조서를 작성하여 이에 청구인과 함께 기명날인하거나 서명하여야 한다.

나. 공개여부 결정

공공기관은 정보공개의 청구를 받으면 그 청구를 받은 날부터 10일 이내에 공개 여부를 결정하여야 한다. 다만, 부득이한 사유로 기간 이내에 공개 여부를 결정할 수 없을 때에는 그 기간이 끝나는 날의 다음 날부터 기산(起算)하여 10일의 범위에서 공개 여부 결정기간을 연장할 수 있다. 이 경우 공공기관은 연장된 사실과 연장 사유를 청구인에게 지체 없이 문서로 통지하여야 한다.

또한, 공공기관은 공개 청구된 공개 대상 정보의 전부 또는 일부가 제3자와 관련이 있다고 인정할 때에는 그 사실을 제3자에게 지체 없이 통지하여야 하며, 필요한 경우에는 그의 의견을 들을 수 있으며, 다른 공공기관이 보유·관리하는 정보의 공개 청구를 받았을 때에는 지체 없이 이를 소관 기관으로 이송하여야 하며, 이송한 후에는 지체 없이 소관 기관 및 이송 사유 등을 분명히 밝혀 청구인에게 문서로 통지하여야 한다.

다. 공개여부결정 통지

공공기관은 정보의 공개를 결정한 경우에는 공개의 일시 및 장소 등을 분명히 밝혀 청구인에게 통지하여야 하며 정보공개시 청구인이 사본 또는 복제물의 교부를 원하는 경우에는 이를 교부하여야 한다. 다만, 공개 대상 정보의 양이 너무 많아 정상적인 업무수행에 현저한 지장을 초래할 우려가 있는 경우에는 정보의 사본·복제물을 일정 기간별로 나누어 제공하거나 열람과 병행하여 제공할 수 있다. 그러나 정보공개로 인하여 그 정보의 원본이 더럽혀지거나 파손될 우려가 있거나 그 밖에 상당한 이유가 있다고 인정할 때에는 그 정보의 사본·복제물을 공개할 수 있다.

한편, 공공기관은 정보의 비공개 결정을 한 경우에는 그 사실을 청구인에게 지체 없이 문서로 통지하여야 한다. 이 경우 비공개 이유와 불복(不服)의 방법 및 절차를 구체적으로 밝혀야 한다.

7. 비공개시 불복 및 구제절차

가. 이의신청

(1) 이의신청

청구인이 정보공개와 관련한 공공기관의 비공개 결정 또는 부분 공개 결정에 대하여 불복이 있거나 정보공개 청구 후 20일이 경과하도록 정보공개 결정이 없는 때에는 공공기관으로부터 정보공개 여부의 결정 통지를 받은 날 또는 정보공개 청구 후 20일이 경과한 날부터 30일 이내에 해당 공공기관에 문서로 이의신청을 할 수 있다.

이의신청은 다음의 사항을 적은 서면으로 하여야 한다.
 ⅰ) 신청인의 성명, 주민등록번호 및 주소(법인 또는 단체의 경우에는 그 명칭, 사무소 또는 사업소의 소재지와 대표자의 성명)와 연락처
 ⅱ) 이의신청의 대상이 되는 정보공개 여부 결정의 내용
 ⅲ) 이의신청의 취지 및 이유
 ⅳ) 정보공개 여부의 결정통지를 받은 날 또는 정보공개를 청구한 날

(2) 이의신청결정 통지

공공기관은 이의신청을 받은 날부터 7일 이내에 그 이의신청에 대하여 결정하고 그 결과를 청구인에게 지체 없이 문서로 통지하여야 한다. 다만, 부득이한 사유로 정하여진 기간 이내에 결정할 수 없을 때에는 그 기간이 끝나는 날의 다음 날부터 기산하여 7일의 범위에서 연장할 수 있으며, 연장 사유를 청구인에게 통지하여야 한다. 이때 공공기관은 이의신청을 각하(却下)

또는 기각(棄却)하는 결정을 한 경우에는 청구인에게 행정심판 또는 행정소송을 제기할 수 있다는 사실을 결과 통지와 함께 알려야 한다.

나. 행정심판

청구인이 정보공개와 관련한 공공기관의 결정에 대하여 불복이 있거나 정보공개 청구 후 20일이 경과하도록 정보공개 결정이 없는 때에는 「행정심판법」에서 정하는 바에 따라 행정심판을 청구할 수 있다. 이 경우 국가기관 및 지방자치단체 외의 공공기관의 결정에 대한 감독행정기관은 관계 중앙행정기관의 장 또는 지방자치단체의 장으로 한다.

또한, 청구인은 제18조에 따른 이의신청 절차를 거치지 아니하고 행정심판을 청구할 수 있다.

다. 행정소송

청구인이 정보공개와 관련한 공공기관의 결정에 대하여 불복이 있거나 정보공개 청구 후 20일이 경과하도록 정보공개 결정이 없는 때에는 「행정소송법」에서 정하는 바에 따라 행정소송을 제기할 수 있다.

8. 관련서식

가. 정보공개청구서

■ 공공기관의 정보공개에 관한 법률 시행규칙 [별지 제1호의2서식] 〈개정 2016. 12. 13.〉   정보공개시스템(www.open.go.kr)
에서도 청구할 수 있습니다.

정보공개 청구서

접수번호		접수일	처리기간
청구인	성명(법인 · 단체명 및 대표자 성명)		주민등록(여권 · 외국인등록)번호
	주소(소재지)		사업자(법인 · 단체)등록번호
	전화번호	팩스번호	전자우편주소

청구 내용	

공개 방법	[ ] 열람 · 시청]사본 · 출력물 [ ] 전자파일 [ ] 복제 · 인화물 기타([ ])

수령 방법	[ ] 직접 방문 [ ] 우편 [ ] 팩스 전송 [ ] 정보통신망 기타([ ])

수수료	[ ] 감면 대상임 [ ] 감면 대상 아님
	감면 사유
	※「공공기관의 정보공개에 관한 법률 시행령」제17조제3항에 따라 수수료 감면 대상에 해당하는 경우 에만 적으며, 감면 사유를 증명할 수 있는 서류를 첨부하시기 바랍니다.

「공공기관의 정보공개에 관한 법률」제10조제1항 및 같은 법 시행령 제6조제1항에 따라
위와 같이 정보의 공개를 청구합니다.

년   월   일

청구인   (서명 또는 인)

(접수 기관의 장) 귀하

- -

접 수 증

접수번호	청구인 성명
접수부서	접수자 성명
	(서명 또는 인)

귀하의 청구서는 위와 같이 접수되었습니다.

년   월   일

접 수 기 관 장 | 직인 |

1. 공개 청구된 공개 대상 정보의 전부 또는 일부가 제3자와 관련이 있다고 인정되는 경우에는 「공공기관의 정보공개에 관한 법률」 제11조제3항에 따라 청구사실이 제3자에게 통지됩니다.

2. 정보 공개를 청구한 날로부터 20일이 경과하도록 정보공개 결정이 없는 경우에는 「공공기관의 정보공개에 관한 법률」 제18조부터 제20조까지의 규정에 따라 해당 공공기관에 이의 신청을 하거나, 행정심판(서면 또는 온라인 : www.simpan.go.kr) 또는 행정소송을 제기할 수 있습니다.

210mm×297mm[백상지 80g/㎡(재활용품)]

나. 정보공개 구술 청구서

■ 공공기관의 정보공개에 관한 법률 시행규칙 [별지 제2호서식]
〈개정 2016. 12. 13.〉

정보공개시스템(www.open.go.kr)에서도 청구할 수 있습니다.

정보공개 구술 청구서

접수번호		접수일	처리기간
청구인	성명(법인·단체명 및 대표자 성명)	주민등록(여권·외국인등록)번호	
		사업자(법인·단체)등록번호	
	주소(소재지)	전화번호(팩스번호)	
		전자우편주소	
정보 내용			
공개 방법	[ ] 열람·시청　　[ ] 사본·출력물　　[ ] 전자파일　　[ ] 복제·인화물　　[ ] 기타(　　)		
수령 방법	[ ] 직접 방문　　[ ] 우편　　[ ] 팩스 전송　　[ ] 정보통신망　　[ ] 기타(　　)		
수수료 감면	해당 여부	[ ]해 당　　[ ]해당 없음	

감면 사유			

구술 청취자 (담당 공무원등)	직급	성명	
			서명 또는 인

구술자 (청구인)	기관명(기관인 경우)	직급	
		성명	서명 또는 인
	성명(일반인인 경우)		서명 또는 인

접 수 증

접수번호		청구인 성명	
접수자 직급		성 명	(서명 또는 인)

귀하의 청구서는 위와 같이 접수되었습니다.

년　　　월　　　일

접 수 기 관 장　　[직인]

※ 정보공개의 처리와 관련하여 문의사항이 있으면 (담당 부서 및 전화번호)로 문의하여 주시기 바랍
　니다.

유 의 사 항

1. 공개 청구된 공개 대상 정보의 전부 또는 일부가 제3자와 관련이 있다고 인정되는 경우에는
「공공기관의 정보공개에 관한 법률」 제11조제3항에 따라 청구사실이 제3자에게 통지됩니다.
2. 정보 공개를 청구한 날로부터 20일이 경과하도록 정보공개 결정이 없는 경우에는 「공공기관
의 정보공개에 관한 법률」 제18조부터 제20조까지의 규정에 따라 해당 공공기관에 이의
신청을 하거나, 행정심판(서면 또는 온라인 : www.simpan.go.kr) 또는 행정소송을 제기
할 수 있습니다.

210㎜×297㎜[백상지 80g/㎡(재활용품)]

다. 행정정보공개청구거부처분취소청구

(1) 청구취지 기재례

> 원고에 대하여 피고가 20○○. ○. ○.자로 한 행정정보공개청구거부처분은 이를
> 취소한다.

> 피고가 원고의 별지목록기재 사항에 대한 행정정보를 공개하지 않은 것이 위법임을
> 확인한다.

(2) 서식례

[서식] 정보공개결정 이의신청서{별지 제8호서식}

정보공개(비공개)결정 이의신청서

접 수 일 자			접 수 번 호	
이의 신청인	이 름 (법인명 등 및 대표자)		주민등록번호 (사업자등록번호등)	
	주소 (소재지)			
공개 또는 비공개 결정내용				
통지서 수령유무	□ 정보(공개 · 부분공개 · 비공개) 결정통지서를 년 월 일에 받았음.			

	□ 정보(공개 · 부분공개 · 비공개) 결정통지서를 받지 못했음(법 제9조제4항의 규정에 의하여 비공개의 결정이 있는 것으로 보는 날은 년 월 일임).
이의신청의 취지 및 이유	

공공기관의정보공개에관한법률 제16조제1항 또는 제19조제2항의 규정과 동법시행령 제19조의 규정에 의하여 귀기관의 정보공개(비공개)결정에 대하여 위와 같이 이의신청서를 제출합니다.

년 월 일

이의신청인 (서명 또는 인)

(접수기관의 장) 귀하

15012-12711민

'97.5.26.승인

210㎜×297㎜

일반용지60g/㎡

[서식] 정보공개청구서

■ 공공기관의 정보공개에 관한 법률 시행규칙 [별지 제1호의2서식] 〈개정 2016. 12. 13.〉　　정보공개시스템(www.open.go.kr)
에서도 청구할 수 있습니다.

정보공개 청구서

접수번호		접수일	처리기간
청구인	성명(법인·단체명 및 대표자 성명)		주민등록(여권·외국인등록) 번호
	주소(소재지)		사업자(법인·단체)등록번호
	전화번호	팩스번호	전자우편주소

청구 내용	

공개 방법	[　] 열람·시청　[　] 사본·출력물　[　] 전자파일　[　] 복제·인화물　[　]기타(　　　)

수령 방법	[　] 직접 방문　　[　] 우편　　[　] 팩스 전송　[　] 정보통신망　[　]기타(　　　)

수수료	[　] 감면 대상임　　　　[　] 감면 대상 아님
	감면 사유
	※「공공기관의 정보공개에 관한 법률 시행령」 제17조제3항에 따라 수수료 감면 대상에 해당하는 경우에

「공공기관의 정보공개에 관한 법률」 제10조제1항 및 같은 법 시행령 제6조제1항에 따라 위와 같이 정보의 공개를 청구합니다.

년   월   일

청구인   (서명 또는 인)

(접수 기관의 장) 귀하

접 수 증

접수번호	청구인 성명
접수부서	접수자 성명
	(서명 또는 인)

귀하의 청구서는 위와 같이 접수되었습니다.

년   월   일

접 수 기 관 장 | 직인

유 의 사 항

1. 공개 청구된 공개 대상 정보의 전부 또는 일부가 제3자와 관련이 있다고 인정되는 경우에는 「공공기관의 정보공개에 관한 법률」 제11조제3항에 따라 청구사실이 제3자에게 통지됩니다.
2. 정보 공개를 청구한 날로부터 20일이 경과하도록 정보공개 결정이 없는 경우에는 「공공기관의 정보공개에 관한 법률」 제18조부터 제20조까지의 규정에 따라 해당 공공기관에 이의신청을 하거나, 행정심판(서면 또는 온라인 : www.simpan.go.kr) 또는 행정소송을 제기할 수 있습니다.

210mm×297mm[백상지 80g/㎡(재활용품)]

[서식] 소장 - 행정정보공개청구거부처분취소청구의 소

소 　 장

원　고　　ㅇ　ㅇ　ㅇ(주민등록번호)

　　　　　　ㅇㅇ시 ㅇㅇ구 ㅇㅇ길 ㅇㅇ (우편번호 ㅇㅇㅇ-ㅇㅇㅇ)

　　　　대표 : ㅇㅇㅇ

피　고　　△△광역시 △△구청장

　　　　　　ㅇㅇ시 ㅇㅇ구 ㅇㅇ길 ㅇㅇ (우편번호 ㅇㅇㅇ-ㅇㅇㅇ)

행정정보공개청구거부처분 취소청구의 소

청 구 취 지

1. 원고에 대하여 피고가 20ㅇㅇ. ㅇ. ㅇ.자로 한 행정정보공개청구거부처분은 이를 취소한다.
2. 소송비용은 피고의 부담으로 한다.

라는 판결을 구합니다.

청 구 원 인

1. 원고의 지위

　원고는 △△지역에서 지방자치제도의 활성화와 주민들의 지방자치참여를 목적으로 하여 결성된 시민운동단체로서 법인격 없는 사단입니다.

2. 원고의 정보공개청구

원고는 20○○. ○. ○. 공공기관의 정보공개에 관한 법률(이하 '법'이라 합니다)에 의거 피고를 상대로 행정감시를 사용목적으로 하여 별지목록기재 사항에 관하여 행정정보공개청구를 하였습니다.

3. 피고의 정보공개 거부처분

그러나, 피고는 20○○. ○. ○. 자로 "첫째 업무추진비 정보에는 영수증이나 세금계산서, 신용카드 매출전표 외에도 특정인을 식별할 수 있는 개인에 대한 정보가 기록된 행사내역서 등이 포함되어 있어 법 제9조 제1항 제6호의 비공개대상정보이며, 둘째, 20○○. ○. ○. 개최된 전국 시장·군수·구청장협의회에서 대법원판결 이후에 공개하기로 하였다"는 이유로 원고의 이 사건 정보공개청구를 거부하는 처분(이하 '이 사건 거부처분'이라 합니다)을 하였습니다.

4. 피고의 이 사건 거부처분의 위법성

가. 우선 위 두 번째 이유는 법률상 정보공개거부처분의 이유가 될 수 없으므로 더 이상 언급할 가치가 없습니다.

나. 다음으로 첫 번째 이유에 관하여 살펴보겠습니다. 가사 원고가 청구한 정보속에 피고의 주장대로 특정인을 식별할 수 있는 개인에 대한 정보가 기록된 행사내역서 등이 포함되어 있어 법 제9조 제1항 제6호의 비공개대상정보에 해당되는 정보가 있다 하더라도 피고로서는 그 정보만을 제외하고 공개하여야 할 의무가 있다 할 것이므로, 원고가 청구한 정보 정부를 공개하지 아니한다는 결정을 한 원고의 처분은 위법하다 할 것입니다(참고로 △△광역시의 경우 업무추진비밀 판공비 집행내역을 공개하고, 지출결의서, 영수증 등 제반 증빙서류에 관하여는 열람만 허용한다는 결정을 한 바 있습니다).

그리고 피고의 처분이 위법함은 대개의 지출결의서나 영수증 등에 기재된 이름이나 주민등록번호만으로 개인에 관한 정보가 공개된다고 보기 어려울 뿐 아니라 이를 공개하는 것이 공익에 필요하다고 판단되는 경우가 대부분일 것이라는 점에서도 반증이 됩니다.

5. 결론

그렇다면, 원고에 대하여 피고가 20○○. ○. ○.자로 한 행정정보공개청구거부 처분은 위법하다 할 것이어서 원고는 이의 취소를 구하기 위하여 본 건 청구에 이르렀습니다.

입 증 방 법

1. 갑제1호증   정보공개청구서
1. 갑제2호증   결정통지서

첨 부 서 류

1. 소장부본   1통
1. 위 입증방법   각 1통
1. 납부서   1통

20○○. ○. ○.

원 고 ○ ○ ○ (인)

○ ○ 지 방 법 원 귀 중

별　　지

1. 1998, 1999년도 피고의 판공비 총액(기관운영업무추진비, 시책추진업무추진비, 특수활동비 등 그 명목을 불구하고 자치단체의 장 및 각 국과가 포괄적으로 사용할 수 있는 항목) 및 기관별(자치단체의 장 및 국장 등 직책별로 분류) 총액

2. 1998, 1999년도 기지출된 판공비의 내역(일자· 내역· 액수별로 정리)

3. 1998, 1999년도 기지출된 판공비의 지출결의서, 영수증 등 제반 증빙서류

4. 2000년도 피고의 판공비 예산총액 및 기관별 총액. 끝.

[서식] 행정정보공개 부작위위법 확인의 소

소　　　　　장

원　　고　　○○시민연대

　　　　　　○○시 ○○구 ○○길 ○○ (우편번호 ○○○ － ○○○)

　　　　　　대표 ○　○　○

피　　고　　△△광역시　△△구청장

　　　　　　○○시 ○○구 ○○길 ○○ (우편번호 ○○○ － ○○○)

행정정보공개부작위위법 확인의 소

청 구 취 지

1. 피고가 원고의 별지목록기재 사항에 대한 행정정보를 공개하지 않은 것이 위법
   임을 확인한다.
2. 소송비용은 피고의 부담으로 한다
라는 판결을 구합니다.

청 구 원 인

1. 원고는 ○○지역에서 지방자치제도의 활성화와 주민들의 지방자치참여를 목적
   으로 하여 결성된 시민운동단체로서 법인격 없는 사단입니다.

2. 원고는 20○○. ○. ○. 공공기관의정보공개에관한법률에 따라 피고를 상대로
   행정감시를 사용목적으로 하여 별지목록기재 사항의 행정정보공개청구를 하였
   습니다. 그러나 피고는 아직까지 아무런 결정을 하지 않았습니다.

3. 그러나 위 법률 제9조 제1항은 8가지 사유에 해당되지 아니한 경우에는 모든
   공공기관의 정보는 공개되어야 한다고 규정하고 있는데 원고가 피고에게 정보
   공개를 요청한 내용은 위 8가지 사유가 해당되지 아니함에도 피고는 위법하게
   도 아무런 결정을 하고 있지 아니한 것입니다.

4. 따라서 피고가 아무런 결정을 하지 않은 것에 대해서 위법함을 확인하기 위하여
   이 사건 청구에 이르게 된 것입니다.

첨 부 서 류

    1. 소장부본   1통

    1. 납부서   1통

20○○년   ○월   ○일

원 고   ○   ○   ○   (인)

○ ○ 행 정 법 원 귀 중

별 지 목 록

1. 1998, 1999년도 기지출된 판공비의 내역(일자 내역 액수 별로 정리)

2. 1998, 1999년도 기지출된 판공비의 지출결의서, 영수증 등 제반 증빙서류

3. 2000년도 각 피고의 판공비 예산총액 및 기관별 총액. 끝.

라. 행정정보공개부작위위법확인

(1) 청구취지 기재례

> 피고가 원고의 별지목록기재 사항에 대한 행정정보를 공개하지 않은 것이 위법임을 확인한다.

(2) 서식례

[서식] 소장 – 행정정보공개부작위위법확인의 소

소 장

원 고   ○○시민연대

      ○○시 ○○구 ○○길 ○○ (우편번호 ○○○ – ○○○)

      대표 ○ ○ ○

피 고   △△광역시 △△구청장

      ○○시 ○○구 ○○길 ○○ (우편번호 ○○○ – ○○○)

행정정보공개부작위위법 확인의 소

청 구 취 지

1. 피고가 원고의 별지목록기재 사항에 대한 행정정보를 공개하지 않은 것이 위법임을 확인한다.

2. 소송비용은 피고의 부담으로 한다

라는 판결을 구합니다.

청 구 원 인

1. 원고는 ○○지역에서 지방자치제도의 활성화와 주민들의 지방자치참여를 목
   적으로 하여 결성된 시민운동단체로서 법인격 없는 사단입니다.

2. 원고는 20○○. ○. ○. 공공기관의정보공개에관한법률에 따라 피고를 상대
   로 행정감시를 사용목적으로 하여 별지목록기재 사항의 행정정보공개청구를
   하였습니다. 그러나 피고는 아직까지 아무런 결정을 하지 않았습니다.

3. 그러나 위 법률 제9조 제1항은 8가지 사유에 해당되지 아니한 경우에는 모든
   공공기관의 정보는 공개되어야 한다고 규정하고 있는데 원고가 피고에게 정
   보공개를 요청한 내용은 위 8가지 사유가 해당되지 아니함에도 피고는 위법
   하게도 아무런 결정을 하고 있지 아니한 것입니다.

4. 따라서 피고가 아무런 결정을 하지 않은 것에 대해서 위법함을 확인하기
   위하여 이 사건 청구에 이르게 된 것입니다.

첨 부 서 류

1. 소장부본	1통
1. 납부서	1통

20○○년 ○월 ○일

원 고 ○ ○ ○ (인)

○ ○ 행 정 법 원 귀 중

별 지 목 록

1. 1998, 1999년도 기지출된 판공비의 내역(일자 내역 액수 별로 정리)

2. 1998, 1999년도 기지출된 판공비의 지출결의서, 영수증 등 제반 증빙서류

3. 2000년도 각 피고의 판공비 예산총액 및 기관별 총액. 끝.

마. 정보비공개결정처분취소심판청구

(1) 청구취지 기재례

> 피청구인이 20○○. ○. ○. 청구인에 대하여 한 정보비공개결정처분을 취소한다.

(2) 서식례

[서식] 소장 - 정보비공개졀정처분취소심판청구

행 정 심 판 청 구

청 구 인　　○　○　○(주민등록번호)

　　　　　　　　○○시 ○○구 ○○길 ○○(우편번호 ○○○ - ○○○)

피청구인　　국가보훈처장

　　　　　　　　○○시 ○○구 ○○길 ○○(우편번호 ○○○ - ○○○)

정보비공개결정처분 취소심판청구

청 구 취 지

1. 피청구인이 20○○. ○. ○. 청구인에 대하여 한 정보비공개결정처분을 취소한다.
2. 소송비용은 피청구인이 부담한다.
라는 재결을 구합니다.

청 구 원 인

1. 처분의 경위

가. 청구인의 아버지인 심판외 망 ☆★☆는 19○○. ○. ○. 군대에 입대하여 베트남전에 참전하였다가 19○○. ○. ○. 만기전역한 참전유공자입니다. 위 심판외 ☆★☆는 월남전 참전으로 인한 고엽제후유의증으로 20○○. ○. ○. 고도장애판정을 받고, 20○○. ○. ○. 국가유공자로 등록된 후, 20○○. ○. ○. 사망하였습니다.

나. 청구인은 '국립묘지의 설치 및 운영에 관한 법률'에 따라 심판외 ●◎호국원에 심판외 망 ☆★☆를 위 호국원에 안장하여 줄 것을 신청하였으나, 심판외 ●◎호국원장은 위 ☆★☆가 20○○. ○. ○.경 교통사고를 일으켜 금고 1년에 집행유예 2년의 형을 받은 사실이 있다는 점을 이유로 국립묘지안장 거부처분을 하였습니다. 이에 청구인은 20○○. ○. ○. ◇◆지방법원에 위 거부처분의 취소를 구하는 소를 제기하여, 현재 소송이 계속 중입니다.

다. 심판외 ●◎호국원에서는 안장심의대상자가 금고 이상의 형을 받은 경우 국가보훈처 산하의 '국립묘지안장대상심의위원회'에 위 대상자가 국립묘지의 영예성을 침해하는지 여부에 대한 판단을 구하고, 위 위원회의 결정에 따라 안장여부를 결정합니다. 그리고 '국립묘지안장대상심의위원회 운영규정' 제4조 제3항은 '영예성 훼손여부는 ①과실의 경중 또는 우발적인 행위여부, ②상대방이 입은 피해의 경중 또는 생계형 범죄여부, ③피해자와 합의 및 변제 등 적극적인 피해구제 노력여부, ④입대 이전 범행여부, ⑤안장대상자 자격요건 취득(유공시점 기준) 이전 범행여부, ⑥사면·복권 여부, ⑦병적말소, 불명예 제대, 행방불명 및 전역사유 미확인자 등 병적사항 이상 여부를 종합적으로 고려하여 심의·의결한다.'고 규정하고 있습니다.

라. 이에 따라 위 사건은 국립묘지안장대상심의위원회가 위에서 규정한 제반 정상참작 요소를 종합적으로 고려하였는지 여부가 주된 쟁점이 되었습니다.

마. 위 소송 과정에서 심판외 ●◎호국원장은 위 심의위원회가 심의 과정에서 여러 가지 요소를 종합적으로 고려하였다고 주장하면서도, 구체적으로 어떠한 사유를 어떻게 고려하였는지 아무 것도 밝히지 못하고 있었습니다. 또한 위 소송 과정에서, 청구인의 경우 일반적인 경우와 달리 심판외 망 ☆★☆에 관한 여러 가지 정상참작 자료들(교통사고 당시의 합의관련 자료, 여러 기관에서 받은 봉사활동 관련 표창, 위 사고 이외에는 평생 아무런 전과가 없음을 소명하는 자료 등 일체)을 제출할 기회조차 부여받지 못하였다는 점이 드러났습니다.

바. 위 소송의 재판부는 청구인에게 '국립묘지안장대상심의위원회에서 심의를 하였다면 심의 과정을 기록한 회의록이 있을 것이므로, 이에 대한 제출을 요청하라.'는 취지의 석명을 하였고, 이에 청구인은 피청구인에게 사실조회신청을 하였습니다. 그러나 피청구인은 '회의록은 비공개 대상임'이라는 이유를 대며 회신을 거부하였고, 이에 청구인은 피청구인에게 법원을 통하여 문서송부촉탁신청을 하였으나, 이 또한 '심의위원들의 자유로운 의사개진을 보장하기 위해서 공개할 수 없다.'는 취지의 회신만을 하여 왔습니다.

사. 이에 청구인은 직접 피청구인에 대하여 '국립묘지안장대상심의위원회에서 망 ☆★☆가 국립묘지안장대상자에 해당하는지 여부를 심의하면서 작성된 회의록'에 관한 정보공개를 청구하였습니다.

아. 그러나 피청구인은 20○○. ○. ○. '안장대상심의위원회는 안장대상 여부를 결정하는 권한을 가진 의결기구로서 심의위원회에서의 자유롭고 활발한 심의, 의결이 보장되기 위해서는 위원회가 종료된 후라도 심의, 의결과정에서 개개 위원들이 한 발언내용이 외부에 공개되지 않는다는 것이 철저히 보장되어야 합니다. 만약, 참석위원의 발언 내용이 기재된 회의록이

공개된다면 위원들은 심리적 압박을 받아 솔직하고 자유로운 의사교환을 할 수 없고, 심지어 외부의 부당한 압력 등 업무의 공정성을 저해할 우려마저 있어 이러한 사태를 막아 심의위원들이 심의에 집중하도록 하여 심의의 내실화를 도모하고 공정성을 확보하기 위함입니다.'라는 이유로 청구인에게 정보비공개결정처분(이하 '이 사건 비공개처분'이라 합니다)을 통지하였습니다. 이는 위 소송에서 피청구인이 받은 문서송부촉탁에 대한 회신과 문구까지 정확하게 일치하는 내용이었습니다.

2. 관련 법령

가. 공공기관의 정보공개에 관한 법률

제9조(비공개대상정보)

① 공공기관이 보유·관리하는 정보는 공개대상이 된다. 다만, 다음 각호의 1에 해당하는 정보에 대하여는 이를 공개하지 아니할 수 있다.

5. 감사·감독·검사·시험·규제·입찰계약·기술개발·인사관리·의사결정과정 또는 내부검토과정에 있는 사항 등으로서 공개될 경우 업무의 공정한 수행이나 연구·개발에 현저한 지장을 초래한다고 인정할 만한 상당한 이유가 있는 정보

② 공공기관은 제1항 각호의 1에 해당하는 정보가 기간의 경과 등으로 인하여 비공개의 필요성이 없어진 경우에는 당해 정보를 공개대상으로 하여야 한다.

③ 공공기관은 제1항 각 호의 범위 안에서 당해 공공기관의 업무의 성격을 고려하여 비공개대상정보의 범위에 관한 세부기준을 수립하고 이를 공개하여야 한다.

나. 국가보훈처 행정정보 공개운영지침

제5조(비공개대상 정보의 기준)

① 국가보훈처에서 관리하고 있는 정보는 공개를 원칙으로 하되, 별표 2의

기준에 해당하는 정보에 대하여는 이를 공개하지 아니할 수 있다.

② 정보공개담당관은 별표 2의 기준을 적용함에 있어 당해 정보를 공개함으로써 얻게 되는 국민의 알 권리 보장과 비공개함으로써 보호되는 다른 법익과의 조화가 이루어질 수 있도록 공정하게 공개여부를 판단하여야 한다.

③ 정보공개책임관은 정보공개법의 취지가 충분히 반영되고 각급 기관의 공무원이 보다 객관적으로 정보공개여부를 판단할 수 있도록 별표 2의 기준을 지속적으로 보완하여야 한다.

다. 국가보훈처 행정정보 공개운영지침 별표 2 : 공공기관의 정보공개에 관한 법률 제9조 제1항 제5호 관련

8. 국가보훈위원회, 보훈심사위원회, 국립묘지안장대상심의위원회, 독립유공자공적심사위원회, 상이등급구분심사위원회 등 국가보훈처 소관 위원회 운영에 관한 정보로서 다음 각 호에 해당하는 정보

가. 회의의 내용이 대부분 개인의 신상·재산 등 사생활의 비밀과 관련되어 있는 정보

나. 회의의 내용이 공개로 인하여 외부의 부당한 압력 등 업무의 공정성을 저해할 우려가 있는 정보

다. 회의참석자의 심리적 부담으로 인하여 솔직하고 자유로운 의사교환이 이루어질 수 없다고 인정되는 정보

라. 심사 중에 있는 사건의 의결에 참여한 위원의 명단

3. 정보비공개결정처분의 위법성

가. '공공기관의 정보공개에 관한 법률' 및 '국가보훈처 행정정보 공개운영지침'의 규정 및 해석

1) '공공기관의 정보공개에 관한 법률(이하 '정보공개법'이라고 합니다)' 제3조 및 '국가보훈처 행정정보 공개운영지침(이하 '정보공개지침'이라고 합

니다)' 제2조는 특별한 사정이 없는 한 공공기관의 정보를 국민에게 공개하도록 규정하면서, 정보공개법 제9조 및 정보공개지침 제5조에서 예외적으로 비공개하는 경우를 한정적으로 열거하고 있습니다.

2) 위 입법의 취지는 '국민의 알 권리를 보장하고 국정에 대한 국민의 참여와 국정운영의 투명성을 확보(정보공개법 제1조)'함에 있습니다. 그러므로 공공기관이 국민의 정보공개청구를 거부하기 위해서는 '국가의 안전보장 및 공공질서, 국민에 대한 사생활의 비밀과 자유' 등에 관한 개별적, 직접적, 구체적인 위협 내지 침해의 우려가 있어야 합니다.

나. 피청구인이 주장하는 이 사건 비공개처분의 이유

1) 청구인의 청구가 위 ①항 및 ④항과 관련이 없음은 분명합니다. 이는 피청구인 역시 다투고 있지 않습니다. 결국 문제는 피청구인이 청구인에게 심판외 망 ☆★☆에 대한 심의와 관련한 회의록을 공개할 경우 '외부의 부당한 압력 등으로 인하여 업무의 공정성을 저해할 우려가 있는지 또는 회의참석자의 심리적 부담으로 인하여 솔직하고 자유로운 의사교환이 이루어 질 수 없다고 인정되는지' 여부입니다.

2) 이는 정보공개법이 정보의 원칙적 공개를 규정하고 있으므로, 위 회의록의 공개에 위와 같은 우려가 있는지 여부에 대해서는 피청구인이 적극적으로 개별적, 구체적, 직접적 주장 및 입증을 해야 합니다.

3) 그런데 피청구인은 이에 관한 아무런 구체적 이유 제시도 없이 '회의록이 공개되면 회의참석자의 심리적 부담으로 인하여 솔직하고 자유로운 의사교환이 이루어질 수 없고, 외부의 부당한 압력 등으로 인하여 업무의 공정성을 저해할 우려가 있다'라고만 막연하게 주장하고 있습니다. 그러나 이는 아래에서 살펴보는 것과 같이 아무런 이유가 없습니다.

다. 청구인이 심판외 심의위원회에 영향력을 행사할 수 있는지 여부

　　1) 우선, '솔직하고 자유로운 의사교환을 불가능하게 하고 업무의 공정성을 저해할 우려가 있는지'를 판단하기 위해서는, 심의위원회에 앞으로 행할 만한 어떤 업무가 남아있는 것이 전제되어야 합니다. 장래에 행할 어떠한 업무가 남아있어야 거기에 부당한 영향을 미치든 말든 할 수 있을 것이기 때문입니다.

　　2) 그런데 이미 심의위원회는 심판외 망 ☆★☆와 관련한 자신들의 결론을 내리고 이를 외부에 공표한 상태이므로, 그들은 자신들의 업무를 모두 마쳤습니다. 이와 같은 상황에서는 청구인이 위원회의 '솔직하고 자유로운 의사교환 및 업무의 공정성'을 저해한다는 것은 현실적으로 불가능합니다.

　　3) 가사 심의위원회가 재심결정 등을 통해 심판외 망 ☆★☆에 대한 심의를 다시 한 번 하는 상황이 발생한다고 가정하더라도, 정치적, 경제적 영향력을 가진 사회인사도 아닌 청구인이 심의위원회에 어떠한 방법으로 부당한 압력 내지 영향력을 행사할 수 있을지 지극히 의문입니다.

　　4) 그러므로 청구인이 심의위원회에 부당한 압력을 행사할 가능성이 있어 심의위원회의 업무의 공정성을 해할 수 있다거나, 회의참석자의 솔직하고 자유로운 의사교환을 하기 어렵다거나 하는 취지의 주장은 이유가 없습니다.

라. 심의위원회의 회의록 내지 회의자료는 심의·결정의 종료 이후에도 무제한적, 무조건적으로 비공개대상으로 남아야 하는지 여부

　　1) 피청구인의 '외부의 부당한 압력 등' 운운하는 주장을 백번 양보하여 선해하더라도, 이는 '심의위원들이 결정을 내린 후에 회의록이 공개된다면 심의위원회에서의 결정 과정 내지 결과에 대해 비판이 가해질 수 있고,

심의위원들은 차후의 그러한 비판을 의식하여 활발하고 자유로운 토론을 하지 못할 가능성이 있다'는 취지의 주장으로 해석할 수 있을 것입니다. 그러나 이는 정보공개법 제9조 제2항의 '비공개 정보도 비공개의 필요성이 없어진 경우에는 당해 정보를 공개대상으로 하여야 한다.'는 규정에 정면으로 배치되는 주장입니다.

2) 심의 도중에는 외부의 부당한 압력 내지 의사결정과정의 왜곡 등의 염려가 있으므로 회의록 내지 회의자료를 공개하지 않을 수 있지만, 심의를 마친 이후까지 그러한 필요성이 지속된다고 보기 어렵습니다. 오히려 심의를 마친 후에는 회의록 내지 회의자료를 국민들이 열람할 수 있도록 공개하여, 심의 과정에서 부당한 의사결정과정의 왜곡은 없었는지, 외부의 부당한 압력이 있었던 것은 아닌지, 심의위원들의 심의가 충실하게 이루어졌는지 등을 국민으로부터 검증받고, 이를 바탕으로 심의의 질을 높이는 과정이 필요하다고 보는 것이 합리적입니다.

3) 피청구인은 심의 이후에 심의 내용이 공개되면 심의위원들이 심리적으로 위축된다고 주장하나, 충실하고 올바른 심의과정을 거쳐 떳떳한 결론을 도출해낸 것이라면 그 과정을 국민 앞에 공개하지 못할 이유가 없습니다. 국민 앞에서 영원히 검증받지 않을 수 있는 특혜 앞에서만 '활발하고 자유로운' 토론이 가능하다는 권위주의적 밀실 행정식 발상이 아니라면, 국민의 알 권리 보장과 행정의 투명성 제고를 위해 원칙적으로 심의 및 의결이 종료된 이후에는 회의 내용의 공개를 지향해야 합니다. 그것이 정보공개법 제9조 제2항의 규정 취지에도 부합하고, 민주주의적이고 국민 친화적인 선진 행정문화 정착과도 맥을 같이 합니다.

4) 경우에 따라서 회의 내용의 전면적 공개가 부적절한 경우가 있을 수 있고, 공개의 범위 및 공개의 대상을 한정해야 할 경우도 있을 수 있습니다. 그러나 이는 어디까지나 '공개의 원칙'에 대한 예외로서, 이에 대한 구체적인 필요가 있는 경우에 한하여 받아들여져야 하는 것입니다. 그

럼에도 불구하고 피청구인은 '원칙적 비공개, 예외는 없다.'라는 태도를 취하고 있는데, 이러한 권위적이고 독선적인 태도는 결국 국민과의 소통 부재로 인한 신뢰의 상실로 이어질 수밖에 없는 것이어서 반드시 개선되어야 합니다.

5) 청구인의 이 사건 정보공개청구는 심판외 망 ☆★☆에 관하여 안장비대상결정을 한 심의위원회의 심의결과에 불복하는 과정에서 이루어진 것입니다. 즉, 청구인은 심판외 ●◎호국원장에게 심판외 망 ☆★☆에 대한 안장거부처분의 위법 부당함을 주장하며 안장거부를 한 이유를 밝혀달라고 수차례 요구했으나, '제반 사정을 참작하였다'는 형식적인 답변만을 들었을 뿐 아무런 실질적인 대답을 듣지 못하였습니다. 이에 청구인은 이의신청 및 행정심판을 거쳐 행정소송에 이르게 되었고, 재판부의 석명에 따라 회의록에 대한 사실조회신청 및 문서송부촉탁신청을 하였음에도 거절당하자 이 사건 정보공개청구를 하기에 이른 것입니다.

6) 아무런 관계없는 제3자도 아닌 직접적 이해당사자가 소송으로서 피청구인 산하의 심의위원회의 결정에 불복하면서 이를 뒷받침하기 위한 자료로 사용하기 위하여, 그리고 이를 판단하는 법원이 사실심리를 충실히 하기 위하여 필요한 자료로서 해당 정보의 공개를 청구하는데도 이를 공개할 수 없다면, 피청구인을 견제하고 비판할 수 있는 이는 도대체 누구라는 것인지 의문입니다.

4. 결론

이와 같이 피청구인의 이 사건 정보비공개결정처분은 아무런 법적 근거가 없는 위법·부당한 처분이므로, 청구인은 피청구인의 위법한 처분의 취소를 구하기 위하여 이 사건 심판을 제기하였습니다.

입 증 방 법

1. 갑 제1호증　　　　　　　(정보비공개결정통지서)

<h2 align="center">첨 부 서 류</h2>

1. 위 입증방법　　　　　　　　　　　각 1통
1. 심판청구서 부본　　　　　　　　　1통
1. 납부서　　　　　　　　　　　　　1통

　　　　　　　　　　　20○○년　　○월　　○일
　　　　　　　　　　　위 청구인　　○○○ (인)

중앙행정심판위원회　귀중

제10장 외국인 출입국 사범심사

제1절 출입국 사범심사의 개념 등

출입국사범(출입국관리법 제11조 제3항, 외국인이 범죄를 저질렀을 경우 해당 외국인 대한민국에 계속 체류할 필요가 있는지 심사)이란 출입국관리법 제93조의2, 제93조의3, 제94조부터 제99조까지, 제99조의2, 제99조의3 및 제100조에 규정된 죄를 범하였다고 인정되는 자를 말한다.

한편, 출입국관리법에서는 국내에 체류하는 외국인의 체류를 위한 관리를 주된 목적으로 제정된 법으로써, 외국인이 체류기간 중 형법을 위반하는 범죄행위를 하는 경우 모든 종류의 범죄뿐만 아니라 외국인이 입국 시 작성 또는 제출하는 입국서류를 허위로 조작하는 경우 및 여권을 위조하는 행위 등에 문제가 생기는 경우 또한 위반사항이라고 규정하고 있다.

1. 개념

외국인 체류가 늘어남에 따라 한국에서 거주하는 외국인들이 다양한 형사사건에 연루되고 있다. 출입국 사범 심사란 만일 외국인이 출입국관리법 제46조 제1항 각호에 규정된 강제퇴거명령 발령사유들 중 어느 하나에 해당된다고 의심되는 외국인에 대해 출입국관리사무소에서 그와 관련된 사실을 조사하고(출입국관리법 제47조), 조사 후 강제퇴거명령 발령사유가 존재하는지 여부에 대해 결정하는 절차(출입국관리법 제58조)를 말한다.

출입국관리법 제46조(강제퇴거의 대상자)

① 지방출입국·외국인관서의 장은 이 장에 규정된 절차에 따라 다음 각 호의 어느 하나에 해당하는 외국인을 대한민국 밖으로 강제퇴거시킬 수 있다.

1. 제7조를 위반한 사람

2. 제7조의2를 위반한 외국인 또는 같은 조에 규정된 허위초청 등의 행위로 입국한 외국인

3. 제11조제1항 각 호의 어느 하나에 해당하는 입국금지 사유가 입국 후에 발견되거나 발생한 사람

4. 제12조제1항·제2항 또는 제12조의3을 위반한 사람

5. 제13조제2항에 따라 지방출입국·외국인관서의 장이 붙인 허가조건을 위반한 사람

6. 제14조제1항, 제14조의2제1항, 제15조제1항, 제16조제1항 또는 제16조의2제1항에 따른 허가를 받지 아니하고 상륙한 사람

7. 제14조제3항(제14조의2제3항에 따라 준용되는 경우를 포함한다), 제15조제2항, 제16조제2항 또는 제16조의2제2항에 따라 지방출입국·외국인관서의 장 또는 출입국관리공무원이 붙인 허가조건을 위반한 사람

8. 제17조제1항·제2항, 제18조, 제20조, 제23조, 제24조 또는 제25조를 위반한 사람

9. 제21조제1항 본문을 위반하여 허가를 받지 아니하고 근무처를 변경·추가하거나 같은 조 제2항을 위반하여 외국인을 고용·알선한 사람

10. 제22조에 따라 법무부장관이 정한 거소 또는 활동범위의 제한이나 그 밖의 준수사항을 위반한 사람

10의2. 제26조를 위반한 외국인

11. 제28조제1항 및 제2항을 위반하여 출국하려고 한 사람

12. 제31조에 따른 외국인등록 의무를 위반한 사람

12의2. 제33조의3을 위반한 외국인

13. 금고 이상의 형을 선고받고 석방된 사람

[외국인범죄 단속현황 – 경기남부경찰청 통계]

◎ 외국인 범죄 단속 현황

구분	2004년	2005년	2006년	2007년	2008년	2009년	2010년	2011년	2012년	2013년	2014년
살인	20	13	43	15	28	47	25	45	27	23	25
강도	61	55	39	34	44	80	90	40	73	24	38
성폭력	18	16	22	34	34	39	52	95	99	144	136
절도	272	212	262	336	393	745	523	487	479	555	595
폭력	811	589	721	1,043	1,443	1,695	2,192	2,930	3,034	3,195	3,177
지능범	397	664	1,428	1,451	1,916	1,671	1,026	1,023	803	957	1,131
마약류	53	45	5	80	372	536	499	82	79	84	140
기타	1,394	725	629	1,117	1,518	3,124	2,709	3,802	3,172	3,707	4,827
계	3,027	2,322	3,149	4,110	5,748	7,937	7,116	8,504	7,766	8,689	10,069

이 절차는, 외국인이라면 어떤 비자(또는 체류자격)를 소지하였는지 여부와 무관하게 그 외국인에 대한 형사처벌이 출입국관리사무소에 통보되는 순간부터 동일하게 진행된다. 다만 대한민국 출입국관리사무소에서 영주권(F-5 체류자격)을 받은 외국인이 형사처벌을 받은 경우에는, 그 형사처벌의 정도가 대단히 중한 경우가 아니면 강제퇴거명령을 받지는 않는다.

2. 외국인 범죄 수사절차

가. 개관

대한민국에서 외국인의 범법행위를 통해 받을 수 있는 형사처벌의 종류는 통상 벌금형, 징역형, 그리고 징역형의 집행유예 등 3가지로 정리할 수 있다. 이들은 모두 법원에서 결정하는 형사처벌이며, 벌금형이 가장 경미한 처벌에 해당되고, 징역형의 집행유예가 그 다음이며, 징역형이 가장 중한 처벌에 해당된다.

[외국인 출입국사범의 유형]

> ▶ 형사범으로 벌금형의 선고를 받은 자
> - 형사처분 1회 3000만원 이상의 벌금형 또는 5년 중 부과된 벌금이 500만원 이상
> - 교통법규위반이나 과태료에 해당하는 처벌이 1회 500만원 이상 이거나 5년 안에 합산 벌금이 700만원 이상
> ▶ 불법취업한자
> ▶ 근무처를 위반하여 지정된 근무처가 아니 곳에서 근무한 자
> ▶ 다른 사람의 여권을 사용한 자
> ▶ 반사회적 범죄(마약, 성폭력, 살인)
> ▶ 폭력수반 범죄행위
> ▶ 유흥업 종사자
> ▶ 불법마사지
> ▶ 밀입국한 자
> ▶ 불법체류자
> ▶ 체류자격 변경허가를 받지 아니하고 근무한 자
> ▶ 체류자격외 활동을 한자
> ▶ 음주운전으로 인한 범칙금의 통고를 받은 자

그 외 법원으로부터 위와 같은 형사처벌을 받은 경우가 아니더라도, 검찰청으로부터 기소유예 또는 '공소권 없음' 등의 형사처분을 받은 경우라도 출입국 사범 심사를 받게 된다. 결국, 출입국관리사무소에서 형사범죄로 출입국 사범 심사를 받게 되는 일반적인 형태의 형사처벌 또는 형사처분은, '기소유예', '공소권 없음', '벌금형', '징역형의 집행유예', '징역형'의 5가지 정도이다.

▶ 기소유예는 죄는 인정되나 범법자의 연령이나 성행, 환경, 피해자에 대한 관계, 범행의 동기나 수단, 범행 후의 정황 등을 참작하여 기소를 하여 전과자를 만드는 것보다는 다시 한 번 성실한 삶의 기회를 주기 위하여 검사가 기소를 하지 않고 용서해주는 것을 말한다(형사소송법 제247조).

▶ 공소권 없음은 법적으로 기소를 할 수 없는 경우에 하는 것으로, 대개 피해자의 고소 또는 처벌의사가 있어야 처벌할 수 있는 범죄(단순 폭행 등)에 있어서 피해자가 가해자와 합의한 경우가 이에 해당된다(형사소송법 제327조).

출입국관리사무소에서는 위와 같은 형사범죄를 범한 외국인에 대하여, 출입국 사범 심사 과정에서 그 외국인의 범죄의 종류와 형사처벌 또는 형사처분의 정도에 따라 강제퇴거명령(출입국관리법 제59조 제2항) 또는 출국명령(출입국관리법 제68조 제1항)을 발령할 것인지, 아니면 용서해주고 계속 대한민국에 체류하는 것을 허가할 것인지를 결정하게 된다.

통상적으로 출입국 사범심사를 할 때 어느 정도의 기간 동안 한국에 재입국하는 것을 금지할 것인지에 관해서도 결정을 하게 되는데, 다시 말해, 추방 여부의 결정과 추방 후 재입국 금지 기간 결정이 출입국 사범심사 과정에서 함께 이루어지게 된다. 이때 입국 금지 기간은 출입국 사범심사 결정시에 결정되나, 입국금지 기간의 계산이 시작되는 것은 당해 외국인이 실제로 출국한 이후부터이다. 입국금지 기간이 만료되기 전에는, 특별한 사유가 인정되어 법무부장관으로부터 입국금지 해제 조치를 받지 않는 한 재입국이 불가능하다.

나. 수사절차

외국인의 출입국 사범에 대한 수사 및 사범심사 개시는 최초 해당사실에 대한 경찰조사가 실시되고 그 후 사건이 검찰에 송치된 후 검찰이 관련 사건을 기소할 경우 공판절차를 거쳐 최종 관련 행위에 대한 판결이 선고된 다음 그 사실이 외교부에 통지(출입국관리사무소)된 후 사범심사 절차가 진행된다(경찰조사 → 검찰송치 → 재판기소 → 판결확정 → 사범심사). 외국인의 경우 사실상 수사절차의 개시가 사범심사의 시작이라고 생각하고 수사단계에서부터 적극적으로 사범심사를 준비한다는 생각으로 임하는 것이 중요하다.

한편, 외국인 또한 수사에 임할 경우 불리한 진술에 대한 진술거부권이 인정되며, 만일 수사진행 시 변호인의 입회를 원할 경우 그러한 사실을 수사기관에 고지한 후 변호인의 입회하에 조사를 진행할 수도 있다.

(1) 고소·고발 또는 사건의 발생

외국인이 대한민국에서 음주운전, 폭행, 마약, 성범죄, 절도 등의 범죄를 범하고 그 행위에 관한 피해자 등의 고소, 고발 또는 수사기관의 인지 등의 사유로 수사는 개시된다. 보통의 경우 수사는 불구속 수사가 원칙이지만 죄를 범하였다고 의심할만한 상당한 이유가 있거나, 정당한 사유없이 수사기관의 출석요구에 불응한 경우 구속 수사가 진행될 수 있음에 유의하여야 한다.

(가) 수사의 개시

'범죄피해자'는 수사기관에 '고소'를 할 수 있고 '누구든지' 범죄가 있다고 사료하는 때에는 수사기관에 '고발'할 수 있다. 반면에 수사기관이 스스로 범죄를 인지하여 형사입건을 할 수 있는데 이를 인지사건이라 한다. 여기서 고소란 ① 범죄의 피해자 또는 그와 일정한 관계가 있는 고소권자가 ② 수사기관에 대하여 ③ 범죄 사실을 신고하여 ④ 범인의 처벌을 구하는 의사표시를 말한다. 고소권은 헌법 제27조 제5항의 범죄피해자의 재판절차진술권을 구체적으로 실현하고 있는 것 중의 하나이다. 고소는 수사의 단서이지만 피해자의 구체적 사실을 바탕으로 한 범죄사실에 대한 진술이라는 점에서 다른 수사의 단서와는 달리 곧바로 수사가 개시된다.

고소	고발	진정 및 탄원
<ul><li>고소란 범죄의 피해자 또는 그와 일정한 관계가 있는 고소권자가 수사기관에 대하여 범죄 사실을 신고하여 범인의 처벌을 구하는 의사표시이다.</li><li>고소는 고소권자에 의해 행하여져야 하고, 고소권이 없는자가 한 고소는 고소의 효력이 없으며, 자기 또는 배우자의 직계존속은 고소하지 못한다.</li><li>형사소송법상 고소권자로는 피해자, 피해자의 법정대리인, 피해자의 배우자 및 친족, 지정 고소권자가 있다.(친고죄에 대해 고소할 자가 없는 경우 이해관계인의 신청이 있으면 검사는 10일 이내에 고소할 수 있 는 자를 지정)</li><li>고소는 제1심 판결 선고전까지 취소할 수 있으며, 고소를 취소한 자는 다시 고소하지 못한다.</li></ul>	<ul><li>고발이란 고소권자와 범인 이외의 사람이 수사기관에 대하여 범죄 사실을 신고하여 범인의 처벌을 구하는 의사표시이다.</li><li>누구든지 범죄가 있다고 사료되는 경우 고발을 할 수 있으나 자기 또는 배우자의 직계존속은 고발하지 못한다.</li><li>고발은 제1심 판결 선고전까지 취소 할 수 있으며, 고소와 달리 고발은 취소한 후에도 다시 고발할 수 있다.</li></ul>	<ul><li>진정이란 개인 또는 단체가 국가나 공공기관에 대하여 일정한 사정을 진술하여 유리한 조치를 취해 줄 것 을 바라는 의사표시이다.</li><li>탄원이란 개인 또는 단체가 국가나 공공기관에 대하여 일정한 사정을 진술하여 도와주기를 바라는 의사 표시이다.</li><li>진정과 탄원은 고소 · 고발과 달리 대상에 대한 제한 규정이 없다.</li></ul>

(나) 고소기간

단순히 수사의 단서에 불과한 비친고죄의 고소의 경우에는 고소기간의 제한이 없다. 그러나 친고죄[123]의 경우에는 국가형벌권의 행사가 사인의 처벌희망의사표시의 유무에 의하여 장기간 좌우되는 폐단을 방지하기 위하여 고소기간의 제한을 둘 필요가 있다. 이에 형사소송법

---

[123] 친고죄란 피해자의 명예보호나 침해이익의 경미성을 감안하여 피해자의 고소가 있을 때에만 공소를 제기할 수 있는 범죄를 가리킨다. 친고죄는 절대적 친고죄와 상대적 친고죄로 나뉜다. 사자의 명예훼손죄(형 제308조), 모욕죄(형 제311조) 등과 같이 신분관계를 묻지 않고 항상 친고죄인 범죄를 절대적 친고죄라 한다. 이에 대하여 절도죄(형 제347조), 공갈죄(형 제350조), 횡령배임죄(형 355조), 장물죄(형 제362조) 등과 같이 일정한 신분자 사이에만 친고죄로 인정되는 범죄를 상대적 친고죄라 한다. 2013. 6. 19부터 성범죄 친고죄 조항이 60년만에 폐지되면서 이제부터 피해자가 아니더라도 성범죄에 대한 처벌을 위한 인지수사 또는 고발이 가능하게 되었다.

제230조 제1항 본문은 친고죄에 대하여는 범인을 알게 된 날로부터 6월이 경과하면 고소하지 못하는 것으로 규정하고 있다. 여기서 '범인을 알게 된 날'이란 범인을 특정할 수 있을 정도로 알게 된 날을 의미하며 반드시 그 성명까지 알 필요는 없다. 또 범죄사실을 알게 된 것만으로써는 고소기간은 진행되지 아니한다. 그러나 범인을 아는 것은 고소권발생의 요건이 아니므로 범인을 알기 전에도 유효한 고소를 할 수 있다. 또 여기에 범인은 정범, 교사범, 종범의 여하를 불문하고 수인의 공범이 있는 경우에는 그 1인만을 알아도 된다.

또한 고소할 수 있는 자가 수인인 경우에는 각 고소권자에 대하여 개별로 '범인을 알게 된 날'을 결정하고 그중 1인에 대한 기간의 해태는 타인의 고소에 영향이 없다(형소법 231조). 또 형법 제241조의 간통죄의 경우에는 혼인이 해소되거나 이혼소송을 제기한 후가 아니면 고소할 수 없으므로 이때에는 혼인의 취소 또는 이혼소송의 제기사항을 소명하는 접수증명원이나 소송계속 중에 있는 계류증명원 등의 서면을 첨부하여 고소를 제기하여야 하며, 다만 급속을 요하는 경우는 먼저 고소를 제기하고 후에 이를 보완할 수도 있다.

(2) 수 사

「형사소송법」제237조에 의하면 형사사건의 고소·고발은 검사 또는 사법경찰관에게 하도록 규정되어 있고, 사법경찰관(경찰서 등)에게 고소·고발을 한 경우에는 「사법경찰관리 집무규칙」제45조에 따라 2개월 이내에 수사를 완료하지 못하면 검사에게 소정의 서식에 따른 수사기일연장 지휘 건의서를 제출하여 그 지휘를 받아야 한다.

기 관	기 한	비고
경찰단계	2개월	임의사항에 해당하나 연장시에는 검사에게 수사 기일 연장 건의서를 제출하여야 한다
검찰단계	3개월	임의사항에 해당하나 3개월 이내에 수사를 완료하여 공소제기 여부를 결정하여야 한다.

그리고 「형사소송법」제238조는 "사법경찰관이 고소 또는 고발을 받은 때에는 신속히 조사하여 관계서류와 증거물을 검사에게 송부하여야 한다."라고 규정하고 있고, 같은 법 제246조는 "공소는 검사가 제기하여 수행한다."라고 규정하고 있으므로, 모든 고소·고발사건은 검사에

게 송치하여야 하고, 검사가 공소제기여부를 결정하는바, 이것은 검사의 기소독점주의의 원칙에 따른다(예외 : 재판상의 준기소절차 및 즉결심판).

[검찰송치]

피의자를 구속 송치하는 경우	피의자 신병, 수사기록 일체 및 증거자료를 검찰에 송치한다.
피의자를 불구속 송치하는 경우	피의자를 불구속한 상태로 수사기록 및 증거자료 등만 검찰에 송치한다.
피의자가 소재불명인 경우	피고소인, 피고발인 및 참고인 진술조서 등 수사기록과 함께 피의자를 기소중지의견으로 검찰에 송치한다.

고소·고발사건의 처리기간에 관하여는 구속사건과 불구속사건으로 나누어지는데 불구속사건의 경우 그 처리기간에 관하여는 같은 법 제257조는 "검사가 고소 또는 고발에 의하여 범죄를 수사할 때에는 고소 또는 고발을 수리한 날로부터 3월 이내에 수사를 완료하여 공소제기여부를 결정하여야 한다."라고 규정하고 있다.

그러므로 검사는 고소·고발을 수리한 날로부터 3개월 이내에 수사를 완료하여 공소제기여부를 결정하여야할 것이나 위와 같은 공소제기 기간에 대한 규정은 훈시규정에 불과하여 3개월경과 후의 공소제기여부의 결정도 유효한 것이라 할 것이다.

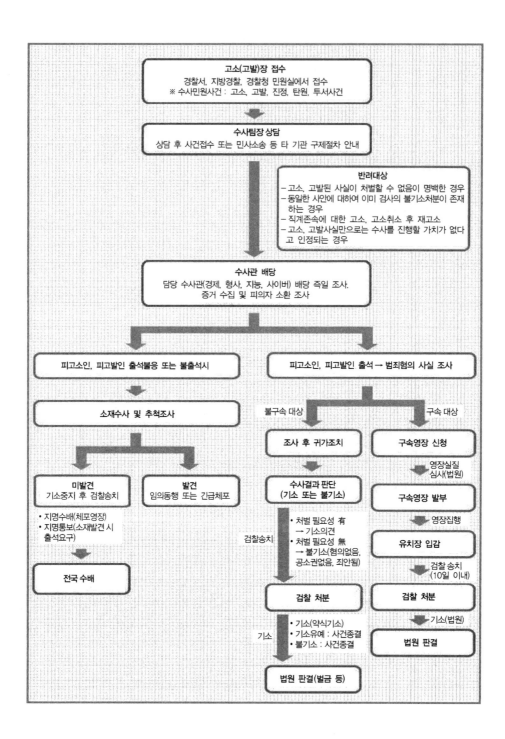

(3) 공소의 제기

검사가 수사를 하여 범죄의 혐의가 있으면 그 사람에게 형벌권을 행사하여 처벌해 달라고 법원에 청구하는 것을 '공소의 제기'라 한다('기소'라고도 한다). 이러한 공소의 제기는 검사만 할 수 있고(기소독점주의), 그 제기 여부도 오로지 검사의 재량에 달려있다(기소편의주의).[124] 검사가 독자적으로 수사한 사건이나 경찰로부터 송치 받은 사건을 수사한 결과 기소결정을 내릴 수도 있고 기소를 하지 않는다는 불기소 결정을 내릴 수도 있다.

구분	내 용		
기소	피의자의 형사사건에 대하여 법원의 심판을 구하는 행위		
불기소	피의자를 재판에 회부하지 않는 것	혐의없음	피의사실에 대한 증거가 불충분하거나 피의사실이 범죄를 구성하지 않을 때 실시하는 처분
		기소유예	증거는 충분하지만 범인의 성격, 연령, 처지, 범죄의 경중, 전과 등을 고려하여 불기소하는 처분
		공소권 없음	공소시효가 완성되거나 반의사불벌죄에서 범죄피해자가 처벌불원의 의사표시를 하거나 처벌의 의사표시를 철회하는 경우에 하는 처분

(4) 법원의 재판

형사소송절차는 검사의 공소제기를 기준으로 기소 전 단계와 기소 후 단계로 나뉜다.

(가) 기소 전 단계

기소 전 단계란 검사의 구속영장 청구부터 공소제기까지의 단계로서 검사의 구속영장 청구, 청구된 구속영장에 대한 실질심사, 체포 또는 구속의 적법 여부에 대한 체포·구속적부심사청구가 있다. 검사의 구속영장 청구 및 구속영장 실질심사에서 구속영장이 발부되거나 구속적부심

---

124) 우리나라에서는 검찰기소독점주의의 예외로서 10만원의 이하의 벌금 및 구류 사건에 대해 즉결심판을 청구할 수 있는 권한이 경찰서장에게 부여 되어 있다.

사청구가 기각되면 피의자의 구속 상태는 유지되지만 구속영장이 발부되지 않거나 구속영장 실질심사에서 구속영장의 기각 및 구속적부심사청구가 인용되면 피의자는 석방된다.

(나) 기소 후 단계

기소 후 단계는 검사의 청구에 따라 구공판과 구약식으로 나뉘어지고, 임의절차로서 공판준비절차(참여재판 필수)가 마련되어 있으며 이상의 절차를 마친 후 변론종결과 판결 선고까지를 포함하고 있다. 또한 변론종결시까지 배상명령청구와 보석청구가 각 가능하다. 검사가 약식명령을 청구하면 판사는 약식명령을 발령하거나 통상의 공판절차에 회부하여 재판할 수도 있다. 약식명령에 불복이 있는 사람은 약식명령의 고지를 받은 날로부터 7일 이내에 약식명령을 한 법원에 서면으로 정식재판청구를 할 수 있으며 이 경우 통상의 공판절차에 의하여 다시 심판하게 된다.

1) 공판준비절차

검사가 공소장을 제출하면 법원은 공소장의 흠결유무를 심사하고 접수인 날인, 사건번호부여, 사건배당을 하고 피고인에게 공소장부본의 송달, 국선변호인선임고지, 공판정리의 지정과 통지 및 피고인을 소환하는 통지서를 보내는 공판준비절차를 한다. 공판준비절차는 공판준비명령, 검사의 공판준비서면 제출, 피고인, 변호인의 반박, 검사의 재반박, 공판준비기일진행(증거조사, 쟁점정리), 공판준비절차 종결의 단계를 거치며 공판준비절차가 종결되면 공판절차가 개시되게 된다.

2) 공판절차

공판절차는 재판장의 진술거부권 고지 및 인정신문, 모두진술, 쟁점 및 증거관계 등 정리, 피고인이 공소사실을 부인할 경우에는 증거조사 실시, 공소사실을 인정할 경우에는 간이공판절차회부, 피고인신문, 최종변론(검사, 변호인, 피고인), 변론종결, 선고의 단계를 거치게 된다.

(5) 판결의 선고 및 상소
(가) 판결선고 등

변호인과 피고인의 최후진술이 끝나면 변론을 종결되고 재판장은 판결선고기일을 시정한다.

판결선고기일에 피고인은 출석하여야 하고, 검사와 변호인은 출석하지 않아도 된다. 유죄의 형을 선고할 경우 재판장은 상소할 기간과 상소할 법원을 고지한다. 선고된 판결에 대하여 불복이 있는 사람은 판결의 선고일로부터 7일(판결 선고일은 기산하지 아니한다) 이내에 상소를 제기할 수 있다. 민사사건과 달리 판결등본의 송달과 관계없이 선고시부터 상소기간이 진행됨을 주의하여야 한다. 상소장 제출은 상소하고자 하는 법원에 제출하는 것이 아니라 판결을 선고한 원심법원에 제출하여야 한다. 검사에 대해서는 판결선고일로부터 3일 이내에 판결등본을 송부하고 피고인에 대하여는 선고 후 14일 이내에 판결등본을 송달한다.

(나) 형의 감경사유

양형은 구체적인 범죄의 피고인에게 선고할 특정한 형을 정하는 것이다. 양형의 조건은 형법 제51조(양형의 조건)에 있는데, 이는 선고형은 물론이고 처단형을 하는 때에도 적용된다.

> **형법 제51조(양형의 조건)**
>
> 형을 정함에 있어서는 다음 사항을 참작하여야 한다.
> 1. 범인의 연령, 성행, 지능과 환경
> 2. 피해자에 대한 관계
> 3. 범행의 동기, 수단과 결과
> 4. 범행후의 정황

통상 양형은 피고인이 범한 범죄의 법정형에 대해 법률상 또는 재판상 가중 또는 감경을 하여 선고가능 한 형벌의 범위인 처단형을 정하고, 그 범위 내에서 피고인에게 선고할 형을 정하는 단계로 이루어진다.

한편, 대표적인 형의 감경사유는 자수[125]다. 자수가 형의 감경·면제될 수 있는 이유는 바로 '범죄사실의 인정과 뉘우침' 때문이다. 하지만 범죄사실을 부인하고 뉘우침이 없다면 자수라고

---

125) 자복이란 반의사 불벌죄에서 피해자에게 자신의 범죄사실을 고지하는 것을 말한다.

하더라도 형의 감경은 어렵다.

또한, 범죄의 정상에 참작할 만한 사유가 존재할 경우 작량감경을 하기도 하는데, 작량감경이란
범죄의 정상에 참작할 만한 사유를 참작하고 헤아려 형을 감경하는 것을 말한다. 여기서
정상참작사유란 구체적인 범죄사실에서 범죄자의 구체적인 책임에 영향을 미치는 모든 사정을
가리킨다.

따라서 외국인의 범죄의 경우 수사절차나 재판절차에서 가장 중요한 핵심은 사건에 대한
진지한 반성, 피해자와의 합의 등 등 개전의 정을 어떻게 보이느냐 및 관련 작량감경 사유를
어떻게 수집하여 제출하느냐가 핵심입니다.

▶ 반성문
▶ 재발방지대책
▶ 합의서
▶ 탄원서
▶ 대한민국 국민과 결혼 및 부양할 자녀유무
▶ 봉사활동, 헌혈 등 자료
▶ 직장의 취업규칙 등

(6) 재판의 집행

재판의 결과 형이 확정되면 검사가 그 형[126]의 집행을 한다. 검사의 형집행 지휘에 따라 교도소 등에서 교도관들이 형을 집행하게 된다. 집행은 그 재판을 한 법원에 대응한 검찰청 검사가 지휘하는데 예외적으로 법관이 지휘하는 경우도 있다. 그러나 피고인이 무죄판결을 받은 경우에는 국가에 대해 형사보상청구나 국가손해배상청구를 할 수 있다.

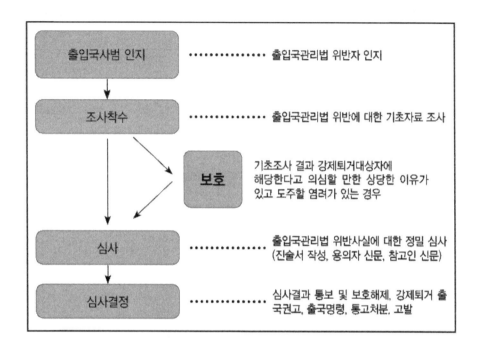

---

126) 형의 종류에는 사형, 징역, 금고, 자격상실, 자격정지, 벌금, 구류, 과료, 몰수가 있다.

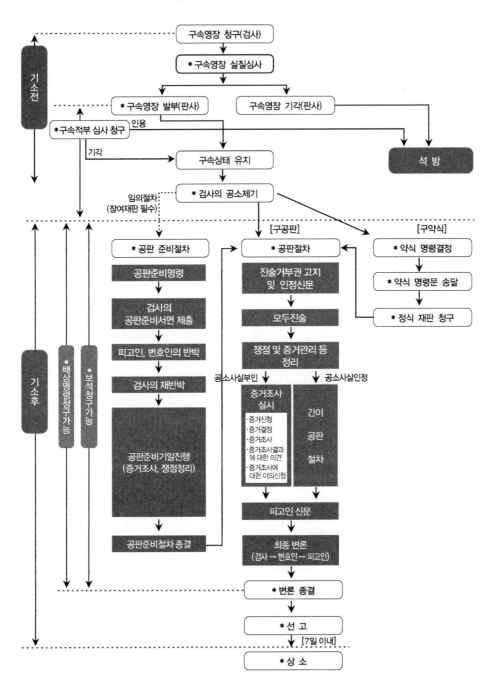

[형사소송절차 흐름도]

3. 출입국사범심사

출입국사범심사의 최종 목적은 대한민국에 체류하며 범죄행위를 자행하여 사범심사를 받게 된 외국인에 대한 체류가능성 여부를 결정하는 것이다. 따라서 사범심사에 임할 경우 출입국관리사무소의 출국명령이나 강제추방 등의 처분기준 등을 명확히 인지한 후 관련절차에서 최종 출국명령 등의 처분으로까지 이르지 아니하고 각서 및 준법서약서 작성으로 종결될 수 있도록 준비하는 것이 핵심이다.

가. 출입국사범심사의 개시

출입국사범처리 흐름도

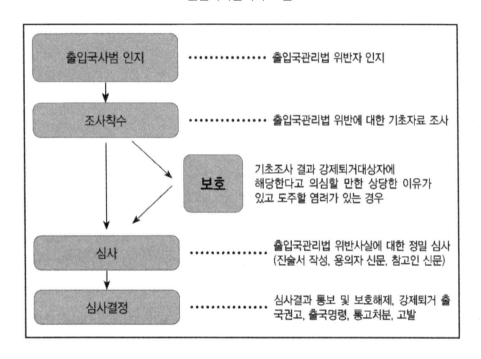

형사처벌을 받은 외국인은 이후 추가로 사범 심사 과정을 받게 됩니다. 외국인이 대한민국에서 법에 위반되는 행위를 하고 그에 따라 벌금형 이상의 형벌이 당사자의 이의신청이나 항소 없이 확정될 경우 관련 기록은 법무부에서 외교부로 이관된다.

그 후 출입국심사 공무원이 규정을 검토한 후, 외국인에 대한 '출입국사범심사'를 개시하게 된다. 이때 사범심사의 시간과 장소는 우편 또는 유선전화로 고지한다.[127] 사범심사 시에는 당해 외국인의 범죄 및 수사경력자료 등을 조회를 하게 되며 조회된 모든 범죄에 대하여 체류지를 관할하는 출입국외국인관리서에서 사범심사를 받게된다.

[서식 - 출입국사범 심사결정 통고서]

입국관리법시행규칙 [별지 제142호서식] 〈개정 2020. 9. 25.〉

| 사건번호 |

출입국사범 심사결정 통고서

인적사항	성명(법인명 또는 사업자명)		생년월일(법인등록번호 또는 사업자등록번호)	
	국적		성별 남[ ] 여[ ]	
	직업		연락처	
	대한민국 내 주소(법인 또는 사업장 소재지)			

위반사실	체류자격		입국일자		입국목적	
	위반법조					
	위반기간	0000. 00. 00.부터 0000. 00. 00.까지 (00년 00개월 00일)				
	과거 범법 사실	0 회	위반사실 시인 여부		시인[ ] 부인[ ]	

위반내용	

---

127) 한편, 형사절차에서 통상 벌금 300만원 이상의 형을 선고받게 된다면 출국명령처분을 받게 됨에 유의하여야 한다.

위의 내용을 진술자에게 열람하게 하였으며(읽어 주었으며) 오기나 증감 또는 변경할 것이 전혀 없다고 말하므로 서명(날인)하게 하다.

년   월   일   진술자

(서명 또는 인)

○○출입국 · 외국인청(사무소 · 출장소)   출입국관리주사(보)

(서명 또는 인)

출입국관리서기(보)

(서명 또는 인)

처분사항	주문	
	이유	
	적용 법조	
	범칙금액	
	납부기한	납부장소
	통고처분 연월일	통고처분 번호

위와 같이   를(을) 받았음을 확인함

년   월   일
확   인   자

(서명 또는 인)

사건번호		결재	청(소)장	
접수일자			국 장	
			과 장	
담 당 자			실(팀)장	

210㎜×297㎜[백상지(80g/㎡) 또는 중질지(80g/㎡)]

입국관리법 시행규칙 [별지 제87호서식] 〈개정 2018. 5. 15.〉

제　호

_____ 귀하   년　월　일

To :   Date of Issue

출석요구서
SUMMONS

귀하의 「출입국관리법」 위반사건에 관하여 문의할 일이 있으니　　　년　월　일　시에
○○출입국 · 외국인청(사무소 · 출장소) ○○과에 출석하여 주시기 바랍니다.

출석 할 때에는 반드시 이 출석요구서와 신분증(주민등록증, 외국인등록증, 운전면허증, 여권
등), 도장 및 아래 증거자료와 기타 귀하가 필요하다고 생각하는 자료를 가지고 오시기 바랍니다.

You are hereby requested to appear before ○○ division of ○○ immigration office by
__on the___th of _____.____. for inquiries in connection with a suspected violation of
Immigration Act.

You must bring with you to the office this summons, your identification
(resident registration certificate, alien registration certificate, driver's license, passport,
etc.) and seal along with the evidential materials listed below and any other materials
that you consider relevant.

1.

2.

문의할 사항이 있으면 ○○출입국 · 외국인청(사무소 · 출장소) ○○과 (전화 :　　　　 , 담당자 :
○○○)로 연락 주시기 바랍니다.

Please call ○○ division of ○○ immigration office at (☎　－　　)(Name of person in
charge: ○○○) for further information.

담당공무원　○○○

Officer in charge

○○출입국 · 외국인청(사무소 · 출장소)장　　　| 직인 |

CHIEF, ○○IMMIGRATION OFFICE

95mm×150mm[백상지(80g/㎡) 또는 중질지(80g/㎡)]

나. 출입국사범심사 시 준비사항

외국인의 경우 대한민국 국민과는 달리 형사절차가 끝났다 하더라도 이들이 대한민국의 이익이나 공공의 안전을 해치는 행동을 할 염려가 있다고 인정할 만한 상당한 이유가 있는 사람인지, 경제질서 또는 사회질서를 해치거나 선량한 풍속을 해치는 행동을 할 염려가 있다고 인정할 만한 상당한 이유가 있는 사람인지 등 여러 기준에 의거하여 대한민국에 계속 체류할 필요가 있는지에 대한 사범심사를 거치게 된다.

따라서 이러한 사범심사를 위해 준비하기 위해서는 자신이 사범심사를 받게된 범죄사실 등의 특정을 위하여 ⅰ) 외국인이 출입국사범으로 검찰로부터 최종 불기소 처분을 받았을 그에 대한 불기소이유 통지서, ⅱ) 약식명령을 받았을 경우 약식명령문 및 벌과금 납부증명서, 법원의 정식재판이 진행된 경우 정식재판에 대한 판결문, 그 외 가정보호사건 송치, 성매매보호 사건 송치의 경우에는 각 처분결과 증명서 등을 미리 준비하여 사범심사 시 지참 후 제출해야 한다.

한편, 가정, 성매매 송치의 경우 처분결과증명서 이외에 가정법원 결정문 등도 필요하니 이를 준비하여 출입국 관리사무소를 방문해야 한다.

> ▶ 판결문
> ▶ 벌금납부증명서
> ▶ 불기소이유고지
> ▶ 약식명령
>
> 그 외
> ▶ 반성문
> ▶ 탄원서
> ▶ 사건 경위서(의견서)
> ▶ 준법서약서 등
> ▶ 대한민국에서 계속 체류하여야 하는 사유를 입증하는 자료
>   – 대한민국에서 혼인하여 가족의 생계를 책임지는 가장이라는 사실(혼인 및 가족의 유무)
>   – 회사에서 중요한 업무를 처리하는 지위에 있어 계속 체류의 필요성이 상당하다는 사실(사회활동) 등

[서식 - 형사범에 대한 출입국사범심사관련 안내문]

형사범에 대한 출입국사범심사관련 안내문

외국인의 경우 국민과는 달리 형사절차가 끝났다 하더라도 출입국관리법 제11조 제1항 제3호 또는 제4호에 따라 해당 외국인이 대한민국에 계속 체류할 필요가 있는지에 대한 심사를 거치게 되어 있습니다.

위 심사를 위해 다음과 같은 사류가 필요하니 아래 절차에 따라 해당서를 모드

발급받은 후 출입국 관리사무소를 방문하시기 바랍니다.

※ 해당서류는 가까운 검찰청에서 발급가능

(단, 가정법원 결정문은 법원에 문의)

검찰청 민원실 방문

해당서류 발급 요청

* 불기소 처분 : 불기소이유 통지서

* 약 식 명 령 : 약식명령문 및 벌과금 납부증명서

* 정 식 재 판 : 판결문

* 가정보호사건 송치, 성매매보호사건 송치 : 처분결과 증명서

※ 가정, 성매매 송치의 경우 처분결과증명서 이외에 가벙법원 결정문 필요

해당서류를 준비하여 관할 출입국관리사무소 방문

※ 심사결과에 따라 추가서류를 요청할 수 있습니다.

[서식 : 의견 진술서]

의견 진술서

사건　　　　　사범심사

진 술 인　　　0000 (000000- 000000, 00인)

　　　　　　　주 거 : 서울 서대문구 명지길 26, 202호(홍은동, 화이트빌)

　　　　　　　연락처 : 010-0000-0000

위 사건에 관하여 진술인은 다음과 같이 의견을 진술합니다.

다 음

1. 기초적 사실관계

진술인은 2000. 00. 00. 18:54경 혈중알코올농도 0.184%의 술에 취한 상태로 진술인 소유의 서울 서대문 차0000호 000cc 오토바이에 탑승하여 서울 000구 000로 000 00공원 교차로 앞 편도 3차로 도로에서 신호를 위반하여 때마침 횡단보도를 건너던 피해자를 충격하고, 구호를 하지 아니한 채 현장을 이탈하여 피해자로 하여금 약 4주간의 치료를 요하는 좌측 고관절 경추부 타박상 및 척수증 등 상해를 가하여 00지방법원에 기소되어 2000. 00. 00.경 위 법원으로부터 징역 1년, 집행유예 2년 형을 선고받았고, 위 판결은 그대로 확정되었습니다(첨부 1. '판결문' 참조).

2. 진술인이 본건 범행에 이르게 된 경위

가. 혼자 식사 후 차로 약 5분 거리인 자택으로 귀가 도중 이 사건 발생

진술인은 00인으로 이 사건 발생 당시 서울 000구 00로 00, 6층(00동) 소재 '000학원'에서 00 강사(E-2)로 근무하고 있던 중 이 사건 발생 당일인 2000. 00. 00. 00:00경 학원 수업을 마치고 저녁 식사 후 귀가를 위해 대중교통을 이용하려 하였으나 학원과 집이 차로 불과 5분 거리에 있어 잘못된 판단으로 오토바이를 직접 운전하여 자택 방향으로 향하던 중이었습니다(첨부 2. '재직증명서' 참조).

나. 주행 중 과실로 신호 위반 직진 중 이 사건 발생, 119에 직접 신고

그러던 중 진술인은 위 학원을 출발, 자택 방향으로 약 00m 가량을 주행하여 이 사건 발생 장소에 이를 무렵 횡단보도 신호가 빨간색 신호였기에 정차를 했어야 하나 이를 무시한 채 직진하던 중 때마침 횡단보도를 건너던 피해자와 이 사건 사고가 발생되었고, 그로 인해 진술인의 오토바이가 전복되었으나 진술인은 피해자를 신속히 구호해야겠다는 생각으로 119에 직접 신고[128]까지 했습니다.

다. 진술인도 부상을 당해 119구급대원이 현장 도착할 때까지 벤치에 앉아 있으려고 사고 장소로부터 약 10m 떨어져 있는 공원으로 이동

그러나 진술인의 신고에도 불구하고 영어를 이해하지 못한 119 상황실 대원으로 인하여 첫 번째 신고에 실패하였고, 이 사건 사고 당시 오토바이가 전복되면서 진술인도 도로에 넘어지면서 좌측 어깨와 다리 부위를 아스팔트에 쓸려 심한 타박상을 입은 상태였고, 처음 겪는 사고였던지라 경황이 없어 구급대원이 현장에 도착할 때까지 우선 도로에 쓰러져 있던 오토바이를 세워둔 후 사고 현장에서 약 10여미터 가량 떨어져 있는 공원으로 가 기다릴 생각이었습니다.

라. 목격자가 진술인이 공원으로 도주한 것으로 오인하여 신고

그러나 당시 사고 상황을 목격했던 목격자는 진술인이 사고 발생 후 오토바이를 세워둔 채 공원으로 걸어가던 것을 보고 진술인이 도주한 것으로 오인하여 112에 신고 후 진술인에게 다가와서 옆에서 지켜보면서 경찰이 올 때까지 기다리고 있었고, 이로 인해 진술인의 의도와는 달리 특정범죄가중처벌등에관한법률위반(도주치상)으로 입건되었고, 위와 같은 혐의로 기소되어 본 건 처벌에 이르게 된 것입니다.

3. 진술인의 국내 입국 경위 등

가. 직장인 부친과 전업주부 모친 슬하의 0남매 중 셋째로 출생

진술인은 1900. 00. 00.경 00에서 직장인이었던 부친과 전업주부였으나 부업으로 부동산 관리인 일을 했던 모친 슬하에 4남매 중 셋째로 태어났는데, 부모들은 진술인이 00세 무렵 극심한 성격 차이로 인한 가정불화를 끝내 극복하지 못한 채 1900.경 결국 이혼했고, 그 후 부친은 집을 나가버려 편모슬하의 어려운 환경에서 청소년기를 보내야 했습니다.

나. 이혼 후 0남매를 혼자 맡게된 모친의 경제적 부담을 덜어드리고자 00살 어린 나이에 새벽에 신문 배달

그런데 진술인의 모친은 이혼 후 0남매 어린 자녀들을 남겨둔 채 떠나버린 남편을 대신해 혼자 생계를 책임져야 했기에 밤낮없이 고군분투하며 일을 했고, 진술인도 스스로 용돈을 벌어 써야겠다는 생각으로 매일 05:00에 기상, 06:00부터 08:00까지 00 배달을 했는데, 00 배달을 마친 후 허겁지겁 등교를 해야 하는 고된 생활의 연속이었지만 진술인은 항상 긍정적인 생각으로 열심히 생활했습니다.

다. 00에서 시의원에 당선되어 정치인으로 변신한 모친

그런데 진술인은 00살 어린 나이에도 불구하고 지역의 사회적 문제에 끊임없이 관심을 갖고 모친과 자주 대화를 나누면서 전업주부로 정치에 전혀 관심조차 없던 모친으로 하여금 지역 현안을 다루는 '지역 자문회의'에 가입, 활동하도록 하는 계기가 되었고, 그로부터 1년 후인 2000.경 모친은 00원에 출마하여 당선되는 쾌거도 있었습니다.

라. 고교 과정을 00 왕립 항공학교에 입학 및 졸업

그 후 진술인은 중학교 졸업 후 모친의 경제적 부담을 덜어드리고 무엇보다 평소 관심이 많았던 00조종 기술을 배워야겠다는 생각으로 00 왕립 00학교 입학생 모집 과정에 지원하여 당당히 합격하였고, 그 후 00 왕립 항공학교 제00중대에 배속되어 고교 0년 과정을 우수한 성적으로 마치고 졸업하였습니다.

마. 고교 졸업 후 만 00세 어린 나이에 일찍 사회생활을 시작

그리고 진술인은 만 00세가 되던 해에 모친으로부터 독립하여 회사에 정규직으로 취업, 이른 나이에 사회생활을 시작하였고, 그 후로도 몇 차례 회사를 바꿔가며 근무하였는데, 입사하는 회사마다 입사한지 불과 수 개월 만에 관리직으로 승진하면서 사회생활에 대한 자신감을 갖게 되었고, 경제적으로도 독립할 수 있었습니다.

바. 정치에 대한 끊임없는 관심이 계속되면서 대학 00과에 입학

그런데 진술인은 사회생활을 하면서도 지역 현안이나 사회, 정치에 대한 끝없는 관심을 기울였고, 지방 정당 대회에 참여하여 적극적으로 정치 활동을 하기도 했으며, 지방선거 및 연방선거 투표 사무원으로 일을 하다 현실정치에 대해 좀더 깊이 공부해보고 싶다는 생각에 '000대학교' 00과에 입학하게 되었습니다.

사. ○○ 명문 '○○○대학'에 편입, 우수한 성적으로 졸업

진술인은 위 '○○대학' 재학 중 ○○학 동아리를 새로 만들어 리더로 활동하였고, 성적도 매우 우수하여 2000.경 '올해의 학생'으로 선정되기도 하였으며, 위 대학 졸업 후 ○○에서 두 번째로 높은 순위의 명문 '○○대학교' ○○과에 ○학년으로 편입학하여 정치학을 심도 있게 공부하였습니다.

아. 대학 재학 중 우연히 알게된 한국 유학생 ○○○과 교제를 시작

그런데 진술인은 2000.경 '○○대학교' 재학 중 우연히 한국 유학생인 ○○○을 알게 되어 교제를 시작했는데, 위 ○○○은 2000. ○○.경 ○○○대학교 ○○과 졸업 후 주 ○○당에 입사하여 약 3년간 근무하다 2000. ○○.경 ○○로 유학을 가 어학원에서 영어 공부 중 2000. ○○.경 우연히 진술인을 영어모임에서 알게 되었고, 이때부터 두 사람은 연인관계로 발전하게 되었습니다(첨부 3. '대학 졸업증명서' 참조).

자. 여자친구를 따라 ○○대학교 ○○학과에서 교환학생으로 수학

그리하여 진술인은 위 ○○○이 2000.경 한국으로 귀국하자 ○○에서 하던 일을 그만두고 2000. ○○.경 위 ○○○을 따라 한국으로 입국, ○○대학 ○○학과에서 교환학생으로 입학하여 한 학기를 영어 수업으로 공부했고, 2000. ○○.경 위 '○○대학교' 졸업을 위해 다시 ○○로 가서 2000.경 위 대학을 졸업한 후 ○○의 모 회사에 취업을 하게 되었습니다.

차. 국내에서 영어학원 강사로 근무 중 이 사건 발생

그런데 진술인은 ○○ 명문대학을 졸업한 만큼 ○○ 공립학교 교사를 위한 교직 프로그램만 이수하면 어렵지 않게 공립학교 교사가 될 수 있었고 이에 대한 관심도 많이 있었지만 위 ○○○과 함께 있고 싶다는 생각으로 2019.경 한국으로 입국, 경기 고양시의 한 영어학원 강사로 입사하여 현재

까지 영어 강사로 근무하던 중 이 사건이 발생된 것입니다.

4. 진술인의 정상관계

가. 진술인이 도주할 의사가 전혀 없었고, 도주도 불가능했던 정황
  1) 진술인은 전술한 대로 사고 발생 즉시 119에 직접 신고했으나 영어를 이해하지 못한 119 상황실 직원 때문에 최종 신고접수는 안 되었지만, 119에 진술인 명의로 된 휴대전화 신고기록이 남겨져 있던 사실, 전복된 오토바이를 직접 일으켜 도로가에 세워둔 후 오토바이가 그 자리에 그대로 있었던 점은 진술인이 도주 의사가 전혀 없음을 알 수 있다 하겠습니다.

  2) 즉, 위 진술인 명의의 오토바이에 대해 번호판만 조회해 보면 진술인의 인적 사항을 어렵지 않게 특정할 수 있고, 이러한 사정을 모를리 없는 진술인이 도주했다는 이 사건 공소사실은 다소 억울한 점이 있으나 음주운전 때문에 불리하므로 모두 인정하자는 담당 변호인의 조언으로 일체 다투지 아니한 게 아쉬운 점으로 남아 있습니다.

나. 여자친구와 결혼 후 한국에서 영주하려된 계획이 무산될 위기
  진술인은 위 OOO과 결혼 후 한국에서 집을 장만, 영주할 계획을 갖고 있었으나 이번 사건으로 인하여 모든 계획이 무산될 위기에 처해 있고, 과연 결혼도 할 수 있을지 걱정이 아닐 수 없으며, 결혼을 하더라도 강제퇴거 후 다시 국내로 들어오는데, 상당한 기간이 소요되는 등 이유로 결혼을 무기한 연기한 상태인바, 결혼을 하기도 전에 이처럼 큰 난관에 봉착되어 너무 힘든 시간을 보내고 있습니다.

다. 결혼을 위해 저축해 둔 돈을 형사합의금과 변호사 수임료로 모두 소진

진술인은 2000.경 국내 입국 후 00학원 강사로 근무하면서 받은 급여를 장차 결혼과 집 장만을 위해 최소한의 체류비용을 제외한 대부분의 금원을 성실히 저축해 오던 중 이 사건 발생으로 인하여 금 00,0000,000원의 형사합의금 및 형사전문 변호사 수임료 지급을 위해 대부분 써 버려 경제적으로 매우 어려운 상황에 처해있습니다.

라. 한국과 00에서 중범죄자로 분류되어 신분상 엄청난 타격이 예상

또한 진술인은 한국에서 중범죄자로서 입국 제한이나 영주자격 취득에 큰 어려움이 예상됨은 물론이고 향후 국내에 영주 후 한국의 국제학교에서 교사로 근무할 계획을 갖고 있었으나 00 대학에서 교직 프로그램 이수를 위해 범죄경력 자료 제출이 의무화되어 있기 때문에 이마저도 불가능하게 되지 않을까 걱정이 아닐 수 없습니다.

마. 진술인의 진지한 반성 등 개전의 정이 현저

진술인은 자신의 이 사건 범행이 얼마나 큰 중범죄였는지 깨닫고 깊이 뉘우치고 반성하고 있고, 이번 사건으로 인하여 한국과 00에서 자신의 신분상 엄청난 타격을 감수하고 있고, 향후 어떠한 경우로든 금번과 같은 위법행위를 하지 않을 것을 자필 반성문을 통해 다짐하고 있습니다(첨부 4. '반성문 원본 및 한글 번역본' 각 참조).

바. 약혼녀 000도 자필 탄원서로 진술인에 대한 선처를 호소

1) 진술인의 약혼녀인 위 000은 탄원서를 통해 "진술인이 00의 우수한 대학에서 사회과학을 공부하고, 충분히 본인이 원하는 일을 자신의 모국에서 할 수 있는 사람이었으나 한국에서 부모님과 함께 살고 싶어하는 제 고집 하나 때문에 다른 많은 기회를 뒤로하고 한국에 왔습니다… 저희 가족과 잘 지내기 위해 주 45시간씩 근무하면서도 주말에 한국어 학원을 다녔고, 한국 문화와 생활방식을 존중하고 좋아해 주었습니다

...”라고 하였습니다(첨부 5. ‘탄원서’ 참조).

2) 또한 위 OOO은 “...제가 지금까지 6년간 지켜본 남자친구는 그 누구보다 법을 잘 지키고 성실한 사람이었고, 한국에서도 항상 빨간 점멸등에서는 차가 없어도 일시 정지하고, 신호등 없는 횡단보도에 보행자가 보이면 무조건 멈춰 서며, 구급차 소리에 미리 피하려고 하는 그런 운전자였습니다. 그런데 왜 그날 밤 그런 잘못된 선택을 했는지 저희 둘 다 이해하기 어렵지만 사건 이후 자신이 다른 사람을 헤쳤다는 사실에 잠들기를 힘들어하며 반성하고 있습니다...”라며 선처를 호소하고 있습니다.

사. 이 사건 피해자와 원만한 합의 및 피해자의 처벌불원 의사표명
진술인은 수사에 성실히 임하였고, 2000. 00. 00.경 피해자와 민, 형사상 원만히 합의하였는바, 피해자는 진술인이 깊이 뉘우치고 반성하고 있고, 진심으로 사죄하고 용서를 구하고 있어 진술인에 대한 어떠한 처벌도 원하지 않는다는 취지의 처벌불원 탄원서를 진술인에게 교부해 준 사실이 있습니다(첨부 6. ‘합의서 및 영수증’, 첨부 7. ‘처벌불원 탄원서’ 각 참조).

5. 결 어

전술한 바와 같이 진술인이 이 사건에 관하여 깊이 뉘우치고 반성하고 있는 점, 피해자와 상호 원만히 합의하였고, 피해자도 진술인에 대한 어떠한 처벌도 원하지 않음을 피력하고 있는 점, 진술인이 한국인 여성과 결혼 후 한국에서 영주할 계획을 가지고 있는 점 등 제반 사정을 참작하시어 법이 허용하는 최대한의 선처를 부탁드립니다.

첨 부 자 료

1. 첨부 1.   반성문 원본 및 번역본
1. 첨부 2.   탄원서(약혼녀 000)
1. 첨부 3.   대학 졸업증명서(약혼녀 000)
1. 첨부 4.   합의서 및 영수증
1. 첨부 5.   처벌불원 탄원서

1. 재직 증명서   1부
1. 여권 사본   1부
1. 외국인 등록증 사본   1부
1. 이륜자동차 사용폐지 증명서 1부

2022. 5. 9.

위 진술인 ㅇ ㅇ ㅇ (인)

서울ㅇㅇ출입국·외국인사무소장 귀 중

---

128) ㅇㅇ은 911에 신고하면 경찰에 자동으로 통보되는 시스템이고, 진술인은 당시 119에 신고하면 경찰에 신고접수가 가능한 것으로 알고 있었습니다.

반성문

사　　　건　　2022고단000호 도로교통법위반
피고인　　　정 0 0

우선 저의 부주의로 인하여 여러 불편을 끼쳐드려 송구하게 생각합니다. 그리고 이 사건 음주운전에 대하여는 무어라 변명의 여지없이 깊이 반성하고 또 반성하며 어떠한 처벌도 달게 받을 각오가 되어 있습니다.

저는 2022년 1월 1일 01시경 서울대입구역 사거리근방에서 음주 단속으로 면허취소가된 정00입니다.

당시 음주운전의 경위는 -------- 어떻습니다. 그 경위야 어찌되었든 짧았던 저의 행동으로 인한 결과에는 어떠한 처벌도 달게 받을 각오에는 변함이 없습니다. 또한 차후로는 어떠한 경우든 음주운전을 하지 않으려는 각오로 자동차 처분, ------- 등의 행위를 하는 등 재발방지를 위한 최선의 노력도 다하고 있습니다.

그럼에도 제가 이렇게 글을 쓰는 이유는 저의 과오로 인한 운전면허취소처분을 받게 될 경우 -------- 등의 저의 어려운 사정을 두루 살피시어 이 반성문으로나마 조금이라도 선처를 받고자 하는 마음에 염치없게도 이렇게 선처를 바라는 글을 쓰게 되었습니다.

저는 현 나이 45에 면허 취득한지 7년정 도 되었습니다. 그 동안 단한건의 도로교통법 위반 사실이 없이 운전을 해왔고, 평소에도 간혹 술을 마시게 되었을 경우 대리운전을 불러 귀가를 하였을 만큼 관련 법규를 철저히 준수하며 생활해 왔습니다.

한편, 저는 지금 ----- 소재 아파트 공사현장에서 건설자재 운반하는 일을 주로 하고 있으며 위 일은 운전면허가 반드시 필요한 업무이며, 만일 운전면허를 취소 당할 경우 어쩔 수 없이 퇴사를 하여야 하는 사정이기도 합니다.

저는 위 일을 하면서 적은 월급이지만 한 가정의 가장으로서 슬하에 2남 1녀의 자녀들은 물론 시골에 계신 홀어머니까지 부양하고 있는 실정이기에 이 사건 음주 운전으로 많은 벌금이 선고될 경우 간신히 한 달 벌어 한 달 먹고사는 형편에 당장 생계조차 곤란해 질 우려가 심대한 상황이기도 합니다.

저는 한 가정의 가장으로서 정말 열심히 살아보려고 성실히 생활해 왔지만 뜻하지 않게 이 사건 사안으로 이렇게 물의를 일으켜서 정말 죄송할 따름입니다.

한 번의 실수로 제 삶이 이렇게 어렵게 되어버렸습니다.

다시는 이 같은 실수는 저지르지 않겠습니다.
정말 진심으로 반성하고 있습니다.

부디 선처를 부탁드립니다.

2022. 00.   00.

위 피고인 정 0 0

00지방법원 형사 제00단독   귀중

[서식 : 반성문]

[서식 : 반성문]

반 성 문

사   건   2022고단0000 폭행
피 고 인   최 ○ ○

저의 잘못된 생각으로 피해자에게 뜻밖의 피해를 드리게 된 점 진심어린 사죄의
마음으로 선처를 구합니다.

이렇게 ○○행위가 적발된 것이 참으로 다행이라고 생각합니다. 저의 잘못을 알게
해주시고 저를 바른 길로 이끌어 주시려는 모든 분들께 정말 감사드립니다. 그리
고 정말 죄송합니다. 자칫 잘못하면 인생을 망쳐버릴 수도 있는 무서운 ○○행위
를 다시는 하지 않겠습니다.

앞으로 인생을 살아가며 후회할 이런 ○○은 두 번 다시는 하지 않을 것입니다.
○○○에 정말 죄송합니다.

다시는 이런 잘못을 하지 않고 진심의 반성을 위해 이 글을 썼습니다. 잘못된 일로
반성문을 쓰게 되어 참으로 부끄럽습니다. 또한 저를 믿고 사랑해 주신 ○○○과

○○○님께 실망감을 안겨드려 참으로 죄송합니다. ○○한 것은 어떠한 말과 행동으로도 용서받기 힘들다는 것을 알고 있습니다. ○○한 제 잘못입니다. 아무리 ○○○하더라고 먼저 했어야 했는데 ○○를 ○○한 것은 나쁜 일이라 생각합니다.

○○는 어떤 식으로든 용납될 수 없다는 것을 잘 알고 있지만, 그 때는 ○○한 나머지 저도 모르게 ○○한 것 같습니다. ○○○을 망각하고 제가 큰 잘못을 저지르고 말았습니다. 지나간 일을 놓고 후회한다고 해도 아무 소용이 없겠지만 진심으로 죄를 뉘우치고 앞으로 그런 행동을 다시는 하지 않도록 다짐하였습니다.

반성문으로 선처를 구한다는 것은 제 잘못에 비해 너무 미약하다는 생각이 듭니다. 진심으로 ○○○에 용서를 비는 마음을 갖고 이러한 일이 앞으로 두 번 다시 일어나지 않도록 행동하고 생활한다면 저의 반성을 이해해 주실거라 믿습니다.

○○에 진심으로 선처를 구했지만, ○○을 생각할 때마다 더 죄송스러워집니다. 사죄하는 마음으로 ○○으로서의 본분을 지키며 앞으로 더 성실하고 열심히 살도록 하겠습니다.

저를 믿고 사랑해 주시던 분들께 이렇게 좋지 못한 모습을 보여드려 참으로 죄송하고, 송구스럽습니다. 앞으로는 어떤 일이 있어도 절대로 불법 행위를 저지르지 않겠습니다. 그리고 다시는 기대에 어긋나는 행동을 하지 않겠습니다. 믿고 지켜봐 주십시오.

정말 저의 잘못을 뉘우치며 반성하며 앞으로는 절대 이런 일을 하지 않겠습니다. 부디 넓은 마음으로 선처를 부탁드립니다. 다시 한 번 ○○○에 머리 숙여 사죄의 말씀을 드립니다.

2022. 00. 00.

위 피고인 최 ○ ○

00지방법원 형사 제00단독　　　귀중

다. 출입국사범심사 판단기준 등

(가) 판단기준

사범심사는 벌금 납부 등 형사처벌 종료 후 자발적으로 출석하여 심사를 받아야 한다. 심사결과 사안이 경미한 위반인 경우 비자연장 시 사범심사를 동시를 받는 경우도 있지만 법규 위반 정도가 중대한 경우에는 출입국사무소로부터 소환장을 송달받게 되며, 심사결과에 따라 경고 조치로 마무리될 수도 있지만, 출국명령 혹은 강제퇴거결정이 내려질 수도 있다.

보통 출입국사범심사 시에는, ⅰ) 외국인의 범행동기 및 내용, 범죄의 종류나 경중, ⅱ) 범죄경력, 재범가능성, ⅲ) 고의과실 여부, ⅳ) 수사협조 등의 사항을 종합적으로 심사하고, ⅳ) 나아가 외국인에게 대한민국에 계속 체류해야할 인도적 사유가 있는지 등을 기준으로 판단한다.

따라서 사범심사 준비 시 최소한 위의 기준에 근거한 증거 및 자료 수집은 물론 관련 내용은 담은 의견서(사건 경위서) 등을 사전에 철저히 준비할 필요가 있다. 결국 대한민국에 계속 체류할 수 있도록 할 특별한 인도적 사유가 없다면 사범심사에서 좋은 결과를 얻기는 힘들기 때문에 이점을 의견서 등의 작성을 통해 어떻게 부각하느냐가 사범심사의 핵심이다.

6. 이 사건 처분의 위법·부당 여부

가. 관계법령의 내용

「출입국관리법」 제11조제1항제3호·제4호에 따르면 법무부장관은 대한민국의 이익이나 공공의 안전을 해치는 행동을 할 염려가 있다고 인정할 만한 상당한 이유가 있는 외국인이나 경제질서 또는 사회질서를 해치거나 선량한 풍속을 해치는 행동을 할 염려가 있다고 인정할 만한 상당한 이유가 있는 외국인에 대하여는 입국을 금지할 수 있다고 되어 있고, 같은 법 제46조제1항제3호·제13호 및 제68조제1항제1호에 따르면 지방출입국·외국인관서의 장은 같은 법 제11조제1항 각 호의 어느 하나에 해당하는 입국금지 사유가 입국 후 발견되거나 발생한 외국인이나 금고 이상의 형을 선고받고 석방된 외국인을 대한민국 밖으로 강제퇴거 시킬 수 있으며, 위와 같은 경우에 해당한다고 인정되더라도 자기비용으로 자진하여 출국하려는 외국인 등에게는 출국명령을 할 수 있다고 되어 있다.

나. 판단

청구인은 재외동포(F-4) 자격으로 대한민국에 체류하면서 위험한 물건을 사용하여 타인에게 상해를 입힌 범죄로 2021. 3. 31. ●●지방법원으로부터 징역 6월, 집행유예 1년을 선고받은 사실이 확인되는바, '대한민국의 이익이나 공공의 안전을 해치는 행동을 할 염려가 있다고 인정할 만한 상당한 이유가 있거나 경제질서 또는 사회질서를 해치거나 선량한 풍속을 해치는 행동을 할 염려가 있다고 인정할 만한 상당한 이유가 있는 사람'에 해당한다. 이에 대하여 청구인은 이 사건 범행이 사실혼 관계에서 일어난 1회성 사건이라고 주장하나, 그와 같은 폭력도 가정폭력으로서 대한민국 사회에서 용인될 수 없는 범죄라고 할 것이므로 이러한 주장은 받아들일 수 없다. 그 밖에 피청구인이 청구인의 자진출국 의사와 여타 사정 등을 감안하여 상대적으로 가벼운 출국명령을 한 것으로 보이는 점, 외국인의 출입국을 엄격하게 관리함으로써 확보하려는 국가의 안정과 질서유지라는 공익이 청구인의 출국으로 인하여 입게 될 개인적인 불이익에 비해 결코 작다고 볼 수 없는 점 등을 고려할 때, 청구인에게 출국을 명한 피청구인의 이 사건 처분이 위법·부당하다고 할 수 없다.

(나) 강제추방 대상

외국인이 강제추방을 받게 되는 주된 원인은 범죄로 인한 형사처벌에 따른 것이다. 강제퇴거를 당하는 경우는 크게 중대범죄를 저질렀을 경우 및 벌금이나 징역처분을 가리지 않고 이미 과거에 형사처분을 2회 받은 전력이 있는 경우 두가지로 정리해볼 수 있다.

외국인의 경우 국내에 체류 중일 때 고의 또는 과실로 범죄에 연루되었다면 출입국관리법 시행규칙 54조에 따라 강제퇴거를 당할 수 있다.

▶ 살인의 죄
▶ 강간과 추행의 죄 또는 절도와 강도의 죄 중 강도의 죄
▶ 성폭력범죄의 처벌 등에 대한특례법 위반의 죄를 범한 자
▶ 마약류 관리에 관한 법률위반의 자
▶ 특정범죄 가중처벌 등에 관한 법률을 위반한 자
▶ 국가보안법을 위반한자
▶ 폭력행위 등 처벌에 관한 법률을 위반한 자
▶보건범죄단속에 관한 특별조치법을 위반한 자

등에 대해서 강제퇴거(강제추방)할 것을 규정하고 있다.

따라서 이러한 범죄를 자행한 외국인들의 경우 당사자의 의사와 무관하게 강제출국 대상이 되며, 대부분 재입국은 어렵고 입국규제 또한 1년에서 10년 정도 내려질 수 있다.

그 외 벌금이나 징역 처분을 가리지 않고 이미 과거에 형사처분을 2회 받은 전력이 있는 경우이다. 따라서 범죄 혐의가 3회 차인 경우에는 강제추방 대상이 될 위험성이 높다고 할 수 있다.

또한, 불법 체류 취업자는 3년 이하의 징역 또는 2천만원 이하의 벌금형 그리고 비자신청거부 등의 처분 외에 강제퇴거 조치와 함께 최대 10년간 입국규제조치를 당할 수 있음에 유의하여야 한다.

그 외 음주운전의 경우 대부분 벌금형 등을 사건이 마무리 되는 경우가 많아 벌금만 납부하면 사건이 종결되는 것으로 오인하는 경우도 있지만, 실무상으로는 관련 사실로 출입국사범심사 를 받게 되며 이때 처분의 기준은 과거 음주경력 및 혈중알콜농도의 수치, 음주측정거부 및 도주여부 등이며 이를 기준으로 강제출국여부를 결정하게 된다.

라. 출입국사범 대한 행정처분의 유형

출입국 사범심사는 출입국관리법 위반자에 대한 인지가 이뤄지면 조사에 착수한 후 출입국사범 에 대한 진술서 작성, 용의자 심문, 참고인 심문 등 위반 사실에 대한 정밀심사를 거치게 되며, 이를 근거로 심사결과가 나오면 위반자는 강제퇴거, 출국권고, 고발 등의 행정처분에 취해진다. 즉, 지방출입국장 등은 출입국사범심사 결정을 할 때 크게 아래 표에서 보는 바와 같이 출국명령, 강제퇴거, 통고처분 등 3가지 정도로 행정처분을 하게 된다.

[출입국사범 심사결정 통고내용 사례 - 출국명령]

o 용의자(청구인)는 금고이상 형의 집행유예를 선고받아 대한민국의 이익이나 공공의 안전을 해치는 행동을 할 염려가 있다고 인정할 만한 상당한 이유가 있는 사람으로 보이는 점, 사실혼 관계인 피의자와 3년가량 동거중이나 정식 혼인관계가 아니고 부양할 자녀 등도 없어 국내 체류를 고려할 만한 인도적 사유가 없어 보이는 점 등을 감안하여 강제퇴거함이 마땅하나,

- 자진하여 자비로 출국하려고 하는 점, 재외동포 자격으로 체류해왔던 점 등을 감안하여 출국명령함이 좋겠음.
- 다만 합법체류 중이나 형사처벌을 받은 사실로 자진출국하려는 경우 기존 입국금지 기준에서 한 단계 완화토록 한 '코로나19 확산 및 장기화에 따른 불법체류 외국인 관리대책지침보완'에 의거 출국명령 후 6개월간 입국금지함이 좋겠음.

[출입국관리법 위반자 행정처분 용어정리]

강제퇴거 (여권표시 : 68-1)	- 출입국관리법을 위반한 외국인을 본인의 의사에 반하여 강제적으로 대한민국 밖으로 추방하는 것 - 불법입국자, 불법체류자, 금고 이상의 형의 선고를 받고 석방된 외국인 등 강제퇴거의 대상을 법46조 및 68조4항에 규정하고 있음
출국명령 (여권표시 : 46-1)	- 출입국관리법을 위반한 외국인에게 사무소장, 출장소장 또는 보호소장이 출국을 명령하는 것 - 그 대상은 강제퇴거사유에 해당하는 혐의가 있다고 인정되는 외국인이 본인의 부담에 의하여 출국하려고 할 때, 출국권고를 받고도 이를 실행하지 않을 때, 통고처분을 받은 자를 출국 조치하는 것이 적당하다고 인정되는 경우 등 - 강제퇴거자가 입국규제자 명단에 장기간 등재되는 반면에 출국명령을 받은 외국인은 일정기간 사증발급이 제한되는 조치가 뒤따른다는 점에서 강제퇴거와 차이가 있음 - 출국명령시 그 명령발부일부터 30일 이내 출국

통고처분, 고발, 과태료	- 대한민국에 체류하는 외국인이 벌금에 상당하는 출입국관리법을 위반 하였을 때, 출입국관리사무소장 또는 출장소장이 그 외국인에게 벌금 에 상당하는 금액을 지정한 장소에 납부할 것을 통고하는 것 - 통고처분은 정식재판에 들어가지 아니하고 간이절차에 따라 사건을 신속하게 처리함으로서 법위반자 및 행정업무의 부담을 가볍게 하는 제도 - 통고처분을 받은 외국인이 통고서를 송달 받은 날부터 일정기간내에 통고처분대로 이행하면 일사부재리의 원칙에 의하여 법원에서 확정판 결한 것과 동일한 효력이 발생하나, 이행하지 않으면 검찰에 고발을 하게 되며, 이후는 형사소송절차에 따라 진행됨 - 출입국관리법위반이 벌금에 상당할 경우에는 벌금에 상당하는 금액(범 칙금)을 통고처분하나, 법위반이 등록사항변경신고의 위반, 등록증 반납의 위반 등과 같이 과태료에 해당하는 경우에는(법 제100조) 출입 국관리사무소장 또는 출장소장이 과태료 처분의 고지를 함 - 과태료 처분을 받은 외국인은 처분을 받은 날로부터 30일 이내에 출입국관리사무소장 또는 출장소장에게 이의를 제기할 수 있는데, 이의를 제기하면 관할법원에서 비송사건절차에 의한 과태료의 재판을 하게 됨

사범심사 후 계속 체류허가를 받는다면 각서 및 준법서약서작성으로 종결될 수 있지만, 만일 출국명령 또는 강제퇴거에 따른 입국규제가 수반된다면 심사결정 즉시 출입국관리정보시스템에 등록되어 규제대상 리스트에 올라가게 된다.

이러한 사범심사는 해당 행위에 대하여 검찰에서 불기소처분을 하거나, 법원에서 집행유예의 판결을 선고하더라도 반드시 거쳐야 하는 절차임에 유념할 필요가 있으며, 외국인 강제퇴거 주요 원인으로는 대부분 성범죄, 보이스피싱, 음주운전 등의 범죄 그리고 그로 인한 형사처벌에 따른 것이고 특히 최근에 가장 많은 문제로 대두되는 사건은 음주운전이나 난폭운전, 보복운전, 폭행사건 등이다.

마. 사범심사 이후 절차

사범심사 결과 사안의 경중에 따라 사실이라면 출국명령 또는 강제퇴거명령을 받을 수 있다. 출국명령을 받는다면 출국명령서가 발급되는데, 이 출국명령서에는 언제까지 출국해야하는지 날짜가 적혀 있으며, 이 날짜가 지나서도 출국하지 않은 경우에는 강제퇴거명령서가 새로이 발급된다. 하지만 어떤 경우에는 출국명령이 없이 곧바로 강제퇴거명령이 내려지기도 하기 때문에 이점 유의하여 불복절차를 진행하여야 한다.

[서식 - 출국명령서]

■ 출입국관리법 시행규칙 [별지 제123호서식] 〈개정 2021. 1. 21.〉

출 국 명 령 서(DEPARTURE ORDER)

Date　　.　　.　　.

대상자 Subject of Departure Order	성　명 Name in Full			
	생년월일 Date of Birth	성 별 Sex	[ ] 남　[ ] 여 [ ] M　[ ] F	
	국적 Nationality	직 업 Occupation		
	대한민국 내 주소 Address in Korea			
출국명령 이유(적용 법규정) Reason for Order (Applicable Provision)				
출국기한 Deadline for Departure				
출국명령 조건 (Conditions of Departure Order)	주거제한(Restriction on Residence)			
	이행보증금의 액수, 납부일자 및 장소(The amount of bond, The date and place of deposit)			
	기타 필요한 조건(The Others)			

1. 「출입국관리법」 제68조에 따라 위와 같이 출국명령서를 발급합니다.

   In accordance with Article 68 of the Immigration Act, the departure order is issued to the person above.

2. 「출입국관리법」 제68조에 따라 이행보증금을 예치한 경우 출국기한 내에 출국하지 않거나 위 조건을 위반하는 때에는 이행보증금을 국고에 귀속시킬 수 있습니다.

   If you don't leave the Republic of Korea within the deadline of the departure order or comply with the conditions of the order, the bond deposited in accordance with Article 68 of the Immigration Act may be devolved on the National Treasury.

3. 귀하는 위 처분에 대하여 이의가 있을 때에는 이 명령서를 받은 날부터 90일 이내에 행정심판 또는 행정소송을 제기할 수 있습니다.

※ 행정심판을 청구할 때에는 온라인행정심판(www.simpan.go.kr), 행정소송을 청구할 때에는 전자소송(e dfs.scourt.go.kr)을 통하여 온라인으로도 청구할 수 있습니다.

A person who has an objection to the above disposition may file an administrative appeal or an administrative litigation within 90 days after receipt of the departure order.

※ You may file an administrative appeal online (www.simpan.go.kr) and an administrative litigation on the Internet(ecfs.scourt.go.kr).

○○출입국·외국인청(사무소·출장소)장 　직인

CHIEF, ○○IMMIGRATION OFFICE

210mm×297mm[백상지(80g/㎡) 또는 중질지(80g/㎡)]

만일, 강제퇴거명령이 발부되면[129], 그 명령을 받은 사람은 국적 또는 시민권을 가진 국가 등으로 보내지지만 여러 이유로 즉시 대한민국 밖으로 보낼 수 없을 때에는 외국인이 대한민국 밖으로 나갈 수 있을 때까지 보호조치 된다.

---

129) 강제퇴거명령에 대해서는 7일 이내에 이의신청을 할 수 있으며, 출입국관리사무소장, 출장소장 또는 외국인보호소장은 명령서를 교부할 때, 이의신청에 대한 내용을 고지한다. 또한, 만일 출국명령 또는 강제퇴거명령이 위법, 부당하다고 판단될 경우 이 명령에 대하여 행정심판이나 행정소송을 할 수 있는데, 행정심판 및 행정소송은 명령이 내려짐을 안 날부터 90일 이내에만 할 수 있다. 여기서 '명령이 내려짐을 안 날'은 보통 출국명령서, 강제퇴거명령서 등의 처분 문서를 직접 받은 날을 의미한다.

■ 출입국관리법 시행규칙 [별지 제110호서식] 〈개정 2018. 6. 12.〉

강제퇴거명령서
DEPORTATION ORDER

Date　　.　　.　　.

대상자 Subject of Deportation Order	성　명 Name in Full			
	생년월일 Date of Birth		성　별 Sex	[ ] 남　[ ] 여 [ ] M　[ ] F
	국적 Nationality		직 업 Occupation	
	대한민국 내 주소 Address in Korea			

강제퇴거 이유(적용 법규정) Reason for Deportation (Applicable Provision)	
집행방법 Mode of Execution	
송환국 Country of Repatriation	

1. 「출입국관리법」 제59조에 따라 위와 같이 강제퇴거명령서를 발급합니다.

   In accordance with Article 59 of the Immigration Act, the deportation order is issued to the person above.

2. 귀하는 이 명령서를 받은 날부터 7일 이내에 법무부장관에게 이의신청을 하거나, 90일 이내에 행정심판 또는 행정소송을 제기할 수 있습니다.

   ※ 행정심판을 청구할 때에는 온라인행정심판(www.simpan.go.kr), 행정소송을 청구할 때에는 전자소송(ecfs.scourt.go.kr)을 통하여 온라인으로도 청구할 수 있습니다.

   A person who has an objection to the above disposition may file an objection with the Minister of Justice within 7 days after receipt of the deportation order or file an administrative appeal or an administrative litigation within 90 days from the date of receiving the deportation order.

※ You may file an administrative appeal online (www.simpan.go.kr) and an administrative litigation on the Internet (ecfs.scourt.go.kr)

ㅇㅇ출입국·외국인청(사무소·출장소)장 　직인

CHIEF, ㅇㅇIMMIGRATION OFFICE

집행결과 Result of Execution	집행자 Executing Official	서명 Signature

210mm×297mm[백상지(80g/㎡) 또는 중질지(80g/㎡)]

바. 불복절차 - 제3장 출입국사범 구제절차 참조

사범심사에서 출국명령서(출입국관리법 제68조)를 받은 경우라면 그 명령서를 받는 날로부터 90일 이내에 행정심판 또는 행정소송을 제기하여 다툴 수 있으며, 이때 사범심사의 핵심 기준은 '대한민국의 이익이나 공공의 안전을 해치는 행동을 할 염려가 있다고 인정할만한 상당한 이유가 있는 사람', '경제 질서 또는 사회질서를 해치거나 선량한 풍속을 해치는 행동을 할 염려가 있다고 인정할 만한 상당한 이유가 있는 사람'이라는 점(출입국관리법 제11조 제1항 제3호 또는 제4호)을 명확히 인지한 후 관련 절차를 진행하는 것이 좋다.

4. 관련 서식

가. 청구취지

피청구인이 2023. 00. 00. 청구인에게 한 출국명령을 취소한다.

라는 재결을 구합니다.

피청구인이 2023. 00. 00. 청구인에게 한 강제퇴거명령을 취소한다.

라는 재결을 구합니다.

피청구인이 2023. 00. 00. 청구인에게 한 강제퇴거명령 및 보호명령을 취소한다.

라는 결정을 구합니다.

피청구인이 2016.05.02 청구인에 대하여 한 체류기간연장등 불허결정처분을 취소한다.

라는 재결을 구합니다.

나. 서식례

[서식 – 행정심판청구 : 출국명령취소청구 – 형사처벌]

행정심판청구서

청 구 인   O O O

피청구인   OO출입국, 외국인청

출국명령취소 행정심판

청구 취지

피청구인이 2021. 9. 15. 청구인에게 한 출국명령을 취소한다.
라는 재결을 구합니다.

청구이유

1. 이 사건 처분의 내용

청구인은 한국계 ○○인(여, 35세)으로서, 2012. 6. 20. 단기체류(C-3-1) 자격
으로 입국하여 2018. 5. 31. 재외동포(F-4-27) 자격으로 체류자격 변경허가를
받아 체류하던 중 2021. 3. 31. ○○지방법원으로부터 특수상해로 징역 6월에
집행유예 1년을 선고받았고, 피청구인은 2021. 9. 15. 청구인에게 「출입국관리법」
제11조제1항 제3호·제4호, 제46조 제1항 제3호·제13호 및 제68조제1항 제1호
에 따라 2021. 10. 15.까지 출국할 것을 명하는 출국명령(이하 '이 사건 처분'이라
한다)을 하였습니다.

2. 이 사건의 경위

청구인은 2020. 12. 13. 마트 바닥에 널린 술병 등을 치우는 문제로 남편과 말다툼
끝에 손찌검을 당하자 화를 참지 못하고 청구인이 치우기 위해 빗자루와 함께
손에 쥐고 있던 소주병을 그만 우발적으로 남편 머리에 내려치고 말았습니다. 당
시에는 너무나도 남편이 미웠고 원망스러웠습니다. 코로나로 장사도 안 되고 새벽
녘 마트 앞에서 술주정하는 것도 창피하기도 했습니다.

경위야 어찌되었든 폭력은 어떠한 상황에서도 정당화될 수 없고, 청구인 자신도
당시 우발적으로 행한 행동에 대하여 깊이 반성하고 있는 상황입니다.

한편, 청구인은 2012년 입국 후 공장에서 일하며 모은 돈으로 2020년부터 작은

○○식품마트를 운영 중에 있으며, 남편과 2019년에 만나 아직 자녀는 없지만 현재는 과거보다 더욱 정을 돈독히 하며 지내고 있는 상황입니다. ○○을 떠난 지 10년이 지나 이제는 ○○에 연고나 생계기반이 전혀 없습니다. 사랑하는 이, 그동안 알게 된 이웃과 친구들, 부모님도 모두 이곳에 계시는데 갑자기 한국 내 생활기반을 접고 ○○으로 출국하라는 것은 날벼락 같은 일입니다.

3. 이 사건 처분의 위법·부당 여부

가. 관계법령의 내용

「출입국관리법」 제11조제1항 제3호·제4호에 따르면 법무부장관은 대한민국의 이익이나 공공의 안전을 해치는 행동을 할 염려가 있다고 인정할 만한 상당한 이유가 있는 외국인이나 경제질서 또는 사회질서를 해치거나 선량한 풍속을 해치는 행동을 할 염려가 있다고 인정할 만한 상당한 이유가 있는 외국인에 대하여는 입국을 금지할 수 있다고 되어 있고, 같은 법 제46조제1항 제3호·제13호 및 제68조제1항 제1호에 따르면 지방출입국·외국인관서의 장은 같은 법 제11조제1항 각 호의 어느 하나에 해당하는 입국금지 사유가 입국 후 발견되거나 발생한 외국인이나 금고 이상의 형을 선고받고 석방된 외국인을 대한민국 밖으로 강제퇴거 시킬 수 있으며, 위와 같은 경우에 해당한다고 인정되더라도 자기비용으로 자진하여 출국하려는 외국인 등에게는 출국명령을 할 수 있다고 되어 있다.

나. 이 사건 처분의 부당성

(1) 피해자인 남편의 탄원

피해자의 남편인 청구외 000은 청구인의 옆에는 오직 남편인 자신밖에 없고, 가게는 그녀의 전재산이며 희망입니다. 청구인이 지금 ○○으로 추방되면 갈 곳도 없으며, 그녀가 유일하게 기댈 수 있는 저, 가게 그리고 거주할 집, 이 모든 것이 대한민국에 있으며 청구인이 자신의 잘못을 깊이 뉘우치고 새로운 가족을 꾸려 열심히 살려는 의사 및 개전의 정이 강력하니 이번에 한하여 한번의 기회를 주시기 간절히 탄원하고 있습니다.

(2) 청구인인 범죄경력없는 초범입니다.

청구인의 범죄는 사실혼 관계인 남편과의 사이에서 우발적으로 일어난 1회성 사건으로 초범인 점입니다. 청구인의 그간의 행적 및 범죄사실로 볼 때 공공의 안전 및 사회질서를 해칠 이유가 전혀 존재하지 않습니다.

(3) 청구인의 반성 및 심리치료

청구인은 이 사건을 깊이 반성하고 있으며, 다시는 이와 같은 잘못을 반복하지 않고자 하는 의지가 강하여 현재 관련 심리치료까지 받고 있는 상황입니다.

4. 결 론

청구인은 위 3항에서 보듯 이 사건을 깊이 반성하고 있으며, 그러한 청구인에 대하여 피해자인 남편도 형이 감경되어 다시 정상적인 부부관계를 회복하기를 탄원하고 있으며, 특히 청구인 초범으로 자신 또한 자신의 행위를 감당하지 못할 정도의 정신적 충격을 받고 현재 심리치료까지 병행하며 건전한 사회인으로 거듭나고자 노력하고 있는 점 등의 제반 사정을 고려할 경우 이 사건 처분은 심히 가혹하여 위법·부당하다할 것입니다.

따라서 청구인은 「행정심판법」 제28조 및 같은 법 시행령 제20조에 따라 위와 같이 행정심판을 청구합니다.

입 증 자 료

1. 탄원서

2. 소견서

기타 자료 첨부

2000. 00. 00.

청구인 0 0 0 (인)

중앙행정심판위원회　　귀중

행정심판청구서

청 구 인   ○ ○ ○
피청구인   ○○출입국, 외국인청

출국명령처분취소 행정심판

청구 취지

피청구인이 2019. 9. 17. 청구인에게 한 출국명령 처분을 취소한다.
라는 결정을 구합니다.

이   유

1. 사건개요

청구인(1985년생, 여)은 ○○○○○ 국적의 외국인으로서, 2019. 9. 4. 단기방문(C-3) 체류자격으로 입국하여 체류하다가 2019. 9. 16. ○○출입국·외국인청에 난민신청을 하였고, 같은 날 피청구인을 방문하여 체류자격 변경신청을 하였으나 피청구인은 업무가 종료되어 다음 날 방문할 것을 안내하였으며, 청구인이 다음 날인 2019. 9. 17. 피청구인에게 체류자격 변경신청을 하자 피청구인은 당일 청구인에게 체류기간을 도과하여 불법체류를 하였다는 이유로 2019. 12. 16.까지 출국할 것을 명하는 출국명령(이하 '이 사건 처분'이라 한다)을 하였다.

2. 청구인 주장

가. 청구인은 추석명절(2019. 9. 12.~2019. 9. 15.) 및 일요일 다음 날인 201

9. 9. 16. 오전에 난민신청서 접수를 위해 ○○출입국·외국인청을 방문하였으나 접수대기 시간 등으로 많은 시간이 경과한 뒤 난민신청서를 접수하였으며, 접수담당자로부터 난민신청자는 관할 출입국외국인청(사무소·출장소)에 방문하여 출입국관리법에 따른 체류 허가를 받아야 한다는 안내를 받고, 피청구인에게 체류자격 변경허가 신청을 위해 당일 18시 몇 분을 경과하여 도착했는데 피청구인은 업무가 종료되었으니 다음 날 방문하라고 안내하였습니다.

나. 청구인은 다음 날 피청구인에게 체류자격 변경허가 신청을 했으나 피청구인은 체류기한이 1일 도과하였다는 이유로 이 사건 처분을 한 것입니다.

3. 이 사건 처분의 위법·부당 여부

가. 「출입국관리법」 제17조제1항에 따르면 외국인은 그 체류자격과 체류기간의 범위에서 대한민국에 체류할 수 있다고 되어 있고, 같은 법 제68조제1항제5호 및 제102조제1항에 따르면 지방출입국·외국인관서의 장은 출입국사범에 대한 조사 결과 범죄의 확증을 얻었을 때에는 그 이유를 명확하게 적어 서면으로 벌금에 상당하는 금액을 지정한 곳에 낼 것을 통고할 수 있고, 출국조치하는 것이 타당하다고 인정되는 외국인에게는 출국명령을 할 수 있다고 되어 있으며, 「난민법」 제5조제6항에 따르면 난민신청자는 난민인정 여부에 관한 결정이 확정될 때까지(난민불인정결정에 대한 행정심판이나 행정소송이 진행 중인 경우에는 그 절차가 종결될 때까지) 대한민국에 체류할 수 있다고 되어 있습니다.

나. 이 사건 처분의 위법 부당성
청구인은 체류기간 만료일(2019. 9. 14.)이 추석 연휴기간[2019. 9. 12. (목)~2019. 9. 14. (토)]이어서 2019. 9. 16. 월요일 ○○출입국·외국인청을 방문하여 난민인정 신청서를 접수하게 되었고, 이때 관할 출입국외국인청을 방문하여 난민신청자(G-1)로의 체류자격 변경허가를 받아야 한다는 것을 알았고, 특히 청구인은 관할 출입국외국인청인 ●●출입국·외국인사무소 ▲▲출장소에 당일 18시 이후 도착한 점, 피청구인이 2019. 9. 16. 청구인에게 18시가 경과하여 업무가 종료되었으니 다음 날 다시 방문하라고 안내한 점, 피청구인은 청구인이 불법체류 1일을 할 수밖에 없었던 사정을 인지하였음에도 청구인의 체류목적, 불법 체류하게 된 상황 등을 참작하지 않고 이 사건 처분을 한 것은 과도해 보이는 점 등을 종합하여 볼 때, 피청구인의 이 사건 처분은 비례원칙에 위반되고 재량권을 일탈·남용하여 위법·부당하다할 것입니다.

4. 결론

따라서 청구인은 이상과 같은 이유로 청구취지와 같은 결정을 구하고자 이 사건 청구에 이른 것입니다.

입증방법

1. 행정처분문서
기타자료 첨부

2000. 00. 00.
청구인 ○ ○ ○ (인)

중앙행정심판위원회   귀중

행정심판청구서

청 구 인   ○ ○ ○
피청구인   ○ ○ ○

출국명령처분취소 행정심판

청구 취지

피청구인이 2020. 10. 23. 청구인에게 한 출국명령을 취소한다.
라는 결정을 구합니다.

이 유

1. 사건개요

청구인(1972년생, 남)은 중국 국적의 동포로서 방문취업(H-2) 체류자격으로
체류하던 자인데, 피청구인은 2020. 10. 23. 청구인에게 「출입국관리법」 제11
조제1항제3호·제4호, 제17조제1항, 제20조, 제46조제1항제3호·제8호 및
제68조제1항제1호에 따라 출국명령(이하 '이 사건 처분'이라 한다)을 하였다.

2. 청구인 주장

청구인은 대한민국으로 귀화한 누나가 운영하는 회사에서 근무하다가 회사의
대표자로 취임하는 것이 체류자격 활동범위를 벗어나는 행위인지를 알지 못한
상태에서 그 회사가 100% 투자한 다른 회사의 대표자로 취임하였는바, 청구인
은 대한민국에 입국하여 성실하게 취업활동을 하였고, 별다른 범법행위를 한
사실이 없습니다.

3. 이 사건 처분의 위법·부당 여부

가. 관계법령의 내용

1) 「출입국관리법」 제10조제1항에 따르면 입국하려는 외국인은 대통령령으로 정하는 체류자격을 가져야 한다고 되어 있고, 같은 법 제17조제1항에 따르면 외국인은 그 체류자격과 체류기간의 범위에서 대한민국에 체류할 수 있다고 되어 있으며, 같은 법 제46조제1항제8호에 따르면 지방출입국·외국인관서의 장은 이 장에 규정된 절차에 따라 제17조제1항을 위반한 해당하는 외국인을 대한민국 밖으로 강제퇴거시킬 수 있다고 되어 있고, 같은 법 제68조제1항제1호에 따르면 지방출입국·외국인관서의 장은 제46조제1항 각 호의 어느 하나에 해당한다고 인정되나 자기비용으로 자진하여 출국하려는 외국인에게는 출국명령을 할 수 있다고 되어 있으며, 같은 법 제94조제7호에 따르면 제17조제1항을 위반하여 체류자격이나 체류기간의 범위를 벗어나서 체류한 사람은 3년 이하의 징역 또는 3천만원 이하의 벌금에 처한다고 되어 있습니다.

2) 「출입국관리법 시행령」 제12조에 따르면 법 제10조의2제2호에 따른 장기체류자격의 종류, 체류자격에 해당하는 사람 또는 그 체류자격에 따른 활동범위는 별표 1의2와 같다고 되어 있고, 같은 영 별표 1의2 제29호가목2)에 따르면 방문취업(H-2) 체류자격에 해당하는 사람은 「재외동포의 출입국과 법적 지위에 관한 법률」 제2조제2호에 따른 외국국적동포에 해당하고, 국내에 주소를 둔 대한민국 국민에 해당하는 사람의 8촌 이내의 혈족 또는 4촌 이내의 인척으로부터 초청을 받은 18세 이상인 사람 중에서 나목의 활동범위 내에서 체류하려는 사람으로서 법무부장관이 인정하는 사람[재외동포(F-4) 체류자격에 해당하는 사람은 제외한다]으로 되어 있고, 같은 호 나목에 따르면 방문취업(H-2) 체류자격에 해당하는 사람의 활동범위를 규정하고 있습니다.

나. 이 사건 처분의 위법, 부당성

    청구인은 회사의 대표자로 취임하는 것이 체류자격 활동범위 외의 행위인지 알지 못하였고, 특히 청구인은 대한민국에 입국하여 성실하게 취업활동을 하였으며, 별다른 범법행위를 한 사실이 없음에도 이러한 사정을 고려하지 않고 한 이 사건 처분은 청구인에게 지나치게 가혹하여 위법·부당하다할 것입니다.

4. 결론

따라서 청구인은 이상과 같은 사유로 청구취지와 같은 결정을 구하고자 이 사건 청구에 이른 것입니다.

입증방법

    1. 행정처분문서

    기타자료 첨부

2000. 00. 00.

청구인 0 0 0 (인)

중앙행정심판위원회   귀중

제11장 기타 행정심판 및 행정소송

1. 난 민

가. 청구취지 기재례

> 피고가 20○○. ○. ○. 원고에 대하여 한 난민불인정처분을 취소한다.

나. 서식례(난민불인정취소청구)

소 장

원 고   ○○○

　　　　○○시 ○○구 ○○길 ○○(우편번호 ○○○-○○○)

　　　　전화 · 휴대폰번호:

　　　　팩스번호, 전자우편(e-mail)주소:

피 고   법무부장관

○○시 ○○구 ○○길 ○○(우편번호 ○○○－○○○)

소송수행자 □□□

난민불인정처분취소청구의 소

청 구 취 지

1. 피고가 20○○. ○. ○. 원고에 대하여 한 난민불인정처분을 취소한다.
2. 소송비용은 피고가 부담한다.

라는 판결을 구합니다.

청 구 원 인

1. 처분의 경위

가. 원고는 ○○○ 국적의 여성으로 20○○. ○. ○. 단기상용(C-2, 90일)체류자격으로 대한민국에 입국하여 20○○. ○. ○. 피고에게 난민인정신청을 하였습니다.

나. 피고는 20○○. ○. ○. 원고에 대하여 "'난민의 지위에 관한 협약'(이하 '난민협약'이라한다) 제1조 및 '난민의 지위에 관한 의정서'(이하 '난민의정서'라한다) 제1조, 난민법 제2조에서 정한 '박해를 받게 될 것이라는 충분히 근거 있는 공포'에 처해있다고 인정할 수 없다"는 이유로 난민불인정처분(이하 '이사건 처분'이라 한다)을 하였습니다.

2. 처분의 위법성

그러나 아래와 같은 이유로 피고의 이 사건 처분은 위법합니다.

가. 피고의 난민보호의무

출입국관리법 제2조제3호, 난민법 제18조제1항, 난민협약 제1조, 난민의정서 제1조의 규정을 종합하여 보면,

행정청은 인종, 종교, 국적, 특정 사회집단의 구성원 신분 또는 정치적 의견을 이유로 박해를 받을 수 있다고 인정할 충분한 근거가 있는 공포로 인하여 국적국의 보호를 받을 수 없거나 보호받기를 원하지 아니하는 외국인 또는 그러한 공포로 인하여 대한민국에 입국하기 전에 거주한 국가로 돌아갈 수 없거나 돌아가기를 원하지 아니하는 외국인에 대하여 그 신청이 있는 경우 난민협약이 정하는 난민으로 인정하여야 합니다.

나. 난민 인정의 요건 '박해'

난민 인정의 요건이 되는 '박해'라 함은 '생명, 신체 또는 자유에 대한 위협을 비롯하여 인간의 본질적 존엄성에 대한 중대한 침해나 차별을 야기하는 행위'라고 할 수 있을 것이고,

그러한 박해를 받을 '충분한 근거 있는 공포'가 있음은 난민인정의 신청을 하는 외국인이 증명하여야 할 것이나, 난민의 특수한 사정을 고려하여, 그 진술에 일관성과 설득력이 있고 입국 경로, 입국 후 난민신청까지의 기간, 난민신청 경위,

국적국의 상황, 주관적으로 느끼는 공포의 정도, 신청인이 거주하던 지역의 정치·사회·문화적 환경, 그 지역의 통상인이 같은 상황에서 느끼는 공포의 정도 등에 비추어 전체적인 진술의 신빙성에 의하여 그 주장사실을 인정하는 것이 합리적인 경우에는 그 증명이 있다고 할 것이다(대법원 2008.7.24.선고 2007두3930판결 참조).

다. 원고의 박해를 받을 만한 '충분한 근거 있는 공포'

(1) 원고는 동성애자이며, ○○○ 정부는 법으로 동성애자를 처벌하고 탄압하고 있습니다. 실제로 원고의 마을 사람들은 원고가 대한민국에 입국하기 2개월 전 원고의 모친에게 "원고가 동성애자로 의심되니 마을에서 내보내

라"는 경고를 하였고, 급기야는 20○○. ○. ○. 원고의 집에 불을 질러 원고의 모친과 여동생이 사망하였습니다.

(2) ○○○는 자연의 질서에 반하는 모든 육체관계를 범죄시하는 형법에 근거하여 동성간 성행위를 범죄행위로 규율하고 있으며, 20○○. ○. ○. 의회에 제출된 반동성애 법안은 기존 형법에 반동성애를 다루는 상세한 규정이 없다는 이유로 동성간 성행위뿐만 아니라 동성간 성행위의 시도, 모의, 알선, 조장, 동성간 성행위의 미신고 등까지 처벌대상으로 삼고 있고, 상습범 등의 이유로 가중되는 경우 동성 간 성행위를 최고 사형까지 처하도록 규정하고 있는데, 2011년까지 같은 내용의 법안이 의회에 계류 중입니다.

(3) ○○○에서 동성애 행위가 처벌된 사례는 확인되지 않았지만, 경찰은 20○○. ○. ○. 동성애 행위를 하려고 시도한 사람을 체포하였고, ○○○ 법원은 20○○. ○. ○. 그 사람을 '외설행위'로 기소하였으며, 동성애자들은 ○○○에서 사회적 괴롭힘, 차별, 협박, 안녕에 대한 위협의 대상이었고, 의료서비스에 대한 접근이 거부되고 있습니다.

(4) ○○○소재 신문사 '○○○'지는 20○○. ○. ○. 100명의 동성애자 사진과 이름, 주소를 공개하였는데, 위 100명의 동성애자 중 동성애 운동가 소외인은 망치에 의한 구타로 살해되었고, 4명의 동성애자는 길거리에서 돌팔매질을 당하였습니다.

라. 소결론

원고가 동성애자라는 사실, 마을 주민들이 원고의 모친에게 동성애자인 원고를 마을에서 내보낼 것을 경고하였고, 그로부터 2개월 후 원고의 집에 불이 나 원고의 모친과 원고의 여동생이 사망한 사실, ○○○정부가 동성애자를 탄압하고 있고, 지역 주민들의 탄압으로부터 동성애자를 효과적으로 보호하지도 않는 사실을 각 인정할 수 있는바,

이에 의하면 원고가 ○○○로 귀국할 경우 동성애자라는 '특정 사회집단의

구성원 신분'을 이유로 박해를 받을 우려가 있다고 볼 만한 충분한 근거 있는 공포가 있다고 판단된다할 것입니다.

따라서 피고의 이 사건 처분은 위법하다 할 것입니다.

3. 결 론

이에 본건 소를 제기합니다.

입 증 방 법

1. 갑 제1호증		난민면담진술서
1. 갑 제2호증		병원의 심리학적 진술서
1. 갑 제3호증		○○○정부의 관련법령
1. 갑 제4호증		○○○정부의 동성애관련 보도기사

첨 부 서 류

1. 위 입증방법	1통
1. 소장부본	1통
1. 송달료납부서	1통

20○○. ○. ○.

위 원고 ○○○ (서명 또는 날인)

○○행정법원 귀중

2. 양도소득세등부과처분취소 청구

가. 전심절차 준수

양도소득세의 부과처분을 받고 이에 대한 이의신청을 하였으나 신청기간도과를 이유로 신청을 각하하는 결정의 고지를 받고 심사 및 심판청구를 함이 없이 막바로 행정소송을 제기하였다면, 이는 국세기본법 제55조 및 제56조가 규정한 전심절차를 제대로 이행하지 아니한 부적법한 소라 할 것이다.

나. 심판대상의 과세표준의 존재여부

과세처분 취소소송의 심판대상은 과세표준과 세액이 객관적으로 존재하는지 여부에 있으므로 당사자는 사실심 변론종결시까지 객관적인 조세채무액을 뒷받침하는 주장과 자료를 제출할 수 있고 이러한 자료에 의하여 산출된 정당한 과세표준과 세액이 부과처분에 의하여 인정된 과세표준과 세액에 미달하는 때에는 과세처분 중 정당한 세액을 초과하는 부분만 취소하여야 한다.

다. 청구취지 기재례

> 피고가 2000. 00. 00. 원고에 대하여 한 2000년 00월 수시분 양도소득세 00,000,000원과 교육세 0,000,000원의 부과처분은 이를 취소한다.

> 피고가 2000. 00. 00. 원고에 대하여 한 양도소득세 금 00,000,000원의 부과처분은 이를 취소한다.

> 피고가 20○○. ○. ○. 원고에 대하여 한 양도소득세 금 ○○○원의 부과처분은 무효임을 확인한다.

라. 서식례

[서식] 소장 – 양도소득세등부과처분취소 청구의 소

소　　장

원　고　　홍　길　동 (000000-0000000)

　　　　　○○시 ○○구 ○○로 123

　　　　　소송대리인 변호사 ○ ○ ○

　　　　　○○시 ○○구 ○○로 ○○○　　　　　　　(우 :　　)

　　　　　(전화 :　　　, 팩스 :　　　)

피　고　　○○세무서장

양도소득세 등 부과처분취소 청구의 소

청　구　취　지

1. 피고가 2012. 7. 18. 원고에 대하여 한 2012년 7월 수시분 양도소득세 36,25
   0,480원과 교육세 7,050,090원의 부과처분은 이를 취소한다.
2. 소송비용은 피고의 부담으로 한다.

라는 판결을 구합니다.

청　구　원　인

1. 이 사건 과세처분의 부당성

가. 원고는 위 과세토지를 취득하여 전매한 사실이 없습니다.

    (1) 피고는 서울지방국세청 및 처분청의 조사서 등의 관계서류에 의하면 과세토지의 계약서에 매수자의 명의가 유O언외 8인이라고 기재되어 있고, 전소유자 중 1인 소외 권O영이 서울지방국세청장이 징취한 2009년 11월의 확인서에서 과세토지를 소외 유O언외 8인에게 양도하였다는 확인사실과 서울지방국세청의 조사공무원이 같은 사람으로부터 2012. 5. 3. 징취한 문답서에서 계약서상 위 유O언의 명의가 기재되어 있고 계약당시 위 유O언이 참석하였으며, 위 유O언외 8인의 기재 중 8인은 계약당시 실제매수자가 아니며 매수자가 지정하는 자에게 매도용 인감증명을 발행해 주기로 하였다는 내용이 있다하여 이를 채증하여 원고를 매수인으로 확정하였습니다.

    (2) 위 권O영은 문답서에서 밝힌 장소에서 만났을 뿐 중도금과 잔금을 받을 때 원고를 본 사실이 없다고 간접적으로 확인을 하고 있고, 원고가 권O영으로부터 써 받은 확인서(인감증명서 첨부)에서 위 권O영은 원고로부터 중도금이나 잔금을 수령한 사실이 없음을 명백히 하고 있습니다. 만일, 원고가 실제의 거래당사자이고 과세표준의 매매대금이 피고 있는 주장대로 금210,362,840원이라면 원고가 계약서상의 계약금 30,000,000원을 차감한 나머지 금 180,362,840원을 원고의 자금으로 중도금 및 잔금조로 매도자에게 지급하였어야 할 것입니다.

2. 전심절차

    2012. 7. 20.   납세고지서 수령
    2012. 9. 12.   심사청구
    2012. 10. 12.   심사청구 결정
    2012. 12. 10.   심판청구
    2012. 3. 6.   보정요구

2012. 4. 8.   심판결정

입 증 방 법

변론시 제출하겠습니다.

첨 부 서 류

1. 주민등록초본   1통
1. 소장부본   1통
1. 위임장   1통

2000.   O.   O.

위 원고 소송대리인 변호사 O O O (인)

○○지 방 법 원 귀중

[서식] 소장 – 양도소득세부과처분취소 청구의 소

소   장

원 고   O   O   O (000000-0000000)

　　　　　　OO시 OO구 OO로 OOO

　　　　　　소송대리인 변호사 O O O

　　　　　　OO시 OO구 OO로 OOO　　　　　　　　(우 :　　)

　　　　　　(전화 :　　　, 팩스 :　　　)

피 고   OO세무서장

양도소득세부과처분취소 청구의 소

청 구 취 지

1. 피고가 2000. 5. 6. 원고에 대하여 한 양도소득세 금 94,326,870원의 부과
   처분은 이를 취소한다.
2. 소송비용은 피고의 부담으로 한다.
라는 판결을 구합니다.

청 구 원 인

1. 전심절차

　　원고는 2000. 5. 20. 청구취지 기재 처분을 고지받고 같은 해 6. 30. 심사청
구를 제기하였으나 같은 해 9. 25. 기각결정을 받고 같은 해 11. 20. 심판청

구를 제기하였으나 2000. 1. 25. 기각되었습니다.

2. 처분의 경위

원고가 2000. 12. 28. ○○시 ○○구 ○○동 123 대 213.6㎡와 그 지상건물 120.87㎡를 소외 김○○으로부터 취득하여 2000. 7. 28. 이를 소외 김○○ 외 1인에게 양도한 후 자산양도차익예정신고를 하였는데 피고는 신고시 첨부한 매매계약서와 거래사실확인서 등이 진실한 것이 아니어서 원가 제출한 증빙서류에 의하여 취득 및 양도 당시의 실지거래가액을 확인할 수 없는 경우에 대항한다고 보아 기준시가에 의하여 이 사건 부동산의 양도가액을 금 687,240,320원으로, 취득가액을 464,396,240원으로 보고 과세표준액을 금 172,826,371원으로 하여 2000. 5. 16. 양도소득세 금 94,326,870원을 납부고지하는 이 사건 부과처분을 하였습니다.

3. 부과처분의 위법

원고가 제출한 증빙서류는 진실한 것이므로 피고는 실지거래가액에 의하여 양도차익을 산정하여야 함에도 피고는 이를 받아들이지 아니한 채 위 부과처분을 하여 이는 위법합니다.

즉, 원고는 이 사건 부동산을 소외 김○○으로부터 금 920,000,000원에 취득한 다음 이 사건 부동산에 관하여 임의경매절차가 진행되어 저렴한 가격에 경매될 우려가 있었으므로 급히 소외 김○○ 외 1인에게 금 750,000,000원에 양도하였고, 이러한 실지거래가액은 매매계약서, 영수증, 임대차계약서, 입출금통장 등 증빙서류에 의하여 확인할 수 있다 할 것이며, 원고는 위 실지거래가액에 대한 증징자료로서 위 신고서 취득과 양도시의 각 매매계약서 사본과 영수증 등을 제출하면서 취득가액은 금 920,000,000원으로, 양도가액은 금 750,000,000원으로 하여 양도차익이 없어서 납부할 세액도 없음을 사실대로 신고하였던 것입니다.

그럼에도 불구하고 피고가 이를 받아들이지 아니하고 기준시가에 의하여 양도소득세를 산출하여 이 사건 부과처분을 한 것은 위법하다 할 것입니다. 따라서 위 처분은 위법하여 취소되어야 할 것이므로 그 취소를 구하고자 본소 청구에 이르렀습니다.

입 증 방 법

추후 변론시 제출하겠습니다.

첨 부 서 류

1. 주민등록초본   1통
1. 소장부본   1통
1. 위임장   1통

2000. O. O.

위 원고 소송대리인 변호사 O O O (인)

OO 행 정 법 원 귀 중

[서식] 소장 – 양도소득세부과처분무효확인 청구

소　　장

원　고　　○　○　　○(주민등록번호)

　　　　　　○○시 ○○구 ○○길 ○○ (우편번호 ○○○ – ○○○)

피　고　　△△세무서장

　　　　　　○○시 ○○구 ○○길 ○○ (우편번호 ○○○ – ○○○)

양도소득세부과처분무효확인 청구의 소

청　구　취　지

1. 피고가 20○○. ○. ○. 원고에 대하여 한 양도소득세 금 ○○○원의 부과처분
　은 무효임을 확인한다.
2. 소송비용은 피고의 부담으로 한다.
라는 판결을 구합니다.

청　구　원　인

1. 처분의 경위

　가. 원고의 전 남편이던 소외 강ㅁㅁ는 ○○가정법원에 원고와의 이혼소송이 계
　　속되어 있던 20○○. ○.경 △△세무서에 '원고가 타인명의를 빌려 별지목록
　　기재 부동산을 분양 받아 이를 전매하여 양도소득세를 탈세하고는 선매차익

8억원을 가지고 가출하였다'는 내용의 진정을 한 후, △△세무서에 출석하여 같은 내용의 진술을 하였습니다(갑제1호증 : 조사복명서).

나. 이에 △△세무서는 위 소외인을 불러 위 진정내용을 조사하였고, 피고는 20○○. ○. ○. 별지목록 기재 각 부동산에 관하여 실질적인 양도인을 원고로 인정하여 원고에 대하여 금 ○○○원의 양도소득세를 결정·고지하였습니다(갑제2호증의 1:양도소득세 결정결의서, 갑제2호증의 2:양도소득금액 결정내역서).

2. 이 사건 청구의 경위

가. 원고는 19○○. ○. ○.경 소외 강□□와 결혼하여 두 자녀를 두고 생활하던 중, 20○○. ○.경 위 소외인의 상습적인 폭행을 견디지 못하고 두 자녀를 데리고 가출하여 ○○도 ○○시 ○○길 ○○에 월세방을 얻어 생활하고 있었습니다. 원고는 위 가출 직후인 20○○. ○. ○. 서울가정법원에 위 소외인을 상대로 이혼 및 재산분할 등 청구의 소송을 제기하여 20○○. ○. ○. 일부승소 판결을 받았으나 위 소외인이 이에 항소하여 결국 20○○. ○. ○. 서울고등법원에서 일부 승소판결을 받고 위 판결이 확정되었습니다(갑제3호증의 1, 2:각 판결문).

나. 그 후 원고는 20○○. ○. 말경 원고 소유로 되어있던 ○○시 ○○구 ○○길 ○○ ☆☆아파트 3층 303호의 등기부등본을 확인하게 되었는데 확인결과 △△세무서가 20○○. ○. ○. 위 부동산에 압류등기를 한 사실을 처음 알게 되었습니다. 이에 원고는 △△세무소에 압류경위를 문의하였는바, △△세무소의 설명은 위 소외인이 '원고가 타인명의를 빌려 별지목록 기재 부동산을 분양 받아 이를 전매하여 양도소득세를 탈세하고는 전매차익 8억원을 가지고 가출하였다'는 내용의 진정을 하여 이를 근거로 이 사건 양도소득세 부과처분을 하였다는 것이었습니다.

3. 양도소득세 부과처분의 무효

가. 납세의무자가 아닌 자에 대한 과세처분

(1) 피고는 원고가 별지목록 기재 부동산의 양도자라고 하여 이 사건 양도소득세 부과처분을 하였습니다. 그러나 원고는 별지목록 기재 부동산을 취득했던 사실도 또한 그 양도과정에 관여한 바도 전혀 없습니다. 심지어 그 존재조차도 이 사건 양도소득세 부과처분을 계기로 알게 된 것입니다(갑4호증의 1, 2:각 등기부등본).

(2) 위 소외인은 원고와 이혼소송 계속 중, 원고에게 악감정을 품고 △△세무서에 위와 같은 내용의 허위진정을 하였던 것인데 △△세무서는 원고를 불러 원고의 전매사실을 문의하여 봄이 없이 만연이 위 소외인의 진정내용만으로 원고에게 이 사건 양도소득세 부과처분을 하였던 것입니다. 또한 위 진정내용에 대한 조사과정에서 △△세무서는 위 소외인의 진술과 별지목록 기재 부동산의 양수인들의 진술이 일치하지 아니하여 위 진정내용이 신빙성이 없다고 조사하였음에도 불구하고 귀속연도를 19○○.경으로 하여 추정세액으로 금 ○○○원을 부과하는 이 사건 양도소득세 부과처분을 하였습니다(갑제1호증:조사복명서, 갑제5호증:사실내용확인요구).

(3) 결국, 이 사건 양도소득세 부과처분은 납세의무자가 아닌 자에 대한 처분으로 그 하자가 중대하고도 명백하여 당연무효의 처분입니다.

나. 송달의 부적법성

(1) 피고는 20○○. ○. ○. 이 사건 양도소득세 납세고지서를 ○○시 ○○구 ○길동 ○○ ☆☆아파트 303호로 송달하였습니다. 그러나 위 송달당시, 원고는 위 장소에 거주하지도 않았으며 위 장소가 원고의 주민등록지도 아니었습니다.

(2) 원고는 20○○. ○.경까지 ○○시 ○○구 ○○길 ○○에 거주하며 주민등록을 두고 있었습니다. 그러던 중 원고는 20○○. ○.경 위 주소지를 가출하게 되었고 이 후 ○○도 ○○시 ○○길 ○○소재 월세방에서 생활하고 있었습니

다. 당시 원고는 이혼소송 등 신변문제로 주민등록 전출신고를 하지 않고 있었는데, 위 소외인의 신고로 원고의 위 주소지 주민등록이 20○○. ○. ○. 직권말소되었습니다(갑제6호증:주민등록초본).

(3) 그런데 위 소외인은 자신 혼자 ○○시 ○○구 ○○길 ○○ ☆☆아파트 3동 303호로 이사한 후 전입신고를 하였는데, △△세무서는 위 동아아파트 3동 303호로 이 사건 양도소득세 납세고지서를 송달하였고 위 소외인이 이를 수령한 것입니다. 따라서 원고는 위 양도소득세 납세고지서를 송달받지 못하여 위 세금부과사실을 전혀 알 수 없었습니다(갑제7호증:사실증명).

(4) 결국 이 사건 양도소득세 부과처분은 부적법한 송달에 의한 것으로서 그 하자가 중대하고 명백하여 당연무효의 처분입니다.

4. 확인의 이익

가. 원고는 20○○. ○. ○. 수원지방법원에 위 소외인 소유인 ○○시 ○○구 ○○길 ○○ ★★아파트 105-1052 부동산에 대하여 처분금지가처분을 하여 둔 상태입니다. 원고는 위 소외인에 대한 확정판결에 기해 위자료 금○○○원, 재산분할 금○○○원, 양육비 금○○○원 등을 지급 받고자 위 가처분을 하였고, 20○○. ○. ○. 강제경매절차가 개시되었습니다(20○○타경○○○○5). 위 경매절차에 따라 위 소외인 소유의 위 부동산은 ○○○원에 낙찰 되었고, 위 금원에서 임차보증금 ○○○원 등을 공제한 잔액이 원고에게 배당될 것으로 보입니다. 그런데 피고는 이 사건 양도소득세 부과처분에 기해 원고의 위 가처분채권을 압류하여 배당받으려 하고 있습니다(갑제8호증:경위서, 갑제9호증:등기부등본). 현재 위 경매절차에 따라 원고는 금 ○○○원을 배당받았으나 위 법원은 위 △△세무서의 압류에 따라 이를 공탁해 둔 상태입니다(갑제10호증:배당표).

나. 결국 원고는 위 당연무효의 양도소득세 부과처분의 외관에 따라 그 재산이 현실적으로 집행될 위험성이 계속하여 상존하고 있으므로, 원고는 위 양도소

득세 부과처분의 무효 확인을 구할 이익이 있다고 할 것입니다.

5. 결 론

결국, 피고가 20○○. ○. ○. 원고에 대하여 한 이 사건 양도소득세 부과처분은 당연 무효이므로 원고는 이의 확인을 구하고자 이 사건 청구에 이르게 된 것입니다.

입 증 방 법

1. 갑제1호증   조사복명서
1. 갑제2호증의 1   양도소득세 결정결의서
1. 갑제2호증의 2   양도소득금액 결정내역서
1. 갑제3호증의 1, 2   각 판결문

첨 부 서 류

1. 위 입증방법   각 1통
1. 소장부본   1통
1. 납부서   1통

20○○년 ○월 ○일

원 고 ○ ○ ○ (인)

○ ○ 행 정 법 원   귀중

3. 소득세등부과처분취소

가. 납세의무자의 소득금액신고의 성격

소득세에 관하여 부과납부제도를 채택하고 있는 체제아래에서는 납세의무자가 하는 소득금액 신고는 세무관청이 소득세부과처분을 하는데 있어서 하나의 참고자료에 지나지 아니할 뿐이고 거기에 어떠한 기속력이 생기는 것은 아니다.

과세관청이 사실관계를 오인하여 부과한 과세처분은 일반적으로 당연무효가 아니라고 할 것이나, 사실관계오인의 근거가 된 과세자료가 외형상 상태성을 결여하거나 또는 객관적으로 그 성립이나 내용의 진정을 인정할 수 없는 것임이 명백한 경우에는 이러한 과세자료만을 근거로 과세소득을 인정하여 행한 과세처분은 그 하자가 중대할 뿐 아니라 객관적으로 명백하여 무효라고 보아야 한다.

나. 이자소득의 판단

이자소득과 소득세법상 합산과세되는 종합소득세라고 하여도 사업소득은 손익통상이 인정되고 사업장별 총수입금액의 신고의무와 조사결정제도가 있으며 또한 소득계산에 있어서도 필요경비가 인정되는 등 이자소득과 다른 점이 있으므로 납세의무자의 소득이 이자소득이라고 하여 당해 과세처분이 위법한 것으로 판단될 경우에는 당해 처분 전부를 취소해야 하는 것이지 재판대상이 아닌 다른 소득에 관하여 그 조사결정권도 없는 법원이 나서서 세액을 결정하여 그 초과부분을 취소할 수는 없다.

다. 청구취지 기재례

> 피고가 2000. 00. 00.에 원고에 대하여 한 종합소득세 금 00,000,000원 및 교육세 00,000,000원의 각 부과처분은 이를 취소한다.

라. 서식례

[서식] 종합소득세과세처분취소심판청구

종합소득세과세처분 취소심판 청구서			처리기간	수수료
			90일	없 음

청구인	① 성 명	김 ○ ○	② 주 민 등 록 번 호 (사업자등록번호)	111111-1111111
	③ 상 호		④ 전 화 번 호	(02) 000-0000
	⑤ 주소 또는 사업장소재지	○○시 ○○구 ○○길 ○○ (우편번호 ○○○ - ○○○)		

⑥ 처 분 청	△△ 세무서장	⑦ 조 사 기 관	

⑧ 처분통지를 받은 날(또는 처분이 있는 것을 처음으로 안 날) : 2012년 12월 1일

⑨ 통지된 사항 또는 처분의 내용(과세처분인 경우에는 연도, 기분, 세목 및 세액 등을 기재합니다)

　※ 2012년도 기분 양도소득세 금355,930,720원, 방위세 금71,186,140원 부과처분

⑩ 심사청구를 한 날	2013년 2월 15일	⑪ 심사청구의 결정통지를 받은 날 (결정통지를 받지 못한 경우에는 결정기간이 경과한 날)	2013년 3월 25일

⑫ 불복의 이유(내용이 많은 경우에는 별지에 기재하여 주십시오)

　별지 기재와 같습니다.

국세기본법 제69조 및 동법시행령 제55조의 규정에 의하여 위와 같이 심판청구를 합니다.

20○○년 ○월 ○○일

청구인 김 ○ ○　(서명 또는 인)

　국세심판소장 귀하

첨부서류: 1. 불복이유서(불복의 이유를 별지로 작성한 경우입니다)
　　　　　2. 불복이유에 대한 증거서류(첨부서류가 많은 경우 목록을 별도로 첨부하여 주십시오)

위임장	국세기본법 제59조 제1항의 규정에 의하여 아래 사람에게 위 심판청구에 관

한 사항을 위임합니다(다만, 심판청구의 취하는 별도의 위임을 받은 경우에 한합니다).

위임자(청구인)	대 리 인			
	구 분	성 명	사업장소재지	전화번호
(서명 또는 인)	세 무 사 공인회계사 변 호 사	(서명 또는 인)	(☎ ○○○-○○○)	

심 판 청 구 서 접 수 증		(접수번호 호)	
성 명		주 소	
첨부서류 1. 불복이유서 ( )		접 수 자	
2. 불복이유에 대한 증거서류 ( )		접수일자인	

22226-79811민   210㎜×297㎜

99.2.23. 개정승인   (신문용지(특급)34g/㎡)

〈별지〉 불복이유서

불 복 의 이 유

1. 이 사건 과세처분의 경위

(1) 청구인은 청구외 김ㅁㅁ, 이ㅁㅁ와 공동으로(공유지분 각 1/3) 20○○. ○. ○. 별지 부동산목록 순번 1. 기재 ○○시 ○○동 ○○ 외 5필지 부동산을 취득하여, 20○○. ○. ○. 청구외 박ㅁㅁ에게 위 목록의 ○○시 ○○동 ○○. 같은 동 ○○의 ○, 같은 동 ○○의 ○ 부동산을 금198,270,000원에,

같은 해 8. 29. 청구외 최ㅁㅁ에게 같은 동 ○○의 ○ 부동산을 금 90,000,000원에, 같은 해 6. 29. 청구외 정ㅁㅁ에게 같은 동 ○○의 ○ 부동산을 금 50,750,000원에, 같은 해 10. 10. 청구외 유ㅁㅁ에게 같은 동 ○○의 ○ 부동산을 금 205,100,000원에 각 양도하였습니다.

(2) 청구인은 20○○. ○. ○. 별지 부동산목록 순번 2 기재 중 ○○시 ○○동 ○○○ 부동산을, 같은 해 9. 12. 같은 목록 순번 2 기재 중 위 같은 동 ○○○의 ○ 부동산을 청구외 양ㅁㅁ의 이름으로 각 취득하였다가 20○○. ○. ○. 한국토지개발공사에게 위 같은 동 ○○○ 부동산을 금 204,869,700원에, 위 같은 동 ○○○의 ○ 부동산을 금 111,830,600원에 각 양도하였습니다. 그리고 위 같은 동 ○○○의 ○ 부동산과 청구인의 남편인 청구외 윤ㅁㅁ이 취득한 위 같은 동 ○○○의 ○, ○, 위 같은 동 ○○○의 ○ 부동산의 실지 취득가액은 금 24,921,000원입니다.

(3) 청구인은 20○○. ○. ○. 청구외 주식회사 ☆☆쇼핑센터로부터 별지 부동산목록 순번 3 기재의 각 부동산을 금 950,000,000원에 취득하여 120○○. ○. ○. 청구외 오ㅁㅁ 외 2인에게 금 1,300,000원에 양도하고, 같은 해 10. 31. 피청구인에게 그 자산양도차익예정신고를 하면서 위 부동산의 양도에 따른 양도소득세 금 13,784,868원 및 그 방위세 금 2,756,973원을 자진신고 납부하였습니다.

(4) 피청구인은 청구인의 위 인정사실과 같은 부동산의 취득 및 양도를 소득세법 시행령 제170조 제4항 제2호 소정의 국세청장이 지정하는 거래로 보아 소득세법 제23조 제4항 단서, 제45조 제1항 제1호 단서의 규정에 따라 실지거래 가액에 의하여 그 양도차익 및 양도소득세액을 산출하여야 한다고 인정하여,

(가) 별지 부동산목록 순번 1. 기재 각 부동산의 양도에 관하여 양도가액은 실지거래가액인 금 181,373,333원으로, 취득가액은 소득세법시행령 제170조 제1항 단서, 제115조 제1항 제1호 다목 소득세법시행규칙 제56조의5 제5항 제1호의 규정에 의하여 과세시가표준액에 따라 환산한 가액인 금 31,604,489원으로 결정하여 별지 세금계산서 당초결정 란 기재와 같이 그

양도소득세 및 방위세액을 산출하고,

(나) 별지 부동산목록 순번 2. 기재 부동산의 양도에 관하여 그 취득가액을 실
지양도가액에 양도 및 취득당시의 배율을 적용한 기준시가에 의하여 환산
하고, 또한 위 부동산이 토지개발공사에게 양도되어 그 양도소득세가 감면
되어야 하나 청구인이 실소유자이면서 청구외 양□□ 이름으로 취득하여
양도하였으므로 청구인의 입장에서 보면 미등기 양도자산이 되어 소득세
법 제6조의2의 규정에 따라 감면 배제하고, 소득세법 제70조 제3항 제3호
의 규정에 의하여 100분의 75의 세율을 적용하여 별지 세금계산서 당초
결정란 기재와 같이 그 양도소득세 및 방위세액을 산출하고,

(다) 별지 부동산목록 순번 3. 기재 부동산의 양도에 관하여 양도가액 및 취득
가액 모두 실지거래가액에 의하여 별지 세금계산서 당초결정란 기재와 같
이 그 양도소득세 및 방위세액을 산출하여,

(라) 20○○. ○. ○. 원고에 대하여 위 양도소득세 및 방위세 합계금액인 양도
소득세 금 355,930,720원 및 그 방위세 금 71,186,140원의 과세처분을
하였습니다.

(5) 청구인은 위 과세처분에 불복하여 20○○. ○. ○. 국세청장에게 심사청구 하
였으나 20○○. ○. ○. 기각되었습니다.

2. 이 사건 처분의 위법

(1) 청구인은, 피청구인이 청구인의 위 각 부동산의 양도에 관하여 소득세법 제
23조 제4항 단서, 제45조 제1항 단서, 같은 법 시행령 제170조 제4항 제2호
및 국세청 훈령인 재산제세사무처리규정 제72조 제3항을 적용하여 이 사건
부동산의 취득 및 양도당시의 실지거래가액 및 환산가액에 의한 양도차익을
계산한 다음 이를 바탕으로 이 사건 양도소득세 및 방위세부과처분을 한 것
은 그 과세의 근거로 삼고 있는 위 재산제세사무처리규정 조항이 그 성질상
하급행정기관에 대한 조세행정의 운용방침 또는 법령의 해석적용에 관련된
명령(행정규칙)에 불과하여 행정조직 내부에서만 구속력이 있을 뿐 납세의무

자인 국민이나 법원을 기속하는 것이 아닌데다가 위 시행령 제170조 제4항 제2호만으로는 양도소득세의 실지거래가액에 의한 과세요건을 확실하게 규정하고 있다고 볼 수 없으므로 결국 이 사건 과세처분은 아무런 법령상의 근거가 없고, 가사 국세청 훈령인 재산제세조사사무처리규정 제72조 제3항이 소득세법시행령의 위임에 따라 그 내용을 보충하는 법규명령적 효력을 가진다고 하여도 청구인의 위 거래행위는 위 규정이 정하고 있는 5가지 사유 중 어느 하나에도 해당하지 아니하고 청구인은 실수요자로서 이 사건 부동산을 취득하고 양도하였을 뿐이므로 양도소득세 산정의 기본원칙인 기준시가에 의하여 이 사건 양도소득세 및 그 방위세를 산출하여야 하며,

(2) 피청구인이 이 사건 양도차익을 계산함에 있어서 근거로 삼은 소득세법시행령 제170조 제1항 단서의 규정은 소득세법 제23조 제2항, 제4항, 제45조 제1항의 양도차익계산의 기준시가원칙에 위배되고 모법에 위임근거 없이 모법에 규정된 과세요건을 확장한 것으로서 무효의 규정이고, 따라서 위와 같이 무효의 규정을 근거로 한 피청구인의 이 사건 과세처분은 위법하며,

(3) 별지 부동산목록 순번 2. 기재 부동산에 관하여 청구인의 위 부동산의 양도소득세가 전액 면제됨에도 청구인에 대하여 이 사건 과세처분을 함은 위법한 것입니다.

△ △ 세 무 서 장

〈별지〉 부동산 목록

1. ○○시 ○○구 ○○동 ○○번지의 1 대지 100평방미터

　　○○시 ○○구 ○○동 ○○번지의 2 대지 300평방미터

　　○○시 ○○구 ○○동 ○○번지의 3 대지 200평방미터

　　○○시 ○○구 ○○동 ○○번지의 4 대지 400평방미터

　　○○시 ○○구 ○○동 ○○번지의 5 대지 200평방미터

　　○○시 ○○구 ○○동 ○○번지의 6 대지 300평방미터

2. ○○시 ○○구 ○○동 ○○번지 잡종지 1,250평방미터

3. ○○시 ○○구 ○○동 ○○번지 임야 125,000평방미터

〈별지〉 세금계산서 : 기재 생략

[서식] 소장 - 소득세등부과처분취소 청구의 소

소   장

원 고   홍 길 동 (000000-0000000)

　　　　　OO시 OO구 OO로 123

　　　　　소송대리인 변호사 ○ ○ ○

　　　　　OO시 OO구 OO로 OOO　　　　　　　(우 :　　)

　　　　　(전화 :　　　, 팩스 :　　　)

피 고   OO세무서장

소득세 등 부과처분취소 청구의 소

청 구 취 지

1. 피고가 2012. 7. 20.에 원고에 대하여 한 종합소득세 금 120,162,380원 및 교육세 24,167,420원의 각 부과처분은 이를 취소한다.
2. 소송비용은 피고의 부담으로 한다.

라는 판결을 구합니다.

청 구 원 인

1. 과세처분과 그 위법성

　가. 원고는 OO도 OO군 OO로 OO에서 OO탄광이라는 상호로 무연탄 채광업을 경영해 왔습니다.

　나. 피고 세무서장은 원고의 위 사업에 관한 제반기장내용과 결산서류를 바탕으로 2009. 사업연도중의 소득조사를 하면서 기장내용 중 일부 손비를 부인하고 익금가산을 하여 과세소득을 산출하고 이를 근거로 2012. 7. 20. 원고에게 청구취지와 같은 종합소득세 및 교육세를 추가결정 고지하였습니다.

　다. 그러나 외형상의 기장내용과는 달리 실제에 있어서 원고는 위 2009년도중 소들은 전무하고 오히려 거액의 결손을 보았는바, 그 이유는 부득이한 사유로 장부상 기장을 할 수 없는 부외비용 지출이 많았기 때문입니다. 실제 원고는 2009연도중 위 사업을 위한 차용금의 사채이자로 도합 금 168,765,400원을 지출한 바 있으며, 피고 세무서장도 장부에 의하여 위 이자지급 사실을 확인하고 위 각 사채권자들의 이자소득세의 원천징수라는 명목으로 원고로부터 금 42,680,230원을 추징해 간 사실까지 있습니다.

그런데도 세무서장은 원고의 당해연도 과세소득을 산출함에 있어서는 - 스스로 지출사실을 확인하여 이자소득세의 원천징수까지 한 바 있는- 전시 이자지출 사실을 전혀 무시한 채 과세소득을 멋대로 산출하고 이를 근거로 이건 과세처분을 하였는바, 결국 이건 과세처분은 소득 없는 과세로서 위법 부당하다 할 것입니다.

2. 전심절차

원고는 이건 과세처분에 대하여 2012. 9. 18.자 심사청구 및 2013. 1. 6.자 심판청구를 거쳐 이 건 소제기로서 그 취소를 구하는 바입니다.

입 증 방 법

추후 변론시 제출하겠습니다.

첨 부 서 류

1. 주민등록초본   1통
1. 소장부본   1통
1. 위임장   1통

2000.   0.   0.

위 원고 소송대리인 변호사 O O O (인)

O O 지 방 법 원 귀중

소 장

원 고   홍 길 동 (000000-0000000)

　　　　OO시 OO구 OO로 123

　　　　소송대리인 변호사 O O O

　　　　OO시 OO구 OO로 OOO　　　　　　　(우 :　　)

　　　　(전화 :　　　　, 팩스 :　　　　)

피 고   OO세무서장

종합소득세부과처분취소 청구의 소

청 구 취 지

1. 피고가 원고에 대하여 2012. 8. 12.자로 결정 고지한 2012년 8월분 수시분
　종합소득세 1,274,321,460원 중 201,246,320원의 부과처분은 이를 취소한다.
2. 소송비용은 피고의 부담으로 한다.
라는 판결을 구합니다.

청 구 원 인

1. 전심절차

　가. 부과처분

　　　부과처분 : 2012. 8. 12.

　　　고지서수령 : 2012. 8. 14.

　나. 이의신청

　　　이의신청 : 2012. 10. 10.

결정(기각) : 2012. 11. 5.

통지수령 : 2012. 11. 6.

다. 국제심사

이의신청 : 2013. 1. 5.

결정(기각) : 2013. 2. 21.

통지수령 : 2013. 3. 8.

라. 국제심판

심사청구 : 2013. 5. 3.

결정(일부갱정) : 2013. 7. 25.

통지수령 : 2013. 8. 2.

2. 부과처분

가. 과세요건 사실

원고는 ○○시 ○○구 ○○로 ○○○-○○에서 "명진"이라는 상호로 사업자등록을 하여 오피스텔 분양업을 영위하고 있는바 2011년도의 사업에 대하여 2012. 5. 31. 자로 피고에게 종합소득세 확정신고를 한 바 있습니다.

나. 부과처분

피고는 원고의 위 사업소득에 대한 2011년도 귀속 종합소득세를 2012. 8. 12. 확정결정하면서 원고의 사업이 부동산매매업에 해당한다고 하여 사업소득금액을 양도소득금액으로 하여 소득세법 제70조 제3항의 규정에 의한 양도소득세율을 적용하여 원고에게 2011년 귀속 종합소득세 1,274,321,460원을 결정 고지하였는바,

3. 부과처분의 위법성

원고는 오피스텔 분양업을 하고 있는 사업자로서 원고의 소득은 종합소득에 해당하므로 소득세법 제70조 제1항의 규정에 의한 종합소득세율을 적용하는 것이 당연한 것인데도 피고는 사업소득을 양도소득으로 오해하여 양도소득

세율을 적용하여 원고에게 종합소득세를 결정 고지하였음은 부당하다 할 것입니다.

4. 결 어

따라서 원고의 종합소득에 대하여 양도소득세율을 적용한 피고의 종합소득세 부과처분은 위법한 것이어서 청구취지와 같은 판결을 구하고자 본소 청구에 이르렀습니다.

입 증 방 법

1. 갑 제1호증　　　　　심판결정통지서
1. 갑 제2호증　　　　　결정서
　그 밖의 입증서류는 변론에 따라 수시 제출하겠습니다.

첨 부 서 류

1. 위 입증서류 사본　　　　　　각 1통
1. 주민등록초본　　　　　　　　1통
1. 소장부본　　　　　　　　　　1통
1. 위임장　　　　　　　　　　　1통

2000.　0.　0.

위 원고 소송대리인

변호사　O　O　O　(인)

OO지방법원 귀중

소   장

원 고   O   O   O (000000-0000000)

　　　　OO시 OO구 OO로 OOO

　　　　소송대리인 변호사 O O O

　　　　OO시 OO구 OO로 OOO　　　　　　　　　(우 :　　　)

　　　　(전화 :　　　, 팩스 :　　　)

피 고   OO세무서장

종합토지세부과처분취소 청구의 소

청 구 취 지

1. 피고가 2000. 5. 18.자로 원고에 대하여 한 2000년도분 종합고득세 금
   272,418,000원의 부과처분을 취소한다.
2. 소송비용은 피고의 부담으로 한다.

라는 판결을 구합니다.

청 구 원 인

1. 전심절차

　　원고는 2000. 5. 20. 청구취지 기재 처분을 고지받고 같은 해 7. 10. 심사청
구를 제기하였으나 같은 해 9. 30. 기각결정을 받고 같은 해 11. 20. 심판청
구를 제기하였으나 2000. 1. 25. 기각되었습니다.

2. 처분의 경위

가. 원고는 2000. 4. 3.부터 2000. 10. 15.까지 사이에 소외 주식회사 OO 건설의 대표이사였고, 동 회사는 2000. 8.경 그 소유인 OO시 OO구 OO동 123 답 5,867㎡ 외 2필지 합계 6,524㎡를 소외 주식회사 OO건설 에게 금 1,200,000,000원에 매도하였으나 2000사업년도의 법인세 신고시 이를 누락시켰습니다.

나. 소외 주식회사 OO건설의 주소지를 관할하는 OO서장은 2000. 2.초 위 사실을 인지하고 위 양도가액 금 1,200,000,000원을 위 회사의 2000사 업년도의 익금에 산입하는 한편, 그 무렵 위 금액은 사외에 유출되었으나 그 귀속이 불분명한 경우에 해당하는 이유로 위 금액이 이 사건 토지의 매도 당시 위 회사의 대표이사였던 원고에게 귀속된 것으로 인정상여처분 을 하고, 이를 원고의 주소지를 관할하는 피고에게 통지하였습니다.

다. 이리하여 피고는 위 금 1,200,000,000원을 원고의 2000년 사업소득으로 하여 2000. 5. 18. 원고에게 그로 인한 2000년 귀속분 종합소득에서 금 707,364,000원을 부과하는 처분을 하였는데, 그 후 같은 해 10. 2.경 OO세무서장은 위 금 1,200,000,000원 중 금 475,090,000원만이 사외에 유출되었으나 그 귀속이 불분명한 경우에 해당한다는 이유로 원고에 대한 위 인정상여처분액을 금 475,090,000원으로 감액하는 경정결정을 하고, 같은 달 3. 이를 피고에게 통지하여 피고도 같은 해 11. 29.경 위 금 475,09 0,000원을 원고의 2000년 사업소득으로 경정하고 원고에 대한 위 종합소 득세액을 금 272,418,000원으로 감액하는 처분을 하였습니다.

3. 처분의 위법

이 사건 처분은 다음과 같은 점에서 위법합니다.

첫째, 인정상여금 475,090,000원 중 금 150,000,000원은 이 사건 토지를 매도하면서 진입도로를 개설하는데 필요한 토지의 사용승낙을 받아주기로 하였기 때문에 그 사용승낙을 받기 위하여 소외 남원윤씨 문중에 지급된 것이어서 그 귀속이 확실하므로 그 금액 상당은 인정상여금에서 공제되어야 하는 것입니다.

둘째, 원고는 소외 주식회사 ○○건설의 형식상 대표자에 불과하고 사외 유출된 나머지 금액은 실질적으로 주주에게 귀속되었는데도 불구하고, 원고에게 위 금 475,090,000원이 귀속되었음을 전제로 한 이 사건 처분은 위법한 것입니다.

따라서 위 처분은 위법하여 취소되어야 할 것이므로 그 취소를 구하고자 본소 청구에 이르렀습니다.

입 증 방 법

추후 변론시 제출하겠습니다.

첨 부 서 류

1. 주민등록초본   1통
1. 소장부본   1통
1. 위임장   1통

2000. ○. ○.

위 원고 소송대리인 변호사 ○ ○ ○ (인)

○○ 행 정 법 원 귀중

소   장

원 고 1. 황   O   연 (000000-0000000)

　　　　　　　OO시 OO구 OO로 OOO

　　　　2. 윤   O   자 (000000-0000000)

　　　　　　　OO시 OO구 OO로 OOO

　　　　3. 황   O   우 (000000-0000000)

　　　　　　　OO시 OO구 OO로 OOO

　　　　　　　원고들 소송대리인 변호사 O O O

　　　　　　　OO시 OO구 OO로 OOO　　　　　　　(우 :　　)

　　　　　　　(전화 :　　　, 팩스 :　　　)

피 고　　　OO세무서장

상속세부과처분취소 청구의 소

(전치절차) 원고 황O연은 2012. 6. 24. 원고 윤O자, 황O우, 각 2012. 8. 12.에 각 심판청구기각결정서를 송달받았습니다.

청 구 취 지

1. 피고가 2011. 7. 8.자로, 원고들에 대하여 한 상속세 1,860,242,870원의 부과 처분 중 상속세 581,230,130원을 초과하는 부분을 취소한다.
2. 소송비용은 피고의 부담으로 한다.

라는 판결을 구합니다.

청 구 원 인

1. 피고는 원고들이 배우자 및 부친인 소외 및 황O연의 소유명의로 되어 있던 OO시 OO구 OO동 산 123-10 임야 4,230㎡, 같은 동 산 123-16 임야 2124 ㎡, 같은 동 산 123-60 임야 1,987㎡에 관하여, 그 2분의 1 지분은 원고 황O연이가 매수하여 편의상 위 황O연에게 명의신탁한 것으로서 원고 황O연의 소유인 것(그 황O연이 매수한 2분의 1 지분만을 상속한 것)이기에, 그 상속지분에 관한 상속세 581,230,130원을 자신 신고, 납부하였음에 대하여, 그 명의신탁 사실을 부인하고서, 2011. 7. 8.자로, 원고들에 대하여 상속세 2,093,470원을 감액하는 결정처분을 하였습니다.

2. 그러나

   가. 위 토지 중 2분의 1 지분은, 같은 동 산 123-14 임야 1,648㎡의 2분의 1 지분과 함께, 원고 황O연이 교사봉급과 자동차운수사업을 하던 남편 소외 강O가 공여한 생활비를 절약한 돈으로 매입한 것으로서, 원고 황O연 자신으로서는 사회경험이 적은 것이며, 남편도 운수사업에 종사하여 언제라도 채무자 발생될 것이기에(위 황O연은 부친으로서 신뢰할 수 있는 것이기에) 편의상 그 황O연에게 명의신탁 하였던 것입니다.

   나. 그러하기에,

   원고 황O연은

   (1) 1991. 3. 10. 에 위 토지에 관하여 위 강O구 명의로 가등기를 경료하였던 것이고,

   (2) 1995. 10월경에, 위 황O연과 같은 동 산 123-14 임야를 매도하여 그 대금의 2분의 1을 수취하였던 것(이에 관하여는 그 잔금 94,000,000원을 입금시킨 예금통장을 소지하고 있는 것)이고,

   (3) 위 황O연은 사망(2009. 10. 18.)하기 3개월여 전인 2010. 9. 12. 위 명의신탁에 관한 각서를 공증하여 주었던 것이고,

(4) 원고 황○연은 위 황○연 사망 후 2개월 내인 2010. 2월에 상속인들을 상대로 위 명의신탁해지로 인한 소유권이전등기절차이행청구 소송을 제기하여, 그 상속인들 전원이 위 명의신탁사실을 숙지하고 인정하는 것이기에, 2010. 4. 2.에 의제자백에 의한 승소판결을 받아, 그 판결에 기하여, 2010. 5. 20. 그 상속등기(대위등기)와 동시에 원고 황○연 앞으로의 소유권이전등기를 하였던 것입니다.

다. 위 각 사실관계는 어느 것이나 원고 황○연이가 그 2분의 1 지분을 매수하여 그 황○연 앞으로 명의신탁한 것이 아니고서는 있을 수 없는 것입니다.

라. 위에 의하여, 본건 상속세부과처분 중 위 신고, 납부상의 세액을 초과하는 부분은 위법한 것으로서 취소됨을 면치 못할 것입니다.

입 증 방 법

추후 변론시 제출하겠습니다.

첨 부 서 류

1. 주민등록초본　　　　　　3통
1. 소장부본　　　　　　　　1통
1. 위임장　　　　　　　　　1통

2000.　　○.　　○.

위 원고들 소송대리인 변호사　○　○　○　(인)

○○행 정 법 원　귀중

[서식] 소장 - 부가가치세부과처분취소 청구의 소

소   장

원 고   홍 길 동 (000000-0000000)   (전화 :   )

　　　　　 ○○시 ○○구 ○○로 ○○○   (우 :   )

피 고   ○○세무서장

부가가치세부과처분취소 청구의 소

청 구 취 지

1. 피고가 2000. 6. 16. 원고에 대하여 한 부가가치세 2000년 1기분 830,830
   원, 2기분 560,310원, 2000년도 1기분 2,483,520원, 2기분 799,210원,
   2000년도 1기분 1,160,900원, 2기분 230,640원의 각 부과처분은 취소한
   다.
2. 소송비용은 피고의 부담으로 한다.
라는 판결을 구합니다.

청 구 원 인

1. 전심절차

   원고는 2000. 6. 30. 청구취지 기재 처분을 고지받고 같은 해 8. 10. 심사청
   구를 제기하였으나 같은 해 10. 10. 기각결정을 받고 같은 해 11. 20. 심판청
   구를 제기하였으나 2000. 1. 25. 기각되었습니다.

2. **처분의 경위**

   피고는 원고가 2000. 2.경부터 2000. 9.경까지 사이에 매입세금계산서

없이 무자료로 소외 김○○으로부터 식용류 등을, 매입시 지급하여야 하는 부가가치세를 포함할 경우 인정되는 정상가액을 기준으로 하여, 2000년 1기분에 금 6,788,210원, 같은 해 2기분에 금 4,669,329원, 2000년도 1기분에 금 19,804,195원, 같은 해 2기분에 6,386,613원, 2000년도 1기분에 금 9,136,862원, 같은 해 2기분에 금 1,774,225원 상당 매입하여 각 그 무렵 이를 매출하고도 그에 대한 부가가치세를 신고, 납부하지 아니하였다는 사실을 전제로 하여, 2000. 6. 16. 원고에 대하여 가산세를 포함하여 청구취지 기재와 같은 부가가치세를 부과한 처분을 하였습니다.

3. 처분의 위법

원고와 소외 김○○와와 사이의 거래는 2000. 5. 30.경 종료되었고, 그 이후에는 소외 김○○으로부터 식용류 등을 매입하여 매출한 사실이 없는데도 불구하고 부과된 이 사건 부과처분은 위법하다 할 것입니다.

즉, 원고는 2000년경부터 ○○시 ○○구 ○○로 ○○○에서 영진상회이라는 상호로 식료품소매업을 영위하면서 소외 김○○으로부터 식용류 등을 매입하여 판매하였으나, 2000. 6. 30. 폐업신고를 하고 그 사업장을 소외 이○○에게 양도하였으며, 그 후 2000. 12. 경 위 이○○으로부터 위 사업장을 재인수하여 2000. 5.경부터 ○○제과점이라는 상호로 제과점업을 경영하다가 2000. 1. 4.경부터 2000. 12. 5.경까지는 위 사업장에서 미리네비디오라는 상호로 비디오대여업을 경영한 적이 있을 뿐입니다.

따라서 전혀 다른 사실관계하에서 이루어진 위 처분은 위법하여 취소되어야 할 것이므로 이 건 청구에 이르렀습니다.

입 증 방 법

추후 변론시 제출하겠습니다.

첨 부 서 류

1. 주민등록초본   1통
1. 소장부본   1통
1. 위임장   1통

2000. 0. 0.

위 원고 홍 길 동 (인)

○ ○ 행 정 법 원 귀중

[서식] 소장 – 취득세부과처분취소 청구의 소

소　　　장

원　고　　한일 주식회사 (000000-0000000)

　　　　　　OO시 OO구 OO로 OOO

　　　　　　대표이사 홍 길 동

　　　　　　소송대리인 변호사 O O O

　　　　　　OO시 OO구 OO로 OOO　　　　　　　(우 :　　)

　　　　　　(전화 :　　　, 팩스 :　　　)

피　고　　OO시 OO구청장

취득세부과처분취소 청구의 소

청　구　취　지

1. 피고가 2012. 10. 12. 원고에 대하여 한 2012년 6월 수시분 52,659,270원의
   부과처분은 이를 취소한다.
2. 소송비용은 피고의 부담으로 한다.

라는 판결을 구합니다.

청　구　원　인

1. 원고의 지위

　원고는 장난감제조판매업과 이에 관련된 부대사업을 영위할 목적으로 2002.
3. 20. 설립하였고, 자본금이 200,000,000에 불과한 소규모 중소기업체로
서 주로 제품은 수출을 하고 있는 법인체입니다.

2. 조세부과처분의 위법사유

가. 피고는 구 지방세법(2011. 3. 29. 법률 제10469 개정 전의 것) 제112조의 3에 대한 해석으로 법인이 토지를 취득한 후 5년 이내에 해당토지를 매각하였을 때는 무조건 비업무용 부동산을 매각한 것으로서 중과세의 대상이 된다고 풀이하고 있으나 법인이 위 토지를 5년 이내에 매각하였더라도 업무용부동산으로 사용하다가 매각한 경우 비업무용부동산이 된 것을 전제로 한 위 법조는 적용될 여지가 없음이 법문자체에 의하여 명백합니다 (대법원 1982. 7. 13. 선고 80누149 판결 참조).

그러므로 원고가 이 사건 토지를 업무용으로 사용하다가 매각하였음을 뒤에서 보는바와 같으므로 피고의 이 사건 과세처분은 그 점에서 위법하다 할 것입니다.

나. 법인의 비업무용토지에 대한 취득세의 중과의 취지는 법인의 필요이상의 부동산투자를 억제하고 법인의 건실한 운영을 도모하는데 목적이 있고, 아울러 법인이 그 고유의 목적에 사용할 수 있는데도 불구하고 다른 이익을 위하여 그 토지를 방치하는 경우를 제재하기 위한 것이므로(대법원 1987. 10. 13. 선고 87누688 판결) 설령 피고가 구 지방세법 제112조의3에 대하여 해석하는 바와 같이 5년 이내의 매각이 비업무용토지에 해당한다고 하더라도 그 원고의 경우는 토지, 건물을 취득하여 공장으로 사용할 목적이었고, 그 공장이 원고에게는 유일한 부동산인 점, 그 부동산소재지가 절대녹지지역으로 원래 매매가 잘 이루어지지 않는다는 점 등을 보면 원고가 투기를 하기 위하여 취득하거나 그것을 기대한 것이 아님이 명백하다 할 것입니다.

그러므로 원고가 위 부동산을 취득하였다가 매각한 것은 부득이한 사유에 의한 것이므로 이를 중과한다는 것은 입법취지에 어긋나는 위법이 있고,

다. 원고가 위 토지를 취득한 후 아래에서 보는 바와 같이 2년 3개월만에 매각하지 않으면 안될 사유가 있었습니다.

(가) 원고가 위 토지를 취득하게 된 목적은 임차공장에서 자기 소유공장으로 이전하기 위한 것일 뿐 투기의 목적이 없었고

(나) 공장이 아닌 건물과 그 부수토지를 취득 후 공장으로 용도를 변경하기 위하여 건축물을 개조하는 작업을 하였고 기존의 임차공장을 소유주에게 반환하기로 약속하여 임차공장 소유주가 원고의 임차공장을 타인에게 임대하기로 계약까지 하였으나 피고가 원고의 공장설치계획을 불허함으로써 원고는 할 수 없이 기존임차공장을 다시 사용할 수밖에 없어 소유자가 다른 사람과의 임대차계약을 해약함으로 인하여 원고가 위약금조로 금 20,000,000원을 지불하였고,

(다) 원고가 위 취득부동산을 피고의 공장설치계획의 불허통보와 인근주민의 공장설치반대의 진정에 의하여 공장이전계획이 실패하자 즉시 이를 매각코저 하였으나 절대녹지지역으로 매각조차도 어렵게 됨으로 위 부동산을 방치할 수 없어 원고의 공원기숙사, 창고 및 개발실로 사용하였고 소외 황O일을 상주시켜 취득부동산을 관리하도록 하다가 원매자가 있어 이를 매각하기에 이르렀습니다.

3. 결국 원고가 위 부동산을 업무용 부동산으로 취득하였다가 5년 이내에 매각할 수밖에 없는 정당한 사유가 있었으므로 이러한 경우 취득세를 중과함은 위법하므로 이 사건 부과처분은 취소되어야 할 것입니다.

4. **전심절차**

    2012. 8. 6   납세고지서 수령
    2012. 10. 12.   이의신청
    2012. 11. 10.   이의신청 결정
    2013. 1. 9.   심사청구
    2013. 2. 18.   심사청구결정

입 증 방 법

1. 갑 제1호증　　　　　　　영수증
1. 갑 제2호증의 1　　　　　지방세 이의신청 결정통지
1. 갑 제2호증의 2　　　　　심사청구 기각결정
1. 갑 제3호증의 1　　　　　지방세 심사청구 결정통지
1. 갑 제3호증의 2　　　　　심판청구 기각결정

　　그 밖의 입증서류는 변론에 따라 수시 제출하겠습니다.

첨 부 서 류

1. 위 입증서류 사본　　　　각 1통
1. 법인등기부초본　　　　　1통
1. 소장부본　　　　　　　　1통
1. 위임장　　　　　　　　　1통

2000.　O.　O.

위 원고 소송대리인 변호사　O　O　O　(인)

OO 행 정 법 원　귀중

[서식] 소장 – 증여세부과처분취소 청구의 소

소　　　　　장

원　고　　　O　　O　　O (000000-0000000)
　　　　　　　OO시 OO구 OO로 OO　　　　　　　　(우 :　　)

피　고　　　OO세무서장
　　　　　　　OO시 OO구 OO로 OO　　　　　　　　(우 :　　)

증여세부과처분취소 청구의 소

청　구　취　지

1. 피고가 2000. O. O. 원고에 대하여 증여세 금 OOO원을 부과한 처분은
　　이를 취소한다.
2. 소송비용은 피고의 부담으로 한다.
라는 재판을 구합니다.

청　구　원　인

1. 피고는 2000. O. O. 원고에 대하여 증여세 금 OOO원을 부과하였습니다.
　　즉, 피고는 원고가 원고의 남편인 소외 OOO으로부터 OO시 OO구 OO동
　　OO번지 대 OO㎡를 증여 받았다는 이유로 위 증여세 부과처분을 하였습니
　　다.

2. 그러나 원고는 위 부동산을 소외 ○○○으로부터 증여 받은 것이 아니라 원고가 ○○주식회사 경리사원으로 근무하고서 2000. ○. ○. 퇴사 후 퇴직금을 모아 소외 ○○○으로부터 매수한 것입니다. 따라서 피고의 원고에 대한 과세처분은 존재하지 아니하는 증여에 대한 것으로서 위법한 부과처분이므로 취소되어야 합니다.

입 증 방 법

1. 갑 제1호증   매매계약서
1. 갑 제2호증   부동산중개인확인서
1. 갑 제3호증   퇴직금내역서

첨 부 서 류

1. 위 입증서류 사본   각 1통
1. 주민등록초본   1통
1. 소장부본   1통

2000. ○. ○.

위 원고 ○ ○ ○ (인)

○ ○ 행 정 법 원 귀 중

4. 공시지가결정처분취소청구

가. 대상

동산가격공시및감정평가에관한법률상의 '표준지공시지가'라 함은 부동산가격공시및감정평가에관한법률의 규정에 의한 절차에 따라 국토해양부장관이 조사·평가하여 공시한 표준지의 단위면적당 가격을 한한다(같은 법 제2조 제5호).

나. 불복방법

(1) 표준지공시지가

표준지공시지가에 대한 이의에 관하여는 같은 법 제8조에서"① 표준지공시지가에 대하여 이의가 있는 자는 표준지공시지가의 공시일부터 30일 이내에 서면으로 국토해양부장관에게 이의를 신청할 수 있다. ② 국토해양부장관은 제1항은 규정에 의한 이의신청기간이 만료된 날부터 30일 이내에 이의신청을 심사하여 그 결과를 신청인에게 서면으로 통지하여야 한다. 이 경우 국토해양부장관은 이의신청의 내용이 타당하다고 인정될 때에는 제3조 및 제5조의 규정에 따라 당해 표준지공시지가를 조정하여 다시 공시하여야 한다. ③ 제1항 및 제2항에서 규정한 것 외에 이이의의 신청 및 처리절차 등에 관하여 필요한 사항은 대통령령으로 정한다."라고 규정하고 있다.

(2) 개별공시지가

개별공시지가에 대한 이의에 관하여는 같은 법 제12조에서"① 개별공시지가에 대하여 이의가 있는 자는 개별공시지가의 결정·공시일부터 30일 이내에 서면으로 시장·군수 또는 구청장에게 이의를 신청할 수 있다. ② 시장·군수 또는 구청장은 제1항의 규정에 의한 이의신청기간이 만료된 날부터 30일 이내에 이의신청을 심사하여 그 결과를 신청인에게 서면으로 통지하여야 한다. 이 경우 시장·군수 또는 구청장은 이의신청의 내용을 다시 결정·공시하여야 한다. 이 경우 시장·군수 또는 구청장은 이의신청의 내용이 타당하다고 인정될 때에는 제11조 규정에 따라 당해 개별공시지가를 조정하여 다시 결정·공시하여야 한다. ③ 제1항 및 제2항에 규정된 것 외에 이의의 신청 및 처리절차 등에 관하여 필요한 사항은 대통령령으로 정한다."라고 규정하고 있다.

(3) 불복기간

따라서 토지에 대한 개별토지가격의 결정이 심히 부당하게 결정된 것이라면 '부동산가격공시및 감정평가에관한법률' 제12조의 규정에 의하여 토지에 대한 개별공시지가의 결정·공시일로부터 30일 이내에 서면으로 시장·군수 또는 구청장에게 이의를 신청해 볼 수 있다.

다. 청구취지 기재례

피고가 2000. 00. 00. ○○시 ○○구 ○○동 675 답 1,000㎡에 대한 표준공시지가를 ㎡당 금 00,000원으로 결정공시한 처분은 이를 취소한다.

피고가 2000. ○. ○. 원고에 대하여 한 별지 목록 기재 토지의 2000년 개별토지가격 결정처분을 취소한다.

피고가 2000. 00. 00. ○○시 ○○구 ○○동 000 답 100㎡의 2000년도 개별공시지가를 ㎡당 금 00,0000원으로 결정한 처분은 이를 취소한다.

라. 서식례

[서식] 소장 - 개별공시지가결정무효확인 및 손해배상청구

소 　 장

원　　고　　○　○　○(주민등록번호)

　　　　　　　○○시 ○○구 ○○길 ○○ (우편번호 ○○○ - ○○○)

피　　고　　1. 서울특별시 △△구청장

　　　　　　2. 서울특별시 △△구

　　　　　　대표자 구청장 △△△

　　　　　　피고들의 주소 ○○시 ○○구 ○○길 ○○ (우편번호 ○○○ - ○○○)

개별공시지가결정무효확인 및 손해배상(기)청구의 소

청 구 취 지

1. 피고 1.의 20○○. ○. ○. 서울시 ○○구 ○○동 ○○○ 대 ○○○㎡에 대한
개별공시지가결정은 무효임을 확인한다.
2. 피고 2.는 원고에게 금 1,000,000원 및 이에 대한 20○○. ○. ○.부터 이 사
건 소장부본 송달일까지는 연 5%의, 그 다음날부터 다 갚는 날까지는 연 15%
의 각 비율에 의한 금원을 지급하라.
3. 소송비용은 피고들이 부담한다.
4. 제2항은 가집행할 수 있다.

라는 판결을 구합니다.

청 구 원 인

1. 원고는 서울시 ○○구 ○○동 ○○○ 대 ○○○㎡(이하 '이 사건 토지'라고 합니다.)를 소유하고 있습니다.

2. 피고 1.은 20○○. ○. ○. 이 사건 토지에 대하여 원고의 의견을 듣는 절차를 거침이 없이 1,000원/㎡의 개별공시지가결정을 하였습니다.

3. 그런데 부동산 가격공시에 관한 법률 제10조 제5항은 시장, 군수 또는 구청장은 개별공시지가를 결정, 공시하기 위하여 개별 토지의 가격을 산정한 때에는 그 타당성에 감정평가업자의 검증을 받고 토지소유자 그 밖의 이해관계인의 의견을 들어야 한다고 규정하고 있습니다.

4. 따라서 피고 1.의 위 결정은 절차상 중대, 명백한 하자를 가지고 있어 당연무효라고 할 것입니다.

5. 그리고 개별공시지가는 토지초과이득세, 양도소득세, 상속세 등 조세 산정의 기초가 되므로 이 사건 토지의 소유자인 원고는 본 건 소송에 법률상 이익이 있다고 하겠습니다.

6. 또한 원고는 피고 행정청의 위법한 위 결정으로 인해 직접 소송준비를 하는 등 심적 괴로움을 겪었는바, 위와 같은 경위 등 여러 사정을 종합하면 피고 2.는 원고에게 위자료 1,000,000원 및 이에 대한 피고 행정청의 위 결정일인 20○○. ○. ○.부터 이 사건 소장부본 송달일까지는 민법 소정의 연 5%의, 그 다음날부터 다 갚는 날까지는 소송촉진등에관한특례법 소정의 연 15%의 각 비율에 의한 금원을 지급함이 타당하다고 할 것입니다.

7. 이에 원고는 이 사건 소에 이르게 된 것입니다.

입 증 방 법

1. 갑 제1호증   부동산등기사항증명서
1. 갑 제2호증   개별공시지가표

첨 부 서 류

1. 위 입증방법   각 1통
1. 소장부본   1통
1. 납부서   1통

20ㅇㅇ년   ㅇ월   ㅇ일

원 고   ㅇ   ㅇ   ㅇ   (인)

ㅇ ㅇ 행 정 법 원   귀중

소 장

원 고   홍 길 동 (000000-0000000)

　　　　　OO시 OO구 OO로 OOO

　　　　　소송대리인 변호사 O O O

　　　　　OO시 OO구 OO로 OOO　　　　　　　　　(우 :　　)

　　　　　(전화 :　　　 , 팩스 :　　　)

피 고   OO시 OO구청장

개별공시지가결정처분취소 청구의 소

청 구 취 지

1. 피고가 2000. 5. 31. OO시 OO구 OO동 123-10 답 608㎡의 2000년도 개별공시지가를 ㎡당 금 171,000원으로 결정한 처분은 이를 취소한다.
2. 소송비용은 피고의 부담으로 한다.

라는 판결을 구합니다.

청 구 원 인

1. 처분의 경위

　원고가 OO시 OO구 OO동 123-10 답 608㎡(이하 "이 사건 토지"라 한다)를 소유한 것에 대하여, 피고는 2000. 5. 31.자로 부동산가격공시및감정평가에관한법률에 의하여 공시지가가 ㎡당 금 520,000원인 같은 동 345-4 대 33,738㎡를 비교표준지로 하여 이 사건 토지와 토지특성을 비교한 결과, 이 사건 토지가 국토교통부가 피고에게 제공한 2000년도 토지가격비준표상의 공공용지인 도로에 해당한다고 보고, 그 가격배율인 0.33을 위 표준지의 공시지가에 곱한 금 171,000원을 이 사건 토지의 2000년도 ㎡당 개별공시지가로 결정 공시하였습니다.

2. 처분의 위법

위 결정 처분은 다음과 같은 점에서 위법합니다.

국토교통부가 제공한 2000년도 토지가격비준표에 의하여 이 사건 토지와 비교표준지인 같은 동 345-4 토지의 특성을 대비하여 보면, 이 사건 토지는 도시계획법상 도로로 결정 고시되어 인근 주민들이 자신들의 편의를 위하여 도로포장을 한 후 사실상의 도로로 이용되고 있을 뿐, 도시계획사업의 착수 등으로 위 토지가 공공용지인 도로로 이용되고 있지 아니하여, 위 토지의 특성은 토지가격비준표상 도시계획시설용지인 도로에 해당하므로 종전과 같이 0.85의 가격비율을 적용하여 개별공시지가를 산정하여야 함에도 불구하고, 피고가 이 사건 토지를 공공용지인 도로로 보고 그에 대한 0.33의 가격배율을 적용하여 위 토지의 개별공시지가를 산정한 결과, 이 사건 토지의 ㎡당 개별공시지가가 2000년도는 금 420,000원이었음에도 2000년도에 금 171,000원으로 40.7%나 하향조정 되었는 바, 결국 피고는 이 사건 토지에 대한 토지특성을 조사 비교함에 있어 잘못된 가격배율을 적용함으로써 개별공시지가를 낮게 산정한 위법이 있는 것입니다.

즉, 이 사건 토지의 모지번(母地番)인 OO시 OO구 OO동 123-7 답 786㎡는 원고가 1900. 5. 3. 소유권을 취득한 것인데, 1900. 10. 12.자 OO시 고시에 의하여 위 종전토지의 대부분에 해당하는 이 사건 토지가 도시계획상 폭 15.40m의 도로예정지의 일부로 편입되자, 원고들이 1900. 11. 11. 위 123-7 답 786㎡ 중 도로예정지로 편입된 이 사건 토지를 같은 동 123-10 답 608㎡로 따로 분할하였고, 그 결과 남게 된 같은 동 123-7 답 178㎡를 같은 해 12. 1. 소외 OOO에게 매도함으로써 이 사건 토지 남쪽에 위치한 대한예수교 장로회 OO교회 부지의 일부로 사용되고 있습니다.

그런데 그 후 이 사건 토지의 주위에는 대규모 아파트단지가 형성되고 상가 건물 등이 자리 잡게 되면서 위 토지가 주변의 OO시장, OO아파트단지, 인근상가 등에 출입하는 사람들에 의하여 OO역이나 OO교, OO방면으로 통하는 주된 도로의 일부로 사용되어 왔음에도 불구하고 피고가 도로예정지로 지정된 이 사건 토지에 대한 도로포장공사 등을 착수하지 아니한 채 그대로 방치하자, 위 OO교회와 인근상에서 이 사건 토지 및 이와 인접한 5필지 토지 중 일부에 폭 15m 정도의 아스팔트 및 콘크리트포장을 한 다음, 사실상 의 도로로서 주민들의 통행에 이용해 온 것에 불과합니다.

따라서 이 사건 토지는 도시계획법상 도로예정지로 고시된 후 인근주민들이 자신들의 편의를 위하여 포장공사를 한 다음 사실상의 도로로 이용하고 있을 뿐, 피고가 도시계획사업의 일환으로 위 토지 위에 도로포장공사 등을 착수 한바 없으므로, 이 사건 토지는 토지가격비준표상의 공공용지인 도로가 아니 라 도시계획시설용지인 도로에 해당한다고 보아야 하고, 따라서 이 사건 토 지가 공공용지인 도로에 해당함을 전제로 0.33의 가격배율만을 적용하여 위 토지의 2000년도 개별공시지가를 결정한 이 사건 처분은 위법하다 할 것입니다.

따라서 위 처분은 위법하여 취소되어야 할 것이므로 본소 청구에 이른 것입 니다.

입 증 방 법

추후 변론시 제출하겠습니다.

첨 부 서 류

1. 주민등록초본   1통
1. 소장부본   1통
1. 위임장   1통

2000. O. O.

위 원고 소송대리인 변호사 O O O (인)

OO 행 정 법 원 귀중

[서식] 소장 - 공시지가결정처분취소 청구의 소

소 장

원 고   OO도시개발 주식회사 (000000-0000000)

              OO시 OO구 OO로 OOO

              대표이사 O O O

              소송대리인 변호사 O O O

              OO시 OO구 OO로 OOO   (우 :   )

              (전화 :   , 팩스 :   )

피 고   국토해양부장관

공시지가결정처분취소 청구의 소

청 구 취 지

1. 피고가 2000. 3. 21. OO시 OO구 OO동 123 답 1,439㎡에 대한 표준공시지
   가를 ㎡당 금 180,000원으로 결정공시한 처분은 이를 취소한다.
2. 소송비용은 피고의 부담으로 한다.

라는 판결을 구합니다.

청 구 원 인

1. 전심절차

원고는 청구취지 기재 처분에 대하여 2000. 4. 15. 이의신청을 하였으나
같은 해 5. 25. 기각되었습니다.

2. 처분의 경위

가. 피고는 2000. 3. 21. 국토해양부공고 제OOO호로써 소외 OO도시개발

주식회사(이하 "소외회사"라 한다)의 소유이전 OO시 OO구 OO동 123 전 1,489㎡(이하 "이 사건 토지"라 한다)를 부동산가격공시및감정평가에 관한법률 제3조 제1항에 의한 OO시의 표준지 중의 하나로 선정하고 그 공시지가를 ㎡당 금 180,000원으로 결정 공시하였습니다.

나. 소외회사는 그 지상에 아파트를 건립하기 위하여 이 사건 토지 외에도 인근토지인 OO시 OO시 OO동 234 일대 60여필지 합계 33,225㎡를 매입하였고 2000. 3. 30. OO시장으로부터 아파트 13동 850세대의 건립을 위한 민영주택건설사업계획승인을 받았으며, 원고회사는 같은 해 4. 31.부터 5. 23.까지 사이에 소외 회사로부터 이 사건 토지 및 인근토지를 매수하고 OO시장으로부터 위 민영주택건설사업계획을 승계하는 내용의 사업주체변경승인을 받았습니다.

다. 이 사건 토지는 그 일부가 도시계획시설 도로부지로 편입되어 2000. 5. 9. OO시 OO구 OO동 123 전 161㎡와 같은 동 123-2 전 1,328㎡로 분할되었습니다.

3. 처분의 위법

이 사건 처분은 다음과 같은 점에서 위법합니다.

가. 이 사건 토지는 그 지목이 전으로 되어 있으나 공동주택(아파트)예정지로서 그 시가가 ㎡당 354,000원에서 482,000원 상당인데 위 공시지가가 그 시가나 인근유사토지의 거래가격에 비하여 지나치게 저렴합니다. 이 사건 표준지공사지가평가의 기준이 되는 매매사례로는 이 사건 토지와 위 10m 도로를 기준으로 좌우에 있어 지리적으로 근접해 있는 OO시 OO구 OO동 345-4 대 약 900㎡가 2000. 7.경 ㎡당 396,000원으로 거래된 바 있는 것입니다. OO교육지원청에서 2000. 3.경 학교용지 편입 보상가를 책정하면서 인접한 같은 동 124 토지를 ㎡당 287,000원에서 302,000원으로 평가하고 있고, 같은 동 247-4 토지가 ㎡당 403,000원

으로 거래된 사례도 있습니다.

소외회사가 2000. 5. 6. 이 사건 토지에 비하여 현황이 훨씬 나쁜 같은 동 산 32 임야 1,682㎡, 같은 동 367 임야 128㎡, 같은 동 426 묘지 787㎡, 같은 동 726 묘지 370㎡를 ㎡당 242,800원에 불하받은 매수계약을 체결한 바도 있습니다.

나. 이 사건 토지는 기존의 폭 10m도로와 폭 20m의 계획도로에 접하고 또한 20m 계획도로에 상당한 면을 접하고 있기 때문에 맹지가 아닌데도 이를 맹지로 평가한 감정평가에 기초하여 이 사건 공시지가를 결정한 것은 위법합니다.

따라서 위 처분은 위법하여 취소되어야 할 것이므로 본소 청구에 이른 것입니다.

입 증 방 법

추후 변론시 제출하겠습니다.

첨 부 서 류

1. 법인등기부초본   1통
1. 소장부본   1통
1. 위임장   1통

2000.　○.　○.

위 원고 소송대리인 변호사　○　○　○　(인)

○○행정법원 귀중

[서식] 소장 - 개별토지지가공시처분취소 청구의 소

소 장

원 고   ㅇ ㅇ   ㅇ (000000-0000000)
          ㅇㅇ시 ㅇㅇ구 ㅇㅇ로 ㅇㅇ   (우 :   )

피 고   ㅇㅇ시장
          ㅇㅇ시 ㅇㅇ구 ㅇㅇ로 ㅇㅇ   (우 :   )

개별토지지가공시처분취소 청구의 소

청 구 취 지

1. 피고가 2000. ㅇ. ㅇ. ㅇㅇ시 ㅇㅇ구 ㅇㅇ동 ㅇㅇ 임야 000㎡에 대하여 한
   2000. ㅇ. ㅇ. 기준의 개별토지가격결정처분을 취소한다.
2. 소송비용은 피고의 부담으로 한다.
라는 판결을 구합니다.

청 구 원 인

1. 처분의 내용

피고가 개별토지가격 합동조사지침 등에 의하여 2000년도 개별토지가격의
조사 및 결정을 하고 공고를 함에 있어 원고 소유인 청구취지기재 토지(이하
"이 사건 토지"라 한다.)에 대하여 2000. 1. 1.을 기준으로 한 개별토지가격
을 100,000원/㎡으로 결정하였습니다.

2. 처분의 위법

그러나 피고의 이 사건 토지에 대한 위 개별토지가격결정은 위법하여 취소하
여야 할 것입니다.

가. 부동산가격공시및감정평가에관한법률 제5조 제1항 및 개별토지가격 합동
　조사지침(국무총리훈령 제248호) 제7조, 제8조의 규정취지를 종합하면,
　개별토지가격을 산정함에 있어서는 지가산정대상토지와 유사한 이용가
　치를 지닌다고 인정되는 하나 또는 둘 이상의 표준지를 선정하고 그 표준
　지의 공시지가를 기준으로 국토교통부장관이 제공하는 표준지와 지가산
　정대상 토지의 지가형성요건에 관한 표준적인 비교표(이하 "토지가격 비
　준표"라고 한다.)를 활용하여 두 토지의 특성을 조사하고 상호 비교하여
　가격조정률을 결정한 후 이를 표준지의 가격에 곱하여 토지가격을 산정
　하되, 이와 같이 산정한 가격은 실제지가에 영향을 주는 매우 많은 가격
　형성요인 중 지가산정에 편리하도록 주요한 토지 특성만을 조사하도록
　단순화한 것이어서 적정지가와는 차이가 날 수 있으므로 지가산정대상
　토지의 가격과 표준지의 공시지가가 균형이 유지되도록 필요하다고 인정
　할 때에는 지가산정대상 토지와 비교표준지의 개별요인 차이, 지가산정
　대상 토지와 비교표준지와 지방세 과세시가 표준액의 차이와 비준표에
　의한 가격조정율과의 균형 및 기타 그 지역의 특수한 지가형성요인 등을
　고려하여 지가산정의 목적에 따라 가감 조정하여 지가를 확정할 수 있도
　록 정하고 있으므로, 개발토지가격의 산정은 비교표준지 선정 자체가 적
　정하여야 함은 물론이고, 토지가격 비준표에 의한 가격조정율의 적용 및
　가격산정이 정확하여야 하며, 지가산정대상 토지의 가격을 가감조정하는
　과정에서도 인근 다른 유사토지와의 필지간 균형이 유지됨과 동시에 필
　지별 전년대비 지가상승률이 토지특성의 변화, 주변여건의 변화, 표준지
　가 상승률을 고려한 적정하고 합리적인 것이 되도록 산정되어야 합니다.

나. 그러나 이 사건 토지의 개별토지 지가결정은 위 법률 및 개별토지가격 합동
　조사지침이 정하는 산정방법의 취지에 따르지 않은 위법이 있어 취소를
　면치 못하는 것인바, 제소기간 등의 문제로 이에 관하여는 다음에 자세히
　주장하겠습니다.

입 증 방 법

추후 변론시 제출하겠습니다.

첨 부 서 류

1. 주민등록초본   1통
1. 소장부본   1통
1. 위임장   1통

2000. O. O.

위 원고 O O O (인)

O O 지 방 법 원 귀중

5. 건설업 영업정지 및 공사중지명령처분 취소 등

가. 청구취지 기재례

> 피고가 20○○. ○. ○. 원고에 대하여 한 건설업 영업 정지 처분은 무효임을 확인한다.

> 피고가 2000. O. O.자로 원고에 대하여 한 건축공사중지명령처분을 취소한다.

나. 서식례

[서식] 소장 - 건설업영업정지처분무효확인청구

소   장

원   고   ○ ○   ○(주민등록번호)

　　　　　○○시 ○○구 ○○길 ○○ (우편번호 ○○○ - ○○○)

피   고   △△시 △△구청장

　　　　　○○시 ○○구 ○○길 ○○ (우편번호 ○○○ - ○○○)

건설업영업정지처분무효확인 청구의 소

청 구 취 지

1. 피고가 20○○. ○. ○. 원고에 대하여 한 건설업 영업 정지 처분은 무효임을 확인한다.
2. 소송비용은 피고의 부담으로 한다.

라는 판결을 구합니다.

청 구 원 인

1. 피고는 20○○. ○. ○. 원고에 대하여 건설업 영업 정지 처분(이하 "이 사건 처분"이라 합니다)을 하였습니다. 피고는 원고가 소외 김ㅁㅁ에게 원고의 상호

를 사용하여 건설공사를 시공하게 하였다는 이유로 건설산업기본법 제82조 제1
항 제2호, 제21조의2 건설업면허등의 대여금지규정을 위반하였다면서 위 처분
을 하였습니다.

2. 그러나 원고는 소외 김ㅁㅁ에게 원고의 상호를 사용하여 건설공사를 시공하게
   한 일이 없습니다. 그러므로 피고의 위 처분은 내용 및 절차상 흠이 있는 위법
   한 처분이므로 당연히 무효라고 할 것입니다.

첨 부 서 류

    1. 소장부본   1통

    1. 법인등기사항증명서   1통

    1. 납부서   1통

20○○.　　○.　　○.

원　고　○　○　○ (인)

○ ○ 행 정 법 원 귀 중

[서식] 소장 – 건축공사중지명령처분취소 청구의 소

소 장

원 고　　　OO산업 주식회사 (000000-0000000)
　　　　　OO시 OO구 OO로 OOO
　　　　　대표이사 O O O
　　　　　소송대리인 변호사 O O O
　　　　　OO시 OO구 OO로 OOO　　　　　　　(우 :　　)
　　　　　(전화 :　　　, 팩스 :　　　)

피 고　　　OO군수
　　　　　OO시 OO구 OO로 OOO　　　　　　　(우 :　　)

건축공사중지명령처분취소 청구의 소

청 구 취 지

1. 피고가 2000. O. O.자로 원고에 대하여 한 건축공사중지명령처분을 취소한
  다.
2. 소송비용은 피고의 부담으로 한다.
라는 판결을 구합니다.

청 구 원 인

1. 축산물가공처리 및 판매업을 하는 원고회사가 OO도 OO군 OO리 산 123
  전 2,839㎡상에 특급도계장을 설치하고자 2000. 11. 8. OO도지사로부터
  작업장설치허가를, 같은 해 11. 19. 피고로부터 산림훼손허가를, 같은 해
  12. 8. OO도지사로부터 농지전용허가를, 2000. 3. 2. OO도지사로부터 소
  음·진동규제법과 수질환경보전법에 의한 각 배출시설설치허가를 각 얻고,
  같은 달 14. 피고로부터 위 토지상에 라멘조의 1층 건물 492.16㎡를 신축하

겠다는 건축허가를 얻은 후 같은 달 20. 건축공사에 착수하여 공사를 진행하고 있던 중 같은 달 27.경 그 일대의 주민들이 하천 상류에 도계장을 설치하면 하천이 오염된다는 이유로 도계장 설치를 반대하며 국도를 점거하고 농성하는 사태가 벌어지자, 피고는 같은 달 29. 원고에 대하여 건축허가 및 농지전용허가시 첨부한 부관사항의 미이행이라는 이유로 건축법 제42조 제1항을 들어 민원해결시까지 건축공사를 중지하라는 것입니다.

2. 원고는, 이 사건 명령은 민원 무마책으로 법적 요건을 갖추지 못한 채 이루어진 것이라고 주장함에 대하여, 피고는 원고에게 건축허가를 내줌에 있어 농지전용허가시의 조건을 이행하라는 부관을 붙인 바 있고 농지전용허가에는 민원발생시 사업사행자가 책임처리하여야 한다는 조건이 첨부되어 있는데, 원고는 위와 같이 주민들이 국도를 점거하는 사태가 발생하였음에도 이를 해결하려는 노력을 보이지 않아 건축허가와 농지전용허가시 붙인 부관을 위반하였으므로 건축법이나 같은 법에 의한 처분에 위반할 경우 건축주에 대하여 건축공사의 중지를 명할 수 있도록 규정하고 있는 같은 법 제42조 제1항에 근거하여 내려진 이 사건 명령은 적법하다고 주장하고 있습니다.

3. 그러나 법치주의를 헌정질서의 기본원칙으로 삼고 직업선택의 자유와 사유재산권을 보장하고 있는 우리나라에 있어서, 건물 신축과 같은 국민의 경제생활의 자유는 법에 위반되거나 타인의 권리를 침해하지 않는 이상, 행정작용으로부터는 물론이고 사인으로부터도 보호되어야 할 것이므로 아무런 위법이나 권리침해가 없음에도 불구하고 주민들이 법에 호소하지 아니하고 집단민원을 일으켜 개인의 재산권행사 등을 막는 것은 허용되어서는 아니될 것이고, 이를 행정청이 조장하거나 방치하여서도 안된다 할 것인바, 이러한 점을 염두에 놓고 보면, 위 ○○도지사가 농지전용허가시 붙인 '정화조 설치 및 환경오염방지시설 설치 등 타 관련법에 위배되지 않도록 하여야 하며 민원발생시 사업시행자가 책임처리하여야 함'이라는 조건에서 '민원 발생시 사업시

행자가 책임처리하여야 함'이라는 부분의 취지는 모든 민원을 책임처리하라는 의미가 아니라 원고의 정화조를 설치하지 않거나 환경오염방지시설 설치를 태만히 하는 등 타 법률에 위반된 행위를 함으로써 그로 인하여 민원이 발생할 경우 이를 책임지고 처리하여야 한다는 의미로 봄이 타당하다 할 것이다.

4. 그렇다면 원고가 어떤 법규를 위반하였음을 인정할 만한 아무런 자료가 없는 이 사건에서, 단지 주민들의 집단민원이 있다는 이유만으로 내려진 이 사건 명령은 위법하다 할 것이므로 그 취소를 구하기 위하여 이 사건 청구에 이른 것입니다.

입 증 방 법

1. 갑 제1호증　　　　　　행정처분
1. 갑 제2호증　　　　　　공사중지명령서

　그 밖의 입증서류는 변론시 수시 제출하겠습니다.

첨 부 서 류

1. 위 입증서류　　　　　각 1통
1. 법인등기부초본　　　　1통
1. 소장 부본　　　　　　1통

2000.　0.　0.

위 원고 소송대리인 변호사　0　0　0　(인)

○ ○ 행 정 법 원　귀중

6. 건축불허가처분 및 건축허가반려처분 취소청구

가. 청구취지 기재례

> 피고가 2000. O. O.자로 원고에 대하여 한 건축불허가처분은 이를 취소한다.

> 피고가 2000. 00. 00. 원고에 대하여 한 OO시 OO구 OO로 000 지상 주택에 대한 건축허가신청반려처분은 이를 취소한다.

> 피신청인이 2000. 00. 00. 신청인에 대하여 한 OO시 OO구 OO로 000, 지하 0층, 지상 0층 건물의 신축공사에 대한 공사중지 명령처분은 귀원 이 사건 본안판결 확정시까지 그 효력을 정지한다.
> 라는 결정을 구합니다.

나. 서식례

[서식] 소장 - 건축불허가처분취소 청구의 소

소   장

원 고   홍 길 동 (000000-0000000)   (전화 :   )
　　　　OO시 OO구 OO로 OO   (우 :   )

피 고   OO시 OO구청장
　　　　OO시 OO구 OO로 OO   (우 :   )

건축불허가처분취소 청구의 소

청 구 취 지

1. 피고가 2000. O. O.자로 원고에 대하여 한 건축불허가처분은 이를 취소한다.

2. 소송비용은 피고의 부담으로 한다.

라는 판결을 구합니다.

청 구 원 인

1. 원고는 2000. O. O. OO시 OO구 OO동 OO 대 185㎡를 구입한 후 그 위에 모텔을 짓기 위하여 건축허가신청을 한 사실이 있습니다. 이에 대하여 피고는 2000. O. O.자로 국토의계획및이용에관한법률 제36조, 제38조, 동법시행령 제51조, OO도 도시계획조례 등을 들어 건축허가가 불가하다는 처분을 하였습니다.

2. **불허가처분의 위법, 부당한 사유**

가. 이 사건 대지의 지역 및 지구

　　피고의 불허가처분의 근거는 이 사건 대지가 속한 인근은 2000년경부터 ○○시장의 도시계획에 의하여 녹지지역으로 구분되어 있으므로 그 안에서는 건물을 신축할 수 없다고 주장하고 있습니다.

나. 그러나 불허가의 근거가 된 위 도시계획은 2000. ○. ○. 다시 변경되어 이 사건 대지가 속한 인근은 근린 상업지구로 변경된 바 있으나 관계공무원이 이를 간과하고 만연히 과거의 기준으로 가지고 이 사건 건축 불허가처분을 하였던 것입니다.

다. 한편 근린 상업지구로 변경된 현재로서 숙박시설을 건축하는 것은 도시계획법 및 동법 시행령상 하등의 문제가 없는 없으므로 이 사건 대상인 처분은 위법 부당하여 취소되어야 할 것입니다.

입 증 방 법

　　1. 갑 제1호증　　　　　　　행정처분결과통지서
　　1. 갑 제2호증　　　　　　　경기도 도시계획결정조례
　　1. 갑 제3호증　　　　　　　건축허가신청서

첨 부 서 류

　　1. 위 입증서류 사본　　　각 1통
　　1. 주민등록초본　　　　　　　1통
　　1. 소장 부본　　　　　　　　　1통

2000.　○.　○.

위 원고　○　○　○　(인)

○ ○ 지 방 법 원　귀중

[서식] 소장 – 건축허가신청반려처분취소 청구의 소

소 장

원 고   홍 길 동 (000000-0000000)

OO시 OO구 OO로 OOO

소송대리인 변호사 O O O

OO시 OO구 OO로 OOO   (우 :   )

(전화 :   , 팩스 :   )

피 고   OO시 OO구청장

건축허가신청반려처분취소 청구의 소

청 구 취 지

1. 피고가 2000. 11. 18. 원고에 대하여 한 OO시 OO구 OO로 123 지상 주택에 대한 건축허가신청반려처분은 이를 취소한다.
2. 소송비용은 피고의 부담으로 한다.

라는 판결을 구합니다.

청 구 원 인

1. 전심절차

위 처분에 대하여 원고는 2000. 11. 25. 행정심판을 제기하였는 바 재결청은 2000. 2. 20. 위 심판청구를 기각하는 재결을 하였습니다.

2. 처분의 경위

원고는 2000. 9. 14. ○○시 ○○구 ○○동 123 대 182㎡(이하 "이 사건 토지"
라 한다) 지상에 지하 1층, 지상 3층 건축면적 108.18㎡, 연면적 401.37㎡의
다가구용 단독주택을 건축하기 위한 건축허가신청을 하였습니다. 피고는 위
건축허가신청에 대하여 이 사건 토지는 ○○시 ○○구 ○○동 123번지 일대 재건
축조합에 의한 사업승인이 아닌 건축허가를 하게 될 경우 이중허가가 되어
행정의 일관성과 신뢰보호의 원칙에 반하게 되며 재건축사업 부지 내 건축허
가를 제한하는 것이 ○○시 ○○구의 방침이라는 이유로 같은 해 11. 18. 위
건축허가신청을 반려하였습니다.

3. 처분의 위법

위 처분은 다음과 같은 점에서 위법합니다.

첫째, 위 건축허가신청에는 아무런 법규상의 하자가 없을 뿐만 아니라 이
사건 처분 당시 소외 조합의 주택건설사업에 대한 입지심의와 도시경관 및
건축계획심의가 통과되었다는 사유만으로 건축허가를 거부할 수 있다는 아
무런 법령상의 근거가 없고 재건축사업 부지 내 건축허가를 제한하는 것이
○○시 ○○구의 방침이라고 하더라도 피고는 그 방침에 어긋나지 않는 방향으
로 권장지도를 할 수 있을 따름이지 방침에 어긋난다 하여 막바로 그 허가신
청을 거부할 수 없으며, 이 사건에 있어서 건축허가를 거부하는 것이 공익상
특별한 필요가 있다고 인정할 자료도 없는 것입니다.

둘째, 피고가 2000. 12. 6. ○○시 ○○구 ○○동 123 일대 재건축조합의 재건
축에 반대하는 사람들에게 보낸 민원사항처리결과 통보에서 주택조합설립인
가를 득하였더라도 사업계획승인까지는 재건축 여부가 결정되지 않은 사항
이므로 단독주택신축 등 소유자의 의사에 의한 재산권행사에는 아무런 제한
이 없습니다라고 한 바 있으므로 이 사건 처분은 금반언의 원칙에 반하는

것이어서 위법입니다. 따라서 위 처분은 위법하여 그 취소를 구하기 위하여
본소 청구에 이른 것입니다.

입 증 방 법

변론시 제출하겠습니다.

첨 부 서 류

1. 주민등록초본   1통
1. 소장부본   1통
1. 위임장   1통

2000. 0. 0.

위 원고 소송대리인 변호사 O O O (인)

O O 행 정 법 원 귀중

[서식] 건축공사중지명령처분효력정지 가처분신청서

건축공사중지명령처분효력정지 가처분신청

신 청 인 　　OO산업주식회사 (000000-0000000)

　　　　　　　OO시 OO구 OO로 OOO

　　　　　　　대표이사 홍 길 동

　　　　　　　신청대리인 변호사 O O O

　　　　　　　OO시 OO구 OO로 OOO　　　　　　　(우 :　　)

　　　　　　　(전화 :　　　, 팩스 :　　　)

피신청인 　　OO구청장

신 청 취 지

피신청인이 2012. 7. 8. 신청인에 대하여 한 OO시 OO구 OO로 123-5, 6, 7, 8, 지하 2층, 지상 8층 건물의 신축공사에 대한 공사중지 명령처분은 귀원이 사건 본안판결 확정시까지 그 효력을 정지한다.

라는 결정을 구합니다.

신 청 원 인

1. 신청외 박O숙외 4인은 2011. 4. 1. 피신청인으로부터 신청취지 기재의 건물에 대한 건축허가를 받고 같은 해 10. 5. 신청인 회사에게 위 건물의 신축공사를 도급주어 신청인회사는 같은 해 10. 16.부터 위 공사에 지상 1층의 골조공사까지 마쳤는바, 피신청인은 2012. 7. 8. 위 신축건물부지에 인접하여 건립

된 같은 동 123-5 외 3 필지상의 ○○빌딩의 건물주인 장○연 외 3인으로부터 위 공사로 인하여 동 건물에 균열 등 피해가 발생되었다는 민원이 있고 또 신청인회사는 한국건축구조기술사회의 구조안전진단서에 의한 위 인접건물의 보수 등 필요한 조치를 취하지도 않았다하여 이건 건축공사장 보강공사 이외는 이건 건축공사를 중지하고 위 인접건물주와 합의하여 동 인접건물의 보수와 위해방지시설을 하라고 하였습니다.

2. 신청인회사는 이건 신축건물을 시공함에 있어 피신청인이 허가한 내용과 시행규칙이 정한 기준에 맞추어 H-PILE 및 흙막이판의 시설을 하는 등 제반 위해방지조치를 취한 후 지하층 굴착공사 및 골조공사를 마쳤으며, 이건 중지명령당시에는 지상 1층 골조공사까지 마쳤습니다.

그런데 위 인접건물의 건물주들은 2012. 2. 28. 신청인회사에게 이건 신축공사로 인하여 그들의 위 건물에 균열이 발생하였다하여 원상복구를 요구하는 한편 피신청인 및 관계 각 요로에 위 사유를 들어 진정서를 제출하자, 피신청인은 2012. 3. 26. 신청인회사에게 위 건물주들과 합의하여 위 건물을 보수하고 구조안전진단을 실시하여 그 결과에 따라 조치하라고 지시하므로 신청인은 그 즉시 한국건축사협회에 그 구조진단을 의뢰하였던 바, 위 건물주들은 동 건축협회는 믿을 수 없으니 그들이 신임하는 한국건축구조기술사회에 그 진단을 의뢰할 것을 요구하므로 시청인은 다시 한국건축구조기술사회에 그 진단을 의뢰하였습니다.

위 건축구조기술사회는 그 진단을 마치고 2012. 5. 29.자에 그 안전진단보고서를 내었고, 신청인회사는 위 진단보고서가 지적한 그 보수공사비 금 44,263,490원 전액을 위 건물주들 앞으로 공탁까지 한 바 있습니다.

그렇다면 피신청인의 이건 공사중지명령은 재량권의 범위를 크게 일탈하였거나 재량권을 남용한 처분으로서 위법부당하여 본안소송에서 취소될 것이 명백합니다.

3. 그리하여 신청인은 위법부당한 이건 공사중지명령처분의 취소를 구하기 위하여 귀원에 본안의 소를 제기하였습니다.

그러나 이건 중지명령에 의한 공사중단 상태가 귀원의 본안판결 선고시까지 계속되면 신청인은 본안소송에서 승소한다 할지라도 앞서 본 일련의 사정에 비추어 회복할 수 없는 손해를 입을 것이 명백하고 위와 같은 손해를 예방하기 위한 긴급한 필요가 있다 할 것이므로 이건 신청에 이른 것입니다.

그리고 이건 공사중지명령의 효력을 본안판결시까지 정지한다 하더라도 공공복리에 중대한 영향을 미칠 우려가 없는 경우에 해당하므로 이건 신청에 이르렀습니다.

소 명 방 법

추후 제출하겠습니다.

2000. 0. 0.
신청인의 대리인
변호사 ○ ○ ○ (인)

○ ○ 행 정 법 원 귀중

7. 농지전용허가신청불허가처분취소청구

가. 청구취지 기재례

> 피고가 원고에게 2000. O. O.자 제000호로 한 농지전용허가신청불허처분은 이를
> 취소한다.

나. 서식례

[서식] 소장 – 농지전용허가신청불허처분취소 청구의 소

소   장

원 고   O   O   O (000000-0000000)

OO시 OO구 OO로 OO   (우 :   )

피 고   OO시장

OO시 OO구 OO로 OO   (우 :   )

농지전용허가신청불허처분취소 청구의 소

청 구 취 지

1. 피고가 원고에게 2000. O. O.자 제123호로 한 농지전용허가신청불허처분
   은 이를 취소한다.
2. 소송비용은 피고의 부담으로 한다.
라는 판결을 구합니다.

청 구 원 인

1. ○○시 ○○구 ○○동 ○○ 전 8,649㎡는 원고가 19○○년부터 고추 등 경작을
   해온 토지로 20○○년 토지를 개토하는 과정에서 지하에 상당량의 건축자재
   용 토석이 매장되어 있다는 사실을 알게 되었습니다.

2. 이에 원고는 2000. ○. ○. 피고에게 건축자재용 토석 채취 및 생산을 위한
   시설물을 설치하고자 농지전용허가신청을 하였으나 피고는 2000. ○. ○. 농
   지가 절대농지라는 이유로 이를 불허하는 처분을 하였습니다.

3. 그러나 비록 원고의 위 토지가 절대농지이기는 하나 토지에 매장된 건축자재
   용 토석은 상당량이 매장되어 있고, 그에 따르는 경제적 가치가 크다 할 것이
   며 따라서 피고는 단순히 위 토지가 절대농지라는 이유만으로 원고의 신청을
   불허할 것이 아니라 사암의 품질이나 매장량을 보다 확실하게 밝혀 경제성을
   판단하여 농지전용허가에 대한 허부를 결정하여야 합니다.

4. 따라서 피고의 농지전용허가불허처분은 재량권을 일탈하여 마땅히 취소되어
   야 하는 위법한 처분으로 원고는 그 취소를 구하고자 본소 청구에 이른 것입
   니다(원고는 농지전용허가불허취소처분은 2000. ○. ○. 우편송달로 알게
   되었습니다).

입 증 방 법

1. 갑 제1호증   개토사업자의 확인서 사본

1. 갑 제2호증   토석감정결과서 사본

1. 갑 제3호증   지적도

1. 갑 제4호증   토지대장

1. 갑 제5호증   부동산등기부등본

 그 밖의 입증서류는 변론시 수시 제출하겠습니다.

첨 부 서 류

1. 위 입증서류   각 1통

1. 주민등록초본   1통

1. 소장부본   1통

2000. 0. 0.

위 원고 O O O (인)

O O 지 방 법 원 귀중

8. 장해연금지급거부처분취소청구

가. 청구취지 기재례

피고가 2000. ○. ○. 원고에 대하여 한 장해연금지급거부처분은 이를 취소한다.

나. 서식례

[서식] 소장 - 장해연금지급거부처분취소 청구의 소

소   장

원　고　○　○　○(주민등록번호)

　　　　　○○시 ○○구 ○○길 ○○ (우편번호 ○○○-○○○)

피　고　국민연금관리공단

　　　　　○○시 ○○구 ○○길 ○○ (우편번호 ○○○-○○○)

　　　　　대표자 이사장 △△△

장해연금지급거부처분 취소청구의 소

청　구　취　지

1. 피고가 20○○. ○. ○. 원고에 대하여 한 장해연금지급거부처분을 취소한다.
2. 소송비용은 피고의 부담으로 한다.

라는 판결을 구합니다.

청 구 원 인

1. 사건의 개요

가. 원고는 19○○. ○. ○. 최초로 국민연금에 가입하여 오던 중 19○○. ○. ○. 처음으로 '후두암' 진단을 받은 다음 20○○. ○. ○. 후두암 수술을 받았습니다.

나. 위 수술로 인하여 원고에게 언어장애와 호흡기장애가 발생하였는데, 그 중 '언어장애'에 관하여 피고로부터 2급을, 소외 부산 ○○구청으로부터 3급을 각 인정받았습니다[갑 제1호증 심사청구 결정통지 – (첨부된 결정서 2면 중 4의 가. 참조), 갑 제2호증 복지카드].

다. 원고는 당시 폐와 가까운 곳에 구멍이 있어서 산소호흡기를 별도로 사용하지 않은 상태여서 약간의 활동이나 이동은 가능하나 조금만 무리하면 숨쉬기가 어려운 증상이 생겨 일상생활에 있어서 불편함은 물론이고 경제활동을 한다는 것은 상상도 할 수 없는 상태였는데, 위 수술을 받은 후 생활하던 중 목에서 피를 토하는 증상이 발생하여 가까운 병원으로 가서 진료를 받은 결과 호흡기에 문제가 있다는 진단(이하 '이 사건 상병'이라고만 합니다)을 받고 치료를 받아 왔습니다.

라. 이에 원고는 ○○대학교병원에 내원하여 진료를 받았는데, 담당의는 '기관지확장증, 폐결절우하엽, 후두암 수술후 기관절개'로 인하여 1초간 강제호기량이 9%에 불과하다는 소견 및 이로 인하여 운동 및 보행시 심한 호흡곤란이 생긴다는 원고에 대한 문진을 종합하여 '일상생활 활동능력 및 노동능력이 없'다는 판단아래 '호흡기 장애 1등급'에 해당한다는 진단을 내렸습니다(갑 제3호증 국민연금장애심사용진단서).

마. 이를 근거로 원고는 20○○. ○. ○. 피고 ○○지사에 장애연금의 지급을 청구하였으나, 동 지사는 20○○. ○. ○. 원고의 상태가 장애등급에 해당되지 않는다는 이유로 원고에게 장애연금 수급권 미해당 결정(이하 '이 사건 처분'이라고만 합니다)을 통지하였고, 원고는 그 즈음에 위 통지서를 수령하였습니다(갑 제1호증 중 결정문 1의 가,나항 참조).

2. 피고 처분의 위법성

피고는 원고의 이 사건 상병이 국민연금가입 중에 발생한 것인지 여부 및 정확한 초진인 등이 확정되지 않았고, 장애등급에도 해당되지 않는다는 이유로 이 사건 처분을 하였으나, 피고의 동 처분은 다음과 같은 이유로 위법하다 할 것입니다.

가. 장애발생시점 등에 관하여

1) 피고는 이 사건 처분 결정서에서 이 사건 상이가 국민연급 가입 중 발생한 것인지, 정확한 초진일을 사실상 확정할 수 없다고 하더라도, 장애등급에 해당하지 않음이 명백한 경우에는 자료보완을 하지 않고 장애연급 수급권을 인정하지 않을 수 있다고 주장하고 있습니다.

2) 그러나 장애등급에 해당하지 않음이 '명백하지 않음'은 아래에서 보는 바와 같고, 그에 앞서 이 사건 상이가 국민연금 가입 중 발생하였는지 여부에 관하여 보면 이 사건 상이는 20○○. ○. ○. 처음으로 후두암으로 진단을 받아 같은 해 ○. ○. 관련 수술을 받은 다음 — 특별한 사정 변화가 없는 상태에서 — 그로 인하여 생긴 질환으로 봄이 타당한데, 위에서 보는바와 같이 피고는 이미 후두암 수술로 인하여 발생한 '언어장애'에 관하여 2급을 인정한 상태이므로, 연금 가입기간 중 이 사건 상이가 발생한 것인지 여부에 관하여는 언어장애와 동일하게 취급하여야 할 것입니다.

또한 원고의 경우에는 수술을 한 날이 아니라 초진일을 기준으로 판단하여야 하는데(그렇지 않을 경우 초진일과 수술일의 시간적 차이로 인하여 연금지급여부가 달라지는 불합리가 발생할 수 있습니다) 원고는 19○○. ○. ○. 최초 가입한 이래 20○○. ○. ○.부터 20○○. ○. ○.까지 가입을 한 상태였고, 위 기간 중인 20○○. ○. ○.에 초진을 받아 후두암 진단을 받았으므로 이 사건 상이는 가입 중 발생한 것으로 보아야 할 것입니다(갑 제4호증 가입내역 확인).

나. 장애등급 해당여부에 관하여

1) ○○대학교병원의 진단

원고는 ○○대학교병원에 내원하여 20○○. ○. ○. 검사를 받은 결과, ①1초시 강제호기량이 0.28(9%)로 측정되었고, ②원고는 평소 운동 및 보행시 심한 호흡곤란을 겪어왔던 점을 고려하여 호흡기 장애 1등급 진단을 받았습니다.

2) 관련 규정

그런데 ①국민연금법 시행령 [별표 2]는 "6. 위의 제1호부터 제5호까지에 규정된 자 외의 자로서 신체의 기능이 노동 불능상태이며 상시 보호가 필요한 정도의 장애가 남은 자"를 1급으로, 그 이하의 장애를 2급 내지 4급으로 각 규정하고 있고, ②'국민연금 장애심사규정'(보건복지부 고시 제2017-30호)은 보다 상세한 기준을 제시하고 있는바, 호흡기장애에 관하여 "부상이나 질병이 치유되지 아니하여 신체의 기능이 노동불능상태로서 장기간의 안정과 상시 보호 또는 감시가 필요한 정도의 장애가 있는 자 - 폐기능이나 동맥혈산소분압이 고도이상으로 안정시에도 산소요법을 받아야할 정도의 호흡곤란이 있는 자"를 1급으로, 그 이하는 그 상태에 따라 2~4급으로 규정하고 있습니다.

3) 판단 방법

위 장애심사규정은 '노동불능상태 내지 신체의 기능'을 일응의 기준으로 하면서도, 이에 덧붙여 '폐기능이나 동맥혈산소분압'을 객관적 판단기준으로 제시하고 있습니다. 여기서 ① '폐기능'의 인정요령은 1초시 강제호기량, 폐확산능, 강제폐활량 등의 측정치를 말하고, ② '동맥혈산소분압(PO2)'은 산소를 흡입하지 않으면서 평상시 대기중에서 안정시에 실시한 동맥혈 가스분석의 측정치를 말합니다(장애심사규정 제6절 호흡기의 장애. 2. 인정요령. 나. 폐기능의 검사 참조).

그런데 위 장애심사규정은 '2. 인정요령'에서 '호흡기의 장애는 호흡곤란정도, 흉부 X-선 촬영, 폐기능검사, 동맥혈가스검사 등 객관적인 검사소견에 의하여 판정'한다고 규정하고 있는바, 위 장애심사규정은 폐기능과 동맥혈산소분압을 동등한 판단방법으로 규정하고 있고, 무엇보다도 1초시 강제호기량 역시 '객관적인 검사소견'의 하나로 인정하고 있음을 알 수 있습니다. 위 규정은 이에 덧붙여 호흡기 장애 판단기준으로 '호흡곤란정도'라는 당사자의 상태 역시 판단기준으로 제시하고 있습니다.

그러므로 피고의 주장, 즉 '동맥혈산소분압이 객관적인 증거이고, 1초시 강제호기량은 수검자의 상태에 따라 편차가 발생하므로 객관적인 증거라고 볼 수 없다'는 취지의 주장은 명백히 위 규정에 배치되는 것입니다. 피고는 여러 가지 판단 요소 중 원고에게 유리한 여러 가지 요소(1초시 강제호기량, 호흡곤란정도)를 배제하고, 의도적으로 불리한 요소만을 근거로 원고의 청구를 배척한 것입니다. 오히려 원고를 진단한 ○○대학교병원 전문의는 1초시 강제호기량 및 원고의 호흡곤란정도를 종합적으로 판단하여 원고가 1급에 해당한다는 진단을 내린 것이므로 위 규정에 부합한다 할 것입니다.

원고의 장애유무 및 등급은 추후 신체감정을 통하여 입증을 하도록 하겠습니다.

3. 결론

위와 같은 사실에 비추어 보면, 피고의 이 사건 처분은 위법하다 할 것이므로, 이러한 위법한 처분의 취소를 구하기 위하여 이 건 소송을 제기하기에 이르렀습니다.

입 증 방 법

1. 갑 제1호증   심사청구 결정통지
1. 갑 제2호증   복지카드
1. 갑 제3호증   국민연금장애심사용진단서
1. 갑 제4호증   가입내역 확인

첨 부 서 류

1. 위 입증방법   각 2통
1. 국민연금 장애등급 판정기준   1통
1. 법인등기사항증명서   1통
1. 납부서   1통
1. 소장부본   1통

20○○. ○. ○.

원　고　○　○　○ (인)

○ ○ 행 정 법 원 귀 중

[서식] 소장 – 장해연금지급거부처분취소 청구의 소

소   장

원   고   O   O   O (000000-0000000)   (전화 :   )

OO시 OO구 OO로 OO   (우 :   )

피   고   국민연금공단 (000000-0000000)

OO시 OO구 OO로 OO   (우 :   )

대표자 이사장 OOO

장해연금지급거부처분취소 청구의 소

청 구 취 지

1. 피고가 2000. O. O. 원고에 대하여 한 장해연금지급거부처분은 이를 취소한다.
2. 소송비용은 피고의 부담으로 한다.

라는 판결을 구합니다.

청 구 원 인

1. 국민연금관리공단의 거부처분

원고는 국민연금법상 당연 적용사업장인 소외 주식회사 OO석탄산업(이하 "소외 회사"라고 한다)에 1900. O. O. 근로자로 입사하여 2000. O. O. 근로복지공단 OO병원에서 진폐증, 폐기종의 초진 진단을 받아 2000. O. O. 피고에 대하여 장해연금지급청구를 한 사실이 있는데, 이에 대하여 피고는 소외 회사가 2000. O. 이후 갹출료를 납부하지 않아 그 이후의 기간은 국민연금법 제17조 제2항에 따라 가입기간에 산입될 수 없으며 이에 따라 원고는 "장애의 원인이 된 질병의 초진일(2000. 2. 9)현재 가입기간이 1년 미만"인 경우에 해당하게 되어 국민연금법 제67조 제1항 단서의 규정에 따라 원고에게 장해연금수급권이 없다는 이유로 2000. O. O. 원고에 대하여 장해연금지급거부처분(이하 "사건처분"이라 한다)을 하였습니다.

2. 관련 법규정

국민연금법 제67조는 "① 가입 중에 생긴 질병(당해 질병의 초진일이 가입 중에 생긴 질병(당해 질병의 초진일이 가입 중에 있는 경우로서 가입자가 가입 당시 발병 사실을 알지 못한 경우를 포함한다. 이하 이 절 및 제4절에서도 같다)이나 부상으로 완치된 후에도 신체상 또는 정신상의 장애가 있는 자에 대하여는 그 장애가 계속되는 동안 장애 정도에 따라 장해연금을 지급한다. ② 제1항에 따른 질병이나 부상을 입은 자가 초진일부터 1년 6개월이 지나도 완치되지 아니하면 그 1년 6개월이 지난날을 기준으로 장애 정도를 결정한다."라고 규정하고 있으며, 같은 법 제17조 제1항은 "국민연금가입기간은 월 단위로 계산하되, 가입자의 자격을 취득한 날이 속하는 달의 다음 날부터 자격을 상실한 날의 전날이 속하는 날까지로 한다. 다만 가입자가 그 자격을 상실한 날의 전날이 속하는 달에 자격을 다시 취득하면 다시 취득한 달을 중복하여 가입기간에 산입하지 아니한다."고 규정하면서, 제2항에서 "가입기간의 계산할 때 연금보험료를 내지 아니한 기간은 가입기간에 산입하지 아니한다."고 규정하고 있습니다.

3. 처분의 위법성

가. 국민연금법 제67조에서 질병의 경우에만 가입기간 1년 6개월의 요건을 정하고 있는 취지는 "장애를 예측한 자가 연금을 받을 목적으로 가입하는 것을 방지하기 위한 것"일 뿐, 기여가 적은 자를 수급권자에서 배제함으로써 장기가입자와 형평을 유지하기 위한 취지라고는 볼 수 없어 위 법조항의 '가입기간'은 자격취득일로부터 그 자격 상실의 때까지로 보아야 하므로 위 법조 소정의 가입기간계산에는 같은 법 제17조 제2항의 가입기간계산에 관한 규정이 적용될 여지가 없고 따라서 원고는 위 질병의 초진일 현재 가입기간이 1년 이상이 되어 장해연금의 수급권자에 해당한다

할 것입니다.

나. 국민연금법 제67조의 가입기간을 해석함에 있어서 같은 법 제17조 제2항이 적용된다 하더라도 이는 사업장 가입자 외의 기타 가입자들의 경우에만 적용될 뿐, 원고와 같은 사업장 가입자의 경우에까지 국민연금법 제17조 제2항을 적용하여 가입기간을 갹출료를 실제 납부한 기간으로 보아서는 아니되며 사업자의 갹출료 납부에 상관없이 실제 가입기간을 그 가입기간으로 해석하여야 하는 바 그 근거로,

(1) 사업장 가입자의 경우 실제 사업자가 그 갹출료를 분담하고 있고, 근로자는 임금에서 사업자로부터 이를 원천적으로 공제당하기 때문에 근로자로서는 갹출료를 납부하지 않았다고 할 수 없는 바, 사용자가 원천징수한 갹출료를 미납한 경우 그로 인한 불이익을 근로자가 입는 것은 자기책임의 원칙에 반하고, 정상적으로 갹출료가 납부되어 있는 다른 사업장의 가입 근로자와 비교하여 볼 때 헌법상 평등의 원칙에 부합하지 아니하며, 국민연금법 제12조 제3항 제5호, 제13조 제3항 제4호에 의하면 사업장가입자 외의 기타 가입자들의 경우에는 갹출료의 체납을 그 자격상실의 사유로 삼고 있는데 반하여 사업장 가입자의 경우에는 그러한 규정을 두고 있지 아니하는 점 등을 볼 때 기타 가입자와는 달리 보아야 하며,

(2) 국민연금기금의 확보와 관련하여 이는 피고의 집행책임으로서 피고가 이를 해태하여 징수하지 못한 책임을 근로자에게 부담시켜서는 아니되며,

(3) 같은 사회보험의 성격을 가지는 공무원연금법, 산업재해보상보험법 등에서 는 갹출료가 미납된 경우 그 체납기간을 가입기간에서 공제하여 근로자에게 불이익을 전가시키는 규정이 없습니다.

다. 따라서 원고는 소외 회사에서 근무할 당시 계속하여 갹출료를 원천공제당함으로써 그 의무를 다하였고, 이는 법 제17조 제2항의 가입기간의 계산에 있어서도 산입되어야 할 것이므로 원고는 위 질병의 초진일 현재 가입

기간이 1년 6개월 이상에 해당되어 장해연금의 수급권자에 해당된다 할 것입니다.

4. 결 론

따라서 피고가 2000. O. O. 원고에게 행한 장해연금지급거부처분은 위법 부당한 처분으로서 취소되어야 할 것이므로, 원고는 위 처분의 취소를 구하고자 본소 청구에 이르게 되었습니다.

입 증 방 법

1. 갑 제1호증　　　　　　　장해연금지급청구취소처분결정서
1. 갑 제2호증　　　　　　재결서
　　그 밖의 입증서류는 변론시 수시 제출하겠습니다.

첨 부 서 류

1. 위 입증서류 사본　　　　1통
1. 주민등록초본　　　　　　1통
1. 소장부본　　　　　　　　1통

2000.　O.　O.

위 원고 O O O　(인)

O O 행 정 법 원　귀중

9. 변상금부과처분취소청구

가. 변상금의 개념

국유재산법 제2조 제9호는 ""변상금"이란 사용허가나 대부계약 없이 국유재산을 사용·수익하거나 점유한 자(사용허가나 대부계약 기간이 끝난 후 다시 사용허가나 대부계약 없이 국유재산을 계속 사용·수익하거나 점유한 자를 포함한다. 이하 "무단점유자"라 한다)에게 부과하는 금액을 말한다."라고 규정하고 있고, 동법 제72조 제1항은 변상금을 징수하지 않는 경우로 "1. 등기사항증명서나 그 밖의 공부(公簿)상의 명의인을 정당한 소유자로 믿고 적절한 대가를 지급하고 권리를 취득한 자(취득자의 상속인이나 승계인을 포함한다)의 재산이 취득 후에 국유재산으로 판명되어 국가에 귀속된 경우 2. 국가나 지방자치단체가 재해대책 등 불가피한 사유로 일정 기간 국유재산을 점유하게 하거나 사용·수익하게 한 경우" 2가지만 규정하고 있다.

나. 변상금징수의 성격

기획재정부는 국유재산의 무단점유 등에 대한 변상금 징수의 요건은 「국유재산법」 제72조제1항에 명백히 규정되어 있으므로 변상금 징수여부는 중앙관서의 장 등의 재량을 허용하지 않는 기속행위이고(대법원 1989. 11. 24. 선고 89누787 판결), 따라서 중앙관서의 장 등은 무단점유자에게 「국유재산법」 제72조에 따라 변상금을 징수하여야 하며, 변상금은 개별 법률에 별도의 규정이 있지 아니하면 같은 법 제72조 제1항 각호에 해당하는 경우에만 면제할 수 있다고 해석하고 있다(국민신문고 답변 기획재정부 2014. 06. 18).

그런데 도로법에는 별도의 규정이 존재한다. 즉, 구 도로법 제94조 단서는 "다만, 허가면적을 초과하는 도로점용이 측량기관 등의 오류 등으로 도로점용자의 고의·과실이 없는 경우에는 변상금을 징수하지 아니하고 도로점용료 상당액을 징수한다.[전문개정 2010.3.22.]"고 규정하고 있었고, 현 도로법 제72조 제2항 전단은 "제1항에도 불구하고 초과점용등이 측량기관 등의 오류로 인한 것이거나 그 밖에 도로 점용자의 고의·과실로 인한 것이 아닌 경우에는 변상금을 징수하지 아니한다. [시행 2014.7.15.] [법률 제12248호, 2014.1.14., 전부개정]"고 규정하고 있는 것이다.

또한 도로법 제71조는 변상금을 부과 받은 경우에는 도로관리청에 60일 이내에 이의신청을 할 수 있고, 이의신청이 받아들여지지 않는 경우에는 행정심판을 청구할 수 있다고 규정하고 있다.

최근 대법원 전원합의체 판결은 국유재산의 무단점유자에 대하여 구 국유재산법 제51조 제1항, 제4항, 제5항에 의한 변상금 부과·징수권의 행사와 별도로 민사상 부당이득반환청구의 소를 제기할 수 있고, 잡종재산의 무단점유자가 반환하여야 할 부당이득의 범위는 구 국유재산법 제38조 제1항, 제25조 제1항에서 정한 방법에 따라 산출되는 대부료라고 판시한바 있다(대법원 2014. 7. 16. 선고 2011다76402).

다. 불복방법

따라서 변상금 폭탄을 맞은 자는 국유재산법상의 징수 예외 요건에 맞는지를 살피고, 특히 도로인 경우에는 도로법의 예외규정 즉, '초과점용등이 측량기관 등의 오류로 인한 것이거나 그 밖에 도로 점용자의 고의·과실로 인한 것이 아닌 경우'에 해당한다는 점을 내세워 이의신청을 하거나 즉시 행정심판 또는 행정소송 제기를 하여 구제를 받을 수 있다.

라. 청구취지 기재례

피고가 20○○. ○. ○. 원고에 대하여 한 변상금부과처분을 취소한다.

마. 서식례

[서식] 소장 - 변상금부과처분 취소청구의소

소   장

원   고   ○○주식회사

　　　　○○시 ○○구 ○○길 ○○ (우편번호 ○○○-○○○)

　　　　대표이사 ○ ○ ○

피 고   △ △ 시장

　　　　○○시 ○○구 ○○길 ○○ (우편번호 ○○○-○○○)

변상금부과처분 취소청구의소

청 구 취 지

1. 피고가 20○○. ○. ○. 원고에 대하여 한 변상금부과처분을 취소한다.
2. 소송비용은 피고의 부담으로 한다.

라는 판결을 구합니다.

청 구 원 인

1. 원고는 종래 폐천부지였던 이 사건 토지에 대하여 19○○년 이후부터 피고의 점용허가를 얻어 원고 회사의 공장요지의 일부로 점유해 오면서 공유수면 관리 및 매립에 관한 법률에 따른 점용료를 피고에게 납부했습니다. 19○○. ○. ○. 까지 3회에 걸쳐 계속 점용허가를 연장해 오던 중 19○○. ○. ○.에 이르러 피고가 이 사건 토지가 용도폐지 대상토지라는 이유로 점용허가의 연장을 거절하였는바 이에 원고는 그 허가를 받지 못한 상태에서 19○○. ○. ○.부터 20○○. ○. ○.까지 계속 점유 사용하여 왔습니다.

2. 이에 대하여 피고는 국유재산법 제72조 제1항 본문의 규정을 적용하여 20○○. ○. ○. 원고에 대하여 변상금 3,790,000원의 부과처분을 하였습니다. 그러나 국유재산법 제72조 제1항은 이 법 또는 다른 법률에 의하여 국유재산의 대부 또는 사용·수익허가 등을 받지 아니하고 국유재산을 점유하거나 이를 사용·수익한 자에 대하여는 대통령령이 정하는 바에 의하여 당해 재산에 대한 대부료

또는 사용료의 100분의 120에 상당하는 변상금을 징수한다고 규정하고 있는바, 이는 국유재산에 대한 점유나 사용·수익의 개시 그 자체가 법률상 아무런 권원 없이 이루어진 경우에는 정상적인 대부료 또는 사용료를 징수할 수 없으므로 그 대부료나 사용료 대신에 변상금을 징수한다는 취지인바 이 사건에 있어서와 같이 당초에는 국가로부터 대부받거나 유상사용허가를 받아 점유 사용하였으나 그 계약기간이 만료된 후 새로운 계약을 체결함이 없이 이를 계속 사용한 경우에는 그 적용이 없다 할 것입니다.

따라서 피고의 변상금부과처분은 위법하여 취소되어야 할 것입니다.

입 증 방 법

1. 갑 제1호증   점용허가서
1. 갑 제2호증   변상금부과처분통지서

첨 부 서 류

1. 위 입증방법   각 1통
1. 소장부본   1통
1. 납부서   1통

20○○.   ○.   ○.

원 고 ○ ○ ○ (인)

○ ○ 행 정 법 원 귀중

10. 유족급여거부처분취소청구

가. 청구취지 기재례

피고가 2000. O. O. 원고에 대하여 한 유족급여부지급처분을 취소한다.

나. 서식례

[서식] 소장 - 유족급여부지급처분취소 청구의 소

소　　　장

원　고　　　O　O　O (000000-0000000)　　　(전화 :　　　)

　　　　　　OO시 OO구 OO로 OO　　　　　　(우 :　　　)

피　고　　　근로복지공단 (000000-0000000)

　　　　　　OO시 OO구 OO로 OO　　　　　　(우 :　　　)

　　　　　　대표자 이사장 OOO

유족급여부지급처분취소 청구의 소

청　구　취　지

1. 피고가 2000. O. O. 원고에 대하여 한 유족급여부지급처분을 취소한다.
2. 소송비용은 피고의 부담으로 한다.

라는 판결을 구합니다.

청 구 원 인

1. 사건개요

가. 원고는 소외 망 ○○○의 처이고, 소외 망 ○○○은 1900. ○. ○○주식회사
에 입사하여 위 회사의 ○○지사에 발령을 받아 근무를 시작하였고, 입사
당시에는 건강에 별다른 이상이 없었으나 근무도중 비(B)형 간염보균자
로 판명되었고 그로부터 7년 후 만성간염의 진단을 받았으나 업무성격상
잦은 출장과 과중한 업무로 적절한 치료를 받지 못한 상태에서 간경화로
발전, 2000. ○. ○. ○○대학교병원 한방병원에서 조제해준 한약치료제
를 복용하였으나, 건강상태가 더욱 악화되어 ○○병원 및 ○○대학교 병원
에서 3달 가까이 입원치료를 받다가 완치되지 아니한 상태로 퇴원하여
집에서 요양하던 중 복수가 차고 소변이 나오지 아니하여 2000. ○. ○.
○○대학교 의료원 응급실로 실려 갔으나 비형간염을 선행사인으로 하는
급성신부전으로 사망하였습니다.

나. 원고는 피고에 대하여 유족급여 등을 청구하였으나 피고는 망인의 선행사
인인 비형간염의 발생원인이 업무와 직접 연관이 없고, 망인의 치료경과
및 내용에 비추어 볼 때 자연발생적인 악화에 의한 사망으로써 과로와는
관련이 없다는 판단을 근거로 원고의 유족급여 등 청구에 대해 유족급여
부지급처분을 내렸습니다.

2. 불복사유

가. 위 망인은 입사시에는 건강에 이상이 없었으나, 회사의 열악한 근무여건
과 매일 14시간 이상의 과중한 업무에 시달리며 만성간염이라는 진단을
받을 때까지도 병원에서 적절한 치료를 받을 형편이 되지 못하여 약국에
서 약을 사먹는 정도의 치료를 할 수밖에 없었고, 건강이 악화되어 갈수록
회사상황도 어려워져 구조조정으로 인한 인력감축 및 명예퇴직 등이 진행

되었고, 한 가정의 가장인 망인으로서는 치료는커녕 회사에서 살아남아야 된다는 심적 부담감에 벗어나지 못하다 결국 사망에 이르게 되었으므로 이는 업무상재해가 명백하다고 할 것입니다.

나. 또한 위 망인의 주치의 소견서에도 과도한 업무와 이로 인한 정신적 부담이 환자의 치료와 건강회복에 장애요인으로 작용하고 위 망인의 질환이 급속하게 진행될 수도 있다는 소견이므로 망인의 상병악화로 인한 사망과 업무와의 상당인과관계가 명백하다고 할 것입니다.

3. 결 어

따라서, 피고측 주장대로 질병의 주된 발생원인인 업무와 직접 연관이 없었다고 하더라도, 이 사건 피해자인 소외 망 ○○○은 직무상의 과로 등이 질병의 주된 발생원인과 겹쳐서 질병을 유발시켰고, 직무의 과중으로 인하여 자연적인 진행속도 이상으로 급격히 악화되어 사망하였으므로 업무와 사망과의 상당인과관계가 명백히 입증된다 할 것이고 이에 원고는 피고의 위법한 처분의 취소를 구하고자 본소 청구에 이르렀습니다.

※ 원고의 전치절차

1. 불승인결정 통보일   2000. ○. ○.
2. 심사청구일   2000. ○. ○.
3. 심사결정서 수령일   2000. ○. ○.
4. 재심사청구일   2000. ○. ○.
5. 제결서 수령일   2000. ○. ○.

입 증 방 법

1. 갑 제1호증   가족관계증명서

1. 갑 제2호증의 1   주민등록등본

1. 갑 제2호증의 2   주민등록말소자등본

1. 갑 제3호증   부지급통보서

1. 갑 제4호증의 1   심사결정서 송부

1. 갑 제4호증의 2   심사결정서

1. 갑 제5호증   소견서

 그 밖의 입증서류는 변론시 수시 제출하겠습니다.

첨 부 서 류

1. 위 입증서류 사본   각 1통

1. 주민등록초본   1통

1. 법인등기부초본   1통

1. 소장부본   1통

2000. 0. 0.

위 원고 0 0 0 (인)

0 0 행 정 법 원 귀중

11. 철거대집행계고처분취소청구

가. 청구취지 기재례

피고가 2000. O. O.자로 원고에 대하여 원고 소유인 OO시 OO구 OO로 OO 소재 부속건물 OO조 단층 점포 1동 OOOm²가 불법건물이라며 한 건물철거대집행계고처분은 이를 취소한다.

나. 서식례

[서식] 소장 – 철거대집행계고처분취소 청구의 소

소 장

원 고　　　O　　O　　O (000000-0000000)　　(전화 :　　)
　　　　　OO시 OO구 OO로 OO　　　　　　　(우 :　　)

피 고　　　OO시장
　　　　　OO시 OO구 OO로 OO　　　　　　　(우 :　　)

건물철거대집행계고처분취소 청구의 소

청 구 취 지

1. 피고가 2000. O. O.자로 원고에 대하여 원고 소유인 OO시 OO구 OO로 OO 소재 부속건물 OO조 단층 점포 1동 OOOm²가 불법건물이라며 건물철거대집행계고처분은 이를 취소한다.

2. 소송비용은 피고부담으로 한다.

라는 판결을 구합니다.

청 구 원 인

1. 피고는 2000. O. O. 원고 소유인 OO시 OO구 OO로 OO번지 부속건물 OO조 단층 점포 1동 OOO㎡가 불법 건축한 건물이라고 하여 건축법 및 행정 대집행법의 관련규정에 의하여 2000. O. O.까지 철거하라고 건물철거대집 행계고처분을 하였습니다.

2. 그러나 위 건물이 건축법에 위반하여 건축한 건물이라 하더라도, 그 철거의무 를 대집행하기 위한 계고처분을 하려면 다른 방법으로는 그 이행의 확보가 어렵고, 그 불이행을 방치함이 심히 공익을 해하는 경우이어야 하는 것이 타당 하며 이 사건과 같이 허가 없이 건축물을 축조한 사실을 행정관청이 묵인 내지 용인한 경우 및 이건 건축물의 면적과 그 사용용도, 위치, 규모 등을 감안할 때 철거를 함으로써 얻는 공익의 보호가치와 계고처분의 취소로 인한 공익의 보호가치 중 후자가 크고 원고에게 중대한 손해를 가져올 우려가 있어 이 건 소송에 이른 것입니다.

입 증 방 법

1. 갑 제1호증   계고서
1. 갑 제2호증   사실확인서

첨 부 서 류

1. 위 입증서류 사본   각 1통

1. 주민등록초본   1통

1. 접수증 사본   1통

1. 영수증(취득세)사본   1통

1. 소장부본   1통

2000. O. O.

위 원고 O O O (인)

○○행정법원 귀중

12. 의원면직처분취소청구

가. 청구취지 기재례

피고가 20○○. ○. ○. 원고에게 한 의원면직처분은 이를 취소한다.

나. 서식례

[서식] 소장 – 의원면직취소청구

소   장

원   고   ○   ○   ○(주민등록번호)
               ○○시 ○○구 ○○길 ○○ (우편번호 ○○○-○○○)

피   고   △ △ 시장
               ○○시 ○○구 ○○길 ○○ (우편번호 ○○○-○○○)

의원면직처분 취소청구의 소

청 구 취 지

1. 피고가 20○○. ○. ○. 원고에게 한 의원면직처분은 이를 취소한다.
2. 소송비용은 피고의 부담으로 한다.
라는 판결을 구합니다.

청 구 원 인

1. 원고는 피고가 실시한 20○○년도 공무원 9급 공채로 합격하여 피고 소속의 재무과에 근무한 공무원입니다.

2. 그런데 피고는 갑자기 20○○. ○. 경부터 원고에게 금전상의 오차가 있다고 사직을 권고한 바 있습니다.

3. 그러나 원고는 그러한 사실이 없기에 사직을 하지 않고 있었으나 피고는 사직서에 강제로 날인케 하고 사직처리 하였습니다.

4. 이에 원고는 위 처분을 취소하고자 이 건 청구에 이른 것입니다.

입 증 방 법

    1. 갑 제1호증   사직서 사본

첨 부 서 류

    1. 위 입증방법   1부
    1. 소장부본   1부
    1. 납 부 서   1부

20○○. ○. ○.
위 원 고 ○ ○ ○ (인)

○ ○ 행 정 법 원 귀중

13. 기타 서식

가. 효력정지가처분

(1) 청구취지 기재례

피신청인이 20○○. ○. ○. 신청인에 대하여 한 자동차운전면허취소처분은 귀원 ○○구 ○○○○○호 자동차운전면허취소처분 취소청구사건의 판결선고시까지 그 효력을 정지한다.

피신청인이 2015. ○. ○○.자로 신청인에 대하여 한 사회복무요원소집처분의 효력은 신청인, 피신청인 사이의 귀원 20○○ 구합 ○○○호 징병신체검사 신체등위4급 판정처분 취소사건의 본안판결 확정시까지 이를 정지한다.

(2) 서식례

[서식] 행정처분 효력정지가처분

행정처분효력정지신청

신 청 인　　○○○(주민등록번호)
　　　　　　　○○시 ○○구 ○○길 ○○(우편번호 ○○○○○)

피신청인　　서울특별시 지방경찰청장
　　　　　　　○○시 ○○구 ○○길 ○○(우편번호 ○○○○○)

신 청 취 지

「피신청인이 20○○. ○. ○. 신청인에 대하여 한 자동차운전면허취소처분은 귀원 ○○구 ○○○○○호 자동차운전면허취소처분 취소청구사건의 판결선고시까지 그 효력을 정지한다.」

라는 결정을 구합니다.

신 청 원 인

1. 피신청인의 처분내용

신청인은 20○○. ○. ○. ○○:○○경 그 소유의 서울○추 ○○○○호 △△△ 승용차를 운전하여 서울 ○○구 ○○길 소재 무역센터 앞에서 신청인의 거주지인 서울 ○○구 ○○길 ○○아파트 ○○○동 ○○○호로 주행하여 가다가 서울 ○○구 ○○길 ◎◎◎주유소 앞 노상에서 음주단속을 하고 있던 경찰관으로부터 음주측정요구를 받게되어 순순히 응하게 되었는데, 그 결과 신청인의 혈중알코올농도 0.11퍼센트로 밝혀지게 되었습니다. 이에 피신청인은 같은 날 원고가 위와 같이 혈중알코올농도 0.11퍼센트의 주취상태로 운전하였다는 이유로 신청인의 2종보통자동차운전면허(면허번호:서울○○-○○-○○○○○○-○)를 취소하는 처분을 하였습니다.

2. 피신청인의 음주 경위

가. 신청인은 19○○. ○. ○○. 제2종 보통운전면허를 취득한 후 자신 소유의 서울 ○추 ○○○호 △△△ 승용차를 손수 운전하며 ○○시 농산물가공 제조업체를 운영하는 중소기업인입니다.

나. 신청인은 이 사건 발생당시인 20○○. ○. ○. ○○:○○경 서울 ○○구 ○○길 상호불상의 식당에서 자신이 경영하는 회사의 직원 3명과 함께 점심을 같이 하면서 소주를 반주로 먹게 되었는데 신청인이 운영하는 위 회사일로 고민을 함께 하다가 소주 4병을 마시게 되었습니다.

다. 위와 같이 술을 마신 후 신청인은 술도 많이 취하여 회사에 들어간 후 휴식을 취하였으나 술이 깨지 않아 사무실 근처 사우나에 들어가 잠을 잔후 근처 식당에서 저녁을 먹고 차량을 운전하여 오다가 위 음주단속 지점에서 단속 경찰관에게 적발되어 음주측정결과 혈중알콜농도 0.11%로 결국 본건 운전면허 취소처분을 받게 되었습니다.

라. 신청인이 경영하는 회사는 벤처기업으로서 현재 러시아로부터 생산기술을 도입하여 제주도에 제조공장을 건립 중에 있습니다. 신청인은 위 회사의 대표이사로서 운전기사를 두지 않고 자신이 직접 차량을 운전하면서 바이어와 상담을 하는 등 운전면허는 신청인이 회사 일을 보는 데 필수적이라 하지 않을 수가 없습니다. 그리고 신청인은 위 회사를 운영하면서 기술도입이라든지 공장부지확보 등을 위하여 많은 자금이 소요되어 자신이 살고 있는 집이 은행에 저당이 들어가 있을 뿐만 아니라 위 회사자체도 많은 부채를 지고 있어 신청인의 입장에서 조금이라도 비용을 절감하기 위하여 운전기사를 두지 않고 자신이 직접 이 차량을 운전하여 왔습니다.

마. 위와 같이 운전면허가 필수적인 신청인이 음주운전을 한 것은, 무어라 변명할 여지가 없지만 신청인이 음주운전을 하게 된 경우는 제주도 공장 건립을 직접 지휘하다가 오랜만에 서울 사무실에 올라와 직원들의 사기도 올려 줄 겸해서 함께 점심을 하면서 반주를 한 것이며, 신청인은 술을 마신후 술에서 깨어나기 위하여 인근 사우나에 들렀다가 이 정도면 괜찮겠지 하는 마음에서 차량을 운전하여 가다가 적발된 것입니다.

바. 신청인은 이 사건 적발당시까지 약14년간 운전을 하였으나 단순사고 한번 없이 안전운전을 하였던 자입니다. 또한 음주측정지수도 0.11%로 결코 술에 취한 상태였다 할 수 없는 것입니다.

3. 신청인은 이 사건 처분의 취소를 구하는 행정심판을 재결청에 제기하였고, 또한 그 처분의 취소를 구하는 행정소송을 귀원에 제기하였으나, 미리 이 사건처분의 효력정지를 받지 아니하면 직무수행에 중대한 차질을 빚게됨은 물론 회복하기

어려운 손해가 발생할 우려가 있으므로 신청인은 신청취지와 같은 결정을 구하고자 이 신청에 이르게 되었습니다.

첨 부 서 류

1. 자동차운전면허취소통보서   1통
1. 사업자등록증   1통
1. 자동차등록증   1통
1. 주민등록등본   1통
1. 소장접수증명원   1통

20○○.　○.　○.
위 신청인　○○○　(서명 또는 날인)

○○행정법원 귀중

[서식] 사회복무요원소집처분효력정지가처분

사회복무요원소집처분 효력정지신청

신 청 인   ㅇㅇㅇ (주민등록번호)

　　　　　ㅇㅇ시 ㅇㅇ구 ㅇㅇ길 ㅇㅇ(우편번호)

　　　　　전화 · 휴대폰번호:

　　　　　팩스번호, 전자우편(e-mail)주소:

피신청인   ㅇㅇㅇ지방병무청장

　　　　　ㅇㅇ시 ㅇㅇ구 ㅇㅇ길 ㅇㅇ(우편번호)

관련 본안사건 : ㅇㅇ지방법원 20ㅇㅇ구합ㅇㅇㅇ호 징병신체검사신체등위4급 판정처분취소

신 청 취 지

피신청인이 2015. ㅇ. ㅇㅇ.자로 신청인에 대하여 한 사회복무요원소집처분의 효력은 신청인, 피신청인 사이의 귀원 20ㅇㅇ 구합 ㅇㅇㅇ호 징병신체검사 신체등위4급 판정처분 취소사건의 본안판결 확정시까지 이를 정지한다.

라는 결정을 구합니다.

신 청 이 유

1. 이 사건 처분의 경위

가. 신청인은 2005. 5.경 이후 장기간 조울병과 우울병 등 정신과적 진료를 받아오면서 전문의로부터 자살과 자해충동으로 일상적인 활동을 하기 힘든 상태임을 기술한 병사용진단서를 제출하였으나, 피신청인은 2013. 5. 15.자로 신청인에 대하여 제2형 양극성 장애병명으로 징병신체검사 결과 통보서상 신체등위를 4급으로 판정하고, 같은 날짜로 '공익근무요원소집대상 병역처분'을 하였습니다.

나. 신청인은 이에 불복하여 2013. 7. 29. 행정심판을 청구하였으나, 2014. 2. 25.자로 신청인의 청구를 기각하는 중앙행정심판위원회의 재결서를 2014. 2. 28.자로 송달받았고, 이에 신청인이 불복하여 귀원 2014구합1934호로 위 '공익근무요원소집대상 병역처분'의 취소를 구하는 행정소송을 제기하여 현재 귀원에 소송이 계속 중에 있습니다.

다. 그런데, 피신청인은 위 '공익근무요원소집대상 병역처분'에 근거하여 신청인에 대하여 2015. 3. 23.자로 2015. 5. 26. 09:00부로 대전지방법원 천안지원 아산시법원에서 복무를 명하는 내용의 '사회복무요원 소집 처분'(이하 '이 사건 사회복무요원 소집 처분'이라 합니다.)을 하였습니다.

2. 이 사건 '공익근무요원소집대상 병역처분'의 위법 및 부당성

가. 그러나, 피신청인의 신청인에 대한 2013. 5. 15.자 '공익근무요원소집대상 병역처분'은 다음과 같은 사유로 위법, 부당하다 할 것입니다.

나. 병역법 제12조(신체등위의 판정) 제1항은 신체검사를 한 징병검사전담의사 등은 신체 및 심리상태가 건강하여 현역 또는 보충역 복무를 할 수 있는 사람은 신체 및 심리상태의 정도에 따라 1급·2급·3급 또는 4급을 판정하고(제1호), 현역 또는 보충역 복무를 할 수 없으나 제2국민역 복무를 할 수 있는 사람은 5급(제2호)으로 판정하도록 규정하고 있습니다.

또한, 위 법 및 동법 시행령의 위임을 받아 구체적인 신체검사 등급 판정기준을 규정하고 있는 징병 신체검사 등 검사규칙의 [별표 2] "질병·심신장애의 정도 및 평가기준"에서는 "제2형 양극성장애(97-나항)"의 경우 '경도(과거력이 있거나 현증인 경우)'는 "4급", '중등도(6개월 이상의 정신건강의학과적 치료 경력이 있거나 1개월 이상의 정신건강의학과적 입원력이 확인된 사람 가운데 진단을 내리기에 충분한 여러 가지 증상이 있거나 몇 가지의 심각한 증상이 있어서 군복무에 상당한 지장이 초래된다고 판단되는 경우)'는 "5급"을 판정하도록 되어 있습니다.

다. 그런데, 신청인이 피신청인에게 신체검사 당시 제출한 진단서 및 진료기록 등을 보건대, 신청인은 약 9년 동안(2005. 5. 25.부터 신청일까지) 정신과 치료를 받았고, 2차례에 걸친 정신병동 입원(2008. 9. 30.부터 10. 30., 2012. 10. 2.부터 11. 17.)을 한 사실이 인정되는 바, 위 [별표2] "질병·심신장애의 정도 및 평가기준"에 의하면, 97-나-3항의 "중등도(6개월 이상의 정신건강의학과적 치료 경력이 있거나 1개월 이상의 정신건강의학과적 입원력이 확인된 사람 가운데 진단을 내리기에 충분한 여러 가지 증상이 있거나 몇 가지의 심각한 증상이 있어서 군복무에 상당한 지장이 초래된다고 판단되는 경우) : 5급"에 해당한다고 할 것입니다.

라. 그럼에도 피신청인은 신청인의 정신과적 질병상태를 면밀하게 검토하지 아니하고, 신청인에 대하여 위 "질병·심신장애의 정도 및 평가기준" 97-나-2항의 "경도(과거력이 있거나 현증인 경우"인 4급으로 판정하고, '공익근무요원소집대상 병역처분'을 하였는바, 이는 신청인이 현재 겪고 있는 정신과적 질환을 제대로 판정하지 못한 오해에서 비롯된 위법, 부당한 처분이라 할 것입니다.

3. 이 사건 '사회복무요원 소집 처분'의 집행정지의 필요성

가. 위에서 보듯이, 신청인이 피신청인에 대하여 신체등위 4급으로 판정하고, '공익근무요원소집대상 병역처분'을 한 것은 위법, 부당하여 마땅히 취소되어야 할 것입니다.

나. 한편, 피신청인은 위 '공익근무요원소집대상 병역처분'을 근거로 피신청인에 대하여 2015. 5. 26.까지 소집을 명하는 이 사건 '사회복무요원 소집 처분'을 내렸는바, 만일 피신청인의 신청인에 대한 이 사건 '사회복무요원 소집 처분'의 효력이 그대로 유지된다면, 후일 신청인이 귀원 2014 구합 1934호 징병신체검사 신체등위 4급 판정처분 취소 소송의 본안판결에서 승소하더라도 신청인이 막대한 피해를 입을 것이 명백하다 할 것입니다.

다. 그러므로, 신청인은 위 행정사건의 본안판결 확정시까지 신청인이 입을 피해를 미연에 방지하자 부득이 이건 신청에 이르게 되었습니다.

4. 결 론

따라서, 피신청인의 신청인에 대한 2013. 5. 15.자 '공익근무요원소집대상 병역처분'은 위법, 부당한 처분으로 마땅히 취소되어야 할 것인바, 만일 위 처분에 기한 피신청인의 이사건 사회복무요원 소집 처분이 계속하여 효력을 유지한다면 신청인은 본안소송에서 승소를 하더라도 피할 수 없는 막대한 손해를 입게 되므로, 부득이 귀원 2014 구합 1934호 사건의 판결이 확정될 때까지 처분의 효력을 정지시키고자 이건 신청에 이르게 되었습니다.

소 명 방 법

1. 소갑제1호증   징병신체검사결과 통보서(서울병무청)

1. 소갑제2호증   중앙행정심판위원회 재결서
1. 소갑제3호증   병사용진단서
1. 소갑제4호증의 1내지 3   의무기록사본발행 증명서
1. 소갑제5호증   사회복무요원 소집통지서

첨 부 서 류

1. 위 소명방법   각 1통
1. 접수증명원   1통
1. 납부서   1통
1. 소송대리위임장   1통

20○○.   ○.   ○.

위 신청인   ○○○   (서명 또는 날인)

○○지방법원   귀중

나. 자동차정비사업허가취소처분취소청구

(1) 청구취지 기재례

피고가 20○○. ○. ○. 원고에 대하여 한 자동차정비사업허가취소처분을 취소한다.

(2) 서식례

[서식] 소장 – 자동차정비사업허가취소처분취소청구의 소

소   장

원   고   ○○○(주민등록번호)

○○시 ○○구 ○○길 ○○ (우편번호 ○○○○○)

피   고   △△시장

○○시 ○○구 ○○길 ○○ (우편번호 ○○○○○)

자동차정비사업허가취소처분 취소청구의 소

청 구 취 지

1. 피고가 20○○. ○. ○. 원고에 대하여 한 자동차정비사업허가취소처분을
   취소한다.
2. 소송비용은 피고의 부담으로 한다.
라는 재판을 구합니다.

청 구 원 인

1. 원고는 20○○. ○. ○. 자동차정비사업허가를 득하였으나 20○○. ○. ○.
   피고는 원고에 대한 영업허가는 인근 주민의 생활에 많은 불편을 줄 가능성이
   있다는 이유로 위 면허를 취소하였습니다.
2. 그러나 원고가 운영하려는 정비소는 인근 주택가와는 다소 떨어진 외딴 지점
   에 자리잡을 예정이므로 인근 주민의 생활에 아무런 불편을 주지 않을 것입니
   다.
3. 따라서 피고의 원고에 대한 사업허가 취소처분은 합리적인 근거 없이 재량권
   을 일탈한 위법한 행위로서 취소되어야 한다고 사료되어 본 청구에 이릅니다.

첨 부 서 류

    1. 소장 부본   1통
    1. 납부서   1통

20○○년 ○월 ○일

원 고 ○ ○ ○   (인)

○ ○ 행 정 법 원   귀중

다. 약국개설등록신청거부처분취소청구

(1) 청구취지 기재례

피고가 20○○. ○. ○. 원고에 대하여 한 약국개설 등록 거부처분을 취소한다.

(2) 서식례

[서식] 소장 – 약국개설등록신청거부처분 취소청구의 소

소　　장

원　　고　　○○○(주민등록번호)

　　　　　　○○시 ○○구 ○○길 ○○(우편번호 ○○○-○○○)

　　　　　　전화 · 휴대폰번호:

　　　　　　팩스번호, 전자우편(e-mail)주소:

피　　고　　서울특별시 ◇◇◇보건소장

　　　　　　○○시 ○○구 ○○길 ○○(우편번호 ○○○-○○○)

　　　　　　소송수행자 □□□

약국개설등록신청거부처분 취소청구의 소

청 구 취 지

1. 피고가 20○○. ○. ○. 원고에 대하여 한 약국개설 등록 거부처분을 취소한다.

2. 소송비용은 피고의 부담으로 한다.

라는 판결을 구합니다.

청 구 원 인

1. 처분의 경위

가. 약사인 원고는 서울 ○○구 ○○길 ○○○의 ○ 소재 건물 (이하 이 사건 건물이라고 한다) 지하 1층에 약국을 개설하기 위해 20○○. ○. ○. 피고에게 약국개설등록신청을 하였습니다.

나. 피고는 ① 원고가 약국을 개설하고자 신청한 장소(이하 이 사건 장소라고 한다)가 의료기관의 시설 안 또는 구내에 해당하는 점(이하 ①의 사유라고 한다), ② 이 사건 장소에는 식품위생법상 일반 음식점으로 신고된 업소인 "◎◎"레스토랑이 폐업신고 되지 않고 그대로 존속하고 있는 점(이하 ②의 사유라고 한다)을 들어 20○○. ○. ○. 원고에 대해 약국개설 등록을 거부하는 이 사건 처분을 하였다.

2. 처분의 위법성

가. 이 사건 건물은 지하1층, 지상 4층의 건물로 건축물대장상 주 용도가 근린생활시설로 되어 있는바, 1층에는 소아과 의원이, 2층에는 이비인후과 의원이, 그리고 3층에는 치과의원이 각각 들어서 있고, 4층은 이 사건 건물의 건축시부터 주거용으로 사용되어 오다가 현재는 일반사무실 등과 같은 다른 용도로 사용하기 위해 잠시 비어 있는 상태입니다.

나. 이 사건 건물은 ○○ 4거리에서 △△대학교로 향하는 대로변에 위치해 있고, 양쪽 건물과 뒤쪽 건물과의 경계를 명백히 하기 위해 낮은 담이 설치되어 있을 뿐, 이 사건 건물 정면에는 담을 비롯한 아무런 장애물이 없어, 그 앞을 지나가는 사람들이 비교적 자유로이 이 사건 건물에 드나들 수 있습니다.

다. 이 사건 건물과 위 대로 사이에는 이 사건 건물 부지에 속한 주차장이 있는
   바, 이 주차장은 특별히 관리되어 있지 않아 이 사건 건물을 이용하는 사람
   들뿐만 아니라 외부인들도 사용할 수 있습니다.

라. 이 사건 건물의 지하층과 지상층을 바로 연결하는 계단이나 통로는 없고,
   다만 주차장에서 이 사건 건물의 출입문으로 향하는 길의 왼쪽(이 사건 건물
   출입문의 바로 옆임)에 지하로 내려가는 계단이 있을 뿐입니다.

마. 이 사건 건물에 위치한 의원들의 경우 이 사건 건물의 소유주로부터 각자
   사용하는 층 부분만을 임차하여 개설된 것이고, 그밖에 달리 의원전용 공간
   으로 소유주로부터 임차한 부분은 없습니다.

바. 약사법에는 "의료기관"에 대해 별다른 정의 규정이 없고, 다만 의료법 제3조
   가 이를 정의하고 있는바, 이에 의하면, "의료기관"이라 함은 의료인이 공중
   또는 특정 다수인을 위한 의료, 조산의 업을 행하는 곳을 말한다고 하고(제1
   항) "의료기관"의 종류로 의원급 의료기관, 조산원, 병원급 의료기관으로
   규정하고 있습니다.(제2항),

사. 약국개설 등록을 거부하도록 규정한 약사법 제20조 제5항 제2호 소정의
   "약국을 개설하고자 하는 장소가 의료기관의 시설 안 또는 구내인 경우"에
   해당하는지의 여부에 대한 판단을 함에 있어서는 약사법상의 약국개설 등록
   이 기속행위인 점 및 헌법상 보장된 영업의 자유 등을 고려하여 엄격히 하여
   야 할 것인바, 약사법 고유의 "의료기관"이라는 개념이 따로 없는 이상 위에
   서 본 의료법 소정의 "의료기관"의 개념 규정에 따라 위 조항에의 해당 여부
   를 판단하여야 할 것입니다.

아. 그런데 이 사건에서는 위에서 본 바와 같이 이 사건 건물을 그 전체가 종합병원으로 운영되는 것이 아니고, 각 층별로 의원들이 독자적으로 설립되어 있는 것에 불과하며, 특히 4층은 의료기관과는 전혀 무관한 다른 용도로 사용되어 왔고 앞으로도 그러할 예정인 데다가, 1층 내지 3층에 각각 위치한 의원들과 지하에 위치한 이 사건 장소는 직접 계단이나 통로 등으로 연결되어 있지 아니하고 이 사건 건물의 출입문을 나와 지하로 내려가는 별도의 계단을 통해서만 비로소 이 사건 장소에 갈 수 있으며, 이 사건 건물은 대로변에 위치해 있고 건물 정면과 도로 사이에 별다른 장벽이 없어 이 사건 건물을 지나가는 사람들이라면 누구나 쉽게 이 사건 장소에 드나들 수 있다고 할 것인바, 사정이 이와 같은 것이라면, 출입문 밖에 설치되어 있는 별도의 계단을 통해서만 접근가능한 지하의 이 사건 장소가 1층 내지 3층에 위치한 의원들의 "시설 안 또는 구내"에 해당한다고 보기 어렵다고 할 것입니다. 그리고 이는 의약분업의 시행 이후 의사와 약사의 담합행위를 금지하기 위해 위 조항이 마련된 것이라는 입법취지를 충분히 감안하더라도 마찬가지라고 할 것인바, 물론 이 사건에서와 같이 하나의 건물 안에 의원과 약국이 같이 들어서게 되면, 그러하지 않은 경우에 비하여 의사와 약사사이의 담합행위의 가능성 자체가 증가하게 된다는 점은 결코 부인할 수는 없다고 할 것이지만, 이러한 가능성의 증가만을 이유로 하여 무작정 의료기관과 약국을 격리시켜야 한다고 보아 이 사건에서와 같이 의원들만 있는 건물에는 결코 약국이 들어설 수 없도록 하게 하는 것은 위 조항을 확장 해석하는 것으로 영업의 자유를 과잉 침해하는 결과를 초래하므로 부당하다 할 것이고, 이러한 담합행위를 금지하기 위해서는 의약분업 시행의 취지에 대한 인식의 제고 및 단속업무의 강화와 위반행위의 적발시 엄정한 법 집행 등을 함으로써 공익의 달성과 개인의 영업의 자유 사이의 조화로운 균형점을 찾도록 하여야 할 것입니다.

따라서 피고의 이 사건 처분은 위법하다 할 것입니다.

3. 결 론

이에 본건 소를 제기합니다.

입 증 방 법

1. 갑 제1호증   건축물대장
1. 갑 제2호증   사실확인서
1. 갑 제3호증   주민등록표등본

첨 부 서 류

1. 위 입증방법   1통
1. 소장부본   1통
1. 송달료납부서   1통

20○○.　○.　○.

위 원고　○○○　(서명 또는 날인)

○○행정법원 귀중

라. 개인택시운송사업면허거부취소청구

(1) 청구취지 기재례

> 피고가 20○○. ○. ○. 원고에 대하여 개인택시 운송사업면허를 거부한 처분을 취소한다.

(2) 서식례

[서식] 소장 - 개인택시운송사업면허거부 취소청구의 소

소　　　장

원　　고　　○　○　　○(주민등록번호)
　　　　　　　　○○시 ○○구 ○○길 ○○ (우편번호 ○○○-○○○)

피　　고　　△ △ 시장
　　　　　　　　○○시 ○○구 ○○길 ○○ (우편번호 ○○○-○○○)

개인택시운송사업면허거부 취소청구의 소

청　구　취　지

1. 피고가 20○○. ○. ○. 원고에 대하여 개인택시 운송사업면허를 거부한 처분을 취소한다.
2. 소송비용은 피고의 부담으로 한다.

라는 재판을 구합니다.

청 구 원 인

1. 원고는 개인택시운송사업면허를 받고자 하는 자로서 ○○시가 20○○. ○. ○. 공고한 개인택시운송사업면허공고일정에 따라 20○○. ○. ○. 면허신청을 한 사실이 있습니다.

2. 원고는 개인택시면허신청자동차운수사업법시행규칙 제13조 제1항의 규정에 의한 시설등의 기준외, 개인택시면허신청공고일로부터 기산하여 과거 6년간 ○○시에서 미군, 군속 및 그 가족 등만을 대상으로 하여 영업을 하도록 면허를 받은 택시회사 소속 운전원으로 위 같은 기간 무사고로 운전한 경력이 있습니다. 따라서 원고는 개인택시 운송사업 면허를 득하는데 아무런 결격사유가 없습니다.

3. 그런데 피고는 원고가 근무하였던 위 택시회사의 운임의 결정방법이나 처우조건이 일반택시와 다르다는 사실만으로 원고의 자격을 불리하게 산정하여, 원고는 개인택시운송사업면허를 거부당하게 되었습니다.

4. 그러나 위와 같은 ○○시 행위는 합리적인 이유가 없는 재량권 일탈행위이므로 원고는 본 청구에 이른 것입니다.

입 증 방 법

　　1. 갑 제1호증　　　　　　　　　　재직증명서

첨 부 서 류

1. 위 입증방법	1통
1. 소장부본	1통
1. 납부서	1통

20○○년 ○월 ○일

원 고 ○ ○ ○ (인)

○ ○ 행 정 법 원 　 귀중

마. 전문연구요원 편입취소처분 취소청구

(1) 청구취지 기재례

피고가 20○○. ○. ○. 원고에게 한 전문연구요원편입취소처분을 취소한다.

(2) 서식례

[서식] 소장 – 전문연구요원 편입취소처분 취소청구의 소

<h1 style="text-align:center">소　　장</h1>

원　　고　　○○○(주민등록번호)

　　　　　　○○시 ○○구 ○○길 ○○(우편번호 ○○○-○○○)

　　　　　　전화·휴대폰번호:

　　　　　　팩스번호, 전자우편(e-mail)주소:

피　　고　　◇◇지방병무청장

　　　　　　○○시 ○○구 ○○길 ○○(우편번호 ○○○-○○○)

　　　　　　소송수행자 □□□

전문연구요원편입취소처분 취소청구의 소

<h2 style="text-align:center">청 구 취 지</h2>

1. 피고가 20○○. ○. ○. 원고에게 한 전문연구요원편입취소처분을 취소한다.
2. 소송비용은 피고의 부담으로 한다.

라는 판결을 구합니다.

청 구 원 인

1. 처분의 경위

가. 원고는 19○○. ○. ○. 징병검사에서 현역병입영대상처분을 받은 후 19○○. ○.경 ◎◎대학교 ◆◆공학과 석사과정을 졸업하고 19○○. ○. ○○. △△정보주식회사 부설 ▲▲연구소(이하 '이 사건 연구소'라고 한다)에 입사하여 같은 해 ○. ○○. 병역법(이하 '법'이라 한다) 제37조 제1호에서 정한 전문연구요원으로 편입되었습니다.

나. 피고는 원고가 20○○. ○○. ○.부터 20○○. ○. ○○.까지 지정업체인 이 사건 연구소가 아닌 비지정업체인 서울 ○○구 ○○동 ○○의 ○. ▽▽빌딩 내 ▼▼정보주식회사(이하 '▼▼정보'라 한다)에서 3개월 이상의 파견근무를 함으로써 법 제41조 제1항 본문 및 제1호, 제40조 제2호에서 정한 전문연구요원편입취소사유에 해당한다는 이유로, 20○○. ○. ○. 원고에 대한 전문연구요원편입을 취소하는 이 사건 처분을 하였습니다.

2. 처분의 위법성

가. 원고의 근무내용과 근무장소

  (1) 원고는 이 사건 연구소에서 대규모 사용자를 위한 온라인 게임 개발 지원을 위한 통신 에이·피·아이 기술에 관한 연구를 주도적으로 수행하였고, ▼▼정보는 위와 같은 연구, 개발될 통신기술을 바탕으로 온라인 게임 '리뉴얼'을 개발하고 판매하는 사업을 수행하였습니다.

  (2) 이 사건 연구소와 ▼▼정보는 같은 건물의 같은 층에 위치하면서 공동의 출입문을 사용하되 출입문 안쪽의 복도를 사이에 두고 왼쪽에는 연구소 출입문이 오른쪽에는 ▼▼정보의 출입문이 각각 위치하고 있습니다. ▼▼정보는 위 통신 API 기술 등 '리뉴얼' 게임 개발을 위한 제반기술을

20○○. ○○.경부터 이 사건 연구소로부터 이전 받기 시작하였고, 원고
는 위 기술의 주된 개발자로서 연구소에서 근무하면서 20○○. ○.경까
지 ▼▼정보 사무실에서 위 회사의 게임개발 팀과 간헐적인 회의를 진행
하면서 기술이전 업무를 수행하였습니다.

(3) 위와 같은 기술이전 과정을 거쳐 20○○. ○.경부터 온라인 게임 '리뉴얼'
이 상용화되었는데 사용자의 증가에 따라 서버에 접속단절, 객체유실과
같은 기술적인 문제점들이 발생하여 서비스가 자주 중단되자 ▼▼정보는
이 사건 연구소에게 위와 같은 기술적인 문제를 해결하기 위하여 주된
연구원인 원고를 정식으로 위 회사에 파견해 줄 것을 요청하였고 연구소
장 ☆☆☆은 이를 받아들여 원고로 하여금 20○○. ○. ○.부터 3주 동안
▼▼정보 사무실에서 근무할 것을 지시하였습니다.

원고는 위 지시에 따라 20○○. ○. ○.경부터 같은 해 ○. ○○. 피고로
부터 적발 당할 때까지 ▼▼정보 사무실에서 근무하였습니다.

나. 원고가 지정업체에서 근무하지 않은 것인지 여부

(1) 병역법 제36조 제1항에 의하면 '병무청장은 연구기관, 기간산업체 및
방위산업체' 중에서 전문연구요원과 산업기능요원이 종사할 지정업체를
선정하도록 되어 있고, 전문연구요원의 경우 시행령 제72조 제1항, 제3
항에서 정한 기간산업체 혹은 방위산업체에서 종사하여야 하는데 이때
연구기관이라 함은 연구소 또는 연구분소를, 공업분야의 기간산업체 또
는 방위산업체는 공장 또는 사업장을, 그 외 에너지 산업, 광업, 건설업
분야 기간산업체는 해당업체를 각 가리키는 것으로서 그 소재지의 이전
에 관하여는 관할 지방병무청장에 통보하여야 하고, 전문연구요원이나
산업기능요원이 교육훈련, 파견, 출장 등의 사유로 해당 연구기관이나
사업장 등의 소재지 아닌 곳에서 교육을 받거나 근로를 제공하는 경우에
는 언제는 이를 관할지방병무청장의 승인이나 신상이동통보의 대상으로
삼고 있는바, 이러한 관련조항의 내용에 비추어 보면 법에서 말하는 지정

업체 중 전문연구요원이 종사할 연구기관이라 함은 공업분야 산업체 등에서 말하는 공장 또는 사업장과 마찬가지로 장소적 요소를 포함하는 개념으로서 만일 전문연구요원이 당초 지정된 소재지의 연구소, 연구분소를 이탈하여 다른 장소에서 근로를 제공하는 경우에는 '편입 당시 지정업체에서 근무하지 않은 것'이 된다 할 것입니다.

(2) 위 가.항의 인정사실에 의하면, 원고는 이 사건 연구소에 입사한 이래 계속 소프트웨어 개발업무를 담당하기는 하였지만, 이 사건 적발당시 지정업체인 연구소 사무실에 근무한 것이 아니라 연구소장 ☆☆☆의 지시에 따라 비지정업체인 ▼▼정보에 파견되어 그곳 사무실에 근무하였으므로, 이는 법 제40조 제2호에서 정한 사유인 '편입 당시 지정업체에서 근무하지 않은 것'에 해당하여 원고는 법 제41조 제1항에서 정한 바에 따라 전문연구요원편입취소 또는 의무종사기간연장 등의 처분을 받게 될 것인바, 원고의 경우 시행령 제91조의 3 제1항에서 정한 바와 같이 지정업체의장의 지시에 의하여 부득이 하게 그 위반행위를 한 경우에 해당하므로, 같은 조 제2항 별표 3에서 정한 기준에 따라 전문연구요원 편입취소처분 또는 의무종사기간연장처분이 가능하다 할 것입니다.

다. 이 사건 처분의 재량권 일탈, 남용 여부

시행령 제91조의 3 별표 3에서 정한 기준에 의하면 '전직, 파견할 수 없는 업체에 3월 미만 근무한 때' 의무종사기간연장처분을 하도록 되어 있는데 위 가.항에서 본 바와 같이 원고는 20○○. ○○.경부터 통신 API 기술이전과 관련 ▼▼정보 게임개발 팀과 긴밀한 업무협력을 하여 왔으나 비지정업체인 ▼▼정보에 파견되어 그곳 사무실에서 근무하기 시작한 것은 20○○. ○. ○.경부터로서 이 사건 적발당시까지의 근무기간은 3개월 미만이므로, 피고는 위 기준에 따라 원고에 대하여 전문연구요원편입취소처분이 아닌 의무종사기간연장처분을 함이 상당합니다.

따라서 피고의 이 사건 편입취소처분은 재량권의 범위를 일탈한 것으로서 위법하다할 것입니다.

3. 결론

이에 본 건 소를 제기합니다.

입 증 방 법

1. 갑 제1호증   주민등록등본
1. 갑 제2호증   사실확인서
1. 갑 제3호증   졸업증명서

첨 부 서 류

1. 위 입증방법   각 1통
1. 소장부본   1통
1. 송달료납부서   1통

20○○.   ○.   ○.

위 원고   ○○○   (서명 또는 날인)

○○행정법원 귀중

바. 건축사 업무정지처분 취소청구

(1) 청구취지 기재례

피고가 20○○. ○. ○. 원고에 대하여 한 건축사업무정지 61일(20○○. ○. ○. –
20○○. ○. ○.) 명령처분을 취소한다.

(2) 서식례

[서식] 소장 – 건축사 업무정지처분 취소청구의 소

소 장

원 고   ○ ○ ○(주민등록번호)
　　　　　○○시 ○○구 ○○길 ○○ (우편번호 ○○○-○○○)

피 고   △△시 △△구청장
　　　　　○○시 ○○구 ○○길 ○○ (우편번호 ○○○-○○○)

건축사업무정지처분 취소청구의 소

청 구 취 지

1. 피고가 20○○. ○. ○. 원고에 대하여 한 건축사업무정지 61일(20○○. ○.
   ○. – 20○○. ○. ○.) 명령처분을 취소한다.
2. 소송비용은 피고의 부담으로 한다.
라는 판결을 구합니다.

청 구 원 인

1. 피고는, 원고가 ○○시 ○○구 ○○동 ○○ 대지상에 ○○○의 근린생활시설 및 주택건축공사 등을 감리함에 있어서 옥외주차장폭이 2.3m이어야 하는데도 2.1m만 확보하는 등의 위반사항이 발생하였음에도 시정지시와 보고를 하지 아니하는 등 건축법에 의한 공사감리자로서의 의무를 이행하지 아니하였다는 이유로 건축사법 제28조, 동법시행령 제29조의 2에 의거하여 2월간의 건축사업무정지명령을 하였습니다.

2. 그러나, 원고는 지적도상 그 주차장 너비가 2.3m 이상이었기 때문에 준공처리를 하여 주었던 것이고, 피고의 지적에 따라 실측하여 본 결과 그 주차장 대부분의 너비가 2.3m이상이었으나 단지 입구쪽의 일부분만이 그 인접 건물 담장과의 거리가 2.1m임을 알게 되었습니다. 이에 원고는 대한지적공사에 의뢰하여 재측량하여 본 결과 그 지적도상의 너비는 분명 2.3m이상이고 그 인접건물담장이 위 건물대지쪽으로 20㎝ 침범하여 축조한 탓으로 인접 건물 담장과의 거리가 2.1m로 된 것임이 판명되었습니다. 그렇다면 원고로서는 그 감리상의 성실의무에 위반된바가 없는 것이므로 위 처분은 위법함을 면치 못할 것입니다.

3. 가사, 주차장 입구쪽의 현황상 너비가 2.1m인 것을 조사하지 아니한 것이 성실의무위반으로 의율된다 하더라도 그것은 주차장의 극히 일부분에 지나지 아니하는 점, 그로 인해 승용차 출입에 전혀 지장이 없는 점, 20cm가 부족하게 된 원인은 인접 건물의 침범으로 인한 것인 점 등을 참작할 때, 위와 같은 이유로 원고에 대하여 업무정지 61일의 처분을 함은 너무나 가혹한 것으로서 재량권의 일탈 내지 남용에 해당한다 할 것입니다.

4. 따라서, 피고가 원고에 대하여 한 건축사업무정지명령처분을 취소해 주시기 바랍니다.

입 증 방 법

1. 갑 제1호증   위반건축사 행정처분서
1. 갑 제2호증   건축사업무정지 명령서
1. 갑 제3호증   행정심판접수증

첨 부 서 류

1. 위 입증방법   각 1통
1. 소장부본   1통
1. 납부서   1통

20○○년 ○월 ○일

원 고 ○ ○ ○ (인)

○ ○ 행 정 법 원 귀 중

사. 환지확정처분 취소청구

(1) 청구취지 기재례

> 피고가 20○○. ○. ○. 원고에 대하여 한 토지구획정리사업확정처분을 취소한다
> 라는 판결을 구합니다.

(2) 서식례

[서식] 소장 – 환지확정처분 취소청구의 소

소　　　　장

원　고　　○　○　○(주민등록번호)
　　　　　　○○시 ○○구 ○○길 ○○ (우편번호 ○○○－○○○)

피　고　　△ △ 시장
　　　　　　○○시 ○○구 ○○길 ○○ (우편번호 ○○○－○○○)

환지확정처분 취소청구의 소

청　구　취　지

피고가 20○○. ○. ○. 원고에 대하여 한 토지구획정리사업확정처분을 취소한다
라는 판결을 구합니다.

청 구 원 인

1. 처분의 경위

가. ○○시 ○○구 ○○동 ○○ 대 300㎡는 원래 원고의 부(父)인 소외 김ㅁㅁ의 소유이던 것으로 19○○. ○. 경 사망한 후 원고가 이를 단독상속하였다.

나. 그런데 위 토지는 20○○. ○. ○. 건설부 고시 제000로서 결정, 고시된 ○○시 제○토지구획정리사업지구의 제3공구내에 편입되었고 20○○. ○. ○. 환지계획인가 및 공람공고를 거친 다음 사업시행자인 피고에 의하여 토지구획정리사업이 시행된 결과 20○○. ○. ○.에 환지처분이 확정되었습니다.

다. 이후 감정평가업자인 소외 ☆☆감정평가법인과 소외 ★★감정평가법인에게 20○○. ○. ○. 가격시점으로 하여 이 사건 대지에 관한 가격을 산출할 것을 의뢰하여 ☆☆감정평가법인은 ○○시 ○○구 ○○동 ○○ 대 150㎡를 표준지로 선정한 다음 20○○. ○. ○. 당시의 공시지가를 기준으로 한 비준가격으로 이 사건 대지의 ㎡당 가격을 10만원으로 평가한 감정서를 20○○. ○. ○. 작성하였고, 한편 ★★감정평가법인은 같은 방법에 따른 비준가격으로 이 사건 대지의 ㎡당 가격을 15만원으로 평가한 감정서를 같은 해 ○. ○.작성하여 피고에게 각 제출하자 피고는 위 양 감정내용을 산술 평균하여 이 사건 대지의 가격을 금37,500,000원〔(100,000원+150,000원)×1/2×300㎡〕으로 산출한 다음 20○○. ○. ○. 환지확정처분을 하였습니다.

2. 처분의 위법성

가. 피고가 이 사건 대지의 가격을 평가함에 있어 표준지로 삼은 ○○시 ○○구 ○○동 ○○ 대지는 공원용지를 끼고 있고 상가형성도 되어 있지 아니한데다가 향후 발전가능성이 없는 곳인데 반하여, 이 사건 대지는 ○○시

청과 ○○역을 잇는 도로를 중심으로 하여 상권이 형성되어 있는 곳이어서 위 표준지 선정 자체가 부적절하고 같은 동 ○○의 ○ 토지나 같은 동 ○○의 ㅁ 토지가 되어야 할뿐더러 위 감정평가법인들의 감정가격도 실제가격에 비하여 지나치게 낮고,

나. 청산할 금액을 산정함에 있어서도 청산금 교부시를 기준으로 청산할 금액을 산정하였어야 함에도 환지처분시를 기준으로 한 것은 위법하므로 이 사건처분은 취소되어야 합니다.

3. 따라서 피고의 이 사건 환지확정처분은 위법하다 할 것이므로 피고가 20○○. ○. ○. 원고에 대하여 한 토지구획정리사업확정처분의 취소를 구하기 위하여 본 건 청구에 이른 것입니다.

입 증 방 법

1. 갑 제1호증   주민등록등본
1. 갑 제2호증   부동산등기사항전부증명서
1. 갑 제3호증   토지대장
1. 갑 제4호증   지적도
1. 갑 제5호증   개별공시지가확인서
1. 갑 제6호증   환지처분통지서
1. 갑 제7호증의 1내지 2   감정서

첨 부 서 류

1. 위 입증방법   각 1통

```
          1. 소장부본              1통
          1. 납 부 서              1통


                    20○○년  ○월 ○일

                    원   고   ○  ○  ○   (인)


   ○ ○ 행 정 법 원    귀 중
```

아. 석유판매업허가신청서반려처분취소청구

(1) 청구취지 기재례

```
피고가 20○○. ○. ○. 원고에 대하여 한 석유판매허가신청 반려처분을 취소한다.
```

(2) 서식례

[서식] 소장 – 석유판매업허가신청서반려처분취소청구의 소

```
                    소          장


   원   고   ○  ○  ○(주민등록번호)
              ○○시 ○○구 ○○길 ○○ (우편번호 ○○○-○○○)


   피   고   △△시 △△구청장
              ○○시 ○○구 ○○길 ○○ (우편번호 ○○○-○○○)
```

석유판매허가신청서반려처분 취소청구의 소

청 구 취 지

1. 피고가 200○. ○. ○. 원고에 대하여 한 석유판매허가신청 반려처분을 취소한다.
2. 소송비용은 피고가 부담한다.
라는 판결을 구합니다.

청 구 원 인

1. 처분의 경위

  원고는 ○○시 ○○구 ○○길 ○○번지에다 주유소를 설치하여 석유판매업을 하고자 200○. ○. ○. 피고에게 석유판매허가신청서를 제출하였는바, 피고는 주민들의 민원을 이유로 200○. ○. ○. 자로 석유허가판매허가신청서를 원고에게 반려하는 처분을 하였습니다. 그러므로 피고의 처분은 원고의 석유판매업허가를 거부한 처분이라 할 것입니다.

2. 처분의 위법

  원고는 법률 및 법령의 규정에 따라 적법하게 석유판매업허가신청을 하였는데도 피고는 지역주민들의 민원을 이유로 석유판매업허가를 거부한 것은 적절한 재량권의 범위를 벗어난 위법한 처분이라 할 것입니다.

3. 결론

  이상에서 살펴본 바와 같이 피고의 처분은 법률상 근거 없는 위법한 처분이므로 원고는 직업선택 및 재산권을 보호하고자 이 사건 청구에 이른 것입니다.

입 증 방 법

변론시 수시 제출하겠습니다.

첨 부 서 류

1. 소장 부본   1통
1. 납부서   1통

20○○년 ○월 ○일

원 고 ○ ○ ○   (인)

○ ○ 행 정 법 원 귀중

자. 노동조합설립신고서반려처분취소청구

(1) 청구취지 기재례

피고가 20○○. ○. ○. 원고에 대하여 한 노동조합설립신고서반려처분은 이를 취소한다.

(2) 서식례

[서식] 소장 – 노동조합설립신고서반려처분취소청구의 소

소   장

원   고   ○○노동조합

　　　　　　○○시 ○○구 ○○길 ○○ (우편번호 ○○○-○○○)

　　　　　대표조합원   ○   ○   ○

피   고   △△구청장

　　　　　　○○시 ○○구 ○○길 ○○ (우편번호 ○○○-○○○)

노동조합설립신고서반려처분 취소청구의 소

청 구 취 지

1. 피고가 20○○. ○. ○. 원고에 대하여 한 노동조합설립신고서반려처분은
   이를 취소한다.
2. 소송비용은 피고의 부담으로 한다.

라는 판결을 구합니다.

청 구 원 인

1. 원고 조합은 전국에 있는 각 보험회사에서 모험 모집 업무에 종사하는 보험 설계사들로 구성된 단체입니다.

2. 가. 원고는 ○○보험주식회사에서 보험설계사로 근무하는 소외 김□□ 등 5인의 주도하에 20○○. ○. ○. ○○시 ○○구 ○○길 ○○ ☆☆빌딩 209호에서 발기대회를 갖고 노동조합을 설립하기로 하고 같은 해 ○. ○. 노동조합 및 노동관계조정법 제11조 소정의 규약을 첨부하여 피고인 서울 서초구청장에게 같은 법 10조에 의한 노동조합 설립신고를 하였습니다.

   나. 그러나 피고는 같은 해 ○. ○. 보험설계사는 출퇴근 및 활동구역에 있어 특별한 제한을 받지 아니하고 실적에 따라 특별수당을 지급받는 점 등에 비춰 노조 가입자격이 없다는 등의 이유로 위 신고를 반려하였고, 위 반려처분은 ○. ○. 원고에게 도달하였습니다.

3. 그러나 피고의 노동조합설립신고서반려처분은 다음과 같은 이유로 부당하다고 할 것입니다.
   가. 노동조합및노동관계조정법 제2조 제1호는 "근로자라 함은 직업의 종류를 불문하고 임금·급료 기타 이에 준하는 수입에 의하여 생활하는 자를 말한다"고 규정하고 있습니다. 이 규정에 의하면 명목과는 무관하게 근로의 대가로 수입을 얻고 이에 의하여 생활하는 자는 노동조합 가입자격이 있는 근로자라 할 것입니다.
   원고 조합을 살펴보면 보험설계사의 주된 소득이 실적에 따른 수당이라고 하더라도 이는 근로제공의 대가로서 기본급 외에 받는 일종의 성과급이라고 할 것입니다. 보험설계사는 기본적인 근로자의 지위에 근거하여 기본급을 받고 있으며, 이는 보험계약 체결의 실적과는 무관하게 지급받는 것입니다. 즉 이러한 기본급은 보험설계사가 각 보험회사에 소속된 근로자라는 추상적인 지위가 인정되기 때문에 지급되는 것이라는 점에서 민법상의 일반계약과는 차이점이 있는 것입니다.

나. 보험설계사는 출퇴근시간이 회사의 규율에 따르고 있으며 회사로부터 지휘·감독을 받고 있습니다. 보험설계사가 근로자가 아니라면 자유롭게 출퇴근하고 자유롭게 활동하면서 달성한 성과에 의하여만 보수를 지급받는다고 할 것이나, 통상 보험설계사는 출퇴근시간과 업무태양이 회사의 방침에 따라 정하여져 있으며, 이에 따르지 않을 경우 회사측으로부터 불이익을 받게 되어 있습니다. 이는 보험설계사가 회사의 감독하에서 근무한다는 것을 의미하는 것으로서 보험설계사가 근로자라는 것을 뒷받침한다고 할 것입니다.

4. 이상과 같이 보험설계사는 추상적인 근로자의 지위에 기하여 기본급을 받고 있고, 그 이외의 실적에 따른 수당은 기본급 외에 받는 일종의 성과급에 불과하다는 점, 출퇴근 및 근무태양에 있어서 사실상 회사의 감독을 받고 있다는 점 등을 고려할 때 보험설계사는 노조에 가입하거나 노조를 설립할 수 있는 근로자라고 할 것입니다. 따라서 원고의 노동조합설립신고를 반려한 피고의 처분은 근로자의 단결권 등을 천명한 헌법 제33조, 노동조합및노동관계조정법 제2조, 제10조에 위반한 위법한 처분으로서 취소되어야 할 것입니다.

입 증 방 법

1. 갑 제1호증   노동조합설립신고서

1. 갑 제2호증   규약

1. 갑 제3호증   각 소득세신고서

1. 갑 제4호증   처분통지서

첨 부 서 류

1. 위 입증방법   각 1통

1. 소장부본   1통

1. 납부서   1통

20○○.　○.　○.

원 고　○ ○ ○　(인)

○ ○ 행 정 법 원　귀중

차. 국가기술자격정지처분취소청구

(1) 청구취지 기재례

> 피고가 원고에 대하여 19○○. ○. ○. 자로 한 국가기술자격정지(98.4.24.~98.10.23.)
> 처분은 이를 취소한다.

(2) 서식례

[서식] 소장 – 국가기술자격정지처분취소청구의 소

소　　장

원　　고　　○○○(주민등록번호)

　　　　　　○○시 ○○구 ○○길 ○○(우편번호 ○○○-○○○)

　　　　　　전화·휴대폰번호:

　　　　　　팩스번호, 전자우편(e-mail)주소:

피　　고　　서울지방국토관리청장

　　　　　　○○시 ○○구 ○○길 ○○(우편번호 ○○○-○○○)

국가기술자격정지처분 취소청구의 소

청 구 취 지

1. 피고가 원고에 대하여 19○○. ○. ○. 자로 한 국가기술자격정지(98.4.24.~
   98.10.23.) 처분은 이를 취소한다.
2. 소송비용은 피고의 부담으로 한다.

라는 재판을 구합니다.

청 구 원 인

1. 소외 주식회사 ◎◎엔지니어링 종합건축사사무소(이하 소외회사라고만 합니다)는 19○○. ○. ○. 소외 도로공사(이하 소외공사라고 합니다)와 간에 부산 외곽 순환고속도로 건설공사 실시설계용역(제6공구)계약을 체결하였습니다. 이 용역계약은 소외공사가 제공하는 기본 설계도에 따라 세부 실시 설계도를 작성하여 제공하기로 하는 계약으로서 계약기간은 19○○. ○. ○.부터 19○ ○. ○. ○.까지 1년간이었습니다. 이 용역계약의 진행은, 소외공사가 제공하여 주는 항공측량원도와 기본설계도서에 의하여 도로의 선형과 교각의 위치를 지정하고, 그에 따라 지정된 토지를 측량한 다음, 토질을 조사하여 지반에 대한 자료를 확보한 뒤에 도 로의 형태나 구조, 교량의 형식 등을 선정하여, 실제로 공사를 실시할 수 있는 구조 계산과 설계 도면을 작성함으로서 실시 설계를 완성해야 하는 것이었습니다.

2. 소외회사는 위 용역 계약을 수주하여 19○○. ○. ○. 착공계를 제출하고 작업을 시작할 준비를 갖추었으나, 소외공사가 작업 진행의 전제가 되는 항공측량원도 교부를 계속 지연하다가 19○○. ○. ○. 경에 이르러 이를 소외회사에게 제공하였고, 소외회사는 위 항공측량원도에 따라 도로의 선형 결정과 교각 위치를 선정하는 작업이 늦어졌으며, 그 무렵 우기가 겹치므로 정상적인 토질 조사를 위한 시추작업을 할 수가 없게 되었으며, 이런 제반 조건을 구비한 다음에야 이루어질 설계도작성 또한 늦어져 실제로 설계 작업이 시작된 것은 19○○. ○. 초부터였습니다. 원고는 19○○. ○. ○. 소외회사에 신규 입사하였으나 다른 일에 종사하다가 이 분야의 책임을 맡게되었습니다. 원고가 위 설계용역의 구조분야책임기술 사무를 인수받아 보니 앞에서 말한

조건이 이루어지지 아니하고 있어서 실제로 구조 계산을 하고 실시 설계 도면을 작성하는 작업을 하는 것은 불가능하였고, 그 당시의 작업량이 소외회사의 구조부 전 직원을 총출동하여도 최소 한 1년 정도의 기간이 소요되어야 하는 작업이었으므로, 원고는 위 사무 인수 즉시 현 상황에서는 계약 기간 내에 설계를 완료하는 것이 불가능하니 기간을 연장해야 한다고 여러 번 건의하였으나, 소외회사는 계약 기간을 해태하면 지체상금을 배상해야 하므로 연장을 할 수 없다고 버티기만 하였습니다.

3. 소외공사는 위의 설계 용역 성과품에 따라 공사를 발주하여 도로공사를 시공하게 되었으나 시공 균열 사고가 발생하자 감사원은 이 공사 전체에 대한 감사를 실시하게 되었고, 그 결과 도로교 표준 시방서 등 제 설계 기준에 맞게 설계하여 래하성, 내구성 및 안전성이 확보된 고가 교량 구조물이 건설되도록 하였어야 함에도 설계 용역을 부실하게 수행하였고 잘못된 설계 도서에 의하여 시공된 교량 상부와 하부구조물에 하자가 발생하였다는 것으로 단정하고, 피고에 대하여 이는 오로지 원고의 잘못이니 원고를 의법조치하라는 시정 사항을 통보하였습니다.

4. 그러나 원고는 공사 착공 관련자 연석회의에서 본 공사의 설계 성과품이 충분한 검토가 되지 않은 상태에서 납품되었음을 상기시키고 시공 단계에서 시공자, 감리자 및 설계 회사가 설계도서를 검토한 후 보완하여 시공하도록 주문한 바 있었고, 소외공사 역시 설계를 위한 선결조건의 이행이 늦어져 충분한 검토를 하지 못한 사정을 이해한 바 있습니다.

5. 굳이 이 사건과 관련한 책임이 있다면 감독소홀 등의 발주처(설계감독 및 공사감독), 설계용역회사 대표이사 및 시공 전 설계도서를 검토할 의무를 져버린 시공회사 현장 및 대표이사 혹은 본 과업의 사업책임 기술자(도로기술사) 및 기타 분야별 책임기술자, 초기단계 공기를 지연시킨 착수계 제출시

참여한 구조기술사 및 원고가 회사를 사직한 후 보완책임을 진 구조기술사들 모두에게 있다고 할 것인데도 불구하고 유독 분야별 책임기술자 그것도 계약 공기 중 마지막 4개월 동안만 참가한 원고에게만 가중한 제재를 가하고자 하는 것은 형평성에 맞지 않는 것입니다.

6. 이상과 같은 이유에 의하여 피고가 원고에게 한 처분은 심히 위법 부당한 것이므로 청구취지 와 같은 판결을 구하고자 본소 제기에 이른 것입니다.

입 증 방 법

1. 갑 제1호증   국가기술자격정지처분
1. 갑 제2호증   용역표준계약서

첨 부 서 류

1. 위 입증방법   각 1통
1. 소장부본   1통
1. 송달료납부서   1통

20○○.   ○.   ○.

위 원고   ○○○   (서명 또는 날인)

○○행정법원 귀중

카. 현장검증 및 감정신청서(토지수용)

[서식] 현장검증 및 감정신청서

현장검증 및 감정신청

사　　건　　2000구단 000　토지수용재결처분취소 등

원　　고　　박 정 용 외 1

피　　고　중앙토지수용위원회 외 1

위 사건에 관하여 원고들 소송대리인은 주장사실을 입증하기 위하여 다음과
같이 현장검증 및 감정을 신청합니다.

다　　　음

1. 검증 및 감정목적물

가. OO시 OO구 OO동 234-3　　　답 000㎡

나. 위　　같　은　곳 234-8　　　답 000㎡

다. 위　　같　은　곳 234-12　　답 000㎡

2. 감정사항

위 토지들에 대한 수용재결당시인 2000. 00. 00. 현재의 공익사업을위한토지
등의취득및보상에관한법률 제68조 및 관계법령에 따른 적정가격

3. 검증사항

위 토지들의 위치 및 이용상황, 주변환경, 기타 자연적조건 등

2000.　　O.　　O.

위 원고의 소송대리인

변호사　O　O　O　(인)

OO 행 정 법 원　귀중

타. 송달장소 및 송달영수인 신고서

[서식] 송달장소와 송달영수인선정신고서

송달장소와 송달영수인선정신고서

사　　건　　20○○구단0004 개별토지가격결정처분취소

신 청 인　　박 나 리
　　　　　　○○시 ○○구 ○○로 ○○○

피신청인　　○○구청장

위 사건에 관하여 원고는 아래와 같이 송달장소와 송달영수인을 정하였으므로
이에 신고합니다.

아　　　　래

송달장소 : ○○시 ○○구 ○○로 ○○○
송달영수인 : ○　　○　　○

2000.　○.　○.
위 원고 ○ ○ ○ (인)

○ ○ 행 정 법 원　귀중

파. 감정증인신청서(토지수용)

[서식] 감정증인신청서

감 정 증 인 신 청

사　　건　　2000구단0000　토지수용재결처분취소

원　　고　　송 종 호

피　　고　　중앙토지수용위원회

위 사건에 관하여 원고는 아래와 같이 감정증인을 신청합니다.

다　　　　음

1. 입증취지

　　OO시 OO구 OO동 OOO(개별토지가격의 등락사항 등을 기재)

2. 감정인 표시

　　OO시 OO구 OO로 OOO

　　OO감정원

　　감정증인 O O O

3. 신문사항 : 별지 기재와 같음

　　　　　　　　　2000.　O.　O.

　　　　　　　위 원고 O O O　(인)

OO행 정 법 원 귀중

하. 감정인신문신청(토지수용)

[서식] 감정인신문신청

감 정 인 신 문 신 청

사　　건　　2000구단0000　토지수용재결처분취소

원　　고　　박 찬 용
　　　　　　　00시 00구 00로 000

피　　고　　중앙토지수용위원회

위 사건에 관하여 2000. 0. 0. 감정인 000의 감정서가 제출되었으나 그 기재내용에 의문점이 있어 신문사항에 의한 신문을 하도록 신청합니다.

2000.　0.　0.
위 원고 　박 찬 용 　(인)

○ ○ 행 정 법 원 　귀중

거. 사실조회신청서(토지수용)

[서식] 사실조회신청서

사 실 조 회 신 청

사　건　　　2000구 1234　토지수용재결처분취소

원　고　　　선　홍　주

피　고　　　중앙토지수용위원회 외 1

위 사건에 관하여 원고는 주장사실을 입증하기 위하여 다음과 같이 사실조회를 신청합니다.

1. 조회할 곳 : ○○감정평가법인

　　　　　　　○○시 ○○구 ○○로 ○○○

2. 조회사항 : 별지 기재와 같음

　　　　　　　　　　　　2000.　○.　○.

　　　　　　　　　　위 원고의 소송대리인

　　　　　　　　　　변호사　○　○　○　(인)

○ ○ 행 정 법 원　귀중

너. 문서송부촉탁신청(건축불허가)

[서식] 문서송부촉탁신청서

문 서 송 부 촉 탁 신 청

사　　건　　2000구단0000　건축불허가처분취소

원　　고　　김 병 모

피　　고　　OO시장

위 사건에 관하여 원고 소송대리인은 주장사실을 입증하기 위하여 다음 표시
문서를 송부하도록 촉탁하여 주시기 바랍니다.

다　　음

1. 송부촉탁할 문서의 보관처
　　OO도청(참고 : 농업정책과)

2. 송부촉탁할 문서의 표시
　　OO도지사가 농림축산식품부장관에게 질의하고 이에 대하여 회신한 다음
　　의 문서

　　문서번호 : 농경 : 40124-18237
　　시행일자 : 2000. O. O
　　제　　목 : 숙박시설 건립규제지역에 대한 검토의견 회신
　　회 신 처 : 농림축산식품부(장관)

2000.　O.　O.

원고 소송대리인

변호사 O O O (인)

OO행 정 법 원　귀중

더. 기록인증등본송부촉탁신청

[서식] 기록인증등본송부촉탁신청서

기록인증등본 송부촉탁신청

사 건   2000구단0000   취득세부과처분취소

원 고   주 남 규

피 고   OO시 OO구청장

위 사건에 관하여 원고 소송대리인은 주장사실을 입증하기 위하여 다음기록을
보관하고 있는 법원에 원고의 소송대리인이 동 기록을 열람하고 지정한 부분의
인증등본을 송부하도록 촉탁하여 주시기 바랍니다.

다   음

1. 기록보관청

   OO지방법원 형사O단독

2. 기록의 표시

   OO지방법원 2000고단 OOO호 피고인 OOO에 대한 사기미수 사건

2000.   O.   O.

원고들의 소송대리인

변호사 O O O (인)

O O 행 정 법 원 귀중

러. 보조참가신청서

[서식] 보조참가신청서

보 조 참 가 신 청

사　　건　　20○○ 구합 ○○○○ 분양계약매수인지위확인

원　　고　　○○○

　　　　　　○○시 ○○구 ○○길 ○○(우편번호 ○○○-○○○)

피　　고　　◇◇제○○구역주택재개발조합

　　　　　　○○시 ○○구 ○○길 ○○(우편번호 ○○○-○○○)

　　　　　　대표조합장 ㅁㅁㅁ

피고보조참가인　　◎◎◎(주민등록번호)

　　　　　　○○시 ○○구 ○○길 ○○(우편번호 ○○○-○○○)

　　　　　　전화 · 휴대폰번호:

　　　　　　팩스번호, 전자우편(e-mail)주소:

신 청 취 지

1. 이 사건 소를 각하한다.
2. 소송비용은 보조참가로 인한 부분을 포함하여 모두 원고가 부담한다.

신 청 원 인

1. 기초사실

가. 피고는 구 도시재개발법에 따라 재개발구역으로 지정된 ◇◇제 ○○구 ○○동 ○○○ 등 220,138㎡에 재개발사업을 시행할 목적으로 위 재개발구역 안에 위치한 토지 또는 그 지상 건축물의 소유자와 지상권자를 조합원으로 하여 19○○. ○. ○. ◇◇시 ◆◆구청장으로부터 설립 및 사업시행을 승인 받아 설립된 재개발조합이고, 원고는 위 재개발구역 안에 있는 ◇◇시 ○○구 ○○동 ○○○-○○○ 대212㎡ 및 그 지상건물 중 2분의 1지분을 소유한 공유자로서 피고의 조합원입니다.

나. 이 사건 대지 및 건물은 원래 김△△와 오▲▲의 공유(각 지분은 2분의 1)였는데 원고가 19○○. ○○. ○○. 오▲▲로부터 이 사건 대지 및 건물에 관한 그 소유의 지분을 매수하고 원고 명의로 소유권이전등기를 마쳐 김△△와 공유자가 되었습니다. 위 매매계약체결 이전인 19○○. ○○. ○○. 원고와 김△△는 이 사건 대지 및 건물의 공유지분 전체에 대하여 1가구의 아파트수분양권이 부여될 경우 김△△지분의 재개발아파트분양신청권을 원고에게 귀속시키기로 약정하였습니다.

다. 한편 피고는 19○○. ○. ○○. 원고와 김△△가 공동수분양자로 된 관리처분계획을 관할관청인 ◇◇시 ○○ 구청장으로 부터 인가를 받아 같은 날 이를 고시하였습니다.

라. 피고는 19○○. ○. ○○.경 원고와 김△△에게 피고가 재개발사업으로 건축하는 ▽▽타운아파트 ○동 ○○○호에 당첨되었다고 통지한 뒤 원고 및 김△△와 위 관리처분계획에 기하여 위 ▽▽타운 아파트 ○동 ○○○호에 관한 아파트 공급계약을 체결하였습니다.

마. 그런데 김△△는 원고와의 위 분양신청권 귀속약정에도 불구하고 19○○. ○○. ○○. 이 사건 대지 및 건물에 대한 그 소유 지분을 피고보조참가인에게

양도하고, 같은 해 ○○. ○○. 그 명의로 소유권이전등기를 마쳐주었습니다. 그러나 김△△와 참가인은 피고에게 위 권리변동을 신고하지 않고 있다가 피고가 관리처분계획을 인가 받아 이를 고시한 이후인 19○○. ○○. ○○.에 이르러서야 위 권리변동을 신고하였고, 피고는 위 신고를 받아들여 김△△의 조합원 및 수분양자 자격을 참가인의 그것으로 변경하여 주었으며 현재 관리처분계획상으로도 원고와 참가인이 공동수분양권자인 것으로 기재되어 있습니다.

2. 원고의 주장

원고가 오▲▲로부터 이 사건 대지 및 건물의 공유지분을 매수하고 그 소유권이전등기를 마치기 전에 원고와 김△△가 이 사건 대지 및 건물에 관하여 1가구의 아파트수분양권이 부여될 경우 이를 원고에게 단독 귀속시키기로 하는 약정의 내용이 기재된 각서를 당시 피고의 총무이사이던 양☆☆에게 제시하여 이를 확인받았고, 이에 따라 김△△가 피고와의 공급계약 체결을 포기 또는 거부하여 원고가 단독으로 19○○. ○. ○. 피고와 이 사건 공급계약을 체결하였으므로 원고가 이 사건 공급계약상의 단독 매수인임이 명백함에도 불구하고 피고가 이를 다투고 있으므로 원고가 위 공급계약상 단독 매수인임의 확인을 구하고 있습니다.

3. 이 사건 소의 적법 여부

재개발조합의 설립목적 및 취급업무의 성질, 권한 및 의무, 재개발사업의 성질 및 내용, 관리처분계획의 수립 절차 및 그 내용 등에 관한 도시재개발법의 관계규정에 비추어 보면 재개발조합은 조합원에 대한 법률관계에서 적어도 특수한 존립목적을 부여받은 특수한 행정주체로서 국가의 감독 하에 그 존립 목적인 특정한 공공사무를 행하고 있다고 볼 수 있는 범위 내에서는 공법상의 권리의무관계에 서 있다고 할 것이고 이 사건 공급계약은 피고의 관리처분계획에 따라 그 구체적 실행을 위하여 체결된 것으로서 그 성질은 공법상 계약에 해당한다고 할 것입니다. 그런데 원고는 이미 피고조합의 조합원의 자격을 가지고 있으므로 이 사건 소송이 '조합원 자격의 확인'을 구하는 소송이라고는 볼 수 없고, 원고가 이 사건 공급계약상 단독 매수인임의 확인을 구하는 것은 원고와 김△△를 공동수분양권자로 정한 관리처분계획의 내용을 다투는 것으로서, 결국 위 아파트에 관하여 원고에게 단독수분양권이 있다는 확인을 구하는 것과 마찬가지라 할 것인데, 대지 또는 건축시설에 대한 수분양권의 취득을 희망하는 토지 등의 소유자가 한 분양신청에 대하여 재개발조합이 원하는 내용의 분양대상자로 결정하지 아니한 경우 토지 등의 소유자에게 원하는 내용의 구체적인 수분양권이 직접 발생한 것이라고는 볼 수 없어서 곧바로 재개발조합을 상대로 하여 항고소송으로 관리처분계획의 취소를 구하지 않고 공법상 당사자 소송으로 수분양권의 확인을 구하는 것은 허용될 수 없다고 할 것입니다.(대법원 1996. 2. 15. 선고 94다31235 전원합의체 판결).

뿐만 아니라 만약 이와 같은 소송이 허용되는 것이라 한다면 당초부터 조합원 자격을 보유하고 있어서 관리처분계획에 대하여 다툴 기회를 부여받았던 당사자가 이미 제소기간의 도과 등의 사유로 확정된 관리처분계획의 내용을 기한의 제한 없이 언제든지 다시 다툴 수 있게 됨을 허용하게 된다 할 것인데, 이러한 결론은 다수인의 집단적인 이해관계가 상충되는 재개발사업에 관련된 법률관계를 조속히 명확하게 확정시킬 목적으로 항고소송에 의하여만 관리처분계획의 내용을 다툴 수 있게 한 법리를 우회적으로 회피하는 결과에 이르게 되는 점에서도 받아들일 수 없다 하겠습니다.

4. 결론

이에 이 사건 보조참가 신청을 하는 바입니다.

20○○. ○. ○.

보조참가신청인 ◎◎◎ (서명 또는 날인)

○○행정법원   귀중

머. 부당해고구제재심판청취소 청구의 소

소   장

원   고   ○○○(주민등록번호)

　　　　　○○시 ○○구 ○○길 ○○(우편번호 ○○○-○○○)

　　　　　전화 · 휴대폰번호:

　　　　　팩스번호, 전자우편(e-mail)주소:

피   고   중앙노동위원회 위원장

　　　　　○○시 ○○구 ○○길 ○○(우편번호 ○○○-○○○)

부당해고구제재심판정 취소청구의 소

청 구 취 지

1. 피고가 원고에게 한 19○○. ○. ○. 부당해고구제재심판정은 취소한다.
2. 소송비용은 피고의 부담으로 한다.
　라는 판결을 구합니다.

청 구 원 인

1. 전심 절차

　원고는 19○○. ○. ○. 소외 ◇◇중공업 주식회사(이하 '회사')에 입사하여 용접

공으로 근무하여 오다가 19○○. ○. ○. 징계해고 되어, 19○○. ○. ○. ◎◎남도지방노동위원회에 부당해고 구제신청을 하였으나 기각 결정된 뒤 같은 해 ○. ○. 결정서를 송달 받고 다시 이에 불복하여 같은 해 ○. ○. 피고에게 재심신청을 하였으나 같은 해 ○. ○. 기각되었고, 그 재심판정서를 ○. ○. 송달 받았습니다.

2. 전심 판정의 부당성

소외 회사는 노동조합의 대의원이었던 원고가 노동조합의 방침에 따라 근로자들이 사용하던 용접봉의 유해성을 문제삼는 과정에서 작업거부를 선동하는 유인물을 배포하고 상사에게 폭행하였다며 단체협약 및 취업규칙에 따라 원고를 징계해고하였습니다. 그러나 이건 징계는 "산업안전보건에 대한 징계는 산업안전보건위원회에서 실시한다"는 단체협약 제27조 제3항을 위배했을 뿐더러, 다른 근로자들의 사내 질서 문란의 정도가 더 심한 사안에 대하여는 징계해고를 하지 않았음에도 유독 원고에게만 징계해고 처분을 한 징계권 남용이 분명한 해고로써 근로기준법 제23조가 금지하는 정당한 사유 없는 해고에 해당합니다. 구체적인 해고경위 및 부당성에 대해서는 앞으로 자세히 밝히도록 하겠습니다.

3. 결론

따라서 마땅히 원고의 부당해고 재심신청을 받아들였어야 함에도 이를 기각시킨 피고의 판정은 부당하여 취소되어야 할 것이므로 청구취지와 같은 판결을 구하고자 이건 청구에 이른 것입니다.

입 증 방 법

1. 갑 제1호증   인사명령통보
1. 갑 제2호증   사건처리결과알림
1. 갑 제3호증   재심판정서

첨 부 서 류

1. 위 입증방법   각 1통

1. 소장부본   1통

1. 송달료납부서   1통

20○○. ○. ○.

위 원고 ○○○ (서명 또는 날인)

○○행정법원 귀중

1. 송달료 및 인지액 계산

행정소송의 소송물가액(소가)의 산정방법

1. 행정소송의 소가의 산정방법

   가. 조세 기타 공법상의 금전, 유가증권 또는 물건의 납부를 명한 처분의 무효 확인 또는 취소를 구하는 소송 — 청구가 인용됨으로써 원고가 납부의무를 면하게 되거나 환급 받게 될 금전, 유가증권 또는 물건가액의 3분의 1(다만, 그 가액이 30억원을 초과하는 경우 이를 30억원으로 본다)

   나. 체납처분취소의 소송 — 체납처분의 근거가 된 세액을 한도로 한 목적물건가액의 3분의 1. 다만, 그 가액이 30억원을 초과하는 경우 이를 30억원으로 본다.

   다. 금전지급 청구의 소 — 청구금액

   라. 가. 내지 다. 이외의 소송 — 50,000,000원(비재산권을 목적으로 하는 소송으로 간주)

   ※ 토지의 가액은 개별공시지가에 100분의 50을 곱하여 산정한 금액

2. 부동산에 관련한 처분

   환지예정지 지정처분이나 토지수용에 관한 사업인정처분과 같은 부동산에 관련한 처분은 비재산권을 목적으로 하는 소송으로 보아 50,000,000원으로 한다.

3. 특수한 소송

   부작위위법확인을 구하는 소도 비재산권상의 소로 보아 50,000,000원으로

한다.

4. 수개의 청구
  가. 수개 청구의 주장 이익이 독립한 별개의 것인 때
    - 합산하여 소가 산정(민사소송법 제27조 제1항, 민사소송등인지규칙
      제19조)
  나. 수개 청구의 주장 이익이 동일 또는 중복될 때
    - 그 중 다액을 소가로 함
  다. 과실, 손해배상, 위약금 또는 비용의 청구가 소송의 부대목적인 때
    - 그 가액은 산입 안함(민사소송법 제27조 제2항)

2. 송달료 납부

(1) 의의

소장을 제출할 때에는 당사자 수에 따른 계산방식에 의한 송달료를 송달료수납은행 (대부분 법원구내 은행)에 납부하고 그 은행으로부터 교부받은 송달료납부서를 소장에 첨부하여야 한다.

(2) 송달료의 계산

사 건	송달료 계산법(송달료 1회분=5,200원. 현재)
행정제1심사건(구단, 구합)	당사자수 × 송달료 10회분
행정항소사건(누)	당사자수 × 송달료 10회분
행정상고사건(두)	당사자수 × 송달료 8회분
행정항고사건(루)	당사자수 × 송달료 3회분
행정재항고사건(무)	당사자수 × 송달료 5회분

행정특별항고사건(부)	당사자수 × 송달료 3회분
행정준항고사건(사)	당사자수 × 송달료 3회분
행정신청사건(아)	당사자수 × 송달료 2회분

〈예시〉 행정 제1심사건 당사자수 2명인 경우 : 2명 × 4,800원 × 10회분 = 96,000원

(3) 현금지급기 등을 이용한 송달료 납부 방법

1) 현금지급기(CD)나 현금입·출금기(ATM)를 이용하여 납부하는 경우

그 이용명세표로 송달료납부서에 갈음할 수 있도록 한다(제3조 제1항 단서).

2) 인터넷뱅킹, 자동응답전화기(ARS) 또는 현금지급기나 현금입·출금기를 이용한 납부

송달료 잔액 환급은 별도의 계좌입금신청이 없더라도 출금계좌에 이체하는 방법으로 하도록 한다(제9조 제 2항 단서).

3) 송달료 잔액 환급 전 출금계좌가 폐쇄된 경우

인터넷뱅킹, 자동응답전화기(ARS) 또는 현금지급기나 현금입·출금기를 이용하여 송달료를 납부하였으나, 송달료 잔액 환급 전에 출금계좌가 폐쇄된 경우에는 잔액환급 통지를 하고, 환급청구를 받아 환급하도록 한다(제9조 제3항).

3. 소가의 산정기준 및 계산

(1) 소가의 산정기준의 원칙 및 계산식

민사소송등인지규칙 제17조는 행정소송의 인지액을 정함에 있어서 기준이 되는 소가에 대하여 다음과 같이 규정하고 있다.

1) 조세 기타 공법상의 금전·유가증권 또는 물건의 납부를 명한 처분의 무효확인 또는 취소를 구하는 소송

그 청구가 인용됨으로써 원고가 납부의무를 면하게 되거나 환급받게 될 금전, 유가증권 또는 물건의 가액의 3분의 1을 소가로 본다. 단, 그 금전·유가증권 또는 물건의 가액이 30억원을 초과하는 경우에는 이를 30억 원으로 본다.

▶ **법인세 등 부과처분취소**

[예제 - 청구취지]

피고가 2015. 7. 1. 원고에 대하여한 2014사업년도 분 법인세 금 5억원과 2015 사업년도분 농어촌특별세 4억원의 부과처분 중 2014사업연도분 법인세 2억 5,000만원과 2015사업연도분 농어촌특별세 2억 5,000만원을 초과하는 부분을 각 취소한다.

▶ 소가산정 방법

가. 2014사업연도분 법인세 : 5억원-2억5,000만원 = 2억5,000만원×1/3 = 가액

나. 2015사업연도분 법인세 : 4억원-2억5,000만원 = 1억5,000만원×1/3 = 가액

▶ 소가 : 위 가액을 합산한 금액이 소가가 된다.

▶ 증여세부과처분취소

▶ 건물에 대한 과태료부과처분무효

▶ 경정청구거부처분에 대한 취소소송

> : 납부를 면하거나 환급할 금액 : 3억원
>
> ▶ 소가
>
>   소가는 1억원이다.

2) 체납처분취소의 소

체납처분의 근거가 된 세액을 한도로 한 목적물건의 가액의 3분의 1을 소가로 본다. 다만, 그 세액 또는 목적물건의 가액이 30억원을 초과하는 경우에는 이를 30억원으로 본다.

> **[예제]**
>
> 체납세액이 13억 원이고, 체납처분된 목적물이 가액이 15억 원인 경우
>
> ▶ 소가산정 방법
> 목적물의 가액 15억원 × 1/3 = 5억원

3) 기타

가) 금전지급청구의 소

금전지급청구의 소에 있어서는 그 청구금액을 소가로 한다.

▶ 손실보상금감액소송에서의 소송목적의 값

> **[예제]**
>
> 중앙토지수용위원회에서 재결한 보상금이 14억 원임에도 기업자가 5억원만을 지급하게 다는 취지로 '원고의 피고에 대한 서울 관악구 봉천동 000-0 소재 부동산에 대한 수용에 관한 손실보상금 5억원을 초과해서는 존재하지 아니함을 확인한다'는 소를 제기하였다.
>
> ▶ 소가산정 방법
> 14억원-5억원 = 9억원×1/3 = 3억원

나) 제1호 내지 제3호에 규정된 것 이외의 소송

비재산권을 목적으로 하는 소송으로 본다. 비재산권을 목적으로 하는 소송의 소가는 5,000만원으로 한다(민사소송 등 인지규칙 제18조의 2 전단).

▶ 주택건설사업계획승인취소처분취소의 소

[예제]

피고가 2016. 1. 1. 원고에 대하여 한 주택건설사업계획승인취소 및 주택건설사업계획변경승인신청서반려처분을 취소한다.

▶ 소가산정 방법

가. 주택건설사업계획승인취소의 경우 : 5,000만원

나. 주택건설사업계획변경승인신청서반려처분취소의 경우 : 5,000만원

▶ 소가 : 흡수의 원칙에 따라 5,000만원

▶ 도시계획결정취소의 소

[예제]

피고가 2015. 4. 15. 한 도시계획변경결정 중 서울시 관악구 보라매동 000-0 560㎡를 소로 3류 182호 도로부지로 정한 부분을 취소한다.

▶ 소가산정 방법

비재산권에 관한 소이므로 : 5,000만원

▶ 환지예정지지정처분취소

> **[예제]**
>
> 피고가 2015. 4. 15. 원고에 대하여 한 별지기재 환정예정지지정처분을 취소한다.
>
> ▶ 소가산정 방법
> 비재산권에 관한 소이므로 : 5,000만원

▶ 토지형질불허가처분취소

> **[예제]**
>
> 피고가 2015. 4. 15. 한 별지목록기재 토지에 과한 토지형질변경 불허가처분을 취소한다.
>
> ▶ 소가산정 방법
> 비재산권에 관한 소이므로 : 5,000만원

▶ 부당노동행위구제재신판정취소

> **[예제]**
>
> 피고가 2015. 4. 15. 원고와 피고 보조참가인 사이의 2015부노300 부당노동행위구제 재심신청사건에 관하여 한 재심판정을 취소한다.
>
> ▶ 소가산정 방법
> 비재산권에 관한 소이므로 : 5,000만원

그 외 교사임용후보자 선정경쟁시험불합격처분취소, 임원취임승인취소처분 등 취소, 공동어

업권면허면적 조정신청서 반려처분취소, 조례무효확인, 공매처분취소, 체육시설업신고수리 거부처분취소, 옥외광고물철거대집행 영장발부통보 처분취소, 장애물에 대한 철거거부처분 취소, 주택건설업영업정지 처분취소, 건축허가 및 준공검사취소 등에 대한 거부처분취소, 농지취득자격증명 발급거부처분취소, 택지개발예정지구지정처분 무효확인, 자동차운전면허 취소처분 취소, 자동차운행정지처분취소 등, 노동재의중재회부결정 취소, 일반목욕장업 허가 처분취소, 주택개량재개발조합설립 및 사업시행인가처분무효, 토지등급수정결정처분취소, 현역병 입영처분취소, 사업계획변경승인신청거부처분 및 준공검사신청거부처분취소, 액화석 유가스충전사업 변경허가처분취소, 국세체납처분에 의한 압류처분취소 등도 모두 비재산권에 관한 소로서 그 소가를 5,000만원으로 한다.

(2) 부동산에 관한 처분

환지예정지처분이나 토지수용에 관한 사업인정처분과 같은 부동산에 관련한 처분의 소송에 관하여는 목적물의 가액을 기준으로 소가를 산정하여야 할 것인가의 문제가 있으나, 위 민사소 송등인지규칙 제17조의 1호의 물건의 납부를 명한 처분에 해당한다고 볼 수 없으므로 위 규칙 제17조의 4호 비재산권을 목적으로 하는 소송으로 보아야 할 것이다.

(3) 특수한 소송

부작위위법확인을 구하는 소도 비재산권상의 소일 것이다. 민중소송과 기관소송의 경우에는 처분 등의 취소를 구하거나 처분 등의 효력 유무 또는 존재 여부나 부작위의 위법확인을 구하는 소송에서는 취소소송, 무효등확인소송, 부작위위법확인소송에 준하여, 그 외의 소송에 는 그 성질에 반하지 아니하는 한 당사자소송에 준하여 산정하면 될 것이다.

(4) 병합의 경우

1개의 소로써 수개의 청구를 병합하는 경우, 그 수개의 청구를 주장이익이 독립한 별개의 것인 때에는 합산하여 소가를 산정한다. 다만 1개의 소로써 주장하는 수개의 청구의 주장 이익이 동일 또는 중복되는 때(재결취소소송과 과세처분취소소송이 병합하여 제기된 경우)에는 중복되는 범위 내에서 흡수되고 그 중 가장 다액의 청구가액을 소가로 한다.

과실, 손해배상, 위약금 또는 비용의 청구가 소송의 부대목적이 되는 때에는 그 가액은 소송의 목적물 가액에 산입하지 아니한다. 그러나 이들 청구만을 독립하여 청구하는 경우에는 그 자체만을 별도의 소가로서 정하여야 하며 수단인 청구의 가액이 주된 청구의 가액보다 다액인 경우에는 그 다액을 소가로 한다.

조세부과처분의 취소소송에 병합하여 각종 가산세의 부과처분취소청구를 하는 경우에 관하여는, 가산세는 제재세로서 별도의 확장절차를 요하고 본세의 과세처분과는 별개의 처분이라는 이유 등으로 소가를 합산하는 것이 실무례이다.

1개의 소로써 수개의 비재산권상의 청구를 병합하는 경우에는 각 청구의 소가를 합산한다. 다만 청구의 목적이 1개의 법률관계인 때에는 1개의 소로 본다. 따라서 다투는 행정처분의 건수가 수개인 경우에는 그 소가를 합산하여야 하나, 다수인이 원고가 되어 동일한 소장으로 행정처분에 관하여 소를 제기하는 때에는 1개의 소로 보아 소가를 산정한다.

1개의 소로써 재산권상의 청구와 비재산권상의 청구를 병합하는 경우는 소가는 합산함을 원칙으로 한다. 그러나 비재산권상의 청구와 그로 인하여 생길 재산권을 목적으로 하는 청구를 병합하는 때에는 다액인 소가에 의하여 인지를 첨부한다. 수개의 비재산권상의 청구와 그 원인된 사실로부터 생기는 재산권상의 청구를 1개의 소로써 병합제기하는 때에는 그 수개의 비재산권상의 청구의 소가의 합산액과 재산권상의 소가 중 다액에 의한다.

민사소송등인지규칙 제17조 제1호 단서에는 '금전·유가증권 또는 물건의 가액이 30억원을 초과하는 경우에는 이를 30억 원으로 본다는 규정은 청구가 병합된 경우에는 각 청구별로 그로써 원고가 얻은 가액이 30억원을 넘을 경우 이를 30억원으로 본다는 것이지, 수개의 청구를 병합하여 1개의 소로 제기한 경우의 그 합산액에 대하여까지 적용되는 것은 아니다. 따라서 각 청구별로 먼저 위 민사소송등인지규칙 제17조 제1호 단서를 적용하여 가액을 산정하되, 그 후 각 청구의 가액을 합산한 액에 대하여는 그것이 30억원을 넘더라도 그 액을 기준으로 하여 소가를 산정하여야 할 것이다.

이와 같이 병합청구의 소가산정의 제 원칙은 원고가 1개의 소장에 원시적으로 청구를 병합제기한 경우에 적용되고 별개의 소장으로 제소하는 경우에는 각기 별개로 산정하여야 한다. 제소후 소송 계속중에 관련청구 등의 이송 등으로 병합결정이 있는 경우에도 이미 결정된 소가 및 첨부인지에 관하여는 아무런 영향을 미치지 아니한다. 다만, 관련청구를 추가적으로 병합제기하는 경우에는 위와 같은 병합청구의 소가산정의 제 원칙에 따라 총소가를 산정하고 이미 산출하였던 전소가와의 차액을 산출하여 인지를 추가로 더 첨부하는 등의 조치를 하게된다.

국가는 행정소송에서 민사소송인지법의 규정에 의한 소정 인지를 첨부하지 아니한다. 항소심에는 1심에 관한 규정액의 1.5배의 인지를 상고장에는 1심에 관한 규정액의 2배의 인지를 첨부한다.

▶ **비재산권상의 청구 병합에서의 소송목적의 값**

> **[예제]**
>
> 피고는 제1종, 제2종 운전면허 보유자인데, 음주운전을 이유로 두 종류의 운전면허를 모두 취소당한 경우, 운전면허취소처분취소소송 제기시 소가 ?
>
> ▶ 소가산정 방법
> 비재산권에 관한 소이므로 : 5,000만원

▶ **실질적으로 성격이 다른 두 개의 소**

> **[예제]**
>
> 피고들은 공동으로 뇌물을 수수하여 파면처분을 당사자 각자 소청심사를 거쳐 1개의 소장으로 징계처분취소소송을 제기한 경우 소가 ?
>
> ▶ 소가산정 방법
> 비재산권에 관한 소이므로 : 5,000만원. 다만, 실질적으로 두 개의 소송이므로, 5,000만원원 × 2 = 1억원

4. 인지액

(1) 인지액 계산법

소 가	인지액 계산법
1,000만원 미만	소송목적의 값×10,000분의 50
1,000만원 이상 ~ 1억원 미만	소송목적의 값×10,000분의 45+5,000원
1억원 이상 ~ 10억원 미만	소송 목적의 값×10,000분의 40+55,000원
10억원 이상	소송목적의 값×10,000분의 35+555,000원

※ 산출된 인지액이 1,000원 미만인 때에는 이를 1,000원으로 하고, 1,000원 이상인 경우에 100원 미만의 단수가 있는 때에는 그 단수는 계산하지 않음.

[행정사건의 접수서류에 첨부할 인지액]

행정접수서류의 종류	법 조 문	첨부할 인지액	등재할 부책	편철 방법
사건의 이송신청서	행소7	인지불첨부	문서건명부	가철
소장	행소 20①, 35, 38②, 39, 45, 46	민소인지법 2조 소정액	행정사건부	별책
관련청구소송의 이송신청서	행소 10①, 38①, ②, 44②, 46	1,000원	행정신청 사건부	별책
관련청구소송의 병합제기	행소 10②, 23③, 38①②, 44②, 46②	민소인지법 5조 소정액(다만, 주관적 병합인 경우 6조, 10조 소정액)	문서건명부	가철
선결문제통지신청서	행소 11②, 46①	인지불첨부	문서건명부	가철
피고경정신청서	행소 14①, 38①②, 4	500원	문서건명부	가철

	행소 14⑥, 38①, 44 ①, 46	인지불첨부	문서건명부	가철
소송참가신청서	행소 16, 38①, ②, 4 4①, 46	500원	문서건명부	가철
	행소 17, 38①, ②, 4 4①, 46, 11①			
의결진술서	행소 16②, 38①, ②, 44, 46	인지불첨부	문서건명부	가철
	행소 17②, 38①, ②, 44①, 46, 11①			
소의 변경신청서	행소 21①, 37, 46①	민소인지법 5조 소정액(다만, 주관적 병합인 경우 6조, 10 조 소정액)	문서건명부	가철
	행소 22①, 38①, 44 ①, 46			
집행정지신청서	행소 23②, 38①, 46 ①, ②	2,000원	행정신청 사건부	별책
집행정지 취소신청서	행소 24①, 38①, 46 ①, ②	1,000원	문서건명부	가철
행정심판기록 제출명령신청서	행소 25①, 38①, ②, 44①, 46, 11①	500원	문서건명부	가철
제3자에 의한 재심청구서	행소 31①, 38①, ②, 46①, ②	민소인지법 8조 소정액	행정재심 사건부	첨철
거부처분취소판결의 간접강제신청서	행소 34①, 38②, 46 ①, ②	1,000원	행정신청 사건부	별책

(2) 기타

1) 값을 산출할 수 없는 경우와 비재산권을 목적으로 하는 소송의 경우

재산권상의 소로서 그 소송목적의 값을 산출할 수 없는 것과 비재산권을 목적으로 하는 소송의 소송목적의 값은 2,000만 100원으로 한다. 다만, 민사소송등인지규칙 제15조 제1항

내지 제3항(회사등 관계 소송 등), 제17조의2(특허소송), 제18조(무체재산권에 관한 소)에 정한 소송의 소송목적의 값은 5,000만 100원으로 한다.

2) 항소장, 상고장의 인지액

항소장에는 위 규정액의 1.5배, 상고장에는 2배의 인지를 붙여야 한다.

3) 유의사항

① 소장 등에 첨부하거나 보정할 인지액이 1만원을 초과하는 때에는 전액을 현금(또는 카드)으로 납부하여야 한다.

② 인지액이 1만원을 초과하지 않는 경우에도 현금(또는 카드)으로 납부할 수 있다.

③ 현금(또는 카드)수납 기관은 송달료수납은행에 납부하며 대부분 법원구내에 위치하고 있다.

④ 인지액 상당의 금액을 현금(또는 카드)으로 납부한 후 과오납금이 있음을 발견한 때에는 수입징수관에게 반환을 청구할 수 있다.

(3) 인지액의 납부방법

이미 납부한 인지액이 있는 경우에는 그 합산액이 1만원 초과하는 경우에는 전액 현금(또는 카드)으로 납부하여야 하고, 1만원 이하인 경우에는 현금(또는 카드) 또는 수입인지로 납부할 수 있다.

1) 인지액의 현금납부

① 수납은행에 가서 직접 납부하거나 해당은행의 인터넷뱅킹을 이용한 계좌이체의 방식으로 납부할 수 있다.

② 직접납부하는 경우에는 수납은행에 비치된 소송등인지의 현금납부서류에 소정사항을 기재 (제출법원란에는 소장 등을 실제로 제출하였거나 제출할 법원을 기재)하여 납부한 후 영수필확인서 및 영수필통지서를, 인터넷뱅킹을 이용한 계좌이체의 방법으로 납부하는 경우에는 계좌이체 후 영수필확인서 및 영수필통지서를 출력하여 소장등에 첨부하여야 한다.

2) 인지액의 카드납부

① 수납은행(신한은행)에 직접 방문하거나 또는 인지납부대행기관(금융결제원)이 운영하는 인터넷홈페이지 (www.cardrotax.or.kr)에서 납부할 수 있다.

② 카드납부시에는 인지금액의 1.2%에 해당하는 수수료를 납부하여야하며, 그 수수료는 전액 소송비용에 산입된다. 결제취소는 수납은행에서 납부한 경우에 한하여 가능하고, 그 수납은행의 당해 영업일의 수납마감시간이전에 한하여, 수납은행으로부터 교부받은 서류의 원본을 첨부하여 수납은행에 청구할 수 있다.

③ 납부인과 카드결제인이 상이한 경우에도 가능하나 카드결제인은 반드시 본인 소유의 카드만 가능하다(예: 납부인은 사건당사자이나, 대리인이 결제할 때에는 대리인의 카드만 가능).

(4) 과오납금의 반환 청구

1) 납부 당일의 수납마감 이전

인지액 상당의 금액을 현금으로 납부한 후 납부 당일의 수납마감 전에 과오납이 있음을 발견한 때에는 수납은행으로부터 교부받거나 인터넷으로 출력한 서류의 원본을 수납은행에 반환하고 과오납금의 반환을 청구할 수 있다.

2) 납부 당일의 수납마감 이후

납부 당일의 수납마감 이후에는 당해사건의 담당 법원사무관등이 과오납을 확인한 서면 또는 수납은행으로부터 교부받은 서류의 원본을 첨부하여 소장등을 제출한 법원에 서면으로 과오납금의 반환을 청구할 수 있다.

(5) 사건의 종결에 따른 인지액의 환급 청구

1) 의의

본안 사건의 소장·항소장·상고장각하, 제1심 또는 항소심 변론종결 전까지의 소·항소취하 (취하간주 포함), 상고이유서 제출기간 경과 전의 상고취하, 제1심 또는 항소심에서의 조정·화해 또는 청구의 포기·인낙 등으로 종결된 때에는 당해 심급에 납부한 인지액의 1/2에 해당하는 금액(인지액의 1/2에 해당하는 금액이 10만원 미만인 경우에는 인지액에서 10만원을 공제하고 남은 금액)의 환급을 소장등을 제출한 법원에 서면으로 청구할 수 있다(단, 소장등에 붙인 인지액이 10만원 이하인 경우에는 환급되지 않는다).

2) 절차

① 환급청구하는 경우에는 당해사건의 담당 법원사무관등이 환급사유 및 환급금액을 확인한 서면을 첨부하여야 한다.

② 환급청구는 환급사유가 발생한 날부터 3년 내에 청구하여야 하고, 환급받을 예금계좌번호를 기재한 환급청구서를 담당 재판부에 제출해야 한다.

서식색인

저자약력

법학박사 · 행정사
김동근

숭실대학교 법학과 졸업
숭실대학교 대학원 법학과 졸업(법학박사_행정법)

현, 행정법률 사무소 청신호 대표행정사
숭실대학교 초빙교수
공인행정심판학회 학회장
공인행정사협회 법제위원회 위원장
공인행정사협회 행정심판전문가과정 전임교수
공무원연금관리공단 행정사지원 양성과정 강사
중앙법률사무교육원 교수
YMCA병설 월남시민문화연구소 연구위원
내외일보 논설위원

전, 서울시장후보 법률특보단장

저서

한권으로 끝내는 운전면허취소정지구제 행정심판(법률출판사)
한권으로 끝내는 영업정지취소구제 행정심판(법률출판사)
한권으로 끝내는 공무원 · 교원 소청심사청구(법률출판사)
사건유형별 행정소송 이론 및 실무(법률출판사)
사건유형별 행정심판 이론 및 실무(진원사)
출입국관리법 이론 및 실무(법률출판사)
한권으로 끝내는 토지수용 및 손실보상 절차(법률출판사)
한권으로 끝내는 비영리법인설립절차 이혼 및 실무(법률출판사)
한권으로 끝내는 비송사건처리절차법 이론 및 실무(법률출판사)
외 50여 종

[개정증보2판] 한권으로 끝내는

행정심판 · 행정소송 실무

2023년 5월 10일   개정증보2판 1쇄 인쇄
2023년 5월 20일   개정증보2판 1쇄 발행

저   자   김 동 근
발 행 인   김 용 성
발 행 처   법률출판사
　　　　　 서울시 동대문구 휘경로2길 3, 4층
　　　　　 ☎ 02) 962-9154   팩스 02) 962-9156
등 록 번 호   제1-1982호
ISBN :   978-89-5821-421-2   13360
e-mail :   lawnbook@hanmail.net